米国議会図書館蔵

日本古典籍目録

Catalog of Japanese Rare Books
in the Library of Congress

米国議会図書館蔵日本古典籍目録刊行会編

八木書店

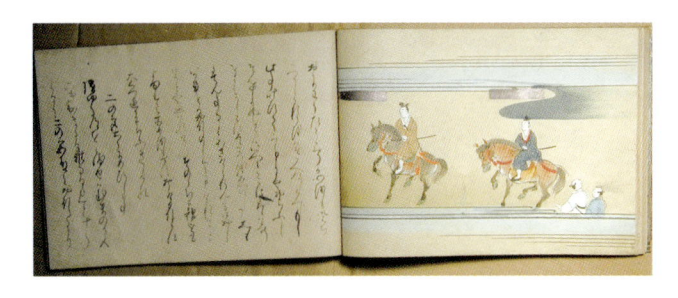

「曽我物語」

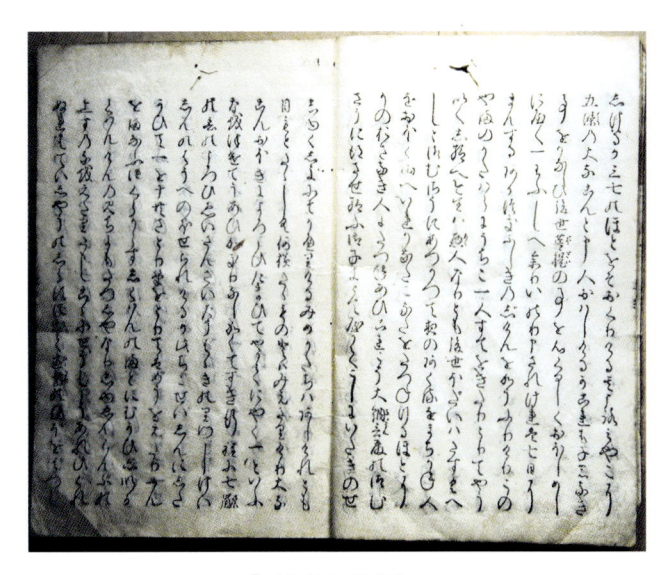

「べんけいさうし」

「静」

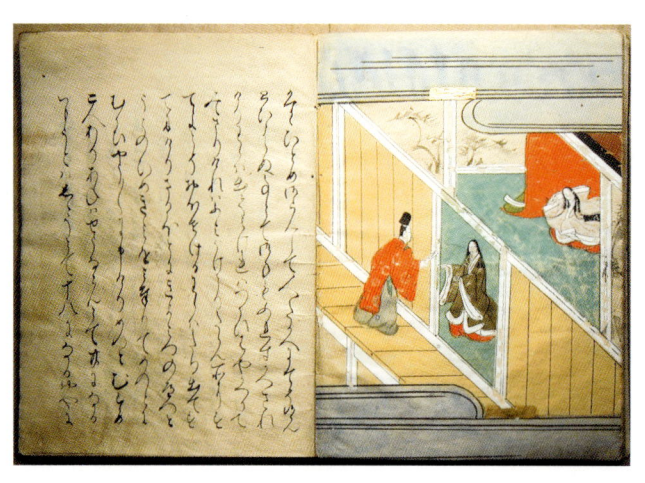

「しぐれ」

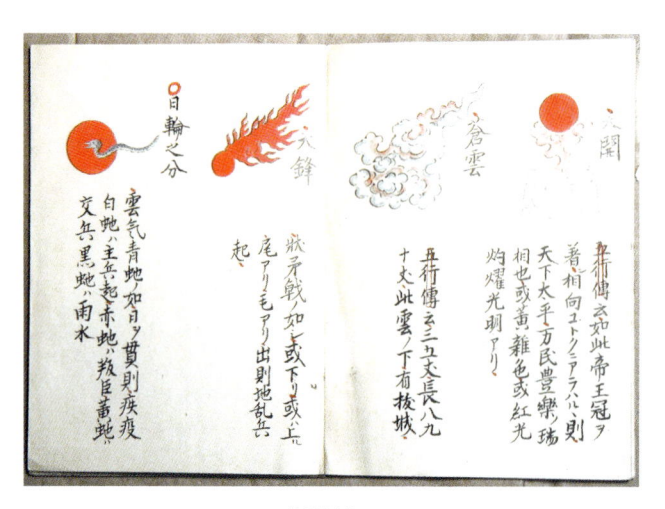

「訓閲集」

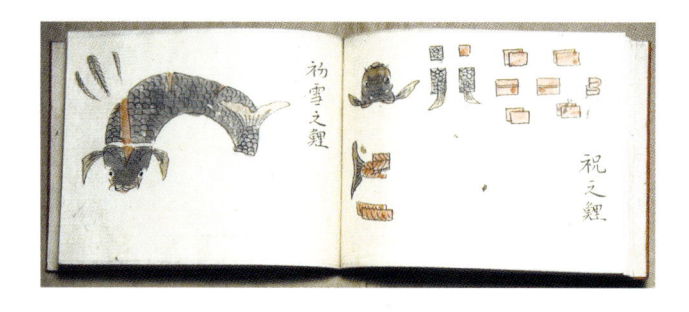

「鯉切揃図」

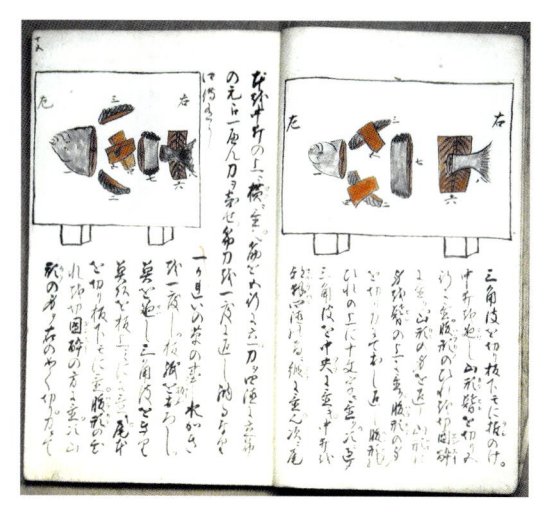

「四条流包丁式」

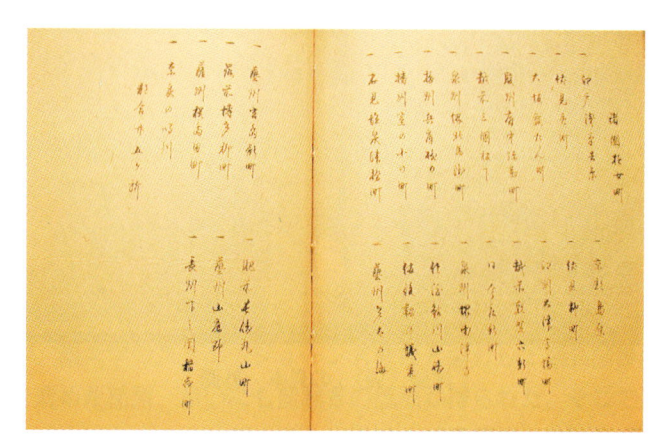

「遊女銘々伝」

「桃太郎」

と思う。

　なお、これとあわせて、議会図書館の日本古典籍すべてが未整理・未公開のまま放置されていたわけではないことも忘れずに記しておかねばならない。
　元米国議会図書館職員本田正静氏によって、1990年代初頭から、日本文学・演劇関係の書目計627点及び和算関係書目計403点の合計1,030点の書目についてはすでに整理が行なわれ、それぞれ『Japanese Literature,Performing Arts,and Reference Books/ A Bibliography』（小西甚一監修　1996年）及び『Japanese Mathematics』として議会図書館より目録が刊行されており、閲覧も可能になっているのである。すでに日本文学の分野ではこの目録及び蔵書を利用した研究も出はじめており、先駆的かつ貴重な仕事と評すべきものである。本目録には、本田氏の御好意により、これら二種の目録に記載された全ての書目のデータを掲載することができた。本田氏の好意に深く感謝するとともに、本田氏紹介の労をとっていただいた武井協三氏（国文学研究資料館教授）にも御礼を申し上げたい。

＊

　本目録作成のための本格的な書目調査は、文部省（現文部科学省）より、1998年度から3年間にわたる科学研究費助成金（1998年度：460万円・1999年度：390万円・2000年度：600万円）の交付を受けたときよりはじまった。
　第1回の調査を同年8〜9月に行ない、第2回調査を1999年8月に行なった。3年目の2000年8〜9月に行なった第3回調査でほぼ全ての書目の調査をとりあえず終えることができたが、しかしながら、その後、再点検と補充調査の必要が出てきたために、2001年度に東芝国際財団より228万円の補助を受け、2001年12月に追加調査を行なって現地における書目調査は完了した。
　その後、文部科学省より、2002年度出版助成金として、160万円の交付をうけ、ようやく本目録の刊行にこぎつけることができたのである。文部科学省並びに東芝国際財団に対して心より御礼を申し上げたい。また、出版に際しては、八木書店社長八木壯一氏及び同社出版部の滝口富夫氏に、計画の当初から多大の協力を得た。あわせて謝意を表する次第である。

＊

　我々がここに目録化したのは、米国議会図書館アジア課（Asian Division）のJapanese Sectionが管理する書庫に保管されている書目のうち、明治以前として区切られている区画の書籍すべてである。一般に、Japanese Rare Booksと称されている書物群で、現在（2002年12月現在）のところ、Jefferson館とAdams館の書庫に分けて保管されている。ただし、仔細に見れば、明治期刊行の書籍も少なからずあり、ごくわずかではあるが近代活字本や洋書も含まれている。なお、現在、保存課（conservation）の管理に帰している百万塔陀羅尼や幕末・明治期の銅板画及びペリー来航関係絵巻なども、もとはこのJapanese Sectionの書庫に保管

されていたとのことであり、この他にも、地図や絵本などが他のSectionに移管されたとのことで、その詳細については不明なままである。本目録では、保存課より提供されたごく一部の資料を採録するにとどめざるをえなかった。

＊

　米国議会図書館における日本関係書籍収集の経緯は、1875年（明治8年）、議会図書館が日本政府に対して、それぞれの政府刊行物の国際交換を申し入れた時点からはじまる。草創期とも呼ぶべきこの時期は、寄贈本が主体であった。また、1905年（明治38年）には、クロスビー・スチュワート氏が所蔵していた日本美術関係の書籍が寄贈されたが、その中心をなすのは江戸時代後期の絵本類であった。

　本格的に日本関係の書籍が収集されたのは、イェール大学の朝河貫一教授が、議会図書館の要請をうけて直接日本に赴き、書目を選定し購入して以後のことである。彼は、1906年から1907年にかけて日本への第1回目の帰国を果たしているが、このときは、日本古典籍を中心に集中的に書目を選定し購入したようである。その結果、議会図書館日本部には約4,500冊の日本古典籍がもたらされることになったのである。朝河の伝記資料によれば、彼は1905年に時のアメリカ東洋学会会長ダニエル・ギルマンに書簡を送って、アメリカにも大英博物館日本図書部に匹敵する共同研究機関を設立することが是非とも必要であることを強い口調で訴えている。その努力の甲斐あって、議会図書館が彼に書目の収集を依頼することになり、それをうけて、日本での集書活動が行なわれたわけである。その後、1917年に帰国した際も日本古典籍及び文書類の収集を行っており、朝河によるこうした集書活動によって、議会図書館の日本関係蔵書の基幹部分が形成されたのである。

　朝河の集書方針は、まず第一に、彼の専門である日本史及び日本法制史に関係する一次資料を厳選することにあった。そして、これと並んで重要な方針として示されたのが、日本文学関係の重要作品を選ぶことであった（1906年1月20日付議会図書館長ハーバート・パットナムから朝河宛書簡による）。一次資料（歴史資料や文学作品等）を中心に据え、二次的な研究書や解説書の類は後まわしにしたというところに彼の研究者としての見識があらわれているといえよう。そして、それゆえにこそ、彼の選定した蔵書がいまなお議会図書館の日本古典籍の中心的な部分を形成していると評価されることになっているのである。
　彼が収集した資料は、古書店経由で購入したもの・所有者から直接購入したもの・このために特に筆写させたものなどに分類されるが、そのなかには日本では失われてしまったものや、未紹介資料が数多く含まれている。集められた書目は各ジャンルにわたっているが、地理関係、地方史資料、仏教、神道、演劇、法制などにみるべきものが多い。彼の一連の収集活動の根本にあるのは、日本研究のために資料を収集する、という原則であり、収集自体を自己目的化するような傾向はほとんどみられない。そのことを端的に示すのが、収集と並行して行なわれた写本づくりであり、これは、美術的価値のある資料や天下の孤本といわれる

稀覯本などを日本国外から出さないようにするためにあえてとった処置とみられる。コレクションとしての美術的価値は劣ることになっても、オリジナルを国外に出さないようにするという配慮は、彼の日本に対する深い愛情に発するものであり、日本の風俗習慣研究に重要かつ必要な資料を選定するという基本方針と合致させながら、いわゆる稀覯本さがし的な行為は厳に慎むという、研究者朝河らしい収集活動の進め方は、今日なお学ぶべき点が多くあるように思われる。

　以上のように、朝河貫一は米国議会図書館日本古典籍収集に関わった最大の功労者であるが、ここで、彼の伝記を簡単に摘記しておく。
　朝河貫一は、1873年（明治6年）福島県二本松に生まれた。父は旧二本松藩士。福島尋常中学（現在の安積高校）を優秀な成績で卒業した後、東京専門学校（後の早稲田大学）に進んだ。1985年にここを卒業した後、中学時代より堪能であった英語の素養を生かしてアメリカにわたり、ハノーバーにあるダートマス大学に入学した。ここでB.Aを取得したのち、イェール大学大学院歴史科にすすみ、ここで大化の改新の研究によりPh.D.を取得した。1907年にはイェール大学講師となり、助教授、準教授を経て1937年に正教授となった。専攻は東西比較法制史である。1942年に定年で退職し名誉教授となったが、1948年に心臓麻痺で死去した。享年74歳。なお、1905年にミリアム・J・C・ディングウォールと結婚し、アメリカ合衆国の市民権を得たが、子供には恵まれなかった。妻は1910年に病死している。
　専門である法制史研究の分野における主要な業績としては、『日本初期の社会制度──大化改新の研究』（1903）・『入来文書（いりきもんじょ）』（1929）等があり、この点でも世界的な評価を得ている第一級の研究者であるが、その一方、国際的見地から日本の外交問題に対して積極的な行動をとった人物としてもよく知られている。日露戦争勃発時には、日本の立場の正当性を強調した『日露衝突』（1904、英文）を刊行したが、5年後の『日本の禍機』（1909）においては、日露戦争後の日本外交を厳しく批判するようになった。その後も、大東亜共栄圏構想・日独伊三国同盟・大陸進出等の日本の外交政策に反対する書簡を日本の指導者に書き送るなどして直接間接にその政策決定に影響を与えといわれる。また、1941年に太平洋戦争がはじまるその直前まで、米国大統領より天皇宛の親書を送るために奔走するなど、日米戦争回避のための努力を重ねたのであった。
　日本とアメリカの文化交流や外交問題で果たした朝河貫一の幅広い活動は、現在も多くの研究者の注目を集めており、『朝河貫一　人・学問・思想　生誕120周年シンポジウム』（学文社　1995）や『朝河貫一の世界』（早稲田大学出版会　1993）『最後の日本人──朝河貫一の生涯』（岩波書店　1983、後に岩波同時代ライブラリー）等の研究書が刊行されている。また、イェール大学の新装なった図書館には彼の業績を顕彰するための記念室が設けられ、書簡及び研究ノート類が展示されている。また、彼の日記・書簡・研究ノートの類は同大学スターリング記念図書館文書の中に一括保存されている。
　朝河貫一が1907年に日本に一時帰国した際に収集したコレクションは、議会図書館と同時にイェール大学図書館にも収められており、当初から両者に収める予定で選定されたもののようである。仏書の大部分や、法制史関係は議会図書館にというふうにおおまかなジャン

ルわけがなされていたようではあるが、後述するごとくかならずしも厳密なものであったわけでもなさそうである。ただ、これらの朝河本はすべて表紙が洋装のハードカバーに改装されていて、非常に特徴的な外見を持っている。こうした洋装仕立ての和古書は日本の書物の歴史からみても非常に珍しいものであり、書誌学的にも注目に価するものである。なお、表紙の裏面には 1907 年の月日ゴム印が押され、収蔵年月が鉛筆書きされているものもあり、その来歴等もはっきりわかるようになっている。

　なお、イェール大学には日本イェール協会が出資したもうひとつの日本関係書目のコレクションがあり（その担い手ももちろん朝河教授である）、こちらは、世界中の稀覯本を集めたバイネッキ図書館に所蔵されている。1945 年に朝河が英文の目録を刊行し、下記の「調査研究報告」に日本語で再録された。

　なお、イェール大学の朝河コレクション目録は、国文学研究資料館文献資料部の「調査研究報告」十一号に掲載されているが、これは、本目録作成にも参加している小峯和明が、田嶋一夫氏を中心とするイェール大学朝河コレクション調査プロジェクトチームに参加して 1987 年から 1989 年に行なった調査に基づいて作成されたものである。

＊

　朝河貫一の活動の後も、議会図書館における日本古典籍の集書活動は続けられた。

　1915 年（大正 4 年）から 1926 年（昭和元年）にかけては、当時アメリカ商務省職員であったウォルター・テニスン・スイングル博士が中心になり購入がすすめられた。

　また、1937 年（昭和 12 年）には、坂西志保氏（1895 ～ 1976）が最初の日本関係専門家として議会図書館日本課長に就任したが、氏の在職中は特に日本関係図書の収集が精力的に行なわれたようである。坂西氏は、大正 12 年に渡米し、ミシガン大学大学院卒業後、Ph.D. を取得したのち同館に勤務していた。しかし、太平洋戦争の勃発により帰国し、戦後はその経歴を生かして参議院外務専門員などを歴任する他、教育・婦人・社会問題等に関するオピニオンリーダーとしても大きな足跡を残している。坂西氏が帰国する 1941 年（昭和 16 年）までに日本語関係図書は約 34,000 冊に達していたと議会図書館アジア課のパンフレットには記されている。

＊

　第 2 次世界大戦後、ワシントン・ドキュメント・センター（組織としては、旧アメリカ合衆国中央情報局外国語文書部の一部をなす）から、日本語関係の書物約 35 万冊が議会図書館に譲渡された。これらは、日本の旧陸軍から没収しアメリカ本土に移管された資料の一部である。そしてこのとき、議会図書館の日本古典籍も飛躍的に増大したのである。本目録に収載した書目の 7 ～ 8 割がここに属すると考えられる。他の膨大な資料の整理に手間取った等種々の悪条件が重なって、以後 50 年以上も未整理のまま放置されてきたのは痛恨のきわみであると言わざるをえない。

今回の調査によって、はじめて、これらの書目の全貌が明らかになったのであるが、これらの書目の由来やワシントン・ドキュメント・センターに収まるまでのくわしい経緯等については、すべてこれからの調査・研究によって明らかにされねばならない。その意味で、すべてはこれからであるといっても過言ではない。本目録によってその蔵書印だけをみても、陸軍参謀本部をはじめとして、陸軍予科士官学校・陸軍士官学校文庫・大阪陸軍地方幼年学校・熊本陸軍幼年学校所蔵・仙台陸軍地方幼年学校等々があり、一口に旧陸軍の蔵書といってもその内容・出自は多岐にわたっている。

　すでに触れたように、議会図書館における戦前からの集書は、日本の全体像を知る上での基礎資料たることを念頭においたものであるので、かなりバランスの取れた蔵書傾向を示していると評してよいが、1600年以前のいわゆる古写本の類はほとんど見出すことができないし、1700年以前の文学書・歴史書の類も豊富であるとは言いがたい。その意味では、いわゆる稀覯書に乏しい蔵書とみえるかもしれないが、前述した朝河らの集書方針を知れば、それもまた当然のことといわねばならない。とはいっても、朝河本中に、多くの仏教書が存在していることや、戦中・戦後の混乱期に日本国内で散逸し『国書総目録』に書名のみをとどめている書目がこの図書館の蔵書中に多く存していること等は特筆大書すべき事柄であるだろう。さらに、ワシントン・ドキュメント・センターから譲渡された旧陸軍本のなかには、兵法関係の稀覯本が多く含まれており、本田氏が整理された和算関係のまとまったコレクションや豊富な北方史資料などとあわせ、世界的にも注目される蔵書といえるであろう。

　米国議会図書館日本古典籍目録の刊行が、今後の日本研究に裨益し、その研究の進展に大きな貢献をもたらすであろうことを私どもは信じて疑わない。朝河貫一をはじめとする先人の大いなる努力に改めて感謝すると同時に、彼等がこいねがったであろう日米両国のより強固なるパートナーシップ形成に本目録の刊行がいささかでも寄与できればと心より願う次第である。

****

米国議会図書館所蔵日本古典籍目録作成プロジェクト組織

代　表　渡辺憲司（立教大学教授）
事務局　木越　治（金沢大学教授）
編纂委員
　市古夏生（お茶の水女子大学教授）、揖斐　高（成蹊大学教授）、小峯和明（立教大学教授）、沢井耐三（愛知大学教授）、スミエ・ジョーンズ（インディアナ大学教授）

研究分担者
　岡本愛子（イリノイ大学助教授）、小野裕子（立教大学院生）、勝又基（日本学術振興会特別研究員）、亀井森（九州大学院生）、木越俊介（山口県立大学講師）、倉島利仁（静岡学園高等学校教諭）、出口久徳（立教大学院生）、中島美弥子（立教大学院生）、中野等（九州大学教授）、畑中千晶（駒澤大学非常勤講師）、福田千鶴（東京都立大学助教授）、マーク・ボーラー（元成蹊大学院生）、宮腰直人（立教大学院生）、百瀬響（北海道教育大学岩見沢校助教授）、安原眞琴（立教大学非常勤講師）

調査協力者
　EDWARD KAMENS（イェール大学教授）、及川将基（立教大学院生）、笠谷和比古（国際日本文化研究センター教授）、木越秀子（北陸古典研究会）、小林あづみ（名古屋文理短期大学講師）、田中順子（朝日新聞社出版局）

追記
　閲覧に際しては、THADDEUS YONEJI OHTA 氏、秋葉曜子氏、ICHIKO T.MORITA 氏をはじめ、米国議会図書館員の多くの方々に、御協力を賜った。付記して心より御礼申し上げたい。
****

本書は、平成１４年度科学研究費補助金（研究成果公開促進費）の交付を受けて刊行した。

凡　例

1．収載の範囲

　本目録は、米国議会図書館（Library of Congress　以下、LC と略記する）アジア課日本セクションが管理している「Japanese Rare Books」（日本古典籍）のすべてを掲載する。その大部分は、江戸期の写本・版本であるが、明治期の写本・版本も含まれており、ごく少数ではあるが、近代鉛活字本や日本語以外で書かれたものも存在する。本目録には、これらすべてを分類して掲載した。

　ここに掲載される書目の由来については序文を参照していただきたいが、実際の整理の作業に即していえば、大きく２つのグループに分けられる。

　第１のグループは、1998 年〜 2001 年にかけて我々が整理し調査した書目約 3,800 点である。本目録の約 80％を占めるもので、以下の凡例は、おおむね、この調査に基づいて記述している。

　第２のグループは、前議会図書館司書であった本田正静氏の手になる２種の目録に登載されている書目合計 1,030 点である。

　本田氏の手になる２種の目録は、"Pre-Meiji Works in the Library of Congress" というシリーズ名で LC より刊行されたものであり、いずれも目録の主要部分は日本語で書かれている。そのひとつは、『Japanese Literature,Performing Arts,and Reference Books/ A Bibliography』（小西甚一監修）として 1996 年に刊行されたもので、627 点の文学・演劇関係書目を載せている。各書目に英文の解説が付されているのが特色である。もうひとつは、『Japanese Mathematics』と題された英文の序文・凡例と手書き日本語の目録よりなる和算関係書目である。ここには、計 403 点の書目が登載されている。これら２種の目録に記載された書誌データすべてを、我々の記載形式に従って本目録に組み入れ収載した。こころよく許可を与えられた本田正静氏の好意に心から感謝するとともに、時間の関係で、２種の目録に掲載された書目については、あらためて我々の手で調査を行なわなかったことをおことわりしておきたい。

2．配列について

　数種の書が合冊されている場合、個々の書名で立項し、備考欄にその旨記すことを原則とした。

　本目録は分類目録である。分類の体系はおおむね『内閣文庫国書分類目録』に拠ったが、本文庫の蔵書傾向に応じ、適宜変更したところがある。詳細は各分類についてみられたい。なお、巻末に「書名索引」を付した。

3．記述の形式

　各書目は次のような形式で掲載されている。（各項目の丸数字は以下の説明の便宜上付したものである）

①通し番号　②書名　ローマ字読み（ふりがな）　③配架番号（IN:/LCCN）
④著者等　⑤刊写の別　⑥冊数　⑦挿絵の有無　⑧装丁　⑨書型
⑩序　⑪跋　⑫刊記　⑬奥書等
⑭備考

　具体的には、次のような記載形式となる。

版本の例

1627　花江都歌舞伎年代記　HANA NO EDO KABUKI NENDAIKI　　　　　IN:1548/LCCN:433121
(はなのえどかぶき ねんだいき)

　　談州楼焉馬著、松高斎春亭画　刊　20冊　挿絵有　洋装（袋）　23.1cm × 15.9cm
　　序：大田南畝序　刊記：文化8年（1811）発兌｜天保12年（1841）求板　大坂／河内屋太助・
　　河内屋茂兵衛・江戸／鶴屋喜右衛門・丁子屋平兵衛・岡田屋嘉七
　　（MAY 23 1939）収蔵

写本の例

1624　乗合船　NORIAIBUNE　　　　　　　　　　　　　　　　　　　　IN:949/LCCN:432522
(のりあいぶね)

　　写　1冊　袋　26.8cm × 18.5cm
　　跋：寛政12年（1800）
　　〔朝河〕（APR 18 1907）収蔵

以下、各項目について解説していく。

①通し番号

　本目録の分類と配列に従って機械的に付されたもので、LCにおける実際の配架番号等とは無関係
である。巻末の書名索引はこの番号と対応している。

②書名（ふりがな・ローマ字読み）

　ここに掲出した書名は原則として内題により、平仮名の振り仮名とローマ字読みを付してある。
　内題を欠くものについては、「外題」「尾題」「目録題」「序題」「柱題（版心題）」等によったが、こ
のいずれによったかを記すことはしていない。また、どこにも書名にあたるものが見当たらない場合
には、私に書名を付してある。（　）を付したものがそれである。
　なお、書名の角書は［　］内に入れて掲出したが、この部分は、書名の読みに含めていない。

③配架番号

　ここに記される番号、前述した作業の次第により、2種類に分けられる。

　a．INとLCCN

　　INおよびLCCNを付した書目は、1998年〜2000年における我々の整理・調査の際に付された
　ものである。すなわち、これらの書目は、我々の調査以前まで、未整理のままLC書庫に放置され
　ていたものに他ならない。
　　INはItem Numberの略。我々が整理し調査した順序に従って付したものである。現時点（2002
　年秋）では、ほぼこの順序でLCの書庫に収蔵されていると考えてよい。
　　LCCNはLibrary of Congress Certified Numberの略。これは、LCの書物すべてに付されるID番
　号で、INと同じく我々が整理・調査した際に、LC閲覧課により調査カードに付されていったもの
　である。今後は、書物自体を特定するID番号として使用されることになるのであろう。
　　というふうに、ややあいまいな書き方をしたのは、LCの組織形態が、蔵書を管理する部門と目
　録を作成する部門が独立していることに由来している。すなわち、我々の調査した書目にはいずれ
　LCの正式な配架番号が付されるはずであり、その作業はLC目録課が担当することになっている。
　その番号はINともLCCNとも異なった基準で付されると思われるが、LC目録課による分類・登録
　が終了していない現在の段階でそれらを本目録に付することはできないため、このような処置を

とったのである。

　いずれにしても、本目録刊行後は、正式登録が終了しているか否かにかかわらず、ここに登載された書目はすべて閲覧可能であるし、当分の間は、この２種の番号によって書庫内の書物の特定はできるはずである。

　なお、附言すれば、LC目録課による分類・登録は逐次行なわれており、登録がすみ次第ただちにONLINEで公開するというかたちになっている。それゆえ、本目録により、LCに赴いて実際に書目を閲覧しようとされる場合には、書名のローマ字読みなどを参照しつつ、LCのONLINE目録（すべて英文）も検索し、正式の登録が終わっているか否かを確認したうえで、閲覧のための諸手続に入られることをおすすめしておきたい。

b．INとLCCN以外の番号

　これは、本田氏作成の２種類の目録に含まれる書目に付された番号である。これらはすでに、LC目録課によって正式に登録されているものなので、これらについては、このまま当該書目の請求番号として機能しているものである。

④著者等

　この欄は当該の書目に付された著者に関する情報をそのまま写すのを原則としたが、必要に応じて別称や通行の名前で統一した場合がある。画者・編者・校者等の情報もこの欄に記載した。著者に関する記載がないものはこの欄を省略したが、まれに、『国書総目録』等によって記した場合がある。その際には（　）に入れた。なお、２名以上の著者の場合は、適宜省略したものもある。

⑤刊写の別

　版本・近代の活字本ともに「刊」とする。写本は「写」とする。なお、古活字版や近世木活字本・近代鉛活字本等についてはその旨（　）内に注記した。また、刊本に一部写本が混じる場合あるいはその逆の場合等は備考欄に注記した。

⑥冊数

　書物の現状に従って冊数を示すだけにとどめた。なお、零本等については備考欄に残存状況を記したので、あわせて参照されたい。

⑦挿絵

　挿絵のあるもののみ「挿絵有」とし、挿絵のないものについてはこの項は省略した。なお、まれに（彩色）（彩色・美麗）等と注記することがある。

⑧装丁

　「袋」「一枚物」「仮綴」「折本」「粘葉装」等で示す。朝河本に多くみられる、もと和装袋綴の版本・写本に洋風の表紙をつけたものは、洋装（袋）とした。（口絵４Ｐ参照）

⑨書型

　21.5cm（タテ）×18.5cm（ヨコ）
という形式で掲出する。２冊以上のものは、１冊目の寸法によるが、各冊で大きく書型の異なるものについては、備考欄に注記した。

　なお、我々の調査したものについてはミリ単位まで掲出したが、本田氏調査分のうち、文学関係のものはセンチメートルまでであり、和算関係は書型を記していない。読者諸賢の寛恕を乞う。

⑩序〜⑬奥書に関する原則

　この項目に関しては、すべての「序:」「跋:」「刊記:」「奥書等:」等の項目見出しを付して掲出し、これらを欠くものはすべて省略した。いずれの項目においても、序者・跋者・筆写者・伝来所蔵者等関係した人物に関する情報と、それにかかわる年次を抜き出すようにつとめ、それ以外の情報は省略した。人物名は原本の記載によるのを原則とするが、通行の人名を（　）に併記した場合がある。年次表記は元号のあとに（　）を付して西暦年を記すのを原則とし、年号が干支だけで記載されている場合もすべて統一的に元号に直した。ただし、干支の記載もれ（寅年としか書いてない場合など）等で推定不能の場合はそのまま残した。

　いずれの場合も、原本における記載をかなり変更し、必要と思われる情報のみを抽出して統一的に記載したので、この点、利用にあたっては注意していただきたい。

　以下、各項目別の個別的な記述方針について述べる。

⑩序

　複数の序がある場合は、「・」で区切った。

⑪跋

　複数の跋がある場合は、「・」で区切った。

⑫刊記

　ここには、年次・書肆の情報とあわせて原刊記にある書肆の所在地情報も記したが、所在地を記さないものに新たに加えることはしていない。書肆の所在地は、三都及び名古屋に関しては、京・大坂・江戸・名古屋に統一し、これ以外の都市については、おおむね原本の記載に従った。

　複数の書肆が記載されている場合は適宜省略したが、最後に必ず（全5肆）などとして書肆数を記すようにした。また、複数の刊記を有するものは、「｜」で区切って掲出し、再版・改刻等の情報を記すものについても、できるだけその旨を記すようつとめた。なお、原本の表紙の見返し部分等に刊記では得られない情報が記されている場合（見返）と明記してこの欄に記した。

⑬奥書等

　原本にある「奥書」「識語」等の情報をここに一括した。主に写本に関する情報を記す項目であるが、対象となる書目のほとんどが江戸期の写本であるため「奥書」「識語」を厳密に区別することはあまり意味がないと判断したための処置である。これらを複数有するものについては前項同様「｜」で区切って掲出した。

⑭備考欄

　ここには、以下の情報を掲出する。
　　　A. 残存状況　「巻6存」（巻6のみの零本）、「巻5欠」等のように示した。
　　　B. 蔵版目録に関する情報
　　　　「古義堂遺書目録　文泉堂発行」3丁を付すというような形式で掲げた。
　　　C. 蔵書印に関する情報
　　　「蔵書印等:」という見出しを付し、印文を［　］でくくった。
　　　蔵書印等:［笹野文庫］
　　　のごとくである。なお、頻出する陸軍関係の印記は以下のように省略した。
　　　　　　陸軍士官学校　　　　　　　　［士官］
　　　　　　陸軍参謀本部　　　　　　　　［参謀］

予科士官	［予科］
陸軍幼年学校	［幼年］
陸軍中央幼年学校	［中央幼年］
大阪陸軍幼年学校	［大阪幼年］
熊本陸軍地方幼年学校	［熊本幼年］
仙台陸軍地方幼年学校	［仙台幼年］

D. 朝河本及び収蔵年月に関する情報

陸軍以外の書物には収蔵年月を示すメモを有するものが少なからずある。多くは原本に鉛筆書きで記されているもので、いくつかの記載形式があるが、本目録では、

(FEB 4 1938) 収蔵

のような形式に統一して掲載した。すなわち、（月　日　年）という順である。月名は英語の略号表記によったが、以下にその略号一覧を掲げておく。

1月＝JAN・2月＝FEB・3月＝MAR・4月＝APR・5月＝MAY・6月＝JUN
7月＝JUL・8月＝AUG・9月＝SEP・10月＝OCT・11月＝NOV・12月＝DEC

なお、朝河本については、収蔵年月の前に〔朝河〕の文字を付した。

E. 書名の異称に関する情報

「異称：」という見出しを付して掲出したが、依拠した（目録題・外題等）部分を記すことはしていない。

この他、1～12のいずれにも属さない情報はすべてこの欄に掲出した。

書名索引凡例

＊書名索引は、本編の書名を50音順に配列した。
＊内容の如何に関わらず同一書名は1項目の元に集めた。
＊［　］で括った角書きの類ははずした。
＊数字は、頁数ではなく通し番号とした。
＊合冊（中黒で繋がれた書）も1項目としたが、読者の便を鑑み別項として立項したものもある。
＊逸題の書は本書名索引には適当ではないが、あえて採用したものもある。

目 次

1. 総記 ……………………………… 3

　A. 図書 ……………………………… 3

　　書誌学 ……………………………… 3
　　一般書目 …………………………… 6
　　叢書目・蔵書目 …………………… 7
　　雑著 ………………………………… 8

　B. 事典・事彙 ……………………… 8

　C. 叢書・全集 ……………………… 13

　D. 随叢 ……………………………… 15

2. 神祇 ……………………………… 22

　A. 神道 ……………………………… 22

　　雑 …………………………………… 22

　B. 祭祀 ……………………………… 23

　　祭儀 ………………………………… 23
　　祝詞・祓詞・祭文・願文 ………… 24
　　卜占・禁厭 ………………………… 25
　　禁忌・触穢・服忌 ………………… 25

　C. 神社 ……………………………… 26

　　総記 ………………………………… 26
　　神宮 ………………………………… 27
　　諸神社 ……………………………… 28

　D. 国学 ……………………………… 30

3. 仏教 ……………………………… 31

　A. 総記 ……………………………… 31

　　概論・通説・雑書 ………………… 31
　　史伝 ………………………………… 33
　　図像・縁起 ………………………… 36
　　辞書・事彙・音義 ………………… 37
　　因明・悉曇 ………………………… 38
　　叢書・全集 ………………………… 39

　B. 経・律・論・疏 ………………… 40

　　経 …………………………………… 40

　C. 宗派 ……………………………… 42

　　法相宗 ……………………………… 42
　　律宗 ………………………………… 43
　　天台宗 ……………………………… 43
　　真言宗 ……………………………… 56
　　禅宗 ………………………………… 66
　　浄土宗 ……………………………… 70
　　真宗 ………………………………… 79
　　時宗 ………………………………… 80
　　日蓮宗 ……………………………… 81
　　修験道 ……………………………… 82

　D. 寺院 ……………………………… 83

　　寺誌 ………………………………… 83

　　　　行事 ……………………… 84
　　　　講式・法会文 ………… 84

　　E. 附録 ………………………… 85
　　　　基督教 ………………… 85

4. 言語 ………………………………86

　　A. 文字 ………………………… 86
　　　　漢字 …………………… 86
　　　　仮名遣 ………………… 86
　　　　古代文字 ……………… 87

　　B. 音韻 ………………………… 87
　　　　総記 …………………… 87
　　　　五十音 ………………… 89
　　　　古語・語源 附難語 …… 89

　　C. 語義 ………………………… 90
　　　　冠辞 …………………… 90
　　　　俚諺 …………………… 91
　　　　雑 ……………………… 92

　　D. 語法 ………………………… 92
　　　　文法 …………………… 92
　　　　訓読・句読 …………… 93

　　E. 辞書 ………………………… 95
　　　　字典 …………………… 95
　　　　辞典 …………………… 96
　　　　名彙 …………………… 97

　　F. 外国語 ……………………… 99
　　　　東洋 …………………… 99
　　　　西洋 …………………… 99

5. 文学 …………………………… 101

　　A. 国文 ……………………… 101
　　　　小説 ………………… 101
　　　　　古物語 …………… 101
　　　　　説話物語 ………… 104
　　　　　歴史物語 ………… 105
　　　　　軍記物語 ………… 106
　　　　　中世小説 ………… 108
　　　　　近世小説 ………… 109
　　　　　　仮名草子 ……… 109
　　　　　　浮世草子 ……… 110
　　　　　　読本 …………… 110
　　　　　　洒落本 ………… 114
　　　　　　滑稽本 ………… 115
　　　　　　人情本 ………… 116
　　　　　　黄表紙 ………… 117
　　　　　　合巻 …………… 118
　　　　　　噺本 …………… 122
　　　　　近代小説 ………… 123
　　　　随筆 ………………… 123
　　　　日記・紀行 ………… 125
　　　　文集 ………………… 127
　　　　消息 ………………… 128

　　B. 漢文 ……………………… 128
　　　　総記 ………………… 128
　　　　詩文評・作詩作文 … 134
　　　　総集 ………………… 136
　　　　別集 ………………… 138
　　　　日記・遊記 ………… 142
　　　　狂詩・狂文 ………… 142

　　C. 和歌 ……………………… 143
　　　　歌論・作法 ………… 143
　　　　撰集 ………………… 147
　　　　　勅撰集 …………… 147
　　　　　私撰集 …………… 150
　　　　家集 ………………… 154
　　　　歌合・歌会和歌 …… 158

D. 連歌 …………… 159	D. 能楽 …………… 189
E. 俳諧 …………… 159	E. 浄瑠璃 附人形劇 …………… 190
総記 …………… 159	総記 …………… 190
俳論・作法 …………… 159	古浄瑠璃 …………… 190
撰集・家集・類題集 …………… 161	義太夫節 …………… 191
俳文 …………… 176	常磐津 …………… 196
F. 雑俳・川柳 …………… 177	F. 歌舞伎 …………… 196
	総記 …………… 196
G. 狂歌 …………… 177	G. 雑 …………… 198
H. 古代歌謡 …………… 179	7. 歴史 …………… 199
総記 …………… 179	
神楽歌・催馬楽 …………… 179	A. 日本史 …………… 199
朗詠・今様 …………… 180	総記 …………… 199
	通史 …………… 200
I. 近世歌謡 …………… 180	時代史 …………… 201
総記 …………… 180	雑史 …………… 205
江戸長唄 …………… 181	史論 …………… 214
	伝記 …………… 215
	系譜 …………… 219
6. 音楽・演劇 …………… 182	史料 …………… 221
A. 総記 …………… 182	B. 外国史 …………… 233
B. 音楽 …………… 183	8. 地理 …………… 234
総記 …………… 183	
管楽 …………… 186	A. 総記 …………… 234
絃楽 …………… 186	
打楽 …………… 188	B. 日本地誌 …………… 235
	古風土記 …………… 235
C. 古代劇 …………… 188	地方誌 …………… 239
神楽・催馬楽 …………… 188	畿内 …………… 239
延年・田楽 …………… 189	東海道 …………… 245
曲舞・幸若舞 …………… 189	

目 次 xv

東山道 …………… 255	C. 領知 附分限帳 …………… 319
北陸道 …………… 257	
山陰道 …………… 258	D. 地方 …………… 319
山陽道 …………… 258	
南海道 …………… 259	E. 雑 …………… 324
西海道 …………… 261	
北方資料 …………… 263	11. 教育 …………… 325
遊覧・遊歴 …………… 273	
	A. 総記 …………… 325
C. 辺防・漂着 …………… 275	
	B. 教訓 …………… 325
D. 外国地誌 …………… 275	
総記 …………… 275	C. 教科書 …………… 333
9. 政治・法制・附故実 …………… 280	12. 理学 …………… 337
A. 総記 …………… 280	A. 総記 …………… 337
B. 政治 …………… 280	B. 天文暦算 …………… 337
	天文 …………… 337
C. 法令 …………… 282	暦 …………… 339
	気候 …………… 340
	和算 …………… 341
D. 官職 …………… 303	洋算 …………… 378
E. 補任 …………… 305	C. 測量 …………… 379
F. 典礼・儀式 …………… 307	D. 地学 附鉱物 …………… 382
10. 経済 …………… 317	E. 化学 …………… 383
A. 総記 …………… 317	F. 博物 …………… 383
B. 度量衡・貨幣 …………… 317	

　　　　総記 ……………………… 383
　　　　動物 ……………………… 384
　　　　植物 ……………………… 385

13. 医学 ………………………… 388

　　A. 総記 ……………………… 388

　　B. 漢方 ……………………… 389
　　　　総記 ……………………… 389
　　　　方論 ……………………… 392
　　　　方集 ……………………… 394
　　　　本草 ……………………… 395

　　C. 蘭方 ……………………… 405

　　D. 和方 ……………………… 407

　　E. 雑 ………………………… 408

14. 産業 ………………………… 409

　　A. 農業 ……………………… 409

　　B. 畜産業 …………………… 413
　　　　畜産 ……………………… 413
　　　　獣医 ……………………… 413
　　　　養蚕 ……………………… 413
　　　　雑 ………………………… 414

　　C. 林業 ……………………… 414

　　D. 水産業 …………………… 414

　　E. 鉱業 ……………………… 414

　　F. 工業 附土木・建築 ……… 415

　　G. 商業 ……………………… 416

　　H. 交通 附通信 …………… 417

　　I. 物産 ……………………… 417

15. 芸術 ………………………… 418

　　A. 総記 ……………………… 418

　　B. 書画 ……………………… 418
　　　　総記 ……………………… 418
　　　　絵画 ……………………… 419
　　　　書跡 ……………………… 423
　　　　印譜 ……………………… 424

　　C. 金石 ……………………… 425
　　　　金石学 …………………… 425
　　　　碑帖 ……………………… 425

　　D. 工芸 ……………………… 425

16. 諸芸 ………………………… 427

　　A. 総記 ……………………… 427

　　B. 茶道 ……………………… 427

- C. 作庭 …………………… 433
- D. 華道 …………………… 433
- E. 香道 …………………… 440
- F. 占卜・相法 …………… 441
- G. 料理 附菓子 ………… 443
- H. 遊戯 …………………… 449
  - 狩猟・放鷹 …………… 449
  - 犬追物 ………………… 449
  - 相撲 …………………… 449
  - 囲碁将棋 ……………… 449
  - 投扇 …………………… 452
  - 手品 …………………… 452
  - 謎 ……………………… 453
  - 地口 …………………… 454
  - 俄 ……………………… 454
  - 拳 ……………………… 455
  - 雑 ……………………… 455

17. 武学・武術 …………… 457

- A. 総記 …………………… 457
- B. 兵法 …………………… 458
- C. 武具 …………………… 494
- D. 剣術 …………………… 503
- E. 槍術 …………………… 503
- F. 弓術 …………………… 503
- G. 馬術 …………………… 505
- H. 柔術 …………………… 508
- I. 火術 …………………… 508
- J. 近代軍学 ……………… 511

18. 準漢籍 ………………… 516

- A. 経部 …………………… 516
  - 易類 …………………… 516
  - 詩類 …………………… 516
  - 礼類 …………………… 516
  - 春秋類 ………………… 517
  - 孝経類 ………………… 517
  - 群経総義類 …………… 518
  - 四書類 ………………… 518
  - 小学類 ………………… 520
- B. 史部 …………………… 521
  - 編年類 ………………… 521
  - 別史類 ………………… 521
  - 雑史類 ………………… 521
- C. 子部 …………………… 522
  - 儒家類 ………………… 522
  - 兵家類 ………………… 523
  - 法家類 ………………… 524
  - 釈家類 ………………… 525
  - 道家類 ………………… 525
- D. 集部 …………………… 525
  - 別集類 ………………… 525

　　　　総集類 …………… 526

19. 漢籍 …………………… 527

A. 経部 …………………… 527

　　　易類 ………………… 527
　　　書類 ………………… 527
　　　詩類 ………………… 528
　　　礼類 ………………… 528
　　　春秋類 ……………… 529
　　　孝経類 ……………… 529
　　　群経総義類 ………… 530
　　　四書類 ……………… 530
　　　小学類 ……………… 531

B. 史部 …………………… 533

　　　正史類 ……………… 533
　　　編年類 ……………… 534
　　　紀事本末類 ………… 535
　　　別史類 ……………… 536
　　　雑史類 ……………… 536
　　　伝記類 ……………… 536
　　　史評類 ……………… 538
　　　外国史類 …………… 538
　　　地理類 ……………… 538
　　　職官類 ……………… 539
　　　政書類 ……………… 539
　　　目録類 ……………… 539

C. 子部 …………………… 539

　　　儒家類 ……………… 539
　　　兵家類 ……………… 543
　　　法家類 ……………… 544
　　　農家類 ……………… 544
　　　医家類 ……………… 545
　　　　医経 ……………… 545
　　　　方論 ……………… 546
　　　　本草 ……………… 548
　　　　叢編 ……………… 549
　　　天文算法類 ………… 550
　　　術数類 ……………… 550
　　　芸術類 ……………… 551

　　　譜録類 ……………… 551
　　　雑家類 ……………… 552
　　　小説家類 …………… 553
　　　類書類 ……………… 554
　　　釈家類 ……………… 555
　　　道家類 ……………… 558

D. 集部 …………………… 558

　　　楚辞類 ……………… 558
　　　別集類 ……………… 558
　　　総集類 ……………… 560
　　　詩文評類 …………… 561

米国議会図書館蔵

日本古典籍目録

Catalog of Japanese Rare Books
in The Library of Congress

1. 総記

A. 図書

書誌学

0001 <ruby>日本現在書目証注稿<rt>にほんげんざいしょもくしょうちゅうこう</rt></ruby>　NIHON GENZAI SHOMOKUSHOU CHUUKOU
　　狩谷棭斎　写　6冊　袋　27.2cm×19.4cm　　　　　　　　IN:2807/LCCN:696245

0002 <ruby>経典題説<rt>けいてんだいせつ</rt></ruby>　KEITEN DATSUSETSU　　　　　　　IN:2806a/LCCN:696244a
　　林羅山　刊　1冊　袋　26cm×18.5cm
　　跋：寛文7年（1677）
　　日本書籍考（鵞峰）と合綴

0003 <ruby>日本書籍考<rt>にほんしょじゃくこう</rt></ruby>　NIHON SHOJAKU KOU　　　　　　IN:2806b/LCCN:696244b
　　林鵞峰　刊　1冊　袋　26cm×18.5cm
　　跋：寛文7年（1677）
　　経典題説（羅山）と合綴

0004 <ruby>二酉洞<rt>にゆうどう</rt></ruby>　NIYUUDOU　　　　　　　　　　　　　IN:2811/LCCN:696249
　　一色時棟（前田菊叢）編・林九兵衛校　刊　2冊　袋　22.3cm×16cm
　　序：元禄12年（1699）松崎祐・元禄12年（1699）一色時棟
　　刊記：元禄12年（1699）京／林九兵衛・武村新兵衛
　　異称：唐本類書目録

0005 <ruby>水戸史館珍書考<rt>みとしかんちんしょこう</rt></ruby>　MITO SHIKAN CHINSHO KOU　　IN:983/LCCN:432556
　　鵜飼信興　写　1冊　洋装（袋）　23.7cm×16.5cm
　　序：元禄昭陽（癸）自序
　　〔朝河〕（SEP 6 1907）収蔵　異称：和漢雑笈或問

0006 <ruby>弁疑書目録<rt>べんぎしょもくろく</rt></ruby>　BENGISHO MOKUROKU　　　　　IN:2815/LCCN:696253
　　中村冨平編　写　1冊　洋装（袋）　24.1cm×16.5cm
　　跋：宝永7年（1710）中村冨平
　　蔵書印等：〔花月文庫〕〔朝河〕（APR 18 1907）収蔵

0007 **弁疑書目録** BENGISHO MOKUROKU　　　　　　　　　　　IN:2816/LCCN:696254
　　中村冨平編　刊　1冊　袋　22.6cm×15.8cm
　　序：宝永6年（1709）中村冨平　刊記：宝永7年（1710）京／中村孫兵衛
　　蔵書印等：［沽原亭］

0008 **俳諧書籍目録** HAIKAI SHOJAKU MOKUROKU　　　　　　　IN:133/LCCN:847129
　　阿誰軒（井筒屋庄兵衛）　刊　1冊　袋　22.3cm×16cm
　　「井筒屋版俳諧書籍目録」「橘屋蕉門俳書目録」を付す

0009 **［古渡新渡］唐本類書考** TOUHON RUISHO KOU　　　　　　IN:2787/LCCN:696225
　　向栄堂主人（山田三郎兵衛）編　刊　3冊　袋　11cm×15.9cm
　　序：寛延4年（1751）平安書林向栄堂主人
　　刊記：寛延4年（1751）京／河南四郎右衛門・永田調兵衛・林権兵衛・山田三郎兵衛

0010 **書林栞** SHORIN NO SHIORI　　　　　　　　　　　　　　IN:2803/LCCN:696241
　　平瀬草野編　刊　1冊　袋　16.1cm×9.3cm
　　序：明和5年（1768）平瀬草野　刊記：明和5年（1768）大坂／新右衛門

0011 **神道書目集覧** SHINTOU SHOMOKU SHUURAN　　　　　　　IN:2873/LCCN:696311
　　鈴木行義編　刊　1冊　袋　26.9cm×18.6cm
　　序：明和7年（1770）城武昭　跋：明和7年（1770）鈴木行義
　　蔵書印等：［宮崎文庫］　異称：神道書目

0012 **和漢軍書要覧** WAKAN GUNSHO YOURAN　　　　　　　　　IN:2857/LCCN:696295
　　刊　1冊　袋　15.6cm×16cm
　　序：吉田一保　刊記：安永7年（1778）大坂／吉文字屋市兵衛・江戸／吉文字屋次郎兵衛
　　異称：軍書要覧

0013 **書籍名数** SHOJAKU MEISUU　　　　　　　　　　　　　　IN:2817/LCCN:696255
　　中村百川　刊　3冊　袋　22.5cm×16.7cm
　　序：天明元年（1781）蘊古堂主人　跋：安永9年（1780）沢田重淵
　　刊記：天明元年（1781）京／文台屋次郎兵衛
　　異称：新編書籍名数

0014 **国朝書目** KOKUCHOU SHOMOKU　　　　　　　　　　　　　IN:2802/LCCN:696240
　　藤原貞幹編　刊　1冊　袋　12.5cm×18.3cm
　　跋：天明7年（1787）辻孔　刊記：寛政3年（1791）京／菱屋孫兵衛・西田荘兵衛

0015 **群書一覧** GUNSHO ICHIRAN　　　　　　　　　　　　　　IN:2818/LCCN:696256
　　尾崎雅嘉編　刊　3冊　洋装（袋）　19.1cm×12.3cm
　　序：享和元年（1801）奥田元継　刊記：享和2年（1802）江戸／須原屋茂兵衛・大坂／加賀屋善蔵・海部屋勘兵衛
　　〔朝河〕（APR 18 1907）収蔵

0016 **群書一覧** GUNSHO ICHIRAN　　　　　　　　　　IN:2334/LCCN:695772
　　尾崎雅嘉編　刊　1冊　袋　17.3cm × 11.8cm
　　序：享和元年（1801）奥田元継
　　和書之部のみ

0017 **掌中群書一覧** SHOUCHUU GUNSHO ICHIRAN　　　　IN:2805/LCCN:696243
　　尾崎雅嘉・多田直洪編　刊　1冊　袋　7.2cm × 16.3cm
　　序：文化9年（1812）多田直洪
　　刊記：文化9年（1812）江戸／前川六左衛門・大坂／海部屋勘兵衛

0018 **彙刻書目外集** IKOKU SHOMOKU GAISHUU　　　　　　IN:2451/LCCN:695889
　　松沢老泉　刊　6冊　袋　18.5cm × 12.5cm
　　序：文政2年（1819）松沢老泉　刊記：文政3年（1820）刻　江戸／和泉屋庄次郎他（全3肆）

0019 **彙刻書目外集** IKOKU SHOMOKU GAISHUU　　　　　　IN:2813/LCCN:696251
　　松沢老泉　刊　6冊　袋　17.1cm × 11.6cm
　　序：文政4年（1821）鵬斎老人・文政2年（1819）松沢老泉
　　刊記：文政3年（1820）玉巌堂（見返）

0020 **旧刊書目** KYUUKAN SHOMOKU　　　　　　　　　　IN:2814/LCCN:696252
　　酉山堂保次郎記・松沢老泉輯　写　1冊　袋　26.8cm × 18.5cm
　　奥書等：横山由清遺物｜小中村清矩家蔵｜文政4年（1821）発起　文政5年（1822）補正　酉山堂保次郎筆記
　　〔朝河〕（APR 18 1907）収蔵

0021 **［官板］古今偽書考** KOKON GISHO KOU　　　　　　IN:2794/LCCN:696232
　　刊　1冊　袋　18cm × 12.2cm
　　刊記：文政5年（1822）

0022 **近代著述目録** KINDAI CHOJUTSU MOKUROKU　　　　IN:2788.1/LCCN:696226
　　堤朝風編　刊　5冊　袋　8.1cm × 17.9cm
　　序：堤朝風　刊記：天保7年（1836）江戸／英大助・和泉屋金右衛門

0023 **近代著述目録** KINDAI CHOJUTSU MOKUROKU　　　　IN:2786/LCCN:696224
　　堤朝風編　刊　1冊　袋　8.4cm × 17.5cm
　　序：堤朝風　刊記：江戸／西村源六・英平吉
　　異称：本朝諸名家著述書目録

0024 **近代著述目録** KINDAI CHOJUTSU MOKUROKU　　　　IN:2788.2/LCCN:696226
　　堤朝風編　刊　5冊　袋　8.1cm × 17.9cm
　　序：堤朝風　刊記：英大助・和泉屋金右衛門

0025 近代著述目録 KINDAI CHOJUTSU MOKUROKU　　　　IN:2635/LCCN:696073
　　　堤朝風編　刊　5冊　袋　8.1cm×17.9cm
　　　刊記：天保7年（1836）江戸／英大助・和泉屋金右衛門
　　　異称：本朝諸名家著述目録

0026 外題鑑 GEDAI KAGAMI　　　　IN:272/LCCN:847268
　　　岡田琴秀（丁子屋平兵衛）編、鶉鶉貞高（為永春水）補　刊　1冊　袋　7.3cm×16cm
　　　序：天保10年（1839）琴台老人東条（東条琴台）・天保9年（1838）鶉鶉貞高
　　　刊記：天保9年（1838）江戸／山城屋左兵衛・丁子屋平兵衛他（全15肆）

0027 官板書籍解題略 KANPAN SHOJAKU KAIDAIRYAKU　　　　IN:2714/LCCN:696152
　　　杉山精一　刊　2冊　袋　18.7cm×12.4cm
　　　序：天保15年（1844）杉山精一（凡例）　刊記：弘化4年（1847）出雲寺万次郎

0028 万葉集書目 MAN'YOUSHUU SHOMOKU　　　　IN:132/LCCN:847128
　　　木村正辞　刊　1冊　袋　18.1cm×12.2cm
　　　序：慶応2年（1866）木村正辞　跋：慶応2年（1866）篠崎節之　刊記：櫺斎社中蔵版

0029 西洋学家訳述目録 SEIYOUGAKKA YAKUJUTSU MOKUROKU　　　　IN:2715/LCCN:696153
　　　穂亭主人編、桐園先生閲　刊　1冊　袋　8cm×18cm

一般書目

0030 本朝書籍目録 HONCHOU SHOJAKU MOKUROKU　　　　IN:2810/LCCN:696248
　　　刊　1冊　袋　19.3cm×12.9cm
　　　刊記：寛文11年（1671）長尾平兵衛

0031 古今書籍題林 KOKON SHOJAKU DAIRIN　　　　IN:2812/LCCN:696250
　　　毛利文八編　刊　2冊　袋　8.1cm×19.2cm
　　　刊記：延宝3年（1675）京／毛利文八（見返）
　　　異称：増続古今本朝彫刻書籍題林大全

0032 広益書籍目録大全 KOUEKI SHOJAKU MOKUROKU TAIZEN　　　　IN:2800/LCCN:696238
　　　刊　5冊　袋　10.5cm×16cm
　　　刊記：元禄5年（1692）京／永田調兵衛・八尾市兵衛他（全4肆）

0033 増益書籍目録 ZOUEKI SHOJAKU MOKUROKU　　　　IN:2717/LCCN:696155
　　　刊　6冊　袋　10.9cm×15.9cm
　　　序：宝永3年（1706）　刊記：正徳5年（1715）丸屋源兵衛
　　　1巻の初め四丁と6巻末の好色本の部分は補写

0034 新書籍目録　SHIN SHOJAKU MOKUROKU　　　　IN:2804/LCCN:696242
　　　文照軒柴橋編　刊　4冊　袋　10.8cm × 15.6cm
　　　刊記：享保14年（1729）京／永田調兵衛
　　　異称：新撰書籍目録

0035 書籍大目録　SHOJAKU DAIMOKUROKU　　　　IN:2749/LCCN:696187
　　　多田勘兵衛編　刊　3冊　洋装（袋）　10.9cm × 15.7cm
　　　刊記：元文2年（1737）刻・文化3年（1806）補　大坂／海部屋勘兵衛
　　　蔵書印等：［吉田・原氏蔵書・福原金印］〔朝河〕（APR 18 1907）収蔵
　　　異称：合類書籍目録大全

0036 書籍目録　SHOJAKU MOKUROKU　　　　IN:2792/LCCN:696230
　　　刊　3冊　袋　11cm × 16cm
　　　刊記：明和9年（1772）武村新兵衛

0037 合類書籍目録大全　GOURUI SHOJAKU MOKUROKU TAIZEN　IN:2716/LCCN:696154
　　　多田勘兵衛編　刊　12冊　袋　11cm × 16.1cm
　　　序：享和元年（1801）陸可彦　刊記：享和元年（1801）大坂／多田勘兵衛

0038 新板増補書籍目録　SHINPAN ZOUHO SHOJAKU MOKUROKU　IN:2713/LCCN:696151
　　　刊　1冊　袋　8.6cm × 19.8cm

叢書目・蔵書目

0039 杏園叢書目　KYOUEN SOUSHOMOKU　　　　IN:399/LCCN:847395
　　　大田南畝編　写　1冊　洋装（袋）　25.8cm × 18.6cm
　　　〔朝河〕（APR 18 1907）収蔵

0040 群書類従目録　GUNSHO RUIJUU MOKUROKU　　　IN:2791/LCCN:696229
　　　塙保己一編　刊　1冊　袋　26.5cm × 18cm

0041 伊吹廼屋先生著撰書目　IBUKINOYA SENSEI CHOSEN SHOMOKU　IN:2790/LCCN:696228
　　　刊　1冊　袋　26.8cm × 18.7cm
　　　刊記：名古屋／永楽屋東四郎・江戸／同・大垣／同
　　　「伊吹廼屋先生及門人著述刻成之書目」「伊吹能舎先生著撰書目」「尾陽東璧堂製本略目録」を付す

0042 弘文書庫目録　KOUBUNSHOKO MOKUROKU　　　IN:51/LCCN:98-847047
　　　写　2冊　袋　23.6cm × 16.7cm
　　　奥書等：明治26年（1893）写

0043 古芸余香 *KOGEI YOKOU*　　　　　　　　IN:3409/3415/LCCN:504731/504737
　　　写　22冊　挿絵有　袋　25.7cm×18.1cm
　　　内容：楓山本宋版上下・楓山本元版上下・楓山本古写本上下・博物館宋版・博物局旧蔵元版・新収本朝古版一〜六・新収書古写本上中下・新収珍書・新収宋元版上下・新収明版上下・新収朝鮮版

雑著

0044 右文故事 *YUUBUN KOJI*　　　　　　　　　　　　　　IN:2809/LCCN:696247
　　　近藤守重（正斎）　写　16冊　袋　26.7cm×18.5cm
　　　奥書等：文化14年（1817）御書物奉行近藤重蔵

B. 事典・事彙

0045 塵添壒囊抄 *JINTEN AINOUSHOU*　　　　　　　　　　　　HN:213/坂79
　　　刊　10冊　袋　27cm×19cm

0046 訓蒙図彙 *KINMOU ZUI*　　　　　　　　　　　　　　IN:2868/LCCN:696306
　　　中村惕斎　刊　8冊　挿絵有　袋　26.7cm×19.3cm
　　　序：寛文6年（1666）中村惕斎
　　　奥書等：正徳元年（1711）大松丹右衛門・南保新左衛門｜梅原｜粟津逸角

0047 頭書増補訓蒙図彙 *KASHIRAGAKI ZOUHO KINMOU ZUI*　　IN:1809/LCCN:508209
　　　中村惕斎　刊　5冊　挿絵有　袋　22.7cm×16.2cm
　　　序：寛文6年（1666）中村惕斎　刊記：元禄8年（1695）

0048 ［増補頭書］訓蒙図彙大成 *KINMOU ZUI TAISEI*
　　　　　　　　　　　　　　　　　　　　　IN:2778.1/2506.1/LCCN:696216/695944
　　　中村惕斎編、下河辺拾水画　刊　7冊　袋　22.1cm×15.8cm
　　　序：寛文8年（1668）力丸光・寛文6年（1666）惕斎
　　　「Gift/Mr.Hyda/MAR 16 1925」　異称：増補訓蒙図彙

0049 ［増補頭書］訓蒙図彙大成 *KINMOU ZUI TAISEI*　　　IN:3113/LCCN:696551
　　　中村惕斎　刊　9冊　挿絵有　袋　22.3cm×15.6cm
　　　跋：春荘端隆　刊記：寛政元年（1789）村上勘兵衛・谷口勘三郎他（全9肆）
　　　異称：訓蒙図彙

0050 ［増補頭書］訓蒙図彙大成 *KINMOU ZUI TAISEI*　　　IN:2778.2/2778.3/LCCN:696216
　　　中村惕斎編、下河辺拾水画　刊　9冊　挿絵有　袋　22.4cm×15.8cm

序：天明9年（1789）春荘端隆　刊記：寛政元年（1789）村上勘兵衛・谷口勘三郎他（全9肆）｜文政12年（1829）京／楠見文助
異称：頭書増補訓蒙図彙

0051　[増補頭書] 訓蒙図彙大成　KINMOU ZUI TAISEI　　IN:2506.2/LCCN:695944

中村惕斎編、下河辺拾水画　刊　10冊　挿絵有　袋　22.4cm×15.7cm
序：寛文8年（1668）力丸光・寛文6年（1666）中村惕斎・天明元年（1781）謙斎　跋：寛文9年（1669）春荘端隆　刊記：寛政元年（1789）谷口勘三郎｜京／吉野屋仁兵衛
異称：頭書増補訓蒙図彙

0052　[増補頭書] 訓蒙図彙大成　KINMOU ZUI TAISEI　　IN:2506.6/LCCN:695944

中村惕斎編、下河辺拾水画　刊　1冊　挿絵有　袋　15.6cm×22.3cm
巻9～13存　蔵書印等：[岡本豊]　異称：頭書増補訓蒙図彙

0053　[増補頭書] 訓蒙図彙大成　KINMOU ZUI TAISEI　　IN:2506.3/LCCN:695944

中村惕斎編、下河辺拾水画　刊　1冊　挿絵有　袋　22.2cm×15.5cm
巻1～3存　異称：頭書増補訓蒙図彙

0054　[増補頭書] 訓蒙図彙大成　KINMOU ZUI TAISEI　　IN:2506.4/LCCN:695944

中村惕斎編、下河辺拾水画　刊　1冊　挿絵有　袋　22.9cm×15.5cm
蔵書印等：[今村氏蔵書]　巻4存　異称：頭書増補訓蒙図彙

0055　[増補頭書] 訓蒙図彙大成　KINMOU ZUI TAISEI　　IN:2506.5/LCCN:695944

中村惕斎編、下河辺拾水画　刊　1冊　挿絵有　袋　22.2cm×15.5cm
巻17～19存　蔵書印等：[杉原]　異称：頭書増補訓蒙図彙

0056　女用訓蒙図彙　ONNAYOU KINMOU ZUI　　IN:2781/LCCN:696219

刊　5冊　挿絵有　袋　22cm×14.9cm
序：奥田松柏軒　刊記：貞享4年（1687）江戸／本屋清兵衛（墨書）
近代複製本

0057　人倫訓蒙図彙　JINRIN KINMOU ZUI　　IN:2782/LCCN:696220

刊　6冊　挿絵有　袋　23.5cm×15.8cm
刊記：元禄3年（1690）江戸／村上五郎兵衛他（全2肆）
近代複製本

0058　唐土訓蒙図彙　MOROKOSHI KINMOU ZUI　　IN:2300/LCCN:695738

平住周道（専庵）著、楢村有税子（橘守国）画　刊　12冊　挿絵有　袋　22.7cm×16.1cm
序：享保3年（1718）玉井直道・享保4年（1719）専庵　跋：享保4年（1719）穂積以貫伊助　刊記：享保4年（1719）大坂／大野木市兵衛・江戸／須原屋茂兵衛

0059　唐土訓蒙図彙　MOROKOSHI KINMOU ZUI　　IN:2777/LCCN:696215

平住周道（専庵）著、楢村有税子（橘守国）画　刊　10冊　挿絵有　袋　22.6cm×15.9cm

　　　　序：享保3年（1718）玉井直道・平住専庵　跋：画者橘有税・享保4年（1719）穂積以貫伊助
　　　　刊記：享保4年（1719）大坂／大野木市兵衛・江戸／須原茂兵衛

0060　唐土訓蒙図彙　MOROKOSHI KINMOU ZUI　　　　　　　　　　　IN:2776/LCCN:696214
　　　　平住周道（専庵）著、楢村有税子（橘守国）画　刊　5冊　挿絵有　袋　25.6cm × 17.8cm
　　　　序：享保3年（1718）玉井直道・平住専庵　跋：画者橘有税・享保4年（1719）穂積以貫伊助
　　　　刊記：享和2年（1802）求版　大坂／河内屋太助他（全4肆）　奥書等：文化2年（1805）山田応八
　　　　「大坂書林森本文金堂蔵板目録（河内屋太助）」3丁を付す

0061　和漢名数　WAKAN MEISUU　　　　　　　　　　　　　　　　　HN:595/ 坂460
　　　　貝原益軒　刊　2冊　袋　22cm × 16cm
　　　　刊記：元禄5年（1692）京
　　　　異称：新編増補和漢名数

0062　和漢名数　WAKAN MEISUU　　　　　　　　　　　　　　　　　IN:3177/LCCN:696615
　　　　貝原益軒　刊　2冊　袋　22.5cm × 15.7cm
　　　　序：元禄2年（1689）貝原篤信
　　　　刊記：元禄5年（1692）｜明和2年（1765）再刻｜平安書肆

0063　和漢名数　WAKAN MEISUU　　　　　　　　　　　　　　　　　IN:3178/LCCN:696616
　　　　貝原益軒　刊　2冊　袋　21.8cm × 15.5cm
　　　　序：元禄2年（1689）貝原篤信　刊記：元禄5年（1692）京／長尾氏

0064　続和漢名数　ZOKU WAKAN MEISUU　　　　　　　　　　　　　IN:3179.1/LCCN:696617
　　　　貝原益軒　刊　4冊　挿絵有　袋　22.5cm × 16.4cm
　　　　序：元禄5年（1692）竹洞野節　刊記：元禄8年（1695）京／水谷水兵衛・長尾藤兵衛

0065　続和漢名数　ZOKU WAKAN MEISUU　　　　　　　　　　　　　IN:3179.2/LCCN:696617
　　　　貝原益軒　刊　3冊　挿絵有　袋　22.6cm × 16cm
　　　　序：元禄5年（1692）竹洞野節　刊記：元禄8年（1695）京／水谷小兵衛・長尾藤兵衛　奥書等：得水菴

0066　続和漢名数　ZOKU WAKAN MEISUU　　　　　　　　　　　　　IN:3179.3/LCCN:696617
　　　　貝原益軒　刊　3冊　挿絵有　袋　22.6cm × 16.2cm
　　　　序：元禄5年（1692）竹洞野節　刊記：元禄8年（1695）京／水谷小兵衛・長尾藤兵衛｜京／出雲寺和泉掾　奥書等：大久保教愛｜明治15年（1882）村山金成太郎

0067　［新編］増補和漢名数　ZOUHO WAKAN MEISUU　　　　　　　IN:3180/LCCN:696618
　　　　貝原益軒　刊　2冊　袋　22.4cm × 16cm
　　　　序：元禄2年（1689）貝原篤信

0068 ［新編］増補和漢名数 ZOUHO WAKAN MEISUU　　　　IN:3181/LCCN:696619

　　貝原益軒　刊　1冊　袋　22.5cm×15.7cm
　　序：元禄2年（1689）貝原篤信　刊記：元禄5年（1692）｜明和2年（1765）再刻　江戸／
　　和泉屋吉兵衛　奥書等：安政2年（1855）求

0069 ［新校］拾遺和漢名数 SHUUI WAKAN MEISUU　　　　IN:3182/LCCN:696620

　　竹田春庵編　刊　1冊　袋　22.7cm×15.8cm
　　序：天明7年（1787）勝元軌仲式　刊記：享保4年（1719）大坂／高橋平助・田中太右衛門｜
　　天保6年（1835）京／勝村治右衛門・江戸／和泉屋吉兵衛他（全4肆）
　　奥書等：安政2年（1855）求

0070 和漢名数大全 WAKAN MEISUU TAIZEN　　　　IN:3186.A/LCCN:696623

　　上田元周　刊　1冊　袋　11.2cm×7.7cm
　　刊記：元禄8年（1695）｜宝暦2年（1752）再刻｜享和3年（1803）三刻｜天保13年（1842）
　　四刻　京／出雲寺文次郎・江戸／和泉屋吉兵衛

0071 和漢名数大全続編 WAKAN MEISUU TAIZEN ZOKUHEN　　　　IN:3186.B/LCCN:696623

　　刊　1冊　袋　11.2cm×7.7cm
　　序：弘化4年（1847）塩谷世弘
　　刊記：弘化4年（1847）京／出雲寺文次郎・江戸／和泉屋吉兵衛他（全4肆）

0072 和漢名数大全三編 WAKAN MEISUU TAIZEN SANPEN　　　　IN:3186.c/LCCN:696623

　　刊　1冊　袋　11.2cm×7.7cm
　　序：嘉永元年（1848）塩谷世弘　刊記：弘化4年（1847）江戸／和泉屋吉兵衛｜嘉永2年（1849）
　　京／出雲寺文次郎・江戸／和泉屋吉兵衛他（全4肆）

0073 中華事始 CHUUKA KOTOHAJIME　　　　IN:2780/LCCN:696218

　　貝原好古　刊　3冊　袋　22.7cm×16.2cm
　　序：天和2年（1682）貝原好古（凡例）　刊記：文化12年（1815）勝嶋喜六郎蔵板　大坂／上
　　田嘉兵衛・京／山中善兵衛他（全4肆）
　　異称：［新編］漢事始

0074 中華事始 CHUUKA KOTOHAJIME　　　　IN:3145/LCCN:696583

　　貝原好古　刊　3冊　袋　22.3cm×15.6cm
　　序：元禄9年（1696）貝原篤信　刊記：文化12年（1815）植村藤右衛門・山中善兵衛他（全5肆）
　　異称：新編漢事始

0075 中華事始 CHUUKA KOTOHAJIME　　　　IN:3133/LCCN:696571

　　貝原好古　刊　6冊　袋　22.4cm×16cm
　　序：天和2年（1682）貝原好古　刊記：平安城書坊新刻（見返）
　　異称：漢事始

0076 中華事始 CHUUKA KOTOHAJIME　　　　　　　　　IN:2626/LCCN:696064
　　　貝原好古　刊　2冊　袋　22.4cm × 15.7cm
　　　刊記：文化12年（1815）京／勝嶋喜六郎・小川多左衛門他（全4肆）
　　　巻3～6存　「瑞錦堂蔵書目録（勝嶋喜六郎）」（1丁半）を付す　異称：新編漢事始

0077 倭漢三才図会 WAKAN SANSAI ZUE　　　　　　　　IN:2413.1/LCCN:695851
　　　寺島良安　刊　81冊　挿絵有　袋　27cm × 18.2cm
　　　序：正徳3年(1713)藤原信篤・正徳3年(1713)和気伯雄・正徳2年(1712)自序・正徳3年(1713)
　　　清原宣通　跋：正徳5年（1715）臥雲閣　刊記：大野木市兵衛他（全4肆）
　　　蔵書印等：［徳輝蔵書］（JUL 23 1934）収蔵

0078 倭漢三才図会 WAKAN SANSAI ZUE　　　　　　　　IN:2413.2/LCCN:695851
　　　寺島良安　刊　15冊　挿絵有　袋　25.2cm × 17.6cm
　　　蔵書印等：［熊本幼年］

0079 倭漢三才図会 WAKAN SANSAI ZUE　　　　　　　　IN:2720.1/LCCN:696158
　　　寺島良安　刊　81冊　挿絵有　袋　25.2cm × 17.9cm
　　　序：正徳3年(1713)藤原信篤・正徳3年(1713)和気伯雄・正徳2年(1712)自序・正徳3年(1713)
　　　清原宣通　跋：正徳5年（1715）臥雲閣　刊記：大野木市兵衛他（全4肆）

0080 倭漢三才図会 WAKAN SANSAI ZUE　　　　　　　　IN:2720.2/LCCN:695851
　　　寺島良安　刊　81冊　挿絵有　袋　24.3cm × 17.7cm
　　　序：正徳3年（1713）藤原信篤・正徳3年（1713）和気伯雄・正徳2年（1712）自序・正徳
　　　3年（1713）清原宣通　跋：正徳5年（1715）臥雲閣　刊記：大野木市兵衛他（全4肆）｜大
　　　坂／秋田屋太右衛門他（全11肆）　奥書等：安政2年（1855）中村内膳求
　　　蔵書印等：［上総富田］

0081 古今要覧稿 KOKON YOURANKOU　　　　　　　　　IN:3519/LCCN:504841
　　　岩崎灌園　写　1冊　袋　23.1cm × 16.9cm
　　　病痾部存　蔵書印等：［東京弘文荘納］

0082 文芸類纂 BUNGEI RUISAN　　　　　　　　　　　IN:968/LCCN:432541
　　　榊原芳野　写　8冊　挿絵有　袋　18.8cm × 26.7cm
　　　（FEB 15 1929）収蔵

0083 倭漢事始 WAKAN KOTOHAJIME　　　　　　　　　IN:2779/LCCN:696217
　　　貝原好古　刊　3冊　袋　22.6cm × 16cm
　　　序：元禄9年（1696）貝原篤信・元禄10年（1697）橘諸生（松下見林）
　　　異称：和漢事始・大和事始

0084 大和事始 YAMATO KOTOHAJIME　　　　　　　　　IN:3144/LCCN:696582
　　　貝原好古　刊　3冊　袋　22.5cm × 15.7cm
　　　序：元禄10年（1697）橘諸生（松下見林）

異称：新編和事始

0085 ［新編］和事始 *YAMATO KOTOHAJIME* 　　　　　IN:2372/LCCN:695810

　　　刊　1冊　袋　22.5cm×15.7cm
　　　巻3・4存　異称：倭事始

0086 和漢事始 *WAKAN KOTOHAJIME* 　　　　　IN:3147/LCCN:696585

　　　貝原好古　刊　6冊　袋　22cm×15.6cm
　　　序：元禄10年（1697）橘諸生（松下見林）　刊記：元禄10年（1697）京／平安城書林
　　　異称：倭漢事始

C. 叢書・全集

0087 甘雨亭叢書 *KAN'UTEI SOUSHO*

　　　板倉勝明編　刊　袋　18.6cm×12.6cm
　　　跋：弘化元年（1844）板倉勝明
　　　蔵書印等：［士官］
　　　細目
　　　仁斎日札　*JINSAI NISSATSU*　伊藤仁斎　1冊　　　　IN:2596　LCCN:2596
　　　格物余話　*KAKUBUTSU YOWA*　貝原益軒　1冊　　　　IN:2602　LCCN:2602
　　　韞蔵録　*UNZŌROKU*　佐藤直方・稲葉正信　1冊　　　IN:2252　LCCN:508652
　　　白石先生遺文拾遺　*HAKUSEKISENSEI IBUN SHŪI*　新井白石　1冊　IN:1248　LCCN:432821
　　　倭史後編　*WASHI KŌHEN*　栗山潜峰　2冊　　　　　IN:2337　LCCN:695775
　　　澹泊史論　*TANPAKU SHIRON*　安積澹泊　3冊　　　　IN:2266　LCCN:695704
　　　湘雲瓚語　*SHŌUN SANGO*　祇園南海　1冊　　　　　IN:2597　LCCN:2597
　　　狼疐録　*ROUCHIROKU*　三宅尚斎　1冊　　　　　　 IN:2652　LCCN:696090
　　　赤穂義人録　*AKŌ GIZIN ROKU*　室鳩巣　2冊　　　　IN:101　LCCN:847097
　　　列士報讎録　*RESSHI HŌSHŪROKU*　三宅観瀾　1冊　　IN:2650　LCCN:696088
　　　芳洲口授　*HOUSHŪ KŪJU*　雨森芳洲・釈袋琳　1冊　 IN:2340　LCCN:695778
　　　尚書学　*SHOUSHOGAKU*　荻生徂徠　1冊　　　　　　IN:2595　LCCN:2595
　　　帝王譜略国朝紀　*TEIŌFURYAKU KOKUCHŌKI*　伊藤長胤　1冊　IN:2598　LCCN:2598
　　　東涯漫筆　*TŌGAI MANPITSU*　伊藤長胤　2冊　　　　IN:2599　LCCN:2599
　　　奥州五十四郡考　*ŌSHŪ GOJŪSHIGUN KŌ*　新井白石　1冊　IN:2251　LCCN:508651
　　　南嶋志　*NANTŌSHI*　新井白石　1冊　　　　　　　 IN:2600　LCCN:2600
　　　孝経啓蒙　*KŌKYŌ KEIMOU*　中江藤樹　1冊　　　　 IN：2341　LCCN:695779
　　　足利将軍伝　*ASHIKAGASHŌGUN DEN*　佐佐宗淳子朴　1冊　IN：2204　LCCN:508604
　　　弊帚集　*HEISŌSHŪ*　栗山潜鋒　1冊　　　　　　　 IN：2651　LCCN:696089
　　　病中須佐美　*BYŌCHŪ NO SUSAMI*　室鳩巣　　　　　IN：2267　LCCN:695705
　　　上近衛公書　*KONOEKŌ NI TATEMATSURU SHO*　柴野栗山　IN：2267　LCCN:695705
　　　子姪禁俳諧書　*SHITETSU NI HAIKAI O KINZURU FUMI*　成島信遍　以上合1冊
　　　　　　　　　　　　　　　　　　　　　　　　　　　 IN：2267　LCCN:695705

日本養子説	NIHON YŌSHISETSU　跡部光海　1冊	IN：:2601	LCCN:2601
蕃山先生和歌	BANZAN SENSEI WAKA　熊沢蕃山　1冊	IN：:2338	LCCN:695776

飛騨山　HIDA NO YAMA　荻生徂徠　　　　　　　　　　IN：1248　LCCN:432821
観放生会記　HOUJYOUE O MISHI KI　太宰春台　　　　IN：:1248　LCCN:432821
檜垣寺古瓦記　HIGAKIDERA KOGAWARA KI　服部南郭　以上合1冊
　　　　　　　　　　　　　　　　　　　　　　　　　　　IN：1248　LCCN:432821

桜之弁　SAKURA NO BEN　山崎闇斎　　　　　　　　　IN：:2250　LCCN:508650
桜品　SAKURA NO HIN　松岡玄達　以上合1冊　　　　IN：:2250　LCCN:508650

0088　**群書類従**　GUNSHO RUIJUU　　　　　　　　　IN:2616/LCCN:696054
　　　塙保己一編　刊　袋　26.5cm×17.9cm
　　　　　　　細目
　　　群書類従目録　GUNSYO RUIJYŪ MOKUROKU　塙保己一編　1冊　IN:2791　LCCN:696229
　　　大和物語　YAMATO MONOGATARI　　　　　　　　IN:2616　LCCN:696054
　　　細川両家記　HOSOKAWA RYŌKE KI　生島宗竹　以上合1冊　IN:2616　LCCN:696054
　　　駿牛絵詞　SUNGYŪ EKOTOBA　　　　　　　　　　IN:1790　LCCN:433363
　　　世俗立要集　SEZOKU RITUYŌSHŪ　　　　　　　　IN:1651　LCCN:433224
　　　四条流庖丁書　SHIJŌRYŪ HŌCHŌSHO　正玄　以上合1冊　IN:1651　LCCN:433224

0089　**白石叢書**　HAKUSEKI SOUSHO　　　　　　　　IN:1248/LCCN:432821
　　　新井白石　写　11冊　袋　27.1cm×18.1cm
　　　序：享保8年（1723）新井白石
　　　11巻存　異称：広白石叢書

0090　**群書一轂**　GUNSHO IKKOKU　　　　　　　　　IN:982
　　　大田南畝輯　写　洋装（袋）　23.3cm×17cm
　　　奥書等：寛政6年（1794）｜寛政8年（1796）杏花園主人
　　　内容：近聞寓筆（きんぶんぐうひつ）　KINBUN GUHITSU　吉田篁墩　1冊　巻1・4屋代弘賢旧
　　　蔵「南畝自筆」（表紙・墨書）〔朝河〕（APR 18 1907）収蔵

0091　［官板］**昌平叢書**　SHOUHEI SOUSHO　　　　　IN:2445/LCCN:695883
　　　刊　2冊　袋　26cm×18.3cm
　　　刊記：慶応元年（1865）
　　　蔵書印等：［士官］

0092　**丹鶴叢書**　TANKAKU SOUSHO
　　　水野忠央輯　刊　袋　26cm×18cm
　　　刊記：丹鶴城蔵梓　｜京／出雲寺文次郎他（全5肆）

蔵書印等：［藤廼屋蔵・士官・仙台幼年］
　　　細目
正中御飾記　SHŌCHŪ ONKAZARIKI　1冊　　　　　　　　　　　　IN:14　LCCN:847010
浜松中納言物語　HAMAMATSU CHŪNAGON MONOGATARI　10冊　　IN:6　LCCN:847002
前参議教長卿集　ZENSANGI NORINAGAKYŌSHŪ　2冊　中・下　　　IN:7　LCCN:847003
万代和歌集　MANDAI WAKASHŪ　6冊　巻1〜9、17〜20存
　　　　　　　　　　　　　　　　　　　　　　　IN:7・9・14　LCCN:847003/847005/847010
信実朝臣集　NOBUZANEASONHŪ　1冊　　　　　　　　　　　　　IN:14　LCCN:847010
忍音物語　SHINOBINE MONOGATARI　2冊　　　　　　　　　　　　IN:14　LCCN:847010
三条中山口伝　SANJŌ NAKAYAMA KUDEN　3冊　　　　　　　　　IN:14　LCCN:847010
経信卿集　TSUNENOBUKYŌSHŪ　1冊　　　　　　　　　　　　　　IN:14　LCCN:847010

D. 随叢

0093　**落穂集**　OCHIBO SHUU　　　　　　　　　　　　　　　IN:373/LCCN:847369
　　　大道寺友山　写　2冊　袋　22.3cm×15.4cm
　　　奥書等：寛政元年（1789）田辺資敷写
　　　蔵書印等：［士官］

0094　**落穂集**　OCHIBO SHUU　　　　　　　　　　　　　　　IN:767/LCCN:847762
　　　大道寺友山　写　1冊　洋装（袋）　22.6cm×16.4cm
　　　〔朝河〕（APR 18 1907）収蔵

0095　**鳩巣雑記**　KYUUSOU ZAKKI　　　　　　　　　　　　　IN:981/LCCN:432554
　　　写　1冊　袋　26.9cm×18.9cm
　　　〔朝河〕（SEP 6 1907）収蔵

0096　**護園随筆**　KEN'EN ZUIHITSU　　　　　　　　　　　　IN:3123/LCCN:696561
　　　荻生徂徠　刊　3冊　袋　26.3cm×17.5cm
　　　序：正徳4年（1714）東野滕煥図東壁　刊記：正徳4年（1714）京／植村文華堂・沢田麗沢堂

0097　**護園随筆**　KEN'EN ZUIHITSU　　　　　　　　　　　　IN:1788/LCCN:433361
　　　荻生徂徠　刊　3冊　袋　26.4cm×17.5cm
　　　序：正徳4年（1714）東野滕煥園東壁　刊記：正徳4年（1714）京／植村文華堂・沢田麗沢堂

0098　**本朝世事談綺**　HONCHOU SEJI DANKI　　　　　　　　IN:1559/LCCN:433132
　　　菊岡沾涼　刊　3冊　挿絵有　袋　22cm×15.5cm
　　　序：享保18年（1733）松永拠徳　跋：沾涼　刊記：享保19年（1734）｜天保7年（1836）求
　　　版　江戸／丁字屋平兵衛・大坂／河内屋茂兵衛他（全13肆）
　　　異称：近代世事談

0099 昆陽漫録 　*KON'YOU MANROKU*　　　　　　　　　　　IN:980/LCCN:432553
　　青木昆陽　写　2冊　挿絵有　洋装（袋）　26.3cm × 19.6cm
　　序：宝暦13年（1763）青木敦
　　〔朝河〕（APR 18 1907）収蔵

0100 南留別志 　*NARUBESHI*　　　　　　　　　　　　　IN:2459/LCCN:695897
　　荻生徂徠、南総宇恵校訂　刊　1冊　袋　26.4cm × 18.1cm
　　序：宝暦11年（1761）宇恵　刊記：千鐘房梓（見返）
　　蔵書印等：［士官］

0101 南留別志 　*NARUBESHI*　　　　　　　　　　　　　IN:3122/LCCN:696560
　　荻生徂徠　刊　1冊　袋　26cm × 17.6cm
　　序：宝暦11年（1761）宇恵　跋：宝暦12年（1762）平好古　刊記：宝暦12年（1762）江戸
　　／村田小兵衛・須原屋茂兵衛
　　異称：徂徠先生南留別志

0102 閑田耕筆 　*KANDEN KOUHITSU*　　　　　　　　　　IN:1573/LCCN:433146
　　伴蒿蹊　刊　4冊　袋　25.8cm × 18.3cm
　　序：寛政11年（1799）蒿蹊　跋：寛政11年（1799）伴資規　刊記：享和元年（1801）京／林
　　伊兵衛他（全4肆）
　　（APR 22 1939）収蔵

0103 閑田次筆 　*KANDEN JIHITSU*　　　　　　　　　　　IN:1553/LCCN:433126
　　伴蒿蹊　刊　4冊　挿絵有　袋　25.9cm × 18.3cm
　　序：文化元年（1804）直樹伴資規　跋：文化2年（1805）金子義篤　刊記：文化3年（1806）
　　京／林伊兵衛・野田次兵衛他（全9肆）

0104 秉穂録 　*HEISUIROKU*　　　　　　　　　　　　　IN:2312/LCCN:695750
　　岡田挺之（新川）　刊　1冊　袋　22.8cm × 16cm
　　刊記：寛政11年（1799）江戸／蔦屋重三郎・名古屋／永楽屋東四郎

0105 瓦礫雑考 　*GAREKI ZAKKOU*　　　　　　　　　　　IN:1787/LCCN:433360
　　喜多村筠庭　刊　2冊　挿絵有　袋　25.8cm × 17.7cm
　　序：文化6年（1809）如実道人　刊記：江戸／英文蔵板（見返）
　　英文堂書肆出板目録を付す　（MAY 23 1939）収蔵

0106 武蔵鐙 　*MUSASHI ABUMI*　　　　　　　　　　　IN:830/LCCN:432404
　　伊勢貞丈　写　1冊　洋装（袋）　23.1cm × 16.2cm

0107 南畝莠言 　*NANPO YUUGEN*　　　　　　　　　　　IN:1608/LCCN:433181
　　大田南畝・文宝亭編　刊　2冊　挿絵有　袋　26.6cm × 18.5cm
　　序：文化14年（1817）杏花園主人　刊記：江戸／岡田嘉七

0108 夢の代　YUME NO SHIRO　　　　　　　　　　　　　　　　　IN:985/LCCN:432558
　　　（山片蟠桃）　写　2冊　挿絵有　洋装（袋）　27.3cm × 18.7cm
　　　奥書等：文政3年（1820）山片芳秀輯
　　　〔朝河〕（AUG 10 1907）収蔵

0109 今国見合鏡　IMAGUNI MIAIKAGAMI　　　　　　　　　　　IN:3464/LCCN:504786
　　　写　1冊　袋　24.3cm × 16.9cm
　　　蔵書印等：[東京弘文荘納]

0110 花子袋　HANAKOBUKURO　　　　　　　　　　　　　　　　IN:1239/LCCN:432812
　　　写　2冊　挿絵有　洋装（袋）　19.5cm × 12cm
　　　蔵書印等：[伊沢文庫]

0111 舳艫訓　JIKUROKUN　　　　　　　　　　　　　　　　　　IN:832/LCCN:432406
　　　伊勢貞丈　写　1冊　挿絵有　洋装（袋）　23.1cm × 15.4cm
　　　〔朝河〕（AUG 17 1907）収蔵

0112 万宝鄙事記　BANPOU HIJIKI　　　　　　　　　　　　　　IN:3134/LCCN:696572
　　　貝原益軒　刊　4冊　袋　10.5cm × 16cm
　　　序：宝永2年（1705）貝原篤信　刊記：宝永2年（1705）京／茨城多左衛門
　　　異称：鄙事記

0113 本朝語園　HONCHOU GOEN　　　　　　　　　　　　　　　IN:2784/LCCN:696222
　　　刊　10冊　袋　25.6cm × 18cm
　　　序：宝永3年（1706）孤山居士　刊記：宝永3年（1706）京／出雲路和泉掾・江戸／同店

0114 広益俗説弁　KOUEKI ZOKUSETSUBEN　　　　　　　　　　IN:1466/LCCN:433039
　　　井沢長秀　写　10冊　袋　22cm × 15.8cm
　　　序：正徳5年（1715）井沢長秀　跋：井沢十郎左衛門長秀
　　　蔵書印等：[陸軍]　異称：俗説弁

0115 還魂紙料　SUKIKAESHI　　　　　　　　　　　　　　　　　IN:1582/LCCN:433155
　　　柳亭種彦　刊　2冊　挿絵有　袋　26.4cm × 18.4cm
　　　序：自序　刊記：文政9年（1826）京／植村藤右衛門・江戸／西村屋与八他（全4肆）

0116 象山浄藁　SHOUZAN JOUKOU　　　　　　　　　　　　　　IN:3254/LCCN:696692
　　　佐久間象山　写　1冊　洋装（袋）　26.8cm × 18.8cm
　　　〔朝河〕（SEP 6 1907）収蔵

0117 思出草　OMOIDEGUSA　　　　　　　　　　　　　　　　　IN:330/LCCN:847326
　　　斎藤忠時　写　3冊　袋　27cm × 19.9cm
　　　奥書等：貞享2年（1685）斎藤忠時

0118 官暇雑記　KANKA ZAKKI　　　　　　　　　　　　　　　　　IN:568/LCCN:847563
　　松下高保・石本勝包・新井有寿・大河原規章・山川能察・藤塚義章　写　1冊　挿絵有　袋
　　24.3cm×17.7cm
　　序：寛政12年（1800）松下高保・石本勝包・新井有寿・大河原規章・山川能察・藤塚義章
　　異称：六臣譚筆

0119 枇杷園随筆　BIWAEN ZUIHITSU　　　　　　　　　　　　　　HN:026/ 坂545
　　枇杷園士朗　刊　1冊　袋　23cm×16cm
　　序：文化7年（1810）　刊記：名古屋／永楽屋東四郎

0120 円珠庵雑記　ENJUAN ZAKKI　　　　　　　　　　　　　　　HN:057/OJ914.6／K23
　　契沖著、賀茂真淵標注、平由豆流補注　刊　1冊　袋　26cm×18cm
　　刊記：文化9年（1812）江戸／英平吉

0121 玉勝間　TAMAGATSUMA　　　　　　　　　　　　　　　　　HN:534/OJ121／M28T
　　本居宣長　刊　15冊　袋　26cm×18cm
　　刊記：文化9年（1812）名古屋／永楽屋東四郎（目録後書）
　　異称：玉賀都万

0122 錦城漫筆　KINJOU MANPITSU　　　　　　　　　　　　　　　IN:402/LCCN:847398
　　大田錦城　写　1冊　洋装（袋）　25.6cm×17.8cm
　　序：文政元年（1818）平尾順
　　〔朝河〕（APR 18 1907）収蔵

0123 追善茶談　TSUIZEN CHADAN　　　　　　　　　　　　　　　IN:960/LCCN:432533
　　楽心庵　写　1冊　洋装（袋）　26.5cm×19cm
　　序：文政4年（1821）　跋：文政5年（1822）
　　不忍文庫本の写し　〔朝河〕（APR 18 1907）収蔵

0124 信濃漫録　SHINANO MANROKU　　　　　　　　　　　　　　IN:2001/LCCN:508401
　　荒木田久老　刊　1冊　洋装（袋）　25.3cm×18cm
　　序：文政4年（1821）大堀正頼　刊記：文政4年（1821）名古屋／美濃屋伊六
　　〔朝河〕（SEP 6 1907）収蔵

0125 花街漫録　KAGAI MANROKU　　　　　　　　　　　　　　　HN:226/ 坂18
　　西村藐庵著、鈴木其一画　刊　2冊　袋　28cm×19cm
　　跋：文政8年（1825）

0126 茅窓漫録　BOUSOU MANROKU　　　　　　　　　　　　　　IN:2662/LCCN:696100
　　茅原定（虚斎）　刊　3冊　挿絵有　袋　25.8cm×17.9cm
　　序：文政12年1829）茅原定　刊記：天保4年（1833）江戸／岡田屋嘉七・橘屋嘉助他（全8肆）

0127 ［校定］常陸帯(ひたちおび) HITACHIOBI　　　　　　　　　　　　IN:2497/LCCN:695935
　　刊　4冊　袋　25cm×17.5cm
　　序：天保5年（1834）

0128 八十翁疇昔話(はちじゅうおうむかしばなし) HACHIJUUOU MUKASHIBANASHI　　　IN:2479/LCCN:695917
　　新見伝左衛門（新見正朝）刊　2冊　挿絵有　袋　25.6cm×17.7cm
　　序：天保9年（1838）東岳司直　刊記：天保8年（1837）尚友堂

0129 三養雑記(さんようざっき) SAN'YOU ZAKKI　　　　　　　　　　　IN:2498/LCCN:695936
　　山崎美成　刊　4冊　挿絵有　袋　25.5cm×18cm
　　序：天保10年（1839）　刊記：江戸／青雲堂英文蔵

0130 雲萍雑志(うんぴょうざっし) UNPYOU ZASSHI　　　　　　　　　　IN:1739/LCCN:433312
　　柳沢淇園　刊　4冊　袋　25.8cm×17.9cm
　　序：寛政8年（1796）浪華兼葭堂主人恭・桃花円のあるじ　刊記：天保14年（1843）江戸／
　　　伊勢屋藤七・和泉屋金右衛門他（全3肆）
　　「玉巌堂（和泉屋金右衛門）製本書目」8丁を付す

0131 ［先進繍像］玉石雑誌(ぎょくせきざっし) GYOKUSEKI ZASSHI　　　　　IN:1653/LCCN:433226
　　栗原柳菴（信充）編、（栗原）信兆画　刊　20冊　挿絵有　袋　25.7cm×17.8cm
　　序：天保14年（1843）藻海川田興（巻6）　刊記：江戸／紙屋徳八他（全15肆）（巻5）｜天保
　　　14年（1843）栗原孫之丞信充蔵板｜江戸／岡村庄助他（全15肆）（巻9）｜天保15年（1844）
　　　栗原孫之丞蔵板　江戸／紙屋徳八他（全15肆）（続3）｜嘉永元年（1848）栗原孫之丞蔵板
　　　京／出雲寺文次郎・江戸／紙屋徳八他（全12肆）（続巻5）｜江戸／知新堂発兌（見返）
　　正編9巻10冊・続編5巻10冊

0132 ［先進繍像］玉石雑誌(ぎょくせきざっし) GYOKUSEKI ZASSHI　　　　　IN:2708/LCCN:696146
　　栗原信充編　刊　5冊　挿絵有　袋　26cm×18cm
　　刊記：大坂／河内屋喜兵衛・江戸／紙屋徳八他（全15肆）

0133 ［先進繍像］玉石雑誌(ぎょくせきざっし) GYOKUSEKI ZASSHI　　　　　IN:2708/LCCN:696146
　　栗原信充編　刊　5冊　挿絵有　袋　26cm×18cm
　　序：天保14年（1843）藻海川田興　刊記：京／出雲寺文次郎・江戸／紙屋徳八他（全13肆）
　　巻6〜9存（巻8は2冊）

0134 ［先進繍像］玉石雑誌(ぎょくせきざっし) GYOKUSEKI ZASSHI　　　　　IN:2709/LCCN:696147
　　栗原信充編　刊　5冊　挿絵有　袋　26cm×18cm
　　刊記：天保15年（1844）栗原孫之丞蔵板、江戸／紙屋徳八・英大助｜嘉永5年（1852）新刻
　　　大坂／河内屋喜兵衛・江戸／紙屋徳八他（全12肆）
　　「東都書林知新堂」（見返）続編

0135 負暄談(ふけんたん) FUKENTAN　　　　　　　　　　　　　　IN:906/LCCN:432479
　　朝菌子　写　1冊　袋　26.7cm×17.7cm

D. 随叢

序：天保15年（1844）朝菌子　奥書等：明治22年（1890）写　石井錦次郎・三浦弥五郎筆
蔵書印等：［東京弘文荘納］

0136　洋外通覧　YOUGAI TSUURAN　　　　　　　　　　　　　　　　IN:2496/LCCN:965934

　　無是公子　刊　3冊　袋　26cm × 17.8cm
　　序：弘化5年（1848）無是公子

0137　善庵随筆　ZEN'AN ZUIHITSU　　　　　　　　　　　　　　　　IN:2098/LCCN:508498

　　朝川鼎（善庵）著、日下部翼・古川政・有馬峻校　刊　2冊　袋　25.8cm × 17.9cm
　　序：嘉永2年（1849）大竹培造　跋：嘉永2年（1849）同斎　刊記：嘉永3年（1850）京／出
　　雲寺文次郎・江戸／和泉屋金右衛門他（全9肆）
　　「鄭将軍成功伝碑」を付す　「玉厳堂（和泉屋金右衛門）製本書目」9丁を付す　（JUL 23
　　1934）収蔵

0138　近世見聞録　KINSEI KENBUNROKU　　　　　　　　　　　　　IN:711/LCCN:847706

　　伊藤瑳平　写　1冊　袋　26.9cm × 18.4cm
　　序：文久3年（1863）

0139　近古武事談　KINKO BUJIDAN　　　　　　　　　　　　　　　　IN:2579/LCCN:696017

　　山口大六郎　刊　1冊　袋　25.8cm × 18cm
　　刊記：文久3年（1863）和泉屋吉兵衛
　　巻3存

0140　吉原徒然草　YOSHIWARA TSUREDUREGUSA　　　　　　　　　IN:856/LCCN:432430

　　結城屋来示　写　1冊　洋装（袋）　26.6cm × 19.3cm
　　〔朝河〕（SEP 6 1907）収蔵

0141　たのしみ双紙　TANOSHIMI SOUSHI　　　　　　　　　　　　　IN:2590/LCCN:696028

　　刊　3冊　挿絵有　折本　16.6cm × 11.5cm
　　刊記：江戸／和泉屋市兵衛・大坂／綿屋喜兵衛他（全29肆）
　　巻1・3・5存

0142　尾陽随筆　BIYOU ZUIHITSU　　　　　　　　　　　　　　　　IN:580/LCCN:847575

　　写　1冊　洋装（袋）　23.5cm × 16cm

0143　わすれのこり　WASURENOKORI　　　　　　　　　　　　　　　IN:858/LCCN:432432

　　茂鳶散人　写　1冊　洋装（袋）　26cm × 18.5cm
　　序：茂鳶散人

0144　（逸題随筆）　ITSUDAI ZUIHITSU　　　　　　　　　　　　　　IN:3292/LCCN:504614

　　写　1冊　洋装（袋）　23.3cm × 16.6cm
　　吉宗将軍御詠歌・貞徳発句など60項目　〔朝河〕（SEP 6 1907）収蔵

0145　**遠碧軒記分類抄書目録**　*ENPEKIKENKI BUNRUI SHOUSHO MOKUROKU*　　　IN:978/LCCN:432551
　　　黒川道祐　写　1冊　洋装（袋）　26.7cm×19.5cm
　　　序：延宝3年（1675）　奥書等：宝暦6年（1756）宗建
　　　〔朝河〕（APR 6 1907）収蔵

0146　**（尾張雑記等抄記）**　*OWARIZAKKITOU SHOUKI*　　　IN:986/LCCN:432559
　　　写　1冊　挿絵有　洋装（袋）　23.2cm×16cm

0147　**見聞記録**　*KENMON KIROKU*　　　IN:3428/LCCN:504750
　　　写　4冊　挿絵有　袋　21.5cm×14cm
　　　奥書等：慶応元年（1865）写

0148　**（雑記）**　*ZAKKI*　　　IN:3434/LCCN:504756
　　　九十九星芙庵　写　1冊　挿絵有　袋　23.5cm×15.9cm
　　　奥書等：大正10年（1921）（天台私見）
　　　神婚抄・天台私見・博士卜余ノ関係より成る

0149　**朝野類要**　*CHOUYA RUIYOU*　　　IN:1202d/LCCN:432775d
　　　鄭珍撰／東川憙抄　写　1冊　仮綴　25.5cm×17.5cm
　　　欽定銭録・独断・象刑研究資料・親属記・聖徳太子憲法十七条と合綴　（AUG 29 1939）収蔵

2. 神祇

A. 神道

雑

0150 **鬼神集説** きじんしゅうせつ *KIJIN SHUUSETSU*　　　IN:2682/LCCN:696120
　　佐藤直方　刊　1冊　袋　26.5cm × 18.5cm
　　序：元禄2年（1689）佐藤直方

0151 **鬼神新論** きしんしんろん *KISHIN SHINRON*　　　IN:1603/LCCN:433176
　　平田篤胤　刊　1冊　袋　26.7cm × 18.2cm
　　序：文化2年（1805）中村一匡・文化3年（1806）鈴木朖　跋：文政3年（1820）亀山嘉治
　　「伊吹酒屋先生及門人著述塾蔵版目録」一丁を付す

0152 **仙童寅吉物語** せんどうとらきちものがたり *SENDOU TORAKICHI MONOGATARI*　　　IN:3502/LCCN:584824
　　平田篤胤　写　1冊　袋　23.4cm × 16cm
　　序：文政5年（1822）
　　異称：（仙境異聞）

0153 **古今妖魅考** こ こんようみ こう *KOKON YOUMI KOU*　　　IN:2763/LCCN:696201
　　平田篤胤　刊　1冊　洋装（袋）　26.1cm × 18.2cm
　　序：天保2年（1831）柱誉正
　　「伊吹能舎先生著撰書目」を付す〔朝河〕（AUG 17 1907）収蔵

0154 **古今妖魅考** こ こんようみ こう *KOKON YOUMI KOU*　　　IN:1565/LCCN:433138
　　平田篤胤　刊　3冊　袋　26.6cm × 18.4cm
　　序：天保2年（1831）柱誉正
　　3巻存

0155 **姫島考** ひめしまこう *HIMESHIMA KOU*　　　IN:1522/LCCN:433095
　　刊　1冊　袋　26.6cm × 18.3cm
　　序：天保3年（1832）大倉重威　刊記：塾蔵版　奥書等：文政8年（1835）大倉重威｜藤原重名

「伊吹廼屋先生及門人著述刻成之書目」を付す

0156 **姫島考** (ひめしまこう) *HIMESHIMA KOU*   IN:2654/LCCN:696092

    大倉重威　刊　1冊　袋　26.7cm × 18.6cm
    序：天保3年（1832）淵黙老人広計・天保3年（1832）大蔵重威　跋：藤原重名
    「伊吹廼屋先生及門人著述刻成近書目　塾蔵版」（1丁）を付す　蔵書印等：［筑波文庫］　異称：比売嶋考

0157 **末賀能比連** (まがのひれ) *MAGA NO HIRE*   IN:2242/LCCN:508642

    市川匡　刊　1冊　袋　26.7cm × 17.9cm
    刊記：名古屋／風月堂

0158 **くず花** (ばな) *KUZUBANA*   IN:2566/LCCN:696004

    本居宣長　刊　1冊　袋
    序：市岡多気彦　刊記：享和3年（1803）市岡孟彦蔵板
    巻1存

0159 **くず花** (ばな) *KUZUBANA*   IN:2789/LCCN:696227

    本居宣長　刊　2冊　袋　26.2cm × 18.3cm
    序：尾張の殿人 市岡多気彦　刊記：享和3年（1803）市岡孟彦蔵板　名古屋／永楽屋東四郎

0160 **くず花** (ばな) *KUZUBANA*   IN:2289/LCCN:695727

    本居宣長　刊　1冊　袋　26.6cm × 18.5cm
    巻上存

B. 祭祀

祭儀

0161 **神祇令集解** (じんぎりょうしゅうげ) *JINGIRYOU SHUUGE*   IN:413/LCCN:847409

    写　1冊　洋装（袋）　28.3cm × 20.5cm
    奥書等：享保19年（1734）中臣敬芳
    蔵書印等：［鈴鹿氏・敬芳］　〔朝河〕（APR 18 1907）収蔵

0162 **橘家清祓式法** (たちばなけきよはらえしきほう) *TACHIBANAKE KIYOHARAE SHIKIHOU*   IN:479/LCCN:847475

    写　1冊　洋装（袋）　26cm × 19cm
    奥書等：安永4年（1775）熊野臨渕書
    〔朝河〕（APR 18 1907）収蔵　神拝次第と合綴

0163 神拝次第 　SHINPAI SHIDAI　　　　　　　　　　　　　　IN:479a/LCCN:847475a
　　　写　1冊　洋装（袋）　26cm×19cm
　　　奥書等：享保11年（1726）玉木正英書
　　　〔朝河〕（APR 18 1907）収蔵　橘家清祓式法と合綴

0164 山王御祭礼番附 　SANNOU GOSAIREI BANZUKE　　　　　IN:2174/LCCN:508574
　　　国周画　刊　1冊　挿絵有　袋　17.4cm×12cm
　　　刊記：江戸／森屋治兵衛
　　　（JUL 23 1934）収蔵　異称：山王

0165 神饌之図 　SHINSEN NO ZU　　　　　　　　　　　　　IN:501/LCCN:847497
　　　写　6帖　折本　27cm×26.6cm
　　　「日本東京／牛込通寺町／古沢製」（各帖末尾スタンプ）

0166 戎衣神拝考 　JUUI JINPAI KOU　　　　　　　　　　　　IN:474/LCCN:847470
　　　小山田与清　写　1冊　挿絵有　袋　27.5cm×19.1cm
　　　跋：小山田与清・天保11年（1840）久米彦助博高・西野新治宣明　奥書等：嘉永4年（1851）
　　　友部八郎方升
　　　蔵書印等：［友部蔵書・予科］

0167 南北臨時祭使以下服飾 　NANBOKU RINJI SAISHI IKA FUKUSHOKU　IN:497/LCCN:847493
　　　写　1冊　挿絵有　洋装（袋）　27cm×18.6cm
　　　「従文化11年（1814）右近衛少将」（表紙上書）〔朝河〕（NOV 2 1907）収蔵

祝詞・祓詞・祭文・願文

0168 祝詞巻 　NORITO NO MAKI　　　　　　　　　　　　　IN:3645/LCCN:703728
　　　神谷孝信校、永田成長閣　刊　1冊　袋　26.5cm×18.6cm

0169 中臣祓 　NAKATOMI NO HARAE　　　　　　　　　　　IN:3449/LCCN:504771
　　　写　1冊　袋　25.7cm×18.2cm
　　　奥書等：健保3年（1215）写｜貞治5年（1366）書写

0170 中臣祓 　NAKATOMI NO HARAE　　　　　　　　　　　IN:478/LCCN:847474
　　　鴨祐之・山崎闇斎・占部清蔭　写　1冊　洋装（袋）　26.8cm×19.2cm
　　　序：寛政元年（1789）卜部良倶（中臣祓正義）　奥書等：寛政5年（1793）従四位下参河守（中
　　　臣祓和解）｜敬芳書（中臣祓風水抄）
　　　中臣祓正義・中臣祓和解・中臣祓風水抄を合冊　〔朝河〕（AUG 17 1907）収蔵

0171 中臣祓気吹抄 　NAKATOMI NO HARAE IFUKISHOU　　　IN:480/LCCN:847476
　　　多田義俊　写　3冊　挿絵有　洋装（袋）　25.6cm×19.8cm
　　　奥書等：延享3年（1746）岩山式部源満清書

〔朝河〕（AUG 17 1907）収蔵

0172 出雲国造神寿後釈 　IZUMO NO KUNI NO MIYATSUKO KAN'YOGOTO KOUSHAKU
　　　いずものくにのみやつこかんよごとこうしゃく
　　本居宣長　刊　2冊　袋　26.2cm×18.3cm　　　　　　　　IN:1536/LCCN:433109
　　序：寛政5年（1793）出雲宿祢俊秀　刊記：京／菱屋孫兵衛・名古屋／永楽屋東四郎他（全13肆）
　　奥書等：明治11年（1878）

0173 三種大祓纂説　SANSHU NO OOHARAE SANSETSU　　　　　　　IN:2876/LCCN:696314
　　　さんしゅのおおはらえさんせつ
　　源本秀　刊　1冊　洋装（袋）　22.7cm×15.7cm
　　序：明和4年（1767）源本秀　跋：明和6年（1769）源毎仲
　　「菊英館蔵版目録抜書　京／鹿野氏　菊屋安兵衛」を付す　〔朝河〕（SEP 6 1907）収蔵

0174 大祓詞後釈　OOHARAE KOTOBA GOSHAKU　　　　　　　　IN:1627/LCCN:433200
　　　おおはらえことばごしゃく
　　本居宣長　刊　2冊　袋　25.7cm×18cm
　　序：寛政7年（1795）神祇伯資延王　刊記：江戸／岡田屋嘉七・京／菱屋孫兵衛他　全9肆

卜占・禁厭

0175 新撰呪咀調法記大全　SHINSEN MAJINAI CHOUHOUKI TAIZEN　IN:2125/LCCN:508525
　　　しんせんまじないちょうほうきたいぜん
　　刊　1冊　挿絵有　袋　10.5cm×15.3cm
　　序：東籬隠士悠　刊記：天保13年（1842）京／山城屋佐兵衛

0176 正卜考　SEIBOKU KOU　　　　　　　　　　　　　　　　IN:2762/LCCN:696200
　　　せいぼくこう
　　伴信友　刊　1冊　挿絵有　洋装（袋）　25.4cm×17.8cm
　　刊記：安政5年（1858）江戸／須原屋茂兵衛・京／越後屋治兵衛他（全8肆）

0177 願懸重宝記　GANKAKE CHOUHOUKI　　　　　　　　　　　IN:2149/LCCN:508549
　　　がんかけちょうほうき
　　万寿亭正二　刊　1冊　挿絵有　袋　17.4cm×11cm
　　（JUL 23 1934）収蔵

禁忌・触穢・服忌

0178 神祇服紀令　JINGI BUKKIRYOU　　　　　　　　　　　　IN:414/LCCN:847410
　　　じんぎぶっきりょう
　　写　1冊　洋装（袋）　21.2cm×14.6cm
　　蔵書印等：[龍潮]　異称：秘伝神祇服紀令

C. 神社

総記

0179 **延喜式神名帳考証** ENGISHIKI JINMYOUCHOU KOUSHOU　　IN:487/LCCN:847483
　度会延経　写　1冊　洋装（袋）　23.3cm × 16.3cm
　奥書等：寛文7年（1667）松下見林書｜享保18年（1733）桑原弘世書｜宝暦4年（1754）吉沢末章書

0180 **諸神根源抄** SHOSHIN KONGENSHOU　　IN:496/LCCN:847492
　写　1冊　洋装（袋）　28.2cm × 20.3cm
　奥書等：慶長7年（1602）

0181 **神社啓蒙** JINJA KEIMOU　　IN:1545/LCCN:433118
　白井宗因　刊　7冊　袋　26.6cm × 18.3cm
　序：寛文7年（1667）自省軒宗因書　刊記：寛文10年（1670）京／水田甚左衛門

0182 **本朝神社考** HONCHOU JINJA KOU　　IN:1566/LCCN:433139
　林羅山　刊　5冊　袋　26.7cm × 17.8cm
　刊記：京／上村次郎右衛門
　奥書等：元禄4年（1691）

0183 **本朝神社考** HONCHOU JINJA KOU　　IN:2218/LCCN:508618
　林羅山　刊　6冊　袋　26.4cm × 18.2cm
　刊記：京／上村次郎右衛門
　巻2〜6存

0184 **本朝神社考** HONCHOU JINJA KOU　　IN:3124/LCCN:696562
　林羅山　刊　6冊　袋　25.5cm × 17.7cm
　序：羅浮子道春

0185 **本朝神社考** HONCHOU JINJA KOU　　IN:2658/LCCN:696096
　林羅山　刊　1冊　袋　26.4cm × 18.2cm
　巻1存

0186 **神社仏閣納札起原** JINJA BUKKAKU NOUSATSU KIGEN　　IN:1539/LCCN:433112
　楓園玄魚口授、鈍亭魯文（仮名垣魯文）校訂　刊　1冊　挿絵有　袋　17.7cm × 12.1cm
　序：安政5年（1858）万石亭積丸　刊記：安政5年（1858）東京／信牌堂蔵梓

（JUL 23 1934）収蔵

0187 名古屋神社仏閣集印帖 　NAGOYA JINJA BUKKAKU SHUUINJOU 　　IN:3603/LCCN:504925
　　　写　1冊　折本　20.6cm×16.1cm
　　　「贈　スタール翁　名古屋商工会議所内　土曜会」

神宮

0188 神宮秘伝問答 　JINGUU HIDEN MONDOU 　　　　　　　　　IN:491/LCCN:847487
　　　度会延良　写　1冊　洋装（袋）　27.7cm×19.8cm
　　　序：元禄11年（1698）北水浪士（岡西）惟中
　　　跋：天和2年（1682）度会延佳（続編）・万治3年（1660）度会延良（正編）
　　　神宮秘伝問答と神宮続秘伝問答より成る　〔朝河〕（APR 18 1907）収蔵

0189 外宮子良館祭奠式 　GEKUU KORAKAN SAITENSHIKI 　　　　IN:3421/LCCN:504743
　　　（度会益弘）　写　2冊　挿絵有　袋　27cm×19.2cm
　　　奥書等：貞享4年（1687）｜文化元年（1804）写　富浦征田
　　　2巻（上下）存

0190 大神宮御鎮座伝記 　DAIJINGUU GOCHINZA DENKI 　　　　IN:3342a/LCCN:504664a
　　　写　1冊　洋装（袋）　24.3cm×16.9cm
　　　奥書等：元禄15年（1702）卜部兼尚｜享保19年（1734）中臣敬芳
　　　歴代遷宮記と合綴　〔朝河〕（SEP 6 1907）収蔵　異称：伊勢大神宮鎮座伝記

0191 伊勢二所大神宮神名秘書 　ISE NISHO DAIJINGUU JINMYOU HISHO
　　　写　1冊　洋装（袋）　23cm×17cm　　　　　　　　　　　IN:989/LCCN:432562
　　　奥書等：宝永7年（1710）写　賀茂県主清茂｜元文5年（1740）写・校　賀茂県主産幸

0192 皇太神宮年中行事 　KOUTAIJINGUU NENJUU GYOUJI 　　　IN:482/LCCN:847478
　　　荒木田忠仲、荒木田氏経補　写　4冊　袋　26.6cm×19.6cm
　　　奥書等：慶応4年（1868）援筆　藤原朝臣延春（春部・夏部）｜遠藤貞次写（秋部）｜承応3年（1654）
　　　写・校　泰末清判（冬部）

0193 文安二年内宮仮殿遷宮記 　BUN'AN NINEN NAIKUU KARIDONO SENGUUKI
　　　藤波氏経　写　1冊　洋装（袋）　27cm×19.4cm
　　　奥書等：天和4年（1684）書　　　　　　　　　　　　　IN:527/LCCN:847522
　　　蔵書印等：［吉野弘隆蔵書］

0194 内宮元禄正遷宮記 　NAIKUU GENROKU SEISENGUUKI 　　　IN:484/LCCN:847480
　　　写　1冊　洋装（袋）　23.4cm×16.2cm
　　　奥書等：享保14年（1729）宝積庵太誉写
　　　〔朝河〕（APR 18 1907）収蔵

C. 神社

0195 歴代遷宮記 REKIDAI SENGUUKI　　　　　IN:3342b/LCCN:504664b
　　写　1冊　洋装（袋）　24.3cm × 16.9cm
　　奥書等：明和2年（1765）葉苅宣暁輯
　　大神宮御鎮座伝記と合綴　〔朝河〕（SEP 6 1907）収蔵

0196 寛政遷宮物語 KANSEI SENGUU MONOGATARI　　IN:481/LCCN:847477
　　荒木田末偶　写　1冊　洋装（袋）　27.7cm × 17.7cm
　　序：本居宣長　跋：寛政5年（1793）継橋卿石崎文雅・荒木田経雅
　　蔵書印等：[吉野弘隆蔵書]　〔朝河〕（APR 18 1907）収蔵

0197 神鳳鈔 JINPOUSHOU　　　　　　　　　　IN:483/LCCN:847476
　　写　1冊　洋装（袋）　24.2cm × 17.3cm

0198 外内宮祝詞 GENAIGUU NORITO　　　　　　IN:498c/LCCN:847494c
　　写　1冊　挿絵有　袋　16.6cm × 19.2cm
　　奥書等：大橋広能写
　　神拝次第・奉幣次第と合綴

0199 奉幣次第 HOUHEI SHIDAI　　　　　　　　IN:498b/LCCN:847494b
　　写　1冊　挿絵有　袋　16.6cm × 19.2cm
　　奥書等：元禄12年（1699）寂隠斉著
　　神拝次第・外内宮祝詞と合綴

0200 神拝次第 SHINPAI SHIDAI　　　　　　　　IN:498a/LCCN:847494a
　　写　1冊　挿絵有　袋　16.6cm × 19.2cm
　　奥書等：享保17年（1732）玉木正英
　　奉幣次第・外内宮祝詞と合綴

0201 伊勢太神宮参詣記 ISE DAIJINGUU SANKEIKI　IN:2643/LCCN:696081
　　刊　1冊　袋　27.2cm × 19cm
　　刊記：元禄2年（1689）京／武村市兵衛

0202 宮川日記 MIYAGAWA NIKKI　　　　　　　IN:485/LCCN:84748
　　多田満恭（多田義俊）　写　1冊　洋装（袋）　24.8cm × 17.4cm
　　奥書等：延享3年（1746）写　浄祐蘭若｜天明3年（1783）｜天明4年（1764）写　橘経亮
　　｜天明8年（1788）写
　　〔朝河〕（SEP 6 1907）収蔵

諸神社

0203 当社年中御料之次第・御更祭神供重役覚悟記並図 TOUSHA NENJUU GORYOU NO

28　2. 神祇

SHIDAI・GOKOUSAI JINKU JUUYAKU KAKUGO NO KI NARABINI ZU　　IN:499/LCCN:847495

写　1冊　挿絵有　袋　13.2cm×19.8cm
奥書等：明和4年（1697）賀茂県主氏老｜天保15年（1844）写　賀茂保卿｜嘉永5年（1852）
　　　　下賀茂保卿
蔵書印等：［保卿所蔵・保卿之印］

0204　熱田旧記　ATSUTA KYUUKI　　　　　　　　　　　　　　IN:486/LCCN:847482

　　　写　1冊　挿絵有　洋装（袋）　23.2cm×16.2cm
　　　序：元禄12年（1699）・天明元年（1781）校
　　　「簱屋喜兵衛蔵」（墨書）

0205　尾州郡村神社　BISHUU GUNSON JINJA　　　　　　　　　IN:412/LCCN:847408

　　　写　1冊　洋装（袋）　15.2cm×22.2cm
　　　尾張国八郡寺社改帳　元禄16年（1703）以降か　蔵書印等：［富田家蔵書・雲林庵蔵書・朝□家蔵］

0206　富士山御神符　FUJISAN GOSHINPU　　　　　　　　　　IN:3435/LCCN:504757

　　　写　1冊　挿絵有　袋　24cm×15.9cm

0207　諏訪神社に関する聞取事項　SUWA JINJA NI KANSURU KIKITORI JIKOU

　　　梶原景幹　写　1冊　袋　24cm×17cm　　　　　　　　IN:3484a/LCCN:504806a
　　　奥書等：八幡神社社務所
　　　沢田鎮座八幡神社由緒・鱧祭由来と合綴

0208　神主年中行事　寛政十一年上賀茂之記録　KANNUSHI NENJUU GYOUJI　KANSEI
　　　JUUICHINEN KAMIGAMO NO KIROKU　　　　　　　　　IN:493/LCCN:847489

　　　賀茂保喬　写　2冊　洋装（袋）　27.7cm×20cm
　　　跋：正徳元年（1711）賀茂保喬
　　　〔朝河〕（APR 18 1907）収蔵

0209　香取志　KATORISHI　　　　　　　　　　　　　　　　IN:2878/LCCN:696316

　　　小林重規　刊　1冊　洋装（袋）　25.6cm×17.2cm
　　　序：天保4年（1833）平田篤胤　刊記：天保4年（1833）槻之舎蔵版
　　　〔朝河〕（AUG 19 1907）収蔵

0210　太宰府天満宮故実　DAZAIFU TENMANGUU KOJITSU　　　IN:2877/LCCN:696315

　　　貝原益軒　刊　1冊　挿絵有　洋装（袋）　22.3cm×15.2cm
　　　序：有（欠丁）　跋：貞享元年（1684）貝原益軒　刊記：貞享2年（1685）京／村上平楽寺
　　　異称：天満宮故実

0211　太宰府天満宮故実　DAZAIFU TENMANGUU KOJITSU　　　IN:3408/LCCN:504730

　　　貝原益軒　刊　1冊　袋　24.5cm×17.8cm
　　　序：貞享2年（1685）鸇山野節　跋：貞享元年（1684）貝原益軒

0212 天満宮御伝記略　TENMANGUU GODENKI RYAKU　　　　　IN:2668/LCCN:696106
　　平田篤胤著、根岸延貞等編　刊　1冊　挿絵有　袋　23.8cm×16.5cm
　　序：嘉永4年（1851）倉胤則　跋：嘉永4年（1851）村井政義　刊記：文政3年（1820）｜嘉永4年（1851）気吹舎蔵板　京／勝村治右衛門・江戸／紙屋徳八他（全4肆）
　　「気吹舎蔵版目録」を付す

0213 八幡愚童記　HACHIMAN GUDOUKI　　　　　　　　　IN:489/LCCN:847485
　　写　1冊　洋装（袋）　29.4cm×20.4cm
　　愚童記上下と愚童訓上下を合冊　蔵書印等：［小畠文庫］
　　異称：八幡愚童訓

0214 八幡宮本紀　HACHIMANGUU HONGI　　　　　　　　IN:3174/LCCN:696612
　　貝原好古　刊　5冊　挿絵有　袋　22.9cm×15.8cm
　　序：元禄8年（1695）貝原篤信
　　巻6末に「文海堂（大坂　敦賀屋九兵衛）蔵板目録」を付す

0215 沢田鎮座八幡神社由緒　SAWADA CHINZA HACHIMAN JINJA YUISHO
　　　　　　　　　　　　　　　　　　　　　　　　　IN:3484b/LCCN:504806b
　　竹村善憲　写　1冊　袋　24cm×17cm
　　奥書等：多紀郷土文庫　郷土狂奧
　　諏訪神社に関する聞取事項・鱧祭由来と合綴

0216 熊野本宮年中行事　KUMANO HONGUU NENJUU GYOUJI　IN:495/LCCN:847491
　　写　1冊　洋装（袋）　27.6cm×20.6cm
　　奥書等：享保19年（1734）中臣敬芳
　　蔵書印等：［鈴鹿氏敬芳］〔朝河〕（APR 18 1907）収蔵

0217 鱧祭由来　HAMOMATSURI YURAI　　　　　　　　　IN:3484c/LCCN:504806c
　　田部井小禾　写　1冊　袋　24cm×17cm
　　奥書等：神戸新聞六七年前に掲載した文にて田部井記者の筆になりたるものと此記事多少相違の箇所あり　小林卓氏の編纂の記事の方正確ならん
　　諏訪神社に関する聞取事項・沢田鎮座八幡神社由緒と合綴

D. 国学

0218 荷田大人啓　KADANO USHIKEI　　　　　　　　　　IN:2231/LCCN:508631
　　荷田東麻呂　刊　1冊　挿絵有　袋　26.5cm×18.5cm
　　跋：慶応2年（1866）平田鐵胤校
　　異称：荷田大人創学校啓

3. 仏教

A. 総記

概論・通説・雑書

0219 <ruby>六道編<rt>ろくどうへん</rt></ruby> ROKUDOUHEN　　　　　　　　　　　　　IN:991/LCCN:432564
　　　法運明英　写　2冊　洋装（袋）　24.4cm×17.7cm
　　　跋：文政6年（1823）釈法運明英
　　　〔朝河〕（SEP 6 1907）収蔵

0220 <ruby>往生要集<rt>おうじょうようしゅう</rt></ruby> OUJOU YOUSHUU　　　　　　　　　　　IN:1623/LCCN:433196
　　　源信　刊　3冊　挿絵有　袋　22.2cm×15.7cm
　　　刊記：元禄2年（1689）元板｜寛政2年（1790）再刻　京／菱屋治兵衛板

0221 <ruby>往生要集上和解<rt>おうじょうようしゅうじょうわげ</rt></ruby> OUJOU YOUSHUU JOUWAGE　　　IN:2056/LCCN:508456
　　　刊　合2冊　洋装（袋）　25.7cm×18.8cm
　　　序：宝永元年（1704）釈沢　刊記：正徳5年（1715）京／福森兵左衛門
　　　〔朝河〕（SEP 6 1907）収蔵　異称：往生要集和解・要集和解

0222 <ruby>真言引導要集便蒙<rt>しんごんいんどうようしゅうべんもう</rt></ruby> SHINGON INDOU YOUSHUU BENMOU　　IN:2052/LCCN:508452
　　　伝慧　刊　合2冊　挿絵有　洋装（袋）　25.8cm×18.8cm
　　　序：貞享元年（1684）　伝慧　刊記：貞享元年（1684）　井上氏忠兵衛・前川茂右衛門
　　　〔朝河〕（SEP 6 1907）収蔵　異称：引導要集便蒙

0223 <ruby>諸尊真影本誓集<rt>しょそんしんようほんぜいしゅう</rt></ruby> SHOSON SHIN'YOU HONZEI SHUU　　IN:2066/LCCN:508466
　　　刊　1冊　挿絵有　袋　23.4cm×16cm
　　　高野山清浄心院御影／供養十二大威徳天報恩経和訓／含／仏説護諸童子陀羅尼呪経和訓

0224 <ruby>古筆拾集抄<rt>こひつしゅうしゅうしょう</rt></ruby> KOHITSU SHUUSHUUSHOU　　　　　　IN:2057/LCCN:508457
　　　刊　1冊　洋装（袋）　26.3cm×18.6cm
　　　刊記：正保3年（1646）京／佐右衛門
　　　〔朝河〕（SEP 6 1907）収蔵　異称：古筆

0225 仏門衣服正儀編 BUTSUMON EBUKU SHOUGIHEN　　　　IN:2046/LCCN:508446
　　鳳潭　刊　1冊　挿絵有　洋装（袋）　26.2cm × 19cm
　　序：享保11年（1726）自序
　　〔朝河〕（SEP 6 1907）収蔵　異称：仏門衣服敵惑編・正儀編

0226 疑 UTAGAI　　　　IN:2548/LCCN:695986
　　刊　1冊　袋　16.1cm × 11cm
　　巻15存　蔵書印等：［士官］

0227 大日本題名功徳演説 DAINIPPON DAIMYOU KUDOKU ENZETSU　　　　IN:1203/LCCN:432776
　　田定賢（悦翁）　写　1冊　袋　23.7cm × 16.2cm
　　刊記：寛政2年（1790）守法蘭華子刊行
　　版本写　（JUL 23 1934）収蔵　異称：題名功徳演説

0228 瑜伽凡例 YUGA HANREI　　　　IN:3372/LCCN:504694
　　覚芳　写　1冊　洋装（袋）　26.3cm × 18.8cm
　　序：元文3年（1738）福寿金剛了春覚芳
　　〔朝河〕（SEP 6 1907）収蔵

0229 万松老山和尚遺藁略編 BANSHOU ROUZAN OSHOU IKOU RYAKUHEN　　　　IN:2021/LCCN:508421
　　梅英　刊　1冊　洋装（袋）　26cm × 18cm
　　序：享保9年（1724）大心義統　跋：享保9年（1724）密潭道徹
　　〔朝河〕（SEP 6 1907）収蔵

0230 （諸観音・諸文殊他抄書） SHOKANNON・SHOMONJU HOKA SHOUSHO　　　　IN:3426/LCCN:504748
　　写　1冊　洋装（袋）　22.9cm × 15.8cm
　　奥書等：安永9年（1780）孝建│同年校・写　乗範記
　　〔朝河〕（NOV 2 1907）収蔵

0231 伝通記糅鈔要目録 DENTSUUKI NUUSHOU YOUMOKUROKU　　　　IN:2036/LCCN:508436
　　刊　1冊　洋装（袋）　25.6cm × 18.7cm
　　刊記：明暦2年（1656）吉田庄左衛門
　　〔朝河〕（NOV 2 1907）収蔵　異称：糅鈔目録

0232 律苑行事門弁 RITSUON GYOUJI MONBEN　　　　IN:2054/LCCN:508454
　　諦忍　刊　合2冊　洋装（袋）　26.2cm × 19.1cm
　　序：宝暦3年（1753）諦忍　跋：安永5年（1776）真隆　刊記：安永6年（1777）京／梶川七郎兵衛
　　〔朝河〕（SEP 6 1907）収蔵

0233 観音大士十願 KANNON DAISHI JUUGAN　　　　IN:2086/LCCN:508486
　　東江源鱗（沢田東江）　刊　1冊　折本　19.8cm × 7.5cm
　　跋：安永5年（1776）大宏慧完畔睇　刊記：安永5年（1776）

(JUL 23 1934) 収蔵　異称：観音十大願

0234 新寺菴一件　SHINJIAN IKKEN　　　　　　　　　　　　　IN:505/LCCN:847501
　　　写　1冊　袋　27.9cm × 10.7cm
　　　法度の条々（宗旨手形差出の判元につき取決め）「文化5年（1808）霜月　十二箇寺より十二ヶ
　　　寺判元寺院中・付　明和4年8月37ヶ寺　判元寺院宛条々あり・判元奉行寺　藤井寺・薬蓮寺」

0235 安心決定鈔本糅記　ANJIN KETSUJOU SHOUHON NUUKI　　　IN:1940/LCCN:508340
　　　刊　4冊　洋装（袋）　26.5cm × 18.5cm
　　　序：釈円海

0236 礦石集　KOUSEKI SHUU　　　　　　　　　　　　　　　　IN:2044/LCCN:508444
　　　蓮体　刊　1冊　洋装（袋）　26.3cm × 17.9cm
　　　序：元禄5年（1692）林下乞士無尽蔵（蓮体）
　　　刊記：元禄6年（1693）大坂／毛利田庄太郎・京／中河喜兵衛
　　　〔朝河〕（SEP 6 1907）収蔵　異称：真言礦石集

0237 根本説一切有部衣相略要　KONPON SETSUISSAIUBU ESOU RYAKUYOU
　　　写　1冊　挿絵有　袋　26.3cm × 18.8cm　　　　　　　　IN:3341/LCCN:504663
　　　〔朝河〕（SEP 6 1907）収蔵

史伝

0238 恵心僧都絵詞伝　ESHIN SOUZU EKOTOBA DEN　　　　　　　IN:1968/LCCN:508368
　　　（法竜）　刊　1冊　挿絵有　洋装（袋）　26.5cm × 18.5cm
　　　序：慶応2年（1866）台嶺前大僧正豪海　刊記：比叡山麓西教寺蔵板　慶応2年（1866）開板
　　　伊勢／菅屋源兵衛
　　　〔朝河〕（SEP 6 1907）収蔵

0239 本朝高僧伝　HONCHOU KOUSOU DEN　　　　　　　　　　　IN:1900/LCCN:508300
　　　卍元師蛮　刊　8冊　洋装（袋）　27cm × 19.5cm
　　　跋：元禄15年（1702）沙門師蛮
　　　〔朝河〕（APR 18 1907）収蔵

0240 霊巌上人伝記　REIGAN SHOUNIN DENKI　　　　　　　　　IN:1963/LCCN:508363
　　　霊碩　刊　1冊　挿絵有　洋装（袋）　26.2cm × 19.6cm
　　　序：大僧正聴誉　跋：天保4年（1833）諦誉
　　　〔朝河〕（SEP 6 1907）収蔵

0241 本朝法華伝　HONCHOU HOKKE DEN　　　　　　　　　　　IN:1977/LCCN:508377
　　　元政　刊　1冊　挿絵有　洋装（袋）　25.7cm × 17.6cm
　　　序：享保5年（1720）元政　刊記：享保4年（1719）京／村上勘兵衛・江戸／村上又三郎｜法

華宗門書堂　京／平楽寺　村上勘兵衛
〔朝河〕（APR 18 1907）収蔵

0242　本朝法華伝　ほんちょうほっけでん　HONCHOU HOKKE DEN　　　IN:1888/LCCN:508288

元政　刊　1冊　挿絵有　洋装（袋）　26cm×16.7cm
序：元政　刊記：平楽寺蔵版　享保4年（1719）京／村上勘兵衛・江戸／村上又三郎
〔朝河〕（APR 18 1907）収蔵

0243　本化高祖年譜　ほんけこうそねんぷ　HONKE KOUSO NENPU　　　IN:1872/LCCN:508272

健立・玄得　刊　1冊　洋装（袋）　26cm×18cm
序：弘化4年（1847）身延　日桂・安永8年（1779）日竟（序）・弘化4年（1847）英園・日英（附言）・
安永8年（1779）釈玄得（題言）　跋：弘化4年（1847）英園　刊記：京／平楽寺村上勘兵衛
〔朝河〕（SEP 6 1907）収蔵

0244　墨蹟祖師伝　ぼくせきそしでん　BOKUSEKI SOSHI DEN　　　IN:1843/LCCN:508243

藤野宗郁輯、円成了忠校　刊　4冊　袋　26cm×18.5cm
序：文化元年（1804）関挶・文化2年（1805）紫野真珠庵太宝　刊記：文化2年（1805）発刻
｜安政2年（1853）購版　江戸／須原屋伊八・京／永田調兵衛他（全4肆）
「京／聖華房山田茂助蔵版目録」（半丁）を付す　異称：墨蹟祖師伝略記

0245　鎮西上人絵詞伝　ちんぜいしょうにんえことばでん　CHINZEI SHOUNIN EKOTOBA DEN　　　IN:1973/LCCN:508373

了吟・雲鯨斎英信画　刊　2冊　挿絵有　洋装（袋）　25.7cm×18.8cm
序：天明6年（1786）二品親王尊峯・天明5年（1785）華頂山大僧正興玄
跋：天明6年（1786）善導寺三誉愍海冀　奥書等：天明4年（1784）風航了吟
沢田吉左衛門の「華頂山御蔵版目録」を付す　〔朝河〕（SEP 6 1907）収蔵
異称：鎮西禅師行状絵詞

0246　元亨釈書　げんこうしゃくしょ　GENKOU SHAKUSHO　　　IN:1783/LCCN:433356

虎関師錬　刊　15冊　袋　26.5cm×19cm
序：元亨2年（1322）僧師錬上表　跋：寛永元年（1624）小嶋家冨　刊記：開板幹縁比丘単況
命工刊行　奥書等：大日本国延文5年（1360）（巻頭）

0247　元亨釈書　げんこうしゃくしょ　GENKOU SHAKUSHO　　　IN:1911/LCCN:508311

虎関師錬　刊　合3冊　洋装（袋）　28.4cm×20.8cm
跋：寛永元年（1624）小嶋家冨
〔朝河〕（AUG 19 1907）収蔵

0248　元亨釈書　げんこうしゃくしょ　GENKOU SHAKUSHO　　　IN:2076/LCCN:508476

虎関師錬　刊　14冊　袋　27.9cm×19.5cm
巻1・3・5・7・9・11・13・15・17・21・23・26・27・29 存

0249　弘法大師行状記　こうぼうだいしぎょうじょうき　KOUBOU DAISHI GYOUJOUKI　　　IN:2059/LCCN:508459

刊　6冊　挿絵有　袋　26cm×18.2cm
序：天保4年（1833）東寺沙門一音・天保4年（1833）東寺十輪院住持慧乗　刊記：明治37年（1904）

求版　藤井佐兵衛・山城屋文政堂

0250 弘法大師弟子譜　KOUBOU DAISHI DESHIFU　　IN:2842/LCCN:696280

正智道猷纂、大倉闍黎編述　刊　1冊　洋装（袋）　23.9cm × 17.3cm
序：天保13年（1842）権僧正義天・天保13年（1842）南山神応沙門道猷　跋：天保13年（1842）
高野山吉祥金剛　江仁　刊記：天保13年（1842）鐫　高野山正智院蔵（見返）
〔朝河〕（SEP 6 1907）収蔵

0251 拾遺三宝感応伝　SHUUI SANPOU KANNOU DEN　　IN:1957/LCCN:508357

（独庵）玄光　刊　2冊　洋装（袋）　26.3cm × 18.3cm
序：延宝4年（1676）独庵玄光　刊記：貞享3年（1686）戸島宗兵衛
〔朝河〕（SEP 6 1907）収蔵

0252 諸宗階級　SHOSHUU KAIKYUU　　IN:508/LCCN:847503

写　2冊　袋　22.8cm × 16cm
享和元年（1801）〜享和3年（1803）　異称：地方寺院取扱集

0253 尾陽往生伝　BIYOU OUJOU DEN　　IN:1975/LCCN:508375

刊　1冊　挿絵有　洋装（袋）　25.5cm × 18.2cm
序：慶応4年（1868）徳興上人（題辞）・明治元年（1868）陰室侍衣沙門某甲等　刊記：聖衆来
迎庵蔵板　執事　敬挙大謙他
〔朝河〕（SEP 6 1907）収蔵

0254 徳本行者伝　TOKUHON GYOUJA DEN　　IN:1964/LCCN:508364

行誡　刊　1冊　挿絵有　洋装（袋）　24.3cm × 17.9cm
序：慶応2年（1866）八隠士闌誉・慶応3年（1867）遺弟无量山清浄心院沙門行誡　跋：慶応
3年（1867）伝通院賜紫沙門俊光　刊記：慶応3年（1867）上木　一行院蔵版
〔朝河〕（SEP 6 1907）収蔵

0255 浄土勧化三国往生伝　JOUDO KANGE SANGOKU OUJOU DEN　　IN:1932/LCCN:508332

刊　1冊　洋装（袋）　26.1cm × 19.3cm
刊記：京／沢田吉左衛門
〔朝河〕（SEP 6 1907）収蔵　異称：浄土勧化往生伝

0256 近世念仏往生伝　KINSEI NENBUTSU OUJOU DEN　　IN:1979/LCCN:508379

仰誉（隆円）　刊　5冊　挿絵有　洋装（袋）　24.5cm × 18.4cm
序：文化2年（1805）慶誉（初編）・天慵子（3篇）・文政11年（1828）鏡誉円察（4篇）　跋：
文政13年（1830）良光（5篇）　刊記：京／神先宗八他（全3肆）　専念寺蔵板（初篇）｜京／
沢田吉左衛門他（全3肆）　専念寺蔵板（2篇）｜京／蓍屋宗八他（全3肆）　専念寺蔵板（3篇）
｜専念寺蔵板（4・5篇）
5編16巻存　〔朝河〕（SEP 6 1907）収蔵　異称：近世往生伝

0257 近世南紀念仏往生伝　KINSEI NANKI NENBUTSU OUJOU DEN　　IN:1916/LCCN:508316

仰誉（隆円）　刊　1冊　挿絵有　洋装（袋）　25.5cm × 18.1cm

序：享和元年（1801）吉水正統住知恩院大僧正仰誉聖道　刊記：華頂山蔵版｜享和2年（1802）沢田吉左衛門・菊屋長兵衛・蓍尾宗八　奥書等：享和3年（1803）洞誉
〔朝河〕（SEP 6 1907）収蔵

0258 　雲説和尚別行念仏利益伝　UNSETSU WAJOU BETSUGYOU NENBUTSU RIYAKU DEN
　　　安宅編　刊　1冊　挿絵有　洋装（袋）　24.4cm × 18cm　　　　IN:1966/LCCN:508366
　　　跋：安永5年（1776）洛東獅谷前住通阿　刊記：安永4年（1775）不肖門人　孝龍発起　安宅集録　梓行　印施門弟各中
　　　「向松堂蔵板書目（めとぎや宗八）」（1丁半）を付す　〔朝河〕（SEP 6 1907）収蔵　異称：別行念仏利益伝

0259 　円光大師伝記　ENKOU DAISHI DENKI　　　　　　　　　　　　IN:1967/LCCN:508367
　　　刊　2冊　挿絵有　洋装（袋）　25.7cm × 19.1cm
　　　跋：有　刊記：寛政8年（1796）大坂／河内屋喜兵衛
　　　蔵板目録を付す　〔朝河〕（SEP 6 1907）収蔵

0260 　近世淡海念仏往生伝　KINSEI OUMI NENBUTSU OUJOU DEN　　　IN:2020/LCCN:508420
　　　刊　1冊　洋装（袋）　25.5cm × 18cm
　　　序：園城苾蒭敬長　刊記：文政8年（1825）京／銭屋判兵衛・沢田吉左衛門
　　　〔朝河〕（SEP 6 1907）収蔵

図像・縁起

0261 　手印図　SHUIN ZU　　　　　　　　　　　　　　　　　　　　IN:2068/LCCN:508468
　　　刊　1冊　袋　22.3cm × 15.6cm
　　　刊記：貞享元年（1684）
　　　（JUL 23 1934）収蔵　異称：手印図十二合掌・五部秘伝

0262 　印図　IN ZU　　　　　　　　　　　　　　　　　　　　　　IN:2082/LCCN:508482
　　　刊　2冊　挿絵有　袋　22.4cm × 15.5cm
　　　刊記：京／藤井佐兵衛
　　　（JUL 23 1934）収蔵　異称：改正印図

0263 　印図　IN ZU　　　　　　　　　　　　　　　　　　　　　　IN:2080/LCCN:508480
　　　刊　2冊　挿絵有　袋　22.4cm × 15.5cm
　　　刊記：京／藤井佐兵衛
　　　（JUL 23 1934）収蔵　異称：改正印図

0264 　［諸宗］仏像図彙　BUTSUZOU ZUI　　　　　　　　　　　　　IN:1730/LCCN:433303
　　　刊　4冊　挿絵有　袋　22.5cm × 16.2cm
　　　序：元禄3年（1690）　跋：元禄3年（1690）義山　刊記：宝暦2年（1752）再校　江戸／須原茂兵衛・大坂／大野木市兵衛｜明治38年（1905）求之　田湖　放牛尊者　膝峰清幹

0265 仏像図彙　*BUTSUZOU ZUI*　　　　　　　　　　　　　　　　IN:2078/LCCN:508478
　　　刊　4冊　挿絵有　袋　22.8cm×16cm
　　　序：元禄3年（1690）釈氏公覧水亭　跋：元禄3年（1690）義山　刊記：宝暦2年（1752）再校　江戸／須原屋茂兵衛・大坂／大野木市兵衛
　　　異称：諸宗仏像図彙

0266 般若守護十六善神王形体　*HANNYA SHUGO JUUROKUZENJIN OUKEITAI*
　　　　　　　　　　　　　　　　　　　　　　　　　　　　　　IN:3406/LCCN:504728
　　　金剛智三蔵訳　写　1冊　洋装（袋）　23.5cm×16.5cm
　　　奥書等：明暦元年（1655）書
　　　〔朝河〕（SEP 6 1907）収蔵

0267 南都大仏殿御縁起　*NANTO DAIBUTSUDEN GOENGI*　　　　　IN:1607/LCCN:433180
　　　刊　1冊　挿絵有　袋　26.1cm×18.7cm
　　　刊記：天明3年（1783）造東大寺大勧進職龍松院崇憲誓阿弥陀仏

0268 東大寺大仏殿縁起　*TOUDAIJI DAIBUTSUDEN ENGI*　　　　IN:2849/LCCN:696287
　　　刊　1冊　挿絵有　洋装（袋）　26.6cm×18.1cm
　　　刊記：奉寄進大仏殿御縁起之板　施主　清須美庄七
　　　〔朝河〕（APR 6 1907）収蔵

辞書・事彙・音義

0269 六物図依釈考略　*ROKUMOTSU ZUE SHAKKOURYAKU*　　　　IN:2033/LCCN:508433
　　　刊　1冊　洋装（袋）　26.2cm×16.3cm
　　　序：宝永5年（1708）湛堂淑槃譚　刊記：宝永5年（1708）京／田中氏庄兵衛・梅村弥右衛門・沢田吉左衛門
　　　〔朝河〕（SEP 6 1907）収蔵

0270 翻訳名義集　*HON'YAKU MYOUGI SHUU*　　　　　　　　　IN:1951/LCCN:508351
　　　法雲　刊　2冊　洋装（袋）　28.3cm×20.8cm
　　　序：敦義
　　　〔朝河〕（AUG 19 1907）収蔵

0271 吉水清濁弁　*KISSUI SEIDAKUBEN*　　　　　　　　　　　IN:2049/LCCN:508449
　　　嶺誉智堂　刊　合1冊　洋装（袋）　23.3cm×17.1cm
　　　序：宝香薫禅　江戸目黒隠者在阿弥陀仏　跋：安政5年（1858）獅子吼山暢行阿
　　　蔵書印等：［水野蔵印］〔朝河〕（SEP 6 1907）収蔵

因明・悉曇

0272 種子集 *SHUJI SHUU*　　　　　　　　　　　　　　　　IN:3282/LCCN:504604
　　　しゅじしゅう
　　　瑞光　写　1冊　洋装（袋）　26cm×19.5cm
　　　奥書等：享和元年（1801）写　亮恕
　　　〔朝河〕（SEP 6 1907）収蔵　異称：四教儀集註雑套

0273 種子集 *SHUJI SHUU*　　　　　　　　　　　　　　　　IN:135/LCCN:847131
　　　しゅじしゅう
　　　澄禅　刊　1冊　袋　25.6cm×18.8cm
　　　〔朝河〕（NOV 8 1907）収蔵

0274 梵字種子集 *BONJI SHUJI SHUU*　　　　　　　　　　　IN:967/LCCN:432540
　　　ぼんじ　しゅじしゅう
　　　写　2冊　袋　26cm×17.4cm
　　　奥書等：寛文10年（1670）沙門澄禅
　　　（JUL 23 1934）収蔵

0275 玄法軌梵文 *GENPOUKI BONMON*　　　　　　　　　　　IN:3390/LCCN:504712
　　　げんぽうき　ぼんもん
　　　玄法寺法全阿闍梨撰　写　1冊　洋装（袋）　26cm×18.5cm
　　　〔朝河〕（SEP 6 1907）収蔵　異称：大毘盧遮那経広大成就儀軌

0276 悉曇字記 *SHITTAN JIKI*　　　　　　　　　　　　　　IN:2641/LCCN:696079
　　　しったんじき
　　　刊　1冊　袋　27・0cm×19.8cm
　　　序：大唐山陰沙門智広　刊記：寛文9年（1669）関焉釈澄禅

0277 悉曇字記聞書 *SHITTAN JIKI KIKIGAKI*　　　　　　　IN:1930/LCCN:508330
　　　しったんじききがき
　　　（信範）　刊　2冊　洋装（袋）　26.2cm×18cm
　　　異称：悉曇字記明了房記

0278 悉曇蔵 *SHITTANZOU*　　　　　　　　　　　　　　　　IN:1928/LCCN:508328
　　　しったんぞう
　　　安然　刊　2冊　洋装（袋）　26.2cm×19.5cm
　　　序：天保11年（1840）元慶ノ少守　跋：文政元年（1818）十八世当職　慶楽　刊記：寛政元年
　　　（1789）京／柏屋喜兵衛・天王寺屋市郎兵衛
　　　〔朝河〕（SEP 6 1907）収蔵

0279 多羅要鈔 *TARA YOUSHOU*　　　　　　　　　　　　　　IN:3258/LCCN:696696
　　　たらようしょう
　　　写　1冊　洋装（袋）　23.2cm×16.4cm
　　　序：明応9年（1500）印融・延享2年（1745）真印（上・中巻）・天文24年（1555）宥玄・
　　　延享2年（1745）真印（下巻）
　　　〔朝河〕（SEP 6 1907）収蔵

0280 梵語千字文　BONGO SENJIMON　　　　　　　　　　　　IN:176/LCCN:847172
　　　義浄撰　刊　1冊　袋　25.8cm×19cm
　　　序：享保12年（1727）瑜伽乗沙門寂明・安永2年（1773）沙弥敬光　刊記：安永2年（1773）
　　　京／額田正三郎
　　　「京／山城屋文政堂藤井佐兵衛」の広告を付す　〔朝河〕（SEP 6 1907）収蔵

0281 梵字悉曇章椎輪　BONJI SHITTANSHOU TSUIRIN　　　　IN:2027/LCCN:508427
　　　等空　刊　合1冊　洋装（袋）　26.3cm×19cm
　　　序：文化3年（1806）金剛乗沙門等空
　　　〔朝河〕（SEP 6 1907）収蔵　異称：悉曇字記椎輪

0282 梵語雑名　BONGO ZATSUMYOU　　　　　　　　　　　IN:136/LCCN:梵語雑名
　　　真源　刊　1冊　洋装（袋）　26.5cm×17.8cm
　　　序：享保17年（1732）　刊記：京／銭屋庄兵衛
　　　〔朝河〕（SEP 6 1907）収蔵

0283 一行禅師字母表紙鈔　ICHIGYOU ZENJI JIBO HYOUSHISHOU　IN:3356/LCCN:504678
　　　写　1冊　洋装（袋）　23.4cm×16.9cm
　　　奥書等：延徳3年（1491）印融
　　　〔朝河〕（SEP 6 1907）収蔵

0284 白虎八囀声　BYAKKO HATTENSEI　　　　　　　　　　IN:2047/LCCN:508447
　　　覚洲鳩　刊　1冊　洋装（袋）　28.2cm×20cm
　　　〔朝河〕（SEP 6 1907）収蔵

0285 摂八転義論　SHOUHATSUTENGIRON　　　　　　　　　IN:1890/LCCN:508290
　　　法住　刊　合1冊　洋装（袋）　26.2cm×19.1cm
　　　刊記：明和6年（1769）中野宗左衛門
　　　異称：転義論

0286 八転声集記　HATTENJOU JIKKI　　　　　　　　　　　IN:3331/LCCN:504653
　　　五山沙門曇寂　写　1冊　洋装（袋）　23.4cm×16.1cm
　　　〔朝河〕（SEP 6 1907）収蔵

叢書・全集

0287 覚禅抄　KAKUZENSHOU　　　　　　　　　　　　　　IN:1030/LCCN:432603
　　　覚禅　写　13冊　挿絵有　洋装（袋）　27.1cm×19.2cm
　　　序：明治36年（1903）中野遠慧（書写序）　奥書等：元文2年（1737）貞玄｜元禄12年（1699）
　　　思忍｜明治35年（1902）～36年（1903）写　本願寺留学生神教神学校生中野遠慧
　　　〔朝河〕（NOV 2 1907）収蔵

A. 総記　39

0288 法苑珠林 　HOUON JURIN　　　　　　　　　　　　　　IN:2070/LCCN:508470
　　　道世　刊　58冊　挿絵有　袋　27.2cm × 19.2cm
　　　序：李厳仲思　刊記：寛文9年（1669）村上平楽寺｜森江佐七
　　　巻1・2欠　表紙票「門外不出　縁山南渓　獅子窟蔵」

0289 阿娑縛抄 　ASABASHOU　　　　　　　　　　　　　　IN:3570/LCCN:504892
　　　承澄　写　75冊　挿絵有　袋　27.4cm × 19.9cm
　　　奥書等：貞享2年（1685）延暦寺横川兜率谷　清浄金剛厳覚

0290 阿娑縛抄 　ASABASHOU　　　　　　　　　　　　　　IN:3433/LCCN:504755
　　　写　10冊　挿絵有　袋　27.9cm × 20.6cm
　　　奥書等：文永11年（1274）澄豪・宝暦13年（1763）亮範（巻1）｜応永9年（1402）広済・
　　　元禄11年（1698）厳覚（巻2）｜文永11年（1274）承澄・元禄7年（1694）厳覚（巻3）、
　　　応永10年（1403）了範・延宝9年（1681）円朗（巻4）｜建長3年（1251）・享徳4年（1455）
　　　源喜（巻5）｜元禄11年（1698）厳覚・安永4年（1775）慧宅（巻6）｜元応元年（1319）
　　　玄契・安永4年（1775）恵宅（巻7）｜正徳5年（1715）澄豪・安永4年（1775）慧宅（巻8）
　　　｜建長元年（1249）尊澄・安永3年（1774）恵択（巻9）｜寛元2年（1244）・安永4年（1775）
　　　恵宅（巻10）
　　　巻120〜123・127〜139存　蔵書印等：［華山元慶寺蔵］

B. 経・律・論・疏

経

0291 科註尊勝陀羅尼経 　KACHUU SONSHOU DARANIKYOU　　　IN:2029/LCCN:508429
　　　亮汰　刊　合1冊　洋装（袋）　25.7cm × 18.6cm
　　　序：延宝2年（1674）亮汰　刊記：延宝2年（1674）前川茂右衛門
　　　〔朝河〕（SEP 6 1907）収蔵

0292 仏頂尊勝陀羅尼 　BUCCHOU SONSHOU DARANI　　　　　IN:3361/LCCN:504683
　　　写　1冊　洋装（袋）　25.9cm × 18.7cm
　　　奥書等：天明3年（1783）宗延
　　　〔朝河〕（SEP 6 1907）収蔵

0293 仏説九品往生阿弥陀三摩地陀羅尼経
　　　　　BUSSETSU KUHON OUJOU AMIDA SANMAJI DARANIKYOU　　IN:3354/LCCN:504676
　　　写　1冊　洋装（袋）　23.3cm × 16cm
　　　奥書等：延享4年（1747）芳渓沙門賢｜安永5年（1706）了弁
　　　〔朝河〕（SEP 6 1907）収蔵　異称：仏説九品往生阿弥陀三摩地陀羅尼経

0294 経讃陀羅尼 *KYOUSAN DARANI* IN:3308/LCCN:504630
 写　1冊　洋装（袋）　26.3cm × 18.8cm
 〔朝河〕（SEP 6 1907）収蔵　異称：大乗聖無量寿安定光明王如来陀羅尼

0295 観音経　普門品 *KANNONGYOU FUMONBON* IN:3606/LCCN:504928
 写　2帖　折本　24.1cm × 7.3cm
 奥書等：明治43年（1910）分納｜明治42年（1909）阿部真治写

0296 観音普門品 *KANNON FUMONBON* IN:100/LCCN:98847096
 刊　1帖　折本　15cm × 7cm
 刊記：成田山新勝寺御用書林　上村宏助

0297 訓読阿弥陀経 *KUNDOKU AMIDAKYOU* IN:99/LCCN:98847095
 刊　1帖　折本　15.7cm × 8.8cm
 刊記：東京／伊藤清九郎

0298 頌義第十九巻抜萃 *SHOUGI DAIJUUKYUUKAN BASSUI* IN:2041/LCCN:508441
 刊　1冊　洋装（袋）　24.5cm × 17.9cm
 刊記：鈴木太兵衛
 〔朝河〕（SEP 6 1907）収蔵

0299 頌義六巻抜萃 *SHOUGI ROKKAN BASSUI* IN:2043/LCCN:508443
 刊　1冊　洋装（袋）　26.1cm × 18.9cm
 刊記：寛文10年（1670）徳田八郎兵衛尉
 〔朝河〕（SEP 6 1907）収蔵

0300 諸体心経 *SHOTAI SHINGYOU* IN:2061/LCCN:508461
 刊　1冊　挿絵有　袋　25.8cm × 17.5cm
 序：慶応3年（1867）前祥山主喬台岡　跋：慶応3年（1867）艇斉石川年覧　刊記：慶応3年（1867）艇斉石川年覧

0301 毘沙門天王経 *BISHAMONTENNOUKYOU* IN:3248/LCCN:696686
 写　1帖　洋装（袋）　26.6cm × 18.2cm
 奥書等：寛文3年（1663）黄檗山宝蔵院
 鉄眼版の写し　〔朝河〕（AUG 17 1907）収蔵

0302 仏頂心経 *BUCCHOU SHINGYOU* IN:2079/LCCN:508479
 刊　1冊　折本　16.5cm × 7.5cm
 刊記：嘉慶5年（1387）洪門伝氏敬心誠送・板存京都前門外琉璃廠東門外桶子胡同文馨斎
 『仏頂心経』上の前半欠　他に仏説除一切疾病陀羅尼経・仏説能浄一切眼疾陀羅尼経・諸呪を付す

0303 諸仏集会陀羅尼経　SHOBUTSU SHUUE DARANIKYOU　　　IN:3363/LCCN:504685
　　　写　1冊　洋装（袋）　23.2cm × 16.9cm
　　　蔵書印等：［華山元慶寺蔵］〔朝河〕（SEP 6 1907）収蔵

0304 仏説阿弥陀経　BUSSETSU AMIDAKYOU　　　IN:2861a/LCCN:696299a
　　　曹魏天竺三蔵庚僧鎧訣　宋元嘉中畺良耶舎訣　姚秦三蔵法師
　　　刊　1帖　粘葉装　27cm × 16.3cm
　　　無量寿経・観無量寿経と合綴　異称：浄土三部経／四紙小経

0305 観無量寿経　KANMURYOUJUKYOU　　　IN:2861b/LCCN:696299b
　　　曹魏天竺三蔵庚僧鎧訣　宋元嘉中畺良耶舎訣　姚秦三蔵法師
　　　刊　1帖　粘葉装　27cm × 16.3cm
　　　刊記：本誓寺印板
　　　無量寿経・仏説阿弥陀経と合綴　異称：浄土三部経／四紙小経

0306 無量寿経　MURYOUJUKYOU　　　IN:2861a/LCCN:696299a
　　　曹魏天竺三蔵庚僧鎧訣　宋元嘉中畺良耶舎訣　姚秦三蔵法師
　　　刊　2帖　粘葉装　27cm × 16.3cm
　　　刊記：本誓寺印板
　　　観無量寿経・仏説阿弥陀経と合綴　異称：浄土三部経／四紙小経

0307 数珠功徳経鈔　JUZU KUDOKUKYOUSHOU　　　IN:2060/LCCN:508460
　　　亮太　刊　1冊　袋　26cm × 18.5cm
　　　序：寛文12年（1672）沙門亮太　刊記：寛文12年（1672）開板、京／藤井佐兵衛

0308 百万塔陀羅尼　HYAKUMANTOU DARANI　　　IN:4001/LCCN:別置（保存課）
　　　刊　3枚
　　　「自心印陀羅尼」（31行）二種　虫損多し　「根本陀羅尼」（39行）一種　高さは5.5cm × 42.8cm（「自心印陀羅尼A」）・5.8cm × 45cm（「自心印陀羅尼B」）　5.3cm × 56.5cm（「根本陀羅尼」）

C.宗派

法相宗

0309 成唯識論同学鈔　JOUYUISHIKIRON DOUGAKUSHOU　　　IN:2031/LCCN:508431
　　　良算編　刊　8冊　洋装（袋）　24cm × 17.5cm
　　　刊記：延宝7年（1679）
　　　第1論11巻・第2論8巻・第3論7巻・第4論6巻・第5論6巻・第6論9巻・第7論5巻・第8論8巻・第9論5巻・第10論3巻　計10論68巻〔朝河〕（SEP 6 1907）収蔵

0310 　釈摩訶衍論　SHAKUMAKAEN RON　　　　　　　　　　IN:2862/LCCN:696300
　　　　刊　10帖　粘葉装　25.4cm × 15.8cm
　　　　蔵書印等：[尾州可弁制心蔵書]

0311 　百法問答聞書　HYAKUHOU MONDOU KIKIGAKI　　　　IN:1944/LCCN:508344
　　　　刊　1冊　洋装（袋）　23cm × 16cm
　　　　刊記：寛永21年（1644）西村又左衛門

律宗

0312 　律宗行事目心鈔　RISSHUU GYOUJI MOKUSHINSHOU　　IN:3320/LCCN:504642
　　　　写　3冊　袋　21.4cm × 13.8cm
　　　　奥書等：嘉暦三年（1328）忍仙｜慶長16年（1611）写｜京師華山元慶寺蔵　今明治39年（1906）

天台宗

0313 　（金光明経文句記聞書）　KONKOUMYOUKYOU MONGUKI KIKIGAKI
　　　　写　2冊　洋装（袋）　23.2cm × 16.3cm　　　　　IN:1026/LCCN:432533
　　　　跋：正徳2年（1712）
　　　　〔朝河〕（SEP 6 1907）収蔵

0314 　四教集註童抄抜書　SHIKYOU SHICCHUU DOUSHOU NUKIGAKI　IN:3304/LCCN:504627
　　　　写　1冊　洋装（袋）　22.5cm × 15.5cm
　　　　〔朝河〕（SEP 6 1907）収蔵

0315 　山門江被仰渡条々　SANMON E OOSE WATASARURU NO JOUJOU
　　　　写　1冊　洋装（袋）　23cm × 16.5cm　　　　　　IN:3386/LCCN:504708
　　　　奥書等：寛政12年（1800）楞伽院　円覚院
　　　　新本礼拝講探題出仕・両会十講問答案と合綴　〔朝河〕（APR 18 1907）収蔵

0316 　惣持抄　SOUJISHOU　　　　　　　　　　　　　　　IN:3234/LCCN:696672
　　　　澄豪　写　1冊　洋装（袋）　23.2cm × 16.5cm
　　　　跋：元文5年（1740）伝金剛乗大阿闍梨不動金剛義空　奥書等：宝暦8年（1758）亮範
　　　　〔朝河〕（SEP 6 1907）収蔵　異称：総持抄

0317 　胎蔵三密抄　TAIZOU SANMITSUSHOU　　　　　　　　IN:3255/LCCN:696693
　　　　覚超　写　1冊　洋装（袋）　26.2cm × 18.5cm
　　　　奥書等：元禄13年（1700）松順写
　　　　〔朝河〕（SEP 6 1907）収蔵　異称：胎蔵抄

0318 金界賢劫十六尊并二十天持物記
　　　こんかいけんごうじゅうろくそんならびににじゅってんじもつき
　　　KONKAI KENGOU JUUROKUSON NARABINI NIJUTTEN JIMOTSUKI　IN:3391/LCCN:504713

　　写　1冊　挿絵有　洋装（袋）　23.1cm × 16.4cm
　　〔朝河〕（SEP 6 1907）収蔵

0319 山家一乗戒儀　SANKE ICHIJOU KAIGI　　　　　　　　　IN:3288/LCCN:504610
　　　さんけいちじょうかいぎ

　　亮雄　写　1冊　洋装（袋）　22.2cm × 16.1cm
　　奥書等：寛政10年（1798）華山元慶寺亮雄
　　〔朝河〕（SEP 6 1907）収蔵

0320 十八道次第資行鈔　JUUHACHIDOU SHIDAI SHIGYOUSHOU　IN:3278/LCCN:504600
　　　じゅうはちどうしだいしぎょうしょう

　　（亮雄）写　1冊　洋装（袋）　23cm × 16.5cm
　　〔朝河〕（SEP 6 1907）収蔵

0321 東曼荼羅抄　TOUMANDARASHOU　　　　　　　　　　　IN:1299/LCCN:432872
　　　とうまんだらしょう

　　覚超　写　1冊　挿絵有　袋　26.4cm × 20.5cm
　　奥書等：筆者　秀円坊｜貞享2年（1685）写｜元文5年（1740）｜宝暦2年（1752）写　真如金剛亮範｜天明7年（1787）校　実霊｜寛政3年（1791）護法金剛真超｜寛政4年（1792）元慶寺　亮雄
　　西曼荼羅集（1巻）を付す

0322 大聖歓喜天記　DAISHOUKANGITENKI　　　　　　　　　IN:3311/LCCN:504633
　　　だいしょうかんぎてんき

　　写　1冊　洋装（袋）　26.4cm × 19cm
　　奥書等：永仁2年（1294）写｜天保15年（1844）写　亮深
　　〔朝河〕（SEP 6 1907）収蔵

0323 道円口伝三品抄　DOUEN KUDEN SANPONSHOU　　　　IN:3276/LCCN:504598
　　　どうえんくでんさんぽんしょう

　　厳覚　写　1冊　洋装（袋）　25.8cm × 18.7cm
　　奥書等：享保12年（1727）｜享保14年（1729）書
　　蔵書印等：［華山元慶寺蔵］〔朝河〕（SEP 6 1907）収蔵

0324 初心勧学抄　SHOSHIN KANGAKUSHOU　　　　　　　　IN:3283/LCCN:504605
　　　しょしんかんがくしょう

　　写　1冊　洋装（袋）　25.9cm × 18.6cm
　　〔朝河〕（SEP 6 1907）収蔵

0325 両会十講問答案　RYOUE JIKKOU MONDOUAN　　　　　IN:3386/LCCN:504708
　　　りょうえじっこうもんどうあん

　　写　1冊　洋装（袋）　23cm × 16.5cm
　　新本礼拝講探題出仕・山門江被仰渡条々と合綴　〔朝河〕（APR 18 1907）収蔵

0326 台宗二百題　TAISHUU NIHYAKUDAI　　　　　　　　　IN:3364/LCCN:504686
　　　たいしゅうにひゃくだい

　　真超編　写　1冊　洋装（袋）　13.6cm × 10.6cm
　　奥書等：文化11年（1814）台岳南山大僧都真超
　　蔵書印等：［沙門真超］〔朝河〕（SEP 6 1907）収蔵

0327 天台文句第九聞書　TENDAI MONGU DAIKU KIKIGAKI　　　IN:3271/LCCN:504593
　　　写　合1冊　洋装（袋）　25.8cm×19.3cm
　　　奥書等：貞治5年（1366）｜延文2年（1357）記
　　　蔵書印等：［山内覚林坊蔵本］〔朝河〕（SEP 6 1907）収蔵

0328 天台円宗四経五時名目　TENDAIENSHUU SHIKYOU GOJI MYOUMOKU
　　　　　　　　　　　　　　　　　　　　　　　　　　　　　IN:3394/LCCN:504716
　　　穏海　写　1冊　洋装（袋）　25.5cm×19.5cm
　　　奥書等：応安6年（1373）撰定　天台沙門某｜元和5年（1619）
　　　〔朝河〕（SEP 6 1907）収蔵

0329 台密秘書　TAIMITSU HISHO　　　　　　　　　　　　　IN:3301.2/LCCN:504623
　　　写　6冊　挿絵有　袋　18.3cm×12.4cm
　　　奥書等：嘉永元年（1848）写

0330 台密秘書　TAIMITSU HISHO　　　　　　　　　　　　　IN:3301.1/LCCN:504623
　　　写　9冊　挿絵有　袋　18.3cm×12.4cm
　　　奥書等：寛永21年（1644）

0331 別行経私記　BETSUGYOUKYOU SHIKI　　　　　　　　　IN:988/LCCN:432561
　　　写　1冊　洋装（袋）　23.3cm×16.3cm
　　　奥書等：元文3年（1738）写　如意金剛韶｜寛延4年（1751）台麓沙門亮範

0332 別行経抄　BETSUGYOUKYOUSHOU　　　　　　　　　　　IN:3332/LCCN:504654
　　　写　2冊　洋装（袋）　26.2cm×19cm
　　　奥書等：寛政11年（1799）沙弥善応
　　　〔朝河〕（SEP 6 1907）収蔵

0333 菩薩戒経会疏集註　BOSATSUKAIKYOU ESHO SHICCHUU　IN:2025/LCCN:508425
　　　光謙　刊　合1冊　洋装（袋）　26.3cm×18.5cm
　　　序：享保8年（1723）光謙　刊記：享保9年（1724）銭屋庄兵衛他（全3肆）
　　　〔朝河〕（SEP 6 1907）収蔵

0334 梵網経心地品菩薩戒義疏発隠
　　　BONMOUKYOU SHINCHIBON BOSATSUKAI GISHO HATSUIN　IN:1882/LCCN:508282
　　　陳隋天台智者大師　刊　2冊　洋装（袋）　23.2cm×16.2cm
　　　刊記：承応4年（1655）秋田屋平左衛門
　　　半月誦戒儀式（寛文6年（1666）刊）・菩薩戒問弁（秋田屋平左衛門）を合綴　〔朝河〕（SEP 6 1907）収蔵　異称：重刻梵網経義疏発隠

0335 無量寿儀軌中梵唐対註真言　MURYOUJU GIKICHUU BONTOU TSUICHUU SHINGON
　　　元慶寺沙門安然　写　1冊　洋装（袋）　28.3cm×19.8cm　IN:3340/LCCN:504662
　　　奥書等：正徳4年（1714）万谷
　　　〔朝河〕（SEP 6 1907）収蔵

0336 維摩詰経四教玄義籤録　YUIMAKITSUGYOU SHIKYOU GENGI SENROKU
　　　本純　写　1冊　洋装（袋）　26.2cm × 18.8cm　　　　　　　IN:3297/LCCN:504619
　　　〔朝河〕（SEP 6 1907）収蔵　異称：維摩詰経玄疏籤録

0337 瑜祇経抄　YUGIKYOUSHOU　　　　　　　　　　　　　　　IN:3338/LCCN:504660
　　　写　1冊　挿絵有　洋装（袋）　26.2cm × 18.9cm
　　　奥書等：貞治6年（1367）明印
　　　〔朝河〕（SEP 6 1907）収蔵

0338 仏説阿弥陀経要解百川記　BUSSETSU AMIDAKYOU YOUGE HYAKUSENKI
　　　秀雲　刊　合1冊　洋装（袋）　26.3cm × 19.6cm　　　　　　IN:1925/LCCN:508325
　　　序：宝永元年（1704）秀雲　刊記：宝永2年（1705）浅野久兵衛
　　　〔朝河〕（SEP 6 1907）収蔵　異称：阿弥陀経要解百川記・弥陀要百川記

0339 台密法則集　TAIMITSU HOUSOKU SHUU　　　　　　　　　IN:3348/LCCN:504670
　　　写　1冊　洋装（袋）　13.6cm × 20.3cm
　　　蔵書印等：［山門不動院蔵本］

0340 大日経疏抄　DAINICHIKYOU SOSHOU　　　　　　　　　　IN:3305/LCCN:504626
　　　円珍　刊　1冊　洋装（袋）　25.7cm × 18cm
　　　〔朝河〕（SEP 6 1907）収蔵

0341 指要鈔講莚随聞録　SHIYOUSHOU KOUEN ZUIMONROKU　　IN:3281/LCCN:504603
　　　写　1冊　洋装（袋）　23.5cm × 17cm
　　　奥書等：文政3年（1820）講師　安楽恵証律師
　　　〔朝河〕（SEP 6 1907）収蔵

0342 指要鈔詳解幻幻録　SHIYOUSHOU SHOUGE GENGENROKU　　IN:3691/LCCN: 番号
　　　光謙述、慈泉記　刊　1冊　洋装（袋）　22.9cm × 16cm
　　　刊記：享保12年（1727）覚道慈泉　奥書等：鍚秀光蔵
　　　〔朝河〕（SEP 6 1907）収蔵

0343 指要鈔聞記　SHIYOUSHOU MONKI　　　　　　　　　　　IN:3263/LCCN:504585
　　　（光謙）写　1冊　洋装（袋）　23.3cm × 16.7cm
　　　〔朝河〕（SEP 6 1907）収蔵

0344 四教集解義断　SHIKYOU SHUUGE GIDAN　　　　　　　　IN:1422/LCCN:432995
　　　可透　写　1冊　洋装（袋）　22.7cm × 16cm
　　　巻5〜8存

0345 四教集解義断　SHIKYOU SHUUGE GIDAN　　　　　　　　IN:1015/LCCN:432588
　　　可透　写　1冊　洋装（袋）　23.4cm × 17.1cm
　　　〔朝河〕（SEP 6 1907）収蔵

0346 三十三過本作法輯釈 SANJUUSANGA HONSAHOU SHUUSHAKU　IN:1915/LCCN:508315
　　悦仙　刊　1冊　洋装（袋）　25.6cm × 17.9cm
　　刊記：元禄13年（1700）小泉伊左衛門・銭屋清兵衛
　　〔朝河〕（SEP 6 1907）収蔵　　異称：因明三十三過本作法輯釈

0347 求法持雑集 GUHOUJI ZASSHUU　IN:3369/LCCN:504691
　　写　1冊　挿絵有　洋装（袋）　23.9cm × 15.6cm
　　奥書等：寛延4年（1751）写　台麓沙門亮範
　　下巻存　蔵書印等：［華山元慶寺蔵］〔朝河〕（SEP 6 1907）収蔵

0348 三帰戒法源記縁起 SANKI KAIHOU GENKI ENGI　IN:3321/LCCN:504643
　　義原　写　1冊　洋装（袋）　26.4cm × 18cm
　　序：元文2年（1737）自序
　　〔朝河〕（SEP 6 1907）収蔵

0349 観経疏妙宗鈔序巻随聞輯録・観経疏妙宗鈔上巻略考・観経疏妙宗鈔下巻略考
　　KANGYOUSHO MYOUSHUU JOKAN ZUIMON SHUUROKU・KANGYOUSHO MYOUSHUU
　　JOUKAN RYAKKOU・KANGYOUSHO MYOUSHUU GEKAN RYAKKOU
　　写　1冊　洋装（袋）　26.1cm × 18.5cm　　IN:3397/LCCN:504719
　　観経疏妙宗鈔序巻随聞輯録2巻・妙宗鈔上巻略考1巻・観経疏妙宗鈔下巻略考1巻より成る　〔朝河〕（SEP 6 1907）収蔵

0350 科註浄心誡観発真鈔 KACHUU JOUSHIN KAIKAN HOSSHINSHOU
　　允堪著、妙弁注　刊　2冊　洋装（袋）　26cm × 19.2cm　　IN:1960/LCCN:508360
　　序：釈元照・慶暦5年（1045）天台沙門允堪　跋：延宝8年（1680）乞士妙弁　刊記：京／丁子屋庄兵衛
　　〔朝河〕（SEP 6 1907）収蔵

0351 阿弥陀経見聞私 AMIDAKYOU KENMONSHI　IN:1906/LCCN:508306
　　栄心　刊　1冊　洋装（袋）　26.2cm × 18.2cm
　　刊記：万治2年（1659）村上勘兵衛
　　蔵書印等：［風也］〔朝河〕（SEP 6 1907）収蔵　　異称：弥陀見聞・阿弥陀経見聞抄

0352 菩薩戒義疏会解 BOSATSUKAI GISHO EGE　IN:1019/LCCN:432592
　　実観　写　2冊　洋装（袋）　22.7cm × 15.8cm
　　跋：貞享2年（1685）相似菩薩沙弥僻巌竿海　校正　奥書等：享和2年（1802）大僧都沙門実融
　　〔朝河〕（SEP 6 1907）収蔵

0353 菩薩戒経会疏集註随聞記 BOSATSUKAIKYOU ESHO SHICCHUU ZUIMONKI
　　真性　写　2冊　洋装（袋）　25.6cm × 17.8cm　　IN:1020/LCCN:432593
　　〔朝河〕（SEP 6 1907）収蔵

C.宗派

0354 法華綸貫講要　HOKKE RINKAN KOUYOU　　　　　　　IN:2576/LCCN:696014
　　慧澄　刊　1冊　袋　25.9cm × 18.4cm
　　序：慶応3年（1867）東台沙門守道・溝益智旭　跋：慶応3年（1867）普潤（尭需）　刊記：慶応3年（1867）山門善住院蔵版
　　蔵書印等：［徳本蔵書・京都村上勘兵衛・東京日本橋北圃茂兵衛］

0355 三密抄料簡　SANMITSUSHOU RYOUKEN　　　IN:531・526/LCCN:847526・847521
　　覚超　写　2冊　洋装（袋）　25.1cm × 18.2cm
　　蔵書印等：［華山元慶寺蔵］〔朝河〕（SEP 6 1907）収蔵　異称：胎内三密抄料簡

0356 金剛界灌頂行事鈔　KONGOUKAI KANJOU GYOUJISHOU　　IN:1451/LCCN:433024
　　最澄　写　1冊　挿絵有　洋装（袋）　14.9cm × 21cm
　　奥書等：正徳4年（1714）写｜享保11年（1726）裔万谷
　　〔朝河〕（SEP 6 1907）収蔵　異称：金剛界灌頂式

0357 金剛頂瑜伽修行儀軌　KONGOUCHOU YUGA SHUUGYOU GIKI　　IN:3328/LCCN:504650
　　写　1冊　洋装（袋）　23.8cm × 16.5cm
　　奥書等：暦応3年（1340）写　精進金剛行弁｜享保17年（1732）写　大僧都江慶｜亨和2年（1802）写　権大僧都如岸｜文化2年（1805）校　岩嶺大僧都慈孝｜文化4年（1807）校　如岸
　　蔵書印等：［華山元慶寺蔵］〔朝河〕（SEP 6 1907）収蔵　異称：瑜伽供養法次第

0358 台密五集　TAIMITSU GOSHUU　　　　　　　　　　　IN:3266/LCCN:504588
　　写　1冊　洋装（袋）　21.1cm × 15cm
　　奥書等：享和3年（1803）浄妙庵現住沙門慧敦亮素
　　十五印・五大虚空蔵略私記・光明真言加持土砂法・普賢延命法・聖不動明王念誦私記より成る
　　〔朝河〕（SEP 6 1907）収蔵

0359 金剛瑜伽修習一尊三摩地法　KONGOU YUGA SHUUSHUU ISSON SANMAJIHOU
　　刊　1冊　洋装（袋）　23.5cm × 17cm　　　　　　IN:3387/LCCN:504709
　　奥書等：享保18年（1733）大僧都慧頂
　　〔朝河〕（SEP 6 1907）収蔵

0360 七支念誦随行法口訣　SHICHISHINENJU ZUIGYOUHOU KUKETSU　IN:3235/LCCN:696673
　　妙極　写　1冊　洋装（袋）　24cm × 16.4cm
　　奥書等：元禄12年（1699）妙極｜元禄12年（1699）校　霊雲開棒浄厳｜安永3年（1774）写・校　金剛道眼了弁
　　〔朝河〕（SEP 6 1907）収蔵

0361 七支念誦随行法口決　SHICHISHINENJU ZUIGYOUHOU KUKETSU　IN:3259/LCCN:696697
　　写　1冊　洋装（袋）　24.3cm × 16.5cm
　　奥書等：元禄12年（1699）校　霊雲開捧浄厳｜安永3年（1774）写・校　遮那業苾蒭了弁
　　〔朝河〕（SEP 6 1907）収蔵

0362 七支念誦随行法要文鈔　SHICHISHINENJU ZUIGYOUHOU YOUBUNSHOU
　　洛東浄妙庵小比丘慧宅　写　1冊　洋装（袋）　23.9cm×16.6cm　　IN:3298/LCCN:504620
　　奥書等：洛東浄妙庵小比丘慧宅集
　　〔朝河〕（SEP 6 1907）収蔵

0363 四度授法日記　SHIDO JUHOU NIKKI　　IN:3253/LCCN:696691
　　写　1冊　洋装（袋）　26cm×19cm
　　〔朝河〕（SEP 6 1907）収蔵　異称：金剛界授法日記

0364 受菩薩戒儀　JU BOSATSUKAI GI　　IN:3323/LCCN:504645
　　写　1冊　洋装（袋）　25.7cm×17.9cm
　　奥書等：安永3年（1774）
　　〔朝河〕（SEP 6 1907）収蔵

0365 受法次第　JUHOU SHIDAI　　IN:3336/LCCN:504658
　　写　1冊　洋装（袋）　23.9cm×16.4cm
　　奥書等：正徳4年（1714）写　万貫窮源
　　〔朝河〕（SEP 6 1907）収蔵

0366 受明灌頂作法次第　JUMYOU KANJOU SAHOU SHIDAI　　IN:3306/LCCN:504628
　　写　1冊　洋装（袋）　25.5cm×18.3cm
　　奥書等：寛政7年（1795）園城寺末資釈僧牛
　　〔朝河〕（SEP 6 1907）収蔵

0367 諸尊法口決七帖　SHOSONPOU KUKETSU SHICHIJOU　　IN:992/LCCN:432565
　　忠承律師　写　2冊　洋装（袋）　23.7cm×16.8cm
　　奥書等：至徳元年（1384）睿山西渓隠士心厳｜寛文11年（1671）山城乙訓郡西山善峯寺法花
　　院北谷宝光房　慈忠
　　〔朝河〕（SEP 6 1907）収蔵

0368 千手観音造次第儀法規　SENJU KANNON ZOU SHIDAI GI HOUKI　IN:3360/LCCN:504682
　　写　1冊　洋装（袋）　26.2cm×18.7cm
　　奥書等：治暦2年（1066）　静遍｜寛延4年（1751）写　亮範
　　蔵書印等：［華山元慶寺蔵］　〔朝河〕（SEP 6 1907）収蔵

0369 千手千眼観自在菩薩修行軌私記　SENJU SENGAN KANJIZAIBOSATSU SHUGYOUKI SHIKI
　　（亮範）写　1冊　袋　22.4cm×15.5cm
　　　　　　　　　　　　　　　　　　　　　　　　　IN:3303/LCCN:504625
　　奥書等：安永2年（1773）亮範
　　〔朝河〕（SEP 6 1907）収蔵

0370 蘇悉地羯羅十八契印供養法　SOSHITSUJIKATSURA JUUHACHIKEIIN KUYOUHOU
　　（慧頂）写　1冊　洋装（袋）　23.9cm×16.4cm　　IN:3349/LCCN:504671
　　奥書等：享保18年（1733）録　大僧都吉祥金剛恵頂、真如金剛亮範護持

蔵書印等：［華山元慶蔵］〔朝河〕（SEP 6 1907）収蔵

0371 胎記　TAIKI　　　　　　　　　　　　　　　　　　　　　　IN:3265/LCCN:504587

写　1冊　洋装（袋）　27.1cm × 19.3cm
奥書等：天保10年（1839）写　叡岳沙門徳連
〔朝河〕（SEP 6 1907）収蔵　異称：両界大法私記

0372 胎金伝法記　TAIKO NDENHOUKI　　　　　　　　　　　　IN:3392/LCCN:504714

写　1冊　洋装（袋）　24.5cm × 17cm
序：安永7年（1778）沙門亮雄
〔朝河〕（SEP 6 1907）収蔵　異称：金伝法記

0373 胎蔵界得尊印明記・金剛界得尊印明記
TAIZOUKAI ESON'INMYOUKI・KONGOUKAI ESON'INMYOUKI　　IN:3388/LCCN:504710

写　1冊　洋装（袋）　21.5cm × 15cm
奥書等：宝暦4年（1754）沙門亮範
〔朝河〕（SEP 6 1907）収蔵

0374 胎蔵諸尊種子　TAIZOU SHOSON SHUJI　　　　　　　　　IN:3312/LCCN:504634

（安然）写　1冊　洋装（袋）　25.9cm × 18.9cm
元慶8年（884）安然｜康和元年（1099）写　台宗沙門延範｜寛政3年（1791）写・校　華山元慶寺比丘亮雄

0375 大日経疏密印品諸印秘記　DAINICHIKYOUSHO MITSUINBON SHOIN HIKI

写　1冊　袋　22.9cm × 16.6cm　　　　　　　　　　　　　　IN:3383/LCCN:504705
奥書等：正徳2年（1712）真乗写｜延享元年（1744）校　沙門亮範
〔朝河〕（APR 18 1907）収蔵

0376 大悲胎蔵嘉会壇中修灌頂時七日行法法用次第　DAIHI TAIZOU KAE DANCHUUSHUU
KANJOUJI SHICHINICHI GYOUHOU HOUYUU SHIDAI　　IN:1421/LCCN:432994

玄静　写　1冊　洋装（袋）　22.9cm × 16cm
奥書等：宝暦2年（1752）真如金剛亮範写

0377 大悲胎蔵普通念誦法次第　DAIHI TAIZOU FUTSUU NENJUHOU SHIDAI

写　合1冊　洋装（袋）　20cm × 13.4cm　　　　　　　　　IN:3403/LCCN:504725
奥書等：康和2年（1100）写｜享保3年（1718）写　天台僧都慈泉
巻1（上・中）・巻2（下）存　蔵書印等：［華山元慶寺蔵］〔朝河〕（SEP 6 1907）収蔵

0378 大悲胎蔵普通念誦法次第　DAIHI TAIZOU FUTSUU NENJUHOU SHIDAI

写　1冊　洋装（袋）　19.5cm × 14cm　　　　　　　　　　　IN:3384/LCCN:504706
奥書等：享保3年（1718）写　霊山院大僧都慈泉｜寛保元年（1741）写　天台沙門実伝｜寛延3年（1750）写　亮範
〔朝河〕（SEP 6 1907）収蔵

0379 護摩記資行鈔　*GOMAKI SHIGYOUSHOU*　　　　IN:1419/LCCN:432992
　　写　1冊　洋装（袋）　23.1cm × 16.3cm

0380 護摩次第　*GOMA SHIDAI*　　　　IN:3307/LCCN:504629
　　慈覚大師　写　1冊　洋装（袋）　22cm × 15cm
　　〔朝河〕（SEP 6 1907）収蔵

0381 大灌頂軌他抄書　*DAIKANJOUKI HOKA NUKIGAKI*　　　　IN:3407/LCCN:504729
　　写　1冊　洋装（袋）　24.2cm × 16.4cm
　　奥書等：元文元年（1736）写　沙門亮範
　　大灌頂軌・十二真言王軌・火吽軌・観音一印法・金剛童子軌・不動八大童子軌　抄書
　　〔朝河〕（SEP 6 1907）収蔵

0382 沙弥得度儀軌　*SHAMI TOKUDO GIKI*　　　　IN:3324/LCCN:504646
　　写　1冊　洋装（袋）　27.1cm × 17.7cm
　　奥書等：宝暦2年（1752)眠 雲軒写
　　〔朝河〕（SEP 6 1907）収蔵

0383 円頓戒和解　*ENDONKAI WAGE*　　　　IN:1980/LCCN:508380
　　蓮盛　刊　1冊　袋　24.4cm × 18.2cm
　　序：元禄7年（1694）洞空　刊記：元禄7年（1694）
　　〔朝河〕（SEP 6 1907）収蔵　異称：円戒和解

0384 千手千眼観自在菩薩修行軌私記
　　　　SENJU SENGEN KANJIZAIBOSATSU SHUUGYOUKI SHIKI　　　　IN:3330/LCCN:504652
　　亮範　写　1冊　洋装（袋）　23.4cm × 16.8cm
　　跋：安永2年（1773）亮範
　　〔朝河〕（SEP 6 1907）収蔵

0385 授法日記　*JUHOU NIKKI*　　　　IN:3404/LCCN:504726
　　写　1冊　洋装（袋）　25.4cm × 18.4cm
　　奥書等：天保11年（1840）写　北嶺仏頂尾　郷子徳連｜同年校
　　〔朝河〕（SEP 6 1907）収蔵

0386 智界印義　*CHIKAI INGI*　　　　IN:3270/LCCN:504592
　　写　1冊　洋装（袋）　26.5cm × 19.4cm
　　奥書等：弘化4年（1847）写　無障金剛徳春
　　巻2～5存　〔朝河〕（SEP 6 1907）収蔵

0387 理解印義　*RIKAI INGI*　　　　IN:3262/LCCN:504584
　　写　1冊　洋装（袋）　26.4cm × 18.5cm
　　奥書等：長享元年（1487）慶厳書｜弘化4年（1847）止観院本渓虚空蔵尾沙門徳春
　　〔朝河〕（SEP 6 1907）収蔵

0388 十六算所依 (じゅうろくさんしょえ) *JUUROKUSAN SHOE*　　　　　IN:1954/LCCN:508354
　　刊　2冊　洋装（袋）　15.3cm × 20.3cm
　　刊記：正保4年（1647）長谷川市郎兵衛
　　蔵書印等：[山門常楽院亮海蔵]　〔朝河〕（SEP 6 1907）収蔵

0389 四十帖決 (しじゅうじょうけつ) *SHIJUUJOUKETSU*　　　　　IN:3250/LCCN:696688
　　写　2冊　挿絵有　洋装（袋）　23cm × 17.5cm
　　奥書等：文明16年（1484）｜天文15年（1546）｜天文17年（1548）｜安永6年（1777）校・写
　　〔朝河〕（SEP 6 1907）収蔵　異称：四十帖口決

0390 四明十義書耳聴記 (しめいじゅうぎしょじちょうき) *SHIMEI JUUGI SHO JICHOUKI*　　IN:3335/LCCN:504657
　　（可透）　写　2冊　洋装（袋）　23cm × 16.8cm
　　奥書等：享保6年（1721）勤息
　　〔朝河〕（SEP 6 1907）収蔵

0391 四明十義書聞記 (しめいじゅうぎしょもんき) *SHIMEI JUUGI SHO MONKI*　　IN:3333/LCCN:504655
　　（忍観）　写　1冊　洋装（袋）　22.9cm × 16.7cm
　　〔朝河〕（SEP 6 1907）収蔵

0392 釈迦会不同 (しゃかえふどう) *SHAKAE FUDOU*　　　　　IN:3381/LCCN:504703
　　（安然）　写　1冊　洋装（袋）　23.3cm × 16.7cm
　　奥書等：天永元年（1110）写｜元文4年（1739）写　山門栄泉沙門亮範
　　〔朝河〕（SEP 6 1907）収蔵

0393 成菩提集 (じょうぼだいしゅう) *JOUBODAI SHUU*　　　　　IN:1025/LCCN:432598
　　永範　写　2冊　洋装（袋）　25.7cm × 18cm
　　奥書等：万治4年（1661）写　江州栗太郡芦浦観音寺号般若坊舜興蔵｜安永5年（1776）写　洛東浄妙菴
　　〔朝河〕（SEP 6 1907）収蔵

0394 離作業要 (りさごうよう) *RISAGOU YOU*　　　　　IN:3357/LCCN:504679
　　写　1冊　洋装（袋）　26.9cm × 18.6cm
　　奥書等：貞治元年（1362）了恵｜正徳2年（1712）校了　福聚慈泉｜享保4年（1719）写
　　〔朝河〕（SEP 6 1907）収蔵

0395 止観大意 (しかんたいい) *SHIKAN TAII*　　　　　IN:3385/LCCN:504707
　　刊　1冊　洋装（袋）　24cm × 16cm
　　奥書等：弘化2年（1845）日僧沙門円龍
　　〔朝河〕（APR 18 1907）収蔵

0396 七百科 (しちひゃっか) *SHICHIHYAKKA*　　　　　IN:3300/LCCN:504622
　　忠尋　写　1冊　袋　25.5cm × 18cm

〔朝河〕（SEP 6 1907）収蔵　異称：七百条鈔内経旨帖

0397　教観綱宗詮翼合記・教観綱宗釈義止啼鈔　KYOUKAN KOUSHUU SEN'YOKUGOUKI・
　　　KYOUKAN KOUSHUU SHAKUGI SHITEISHOU
　　　　　　　　　　　　　　　　　　　　　　　　　　　　　IN:3376/LCCN:504698
　　　写　1冊　洋装（袋）　22.9cm × 16.9cm
　　　奥書等：享保9年（1724）注（教観綱宗釈義止啼鈔）
　　　〔朝河〕（SEP 6 1907）収蔵

0398　十不二門指要鈔講述　JUUFUJIMON SHIYOUSHOU KOUJUTSU　IN:3345/LCCN:504667
　　　小苾蒭守脱撰　写　1冊　洋装（袋）　23cm × 16.7cm
　　　〔朝河〕（SEP 6 1907）収蔵

0399　迹門十抄　SHAKUMON JISSHOU　IN:3326/LCCN:504648
　　　写　1冊　洋装（袋）　25.9cm × 18.6cm
　　　奥書等：［一字破損］応2年｜康暦2年（1380）写
　　　〔朝河〕（SEP 6 1907）収蔵

0400　妙宗謙説　MYOUSHUU SOUSETSU　IN:3256/LCCN:696694
　　　写　1冊　洋装（袋）　23.4cm × 16.2cm
　　　蔵書印等：［天台山螺渓摩訶三毒蔵・京都市木屋町二条　貝葉書院］
　　　〔朝河〕（SEP 6 1907）収蔵

0401　台密印信　TAIMITSU INSHIN　IN:3274/LCCN:504596
　　　写　1冊　洋装（袋）　27.1cm × 18.8cm
　　　蔵書印等：［華山元慶寺蔵］　〔朝河〕（SEP 6 1907）収蔵

0402　壇払印信・未伝授灌頂法　DANBARAI INSHIN・MIDENJU KANJOUHOU
　　　写　1冊　洋装（袋）　26.2cm × 18.8cm　　　　IN:3389/LCCN:504711
　　　奥書等：寛文7年（1667）伝受
　　　〔朝河〕（SEP 6 1907）収蔵

0403　内作業灌頂私記　NAISAGOU KANJOU SHIKI　IN:3314/LCCN:504636
　　　写　1冊　挿絵有　洋装（袋）　26.3cm × 18.8cm
　　　奥書等：文保元年（1317）写｜阿闍梨行遍｜元徳2年（1330）三都大阿闍梨位祖性｜応永7年（1400）金剛尊秀
　　　蔵書印等：［華山元慶寺］　〔朝河〕（SEP 6 1907）収蔵

0404　百余尊法　HYAKUYO SONPOU　IN:3291/LCCN:504613
　　　写　2冊　洋装（袋）　13.3cm × 19.4cm
　　　奥書等：弘治2年（1556）千蔵房常住｜弘化2年（1845）肥州阿蘇山長善坊現住　伝灯大法師位光徹
　　　〔朝河〕（AUG 19 1907）収蔵

C. 宗派　53

0405 不動明王立印儀軌修行次第 FUDOU MYOUOU RYUUIN GIKI SHUGYOU SHIDAI　　IN:3359/LCCN:504681
　　写　1冊　洋装（袋）　26.2cm × 18.9cm
　　奥書等：正徳6年（1716）万谷｜元文2年（1737）亮範写
　　蔵書印等：［華山元慶寺蔵］〔朝河〕（SEP 6 1907）収蔵

0406 弁才天修儀私記 BENZAITEN SHUUGI SHIKI　　IN:3267/LCCN:504589
　　写　1冊　挿絵有　洋装（袋）　26.6cm × 19.5cm

0407 曼陀羅供導師見聞 MANDARA KUDOUSHI KENMON　　IN:3373/LCCN:504695
　　写　1冊　挿絵有　袋　25.9cm × 18.8cm
　　奥書等：延宝5年（1677）見性房頼賢写
　　〔朝河〕（SEP 6 1907）収蔵

0408 仏部・道場観事諸文 BUTSUBU・DOUJOU KANJI SHOBUN　　IN:3375/LCCN:504697
　　写　1冊　袋　23.6cm × 16.7cm

0409 文殊八字軌・除災法 MONJU HACHIJIKI・JOSAIHOU　　IN:3309/LCCN:504631
　　写　合1冊　洋装（袋）　24.3cm × 16.8cm
　　奥書等：延宝5年（1677）校　浄厳（八字文殊修行儀軌）｜元禄11年（1698）校　霊雲開基浄厳（除災法）
　　蔵書印等：［華山元慶寺蔵］〔朝河〕（SEP 6 1907）収蔵　異称：八字文殊修行儀軌、大聖妙吉祥菩薩説除災教令法輪

0410 薬師瑠璃光如来消災除難念誦儀軌
　　　YAKUSHI RURIKOU NYORAI SHOUSAI JONAN NENJU GIKI　　IN:3353/LCCN:504675
　　写　1冊　袋　25.6cm × 18cm
　　奥書等：寛文5年（1665）　薩陽金峯山下住僧　照盈｜正徳5年（1715）聚海等応
　　〔朝河〕（SEP 6 1907）収蔵　異称：一行阿闍梨詮集

0411 略叙金剛界大教王師資相承伝法次第記 RYAKUJO KONGOUKAI DAIKYOUOU SHISHI
　　　SOUSHOU DENPOU SHIDAIKI　　IN:3371/LCCN:504693
　　写　1冊　洋装（袋）　26.6cm × 17.2cm
　　奥書等：永暦元年（1160）範呆｜正徳2年（1712）慧旭｜寛延4年（1751）台麓沙門亮範
　　蔵書印等：［華山元慶寺蔵］〔朝河〕（SEP 6 1907）収蔵

0412 灌頂面授抄抜書 KANJOU MENJUSHOU NUKIGAKI　　IN:518/LCCN:847513
　　写　1冊　洋装（袋）　23.7cm × 16.5cm
　　奥書等：元文4年（1739）抄写｜安永2年（1773）写
　　蔵書印等：［華山元慶寺蔵・華山之蔵書］

0413 灌頂面授抄 KANJOU MENJUSHOU　　IN:519/LCCN:847514
　　写　1冊　挿絵有　洋装（袋）　26cm × 18.7cm
　　奥書等：貞享3年（1686）厳覚｜正徳6年（1716）写｜嘉永2年（1849）本院紅葉渓沙門徳

春
〔朝河〕（SEP 6 1907）収蔵

0414 灌頂面授抄 *KANJOU MENJUSHOU* IN:3273/LCCN:504595
　　写　1冊　挿絵有　洋装（袋）　25.8cm × 18.6cm
　　奥書等：永正11年（1514）実清
　　〔朝河〕（SEP 6 1907）収蔵

0415 不動明王立印供養法 *FUDOU MYOUOU RYUUIN KUYOUHOU* IN:523/LCCN:847518
　　（智鋒）　写　1冊　挿絵有　洋装（袋）　22.8cm × 16.5cm
　　奥書等：宝永8年（1711）大僧都法印智鋒
　　〔朝河〕（SEP 6 1907）収蔵

0416 伝法灌頂決 *DENPOU KANJOUKETSU* IN:514/LCCN:847509
　　写　1冊　挿絵有　洋装（袋）　26.2cm × 18.6cm
　　奥書等：宝暦9年（1759）天台山東渓光聚秀光写
　　蔵書印等：［華山元慶寺蔵］　〔朝河〕（SEP 6 1907）収蔵

0417 受明灌頂作法次第 *JUMYOU KANJOU SAHOU SHIDAI* IN:513/LCCN:847503
　　水尾玄静　写　1冊　洋装（袋）　23.4cm × 16.6cm
　　奥書等：宝永6年（1709）慧旭｜元文4年（1739）台嶺宋泉院亮範｜天明3年（1783）校 亮雄
　　蔵書印等：［華山元慶寺蔵］　〔朝河〕（JUL 6 1907）収蔵

0418 金剛三密抄 *KONGOU SANMITSUSHOU* IN:522/LCCN:847517
　　覚超　写　1冊　洋装（袋）　26.1cm × 18.6cm
　　蔵書印等：［華山元慶寺蔵］　〔朝河〕（SEP 6 1907）収蔵　異称：金剛界三密鈔・金三密抄

0419 金剛界受明灌頂次第儀式 *KONGOUKAI JUMYOU KANJOU SHIDAI GISHIKI*
　　写　1冊　洋装（袋）　24.2cm × 17.7cm
　　　　　　　　　　　　　　　　　　　　　　　IN:517/LCCN:847512
　　奥書等：明和5年（1768）写　樹王院秀弁真如金剛
　　蔵書印等：［慧性蔵］　〔朝河〕（SEP 6 1907）収蔵　異称：金界受明灌頂次第

0420 観中院撰定事業灌頂式具足支分
　　　　KANCHUUIN SENJOU JIGOU KANJOUSHIKI GUSOKU SHIBUN　IN:3251/LCCN:696689
　　安然　写　1冊　洋装（袋）　26cm × 19.5cm
　　奥書等：正徳5年（1715）写　乞士実詮
　　〔朝河〕（SEP 6 1907）収蔵

0421 灌頂抄 *KANJOUSHOU* IN:515/LCCN:847510
　　良快　写　1冊　洋装（袋）　26.1cm × 18.6cm
　　蔵書印等：［華山元慶寺蔵］

C. 宗派

0422 　安楽院灌頂日記　ANRAKUIN KANJOU NIKKI　　　　　　　IN:3280/LCCN:504602
　　　写　1冊　洋装（袋）　23cm×26.5cm
　　　奥書等：宝暦4年（1754）谿泰山
　　　〔朝河〕（SEP 6 1907）収蔵

0423 　吽迦陀耶八牙天王浴油供養法私記
　　　　　　UNKADAYAHACHIGETENNOU YOKUYU KUYOUHOU SHIKI　　IN:3242/LCCN:696680
　　　写　1冊　洋装（袋）　26.3cm×19.2cm
　　　奥書等：寛政8年（1796）常教房義貫写

0424 　穴太流伝法次第　ANOURYUU DENPOU SHIDAI　　　　　　　IN:3329/LCCN:504651
　　　写　1冊　挿絵有　袋　23.5cm×16.5cm
　　　奥書等：文安4年（1447）昌慶｜寛正2年（1461）重海｜文明3年（1471）永舜｜永禄9年（1566）
　　　真海｜天明2年（1782）実霊｜弘化4年（1847）写　本院虚空蔵尾沙門徳春｜持名庵徳春蔵
　　　〔朝河〕（SEP 6 1907）収蔵

0425 　穴太流灌頂聞書　ANOURYUU KANJOU KIKIGAKI　　　　　　IN:516/LCCN:847511
　　　秀海　写　1冊　洋装（袋）　26.1cm×18.6cm
　　　奥書等：宝暦6年（1756）天台山南谷吉祥沙門実霊写
　　　〔朝河〕（SEP 6 1907）収蔵　異称：穴太流灌頂私記見聞書

0426 　諸尊口決　SHOSON KUKETSU　　　　　　　　　　　　　　IN:3268/LCCN:504590
　　　忠承律師　写　1冊　挿絵有　洋装（袋）　23.3cm×17.2cm
　　　奥書等：寛政8年（1796）写　亮周
　　　〔朝河〕（SEP 6 1907）収蔵

真言宗

0427 　不空表制集　FUKUU HYOUSEI SHUU　　　　　　　　　　　IN:1880/LCCN:508280
　　　円照　刊　1冊　洋装（袋）　26.1cm×17.8cm
　　　刊記：慶安3年（1650）中野小左衛門　奥書等：徳治2年（1307）写　獣然
　　　異称：大宗朝贈司空大弁正広智三蔵和上表制集

0428 　徴業録　CHOUGOUROKU　　　　　　　　　　　　　　　　IN:2064/LCCN:508464
　　　玄明　刊　1冊　袋　25.9cm×18cm
　　　序：安永4年（1775）・宝暦8年（1758）　跋：明和7年（1770）梓瑞
　　　蔵書印等：［スタール博士・聖護院門跡］

0429 　心鏡集　SHINKYOU SHUU　　　　　　　　　　　　　　　IN:1185/LCCN:432758
　　　写　1冊　仮綴　20.9cm×15.5cm
　　　蔵書印等：［参謀］

0430 阿字観正訣 AJIKAN SHOUKETSU　　　　　　　　　　　IN:3322/LCCN:504644
　　　写　1 冊　洋装（袋）　23.8cm × 16.4cm
　　　〔朝河〕（SEP 6 1907）収蔵

0431 阿弥陀口訣 AMIDA KUKETSU　　　　　　　　　　　IN:3334/LCCN:504656
　　　写　1 冊　洋装（袋）　23.9cm × 16.4cm
　　　奥書等：安永 5 年（1776）無障金剛了弁
　　　〔朝河〕（SEP 6 1907）収蔵

0432 大日経疏拾義鈔 DAINICHIKYOUSHO SHUUGISHOU　　IN:2018/LCCN:508418
　　　刊　2 冊　洋装（袋）　26cm × 18cm

0433 胎蔵入理鈔 TAIZOU NYUURISHOU　　　　　　　　　IN:3240/LCCN:696678
　　　頼瑜　写　1 冊　洋装（袋）　27.8cm × 18.6cm
　　　奥書等：正安 2 年（1300）金剛仏子頼瑜｜正安 3 年（1301）頼瑜｜正安 4 年（1304）金剛資実尊｜天正 3 年（1575）下総佐倉専良房写　実名尊快｜義等房宗纂校
　　　蔵書印等：［旧増上寺蔵・沙門宗纂・緑山西渓作業図書門外不出］〔朝河〕（AUG 19 1907）収蔵　異称：胎蔵界入理鈔

0434 大疏詮要抄 DAISHO SEN'YOUSHOU　　　　　　　　　IN:1981/LCCN:508381
　　　印融　刊　合 1 冊　洋装（袋）　26.3cm × 18.9cm
　　　跋：永正 2 年（1505）自跋　刊記：寛文 8 年（1668）前川茂右衛門尉
　　　〔朝河〕（SEP 6 1907）収蔵

0435 諸尊要鈔 SHOSON YOUSHOU　　　　　　　　　　　　IN:3257/LCCN:696695
　　　写　1 冊　挿絵有　洋装（袋）　15.6cm × 17.1cm
　　　奥書等：巻 1: 建保 6 年（1218）写　憲生｜弘安 2 年（1279）写　澄全、巻 2: 建長 2 年（1250）写　沙門顕成｜万治 3 年（1660）伝受　尊如、巻 3: 建保 6 年（1218）写　憲年｜弘安 2（1279）写　澄禅｜正和元年（1312）、巻 4: 建保 6 年（1218）写　憲生｜弘安 2 年（1279）泟禅｜正和元年（1312）校、巻 5: 建保 6 年（1218）写　憲生、巻 6: 建保 6 年（1218）憲生｜弘安 2 年（1279）、巻 7: 建保 6 年（1218）憲生｜弘安 2 年（1279）｜正和元年（1312）、巻 8: 建保 6 年（1218）憲生｜弘安 2 年（1279）澄禅、巻 9: 建長 6 年（1218）憲生｜建長 2 年（1250）顕成｜万治 2 年（1659）尊如、巻 10: 建長 2 年（1250）顕成｜万治 3 年（1660）尊如、巻 11: 建保 6 年（1218）憲生｜建長 2 年（1250）顕成｜万治 2 年（1659）
　　　〔朝河〕（AUG 17 1907）収蔵

0436 十善法語 JUUZENHOUGO　　　　　　　　　　　　　IN:1937/LCCN:508337
　　　葛城慈雲尊者示衆（飲光）　刊　2 冊　挿絵有　洋装（袋）　24.5cm × 17.3cm
　　　序：文政 3 年（1820）豪恕　跋：文政 7 年（1824）沙門妙有識　刊記：葛城山高貴寺蔵　江戸／北畠茂兵衛　大坂／中川勘助他（全 13 肆）
　　　正法律興復大和上光尊者伝一巻を付す　〔朝河〕（SEP 6 1907）収蔵

0437 十巻章 JIKKANSHOU　　　　　　　　　　　　　　　IN:2000/LCCN:508400
　　　（空海）　刊　2 冊　洋装（袋）　26cm × 18.2cm

刊記：万治3年（1660）高野山宝光院第24世末葉応盛（後刷）
〔朝河〕（SEP 6 1907）収蔵

0438 三昧耶要抄 SANMA YA YOUSHOU　　　　　　　　　　IN:3327/LCCN:504649
　　写　1冊　洋装（袋）　23.7cm × 16.3cm
　　蔵書印等：［華山元慶寺蔵］〔朝河〕（SEP 6 1907）収蔵

0439 座右決疑 ZAYUU KETSUGI　　　　　　　　　　　　IN:3317/LCCN:504639
　　写　1冊　洋装（袋）　23.1cm × 16.7cm
　　奥書等：明応6年（1497）（座右決疑）｜明応6年（1497）（灌頂決疑）
　　灌頂決疑を付す　〔朝河〕（SEP 6 1907）収蔵

0440 光明真言経照闇鈔 KOUMYOU SHINGONKYOU SHOUANSHOU
　　亮汰　刊　1冊　洋装（袋）　26.2cm × 9cm　　　　IN:2013/LCCN:508413
　　跋：寛文12年（1672）沙門亮汰　刊記：前川茂右衛門尉
　　〔朝河〕（SEP 6 1907）収蔵

0441 ［五巻私記］ GOKAN SHIKI　　　　　　　　　　　IN:1028/LCCN:432601
　　写　5冊　粘葉装　16.3cm × 16.3cm
　　奥書等：寛延2年～3年（1749～50）宥深写
　　「初夜」「後夜」「三昧耶戒」「絶具鈔」「教授」の5巻より成る

0442 光明真言観誦要門 KOUMYOU SHINGON KANJU YOUMON　IN:1988/LCCN:508388
　　浄厳　刊　1冊　洋装（袋）　26.2cm × 18.7cm
　　序：貞享元年（1684）瑞応老比丘泊如運敞（悉曇三密鈔序）・天和3年（1683）尚章大淵　刊記：
　　貞享3年（1686）大坂／森田庄太郎開板・書林庄左衛門録梓
　　蔵書印等：［赤宜山曼陀羅院蔵書］〔朝河〕（SEP 6 1907）収蔵

0443 薄次第 USU NO SHIDAI　　　　　　　　　　　　IN:3239/LCCN:696677
　　写　1冊　洋装（袋）　22.7cm × 15.3cm

0444 儼避羅鈔 GENPIRASHOU　　　　　　　　　　　　IN:994/LCCN:432567
　　栄海　写　3冊　洋装（袋）　26.7cm × 19cm
　　跋：先師入滅日　奥書等：建武4年（1337）沙門栄海

0445 ［冠註］住心品疏略解 JUUSHINBON SHORYAKUGE　　IN:2003/LCCN:508403
　　霊雲妙極　刊　2冊　洋装（袋）　26.1cm × 18.2cm
　　跋：元禄15年（1702）延命密寺苾蒭蓮体　刊記：元禄15年（1702）前川茂右衛門・村上勘兵衛・
　　長谷川市郎兵衛・前川伊兵衛
　　〔朝河〕（SEP 6 1907）収蔵　異称：大日経住心品疏冠解

0446 　無量寿如来陀羅尼句義私記　*MURYOUJU NYORAI DARANI KUGI SHIKI*　　　　IN:3275b/LCCN:504597b
　　　写　1冊　洋装（袋）　26.1cm × 18.4cm
　　　奥書等：元文5年（1740）洛西五智山隠士｜義環子写
　　　［賢劫十六尊］と合綴　蔵書印等：［華山元慶寺蔵］　〔朝河〕（SEP 6 1907）収蔵

0447 　九字護身法口伝　*KYUUJI GOSHINHOU KUDEN*　　　　IN:1050b/LCCN:432623b
　　　写　1冊　挿絵有　袋　20.3cm × 13.4cm
　　　奥書等：宝暦3年（1753）授｜天明8年（1788）藤南静幽正治
　　　蟇目鳴弦奥秘之伝と合綴　蔵書印等：［士官］　異称：九字十字咒法

0448 　野山名霊集　*YASAN MYOUREI SHUU*　　　　IN:1976/LCCN:508376
　　　泰円（妙有）　刊　1冊　挿絵有　洋装（袋）　25.6cm × 18cm
　　　序：宝暦2年（1752）金紫光録大夫　源当雅　刊記：宝暦2年（1752）刻　高野山青巌寺之経
　　　庫者　装丁針所高野山　経師伊右衛門　奥書等：宝暦2年（1752）隠士等我敬
　　　〔朝河〕（SEP 6 1907）収蔵

0449 　伝授類集鈔　*DENJU RUIJUUSHOU*　　　　IN:3412/LCCN:504734
　　　写　2冊　挿絵有　洋装（袋）　32.5cm × 24cm
　　　序：保元3年（1158）興然・嘉暦元年（1326）金剛仏子高経
　　　〔朝河〕（AUG 19 1907）収蔵

0450 　伝授類集鈔　*DENJURUI SHUUSHOU*　　　　IN:3432/LCCN:504754
　　　写　2冊　洋装（袋）　32.4cm × 22.8cm
　　　奥書等：嘉暦元年（1326）高経（巻11・12軸書付）｜嘉暦3年（1328）　高経（巻14〜18軸書付）
　　　10巻（11〜20巻）存　〔朝河〕（AUG 17 1907）収蔵

0451 　伝授類集鈔　*DENJU RUIJUUSHOU*　　　　IN:3417/LCCN:504739
　　　弁知　写　1冊　洋装（袋）　32.5cm × 23.2cm
　　　6巻（巻21〜25）存　〔朝河〕（AUG 17 1907）収蔵

0452 　都表如意輪王儀軌　*TOHYOU NYOIRIN'OU GIKI*　　　　IN:3279/LCCN:504601
　　　刊　1冊　洋装（袋）　23cm × 17cm
　　　刊記：寛延元年（1748）小野末菜孝山
　　　〔朝河〕（SEP 6 1907）収蔵　異称：都表如意転輪王念誦法

0453 　二教論指光鈔　*NIKYOURON SHIKOUSHOU*　　　　IN:2038/LCCN:508438
　　　（頼瑜）　刊　1冊　洋装（袋）　26.2cm × 18.7cm
　　　〔朝河〕（SEP 6 1907）収蔵

0454 　伝流小巻　*DENRYUU SHOUKAN*　　　　IN:3319/LCCN:504641
　　　写　34冊　洋装（折本）　24cm × 14.8cm
　　　奥書等：寛永10年（1633）｜享保13年（1728）豊山宗纂
　　　如来部11巻8帖・菩薩部15巻14帖・観音部10巻5帖・明王部8巻7帖存　異称：(諸尊法次第）

C. 宗派　59

0455　伝法印明　DENPOU INMYOU　　　　　　　　　　　IN:3380/LCCN:504702

　　耶浄　写　1冊　洋装（袋）　23.7cm × 16.4cm
　　奥書等：天和2年（1682）耶浄｜貞享4年（1687）弟子真浄写
　　〔朝河〕（SEP 6 1907）収蔵　異称：安祥寺流伝法印明口訣

0456　天等部　TENTOUBU　　　　　　　　　　　　　　IN:1428/LCCN:433001

　　写　23帖　折本　24.2cm × 14.8cm
　　奥書等：享保3年（1718）宗纂（毘沙門天供次第）｜延享3年（1746）（琰魔天供次第）｜享保13年（1728）宗纂（弁財天供次第）｜延享3年（1746）宗纂（北斗供次第）｜享保13年（1728）宗纂（本命星供次第）｜享保15年（1730）宗纂（広目天供次第）｜享保15年（1730）宗纂（曩広梨次第）｜享保15年（1730）宗纂（地天供次第）｜享保15年（1730）（帝釈天供次第）｜享保13年（1728）宗纂（妙見供次第）｜享保15年（1730）宗纂（梵天供次第）

0457　大悲胎蔵普通大曼陀羅諸説不同記
　　　DAIHI TAIZOU FUTSUU DAIMANDARA SHOSETSU FUDOUKI　　IN:3232/LCCN:696672

　　（真寂）写　1冊　洋装（袋）　23cm × 16.8cm
　　奥書等：元文元年（1736）山門栄泉院沙門亮範蔵
　　〔朝河〕（SEP 6 1907）収蔵　異称：大悲胎蔵普通大曼陀羅中諸尊種子標幟形相聖位諸説不同記

0458　秘密因縁管絃相成義　HIMITSUINNEN KANGENSOU SEIGI　　IN:2023.1/LCCN:508423

　　法住　刊　1冊　洋装（袋）　27cm × 18cm
　　刊記：寛政7年（1795）京／池田屋七兵衛
　　〔朝河〕（SEP 6 1907）収蔵

0459　秘鈔口決　HISHOU KUKETSU　　　　　　　　　　IN:990/LCCN:432563

　　写　2冊　洋装（袋）　23.6cm × 18cm
　　奥書等：嘉元3年（1305）｜暦応4年（1341）慈弁｜貞治6年（1367）瞻｜康正3年（1457）仏子快□｜寛正3年（1462）写　大智院

0460　秘鈔口決　HISHOU KUKETSU　　　　　　　　　　IN:1017/LCCN:432590

　　教舜　写　1冊　洋装（袋）　24.3cm × 18.2cm
　　奥書等：文安元年（1444）宥範｜宝暦6年（1756）空慧｜安永4年（1775）覚竜
　　〔朝河〕（SEP 6 1907）収蔵

0461　八家相承印信　HAKKESOUSHOU INJIN　　　　　　　IN:3351/LCCN:504673

　　写　1冊　袋　26.8cm × 18.2cm
　　奥書等：天正18年（1590）朝意木食須良房
　　寛文7年（1667）印信8通を付す　蔵書印等：［華山元慶寺蔵］〔朝河〕（SEP 6 1907）収蔵

0462　熾盛光法求聞持法　SHIJOUKOUHOU GUMONJIHOU　　　IN:3299/LCCN:504621

　　月性　写　1冊　洋装（袋）　25.9cm × 18.6cm
　　奥書等：嘉禄3年（1227）月性師伝法｜貞和4年（1348）執筆　良明｜金剛資盛尊写
　　蔵書印等：［華山元慶寺蔵］〔朝河〕（SEP 6 1907）収蔵　異称：熾盛光法

0463 七倶胝仏母准提供養法 *SHICHIKUTEIBUTSUMO JUNDAI KUYOUHOU* IN:3366/LCCN:504688
　　写　1冊　洋装（袋）　22.4cm×14.8cm
　　奥書等：宝暦4年（1754）亮範
　　蔵書印等：［華山元慶寺蔵］〔朝河〕（SEP 6 1907）収蔵

0464 胎金瑜伽記 *TAIKON YUGAKI* IN:3296/LCCN:504618
　　円珍　写　1冊　挿絵有　洋装（袋）　26.2cm×18.3cm
　　跋：元文3年（1738）了春覚芳　奥書等：享和3年（1803）写　金剛仏子仏護
　　異称：大悲蔵瑜伽・胎金両界瑜伽記

0465 胎蔵界受明灌頂次第儀式 *TAIZOUKAI JUMYOU KANJOU SHIDAI GISHIKI* IN:1423/LCCN:432996
　　（恵頂）　写　1冊　洋装（袋）　21.2cm×14.5cm
　　奥書等：宝暦3年（1753）智岡写
　　〔朝河〕（SEP 6 1907）収蔵

0466 諸尊口訣 *SHOSON KUKETSU* IN:3241/LCCN:696679
　　写　1冊　洋装（袋）　23.2cm×16.5cm
　　奥書等：至徳3年（1386）最弁｜永享元年（1429）沙門正欽

0467 護摩集 *GOMA SHUU* IN:1445/LCCN:433018
　　写　1冊　洋装（袋）　26.2cm×18.6cm
　　〔朝河〕（SEP 6 1907）収蔵

0468 十八道口決 *JUUHACHIDOU KUKETSU* IN:3230/LCCN:626668
　　写　1冊　洋装（袋）　26.6cm×19.4cm
　　奥書等：正徳5年（1715）東常沙門宗纂校
　　護摩口決・神供口決と合綴　〔朝河〕（AUG 17 1907）収蔵

0469 秘密曼荼羅教付法伝 *HIMITSU MANDARAKYOU FUHOU DEN* IN:1881/LCCN:508281
　　運敞　刊　1冊　洋装（袋）　26.8cm×17.9cm
　　序：寛文3年（1663）信海　刊記：寛文3年（1663）前川茂右衛門尉
　　異称：秘密曼荼羅教付法伝纂解

0470 弁顕密二教論科略解 *BEN KENMITSU NIKYOURONKA RYAKUGE* IN:1898/LCCN:508298
　　尊祐　刊　1冊　挿絵有　洋装（袋）　26.2cm×18.8cm
　　序：元禄10年（1697）豊山北野坊沙門尊祐　刊記：元禄10年（1697）
　　巻頭に［弁顕密二教論玄談］を付す　蔵書印等：［但田西光寺］〔朝河〕（SEP 6 1907）収蔵　異称：弁顕密二教論略解

0471 弁惑指南 *BENWAKU SHINAN* IN:1897/LCCN:508297
　　浄厳　刊　1冊　洋装（袋）　26.2cm×18.8cm
　　序：元禄4年（1691）熖䍐妙極老人
　　〔朝河〕（SEP 6 1907）収蔵

0472 梵字胎蔵義軌 　BONJI TAIZOU GIKI　　　　　　　　　IN:1021/LCCN:432594
　　　写　1冊　洋装（袋）　22.1cm × 16.4cm
　　　奥書等：文和3年（1354）大法師賢宝｜享保10年（1725）了息慈宥海
　　　〔朝河〕（SEP 6 1907）収蔵

0473 録外儀軌 　ROKUGAI GIKI　　　　　　　　　　　IN:3318/LCCN:504640
　　　写　1冊　挿絵有　洋装（袋）　22.9cm × 16.2cm
　　　奥書等：永久2年（1114）写｜承暦4年（1080）写｜応徳2年（1085）写｜延宝5年（1677）
　　　檜尾山龍海｜元文2年（1737）山門西塔栄泉亮範｜翻経院灌頂阿闍梨述｜大勇金剛蔵
　　　蔵書印等：[華山元慶寺蔵]　〔朝河〕（SEP 6 1907）収蔵

0474 両界諸尊 　RYOUKAI SHOSON　　　　　　　　　 IN:3252/LCCN:696690
　　　写　1冊　洋装（袋）　26cm × 19.5cm
　　　〔朝河〕（SEP 6 1907）収蔵

0475 理趣釈訣影抄 　RISHUSHAKU KETSUEISHOU　　　　　　IN:3325/LCCN:504647
　　　写　1冊　洋装（袋）　23.8cm × 16.7cm
　　　奥書等：元禄7年（1694）満座｜寛延4年（1751）山門一音院知恵金剛映珍
　　　蔵書印等：[華山元慶寺蔵]　〔朝河〕（SEP 6 1907）収蔵

0476 菩薩戒経箋解 　BOSATSUKAIKYOU SENGE　　　　　　IN:1903/LCCN:508303
　　　行性　刊　1冊　洋装（袋）　26.2cm × 18.3cm
　　　序：有　跋：延宝8年（1680）河内埜中律寺法弟比丘玄道　刊記：延宝9年（1681）京／堀井
　　　伝右衛門
　　　〔朝河〕（SEP 6 1907）収蔵

0477 両部曼荼羅私抄 　RYOUBU MANDARA SHISHOU　　　　　IN:3293/LCCN:504615
　　　写　1冊　洋装（袋）　25.6cm × 18.5cm
　　　奥書等：永禄5年（1562）十如房澄弁｜元文5年（1740）亮範｜筆受　亮忍
　　　〔朝河〕（SEP 6 1907）収蔵

0478 賢劫十六尊 　KENGOU JUUROKUSON　　　　　　　IN:3275a/LCCN:504597a
　　　写　1冊　洋装（袋）　26.1cm × 18.4cm
　　　序：有　奥書等：寛延4年（1751）写・校　台麓沙門亮範
　　　無量寿如来陀羅尼句義私記（曇寂著）と合綴　蔵書印等：[華山元慶寺蔵]　〔朝河〕（SEP 6
　　　1907）収蔵

0479 十波羅蜜鈔 　JUUHARAMITSUSHOU　　　　　　　 IN:1023/LCCN:432596
　　　大原長宴　写　1冊　洋装（袋）　26.1cm × 19.5cm
　　　奥書等：宝暦10年（1760）写　吉祥遍照金剛実霊

0480 十波羅蜜鈔 　JUUHARAMITSUSHOU　　　　　　　 IN:1024/LCCN:432597
　　　大原長宴　写　1冊　洋装（袋）　26.1cm × 18.1cm

跋：寛政 7 年（1795）華山元慶寺亮雄　奥書等：沙門実霊
巻 6 ～ 10 存　〔朝河〕（SEP 6 1907）収蔵

0481 　許可広式　*KOKA KOUSHIKI*　　　　　　　　　　　　IN:3272/LCCN:504594
　　　こかこうしき
　　写　1 冊　洋装（袋）　22.8cm × 16.7cm
　　奥書等：宝暦 3 年（1753）亮範写
　　蔵書印等：〔華山元慶寺蔵〕〔朝河〕（SEP 6 1907）収蔵

0482 　神供口決　*SHINGU KUKETSU*　　　　　　　　　　　IN:3230b/LCCN:626668b
　　　しんぐ くけつ
　　写　1 冊　洋装（袋）　26.6cm × 19.4cm
　　奥書等：弘長 2 年（1261）頼瑜｜慶安 2 年（1649）末資寛済
　　護摩口決・十八道口決と合綴　〔朝河〕（AUG 17 1907）収蔵

0483 　護摩私鈔　*GOMA SHISHOU*　　　　　　　　　　　　IN:1947/LCCN:508347
　　　ごましょう
　　刊　1 冊　洋装（袋）　26cm × 17cm
　　奥書等：故当住持書写
　　金剛界事鈔・胎蔵界事鈔と合綴　〔朝河〕（SEP 6 1907）収蔵

0484 　胎蔵界事鈔　*TAIZOUKAI JISHOU*　　　　　　　　　 IN:1946/LCCN:508346
　　　たいぞうかいじしょう
　　道快　刊　1 冊　洋装（袋）　26cm × 17cm
　　金剛界事鈔・護摩私鈔と合綴　〔朝河〕（SEP 6 1907）収蔵

0485 　金剛界事鈔　*KONGOUKAI JISHOU*　　　　　　　　　IN:1945/LCCN:508345
　　　こんごうかいじしょう
　　道快　刊　1 冊　洋装（袋）　26cm × 17cm
　　胎蔵界事鈔・護摩私鈔と合綴　〔朝河〕（SEP 6 1907）収蔵

0486 　大聖文殊師利讃仏法身礼　*DAISHOU MONJUSHIRI SANFUTSUHOU SHINREI*
　　　だいしょうもんじゅしりさんふつほうしんれい
　　写　1 冊　挿絵有　洋装（袋）　26cm × 18.7cm　　　IN:3286/LCCN:504608
　　奥書等：寛文 9 年（1669）写　有義　寛保 2 年（1742）伝授　山門一音院映珍｜寛延 4 年（1751）
　　写・校　亮範
　　〔朝河〕（SEP 6 1907）収蔵

0487 　釈尊御舎利儀記　*SHAKUSON ONSHARI GIKI*　　　　　IN:3374b/LCCN:504696b
　　　しゃくそんおんしゃりぎき
　　（伝空海）　写　1 冊　洋装（袋）　24cm × 16.4cm
　　奥書等：嘉永 5 年（1852）
　　釈尊御舎利儀記と合綴

0488 　大威徳最極深秘法　*DAIITOKU SAIKYOKU SHINPIHOU*　　IN:3374a/LCCN:504696a
　　　だいいとくさいきょくしんぴほう
　　写　1 冊　洋装（袋）　24cm × 16.4cm
　　奥書等：嘉永 7 年（1854）沙門真空
　　釈尊御舎利儀記と合綴　異称：大威徳明王大新験念誦法

0489 諸尊法私記目録 SHOSONPOU SHIKI MOKUROKU　　　IN:3378/LCCN:504700
　　写　1冊　洋装（袋）　23.3cm × 16.5cm
　　〔朝河〕（SEP 6 1907）収蔵

0490 諸尊別法 SHOSON BEPPOU　　　IN:3233/LCCN:696671
　　写　1冊　洋装（袋）　26.7cm × 19cm
　　奥書等：明和2年（1765）｜文化6年（1809）写 恵天
　　〔朝河〕（AUG 17 1907）収蔵

0491 諸軌稟承録 SHOKI RINSHOUROKU　　　IN:993/LCCN:432567
　　真常　写　2冊　洋装（袋）　26.2cm × 18.5cm
　　奥書等：寛政8年（1796）（1冊目）｜寛政12年（1800）沙門薩神秀覚（2冊目）
　　巻5～12存　〔朝河〕（SEP 6 1907）収蔵

0492 諸儀軌稟承録 SHOGIKI RINSHOUROKU　　　IN:1016/LCCN:432589
　　真常　写　1冊　洋装（袋）　24.3cm × 18.2cm
　　序：寛政9年（1797）自序
　　〔朝河〕（SEP 6 1907）収蔵

0493 護摩口決 GOMA KUKETSU　　　IN:3230a/LCCN:626668b
　　写　1冊　洋装（袋）　26.6cm × 19.4cm
　　奥書等：弘長元年（1261）金剛仏子頼瑜
　　神供口決・十八道口決と合綴　〔朝河〕（AUG 17 1907）収蔵

0494 求聞持私記 GUMONJI SHIKI　　　IN:3238/LCCN:696676
　　写　1冊　洋装（袋）　23cm × 15.9cm
　　奥書等：享保9年（1724）
　　〔朝河〕（SEP 6 1907）収蔵

0495 安祥寺流許可印信口訣 ANJOUJIRYUU KOKA INJIN KUKETSU　　　IN:3355/LCCN:504677
　　写　1冊　洋装（袋）　23.3cm × 16.2cm
　　奥書等：天和3年（1683）安祥寺法流末資浄厳｜貞享3年（1686）真浄
　　蔵書印等：［華山元慶寺蔵］〔朝河〕（SEP 6 1907）収蔵

0496 石山道場観 ISHIYAMA DOUJOUKAN　　　IN:3287/LCCN:504609
　　写　1冊　挿絵有　洋装（袋）　23.3cm × 17.1cm
　　奥書等：宝暦元年（1751）写・校｜宝暦2年（1752）写　亮範
　　〔朝河〕（SEP 6 1907）収蔵

0497 焔鬘徳迦王十六秘印 ENMANTOKUKAOU JUUROKUHIIN　　　IN:3370/LCCN:504692
　　写　1冊　洋装（袋）　26.9cm × 18.1cm
　　奥書等：天明2年（1782）前住叡嶺法曼院第九世沙門慧航｜寛政8年（1796）写・校　亮雄｜
　　享和元年（1801）元慶寺沙門亮素

蔵書印等：［華山元慶寺蔵］〔朝河〕（SEP 6 1907）収蔵

0498 歓喜天秘法 _{かんぎてんひほう} *KANGITEN HIHOU*　　　　　　　IN:1444/LCCN:433017
　　写　1冊　洋装（袋）　25.6cm × 17.9cm
　　〔朝河〕（AUG 17 1907）収蔵

0499 観自在菩薩心真言一切念誦法 _{かんじざいぼさつしんしんごんいっさいねんじゅほう} *KANJIZAIBOSATSUSHIN SHINGON ISSAI NENJUHOU*
　　写　1冊　洋装（袋）　26.6cm × 19.3cm　　　　IN:3350/LCCN:504672
　　奥書等：延宝8年（1680）浄厳
　　〔朝河〕（SEP 6 1907）収蔵

0500 金剛界供養念誦要法・胎蔵界念誦次第 _{こんごうかいくようねんじゅようほう　たいぞうかいねんじゅしだい}
　　　KONGOUKAI KUYOU NENJU YOUHOU・TAIZOUKAI NENJU SHIDAI　IN:1011/LCCN:432584
　　写　2冊　洋装（袋）　21.2cm × 14.3cm
　　〔朝河〕（SEP 6 1907）収蔵

0501 授大灌頂作法次第 _{じゅだいかんじょうさほうしだい} *JUDAIKANJOU SAHOU SHIDAI*　　IN:3316/LCCN:504638
　　写　2冊　洋装（袋）　22.9cm × 16.5cm
　　奥書等：元文4年（1739）山門栄泉院沙門亮範
　　［華山元慶寺蔵］〔朝河〕（SEP 6 1907）収蔵

0502 諸儀軌訣影 _{しょぎきけつえい} *SHOGIKI KETSUEI*　　　　　　　IN:1018/LCCN:432591
　　浄厳、性寂記　写　3冊　洋装（袋）　24.5cm × 17.5cm
　　奥書等：正徳5年（1715）僧覚心｜寛延4年（1751）映珍｜宝暦2年（1752）｜宝暦3年（1753）
　　亮軌
　　真言宗教義解説書　〔朝河〕（SEP 6 1907）収蔵

0503 静什鈔 _{せいじゅうしょう} *SEIJUUSHOU*　　　　　　　　　IN:3284/LCCN:504606
　　写　1冊　洋装（袋）　26.3cm × 19.4cm
　　跋：延宝8年（1680）勤息要憲
　　〔朝河〕（SEP 6 1907）収蔵

0504 大日経疏指心鈔 _{だいにちきょうしょししんしょう} *DAINICHIKYOUSHO SHISHINSHOU*　IN:1877/LCCN:508277
　　頼瑜　刊　2冊　洋装（袋）　26.3cm × 18.5cm
　　跋：文永4年（1267）金剛仏子　頼一　刊記：寛文元年（1661）
　　〔朝河〕（SEP 6 1907）収蔵

0505 諸尊法口決 _{しょそんぼうくけつ} *SHOSONPOU KUKETSU*　　　　　IN:3269/LCCN:504591
　　写　1冊　洋装（袋）　26.2cm × 19.4cm
　　奥書等：享和2年（1802）校　亮雄・恵順・恵厳

0506 諸尊法伝受師決 _{しょそんぼうでんじゅしけつ} *SHOSONPOU DENJU SHIKETSU*　IN:3367/LCCN:504689
　　写　1冊　洋装（袋）　26.3cm × 18.4cm

C. 宗派　65

奥書等：宝暦9年（1759）写　如意金剛豪真｜嘉永元年（1848）写　無障金剛徳春（上巻）｜宝暦9年（1759）写　如意金剛豪真小三位韶禅書｜宝暦14年（1764）｜嘉永元年（1848）写　無障金剛徳春（下巻）
〔朝河〕（SEP 6 1907）収蔵

0507　金剛峯楼閣一切瑜伽瑜祇経修行法　KONGOUBUROUKAKU ISSAI YUGAYUGIKYOU SHUGYOUHOU　　IN:1420/LCCN:432993

真如金剛　写　1冊　洋装（袋）　22.5cm×15.5cm
奥書等：元文4年（1739）写　台山宝憧院栄泉沙門亮範

0508　曼荼羅供略和讃　MANDARA KURYAKU WASAN　　IN:2067/LCCN:508467

刊　1冊　袋　26.7cm×18.5cm
刊記：元禄15年（1702）一心山院主　声誉助給

0509　時処求聞持　JISHO GUMONJI　　IN:3405/LCCN:504727

写　合1冊　洋装（袋）　25.9cm×18.8cm
奥書等：天明7年（1787）写　般若金剛宝霊
十諦決五大院安然記と合綴　蔵書印等：「華山元慶寺蔵」〔朝河〕（SEP 6 1907）収蔵

0510　秘蔵宝鑰纂解　HIZOU HOUYAKU SANGE　　IN:2048/LCCN:508448

運敞　刊　2冊　洋装（袋）　26.2cm×18.8cm
序：元禄3年（1690）　跋：元禄3年（1690）寛頼
刊記：元禄3年（1690）前川権兵衛他（全3肆）
本文6巻或問6巻より成る　［一止人蔵仏書目録］（1丁）を付す　蔵書印等：［但田西光寺］〔朝河〕（SEP 6 1907）収蔵　異称：宝鑰纂解

禅宗

0511　宏智禅師偈頌断璧　WANSHI ZENJI GEJU DANPEKI　　IN:2050.1/LCCN:508450

斧山玄鈯注　刊　1冊　洋装（袋）　26.5cm×18.5cm
序：天明5年（1785）吉祥禅寺寰山叟盤談・東江居士源鱗書　跋：天明3年（1783）斧山玄鈯
刊記：天明3年（1783）江戸／福寿禅院蔵版
〔朝河〕（SEP 6 1907）収蔵　異称：明州天童山覚和尚偈頌

0512　宏智禅師偈頌断璧　WANSHI ZENJI GEJU DANPEKI　　IN:2050.2/LCCN:508450

斧山玄鈯注　刊　1冊　洋装（袋）　26.5cm×18.5cm
序：天明5年（1785）吉祥禅寺寳山叟盤談　東江居士源鱗書・天明3年（1783）龍飛照陽単闕心宿　刊記：天明3年（1783）江戸／福寿禅院蔵版
〔朝河〕（SEP 6 1907）収蔵　異称：明州天童山覚和尚偈頌

0513　六祖大師法宝壇経　ROKUSO DAISHI HOUBOUDANKYOU　　IN:1904/LCCN:508304

刊　1冊　洋装（袋）　27.4cm×18.8cm

序：古筠比丘徳異　刊記：万治2年（1659）
〔朝河〕（SEP 6 1907）収蔵

0514 驢鞍橋 ROANKYOU　　　　　　　　　　　　　　IN:1919/LCCN:508319
　　　ろあんきょう
鈴木正三・恵中編　刊　1冊　洋装（袋）　26.3cm×19.5cm
刊記：万治3年（1660）京／堤六左衛門
〔朝河〕（SEP 6 1907）収蔵

0515 龍道人語録 RYUUDOUNINGOROKU　　　　　　　IN:2028/LCCN:508428
　　　りゅうどうにんごろく
龍霊瑞太、道海編　刊　2冊　洋装（袋）　24.7cm×18.2cm
序：文化元年（1804）・寛政9年（1797）仗巌野衲稽首九拝撰信州埴科石井池畔華厳丈・安永
9年（1780）鶴鳴市川匡　跋：文化元年（1804）江襲吉　刊記：名古屋／永楽屋東四郎他（全2肆）
〔朝河〕（SEP 6 1907）収蔵　異称：龍霊瑞禅師語録

0516 八重葎 YAEMUGURA　　　　　　　　　　　　　IN:2765/LCCN:696203
　　　や　えむぐら
白隠　刊　1冊　洋装（袋）　26.4cm×18.7cm
刊記：宝暦9年（1759）遠州／小野田五郎兵衛久繁・弘所　植村藤三郎
〔朝河〕（SEP 6 1907）収蔵

0517 法海具観 HOKKAI GUKAN　　　　　　　　　　IN:1899/LCCN:508299
　　　ほっかいぐ　かん
刊　1冊　洋装（袋）　25cm×18cm
序：延宝3年（1675）黄檗木虎璃・延宝4年（1676）嗣祖沙門慧林機・延宝3年（1675）黄
檗性激高泉
〔朝河〕（SEP 6 1907）収蔵

0518 法海具観 HOKKAI GUKAN　　　　　　　　　　IN:1905/LCCN:508305
　　　ほっかいぐ　かん
梅嶺道雪　刊　1冊　洋装（袋）　25cm×19cm
巻10〜19存　〔朝河〕（SEP 6 1907）収蔵

0519 ［合山首書］碧巌集 HEKIGAN SHUU　　　　　　IN:1896/LCCN:508296
　　　　　　　　へきがんしゅう
刊　2冊　洋装（袋）　26.8cm×19cm
序：元和元年（1615）松林寺円智　刊記：寛文5年（1665）風月庄左衛門尉
〔朝河〕（AUG 10 1907）収蔵　異称：園悟碧巌集

0520 盤珪仏智弘済禅師御示聞書 BANKEIBUTSUCHIKOUSAIZENJI OSHIMESHI KIKIGAKI
　　　ばんけいぶっちこうさいぜんじおしめしききがき　　　　　　　　　　IN:2022/LCCN:508422
盤珪永琢　刊　1冊　洋装（袋）　26.5cm×18cm
跋：宝暦7年（1757）玉瑞　刊記：宝暦8年（1758）大坂／浅野弥兵衛
「星文堂蔵版目録」（2丁）を付す　〔朝河〕（SEP 6 1907）収蔵

0521 大仏頂経疑問 DAIBUCCHOUKYOU GIMON　　　　IN:3358/LCCN:504680
　　　だいぶっちょうきょうぎもん
写　1冊　洋装（袋）　23.2cm×16.3cm
奥書等：享保19年（1734）幻幻庵老大和尚法話
〔朝河〕（SEP 6 1907）収蔵

C. 宗派

0522 東林和尚雲門庵主頌古　TOURIN OSHOU UNMONANSHU SHOUKO
　　写　1冊　洋装（袋）　27.7cm×19.7cm　　　　　　　　IN:3229/LCCN:626667
　　奥書等：士珪書
　　〔朝河〕（APR 18 1907）収蔵

0523 洞水和尚語録　TOUSUI OSHOU GOROKU　　　　　　　　IN:1878/LCCN:508278
　　洞水（全苗月湛）　刊　1冊　洋装（袋）　26.2cm×18.2cm
　　刊記：京／小川多左衛門
　　巻5～7存　〔朝河〕（SEP 6 1907）収蔵

0524 洞上僧堂清規考訂別録　TOUJOU SOUDOU SHINGI KOUTEI BETSUROKU
　　面山瑞方　刊　1冊　洋装（袋）　26.3cm×18.2cm　　　　IN:1948/LCCN:508348
　　序：宝暦2年（1752）若之永福庵老杜多方面山
　　刊記：宝暦5年（1755）京／野田弥兵衛・風月荘左衛門他（全5肆）
　　〔朝河〕（SEP 6 1907）収蔵

0525 長福曹海和尚語録　CHOUFUKUSOUKAI OSHOU GOROKU　　IN:2019/LCCN:508419
　　刊　1冊　洋装（袋）　25.5cm×18cm
　　序：安政5年（1858）祥峯　跋：安政6年（1859）現住神応道山慧雲
　　奥書等：明和元年（1764）洛北鷹峰源光卍海宗珊
　　再版助刻名簿（2丁）を付す　〔朝河〕（SEP 6 1907）収蔵

0526 中峰和尚広録鈔　CHUUHOU OSHOU KOUROKUSHOU　　　　IN:3231/LCCN:696669
　　方秀　写　2冊　洋装（袋）　27.4cm×20cm
　　奥書等：応永27年（1420）知客慧蔵主慧昇写

0527 断橋和尚住臨安府浄慈報恩光孝禅寺語録　DANKYOU OSHOU JUURIN'ANFU
　　　　JOUJIHOUONKOUKOUZENJI GOROKU　　　　　　　　　IN:3368/LCCN:504690
　　写　1冊　洋装（袋）　23.9cm×16.5cm
　　奥書等：元禄2年（1689）瑞堂写
　　〔朝河〕（APR 18 1907）収蔵　異称：断橋和尚語録

0528 大覚禅師語録　DAIKAKU ZENJI GOROKU　　　　　　　　IN:1891/LCCN:508291
　　蘭渓道隆　刊　1冊　洋装（袋）　25.5cm×18.5cm
　　跋：和泉屋新八　奥書等：文政11年（1828）豆州法雲小隠月拝
　　蔵書印等：［常楽書庫］　〔朝河〕（SEP 6 1907）収蔵

0529 禅門宝訓集　ZENMON HOUKUN SHUU　　　　　　　　　　IN:1998/LCCN:508398
　　浄善　刊　1冊　洋装（袋）　27.6cm×19.3cm
　　刊記：延宝9年（1681）小嶋助左衛門・小川太左衛門
　　〔朝河〕（SEP 6 1907）収蔵　異称：宝訓

0530 禅家亀鑑 ぜんけきかん　ZENKE KIKAN　　　　　　　　　　　　　　　　IN:1997/LCCN:508397
　　曹渓退隠（祖実）　刊　1冊　洋装（袋）　26.2cm × 18.7cm
　　刊記：延宝5年（1677）吉野屋惣兵衛
　　〔朝河〕（SEP 6 1907）収蔵

0531 如雲紫笛道人不二法門 じょうんしてきどうじんふじほうもん　JOUNSHITEKI DOUJIN FUJIHOUMON　IN:290/LCCN:847286
　　写　1冊　挿絵有　袋　23.1cm × 17cm
　　奥書等：嘉永7年（1854）写
　　蔵書印等：［1800 / FREDERICK STARR］（書票）

0532 五家正宗讃 ごけしょうしゅうさん　GOKE SHOUSHUUSAN　　　　　　　　　　IN:3237/LCCN:696675
　　居汪　写　1冊　洋装（袋）　27.9cm × 21.5cm
　　序：宝祐甲寅　紹曇　奥書等：貞和5年（1349）僧妙葩命工刊行
　　朱書墨書の書き入れ多数存　異称：正宗讃

0533 江湖風月集略註 こうこふうげつしゅうりゃくちゅう　KOUKO FUUGETSU SHUU RYAKUCHUU　IN:1914.2/LCCN:508314
　　東陽英朝　刊　1冊　洋装（袋）　26.2cm × 18.4cm
　　刊記：寛永元年（1624）中野市右衛門
　　〔朝河〕（SEP 6 1907）収蔵

0534 江湖風月集略註 こうこふうげつしゅうりゃくちゅう　KOUKO FUUGETSU SHUU RYAKUCHUU　IN:1914.1/LCCN:508314
　　東陽英朝　刊　1冊　洋装（袋）　26.2cm × 18.4cm
　　刊記：寛永元年（1624）中野市右衛門
　　〔朝河〕（SEP 6 1907）収蔵

0535 塩山抜隊和尚語録 えんざんばっすいおしょうごろく　ENZAN BASSUI OSHOU GOROKU　IN:1949/LCCN:508349
　　抜隊得勝　刊　1冊　洋装（袋）　26.6cm × 19.1cm
　　跋：至徳4年（1387）明道　刊記：慶安4年（1651）京／中村五兵衛
　　〔朝河〕（AUG 17 1907）収蔵

0536 永源寂室和尚語録 えいげんじゃくしつおしょうごろく　EIGEN JAKUSHITSU OSHOU GOROKU　IN:2055/LCCN:508455
　　一糸叟編　刊　合1冊　洋装（袋）　26.3cm × 19cm
　　跋：寛永21年（1644）一糸叟
　　刊記：京／柳枝軒小川多左衛門｜寛延4年（1751）求板　京／田原勘兵衛
　　〔朝河〕（SEP 6 1907）収蔵　異称：寂室録・寂室和尚語録

0537 虚鐸伝記 きょたくでんき　KYOTAKU DENKI　　　　　　　　　　　　　　　IN:521/LCCN:847516
　　（無風）　写　1冊　洋装（袋）　23.4cm × 15.9cm
　　序：天明元年（1781）居士柿原　跋：安永8年（1779）洛東于花堂
　　奥書等：弘化2年（1845）写　宇野禎蔵所持
　　〔朝河〕（SEP 6 1907）収蔵　異称：虚鐸鈴慕

0538 半陶藁 はんとうこう HANTOUKOU　　　　　　　　　　　IN:1962/LCCN:508362
　　彦竜周興　刊　1冊　洋装（袋）　26.2cm×19.1cm
　　序：永正5年（1508）景徐周麟　跋：泡闇野衲寿泉　刊記：明暦2年（1656）中野市右衛門
　　〔朝河〕（SEP 6 1907）収蔵

0539 遠羅天釜 おらてがま ORATEGAMA　　　　　　　　　　　IN:1923/LCCN:508323
　　沙羅樹下闡提老衲（白隠慧鶴）　刊　1冊　洋装（袋）　24.4cm×17.9cm
　　跋：寛延2年（1749）慧梁　刊記：天明5年（1785）京／銭屋利兵衛求板
　　〔朝河〕（SEP 6 1907）収蔵

0540 天倪録 てんげいろく TENGEIROKU　　　　　　　　　　　IN:3499/LCCN:（なし）
　　水村翁任堃　写　1冊　袋　30.6cm×20.6cm

0541 雑貨鋪 ざっかほ ZAKKAHO　　　　　　　　　　　IN:3236/LCCN:696674
　　写　1冊　洋装（袋）　28cm×20.3cm
　　奥書等：慶安4年（1651）恵山首座円育｜明治39年（1906）大観和尚

浄土宗

0542 浄土十楽抜萃 じょうどじゅうらくばっすい JOUDO JUURAKU BASSUI　　　　　　　IN:1929/LCCN:508329
　　刊　1冊　洋装（袋）　26.7cm×19cm
　　〔朝河〕（SEP 6 1907）収蔵

0543 浄土宗要集聴書 じょうどしゅうようしゅうききがき JOUDOSHUU YOUSHUU KIKIGAKI　　　　IN:2005/LCCN:508405
　　実海　刊　1冊　洋装（袋）　26.3cm×18.4cm
　　序：文政2年（1819）増上寺大僧正謄誉実海
　　〔朝河〕（SEP 6 1907）収蔵

0544 浄土宗要集 じょうどしゅうようしゅう JOUDOSHUU YOUSHUU　　　　　　　IN:1918/LCCN:508318
　　鎮西正宗編、徴誉罔公校　刊　合1冊　挿絵有　洋装（袋）　25.7cm×19.2cm
　　序：天保2年（1831）沙門立道　跋：天保2年（1831）沙門敬道　刊記：聖光寺
　　〔朝河〕（SEP 6 1907）収蔵　異称：鎮西宗彙・校正浄土宗要集・西宗要

0545 浄土十勝論 じょうどじっしょうろん JOUDO JISSHOURON　　　　　　　　IN:1934/LCCN:508334
　　澄円　刊　4冊　挿絵有　洋装（袋）　26.3cm×19.5cm
　　序：二品尊超・文久4年（1864）大僧正教音　刊記：華頂王宮御蔵鑴｜寛文3年（1663）京／
　　吉田太郎兵衛原刻｜嘉永5年（1852）再刻　奥書等：元治元年（1864）大雲院的門
　　浄土十勝論補助義4巻を付す　〔朝河〕（SEP 6 1907）収蔵　異称：浄土十勝箋節論

0546 決疑鈔直諜 けつぎしょうじきてつ KETSUGISHOU JIKITETSU　　　　　　IN:1993/LCCN:508393
　　刊　2冊　洋装（袋）　24.9cm×17.4cm
　　6巻存　〔朝河〕（SEP 6 1907）収蔵　異称：直諜

70　3. 仏教

0547 　略論安楽浄土義　RYAKURON ANRAKU JOUDOGI　　　　IN:2023.2/LCCN:508432
　　曇鸞　刊　1冊　洋装（袋）　26.2cm × 18.7cm
　　刊記：京／丁子屋九郎右衛門
　　〔朝河〕（SEP 6 1907）収蔵

0548 　当麻曼陀羅略讃解　TAIMA MANDARA RYAKUSANGE　　　IN:2037/LCCN:508437
　　仙旭　刊　1冊　洋装（袋）　25.7cm × 18.7cm
　　序：寛政9年（1797）内邑善光庵晁空仙旭和南・寛政10年（1798）南山階西向寺主　信空文
　　瑞　刊記：寛政10年（1798）西八条御所之内村　善光庵蔵板・大坂／藤屋弥兵衛・京／伊予屋
　　佐右衛門
　　〔朝河〕（SEP 6 1907）収蔵

0549 　観経四帖疏　KANGYOU SHJOUSHO　　　　　　　　　　IN:2012/LCCN:508412
　　善導　刊　1冊　洋装（袋）　25.5cm × 18.7cm
　　刊記：元禄7年（1694）沙門義山
　　観経玄義分・観経序分義・観経正宗分定善義・観経正宗分散善義より成る

0550 　黒谷聖人一枚御消息演義録　KURODANI SHOUNIN ICHIMAI GOSHOUSOKU ENGIROKU
　　宣暢院師述　刊　1冊　洋装（袋）　25.6cm × 17.9cm　　IN:1992/LCCN:508392
　　跋：天保9年（1838）英厳　刊記：弘化2年（1845）京／丁子屋九郎右衛門・丁子屋平兵衛
　　〔朝河〕（SEP 6 1907）収蔵　異称：一枚御消息演義録

0551 　菩提心集　BODAISHIN SHUU　　　　　　　　　　　　IN:1974/LCCN:508374
　　珍海　刊　1冊　洋装（袋）　26.2cm × 18.6cm
　　序：享保20年（1735）沙門鶴寓洲　跋：元文元年（1736）法然練若摩摩帝　刊記：元文元年（1736）
　　京／沢田吉左衛門・大坂／浅野弥兵衛他（全4肆）
　　〔朝河〕（SEP 6 1907）収蔵

0552 　本願念仏感光章　HONGAN NENBUTSU KANKOUSHOU　　IN:1987/LCCN:508387
　　四休庵貞極大徳記、水戸常福寺単霊閣　刊　1冊　洋装（袋）　26.2cm × 18.8cm
　　序：安永6年（1777）増上寺大僧正豊誉霊応　跋：四休庵貞極
　　蔵書印等：［万松円図書記］〔朝河〕（SEP 6 1907）収蔵　異称：念仏感光章・感光章

0553 　祐天大僧正利益記　YUUTEN DAISOUJOU RIYAKUKI　　　IN:1959/LCCN:508359
　　祐海著、祐全補　刊　1冊　洋装（袋）　26.3cm × 18.3cm
　　序：文化元年（1804）香薫在禅・文化元年（1804）澄誉宣契（凡例）
　　跋：文化3年（1806）運誉観善敬
　　〔朝河〕（SEP 6 1907）収蔵

0554 　無量寿経論註翼解　MURYOUJUKYOU RONCHUU YOKUGE　IN:1982/LCCN:508382
　　刊　合1冊　洋装（袋）　26.2cm × 18.2cm
　　奥書等：万治4年（1661）校
　　〔朝河〕（SEP 6 1907）収蔵　異称：論註翼解

C. 宗派

0555 無量寿経論註翼解 （むりょうじゅきょうろんちゅうよくげ） MURYOUJUKYOU RONCHUU YOKUGE　　IN:1983/LCCN:508383
　　刊　1冊　洋装（袋）　26cm×18.5cm
　　跋：寛文元年（1661）大可　刊記：寛文元年（1661）京／西村九郎右衛門
　　巻5〜9存　〔朝河〕（SEP 6 1907）収蔵

0556 頌義第七抜萃 （じゅぎだいななばっすい） JUGI DAINANA BASSUI　　IN:1950/LCCN:508350
　　刊　2冊　洋装（袋）　26.2cm×18.8cm
　　刊記：元禄10年（1697）江戸／玉置次郎兵衛
　　〔朝河〕（SEP 6 1907）収蔵　異称：頌義七抜萃

0557 頌義八巻抜粋 （じゅぎはちかんばっすい） JUGI HACHIKAN BASSUI　　IN:2007/LCCN:508407
　　刊　1冊　洋装（袋）　26cm×18.8cm
　　刊記：貞享元年（1684）江戸／市川次兵衛
　　〔朝河〕（SEP 6 1907）収蔵　異称：八抜

0558 称讃浄土経駕説 （しょうさんじょうどきょうがせつ） SHOUSAN JOUDOKYOU GASETSU　　IN:2010/LCCN:508410
　　月筌　刊　1冊　洋装（袋）　25.7cm×18.1cm
　　跋：享保14年（1729）・享保15年（1730）
　　刊記：享保14年（1729）大坂／浅野弥兵衛尉・同姓重光
　　〔朝河〕（SEP 6 1907）収蔵　異称：称讃経科・浄土経駕説

0559 浄土三心私記裒益 （じょうどさんじんしきぼうやく） JOUDO SANJIN SHIKI BOUYAKU　　IN:2015/LCCN:508415
　　良忠述・忍澂編　刊　1冊　洋装（袋）　26.4cm×18cm
　　序：天和3年（1683）武城縁山沙門不可停・天和2年（1682）沙門忍澂　跋：時天和3年（1683）
　　沙門忍澂・元禄14年（1701）獅子谷信阿　刊記：元禄14年（1701）東山獅子谷升蓮社識・京
　　／村上平楽寺
　　〔朝河〕（SEP 6 1907）収蔵　異称：三心私記裒益

0560 浄土指帰集 （じょうどしきしゅう） JOUDO SHIKI SHUU　　IN:2017/LCCN:508417
　　刊　1冊　洋装（袋）　23cm×16cm
　　跋：万寿禅寺徳祥　刊記：明暦2年（1656）中野五良左衛門
　　〔朝河〕（SEP 6 1907）収蔵

0561 六時礼賛新抄 （ろくじらいさんしんしょう） ROKUJI RAISAN SHINSHOU　　IN:2034/LCCN:508434
　　刊　1冊　洋装（袋）　24.9cm×17.4cm
　　序：有　刊記：書林臨泉堂文台屋次郎兵衛
　　〔朝河〕（SEP 6 1907）収蔵

0562 二蔵義見聞 （にぞうぎけんもん） NIZOUGI KENMON　　IN:2035/LCCN:508435
　　刊　2冊　挿絵有　洋装（袋）　26.2cm×19.1cm
　　刊記：寛永7年（1630）校正重刻
　　〔朝河〕（SEP 6 1907）収蔵

0563 大光普照集　*DAIKOU FUSHOU SHUU*　　　　　　　　　　IN:1999/LCCN:508399

　　諦忍　刊　1冊　洋装（袋）　26.4cm × 18.9cm
　　序：寛延2年（1749）貫空道敬　跋：延享5年（1748）諦忍　刊記：寛延2年（1749）名古屋／藤屋吉兵衛
　　蔵書印等：［聴雨庵松窓図書記］〔朝河〕（SEP 6 1907）収蔵

0564 百万遍祈祷弁抄　*HYAKUMANBEN KITOU BENSHOU*　　　IN:2024/LCCN:508424

　　最誉　刊　1冊　洋装（袋）　26.5cm × 18cm
　　序：宝暦6年（1756）知恩院四十八世震誉　跋：元禄13年（1700）最誉
　　「華頂山御蔵版目録」（7丁）を付す　〔朝河〕（SEP 6 1907）収蔵　異称：念仏百万遍

0565 般舟讃要義釈観門義鈔　*HANJUSAN YOUGISHAKU KANMON GISHOU*

　　証空　刊　1冊　洋装（袋）　25.7cm × 19cm
　　　　　　　　　　　　　　　　　　　　　　　　　　　　　　IN:1912/LCCN:508312
　　跋：建武2年（1335）写
　　「観門要義鈔」（四）の内　綴じ　錯簡あり　〔朝河〕（SEP 6 1907）収蔵　異称：般観門義

0566 当麻曼荼羅述将記　*TAIMA MANDARA JUSSHOUKI*　　　　IN:1972/LCCN:508372

　　義山　刊　1冊　挿絵有　洋装（袋）　26cm × 19cm
　　序：元禄15年（1702）華頂沙門義山　刊記：元禄16年（1703）今井重左衛門・京／羽倉大介勝正
　　蔵書印等：［貞禅印］〔朝河〕（SEP 6 1907）収蔵

0567 当曼白記　*TAIMABYAKKI*　　　　　　　　　　　　　　IN:1939/LCCN:508339

　　良定（袋中）　刊　1冊　洋装（袋）　26.2cm × 18.1cm
　　序：慶長19年（1614）
　　〔朝河〕（SEP 6 1907）収蔵　異称：当麻曼陀羅白記

0568 当曼白記　*TAIMABYAKKI*　　　　　　　　　　　　　　IN:1913/LCCN:508313

　　良定（袋中）　刊　1冊　洋装（袋）　26.2cm × 19cm
　　刊記：慶安元年（1648）杉田勘兵衛尉
　　巻7～12存　〔朝河〕（SEP 6 1907）収蔵　異称：当麻曼荼羅白記

0569 法事讃積学要義鈔　*HOUJISAN SHAKUGAKU YOUGISHOU*　IN:12-Feb/LCCN:508312

　　実信（蓮生）　刊　1冊　洋装（袋）　25.7cm × 19cm
　　「観門要義鈔」（二）の内　異称：法観門義

0570 法然上人法語　*HOUNEN SHOUNIN HOUGO*　　　　　　　IN:3411/LCCN:504733

　　写　1冊　袋　34.2cm × 24.6cm
　　〔朝河〕（SEP 6 1907）収蔵

0571 頌義第十六巻観察抜粋　*JUGI DAIJUUROKUKAN KANSATSU BASSUI*

　　刊　1冊　洋装（袋）　24.9cm × 18cm
　　　　　　　　　　　　　　　　　　　　　　　　　　　　　　IN:2009/LCCN:508409
　　刊記：寛永12年（1635）杉田勘兵衛

〔朝河〕（SEP 6 1907）収蔵　異称：観察抜粋

0572 浄土略名目図見聞講習　JOUDO RYAKU MYOUMOKU ZU KENMON KOUSHUU
IN:2040/LCCN:508440

沙門体誉寿廓講習、付弟延寿筆記　刊　1冊　洋装（袋）　26.1cm × 18.6cm
刊記：京／村上勘兵衛・原沢彦兵衛・江戸／山中市兵衛
1巻（下1〜4）存　〔朝河〕（SEP 6 1907）収蔵

0573 往生礼讃鼓吹　OUJOU RAISAN KOSUI
IN:1924/LCCN:508324

（玄貞）　刊　合2冊　洋装（袋）　24.3cm × 18.3cm
跋：天和3年（1683）左馮翊隠士皈西子　刊記：武田治右衛門
〔朝河〕（SEP 6 1907）収蔵　異称：礼讃往生礼讃偈鼓吹

0574 釈浄土群疑論　SHAKUJOUDOGUNGIRON
IN:2002/LCCN:508402

懐感　刊　1冊　洋装（袋）　26cm × 18.5cm
序：屯田員外郎平昌孟鋭　奥書等：寛永2年（1625）写・校・注
〔朝河〕（SEP 6 1907）収蔵

0575 釈浄土群疑論探要記　SHAKUJOUDOGUNGIRON TANNYOUKI
IN:1942/LCCN:508342

（道忠）　刊　3冊　洋装（袋）　26.5cm × 18cm
刊記：寛永21年（1644）京／吉野屋権兵衛
〔朝河〕（SEP 6 1907）収蔵

0576 黒谷上人語灯録　KURODANI SHOUNIN GOTOUROKU
IN:1887/LCCN:508287

源空説、了慧編　刊　2冊　洋装（袋）　25.8cm × 19cm
序：文永11年（1275）了慧　跋：正徳元年（1711）沙門義山・宝永2年（1705）知恩院
四十二世白誉至心　刊記：華頂山蔵板｜京／沢田吉左衛門・山中善兵衛
巻10の後に「拾遺語灯録　巻上」を付す　〔朝河〕（SEP 6 1907）収蔵

0577 三部仮名鈔諺註　SANBU KANASHOU GENCHUU
IN:2014/LCCN:508414

湛澄　刊　2冊　挿絵有　洋装（袋）　25cm × 18.5cm
序：貞享4年（1687）前住仏牙老督阿・貞享4年（1687）野僧湛澄洛北報恩寺　跋：貞享3年（1686）
白衣浄業弟子但念感阿叨　刊記：元禄2年（1689）京／村上平楽寺　奥書等：貞享3年（1686）
向西子
〔朝河〕（SEP 6 1907）収蔵　異称：三部抄諺註

0578 四十八願題詠鈔　SHIJUUHACHIGAN DAIEISHOU
IN:1927/LCCN:508327

風航　刊　1冊　洋装（袋）　26.2cm × 18.4cm
序：宝暦9年（1759）風航　跋：安永5年（1776）風航　刊記：天明2年（1782）京／沢田吉
左衛門他（全9肆）
〔朝河〕（SEP 6 1907）収蔵

0579 浄土頌義三抜粋 JOUDO JUGI SANBASSUI　　　　　　IN:1956/LCCN:508356
　　刊　1冊　洋装（袋）　26.2cm × 18.3cm
　　刊記：延宝9年（1681）筑山長右衛門・鈴木太兵衛
　　〔朝河〕（SEP 6 1907）収蔵　異称：浄土頌義三巻抜粋

0580 浄土頌義二抜萃 JOUDO JUGI NIBASSUI　　　　　　IN:2042/LCCN:508442
　　刊　1冊　洋装（袋）　26.1cm × 18.8cm
　　刊記：延宝9年（1681）筑山長右衛門・鈴木太兵衛
　　〔朝河〕（SEP 6 1907）収蔵

0581 称名念仏奇特現証集 SHOUMYOU NENBUTSU KIDOKU GENSHOU SHUU
　　隆尭　刊　1冊　挿絵有　洋装（袋）　25cm × 19cm　　IN:1971/LCCN:508371
　　序：正徳2年（1712）蓮渓寅載・正徳2年（1712）報恩寺隠居湛澄　跋：正徳2年（1712）
　　沙門鶴宝洲　刊記：正徳2年（1712）京／沢田吉左衛門
　　〔朝河〕（SEP 6 1907）収蔵　異称：称名念仏奇特集　念仏奇特集

0582 浄土誘蒙編 JOUDO YUUMOUHEN　　　　　　　　　　IN:1952/LCCN:508352
　　宣契　刊　1冊　洋装（袋）　26.3cm × 19.1cm
　　序：増上寺大僧正熏誉在禅・文化5年（1808）東漸寺沙門暢誉宣契　跋：文化7年（1810）三
　　仏寺現誉伝長
　　蔵書印等：［建汯幢蔵本］〔朝河〕（SEP 6 1907）収蔵

0583 浄土略名目図見聞講習 JOUDO RYAKUM YOUMOKU ZU KENMON KOUSHUU
　　寿廓・延寿　写　1冊　洋装（袋）　26.1cm × 18cm　　IN:1027/LCCN:432600
　　上巻存　版本写　〔朝河〕（SEP 6 1907）収蔵

0584 浄土略名目図見聞講習 JOUDO RYAKU MYOUMO KU ZU KENMON KOUSHUU
　　（寿廓述・延寿記）刊　1冊　洋装（袋）　26.3cm × 18.9cm　IN:2039/LCCN:508439
　　刊記：野州今市／斎藤三郎右衛門法名円誉徹照施資刻此（巻二）｜野州今市／邑大島与兵衛法名
　　恭誉月清施資刻此（巻三）
　　上巻2・3存　仏像の刷物一枚挿入　〔朝河〕（NOV 2 1907）収蔵

0585 浄土略名目図見聞 JOUDO RYAKU MYOUMOKU ZU KENMON
　　　　　　　　　　　　　　　　　　IN:1953・1955/LCCN:508353・508355
　　酉誉上人　刊　2冊　洋装（袋）　26.2cm × 18.2cm
　　刊記：元禄13年（1700）
　　〔朝河〕（SEP 6 1907）収蔵　異称：名目見聞

0586 選択之伝 SENCHAKU NO DEN　　　　　　　　　　IN:1655/LCCN:433228
　　良定　刊　1冊　袋　27cm × 18.9cm
　　刊記：延宝6年（1678）村上勘兵衛

0587　選択集聞香記　SENCHAKU SHUU MONKOUKI　　　　IN:1995/LCCN:508395
　　　（円策）　刊　1冊　洋装（袋）　25.5cm×18.8cm
　　刊記：享保5年（1720）京／永田調兵衛
　　巻6～11存　〔朝河〕（NOV 2 1907）収蔵

0588　選択本願念仏集　SENCHAKU HONGAN NENBUTSU SHUU　　IN:2860/LCCN:696298
　　　源空　刊　2帖　粘葉装　25.3cm×16cm

0589　選択聞香記悤字改正　SENCHAKU MONKOUKI ENJI KAISEI　　IN:2006/LCCN:508406
　　　円策　刊　1冊　洋装（袋）　25.6cm×18.5cm
　　序：宝永7年（1710）不退転院円策
　　〔朝河〕（SEP 6 1907）収蔵　異称：選択集聞香記・聞香記

0590　専念法語　SENNEN HOUGO　　　　　　　　　　　　　　IN:1996/LCCN:508396
　　　隆円　刊　1冊　洋装（袋）　25.5cm×18.5cm
　　序：天保5年（1834）黒谷住持沙門幻阿天従、天保5年（1834）隆常　跋：天保元年（1830）
　　遺第某等、天保5年（1834）優婆塞、雪堂敬阿、色昌庵全　奥書等：文政10年（1827）
　　　［新刻専念法語全部三冊助梓名署　天保5年（1834）一心山知蔵識］を付す　蔵書印等：［洛東
　　　専念寺蔵］〔朝河〕（SEP 6 1907）収蔵

0591　撰発西方四十八願所弥陀縁起　SENHOTSU SAIHOU SHIJUUHACHIGANSHO MIDA ENGI
　　　善峰隠士浄業沙門専阿乗誓　刊　合1冊　袋　25.6cm×18.5cm　IN:321/LCCN:847317
　　序：天保4年（1833）常泰敬院順阿・天保2年（1831）専阿乗誓　刊記：正住院蔵
　　〔朝河〕（SEP 6 1907）収蔵　異称：四十八願所縁起集・日本西方四十八願所縁起集

0592　浄土論註顕深義記　JOUDORON CHUU KENSHIN GIKI　　IN:2008/LCCN:508408
　　　恵然　刊　1冊　洋装（袋）　24.5cm×17.9cm
　　序：寛延3年（1750）沙門慧寂大黙　刊記：寛延3年（1750）京／寅風坊西村九郎左衛門・淳
　　風坊丁字屋正助
　　「京／護法館西村九郎左衛門」蔵版目録を付す　〔朝河〕（SEP 6 1907）収蔵　異称：論註顕深
　　義記

0593　円光大師御遺訓一枚起請文梗概聞書　ENKOU DAISHI GOIKUN ICHIMAI KISHOUMON
　　　　　　KOUGAI KIKIGAKI
　　　（関通）　刊　1冊　洋装（袋）　26.5cm×18cm　　　　IN:1922/LCCN:508322
　　序：宝暦4年（1754）音羽山賢雅・宝永8年（1758）平松少納言・宝暦11年（1761）高辻少納言・
　　元禄10年（1697）伏原少納言　跋：宝暦7年（1757）重豊・宝暦11年（1761）平山当義　刊記：
　　明和元年（1764）京／小川多左衛門他（全3肆）
　　〔朝河〕（SEP 6 1907）収蔵　異称：一枚起請梗概聞書

0594　円光大師御伝縁起　ENKOU DAISHI GODEN ENGI　　　　IN:1895/LCCN:508295
　　　忍澂　刊　1冊　洋装（袋）　25.5cm×18.6cm
　　序：享保2年（1717）如実　跋：享保2年（1717）不肖徒子覧光謙充

刊記：京／沢田吉左衛門　奥書等：享保2年（1717）東山獅子谷白蓮社
異称：勅修吉水円光大師御伝縁起

0595 円光大師尽孝説　ENKOU DAISHI JINKOUSETSU　　IN:1970/LCCN:508370
隆円　刊　1冊　挿絵有　洋装（袋）　25cm × 18cm
序：実宗　跋：文政4年（1821）白衣浄業弟子　雪堂敬阿
刊記：文政4年（1821）京／沢田吉左衛門
〔朝河〕（SEP 6 1907）収蔵

0596 往生講式鼓吹　OUJOU KOUSHIKI KOSUI　　IN:1917/LCCN:508317
必夢　刊　1冊　洋装（袋）　25.6cm × 18.9cm
刊記：元禄12年（1699）京／村上勘兵衛・山岡市兵衛・新井弥兵衛
〔朝河〕（SEP 6 1907）収蔵　異称：往生講式啓蒙

0597 往生拾因直談　OUJOU SHUUIN JIKIDAN　　IN:1921/LCCN:508321
浅井了意　刊　1冊　洋装（袋）　25.5cm × 18cm
序：天和2年（1682）洛本性寺　昭儀坊釈了意
〔朝河〕（SEP 6 1907）収蔵　異称：往生拾因見聞直談

0598 往生捷径集　OUJOU SHOUKEI SHUU　　IN:1965/LCCN:508365
円信　刊　1冊　挿絵有　洋装（袋）　26.2cm18.8cm
序：天保10年（1839）大僧都真尚｜永正4年（1507）延暦寺沙門円信　跋：天保10年（1839）
法道　刊記：戒光山西教寺蔵板　天保10年（1839）弘通所　京／田原勘兵衛・泉太兵衛
〔朝河〕（SEP 6 1907）収蔵

0599 往生礼讃要義釈観門義鈔　OUJOU RAISAN YOUGISHAKU KANMON GISHOU
証空　刊　1冊　洋装（袋）　25.7cm × 19cm　　IN:12-Apr/LCCN:508312
異称：礼観門義

0600 観経玄義分楷定記　KANGYOU GENGI BUNKAI JOUKI　　IN:12-Jan/LCCN:508312
顕意　刊　1冊　洋装（袋）　25.8cm × 19.9cm

0601 観経玄義分伝通記　KANGYOU GENGI BUN DENZUUGI　　IN:1990/LCCN:508390
良忠　刊　4冊　洋装（袋）　25.7cm × 18cm
序：文政元年（1818）浄福寺沙門音澂　刊記：文政5年（1822）重刻　華頂山知恩院蔵版｜京／沢田吉左衛門・豊田熊太郎
15巻（観経玄義分伝通記6巻・観経序分義伝通記3巻・観経定善義伝通記3巻・観経散善義伝通記3巻）存　蔵書印等：〔浄土宗総本山〕〔朝河〕（SEP 6 1907）収蔵　異称：観経疏伝通記・玄義分記

0602 観経玄義要義釈観門義鈔　KANGYOU GENGI YOUGISHAKU KANMON GISHOU
証空　刊　4冊　洋装（袋）　26.2cm × 18.7cm　　IN:1985/LCCN:508385
序：寛文11年（1671）滝川氏隋有子　刊記：寛文4年（1664）京／秋田屋平左衛門
観経玄義要義釈観門義鈔5巻・観経序分要義釈観門義鈔4巻・観経序分義指定記7巻・観経正

C. 宗派　77

宗分定善義揩定記 8 巻・観経正宗分散善義揩定記 11 巻より成る　洋装本外題「観経疏揩定記」
蔵書印等：[太田廓空蔵本・釈隆承・我鳳]、〔朝河〕(SEP 6 1907) 収蔵　異称：西山善慧証空,
上人観門要義鈔・観門義・玄観門義

0603　**観経散善要義釈観門義鈔**　KANGYOU SANZEN YOUGISHAKU KANMON GISHOU
　　　証空　刊　1冊　洋装（袋）　25.7cm × 19cm　　　　　　　IN:12-Jun/LCCN:508312
　　　「観門要義鈔」（三）の内　異称：散観門義

0604　**観経定善要義釈観門義鈔**　KANGYOU JOUZEN YOUGISHAKU KANMON GISHOU
　　　証空　刊　1冊　洋装（袋）　25.7cm × 19cm　　　　　　　IN:12-May/LCCN:508312
　　　「観門要義鈔」（三）の内　異称：定観門義

0605　**観念要義釈観門義鈔**　KANNEN YOUGISHAKU KANMON GISHOU
　　　証空　刊　1冊　洋装（袋）　25.7cm × 19cm　　　　　　　IN:12-Mar/LCCN:508312
　　　「観門要義鈔」（三）の内　異称：念観門義

0606　**本願念仏燧囊**　HONGAN NENBUTSU HIUCHIBUKURO　　　IN:2026/LCCN:508426
　　　玄達　刊　1冊　洋装（袋）　24.5cm × 18.3cm
　　　序：元文 4 年（1739）鎌倉光明寺 62 世同阿洞誉玄達　跋：寛保 3 年（1743）沙門俊鳳　刊記：
　　　京／野田治兵衛
　　　〔朝河〕(SEP 6 1907) 収蔵

0607　**無量寿経合讚**　MURYOUJUKYOU GASSAN　　　　　　　IN:1885/LCCN:508285
　　　刊　2冊　洋装（袋）　25.7cm × 19.3cm
　　　跋：享保 10 年（1725）前住入信沙門単阿　刊記：華頂山蔵版・京／沢田吉左衛門・豊田熊太郎
　　　〔朝河〕(SEP 6 1907) 収蔵

0608　**随聞往生記**　ZUIMON OUJOUKI　　　　　　　　　　　IN:1894/LCCN:508294
　　　関通　刊　1冊　洋装（袋）　26.2cm × 18.1cm
　　　序：天明 5 年（1785）沙門釈葆光・前大納言藤基衡　刊記：天明 5 年（1785）知事恕性識｜江
　　　戸／安楽寺蔵版・江戸／朝倉久兵衛発行
　　　〔朝河〕(SEP 6 1907) 収蔵

0609　**観経疏妙宗鈔会本**　KANGYOUSHO MYOUSHUUSHOU EHON　IN:1875/LCCN:508275
　　　実観　刊　1冊　洋装（袋）　26.4cm × 18.2cm
　　　序：貞享 4 年（1687）沙門実観　刊記：元禄 3 年（1690）京／永田調兵衛・永田栄次郎
　　　〔朝河〕(APR 18 1907) 収蔵　異称：仏説観無量寿仏経疏妙宗鈔会本

0610　**無量寿経鈔**　MURYOUJUKYOUSHOU　　　　　　　　　IN:2051/LCCN:8451
　　　了慧　刊　2冊　洋装（袋）　26.2cm × 19cm
　　　刊記：鈴木太兵衛　奥書等：延宝 7 年（1679）校
　　　〔朝河〕(SEP 6 1907) 収蔵　異称：望西

0611　大経五悪図会　*DAIKYOU GOAKU ZUE*　　　　　　IN:1770/LCCN:433343
　　　照山撰　刊　3冊　挿絵有　袋　22.8cm × 15.6cm
　　　序：弘化4年（1847）東奥法照山　刊記：湖東光闡寺蔵版　弘化5年（1848）開刻　京／出雲寺文治郎・菱屋友七他（全3肆）
　　　「京／文昌堂蔵版目録　永田調兵衛」（2丁）を付す　異称：三世因果大経五悪図会

0612　率都婆用意鈔　*SOTOBA YOUISHOU*　　　　　　IN:1994/LCCN:508394
　　　諦忍　刊　1冊　洋装（袋）　24.2cm × 18cm
　　　序：文化3年（1806）信州善光寺別当大勧進僧正孝覚・文化3年（1806）沙門空無我　跋：文化4年（1807）真誉龍道　刊記：文化4年（1807）善徳院蔵板
　　　〔朝河〕（SEP 6 1907）収蔵

0613　伝通記糅鈔　*DENZUUKI NYUUSHOU*　　　　　　IN:2030/LCCN:508430
　　　了誉　刊　10冊　洋装（袋）　26.2cm × 19.3cm
　　　序：応永2年（1396）　刊記：明暦元年（1655）　奥書等：応長2年（1312）良暁｜延文2年（1357）良誉｜康応2年（1390）良順｜応永2年（1395）了誉
　　　〔朝河〕（SEP 6 1907）収蔵

0614　妙法蓮華経不能語　*MYOUHOURENGEKYOU FUNOUGO*　　　　　　IN:1886/LCCN:508286
　　　本光　刊　1冊　洋装（袋）　24.3cm × 18.4cm
　　　序：宝暦11年（1761）瑞雲主人百拙叟　跋：宝暦11年（1761）東埜性海
　　　〔朝河〕（SEP 6 1907）収蔵

真宗

0615　笑蠛臂　*SHOUROUHI*　　　　　　IN:2011/LCCN:508411
　　　法霖　刊　2冊　洋装（袋）　25.5cm × 18.2cm
　　　跋：享保18年（1733）門人南麟・享保17年（1732）門人契印　刊記：江州光明寺慈眼及檀越共捐資再刻斯笑蠛臂全部五冊／正崇寺智霖募刻／明和5年（1768）
　　　明和7年（1770）版校異3丁を付す　〔朝河〕（SEP 6 1907）収蔵

0616　御文　*OFUMI*　　　　　　IN:2069/LCCN:508469
　　　蓮如　刊　1冊　袋　26.7cm × 21.2cm
　　　序：文明6年（1474）　奥書等：文明16年（1484）釈寂如

0617　御文章　*GOBUNSHOU*　　　　　　IN:1986/LCCN:508386
　　　蓮如著、伝円如編　刊　1冊　洋装（袋）　18.7cm × 13cm
　　　刊記：文政10年（1827）釈広如
　　　〔朝河〕（APR 18 1907）収蔵

0618　頌義願文大書抜　*JUGI GANMON OOKAKINUKI*　　　　　　IN:1958/LCCN:508358
　　　南渓　刊　2冊　洋装（袋）　26cm × 19.3cm

跋：貞享3年（1686）　刊記：江戸／和泉屋市兵衛
〔朝河〕（SEP 6 1907）収蔵

0619 浄土疑問解 (じょうどぎもんげ) *JOUDO GIMONGE*　　IN:1931/LCCN:508331

慧空　刊　1冊　洋装（袋）　26.2cm × 19.1cm
跋：寛文13年（1673）善龍寺慧空　刊記：正徳4年（1714）大坂／鴈金屋勝左衛門・毛利田庄太郎
「浄土疑問釈答本　東湖沙門　龍渓述」（16丁）を付す　〔朝河〕（SEP 6 1907）収蔵

0620 浄土要言 (じょうどようげん) *JOUDO YOUGEN*　　IN:1935/LCCN:508335

玄智　刊　1冊　袋　25.6cm × 18.2cm
序：安永元年（1772）　刊記：安永9年（1780）大坂／藤屋弥兵衛・京／丁子屋庄兵衛
諸家部（上下）・大谷部（上下）・吉水部（上下）存　〔朝河〕（SEP 6 1907）収蔵

0621 四帖疏論義抄 (しじょうしょろんぎしょう) *SHIJOUSHO RONGISHOU*　　IN:1910/LCCN:508310

刊　2冊　洋装（袋）　26.1cm × 18.9cm
刊記：光明寺蔵版　京／伊予屋新助
玄義分論義抄（上下）・序分義論義抄（本末）・定善義論義抄（本末）・散善聞書・散善義論義抄より成る　蔵書印等：［太田廓空蔵本］〔朝河〕（SEP 6 1907）収蔵

0622 角毛偶語 (かくもうぐうご) *KAKUMOU GUUGO*　　IN:2091/LCCN:508491

南渓　刊　1冊　洋装（袋）　22.3cm × 15.9cm
序：天保15年（1844）麻田岳　跋：天保15年（1844）　刊記：渾沌舎蔵
〔朝河〕（SEP 6 1907）収蔵

0623 戒法随身記 (かいほうずいしんき) *KAIHOU ZUISHINKI*　　IN:1961/LCCN:508361

浄慧　刊　1冊　洋装（袋）　24.6cm × 18.2cm
序：貞享3年（1686）浄慧　跋：貞享3年（1686）浄慧　刊記：貞享4年（1687）京／永田調兵衛
〔朝河〕（SEP 6 1907）収蔵

時宗

0624 浄業和讃 (じょうごうわさん) *JOUGOU WASAN*　　IN:1933/LCCN:508333

一道　刊　1冊　洋装（袋）　22.4cm × 16.5cm
序：文政8年（1825）日輪寺感徹碩応　奥書等：嘉永5年（1852）杜多一瞬
〔朝河〕（SEP 6 1907）収蔵

日蓮宗

0625 **録内拾遺** (ろくないしゅうい) ROKUNAI SHUUI　　　　　IN:106/LCCN:847102
　　　刊　2冊　洋装（袋）　26cm×18cm
　　　序：享保3年（1718）青山禅智智好
　　　刊記：享保17年（1732）江戸／桂甚七郎・京／平楽寺村上勘兵衛
　　　〔朝河〕（APR 18 1907）収蔵

0626 **日蓮上人一代図会** (にちれんしょうにんいちだいずえ) NICHIREN SHOUNIN ICHIDAI ZUE　　　　　IN:2058/LCCN:508458
　　　刊　6冊　挿絵有　袋　25.2cm×17.6cm
　　　序：安政5年（1858）房州小湊誕生寺現住日琢　刊記：安政5年（1858）岡田屋嘉七・大和屋喜兵衛

0627 **本化別頭仏祖統紀** (ほんげべっとうぶっそとうき) HONGE BETTOU BUSSO TOUKI　　　　　IN:1871/LCCN:508271
　　　日潮　刊　5冊　挿絵有　洋装（袋）　26cm×18.6cm
　　　序：享保16年（1731）本化正宗真間山弘法寺成寿院日芳・享保15年（1730）光明山孝勝寺丈室　跋：寛政9年（1797）小比丘某泣　刊記：山城州紀伊県深草山瑞光寺蔵　寛政9年（1797）京／平楽寺村上勘兵衛・江戸／桂甚四郎・大坂／本屋又兵衛
　　　〔朝河〕（APR 18 1907）収蔵

0628 **立正安国論新註** (りっしょうあんこくろんしんちゅう) RISSHOU ANKOKURON SHINCHUU　　　　　IN:1883/LCCN:508283
　　　日英　刊　1冊　洋装（袋）　25.8cm×19.3cm
　　　序：天保4年（1833）英園日英　刊記：京／平楽寺村上勘兵衛
　　　〔朝河〕（SEP 6 1907）収蔵

0629 **立正安国論新註** (りっしょうあんこくろんしんちゅう) RISSHOU ANKOKURON SHINCHUU　　　　　IN:1884/LCCN:508284
　　　日英　刊　1冊　洋装（袋）　25.7cm×18.9cm
　　　序：天保4年（1833）英園日英　刊記：京／平楽寺村上勘兵衛
　　　〔朝河〕（APR 18 1907）収蔵

0630 **録外** (ろくがい) ROKUGAI　　　　　IN:1938/LCCN:508338
　　　日蓮　刊　2冊　洋装（袋）　25.7cm×18.1cm
　　　刊記：京／平楽寺村上勘兵衛
　　　〔朝河〕（APR 18 1907）収蔵　異称：御書

0631 **本化高祖紀年録** (ほんげこうそきねんろく) HONGE KOUSOKI NENROKU　　　　　IN:1731/LCCN:433304
　　　深見徳要（要言）輯　刊　10冊　挿絵有　袋　26.5cm×18.3cm
　　　序：寛政6年（1794）沙門日種・藤原覃・寛政7年（1795）深見徳要・山本信有・寛政5年（1793）為祥　履吉　刊記：江戸／西村源六・小山十五郎
　　　「深見先生発行書籍目録」（1丁）を付す　11巻（巻1〜11）存

0632 中正論 CHUUSHOURON　　　　　　　　　　　　IN:1873/LCCN:508273
　　　日題　刊　5冊　洋装（袋）　25.9cm×17.9cm
　　　序：宝永6年（1709）那須平資信敬　跋：延宝4年（1676）比丘日題　刊記：延宝5年（1677）
　　　近藤氏治重・平楽寺村上勘兵衛
　　　〔朝河〕（APR 18 1907）収蔵

0633 御書要文集 GOSHO YOUMONSHUU　　　　　　　IN:1889/LCCN:508289
　　　日雅　刊　2冊　洋装（袋）　25.5cm×18cm
　　　刊記：京／平楽寺村上勘兵衛
　　　〔朝河〕（APR 18 1907）収蔵

0634 御書 GOSHO　　　　　　　　　　　　　　　　IN:1902/LCCN:508302
　　　日蓮　刊　3冊　洋装（袋）　25.7cm×17.7cm
　　　刊記：寛文9年（1669）武村市兵衛昌常・八尾甚四郎友春他（全4肆）｜宝暦6年（1756）修
　　　補　山中利永｜京／平楽寺村上勘兵衛
　　　〔朝河〕（APR 18 1907）収蔵　異称：録内

0635 峨眉集 GABI SHUU　　　　　　　　　　　　　IN:1874/LCCN:508274
　　　日深著、日運校　刊　2冊　洋装（袋）　26cm×18.4cm
　　　序：文化10年（1813）勇猛日霙・日運（附言）・元文5年（1740）常在日深・明和2年（1765）
　　　釈日幹　刊記：京／具足山妙覚寺蔵板｜文化11年（1814）村上勘兵衛
　　　〔朝河〕（APR 18 1907）収蔵

0636 浄土折衝編 JOUDO SESSHOUHEN　　　　　　　IN:1941/LCCN:508341
　　　日渓（法霖）　刊　1冊　洋装（袋）　26.5cm×18cm
　　　刊記：享保16年（1731）京／永田長左衛門
　　　〔朝河〕（SEP 6 1907）収蔵

0637 祖書続集 SOSHO ZOKUSHUU　　　　　　　　　IN:2053/LCCN:508453
　　　日蓮　刊　1冊　洋装（袋）　25cm×18.2cm
　　　跋：慶長4年（1599）日遠・天保13年（1842）英園日英　刊記：平楽寺村上勘兵衛
　　　〔朝河〕（APR 18 1907）収蔵

修験道

0638 役君形生記 ENKUN GYOUSHOUKI　　　　　　　IN:2293/LCCN:695731
　　　秀高　刊　1冊　袋　25.8cm×17.9cm
　　　跋：元禄5年（1692）熊野寺快誉　刊記：元禄6年（1693）中野六右衛門
　　　下巻存

0639 修験常用集 SHUGEN JOUYOU SHUU　　　　　　IN:60/LCCN:98847
　　　観弘　刊　2帖　折本　16.5cm×8.1cm

跋：文政 8 年（1825）金峯後学行智　刊記：京／貝葉書院

0640 （修験道祓詞集） SHUGENDOU HARAIKOTOBA SHUU　　IN:1189/LCCN:432762

写　1 帖　折本　16.4cm × 14.8cm
奥書等：天明 3 年（1783）卜部朝臣郎延

0641 修験故事便覧 SHUGEN KOJI BENRAN　　IN:1936/LCCN:508336

日栄（忍辱鎧）　刊　1 冊　洋装（袋）　26.2cm × 18.3cm
刊記：享保 17 年（1732）｜安政 3 年（1856）補刻　京／平楽寺村上勘兵衛
〔朝河〕（APR 18 1907）収蔵　異称：[法華必要] 修験故事便覧

D. 寺院

寺誌

0642 東都六阿弥陀 TOUTO ROKUAMIDA　　IN:3337/LCCN:504659

写　1 冊　挿絵有　洋装（袋）　26.6cm × 18.5cm
〔朝河〕（SEP 6 1907）収蔵

0643 法華諸国霊場記 HOKKE SHOKOKU REIJOUKI　　IN:2062/LCCN:508462

刊　1 冊　挿絵有　袋　9.8cm × 22cm
序：嘉永 5 年（1852）正日　刊記：嘉永 5 年（1852）

0644 二十四輩順拝図会 NIJUUYOHAI JUNPAI ZUE　　IN:2848/LCCN:696286

了貞、（竹原春泉斎画）　刊　2 冊　挿絵有　洋装（袋）　26.5cm × 18.8cm
序：享和 3 年（1803）釈了貞　跋：享和 3 年（1803）法橋玉山
〔朝河〕（AUG 6 1907）収蔵

0645 二十四輩順拝図会 NIJOUYOHAI JUNPAI ZUE　　IN:2760/LCCN:696198

了貞、（竹原春泉斎画）　刊　10 冊　挿絵有　袋　25.7cm × 18.2cm
序：享和 3 年（1803）釈了貞　跋：享和 3 年（1803）法橋玉山　刊記：享和 3 年（1803）新刻
京／菱屋孫兵衛・大坂／河内屋太助他（全 6 肆）｜京／丁字屋九郎右衛門｜文化 6 年（1809）
大坂／宝明題（後編見返）
蔵書印等：[石川蔵書]

0646 二十四輩巡拝記 NIJUUYOHAI JUNPAIKI　　IN:2845/LCCN:696283

刊　1 冊　挿絵有　袋　10.5cm × 15.5cm
序：宝暦 5 年（1755）江玉堂楓司　刊記：宝暦 10 年（1760）京／よしのや為八

0647 宗門檀那請合之控并御条目

SHUUMON DANNA UKEAI NO HIKAE NARABINI GOJOUMOKU　　IN:410/LCCN:847406

　　本山源光寺穏誉　写　1冊　袋　27.5cm×20cm
　　奥書等：文化8年（1811）写
　　慶長18年（1613）の宗門檀那請合之控、寛文5年（1665）の老中連署条々等
　　異称：宗門離壇御裁許書之写・厳有院様諸宗へ被下御条目

0648　四神社閣記　SHIJINSHAKAKUKI　　IN:411/LCCN:847407

　　冕嶠陳人（松平定常）　写　1冊　挿絵有　洋装（袋）　22.6cm×15cm
　　蔵書印等：［岩本吉印］

0649　三縁山志　SAN'ENZANSHI　　IN:1647/LCCN:433220

　　三島（中谷）摂門編　刊　11冊　挿絵有　袋　26.3cm×18.2cm
　　序：文政2年（1819）・文政元年（1818）不軽居士・文政2年（1819）正斎近藤守重・検校保
　　己一・文政元年（1818）東野源信充・文政2年（1819）沙門弁個　跋：文政2年（1819）荻長・
　　文政元年（1818）箕山源吉　刊記：増上寺蔵版
　　続三縁山志（序　凡例　目次　引書）1冊を付す　蔵書印等：［東京弘文荘納］

0650　粉河寺縁起霊験記　KOKAWADERA ENGI REIGENKI　　IN:1600/LCCN:433173

　　刊　1冊　挿絵有　袋　23.4cm×16.2cm
　　刊記：元禄13年（1700）

行事

0651　彼岸抄・盂蘭盆抄　HIGANSHOU・URABONSHOU　　IN:547/LCCN:847542

　　日蓮　写　1冊　袋　24.2cm×16.8cm
　　蔵書印等：［筑波文庫・平氏文庫］

0652　新本礼拝講探題出仕　SHINHON RAIHAIKOU TANDAI SYUSSHI　IN:3386a/LCCN:504708a

　　写　1冊　洋装（袋）　23cm×16.5cm
　　奥書等：文政7年（1824）前大僧正貫実之本執行探題僧正豪実
　　山門江被仰渡条々・両会十講問答案と合綴　〔朝河〕（APR 18 1907）収蔵

講式・法会文

0653　薬師講式　YAKUSHI KOUSHIKI　　IN:3302.2/LCCN:504624

　　写　1冊　洋装（袋）　23cm×15.3cm
　　〔朝河〕（SEP 6 1907）収蔵

0654　［改刻］四座講式　SHIZA KOUSHIKI　　IN:2016/LCCN:508416

　　刊　1帖　洋装（袋）　26cm×18cm

序：宝暦7年（1757）釈快弁・寛延3年（1750）左学頭理峯　跋：宝暦8年（1758）弟子広峯　刊記：金剛峯寺普門院蔵梓　経師八左衛門
〔朝河〕（SEP 6 1907）収蔵

0655　羅漢講式勧請　RAKAN KOUSHIKI KANJOU　　　　　　　　　　　　IN:2063/LCCN:508463
　　　刊　1冊　折本　17.5cm×6.6cm
　　　跋：嘉永元年（1848）福山蔵主寮誠季　刊記：江戸／近江屋与右衛門施印
　　　（JUL 23 1934）収蔵

0656　例懺伽陀　REISAN KADA　　　　　　　　　　　　　　　　　　　IN:2081/LCCN:508481
　　　刊　1冊　袋　15.5cm×10.9cm
　　　刊記：文亀2年（1522）執筆周□
　　　前半部欠　蔵書印等：[比叡山南谷蔵・貝葉書院製本部]

E. 附録

基督教

0657　切支丹由来記　KIRISHITAN YURAIKI　　　　　　　　　　　　　IN:378/LCCN:847374
　　　写　1冊　袋　24.6cm×17cm
　　　奥書等：栗原実治

0658　契利斯督記　KIRISUTOKI　　　　　　　　　　　　　　　　　　IN:525/LCCN:847520
　　　井上筑後守（政重）・北条安房守（氏長）著、太田方（全斎）編　写　2冊　袋　29.3cm×20.5cm
　　　序：寛政9年（1797）　奥書等：太田覃｜享和3年（1803）鈴木恭｜文政3年（1820）赤霞
　　　破吉利支丹を付載　蔵書印等：[日南図書・養間斎]

0659　破吉利支丹　HAKIRISHITAN　　　　　　　　　　　　　　　　　IN:3650/LCCN:703733
　　　（鈴木正三）　刊　1冊　袋　26.1cm×18.2cm
　　　跋：寛文2年（1662）

0660　路加伝福音書　RUKA DEN FUKUIN SHO　　　　　　　　　　　　IN:57/LCCN:98-847053
　　　刊　1冊　洋装（袋）　28.7cm×20.7cm
　　　刊記：乙卯年鐫
　　　異称：新約全書

0661　切支丹宗門来朝実記　KIRISHITAN SHUUMON RAICHOU JIKKI　　IN:338/LCCN:847334
　　　写　1冊　袋　24.1cm×17.1cm
　　　奥書等：文政12年（1829）田村晴峰｜文政13年（1830）問潮老人

4. 言語

A. 文字

漢字

0662 倭楷正訛 *WAKAI SEIKA*　　　　　　　　　　　IN:1834/LCCN:508234
わかいせいか
　　太宰春台　刊　1冊　袋　27.1cm×18.1cm
　　序：太宰春台　跋：延享6年（1748）加賀大幸
　　刊記：宝暦3年（1753）江戸／前川権兵衛・前川荘兵衛

仮名遣

0663 仮名文字遣 *KANAMOJIDUKAI*　　　　　　　　IN:2237/LCCN:508637
かなもじづかい
　　刊　1冊　袋　20.3cm×14cm
　　序：有　刊記：正保5年（1648）重刻　奥書等：天文21年（1552）記　称名野釈御判

0664 和字正濫鈔 *WAJI SHOURANSHOU*　　　　　　　HN:589/ 坂461
わじしょうらんしょう
　　契沖　刊　5冊　袋　23cm×16cm
　　刊記：元文4年（1739）大坂／渋川清右衛門・渋川与市

0665 増補古言梯標註 *ZOUHO KOGENTEI HYOUCHUU*　IN:2229/LCCN:508629
ぞうほこげんていひょうちゅう
　　楫取魚彦輯、山田常助増補　刊　1冊　袋　22.7cm×14.9cm
　　序：賀茂真淵・明和2年（1765）加藤宇万伎　跋：明和元年（1764）自跋、寛政7年（1795）
　　村田春海・享和2年（1802）清水浜臣・弘化3年（1846）山田常典
　　刊記：東京／浅倉屋久兵衛
　　蔵書印等：［士官］

0666 ［増補］古言梯標註 *KOGENTEI HYOUCHUU*　　　HN:279/OJ813／K19
　　　　　こげんていひょうちゅう
　　楫取魚彦著、村田春海・清水浜臣増注、山田常典補　刊　1冊　袋　23cm×15cm
　　刊記：弘化4年（1847）（見返）

古代文字

0667 神字日文伝 (かんなひふみでん) *KANNAHIFUMI DEN*　　　HN:251/ 坂332

　　平田篤胤　刊　3冊　袋　27cm×19cm
　　序：文政2年（1819）　刊記：江戸／気吹舎

0668 神字日文伝 (かんなひふみでん) *KANNAHIFUMI DEN*　　　IN:2258/LCCN:508658

　　平田篤胤　刊　3冊　袋　26.5cm×18.3cm
　　序：岩崎長世　跋：文政2年（1819）いぶきの屋のあるじ篤胤
　　「気吹廼屋先生及門人著述刻或之書目」を付す

0669 神字日文伝 (かんなひふみでん) *KANNAHIFUMI DEN*　　　HN:252/OJ811 ／ H22

　　平田篤胤　刊　3冊　洋装（袋）　27cm×19cm
　　刊記：江戸／気吹舎塾

B. 音韻

総記

0670 漢字三音考 (かんじ さんおんこう) *KANJI SAN'ON KOU*　　　IN:2628/LCCN:696066

　　本居宣長　刊　1冊　袋　25.4cm×18.2cm
　　序：天明4年（1784）小篠敏
　　刊記：天明5年（1785）伊勢／柏屋兵助・京／山城屋佐兵衛他（全6肆）

0671 地名字音転用例 (ちめいじおんてんようれい) *CHIMEI JION TEN'YOUREI*　　　IN:2325/LCCN:695763

　　本居宣長　刊　1冊　袋　27cm×18.7cm
　　刊記：寛政12年（1800）宇恵末都蔵版
　　蔵書印等：［筑波文庫・紫雲斎記・筑波文庫家老夫］

0672 奈万之奈 (なましな) *NAMASHINA*　　　HN:365/OJ81114 ／ T286

　　東条義門　刊　3冊　袋　25cm×18cm
　　刊記：京／山田茂助

0673 発字四声便蒙解 (はつじしせいべんもうかい) *HATSUJI SHISEI BENMOUKAI*　　　IN:2648/LCCN:696086

　　松平頼寛増訂、平野玄幹・小川道記編、太宰春台訂　刊　1冊　袋　22.7cm×15.9cm
　　序：宝暦10年（1760）小川道記　刊記：宝暦12年（1762）江戸／小川彦九郎・前川六左衛門
　　異称：重刻増益発字四声便蒙解

0674 字韻早鑑四重大成 　*JIIN SOUKAN SHIJUU TAISEI*　　　　　HN:211/ 坂 641
　　　毛利貞斎　刊　12 冊　袋　25cm × 16cm
　　　刊記：元禄 4 年（1691）京／小林半兵衛
　　　異称：字韻早鑑大成

0675 ［新刊］韻鏡易解 　*INKYOU IKAI*　　　　　HN:186/OJ821 ／ S21
　　　盛典　刊　4 冊　挿絵有　袋　27cm × 20cm
　　　刊記：元禄 4 年（1691）京／山口茂兵衛
　　　異称：冠註韻鏡易解

0676 韻鏡易解 　*INKYOU IKAI*　　　　　IN:2527/LCCN:695965
　　　盛典　刊　1 冊　袋　27.4cm × 19cm
　　　刊記：元禄 4 年（1691）京／山口茂兵衛｜楊文軒子再刊（見返）
　　　巻 5（韻鏡字子列位）存　蔵書印等：［士官］（見返）　異称：新校正韻鏡字子

0677 韻鏡易解改正 　*INKYOU IKAI KAISEI*　　　　　HN:187/OJ821 ／ S21a
　　　盛典　刊　2 冊　袋　27cm × 19cm
　　　刊記：享保 3 年（1718）京／山口茂兵衛
　　　異称：新増韻鏡易解改正大全・韻鏡易解改正重刻

0678 韻鏡易解改正 　*INKYOU IKAI KAISEI*　　　　　IN:2409/LCCN:695847
　　　盛典　刊　9 冊　袋　27.3cm × 19.3cm
　　　刊記：享保 3 年（1718）京／山口茂兵衛
　　　「新増韻鏡易解大全」は巻 1 〜 3 が 2 部・巻 4 が 1 部、「新増韻鏡字子大全」は全揃い
　　　異称：新増韻鏡易解大全・新増韻鏡字子大全・新校正韻鏡字子

0679 韻鏡古義標註 　*INKYOU KOGI HYOUCHUU*　　　　　HN:185/ 坂 65（OJ824 ／ E58）
　　　叡竜（河野通清）　刊　3 冊　袋　26cm × 19cm
　　　刊記：享保 11 年（1726）・元文 3 年（1738）（補遺）京／秋田屋平左衛門・文台屋次郎兵衛

0680 磨光韻鏡 　*MAKOU INKYOU*　　　　　IN:2377/LCCN:695815
　　　文雄　刊　2 冊　袋　27.4cm × 19.3cm
　　　序：延享元年（1744）太宰純・釈法慧元聡
　　　刊記：安永 9 年（1780）｜天明 8 年（1788）購版　大坂／柏原屋清右衛門
　　　蔵書印等：［士官］

0681 磨光韻鏡 　*MAKOU INKYOU*　　　　　HN:323/OJ821 ／ B8
　　　文雄　刊　2 冊　袋　27cm × 18cm
　　　刊記：天明 7 年（1787）大坂／柏原屋清右衛門
　　　異称：韻鏡索隠

0682 磨光韻鏡余論 　*MAKOU INKYOU YORON*　　　　　HN:324/OJ821 ／ B8M
　　　文雄著・利法校　刊　3 冊　袋　25cm × 19cm

刊記：文化4年（1807）江戸／柏原屋金兵衛・京／菊屋喜兵衛・大坂／柏原屋清右衛門
異称：重修磨光韻鏡余論

0683　[韻鏡反切] 名判集成　*MEIHAN SHUUSEI*　　IN:2168/LCCN:508568
　　　（鶴峯戊申）　刊　1冊　袋　19.4cm×11.8cm
　　　序：文政3年（1820）鶴峯戊申
　　　刊記：京／植村藤右衛門・大坂／藤屋弥兵衛・江戸／須原屋茂兵衛他（全6肆）
　　　異称：[鼇頭定本] 名判集成

五十音

0684　古史本辞経　*KOSHI HONJIKYOU*　　HN:306/坂128
　　　平田篤胤　刊　4冊　袋　27cm×18cm
　　　序：嘉永3年（1850）　刊記：気吹廼屋塾
　　　異称：五十音義訣

古語・語源 附難語

0685　日本釈名　*NIHON SHAKUMYOU*　　IN:2089/LCCN:508489
　　　貝原益軒編　刊　3冊　袋　22.9cm×15.8cm
　　　序：元禄12年（1699）自序　刊記：元禄13年（1700）京／上嶋瀬平・長尾平兵衛

0686　日本釈名　*NIHON SHAKUMYOU*　　HN:374/坂636
　　　貝原益軒編　刊　3冊　袋　23cm×16cm
　　　刊記：元禄13年（1700）京／上嶋瀬平・長尾平兵衛

0687　日本釈名　*NIHON SHAKUMYOU*　　HN:375/坂637
　　　貝原益軒編　刊　3冊　袋　23cm×16cm
　　　刊記：文化12年（1815）京／山中善兵衛他（全4肆）｜勝島喜六郎

0688　東雅　*TOUGA*　　IN:1279/LCCN:432852
　　　新井白石　写　5冊　袋　27.4cm×18.6cm
　　　序：享保4年（1719）英賀室直清
　　　10巻（1〜6・11〜14）存

0689　新撰大和詞　*SHINSEN YAMATOKOTOBA*　　HN:481/OJ815／K12
　　　各務支考　刊　2冊　挿絵有　袋　27cm×19cm
　　　序：享保14年（1719）　刊記：京／橘屋治兵衛

0690 和訓考 わくんこう　WAKUN KOU　　　　　　　　　　　　　　　IN:2259/LCCN:508659
　　　如是観　刊　1冊　袋　26.3cm×18cm
　　　序：文政9年（1826）烏山忠成　跋：文政9年（1826）松塘田綱援
　　　刊記：三省堂蔵・江戸／松田正助
　　　「如是観道人著述目録」を付す

0691 山彦冊子 やまびこぞうし　YAMABIKO ZOUSHI　　　　　　　　　　　IN:5/LCCN:847001
　　　橘守部　刊　1冊　袋　25.9cm×18.2cm
　　　序：天保2年（1831）　刊記：天保2年（1831）京／勝村治右衛門・江戸／須原屋茂兵衛他（全8肆）
　　　書入れあり　「池庵橘守部大人著述目録」1丁を付す　異称：難語考

0692 山彦冊子 やまびこぞうし　YAMABIKO ZOUSHI　　　　　　　　　　　HN:610/OJ812／T11
　　　橘守部　刊　1冊　洋装（袋）　25cm×18cm
　　　刊記：天保2年（1831）江戸／須原屋茂兵衛
　　　異称：難語考

0693 玉霰窓の小篠 たまあられまどのおざさ　TAMAARARE MADO NO OZASA　HN:532/OJ821／N15
　　　中島広足　刊　3冊　袋　26cm×18cm
　　　刊記：文久元年（1861）京／菱屋孫兵衛・大坂／河内屋茂兵衛他（全7肆）

C. 語義

冠辞

0694 冠辞考 かんじこう　KANJI KOU　　　　　　　　　　　　　　　　HN:245/坂98
　　　賀茂真淵　刊　10冊　袋　25cm×18cm
　　　刊記：寛政7年（1795）大坂／河内屋茂兵衛

0695 冠辞考続貂 かんじこうぞくちょう　KANJI KOU ZOKUCHOU　　　　　HN:246/坂635
　　　上田秋成　刊　7冊　袋　25cm×18cm
　　　刊記：享和元年（1801）大坂／秋田屋太右衛門他（全5肆）
　　　異称：冠辞続貂

0696 和歌枕詞補註 わかまくらことばほちゅう　WAKA MAKURAKOTOBA HOCHUU　HN:591/PL728.088　Orient Japan
　　　尾崎雅嘉　刊　2冊　袋　18cm×12cm
　　　刊記：寛政10年（1798）江戸／須原屋茂兵衛・京／野田藤八・大坂／葛城長兵衛他（全8肆）

俚諺

0697 **諺草** ことわざぐさ *KOTOWAZAGUSA* IN:3143/LCCN:696581
貝原好古　刊　7冊　袋　22.5cm×15.8cm
跋：元禄13年（1700）上野恵迪　刊記：元禄14年（1701）茨城多左衛門・田中庄兵衛

0698 **諺草** ことわざぐさ *KOTOWAZAGUSA* IN:2881/LCCN:696319
貝原好古　刊　7冊　袋　22.2cm×15.2cm
跋：元禄13年（1700）遜斎上野恵迪
刊記：元禄14年（1701）京／田中庄兵衛・大坂／前川善兵衛
（JUL 23 1934）収蔵

0699 **諺草** ことわざぐさ *KOTOWAZAGUSA* HN:310/坂119
貝原好古　刊　7冊　袋　22cm×16cm
刊記：元禄14年（1701）京／田中庄兵衛・大坂／前川善兵衛

0700 **本朝俚諺** ほんちょうりげん *HONCHOU RIGEN* IN:2880/LCCN:696318
伊沢長秀　刊　2冊　袋　22.2cm×16cm
序：正徳4年（1714）熊谷惟・正徳4年（1714）蟠龍子伊沢長秀
跋：正徳5年（1715）佐藤祐　刊記：正徳5年（1715）京／田中庄兵衛・大坂／中村徳兵衛他（全4肆）
（JUL 23 1934）収蔵

0701 **物類称呼** ぶつるいしょうこ *BUTSURUI SHOUKO* IN:3668/LCCN:703751
越谷吾山　刊　4冊　袋　22.2cm×15.4cm
序：安永4年（1775）越谷吾山　刊記：大坂／前川源七郎
巻4欠　「明治辛二年（1869）一月廿八日求」　異称：諸国方言物類称呼

0702 **物類称呼** ぶつるいしょうこ *BUTSURUI SHOUKO* IN:2573/LCCN:696011
越谷吾山　刊　1冊　袋　22cm×15.2cm
巻4存

0703 **藻汐草** もしおぐさ *MOSHIOGUSA* IN:3601/LCCN:504923
（上原熊治郎・阿部長三郎）　刊　1冊　袋　13cm×17cm
序：文化元年（1804）白虹斎　跋：寛政4年（1792）通辞上原熊治郎・支配阿部長三郎
異称：蝦夷方言

0704 **北海小文典** ほっかいしょうぶんてん *HOKKAI SHOUBUNTEN* IN:3524/LCCN:504844
永田方正　刊　1冊　袋　22.2cm×14.6cm
序：明治16年（1883）永田方正　刊記：明治16年（1883）編輯人永田方正・出版函館県
「JAN.28.1916 Smithsonian Institution office Library・Library of Congress FEB 15 1929

C. 語義　91

Smithsonian Deposit・明治10年7月　山田顕義　合於南北」（表紙）蔵書印等：［大日本帝国文部省］（書票）

0705 蝦夷チャランケ并浄瑠理言　EZO CHARANKE NARABINI JOURURI KOTOBA
　　　写　1冊　袋　24.3cm×16.4cm　　　　　　　　　　　　IN:3483.3/LCCN:504805

雑

0706 親属記　SHINZOKUKI　　　　　　　　　　　　　　　　　IN:1202e/LCCN:432775e
　　　写　1冊　仮綴　25.5cm×17.5cm
　　　欽定銭録・独断・象刑研究資料・朝野類要・聖徳太子憲法十七条と合綴　（AUG 29 1939）収蔵

0707 鐘のひびき　KANE NO HIBIKI　　　　　　　　　　　　　　　HN:243/ 坂154
　　　橘守部　刊　3冊　袋　25cm×18cm
　　　刊記：天保10年（1839）江戸／須原屋茂兵衛他（全8肆）
　　　異称：鐘洒比備起

D. 語法

文法

0708 言葉の玉緒　KOTOBA NO TAMANOO　　　　　　　　　　　IN:2625/LCCN:696063
　　　本居宣長　刊　7冊　袋　25.2cm×17.8cm
　　　序：安永8年（1779）　刊記：大坂／積玉圃柳原喜兵衛
　　　蔵書印等：［鶴祥堂蔵書印］　異称：詞の玉の緒

0709 詞八衢　KOTOBA NO YACHIMATA　　　　　　　　　　　　IN:2546/LCCN:695984
　　　本居春庭　刊　2冊　袋　26.5cm×18.5cm
　　　序：文化3年（1806）植松有信　跋：本居大平
　　　刊記：文化5年（1808）江戸／須原屋善五郎・京／菱屋孫兵衛他（全5肆）
　　　「GIFT DON GORHAM」「10/22/57」　異称：やちまた

0710 ［活語］山口栞　YAMAGUCHI NO SHIORI　　　　　　　　HN:611/OJ815 ／ T28Y
　　　東条義門　刊　3冊　袋　26cm×18cm
　　　刊記：天保7年（1836）京／千切屋庄三郎他（全3肆）

0711 玉の緒繰分　TAMANOO KURIWAKE　　　　　　　　　　　　HN:533/ 坂420
　　　東条義門　刊　5冊　袋　25cm×18cm

刊記：天保12年（1841）大坂／河内屋茂兵衛
明治版

0712 活語指南　*KATSUGO SHINAN*　　　　　　　　　　　　　　　　HN:259/ 坂177
　　東条義門著、平井重民補　刊　2冊　袋　26cm × 18cm
　　刊記：天保15年（1844）江戸／英屋大助・岡田屋嘉七・京／勝村治右衛門・大坂／河内屋儀助

0713 活語雑話　*KATSUGO ZATSUWA*　　　　　　　　　　　　　　　HN:260/OJ815 ／T28
　　東条義門　刊　3冊　袋　25cm × 18cm
　　刊記：天保板｜明治23年（1890）京／細川清助

訓読・句読

0714 新刊用字格　*SHINKAN YOUJIKAKU*　　　　　　　　　　　　　IN:2269/LCCN:695707
　　伊藤東涯　刊　2冊　袋　22cm × 15.5cm
　　序：元禄16年（1703）伊藤長胤
　　巻1・3存　蔵書印等：[士官]

0715 用字格　*YOUJIKAKU*　　　　　　　　　　　　　　　　　　　IN:2270/LCCN:695708
　　伊藤東涯　刊　4冊　袋　22.5cm × 16cm
　　跋：享保19年（1734）奥田士亨
　　刊記：享保19年（1734）板存于古義堂・京／文泉堂林権兵衛発行
　　蔵書印等：[士官]

0716 ［新刊校正］用字格　*YOUJIKAKU*　　　　　　　　　　　　　HN:615/ 坂640
　　伊藤東涯　刊　3冊　袋　22cm × 15cm
　　跋：寛政4年（1792）
　　異称：新刊用字格

0717 点例　*TENREI*　　　　　　　　　　　　　　　　　　　　　　IN:3163/LCCN:696601
　　貝原益軒　刊　1冊　袋　18.3cm × 11.7cm
　　序：元禄16年（1703）貝原篤信　跋：元禄16年（1703）柳枝軒茨城方道
　　刊記：享保6年（1721）柳枝軒
　　奥付に蔵版目録を載せる

0718 点例　*TENREI*　　　　　　　　　　　　　　　　　　　　　　IN:3165/LCCN:696603
　　貝原益軒　刊　1冊　袋　17.1cm × 11.3cm
　　序：元禄16年（1703）貝原篤信　跋：元禄16年（1703）柳枝軒茨城方道　刊記：柳枝軒（見返）
　　奥付に蔵版目録を載せる　異称：訓点新例

0719 訓蒙助語辞諺解大成　*KUNMOU JOGOJI GENKAI TAISEI*　　　IN:2552/LCCN:695990
　　刊　3冊　袋　22.5cm × 16cm

刊記：宝永5年（1708）江戸／出雲寺和泉掾他（全3肆）
第1・3冊欠　異称：助語辞諺解大成

0720　**訓蒙助語辞諺解大成** *KUNMOU JOGOJI GENKAI TAISEI*　　IN:2565/LCCN:696003
毛利貞斎述、毛利瑚珣校閲　刊　1冊　袋　22.3cm×16cm
巻1存　異称：新刻助語辞

0721　**訳文筌蹄** *YAKUBUN SENTEI*　　HN:608/OJ924／022
初編：荻生徂徠述、吉田有鄰・聖黙記／後編：荻生徂徠原著、竹里補編
刊　7冊　袋　22cm×16cm
刊記：明治9年（1876）補刻　大坂／大野木市兵衛他（全6肆）

0722　**訳文筌蹄** *YAKUBUN SENTEI*　　IN:1801/LCCN:508201
荻生徂徠　刊　6冊　袋　22.8cm×15.9cm
序：前編＝徂徠先生口授　武陵吉有鄰臣哉甫筆受（題言十則）、後編＝天明8年（1788）竹里散人・文理三昧　刊記：前編＝正徳5年（1715）京／沢田吉左衛門刊行、後編＝寛政8年（1796）京／沢田吉左衛門

0723　**助辞考** *JOJI KOU*　　IN:2283/LCCN:695721
伊藤東涯　刊　2冊　袋　26.4cm×19.9cm
刊記：享保元年（1716）柏屋勘右衛門
蔵書印等：［士官］

0724　**和読要領** *WADOKU YOURYOU*　　IN:3201/LCCN:696639
太宰春台　刊　3冊　袋　22.5cm×16cm
序：享保13年（1728）太宰純　刊記：享保13年（1728）江戸／須原屋新兵衛

0725　**助辞訳通** *JOJI YAKUTSUU*　　IN:2210/LCCN:508610
岡白駒　刊　3冊　袋　21.7cm×14.8cm
序：宝暦12年（1762）男子龍　刊記：大坂／前川善兵衛

0726　**虚字解** *KYOJIKAI*　　IN:2309/LCCN:695747
皆川淇園　刊　2冊　袋　17cm×12.5cm
序：天明3年（1783）法輪修翁　跋：天明3年（1783）飯田粛　刊記：京／菱屋孫兵衛
蔵書印等：［陸軍］

0727　**続虚字解** *ZOKU KYOJIKAI*　　IN:2518/LCCN:695956
皆川淇園　刊　1冊　袋　17.2cm×12.4cm
序：剛中　刊記：京／菱屋孫兵衛
上巻存　蔵書印等：［士官］

0728　**釈辞** *SHAKUJI*　　IN:3295/LCCN:504617
奥田永業叔建　写　1冊　洋装（袋）　23.7cm×15.7cm

序：寛政3年（1791）自序
朱書書き入れ有　〔朝河〕（SEP 6 1907）収蔵

E. 辞書

字典

0729　<ruby>新撰字鏡<rt>しんせんじきょう</rt></ruby>　SHINSEN JIKYOU　　　　　　　　　　　IN:1798/LCCN:433371
　　　昌住　刊　2冊　袋　25.7cm×18.1cm
　　　序：享和3年（1803）陸可彦　刊記：享和3年（1803）大坂／渋川清右衛門・吉田善蔵
　　　蔵書印等：[森田文庫・石秀文庫]

0730　<ruby>下学集<rt>かがくしゅう</rt></ruby>　KAGAKU SHUU　　　　　　　　　　　　IN:1828/LCCN:508228
　　　刊　2冊　袋　25.4cm×17.9cm
　　　序：文安元年（1444）
　　　蔵書印等：[亀田文庫・蔦廼家文庫]

0731　<ruby>改正字林玉編<rt>かいせいじりんぎょくへん</rt></ruby>　KAISEI JIRIN GYOKUHEN　　　　IN:56/LCCN:98-847052
　　　橘鷗郷　刊　1冊　袋　12.4cm×18.3cm

0732　［新刊］<ruby>和玉篇<rt>わごくへん</rt></ruby>　WAGOKUHEN　　　　　　　　　　HN:588/OJ813／w18
　　　刊　1冊　袋　28cm×18cm
　　　刊記：正保4年（1647）京／中野小左衛門

0733　<ruby>改正多識編<rt>かいせいたしきへん</rt></ruby>　KAISEI TASHIKIHEN　　　　　　　　IN:2306/LCCN:695744
　　　林羅山　刊　5冊　袋　27cm×19.5cm
　　　蔵書印等：[堀氏文庫]　異称：[改正]増補多識編・多識編

0734　<ruby>聚分韻略<rt>しゅうぶんいんりゃく</rt></ruby>　SHUUBUN INRYAKU　　　　　　　　HN:497/OJ921／K31
　　　虎関師錬　刊　1冊　袋　14.5cm×14.5cm
　　　刊記：慶長17年（1612）
　　　全82丁

0735　<ruby>聚分韻略<rt>しゅうぶんいんりゃく</rt></ruby>　SHUUBUN INRYAKU　　　　　　　　HN:496/OJ921／K31
　　　虎関師錬　刊　1冊　袋　14.4cm×14.4cm
　　　跋：天文8年（1539）周防大内義隆
　　　全84丁

0736 増続大広益会玉篇大全 ZOUZOKU DAIKOUEKIKAI GYOKUHEN TAIZEN
　　毛利貞斎　刊　11冊　袋　22.5cm×16cm　　　　　　　　　　IN:2305/LCCN:695743
　　刊記：嘉永7年（1854）五刻校正監本（見返）
　　蔵書印等：［阿陽南高田氏大松村］　異称：増続大広益会玉篇・会玉篇大全

0737 増続大広益会玉篇大全 ZOUZOKU DAIKOUEKIKAI GYOKUHEN TAIZEN
　　毛利貞斎　刊　7冊　袋　22.6cm×16cm　　　　　　　　　　IN:2463/LCCN:695901
　　取合せ本　異称：〔四声附韻／冠註補闕／頭書字義〕増続大広益会玉篇大全

0738 ［四声音訓訂正熟字字義注解］鼇頭新会玉篇大全
　　　GOUTOU SHINKAI GYOKUHEN TAIZEN　　　　　　　　　　　　IN:89/LCCN:98847085
　　橘鷗卿　刊　1冊　袋　18.2cm×12.6cm
　　蔵書印等：［横須賀鎮守府蔵書］

辞典

0739 真草二行節用集 SHINSOU NIGYOU SETSUYOU SHUU　　　　　　HN:470/OJ031 ／ s29
　　刊　1冊　袋　27cm×19cm
　　刊記：寛文5年（1665）京／武村三良兵衛
　　異称：増補大節用集

0740 和漢音釈書言字考節用集 WAKAN ONSHAKU SHOGENJIKOU SETSUYOU SHUU
　　槙島昭武　刊　2冊　袋　22.1cm×15.1cm　　　　　　　　　　IN:151/LCCN:847147
　　序：元禄11年（1698）槙島昭武　刊記：江戸／須原屋茂兵衛他（全10肆）
　　異称：合類節用集（板心）

0741 ［増補］和漢音釈書言字考節用集 WAKAN ONSHAKU SHOGENJIKOU SETSUYOU SHUU
　　槙島昭武　刊　13冊　袋　22cm×16cm　　　　　　　　　　HN:596/OJ031 ／ W43a
　　刊記：明和3年（1766）大坂／本屋又兵衛他（全3肆）
　　異称：合類大節用集

0742 和漢音釈書言字考節用集 WAKAN ONSHAKU SHOGENJIKOU SETSUYOU SHUU
　　槙島昭武　刊　13冊　袋　22cm×15cm　　　　　　　　　　HN:597/OJ031 ／ W43
　　刊記：江戸／岡田屋嘉七・京／菱屋孫兵衛・大坂／豊田屋宇左衛門他（全8肆）
　　異称：合類大節用集

0743 ［新撰大日本］永代節用無尽蔵 EITAI SETSUYOU MUJINZOU　　IN:2106/LCCN:508506
　　河辺桑楊子・堀原甫　刊　1冊　挿絵有　袋　26.5cm×19.4cm
　　序：堀原甫　跋：堀原甫　刊記：天保2年（1831）旧刻｜嘉永2年（1849）再刻　江戸／須原
　　屋茂兵衛・京／勝村治右衛門他（全11肆）

0744 大成無双節用集 　TAISEI BUSOU SETSUYOU SHUU　　　　　IN:2209/LCCN:508609
　　　鶴峯戊申　刊　1冊　袋　22.5cm×15.5cm
　　　序：暁鐘成　刊記：嘉永2年（1849）大坂／吉野屋仁兵衛・河内屋喜兵衛他（全7肆）

名彙

0745 和名類聚抄　WAMYOU RUIJUSHOU　　　　　　　　　IN:1810/LCCN:508210
　　　（源順）　刊　5冊　袋　27.3cm×19.4cm
　　　序：元和3年（1617）羅浮散人　刊記：大坂／渋川清右衛門
　　　蔵書印等：［安西広淳蔵・橘勝良］　異称：倭名類聚鈔

0746 和名類聚抄　WAMYOU RUIJUSHOU　　　　　　　　　IN:2359/LCCN:695797
　　　（源順）　刊　4冊　袋　25.5cm×18.6cm
　　　序：元和3年（1617）羅浮散人　刊記：大坂／渋川清右衛門・須磨勘兵衛
　　　蔵書印等：［士官］　異称：倭名抄

0747 ［新刻］和名類聚抄　WAMYOU RUIJUSHOU　　　　　　HN:602/坂478
　　　源順　刊　5冊　袋　26cm×19cm
　　　刊記：寛文7年（1667）大坂／渋川清右衛門

0748 増補大和言葉　ZOUHO YAMATOKOTOBA　　　　　　　HN:628/坂489
　　　刊　1冊　袋　15cm×11cm
　　　刊記：延宝9年（1681）京／中村孫兵衛
　　　異称：大和言葉

0749 要字選　YOUJISEN　　　　　　　　　　　　　　　　IN:2484/LCCN:695922
　　　刊　1冊　挿絵有　袋　26.1cm×18.3cm
　　　刊記：寛保2年（1742）大坂／敦賀屋九兵衛・吉文字屋市兵衛他（全3肆）

0750 侯鯖一覽　KOUSEI ICHIRAN　　　　　　　　　　　　IN:2244/LCCN:508644
　　　亀田鵬斎　刊　5冊　袋　22.7cm×15.4cm
　　　序：天保12年（1841）亀田保
　　　刊記：天保13年（1842）善身堂蔵版・京／勝村治右衛門・江戸／山城屋佐兵衛他（全5肆）

0751 雑字類編　ZATSUJIRUIHEN　　　　　　　　　　　　 IN:2213/LCCN:508613
　　　柴野栗山　刊　2冊　袋　22.2cm×15.7cm
　　　序：宝暦14年（1764）柴貞穀　刊記：天明6年（1786）汎愛堂蔵版｜江戸／丹波屋甚四郎・
　　　伏見屋善六・京／瀬尾源兵衛他（全5肆）
　　　取り合せ本　蔵書印等：［中央幼年・隆峯足立氏蔵書記］

0752 ［儒仏雑註］漢語大和故事　KANGO YAMATO KOJI　　　HN:244/OJ813／K227
　　　蔀遊燕　刊　5冊　袋　23cm×16cm

E. 辞書　97

刊記：元禄4年（1691）江戸／万屋清兵衛・平野屋長右衛門・京／上村平左衛門・大坂／鴈金屋庄兵衛

0753 [儒仏雑註] 漢語大和故事 KANGO YAMATO KOJI　　IN:2112/LCCN:508512

蔀遊燕　刊　4冊　袋　22.4cm×16cm

刊記：元禄4年（1691）江戸／万屋清兵衛・平野屋長右衛門・京／上村平左衛門・大坂／鴈金屋庄兵衛

（JUL 23 1934）収蔵

0754 和爾雅 WAJIGA　　IN:3193/LCCN:696631

貝原好古　刊　9冊　袋　21.9cm×15.7cm

序：元禄2年（1689）竹洞野宜郷・元禄7年（1694）貝原篤信

跋：元禄元年（1688）西峯散人

刊記：元禄7年（1694）上島瀬平・長尾平兵衛・水谷小兵衛・大井七郎兵衛　　蔵書印等：[学・静名館]

0755 和訓栞 WAKUN NO SHIORI　　IN:2362/LCCN:695800

谷川士清　刊　8冊　袋　25cm×17.8cm

前編巻19～30存

0756 和訓栞 WAKUN NO SHIORI　　IN:2683/LCCN:696121

谷川士清　刊　7冊　袋　25cm×8cm

刊記：文政13年（1830）京／風月荘左衛門他（全6肆）

巻33～45存

0757 国字分類雑記 KOKUJI BUNRUI ZAKKI　　IN:3451/LCCN:504773

宮崎成身　写　18冊　袋　22.9cm×16.5cm

巻2・6・20・21・26・27欠　「安政丁巳」（背表紙墨書）　蔵書印等：[高麗蔵]

0758 雅俗幼学新書 GAZOKU YOUGAKU SHINSHO　　HN:069/OJ813／M257

森源愿　刊（木活字）　2冊　袋　23cm×15cm

異称：幼字新書

0759 詞のしきなみ KOTOBA NO SHIKINAMI　　IN:1099/LCCN:432672

（足代弘訓）写　1冊　袋　23.1cm×16.1cm

巻7存　異称：詞のしき波

0760 詞のしき波 KOTOBA NO SHIKINAMI　　IN:1500/LCCN:433073

（足代引訓）写　1冊　袋　23.2cm×16.1cm

8冊目（マ行）のみ存

0761 詞の重浪 KOTOBA NO SHIKINAMI　　IN:1249/LCCN:432322

足利弘訓　写　5冊　袋　23.3cm×16cm

巻1・3・5～6・10存　（SEP 10 1946）収蔵

0762 名物六帖 めいぶつろくじょう　MEIBUTSU ROKUJOU　　　　　　　　　　　IN:2397/LCCN:695835
　　伊藤東涯　刊　8冊　袋　22.4cm×15.7cm
　　序：正徳4年（1714）伊藤長胤・享保11年（1726）奥田士亨
　　刊記：享保10年（1725）京／奎文館（見返）
　　天文箋・時運箋・地理箋・宮室箋・器財箋・人事箋・植物箋・雑載箋のみ存　一部補写
　　異称：鼎鍥名物六帖

0763 名物六帖 めいぶつろくじょう　MEIBUTSU ROKUJOU　　　　　　　　　　　IN:2783/LCCN:696221
　　伊藤長胤纂集、奥田士亨校訂　刊　16冊　袋　22.4cm×15.8cm
　　序：正徳4年（1714）伊藤長胤・享保11年（1726）奥田士亨　刊記：宝暦7年（1757）新鎸（見返）
　　「横田耕価蔵版目録」2丁を付す

F. 外国語

東洋

0764 ［朝鮮国正本］千字類合 せんじるいごう　SENJIRUIGOU　　　　　　　　HN:446/坂677
　　貝原益軒編　刊　1冊　袋　25cm×17cm
　　刊記：元禄5年（1692）京／躍鯉堂蔵版

0765 南山考講記 なんざんこうこうき　NANZAN KOU KOUKI　　　　　　　　IN:1261/LCCN:432834
　　（島津重豪）　写　4冊　袋　23cm×16cm
　　巻2〜5存

西洋

0766 ［改正増補］英和対訳袖珍辞書 えいわたいやくしゅうちんじしょ　EIWA TAIYAKU SHUUCHIN JISHO
　　　　　　　　　　　　　　　　　　　　　　　　　　　　　　　　　HN:056/PL679／H730
　　堀達之助編、堀越亀之助増補　刊（木活字）　1冊　洋装（袋）　15cm×22cm
　　刊記：慶応3年（1867）

0767 英語箋 えいごせん　EIGOSEN　　　　　　　　　　　　　　　　　　IN:1767/LCCN:433340
　　井上修理校正、村上英俊閲　刊　1冊　袋　25.7cm×18.2cm
　　刊記：安政4年（1857）（見返）
　　「BATAVIA PRINTED BY LITHOGRAPHY 1839」（扉）
　　前編存　異称：米語箋

0768 英語箋　*EIGOSEN*　　　　　　　　　　　　　　　IN:319/LCCN:847315
　　　石橋政方　刊　2冊　袋　18cm×12cm
　　　序：万延2年（1861）石橋政方

0769 増訂華英通語　*ZOUTEI KAEI TSUUGO*　　　　　IN:3656/LCCN:703739
　　　福沢範子囲　刊　1冊　袋　22cm×15cm
　　　序：万延元年（1860）福沢範子囲・安政2年（1855）何紫庭
　　　「16th October 1855」（巻末）（NOV 27 1931）収蔵

0770 蛮語箋　*BANGOSEN*　　　　　　　　　　　　　IN:3602/LCCN:504924
　　　刊　2冊　袋　18.3cm×12.3cm
　　　序：弘化4年（1847）一足庵主人　奥書等：安政5年（1858）戸栗氏

0771 蛮語箋　*BANGOSEN*　　　　　　　　　　　　　IN:3062.2/LCCN:504924.2
　　　刊　2冊　袋　18.3cm×12.3cm
　　　序：弘化4年（1847）一足庵主人　奥書等：安政5年（1858）戸栗氏

0772 和蘭字彙　*ORANDA JII*　　　　　　　　HN:390/PL681.D807 Orient Japan
　　　Hendric Doeff編、桂川甫周等校　刊　13冊　袋　26cm×18cm
　　　序：安政2〜5年（1855〜1858）　跋：安政2〜5年（1855〜1858）
　　　刊記：江戸／山城屋佐兵衛

5. 文学

A. 国文

小説

古物語

0773 ［絵入］竹取物語 (たけとりものがたり) TAKETORI MONOGATARI　　　　HN:529/OJ913
　　刊　2冊　挿絵有　袋　27cm×18cm
　　刊記：京／茨城多左衛門

0774 竹取翁物語解 (たけとりのおきなものがたりかい) TAKETORI NO OKINA MONOGATARIKAI　　HN:530/OJ913.31／T181k
　　田中大秀　刊　6冊　袋　26cm×18cm
　　刊記：天保2年（1831）名古屋／松屋善兵衛他（全5肆）｜尾張桐園蔵板
　　異称：竹取物語解

0775 大和物語抄 (やまとものがたりしょう) YAMATO MONOGATARISHOU　　HN:613/OJ913.33／K226
　　北村季吟　刊　6冊　袋　27cm×19cm
　　刊記：承応2年（1653）大坂／村上伊兵衛

0776 伊勢物語 (いせものがたり) ISE MONOGATARI　　　　HN:195/坂73
　　刊　2冊　挿絵有（21図）袋　26cm×19cm
　　跋：元禄14年（1701）　刊記：西田三良兵衛

0777 ［ゑ入］伊勢物語 (いせものがたり) ISE MONOGATARI　　　　IN:31/LCCN:847027
　　刊　2冊　挿絵有　袋　11cm×7.5cm

0778 伊勢物語集註 (いせものがたりしっちゅう) ISE MONOGATARI SHICCHUU　　HN:201/OJ913.3／164
　　切臨編　刊　12冊　袋　28cm×18cm
　　刊記：承応2年（1653）京／小島弥左衛門・同市郎衛門

0779 闕疑抄初冠 （けつぎしょういこうぶり） KETSUGISHOU UIKOUBURI　　　IN:47/LCCN:847043
　　加藤磐斎　刊　2冊　袋　27cm×19.2cm
　　跋：万治3年（1660）磐斎　刊記：万治3年（1660）林伝左衛門尉
　　蔵書印等：[参謀]

0780 伊勢物語新抄 （いせものがたりしんしょう） ISE MONOKATARI SHINSHOU　　　HN:200/OJ913.3／K19
　　加藤磐斎　刊　2冊　袋　26cm×19cm
　　刊記：寛文8年（1668）

0781 伊勢物語拾穂抄 （いせものがたりしゅうすいしょう） ISE MONOGATARI SHUUSUISHOU　　　HN:202/OJ913.3／K261
　　北村季吟　刊　5冊　袋　22cm×19cm
　　刊記：延宝8年（1680）京／長尾平兵衛

0782 勢語臆断 （せいごおくだん） SEIGO OKUDAN　　　HN:439/OJ913.3／K23a
　　契沖　刊　5冊　袋　26cm×18cm
　　刊記：享和3年（1803）京／吉田屋新兵衛

0783 勢語臆断 （せいごおくだん） SEIGO OKUDAN　　　HN:440/OJ913.3／K23a
　　契沖　刊　1冊　洋装（袋）　25cm×17cm
　　刊記：嘉永2年（1849）河内屋茂兵衛｜大坂／青木恒三郎
　　明治版

0784 伊勢物語古意 （いせものがたりこい） ISE MONOGATARI KOI　　　HN:198/OJ913.3／K14
　　賀茂真淵　刊　6冊　袋　27cm×18cm

0785 伊勢物語傍註 （いせものがたりぼうちゅう） ISE MONOGATARI BOUCHUU　　　HN:196/坂69
　　賀茂季鷹　刊　2冊　袋　26cm×18cm
　　序：安永5年（1776）　刊記：江戸／須原屋伊八

0786 伊勢物語新釈 （いせものがたりしんしゃく） ISE MONOGATARI SHINSHAKU　　　HN:199/OJ913.3／F24
　　藤井高尚　刊　6冊　袋　26cm×19cm
　　刊記：文政元年（1818）京／奴弖能舎蔵版・江戸／和泉屋庄次郎他（全6肆）

0787 ［校訂］伊勢物語図会 （いせものがたりずえ） ISE MONOGATARI ZUE　　　HN:204/OJ911.3／163K
　　市国猛彦校、岡田玉山画　刊　3冊　袋　26cm×13cm
　　刊記：文政8年（1825）｜明治8年（1875）名古屋／三輪文次郎

0788 伊勢物語題号考 （いせものがたりだいごうこう） ISE MONOGATARI DAIGOU KOU　　　HN:197/坂71
　　賀茂直兄　刊　1冊　袋　27cm×19cm
　　序：天保15年（1844）

0789 伊勢物語残考 （いせものがたりざんこう） ISE MONOGATARI ZANKOU　　　HN:203/坂74
　　高井宣風　刊　1冊　袋　26cm×18cm

0790　落窪物語　*OCHIKUBO MONOGATARI*　　　　　　　　　　HN:383/ 坂 250
　　　刊　2 冊　袋　26cm × 19cm
　　　刊記：寛政 11 年（1799）大坂／葛城長兵衛他（全 5 肆）

0791　源氏物語　*GENJI MONOGATARI*　　　　　　　　　　HN:077/OJ913.3 ／ M29
　　　紫式部　刊　30 冊　挿絵有　袋　16cm × 11cm
　　　山路の露・系図・爪印・歌引

0792　源氏物語　*GENJI MONOGATARI*　　　　　　　　　　HN:076/Others3
　　　紫式部　刊　目録 3 冊・系図 1 冊・山路の露 1 冊・引歌 1 冊全 60 冊　挿絵有　袋　26cm × 18cm
　　　刊記：承応 3 年（1654）京／八尾勘兵衛

0793　岷江入楚　*MINGOU NISSO*　　HN:354/OJ913.3 ／ C65（Microfilm no.MOJ-155）
　　　中院通勝　写　11 冊　洋装（袋）　26cm × 20cm

0794　源氏物語系図　*GENJI MONOGATARI KEIZU*　　　　　HN:078/ 朝 4
　　　写　1 帖　折本　21.3cm × 17cm
　　　鳥の子雲母刷の用紙　表紙は紺に金砂子　見返は金箔「御書物方」の黒印

0795　源氏小鏡　*GENJI KOKAGAMI*　　　　　　　　　　　HN:075/ 坂 616
　　　刊　3 冊　袋　28cm × 20cm
　　　刊記：慶安 4 年（1651）京／秋田屋平左衛門

0796　湖月抄　*KOGETSUSHOU*　　　　　　　　　　　　　HN:280/OJ913.3 ／ K26
　　　北村季吟　刊　60 冊　袋　27cm × 19cm
　　　跋：延宝元年（1673）　刊記：京／村上勘左衛門他（全 4 肆）

0797　雨夜物語だみことば　*AMAYO MONOGATARI DAMIKOTOBA*　　HN:005/ 坂 518
　　　藤原宇万伎　刊　2 冊　袋　26cm × 18cm
　　　刊記：安永 6 年（1777）京／出雲寺文治郎他（全 6 肆）

0798　源氏物語忍草　*GENJI MONOGATARI SHINOBUGUSA*　　HN:079/OJ913.3 ／ K262
　　　北村湖春　刊　5 冊　袋　26cm × 19cm
　　　序：天保 5 年（1834）

0799　狭衣物語　*SAGOROMO MONOGATARI*　　　　　　　　HN:419/OJ913.3 ／ s12
　　　刊　16 冊　挿絵有　袋　25cm × 16cm
　　　刊記：承応 3 年（1654）京／谷岡七左衛門

説話物語

0800 　発心集 ほっしんしゅう　*HOSSHINSHUU*　　　　HN:172/ 坂 41
　　　鴨長明　刊　8冊　袋　26cm × 19cm
　　　刊記：慶安4年（1651）京／中野小左衛門
　　　異称：長明発心集

0801 　発心集 ほっしんしゅう　*HOSSHINSHUU*　　　　IN:2077/LCCN:508477
　　　鴨長明　刊　7冊　袋　26cm × 18.5cm
　　　刊記：慶安4年（1651）中野小左衛門
　　　「大正12亥年（1923）九月二十二日病中読了希規」（巻末・朱筆）　異称：長明発心集

0802 　撰集抄 せんじゅうしょう　*SENJUUSHOU*　　　　HN:447/ 坂 303
　　　刊　5冊　袋　26cm × 18cm
　　　刊記：慶安3年（1650）京／沢田庄左衛門
　　　異称：西行撰集抄

0803 　［新板絵入平仮名］西行物語 さいぎょうものがたり　*SAIGYOU MONOGATARI*　　HN:422/ 坂 304
　　　刊　1冊　挿絵有　袋　22cm × 16cm
　　　刊記：宝永2年（1705）│東京／辻本九兵衛
　　　明治版

0804 　沙石集 しゃせきしゅう　*SHASEKISHUU*　　　　HN:453/ 坂 364
　　　無住道暁　刊　4冊　袋　26cm × 19cm
　　　序：貞享3年（1686）

0805 　沙石集 しゃせきしゅう　*SHASEKISHUU*　　　　HN:452/ 坂 297
　　　無住道暁　刊　5冊　袋　28cm × 20cm

0806 　宇治拾遺物語 うじしゅういものがたり　*UJISHUUI MONOGATARI*　　HN:574/OJ913.4 ／ U57
　　　刊　15冊　挿絵有　袋　22cm × 16cm
　　　刊記：万治2年（1659）京／林和泉掾

0807 　宇治大納言物語 うじだいなごんものがたり　*UJI DAINAGON MONOGATARI*　　HN:573/ 坂 468
　　　刊　3冊　袋　23cm × 16cm

0808 　十訓抄 じっきんしょう　*JIKKINSHOU*　　　　HN:222/ 坂 639
　　　刊　12冊　挿絵有　袋　23cm × 16cm
　　　刊記：享保6年（1721）大坂／鹿田静七

0809 十訓抄 じっきんしょう JIKKINSHOU　　　　　　　　　　　　　　　HN:221/ 坂 638
　　　刊　10 冊　挿絵有　袋　23cm × 16cm
　　　刊記：磯野蔵版｜文化 2 年（1805）大坂／河内屋吉兵衛

0810 古今著聞集 ここんちょもんじゅう KOKON CHOMONJUU　　　　　　HN:296/ 坂 141
　　　橘成季　刊　20 冊　挿絵有　袋　22cm × 16cm
　　　刊記：元禄 3 年（1690）京／永田調兵衛・江戸／武藤与惣兵衛・河崎七郎兵衛・高島弥兵衛

0811 今物語 いまものがたり IMA MONOGATARI　　　HN:183/OJ914.4 ／ F46（Microfilm no.MOJ-156）
　　　藤原信実　写　1 冊　洋装（袋）　17cm × 19cm

0812 本朝怪談故事 ほんちょうかいだんこじ HONCHOU KAIDAN KOJI　　　IN:2349/LCCN:695787
　　　厚誉　刊　4 冊　袋　26.3cm × 18.8cm
　　　序：正徳元年（1711）厚誉春鶯廓玄
　　　刊記：正徳 6 年（1716）京／小河太左衛門・秋田屋総兵衛

0813 猴公著聞集 さるちょもんじゅう SARU CHOMONJUU　　　　　　　　　IN:287/LCCN:847283
　　　写　1 冊　袋　24.2cm × 16.1cm
　　　奥書等：寛延 2 年（1749）写　本書杉浦氏
　　　（SEP 9 1946）収蔵

歴史物語

0814 栄花物語 えいがものがたり EIGA MONOGATARI　　　　　　　　HN:054/OJ210-31 ／ E55
　　　赤染衛門　刊　21 冊　袋　16cm × 11cm
　　　跋：明暦 2 年（1656）　刊記：京／林和泉掾
　　　異称：栄華物語・世継物語

0815 栄花物語 えいがものがたり EIGA MONOGATARI　　　　　　　　　　　　HN:055/ 坂 574
　　　赤染衛門　刊　9 冊　袋　26cm × 19cm
　　　刊記：文化 12 年（1815）大坂／河内屋八三郎

0816 （栄花物語）えいがものがたり EIGA MONOGATARI　　　　　　　　IN:102/LCCN:847098
　　　刊　1 冊　袋　16.1cm × 11.1cm
　　　巻十二「玉の村きく」存

0817 大鏡 おおかがみ OOKAGAMI　　　　　　　　　　　　　　　HN:387/OJ210.31 ／ O35
　　　刊　8 冊　袋　27cm × 19cm

0818 続世継 しょくよつぎ SHOKU YOTSUGI　　　　　　　　　　　IN:3647/LCCN:703730
　　　（藤原為経）刊（木活字）　10 冊　袋　25.8cm × 18.1cm

A. 国文　105

刊記：慶安 3 年（1650）中野道伴刊行｜天保 13 年（1842）合欽園活板

0819 続世継　SHOKU YOTSUGI　　　　　　　　　　　　　　　IN:1229.2/LCCN:432802
　　今井弘済考訂、内藤貞顕重校　写　1 冊　袋　24.3cm × 17cm
　　参考保元物語　赤城介石記と合綴　蔵書印等：[参謀]

0820 水鏡　MIZUKAGAMI　　　　　　　　　　　　　　　　　HN:357/OJ210.12／N174
　　刊　3 冊　袋　28cm × 19cm

0821 増鏡　MASUKAGAMI　　　　　　　　　　　　　　　　 HN:340/OJ210.42／M13
　　刊　10 冊　袋　27cm × 19cm
　　刊記：京／風月荘左衛門

軍記物語

0822 保元物語　HOUGEN MONOGATARI　　　　　　　　　　　 HN:157/OJ210-31／H27
　　刊　3 冊　袋　28cm × 20cm

0823 参考保元物語　SANKOU HOUGEN MONOGATARI　　　　　　HN:429/OJ210.31／H25s
　　今井弘済校、内藤貞顕重校　刊　9 冊　袋　26cm × 18cm
　　刊記：元禄 6 年（1693）｜明治 34 年（1901）求板　岐阜／三浦源助

0824 参考保元物語　SANKOU HOUGEN MONOGATARI　　　　　　HN:428/OJ210.31／H25s
　　今井弘済校、内藤貞顕重校　刊　3 冊　洋装（袋）　25cm × 18cm

0825 参考保元物語　SANKOU HOUGEN MONOGATARI　　　　　　IN:1229.2a/LCCN:432802a
　　今井弘済考訂・内藤貞顕重校　写　合 1 冊　袋　24.3cm × 17cm
　　赤城介石記・続世継と合綴　蔵書印等：[参謀]

0826 平治物語　HEIJI MONOGATARI　　　　　　　　　　　　 HN:142/WDC1
　　刊　3 冊　袋　28cm × 20cm
　　刊記：寛永元年（1624）京／権十郎

0827 参考平治物語　SANKOU HEIJI MONOGATARI　　　　　　　HN:426/OJ210.31／H18S
　　今井弘済校、内藤貞顕重校　刊　2 冊　洋装（袋）　24cm × 18cm
　　刊記：元緑 6 年（1693）江戸／富野治右衛門・京／茨城多左衛門

0828 参考平治物語　SANKOU HEIJI MONOGATARI　　　　　　　HN:427/OJ210.31／H18sh
　　今井弘済校、内藤貞顕重校　刊　6 冊　袋　24cm × 18cm
　　刊記：元禄 6 年（1693）｜明治 34 年（1901）岐阜／三浦源助

0829 平家物語 HEIKE MONOGATARI　　　　　　　　　　　HN:143/ 坂 1
　　刊　12 冊　挿絵有（163 図）　袋　27cm × 20cm
　　刊記：延宝 5 年（1677）京／書肆堂
　　異称：新板絵入平家物語

0830 ［新板］平家物語 HEIKE MONOGATARI　　　　　　　HN:144/OJ210.31 ／ H19
　　刊　3 冊　洋装（袋）　25cm × 18cm
　　刊記：天和 2 年（1682）

0831 ［平家物語評判］瑕類 KARUI　　　　　　　　　　　　HN:257/WDC8
　　逸竹　刊　4 冊　袋　26cm × 19cm
　　刊記：正徳 2 年（1712）京／林和泉掾
　　第 1 巻欠

0832 平家正節 HEIKE MABUSHI　　　　　　　　　　　　HN:145/OJ761 ／ 022
　　写　2 冊　洋装（袋）　23cm × 16cm
　　（42 曲）

0833 源平盛衰記 GENPEI SEISUIKI　　　　　　　　　　　HN:081/OJ210.31 ／ C35
　　刊　48 冊　挿絵有　袋　27cm × 20㎝
　　刊記：寛文 5 年（1665）京／村上平楽寺

0834 ［新板］曽我物語 SOGA MONOGATARI　　　　　　　HN:503/ 坂 390
　　刊　12 冊　挿絵有　袋　27cm × 18cm
　　刊記：寛文 11 年（1671）

0835 曽我物語 SOGA MONOGATARI　　　　　　　　　　　HN:504/OJ913.5 ／ s35
　　刊　2 冊　挿絵有　洋装（袋）　25cm × 18㎝
　　刊記：元禄 11 年（1698）薬師構蔵

0836 そが物がたり SOGA MONOGATARI　　HN:505/ 朝 6（Microfilm No.MOJ-158）
　　写　24 冊　挿絵有（彩色 122 図）　袋　16.6cm × 23.5cm
　　巻 5 欠

0837 義経記 GIKEIKI　　　　　　　　　　　　　　　　　HN:085/ 坂 614
　　刊　8 冊　挿絵有　袋　25cm × 18cm
　　刊記：元禄 10 年（1697）大坂／前川善兵衛
　　明治期後刷本

0838 ［新版大字］義経記 GIKEIKI　　　　　　　　　　　HN:086/ 坂 615
　　刊　8 冊　挿絵有　袋　26cm × 19cm
　　刊記：宝永 5 年（1708）京／河南四郎右衛門

0839 太平記(たいへいき) TAIHEIKI　　　　　　　　　　　　　　HN:524/OJ210.46／T12a
　　刊　41冊　袋　27cm×20cm

0840 参考太平記(さんこうたいへいき) SANKOU TAIHEIKI　　　　　　　　HN:430/CU210.46／T12
　　今井弘済考訂、内藤貞顕重校　刊　10冊　洋装（袋）　25cm×18cm
　　刊記：元禄4年（1691）江戸／富野治右衛門・京／茨城多左衛門

0841 参考太平記(さんこうたいへいき) SANKOU TAIHEIKI　　　　　　　　IN:2297/LCCN:695735
　　今井弘済考訂、内藤貞顕重校　刊　3冊　袋　25.9cm×18.5cm
　　巻23・33・34存

0842 太平記評判理尽鈔(たいへいきひょうばんりじんしょう) TAIHEIKI HYOUBAN RIJINSHOU　　IN:2373/LCCN:695811
　　刊　1冊　袋　28.1cm×19.9cm
　　巻25～29存　異称：太平記評判・無極鈔

0843 太平記評判理尽鈔(たいへいきひょうばんりじんしょう) TAIHEIKI HYOUBAN RIJINSHOU　　IN:23/LCCN:847019
　　刊　2冊　袋　28.1cm×19.8cm
　　巻31～35・巻36～40存　蔵書印等：［士官］　異称：太平記評判

0844 太平記評判私要理尽無極鈔(たいへいきひょうばんしようりじんむきょくしょう) TAIHEIKI HYOUBAN SHIYOU RIJIN MUKYOKUSHOU
　　和田助則　刊　2冊　挿絵有　袋　28cm×19.7cm　　　　IN:22/LCCN:847018
　　序：文明8年（1476）洛外隠士桃翁
　　9巻（一之上・中・下　二之上・中・下　二十一～二十三）存　蔵書印等：［士官］　異称：太平記評判

0845 太平記大全(たいへいきたいぜん) TAIHEIKI TAIZEN　　　　　　　　　IN:39/LCCN:847035
　　刊　7冊　挿絵有　袋　26.2cm×18.8cm
　　巻1・2・5・8・11・12・16・23存　蔵書印等：［士官］

中世小説

0846 しぐれ SHIGURE　　　　　　　　　　　　　　　　HN:456/坂679
　　写　3冊　挿絵有（彩色14図）　袋　23cm×17cm

0847 富士人穴由来記(ふじのひとあなゆらいき) FUJI NO HITOANA YURAIKI　　　IN:377/LCCN:847373
　　写　1冊　袋　24.4cm×16.7cm
　　奥書等：弘化2年（1845）伊勢重
　　（DEC 5 1942）収蔵

0848 べんけいぞうし BENKEI ZOUSHI　　　　　　　　　　HN:022/WDC4
　　刊（古活字）　2冊　袋　28cm×19cm

異称：弁慶物語

0849　ほうみよう童子　*HOUMYOU DOUJI*　　　　　　　　　HN:161/OJ913.5／H27
　　　写　3冊　挿絵有（精密彩色画18図）　袋　30cm×22cm

0850　よしつねあづまくだり物語　*YOSHITSUNE AZUMAKUDARI MONOGATARI*
　　　刊（古活字）　2冊　袋　28cm×18.4cm　　　　　　HN:616/WDC3
　　　版・本文11行　異称：あづまくだり

近世小説　1．仮名草子

0851　堪忍記　*KANNINKI*　　　　　　　　　　　　　　HN:253/OJ913.6／A82R1
　　　浅井了意　刊　8冊　挿絵有　袋　27cm×19cm
　　　刊記：万治2年（1659）京／滝庄三郎板｜京／美濃屋彦兵衛

0852　本朝女鑑　*HONCHOU JOKAN*　　　　　　　　　　　　HN:167/坂3
　　　浅井了意　刊　6冊　挿絵有　袋　26cm×18cm
　　　刊記：寛文元年（1661）京／吉田四郎右衛門

0853　為人抄　*IJINSHOU*　　　　　　　　　　　　　　　IN:2630/LCCN:696068
　　　刊　10冊　袋　26.9cm×18.5cm
　　　跋：苦甜斎　刊記：寛文2年（1662）河野道清
　　　蔵書印等：［染井文庫図書記］

0854　日本廿四孝　*YAMATO NIJUUSHIKOU*　　　　　　　　HN:373/OJ913.6／A82
　　　浅井了意　刊　10冊　挿絵有　袋　26cm×17cm
　　　刊記：寛文5年（1665）京／積徳堂

0855　釈迦八相物語　*SHAKA HASSOU MONOGATARI*　　　　HN:450/OJ913.6／s24
　　　刊　5冊　挿絵有　袋　26cm×18cm
　　　刊記：寛文6年（1666）｜天明2年（1782）大坂／高橋平助
　　　異称：釈迦如来八相物語

0856　談義まいり　*DANGI MAIRI*　　　　　　　　　　　HN:037/坂567
　　　西音　刊　1冊　挿絵有　袋　26cm×19cm
　　　刊記：元禄3年（1690）京／中村孫兵衛

0857　念仏草紙　*NENBUTSU SOUSHI*　　　　　　　　　　IN:2/LCCN:846998
　　　（鈴木正三）　刊　1冊　袋　27.5cm×18.9cm
　　　刊記：江戸通石町三丁目（以下不明）
　　　上巻冒頭2丁分欠

2. 浮世草子

0858 ［ゑ入］本朝二十四孝 HONCHOU NIJUUSHIKOU　　HN:166/OJ913.6／H175E1
　　刊　3冊　袋　22cm×16cm

0859 日本永代蔵 NIHON EITAIGURA　　HN:378/OJ913.62／I1N1
　　井原西鶴　刊　6冊　挿絵有　袋　22cm×16cm

0860 ［絵入］西鶴織留 SAIKAKU ORIDOME　　HN:424/OJ913.62／I1s1
　　井原西鶴　刊　6冊　挿絵有　袋　25cm×17cm
　　刊記：正徳2年（1712）大坂／岩国屋徳兵衛・大塚屋権兵衛・油屋与兵衛

0861 ［絵入］本朝智恵鑑 HONCHOU CHIEKAGAMI　　HN:163/OJ913.6／D77
　　北条団水　刊　6冊　挿絵有　袋　25cm×18cm
　　刊記：正徳3年（1713）京／出雲寺和泉掾

0862 ［絵入］今川当世状 IMAGAWA TOUSEIJOU　　HN:184/OJ913.6／I42
　　江島其磧　刊　6冊　挿絵有　袋　26cm×18cm
　　刊記：正徳3年（1713）京／谷村清兵衛
　　異称：鎌倉武家鑑

0863 ［町家繁栄］世間旦那気質 SEKEN DANNA KATAGI　　HN:443/OJ913.6／N11
　　永井堂亀友　刊　5冊　挿絵有　袋　23cm×17cm
　　刊記：安永3年（1774）江戸／藤沢屋平八

0864 （逸題浮世草子）　　IN:2181/LCCN:508581
　　写　1冊　挿絵有　袋　26.8cm×18.4cm
　　板本の写し　冒頭文「世あつさにさそはれやどなき女中のやかたぶねにかぜをさそひすみだ川のほとりへ涼みにとてふねに」〔朝河〕（SEP 6 1907）収蔵

3. 読本

0865 絵本太閤記 EHON TAIKOUKI　　HN:051/OJ913.6／O35a
　　武内確斎作、岡田玉山画　刊　84冊　袋　23cm×16cm
　　刊記：寛政9年（1797）～享和2年（1802）江戸／西村宗七・大坂／多田勘兵衛

0866 絵本忠臣蔵 EHON CHUUSHINGURA　　HN:041/OJG13.6／H17
　　速水春暁斎作、画　刊　20冊　袋　22cm×15cm
　　刊記：寛政12年（1800）刊（前編）｜大坂／河内屋太助・京／菱屋孫兵衛他（全14肆）（後編）

0867 絵本彦山権現霊験記 EHON HIKOSAN GONGEN REIGENKI　　　HN:044/OJG13.6／H17h
速水春暁斎作、画　刊　10冊　袋　22cm×15cm
刊記：享和3年（1803）大坂／和泉屋卯兵衛・京／菁屋儀兵衛他（全12肆）
異称：絵本彦山霊験記

0868 絵本亀山話 EHON KAMEYAMA BANASHI　　　HN:046/坂124
速水春暁斎作、画　刊　10冊　袋　22cm×16cm
刊記：享和3年（1803）京／大津屋源兵衛
異称：金毘羅神霊記・復讐亀山新語

0869 絵本曽我物語 EHON SOGA MONOGATARI　　　IN:37/LCCN:847033
一咲居士作、（西村中和画）　刊　10冊　挿絵有　袋　21.6cm×15cm
序：享和3年（1803）一咲居士　刊記：大坂／河内屋茂兵衛
収蔵蔵書印等：［上府伊勢天蔵書］（JUL 23 1934）

0870 桜姫全伝曙草紙 SAKURAHIME ZENDEN AKEBONO ZOUSHI　　　HN:425/OJ913.6／s16
山東京伝作、歌川豊国画　刊　5冊　袋　23cm×16cm
刊記：文化2年（1805）江戸／丁子屋平兵衛板
異称：曙草紙

0871 画本西遊全伝 EHON SAIYUU ZENDEN　　　HN:048/OJ913.6／G29
口木山人訳、吉田武然校、大原東野画（初編）、山珪士信訳、歌川豊広画（2編）、岳亭丘山訳、
葛飾戴斗画（3・4編）　刊　40冊　袋　22cm×15cm
序：文化3年（1806）（初編）・文政10年（1827）（2編）
刊記：天保6年（1835）（3編見返）｜天保8年（1837）（4編見返）大坂／河内屋茂兵衛
異称：絵本西遊記

0872 新累解脱物語 SHIN KASANE GEDATSU MONOGATARI　　　HN:473/OJ913.6／T18Sg
曲亭馬琴作、葛飾北斎画　刊　6冊　袋　22cm×15cm
刊記：文化4年（1807）江戸／鶴屋喜右衛門・京／菱屋孫兵衛・大坂／河内屋太助
異称：巷談因果経

0873 新編水滸画伝 SHINPEN SUIKO GADEN　　　HN:477/坂403
初編：曲亭馬琴訳、2〜9編：高井蘭山訳、葛飾北斎画　刊　60冊　袋　23cm×16cm
刊記：天保9年（1838）江戸／角丸屋甚助・前川弥兵衛・英平吉・大坂／勝尾屋六兵衛・河内
屋茂兵衛他（全8肆）
異称：水滸伝・水滸画伝

0874 新編水滸画伝 SHINPEN SUIKO GADEN　　　HN:476/OJ913.6／T15
初編：曲亭馬琴訳、2〜9編：高井蘭山訳、葛飾北斎画　刊　90冊　袋　23cm×16cm
刊記：文化4年（1807）〜天保9（1838）江戸／角丸屋甚助・前川弥兵衛・丁子屋平兵衛・京
／丸屋善兵衛・大坂／勝尾屋六兵衛・河内屋茂兵衛他（全10肆）
異称：水滸伝・水滸画伝

0875 ［鎮西八郎為朝外伝］椿説弓張月 CHINSETSU YUMIHARIDUKI
　　曲亭馬琴作、葛飾北斎画　刊　30冊　袋　22cm×16cm　　　　　　HN:033/OJ913.6／T18
　　序：文化2（1805）（前編）
　　刊記：文化5年（1808）刊（後編）｜文化5年（1808）刊（続編）｜文化7年（1810）刊（拾遺）大坂／河内屋茂兵衛

0876 松染情史秋七草 SHOUZEN JOUSHI AKI NO NANAKUSA　　　　　　HN:495/坂333
　　曲亭馬琴作、歌川豊広画　刊　6冊　挿絵有　袋　22cm×15cm
　　序：文化5年（1808）　刊記：大坂／河内屋源七郎他（全7肆）
　　異称：秋七草

0877 俊寛僧都島物語 SHUNKAN SOUZU SHIMA MONOGATARI　　　　HN:501/OJ913.6／T18s
　　曲亭馬琴作、歌川豊広画　刊　10冊　袋　23cm×15cm
　　序：文化5年（1808）　刊記：大坂／河内屋真七

0878 夢想兵衛胡蝶物語 MUSOUBYOUE KOCHOU MONOGATARI　　　HN:363/OJ913.6／T18M
　　曲亭馬琴作、歌川豊広画　刊　9冊　袋　22cm×16cm
　　刊記：文化7年（1810）江戸／平林庄五郎

0879 昔語質屋庫 MUKASHIGATARI SHICHIYA NO KURA　　　　　HN:362/OJ913-6／T18Mk
　　曲亭馬琴作、勝川春亭画　刊　5冊　袋　22cm×15cm
　　刊記：文化7年（1810）大坂／河内屋太助（文金堂）

0880 南総里見八犬伝 NANSOU SATOMI HAKKENDEN
　　　　　　　　　　　　　　　　　　HN:369/OJ913.6／T18Na（OJ913.6／T18Nb）
　　曲亭馬琴作、画＝初〜4輯：柳川重信、5〜6輯：柳川重信・渓斎英泉、7〜8輯：柳川重信、9輯上〜9輯下帙中：二世柳川重信、9輯下帙下の上：二世柳川重信・渓斎英泉、9輯下帙下の中：二世柳川重信・歌川貞房、9輯下帙下の下：二世柳川重信・渓斎英泉
　　刊　106冊　袋　23cm×16cm
　　刊記：江戸／丁子屋平兵衛
　　明治期後摺（和泉屋吉兵衛発売）　異称：里見八犬伝・八犬伝・八犬士伝

0881 美濃旧衣八丈綺談 MINO NO FURUGINU HACHIJOU KIDAN　　HN:355/OJ913.6／T18H
　　曲亭馬琴作、北嵩蘭斎画　刊　6冊　袋　22cm×16cm
　　刊記：文化11年（1814）大坂／河内屋真七
　　明治期後摺本　異称：八丈綺談

0882 松浦佐用媛石魂録 MATSURA SAYOHIME SEKKONROKU　　　HN:346/OJ913.6／T18M
　　曲亭馬琴作、渓斎英泉画　刊　前集5冊・後集10冊　袋　22cm×15cm
　　刊記：文政11年（1828）江戸／大坂屋半蔵
　　明治期の後摺本

0883 石童丸苅萱物語　ISHIDOUMARU KARUKAYA MONOGATARI　　　　　HN:206
　　　曲亭馬琴作、葛飾北斎画　刊　5冊　袋　22cm×16cm
　　　刊記：天保2年（1831）江戸／三輪里幸・京／近江屋治助・大坂／秋田屋市兵衛

0884 絵本ふじばかま　EHON FUJIBAKAMA　　　　　HN:042／坂585
　　　縫山樵夫撰、柳川畷山画　刊　2冊　挿絵有　袋　22cm×15cm
　　　刊記：天保7年（1836）東都／和泉屋市兵衛（全5肆）

0885 絵本通俗三国志　EHON TSUUZOKU SANGOKUSHI　　　　　HN:053/OJG13-6／B8
　　　湖南文山訳、池田東籬亭校、葛飾戴斗画　刊　75冊　袋　22cm×16cm
　　　序：天保12年（1841）（8編序）
　　　刊記：天保7年（1836）新刻（初編見返）大坂／河内屋茂兵衛

0886 梅若一代記図絵　UMEWAKA ICHIDAIKI ZUE　　　　　IN:85/LCCN:98847081
　　　（江島其磧）　刊　4冊　挿絵有　袋　20.5cm×18.8cm
　　　序：文亭主人誌
　　　巻5欠　『都鳥妻恋笛』の改題本　異称：［松若全伝］梅花柳水

0887 扶桑皇統記図会　FUSOU KOUTOUKI ZUE　　　　　HN:065/OJ913.6／K31
　　　好華堂主人（山田野亭）作、柳斎重春画　刊　73冊　袋　25cm×18cm
　　　序：嘉永2年（1849）（前編）・嘉永3年（1850）（後編）　刊記：大坂／河内屋茂兵衛

0888 役行者御伝記図会　ENNOGYOUJA GODENKI ZUE　　　　　IN:2119/LCCN:508519
　　　藤東海作、浦川公佐画　刊　6冊　挿絵有（冒頭・色刷）　袋　25.1cm×18cm
　　　序：訓堂散人（堤中大夫藤原哲長朝臣）　跋：嘉永3年（1850）保田碩苗
　　　刊記：大坂／一本堂・蘭蕙堂
　　　巻末に蔵版目録半丁あり

0889 義経蝦夷勲功記　YOSHITSUNE EZO KUNKOUKI　　　　　IN:2120/LCCN:508520
　　　小川（永楽舎）一水編、橋本玉蘭画　刊　18冊　挿絵有（巻頭・色刷）
　　　袋　21.8cm×14.7cm
　　　序：嘉永6年（1853）永楽舎一水（初編序）
　　　初編4冊・2編5冊・3編5冊・4編4冊　3編末に［東京弥左衛門十三番地　武田伝右衛門］
　　　の目録半丁あり　明治刷　蔵書印等：［稲田氏蔵］　異称：義経勲功記

0890 大日本国開闢由来記　DAINIHONKOKU KAIBYAKU YURAIKI　　　　　IN:3680/LCCN:703763
　　　平野重政作、伊草孫三郎国芳画　刊　1冊　挿絵有　袋　25.9cm×18.2cm
　　　序：安政3年（1856）一夢道人／松爾漁夫書

0891 水滸画伝　SUIKO GADEN　　　　　IN:2508/LCCN:695946
　　　柳水亭種清作、葵岡北渓画　刊　1冊　挿絵有（色刷）　袋　22.4cm×16cm
　　　序：安政3年（1856）柳水亭種清　刊記：江戸／甘泉堂（見返）
　　　上巻存

A. 国文　113

0892 絵本豊臣勲功記 EHON TOYOTOMI KUNKOUKI　　　　HN:052/Others 2
　　　八功舎徳水作、一勇斎国芳・一宝斎芳房・松川半山画　刊　70冊　袋　22cm×16cm
　　　刊記：安政4年（1857）〜明治17年（1884）江戸／和泉屋市兵衛・京／吉野屋仁兵衛・大坂
　　　／河内屋茂兵衛
　　　第7編70冊　8・9編欠

0893 絵本豊臣勲功記 EHON TOYOTOMI KUNKOUKI　　　　IN:2485/LCCN:695923
　　　桜沢堂山編輯、（八功舎徳水著、一勇斎国芳等画）　刊　2冊　挿絵有　袋　22.2cm×15.9cm
　　　第6編5・6存

0894 絵本佐野報義録 EHON SANO HOUGIROKU　　　　HN:049/OJ913.6／C27
　　　知足館松旭作・画　刊　26冊　袋　22cm×16cm
　　　刊記：万延2年（1861）〜慶応3年（1867）江戸／中屋徳兵衛・京／越後屋治兵衛・大坂／秋
　　　田屋市兵衛他（全9肆）

0895 安鶴在世記初編 ANTSURU ZAISEIKI SHOHEN　　　　IN:1557/LCCN:433130
　　　栄寿軒安鶴　写　1冊　挿絵有　袋　22.6cm×15.9cm
　　　序：文久2年（1862）翠屋閑人（小原竹堂）
　　　異称：［駿州奇聞］狐の証文

0896 ［秋葉霊験］絵本金石譚 EHON KINSEKI MONOGATARI　　　　HN:047/坂589
　　　山田案山子作、柳斎重春画　刊　10冊　袋　23cm×15cm
　　　刊記：大坂／岡田茂兵衛

0897 太平記図会 TAIHEIKI ZUE　　　　HN:525/OJ210.45／H27
　　　堀経信作、岩瀬広隆・菱川清春画　刊　18冊　袋　26cm×18cm
　　　異称：南北太平記図会

4. 洒落本

0898 関取曲輪伊達染 SEKITORI KURUWA NO DATEZOME　　　　IN:2171/LCCN:508571
　　　刊　1冊　挿絵有　袋　17.8cm×11.8cm
　　　前編存　（JUL 23 1934）収蔵

0899 繁千話 SHIGESHIGE CHIWA　　　　IN:3198/LCCN:696636
　　　山東京伝　刊　1冊　挿絵有　袋　14.8cm×10.9cm
　　　序：山東居京伝　跋：寛政2年（1790）自跋
　　　蔵書印等：［東京弘文荘納・皆二本忠］　異称：洞房妓談繁千話

0900 青楼松の裡 SEIROU MATSU NO UCHI　　　　HN:442/OJ913.67／J7
　　　十返舎一九　刊　1冊　挿絵有　袋　16cm×11cm
　　　序：享和2年（1802）

0901 青楼年中行事　SEIROU NENJUU GYOUJI　　　　　　　IN:65/LCCN:98847061
　　　十返舎一九作、喜多川歌麿画　刊　2冊　挿絵有　袋　22.4cm×15.7cm
　　　序：享和4年（1804）千首楼　刊記：享和4年（1804）江戸／上総屋忠助

0902 玉の牒　TAMA NO CHOU　　　　　　　　　　　　　HN:095/OJ913.68／I31
　　　関東米作・画　刊　1冊　袋　14cm×10cm

5. 滑稽本

0903 奇妙図彙　KIMYOU ZUI　　　　　　　　　　　　　　IN:2158/LCCN:508558
　　　山東京伝　刊　1冊　挿絵有（淡彩）　袋　15.4cm×10.7cm
　　　刊記：江戸／山東庵京伝
　　　（JUL 23 1934）収蔵

0904 奇妙図彙　KIMYOU ZUI　　　　　　　　　　　　　　IN:3456/LCCN:504778
　　　山東京伝　写　1冊　挿絵有　袋　13.3cm×9.6cm
　　　序：山東庵京伝　刊記：享和3年（1803）江戸／須原屋市兵衛・京／円座源八郎
　　　版本写　（JUL 23 1934）収蔵

0905 諸用附会案文　SHOYOU KOJITSUKE ANMON　　　　　　IN:2103/LCCN:508503
　　　十返舎一九　刊　1冊　挿絵有　袋　18.4cm×12.7cm
　　　序：享和4年（1804）浅葉庵芳識　刊記：江戸／上総屋忠助
　　　（JUL 23 1934）収蔵

0906 道中膝栗毛　DOUCHUU HIZAKURIGE　　　　　　　　　IN:21/LCCN:847017
　　　十返舎一九　刊　1冊　挿絵有　袋　18cm×12cm
　　　序：享和4年（1804）十返舎一九
　　　3編上存　異称：東海道中膝栗毛

0907 旧観帖　KYUUKANCHOU　　　　　　　　　　　　　　HN:321/OJ913.6／K17
　　　感和亭鬼武・十返舎一九作　刊　3冊　挿絵有　袋　18cm×12cm
　　　刊記：初編：文化2年（1805）、2編：文化6年（1809）、3編：文化7年（1810）大坂／岡島
　　　真七

0908 晦日の薄暮　MISOKA NO HAKUBO　　　　　　　　　　IN:3518/LCCN:504840
　　　花亭我酔　写　1冊　挿絵有　袋　26.5cm×18.9cm
　　　序：花亭我酔
　　　奥書等：文化8年（1811）　異称：花の上野晦日の薄暮

0909 狂文吾嬬那万俚　KYOUBUN AZUMA NAMARI　　　　　　HN:314/坂511
　　　六樹園飯盛（石川雅望）作、塵外楼清澄編　刊　2冊　袋　23cm×16cm
　　　刊記：文化10年（1813）江戸／角丸屋甚助

0910 道中膝栗毛・続道中膝栗毛　DOUCHUU HIZAKURIGE・ZOKU DOUCHUU HIZAKURIGE　　HN:040/坂 438／439
　　　十返舎一九作・画　刊　23冊　袋　18cm×12cm
　　　刊記：文久2年（1862）改正　江戸／山城屋佐兵衛・京／菱屋孫兵衛・大坂／河内屋和助
　　　異称：東海道中膝栗毛・滑稽五十三駅

0911 続膝栗毛　ZOKU HIZAKURIGE　　IN:30/LCCN:847026
　　　十返舎一九　刊　1冊　挿絵有　袋　17.9cm×12cm
　　　序：文化12年（1815）緑亭可山
　　　6編存　異称：木曽街道続膝栗毛

0912 続道中膝栗毛　ZOKU DOUCHUU HIZAKURIGE　　HN:40b/坂 438／439
　　　十返舎一九作・画　刊　25冊　袋　18cm×13cm
　　　刊記：東京／江島喜兵衛他（全5肆）
　　　初編＝金毘羅参詣2冊　2編：宮嶋参詣2冊　3編：木曾（岐蘇）街道2冊　4編：同2冊　5編：
　　　同2冊　6編：同2冊　7編：岐曾街道2冊　8編：続木曾路・善光寺道2冊　9編上：善光寺道
　　　中1冊　9編：道中続膝栗毛　10編：上州草津温泉2冊　11編＝続膝栗毛　12編＝同3冊

0913 和合人　WAGOUJIN　　HN:587/OJ913.6／R97
　　　著＝初～3編：滝亭鯉丈・4編：為永春水（狂訓亭）、画＝渓斎英泉
　　　刊　15冊　袋　18cm×12cm
　　　序：弘化2年（1845）（4編）　跋：天保12年（1841）（2編及び3編）　刊記：初編：文政6年（1823）
　　　江戸／西村屋与八・丁字屋平兵衛他（全5肆）
　　　異称：滑稽和合人

0914 善悪両頭浮世奇看　ZEN'AKU RYOUTOU UKIYO NO MISEMONO　　IN:2102/LCCN:508502
　　　楽亭西馬　刊　1冊　挿絵有　袋　17.7cm×11.7cm
　　　序：嘉永2年（1849）楽亭西馬　刊記：頂思堂版（見返）
　　　（JUL 23 1934）収蔵　異称：善悪道中記

6. 人情本

0915 庭訓塵劫記　TEIKIN JINKOUKI　　IN:3116/LCCN:696554
　　　（華街桜山人・花川亭富信画）　刊　1冊　挿絵有　袋　18cm×12cm
　　　序：文政13年（1830）四阿家可辻　刊記：文政13年（1830）
　　　上巻存

0916 ［正史実伝］いろは文庫　IROHA BUNKO　　HN:193/OJ913.6／T197
　　　二世為永春水作、渓斎英泉・英一・五風亭貞虎・梅の木鴬斎・一恵斎芳幾・孟斎芳虎画　刊
　　　18冊　袋　18cm×12cm
　　　刊記：天保7年（1836）江戸／中村屋幸蔵版（初編）

0917 [忠臣貞婦] 伊呂波文庫(いろはぶんこ) IROHA BUNKO　　　　　　　　HN:194/ 坂 62
柳煙亭種久作、一竜斎国盛・一勇斎国芳・歌川芳幾・一寿斎国貞画
刊　4冊　袋　18cm × 12cm
刊記：初編：安政4年（1857）、2編：安政6年（1859）、3～4編：安政7年（1860）、7編：
文久2年（1862）江戸／和泉屋市兵衛
8編4冊　9・10編欠

0918 [忠臣貞婦] 伊呂波文庫(いろはぶんこ) IROHA BUNKO　　　　　　　IN:2612/LCCN:696050
柳煙亭種久著、国芳他画　刊　1冊　挿絵有　袋　17.8cm × 11.8cm
5編の1存　万延辛酉新板目録を付す

7. 黄表紙

0919 鼻峰高慢男(はなのみねこうまんおとこ) HANA NO MINE KOUMAN OTOKO　　HN:121/ 坂633
朋誠堂喜三二作、恋川春町画　刊　2冊　袋　17cm × 13cm
刊記：江戸／蔦屋

0920 通一声女暫(つうのひとこえおんなのしばらく) TSUU NO HITOKOE ONNA NO SHIBARAKU　HN:556/ 坂448
芝全交作、北尾重政画　刊　1冊　袋　17cm × 13cm
上巻欠

0921 孔子縞于時藍染(こうしじまときにあいぞめ) KOUSHIJIMA TOKI NI AIZOME　HN:307/ 坂191
山東京伝作、北尾政演画　刊　1冊　袋　17cm × 13cm
刊記：寛政元年（1789）

0922 [飛脚屋忠兵衛仮住居梅川] 奇事中洲話(きじもなかずわ) KIJI MO NAKAZUWA　HN:268/ 坂634
山東京伝作、北尾政美画　刊　1冊　袋　17cm × 13cm
刊記：寛政元年（1789）江戸／蔦屋重三郎
2・3巻欠

0923 虚生実草紙(うそからでたまことぞうし) USO KARA DETA MAKOTO ZOUSHI　IN:2549/LCCN:695987
山東京伝　刊　1冊　挿絵有　袋　17cm × 12.5cm
序：寛政9年（1797）山東京伝　刊記：江戸／蔦重
上巻存　異称：まこと

0924 竈将軍勘略之巻(かまどしょうぐんかんりゃくのまき) KAMADO SHOUGUN KANRYAKU NO MAKI　HN:232/ 坂178
時太郎可候（葛飾北斎）作・画　刊　1冊　袋　17cm × 12cm
刊記：寛政12年（1800）江戸／蔦屋重三郎
中・下巻欠

0925 足手書草紙画賦(あしでがきそうしのえくばり) ASHIDEGAKI SOUSHI NO EKUBARI　HN:012/ 坂510
曲亭馬琴作、北尾重政画　刊　1冊　挿絵有　袋　17cm × 13cm

A. 国文　117

序：寛政 13 年（1801）

8. 合巻

0926 身振いろは芸　*MIBURI IROHAGEI*　　　　　　　　　　　　IN:2166/LCCN:508566
東西庵南北作、北尾重政画　刊　2 冊　挿絵有　袋　17.4cm × 11.8cm
序：文化 8 年（1811）発行、文政 12 年（1829）再板　東西庵南北戯述
刊記：文化 8 年（1811）発兌｜文政 12 年（1829）再刻　山田屋三四郎原板　江戸／川口正蔵（初編）
初・2 編存　二編裏表紙見返しに広告あり

0927 ［仇討］湯尾峠孫杓子由来　*YUNOO TOUGE MAGOSHAKUSHI NO YURAI*　HN:620/ 坂 198
十返舎一九作、歌川国貞画　刊　1 冊　袋　18cm × 12cm
序：文政 2 年（1819）　刊記：江戸／山本平吉

0928 修紫田舎源氏　*NISE MURASAKI INAKA GENJI*　　　　　HN:379/OJ913-6 ／ R95
柳亭種彦作、歌川国貞画　刊　76 冊　袋　18cm × 12cm
刊記：文政 12 年（1829）〜天保 13 年（1842）江戸／鶴屋吉右衛門
異称：田舎源氏

0929 修紫田舎源氏　*NISE MURASAKI INAKA GENJI*　　　　　HN:380/OJ913.6 ／ R95
柳亭種彦作、歌川国貞画　刊　19 冊　洋装（袋）　18cm × 12cm
刊記：文政 12 年（1829）〜天保 13 年（1842）江戸／鶴屋喜右衛門
異称：田舎源氏

0930 新編金瓶梅　*SHINPEN KINPEIBAI*　　　　　　　　　　HN:475/OJ913.6 ／ T18Sh
曲亭馬琴作、画＝ 1 〜 2 集：歌川国安、3 〜 9 集：歌川国貞、10 集：三世歌川豊国　刊　10 冊　袋　18cm × 12cm
序：文政 14 年（1831）〜弘化 4 年（1847）　刊記：江戸／和泉屋市兵衛

0931 風俗金魚伝　*FUUZOKU KINGYO DEN*　　　　　　　　IN:27/LCCN:847023
曲亭馬琴作、歌川国安画　刊　2 冊　挿絵有　袋　18cm × 12.1cm
序：天保 8 年（1937）（初編）・天保 10 年（1939）（五編）曲亭馬琴　刊記：江戸／大黒屋平吉
初編・5 編存

0932 釈迦八相倭文庫　*SHAKA HASSOU YAMATO BUNKO*　　HN:451/OJ913.6 ／ M11
作＝万亭応賀、画＝初〜 23 編三世歌川豊国、24 〜 53 編上：二世歌川国貞、53 編下：惺々狂斎、54 〜 58 編：二世歌川国貞　刊　19 冊　袋　18cm × 12cm
序：明治 4 年（1871）（58 編）
刊記：初〜 57 編：天保 16 年（1845）〜慶応 4 年（1868）（見返）、江戸／上州屋重蔵（錦重堂）梓

0933 釈迦八相倭文庫　しゃかはっそうやまとぶんこ　SHAKA HASSOU YAMATO BUNKO　HN:451/OJ913.6／M11a
作＝万亭応賀、画＝初～23編三世歌川豊国、24～53編上：二世歌川国貞、53編下：惺々狂斎、
54～58編：二世歌川国貞　刊　19冊　袋　18cm×12cm
序：明治4年（1871）（58編）
刊記：初～57編：天保16年（1845）～慶応4年（1868）（見返）、江戸／上州屋重蔵（錦重堂）
58編欠

0934 其由縁鄙俤　そのゆかりひなのおもかげ　SONO YUKARI HINA NO OMOKAGE　HN:513/OJ913.6／132a
作＝初～6編：一筆庵可候、7～11編：柳下亭種員、12～14編：（一世）笠亭仙果、15～17編：
柳亭種秀（（一世）笠亭仙果、18～23編：二世柳亭種彦（（一世）笠亭仙果）、画＝初～8編上：
一陽斎（歌川）豊国、8編下～21編：梅蝶楼（歌川）国貞、22～23編：錦朝楼（歌川）芳虎
刊　1冊　洋装（袋）　17cm×12cm
刊記：弘化4年（1847）～文久4年（1864）江戸／鶴屋喜右衛門
14～23編欠　異称：鄙の俤、其由縁鄙面影

0935 其由縁鄙俤　そのゆかりひなのおもかげ　SONO YUKARI HINA NO OMOKAGE　HN:513/OJ913.6／132
作＝初～6編：一筆庵可候、7～11編：柳下亭種員、12～14編：（一世）笠亭仙果、15～17編：
柳亭種秀（（一世）笠亭仙果、18～23編：二世柳亭種彦（（一世）笠亭仙果）、画＝初～8編上：
一陽斎（歌川）豊国、8編下～21編：梅蝶楼（歌川）国貞、22～23編：錦朝楼（歌川）芳虎
刊　1冊　洋装（袋）　17cm×12cm
刊記：弘化4年（1847）～文久4年（1864）江戸／鶴屋喜右衛門
23編92巻全1冊　14～23編欠　異称：鄙の俤、其由縁鄙面影

0936 白縫譚　しらぬいものがたり　SHIRANUI MONOGATARI　HN:485/OJ913.6／R93s
作＝初～30上編：柳下亭種員、30下～38編：柳下亭種員（遺稿）、（二世）柳亭種彦校、39～
60編：（二世）柳亭種彦・画＝初～8上編：三世歌川豊国、8下～36編：二世歌川豊貞、37～57編：
一恵斎芳幾　刊　29冊　袋（仮綴）　18cm×12cm
序：嘉永2（1849）～慶応4年（1868）
刊記：嘉永2（1849）～慶応4年（1868）江戸／藤岡屋慶治郎（のち広岡屋幸助）
57編29冊　58～90編欠（仮綴）　異称：白縫物語・不知火物語

0937 薄紫宇治曙　うすむらさきうじのあけぼの　USUMURASAKI UJI NO AKEBONO　HN:581/OJ913.6／R93U
作＝初～6編：柳下亭種員、7～8編：（一世）笠亭仙果、画＝初～6編：二世豊国、7～8編：
二世貞　刊　8冊　袋　18cm×12cm
序：嘉永3年（1850）～安政3年（1856）　刊記：江戸／山本平吉

0938 侠客伝仲模略説　きょうかくでんおさなえとき　KYOUKAKU DEN OSANA ETOKI　HN:319/OJ913.6／R15
楽亭西馬作、歌川国輝・歌川国網画　刊　13冊　袋　18cm×12cm
刊記：嘉永3年（1850）～安政4年（1857）江戸／蔦屋吉蔵板
第14編欠

0939 仮名反古一休草紙　かなほうごいっきゅうそうし　KANA HOUGO IKKYUU SOUSHI　HN:239/OJ913.6／R93
作＝1～11編：柳下亭種員、12～14編：柳煙亭種久、画＝初～8編：歌川国輝、9～11編：
二世貞、12・13編：歌川国芳、14編：歌川国幾　刊　14冊　袋　18cm×12cm

跋：嘉永5年（1852）〜慶応2年（1866）　刊記：江戸／和泉屋市兵衛

0940　[蝦蟇妖術大蛇怪異] 児雷也豪傑譚　JIRAIYA GOUKETSU MONOGATARI

HN:214/ 坂 78

作＝初〜11編：美図垣笑顔、12〜39編：柳下亭種員、40編：柳水亭種清、41編：柳下亭種員（遺稿）、42編：柳下亭種清・画＝初〜4編：香蝶楼国貞、5〜15編：一陽斎豊国（二世）、16〜26編：一雄斎国輝、27・28編：一雄斎国光、29〜31編：一竜斎国盛、32〜35編：歌川国貞（二世）、36編：一勇斎国芳、37〜38編：一勇斎国芳、芳房補助、39〜41編：一恵斎芳幾、42編：歌川国貞（二世）　刊　14冊　袋　18cm×12cm
刊記：嘉永6年（1853）〜明治元年（1868）江戸／和泉屋市兵衛

0941　[北雪美談] 時代加々見　JIDAI KAGAMI　　　HN:209/OJ913.6／T197s

作＝初〜44編：二世為永春水、45〜48編：柳水亭種清、画＝初〜41編：二世歌川国貞、42〜44編：四世歌川豊国、45編：歌川国明、46〜48編：松斎吟光　刊　86冊　袋　18cm×12cm
序：嘉永8年（1855）〜明治16（1883）　刊記：江戸／若狭屋与市

0942　牡丹園娘荘子　BOTAN NO SONO MUSUME ZOUSHI　HN:027/ 坂 537

柳亭種彦（初編）・笠亭仙果（2〜5編）作、歌川国貞（初編）・一雄斎国輝（2〜4編）・歌川国貞（5編）画　刊　5冊　袋　18cm×12cm
刊記：嘉永8年（1855）（3・4編）｜安政4年（1857）（5編）江戸／松林堂
5編20巻5冊　第6編欠

0943　童謡妙々車　WARABEUTA MYOUMYOUGURUMA　HN:603/OJ913.6／R93w

作＝初〜8編柳下亭種員、9〜13編：三亭春馬、14〜23編：二世柳亭種彦、画＝梅蝶楼国貞
　刊　12冊　袋　17cm×12cm
序：安政2年（1855）〜慶応4年（1868）　刊記：江戸／蔦屋吉蔵
23編92巻12冊　24〜25編欠　異称：童唄妙々車

0944　足利絹手染紫　ASHIKAGAGINU TEZOME NO MURASAKI　HN:011/OJ913.6／R94

（笠亭仙果・松亭金水作、二世国貞画）　刊　10冊　袋　17cm×12cm
刊記：万延元年（1855）江戸／鶴屋喜右衛門

0945　鼠小紋東君新形　NEZUMIKOMON HARU NO SHINGATA　HN:372/ 坂 239

柳水亭種清作、二世歌川国貞画　刊　1冊　袋　18cm×12cm
刊記：安政4年（1857）江戸／蔦屋吉蔵
2編8巻1冊　3編欠

0946　網模様灯籠菊桐　AMIMOYOU TOURO NO KIKUKIRI　HN:006/ 坂 509

柳水亭種清作、歌川国貞画　刊　2冊　袋　18cm×12cm
刊記：安政4年（1857）江戸／蔦屋吉蔵
第2編欠

0947 薄俤幻日記　USUOMOKAGE MABOROSHI NIKKI　　　　　HN:582/OJ913.6／T197U
二世為永春水作、二世歌川豊国（梅蝶楼）画　刊　6冊　袋　18cm×12cm
序：安政5年（1858）～慶応4年（1868）　刊記：江戸／蔦屋吉蔵
19～21編欠

0948 頼三升曽我神垣　TANOMIMASU SOGA NO KAMIGAKI　　　　HN:538/坂265
柳水亭種清作、二世国貞画　刊　6冊　袋　18cm×12cm
序：安政6年（1859）　刊記：江戸／山田屋庄次郎

0949 娘庭訓金鶏　MUSUME TEIKIN KOGANE NO NIWATORI　　　HN:364/坂216
初～3編：山東京山作、4～5編：（一世）笠亭仙果作、画：歌川国貞
刊　5冊　袋　18cm×12cm
刊記：初～2編：安政3年（1856）、3編：安政5（1858）江戸／加賀屋吉兵衛

0950 題大磯虎之巻筆　NANIOOISO TORA NO MAKIFUDE　　　　HN:367/坂561
柳水亭種清作、二世歌川国貞画　刊　6冊　袋　18cm×12cm
刊記：安政4年（1857）江戸／蔦屋吉蔵

0951 七不思議葛飾譚　NANAFUSHIGI KATSUSHIKA MONOGATARI　HN:366/坂226
二世柳亭種彦作、二世歌川国貞画　刊　3冊　袋　18cm×12cm
刊記：初～4編：元治2年（1865）、5～6編：慶応2（1866）江戸／蔦屋吉蔵
7～10編欠

0952 契情曽我廓亀鑑　KEISEI SOGA KURUWAKAGAMI　　　　　HN:265/坂562
河竹其水案、勝言彦・竹柴琴咲編、歌川国貞画　刊　6冊　袋　18cm×12cm
刊記：慶応3年（1867）江戸／蔦屋吉蔵

0953 八犬伝犬の草紙　HAKKENDEN INU NO SOUSHI　　　　　IN:3204/LCCN:696642
笠亭仙果・歌川豊国（初編～28）・二世国貞（29～40）・二世綱（41～48）国輝（49）二
世貞（50・51）　刊　102冊　挿絵有　袋　17.8cm×11.6cm
序：有　刊記：初編：明治2年（1869）蔦屋吉蔵板
巻15・16　19～23編は『仮名読八犬伝』（二世為永春水・曲亭琴童　歌川国芳画　丁字屋平
兵衛刊　～安政3年（1856））　44編以降は袋残存＝［八犬伝いぬの草紙／柳亭種彦録・梅蝶楼
国貞画／板元　蔦吉］　以上に関するメモ（本田氏）あり
蔵書印等：［東京弘文荘納］　異称：犬の草紙

0954 松かざり徳若譚　MATSUKAZARI TOKUWAKA MONOGATARI　HN:342/坂647
仮名垣魯文作、芳虎（錦朝楼）画　刊　4冊　袋　18cm×12cm
刊記：明治4年（1871）東京／加賀屋吉兵衛板

0955 朝顔物語　ASAGAO MONOGATARI　　　　　　　　　　　HN:008/坂436
山東京山作、三世歌川豊国・一猛斎芳虎・二世歌川国貞画　刊　袋　18cm×12cm
第6編欠　異称：庭訓朝顔物語

A. 国文　121

0956　太鼓櫓恵礎　TAIKO YAGURA MEGUMI NO ISHIZUE　　　　HN:526/ 坂 427
　　　並木舎五柳作、梅蝶楼（歌川）国貞画　刊　6冊　袋　18cm×12cm
　　　刊記：江戸／蔦屋吉蔵

0957　曽我綉侠御所染　SOGA MOYOU TATESHI NO GOSHOZOME　　　HN:506/ 坂 354
　　　竹柴諺蔵・竹柴濤治作、二世歌川国貞画　刊　6冊　袋　18cm×12cm
　　　刊記：江戸／蔦屋吉蔵

9. 噺本

0958　[仕形落語] 工風智恵輪　KUFUU NO CHIENOWA　　　　　　HN:459/ 坂 341
　　　東里仙人作、勝川春好画　刊　1冊　袋　18cm×12cm
　　　刊記：文政4年（1821）（広告）

0959　[所々出席] 頓作問答　TONSAKU MONDOU　　　　　　IN:2190/LCCN:508590
　　　文鶯亭春馬　刊　1冊　挿絵有　袋　18cm×12.6cm
　　　序：文政5年（1822）文鶯亭春馬　跋：文政元年（1818）文尚堂
　　　（JUL 23 1934）収蔵　異称：[狂戯別伝] 風流問答

0960　滑稽噺図会　KOKKEI HANASHI ZUE　　　　　　　　　IN:2141/LCCN:508541
　　　菊丸校合、時成画　刊　4冊　挿絵有　袋　22.4cm×15.8cm
　　　序：菊丸　刊記：天保3年（1832）京／田中屋専助
　　　前後編　巻末に広告あり　（JUL 23 1934）収蔵　異称：絵本噺図会

0961　新板落ばなし　SHINPAN OTOSHI BANASHI　　　　　　IN:2160/LCCN:508560
　　　松村株丸、暁鐘成校閲並画図　刊　1冊　挿絵有　袋　17.3cm×11.5cm
　　　刊記：嘉永6年（1853）大坂／河内屋［破損］
　　　（JUL 23 1934）収蔵

0962　しんはん　一口はなし　SHINPAN HITOKUCHI BANASHI　　IN:2153/LCCN:508553
　　　今井黍丸　刊　2冊　挿絵有　袋　16.5cm×11cm
　　　刊記：富士政梓
　　　初篇・2篇存　（JUL 23 1934）収蔵

0963　地ぐち行灯　JIGUCHI ANDON　　　　　　　　　　　　HN:210/ 坂 80
　　　百庵花笑編、一筆庵英宗画　刊　1冊　袋　18cm×12cm
　　　異称：地口絵合

0964　絵本噺山科　EHON HANASHI YAMASHINA　　　　　　　HN:043/ 坂 591
　　　田鶴丸　刊　2冊　挿絵有　袋　21cm×15cm
　　　刊記：名古屋／永楽屋東四郎

0965 大寄噺の尻馬 OOYOSE HANASHI NO SHIRIUMA　　　　HN:394/ 坂557
　　　桂文治・十返舎一九作、長谷川貞信画　刊　2冊　袋　22cm×16cm
　　　刊記：大坂／本屋永次郎
　　　第3編欠

0966 諺臍の宿替 KOTOWAZA HESO NO YADOGAE　　　　HN:309/ 坂111
　　　（歌川）芳梅画　刊　4冊　袋　18cm×12cm

0967 十二趣向当の似寄話絵 JUUNISHUKOU ATARI NO NIGIWAE　　　　HN:223/ 坂563
　　　磯間真路作、歌川国芳画　刊　1冊　袋　18cm×12cm
　　　刊記：江戸／藤屋吉蔵
　　　異称：十二趣向茶番噺

近代小説

0968 JAPANISCHE DICHTUNGEN WEISSASTER EIN ROMANTISCHES EDOS (NEBST ANDEREN GEDICHTEN FREI NACHGEBILDET)
　　　　　　　　　　　　　　　　　　　　　　　　　　IN:3197/LCCN:696635
　　　KARL FLORENZ (PROF.DR.)　刊　1冊　挿絵有　袋　19cm×14.6cm
　　　刊記：T.HASEGAWA・東京／長谷川武次郎
　　　縮緬本　「Japanische Dromen Terakoya & Asagao ／ Von K.Florenz ／ 3te Auflage」(帙)

0969 破産者 HASANSHA　　　　IN:129/LCCN:847125
　　　George Sylvester Viereek 著・大原三八雄訳　写　1冊　大和綴　30cm×47cm
　　　奥書等：Gift/George Sylvester Viereek　Nov.15.1956
　　　翻訳者が自筆で墨書した原作者への献呈本

随筆

0970 枕草子春曙抄 MAKURA NO SOUSHI SHUNSHO SHOU　　　　HN:325/OJ914.3／s24K
　　　北村季吟　刊　13冊　袋　27cm×19cm
　　　刊記：享保14年（1729）京／上坂勘兵衛

0971 徒然草 TSUREDUREGUSA　　　　HN:563/ 坂680
　　　兼好　刊（古活字版）　1冊　袋　27.6cm×19cm
　　　上巻　本文9行

0972 ［大字新板］つれづれ草 TSUREDUREGUSA　　　　IN:34/LCCN:847030
　　　兼好　刊　2冊　挿絵有　袋　25.5cm×18cm
　　　刊記：寛延4年（1751）京／加賀屋清左衛門・大和屋伊兵衛

0973 野槌(のづち) NODUCHI　　　　　　　　　　　HN:382/OJ914.5／H17
　　林羅山著　刊　12冊　袋　29cm×21cm
　　1冊（上の二）欠

0974 徒然草抄(つれづれぐさしょう) TSUREDUREGUSA SHOU　　　　IN:19/LCCN:847015
　　磐斎（加藤磐斎）　刊　13冊　袋　27.2cm×19.4cm
　　序：寛文元年（1661）磐斎　跋：寛文元年（1661）磐斎等空
　　刊記：寛文元年（1661）飯田忠兵衛
　　蔵書印等：［参謀］

0975 徒然草句解(つれづれぐさくかい) TSUREDUREGUSA KUKAI　　　　HN:565/OJ914-5／T15
　　高階楊順　刊　7冊　袋　26cm×19cm
　　刊記：寛文5年（1665）京／風月庄左衛門

0976 ［新板］鉄槌(てっつい) TETTSUI　　　　　　　　　HN:541/OJ914.5／Y84A
　　青木宗胡　刊　4冊　袋　26cm×19cm
　　刊記：寛文12年（1672）京／西沢太兵衛

0977 徒然草諺解(つれづれぐさげんかい) TSUREDUREGUSA GENKAI　　　HN:564/OJ914.5／Y84N
　　南部草寿　刊　5冊　袋　27cm×19cm
　　刊記：延宝5年（1677）京／中村七兵衛

0978 徒然草参考(つれづれぐささんこう) TSUREDUREGUSA SANKOU　　　HN:567/OJ914.5／E65
　　恵空　刊　8冊　袋　27cm×20cm
　　刊記：延宝6年（1678）板木屋九兵衛

0979 徒然草諸抄大成(つれづれぐさしょしょうたいせい) TSUREDUREGUSA SHOSHOU TAISEI　HN:569/OJ914.5／A83
　　浅香久敬　刊　20冊　袋　28cm×20cm
　　刊記：貞享5年（1688）京／武村新兵衛・田中庄兵衛他（全4肆）

0980 徒然草三箇之大事(つれづれぐささんかのだいじ) TSUREDUREGUSA SANKA NO DAIJI
　　　　　　　　　　　　　　　HN:568/OJ914.5／M14（Microfilm no.MOJ-159）
　　不遠斎長隣　写　1冊　挿絵有（彩色1図）　洋装（袋）　26.7cm×18.5cm
　　跋：宝永7年（1710）

0981 つれづれの讃(さん) TSUREDURE NO SAN　　　　　HN:562/OJ914.5／K12
　　各務支考　刊　9冊　袋　27cm×19cm
　　刊記：宝永8年（1711）京／風月五郎左衛門・小川久兵衛

0982 徒然草文段抄(つれづれぐさもんだんしょう) TSUREDUREGUSA MONDAN SHOU　HN:566/OJ914-5／K26
　　北村季吟　刊　7冊　袋　26cm×19cm
　　刊記：享保2年（1717）京／山中庄兵衛・中川茂兵衛他（全4肆）

日記・紀行

0983 土佐日記抄 TOSA NIKKI SHOU　　　　　　　　　　HN:549/ 坂154
　北村季吟　刊　2冊　袋　27cm×19cm
　刊記：寛文元年（1661）京／中野小左衛門

0984 土佐日記考証 TOSA NIKKI KOUSHOU　　　　　　　HN:548/ 坂443
　岸本由豆流　刊　2冊　袋　26cm×18cm
　序：文政2年（1819）跋　刊記：江戸／万笈堂英大助

0985 蜻蛉日記 KAGEROU NIKKI　　　　　　　　　　　　HN:227/ 坂107
　刊　3冊　袋　23cm×16cm
　刊記：文政元年（1818）大坂／河内屋源七郎

0986 更級日記 SARASHINA NIKKI　　　　　　　　　　　HN:434/ 坂302
　刊　2冊　袋　25cm×18cm
　刊記：天保9年（1838）江戸／須原屋伊八他（全8肆）

0987 ［詩歌入］吾妻紀行 AZUMA KIKOU　　　　　　　HN:016/OJ291.08 ／T21
　谷口重以　刊　3冊　挿絵有　袋　22cm×16cm
　跋：元禄4（1691）年　刊記：京／吉野屋為八

0988 帰家日記 KIKA NIKKI　　　　　　　　　　　　　IN:11/LCCN:847007
　井上通女　刊　3冊　挿絵有　袋　22.6cm×16cm
　跋：元禄13年（1700）跡部良顕　刊記：正徳6年（1716）京／柳枝軒茨城信清
　蔵書印等：［参謀］

0989 東遊記 TOUYUUKI　　　　　　　　　　　　　　　IN:2935/LCCN:696373
　橘南谿　刊　2冊　挿絵有　洋装（袋）　21.7cm×15.8cm
　序：寛政7年（1795）愚山松本慎・閑田子蒿蹊（正編）　刊記：寛政7年（1795）京／勝村治右衛門・
　梶川七良兵衛・大坂／吉田善蔵（正編）
　正編5巻・後編5巻　蔵書印等：［平流軒］〔朝河〕（SEP 16 1907）収蔵
　異称：東西遊紀

0990 ［諸国奇談］東遊記 TOUYUUKI　　　　　　　　IN:2401/LCCN:695839
　刊　1冊　袋　22cm×15.3cm
　後編巻3存　蔵書印等：［士官］

0991 東遊記 TOUYUUKI　　　　　　　　　　　　　　　IN:1743/LCCN:433316
　橘南谿　刊　2冊　挿絵有　袋　22.2cm×15.6cm
　序：寛政7年（1795）愚山松本慎

刊記：寛政9年（1797）京／勝村治右衛門・大坂／吉田善蔵
（APR 18 1939）収蔵

0992 **西遊記**（さいゆうき） *SAIYUUKI* IN:2934/LCCN:696372

橘南谿　刊　2冊　挿絵有　洋装（袋）　21.8cm × 15.8cm
序：閑田子蒿蹊　刊記：寛政7年（1795）京／勝村治右衛門・大坂／吉田善蔵（正編）｜寛政10年（1798）京／勝村治右衛門・大坂／吉田善蔵（続編）
正編5巻・続編5巻　蔵書印等：[書肆／大垣俵町／平流軒利兵衛]、[朝河]（SEP 16 1907）収蔵　異称：東西遊紀

0993 **西遊記**（さいゆうき） *SAIYUUKI* IN:44/LCCN:847040

橘南谿　刊　5冊　挿絵有　袋　22.3cm × 16cm
序：閑田子蒿蹊　刊記：寛政7年（1795）蓍屋儀兵衛他（全5肆）
「Japaninstitut Bucherei Zugang Kauf No.287.3.Dat 16.7.28」蔵書印等：[葛飾／新宿／増田姓]
異称：[諸国奇談]西遊記

0994 **西遊記**（さいゆうき） *SAIYUUKI* IN:45/LCCN:847041

橘南谿　刊　7冊　挿絵有　袋　22.6cm × 16cm
刊記：寛政10年（1798）勝村治右衛門・梶川七郎兵衛・吉田善蔵
全5巻存　別に巻4・5存　「Japaninstitut Bucherei Zugang Kauf No.287.3 Dat 16.7.28」蔵書印等：[雪居書記・中島氏蔵書・敬和堂蔵書・中央幼年・]　異称：[諸国奇談]西遊記

0995 **西遊記**（さいゆうき） *SAIYUUKI* IN:1682/LCCN:433255

橘南谿　刊　10冊　挿絵有　袋　21.7cm × 15.3cm
刊記：寛政10年（1798）京／勝村治右衛門・大坂／吉田善蔵

0996 **筑紫真記**（つくししんき） *TSUKUSHI SHINKI* IN:600/LCCN:847595

笠松長春　写　1冊　洋装（袋）　22.1cm × 16.2cm
序：文化9年（1812）笠松長春　跋：有　奥書等：文化9年（1812）磯武中正
[朝河]（APR 18 1907）収蔵

0997 **またぬ青葉・中空の日記・富士一覧記**（あおば・なかぞらのにき・ふじいちらんき）
MATANU AOBA・NAKAZORA NO NIKI・FUJI ICHIRANKI IN:74/LCCN:98847070

香川景樹・香川景継（宣阿）　刊　1冊　洋装（袋）　24.9cm × 18.5cm
序：文政2年（1819）文室康載（中空の日記）・天保5年（1834）隠岐守豊原文秋（富士一覧記）
刊記：京／出雲寺松柏堂
[朝河]（SEP 6 1907）収蔵

0998 **漫遊記譚**（まんゆうきたん） *MAN'YUU KITAN* IN:2932/LCCN:696370

洗心山人黒崎貞孝至純　刊　2冊　挿絵有　袋　23.6cm × 16.3cm
序：文政9年（1826）洗心山人
蔵書印等：[川北文庫]　異称：漫遊記談

0999 富士紀行 FUJI KIKOU　　　　　　　　　　　　IN:3579/LCCN:504901
　　　柳斎　写　1冊　袋　21.2cm×13.4cm
　　　奥書等：文政10年（1827）写　吉見頼志
　　　異称：柳斎先生富士紀行

1000 陸奥紀行 MICHINOKU KIKOU　　　　　　　　HN:350/ 坂675
　　　堀田正敦　写　1冊　袋　26cm×18cm
　　　奥書等：天保2年（1831）
　　　異称：健斎叢書之記

1001 浦賀紀行 URAGA KIKOU　　　　　　　　　　IN:615/LCCN:98-847610
　　　冨谷嘉　写　1冊　挿絵有　袋　25.9cm×17.8cm
　　　序：弘化4年（1847）自序　跋：明治7年（1874）竹江山人　奥書等：明治18年（1885）田中信義
　　　（MAY 11 1938）収蔵

1002 富士見日記 FUJIMI NIKKI　　　　　　　　　IN:606/LCCN:847601
　　　江沢講修　写　1冊　袋　28.4cm×20cm
　　　序：自序
　　　蔵書印等：［笹野文庫］

1003 やをかの日記 YAOKA NO NIKKI　　　　　　　IN:10/LCCN:847006
　　　岩雲山人（岩雲花香）　刊　1冊　挿絵有　袋　26cm×18cm
　　　跋：片野善長
　　　「岩雲大人著述書目」を付す

1004 三の山巡 MITSU NO YAMAMEGURI　　　　　　IN:1262/LCCN:432835
　　　写　1冊　挿絵有　袋　27.5cm×19.7cm
　　　序：大正元年（1912）曽我部一紅
　　　白山登山・金沢一見・立山富士巡山・冨士詣の由来より成る

文集

1005 扶桑拾葉集 FUSOU SHUUYOUSHUU　　　　　　IN:4/LCCN:846700
　　　徳川光圀　刊　8冊　袋　25.8cm×17.8cm
　　　7巻（21・22・23・27・28・29中・29下・30）存　蔵書印等：［士官］

1006 閑田文草 KANDEN BUNSOU　　　　　　　　　HN:241/ 坂100
　　　伴蒿蹊　刊　5冊　袋　26cm×18cm
　　　刊記：享和3年（1803）京／文台屋太兵衛他（全8肆）

1007 　**松屋文集**　*MATSUNOYA BUNSHUU*　　　HN:345/OJ914.6／F24
　　　藤井高尚　刊　2冊　袋　25cm×18cm
　　　序：文化8年（1811）　刊記：大坂／河内屋茂兵衛他（全11肆）

1008 　**松屋文後集**　*MATSUNOYA BUN KOUSHUU*　　　HN:344/OJ914.6／F24
　　　藤井高尚　刊　3冊　袋　25cm×18cm
　　　序：文政11年（1828）　刊記：大坂／河内屋茂兵衛他（全11肆）

1009 　**東里外集**　*TOURI GAISHUU*　　　HN:545/坂441
　　　中根若思（東里）著、服部政世撰　刊　1冊　袋　25cm×17cm
　　　序：元治元年（1864）

1010 　**井上淑蔭稿本**　*INOUE TOSHIKAGE KOUHON*　　　IN:984/LCCN:432557
　　　井上淑蔭　写　1冊　洋装（袋）　26.5cm×17.1cm
　　　奥書等：井上淑蔭
　　　〔朝河〕（SEP 6 1907）収蔵

消息

1011 　**女房書簡**　*NYOUBOU SHOKAN*　　　IN:3635/LCCN:703718
　　　写　2帖　折本　32cm×7.5cm

1012 　**新安手簡**　*SHIN'AN SHUKAN*　　　IN:1272/LCCN:432875
　　　（新井白石・安積覚著、立原万編）　写　4冊　袋　27.4cm×18.1cm

B. 漢文

総記

1013 　**仁説問答**　*JINSETSU MONDOU*　　　IN:1543/LCCN:433116
　　　山崎闇斎　刊　1冊　袋　27.3cm×19.1cm
　　　序：寛文8年（1768）山崎嘉　刊記：寿文堂

1014 　**性論明備録**　*SEIRON MEIBIROKU*　　　IN:3208/LCCN:696646
　　　山崎闇斎　刊　1冊　袋　26.8cm×19.1cm
　　　序：寛文12年（1672）山崎敬義　刊記：京／出雲寺松栢堂
　　　巻末に「山崎闇斎先生門人編輯略書目」を付す

1015 性論明備録 　SEIRON MEIBIROKU　　　　　　　　IN:1652/LCCN:433225
　　　山崎闇斎　刊　1冊　袋　27.2cm×17cm
　　　序：寛文12年（1672）山崎敬義　刊記：京／武村市兵衛

1016 性論明備録 　SEIRON MEIBIROKU　　　　　　　　IN:2639/LCCN:696077
　　　山崎闇斎　刊　1冊　袋　25.5cm×18.4cm
　　　序：寛文12年（1672）山崎敬義　刊記：京／出雲寺松栢堂
　　　「山崎闇斎先生門人編纂略書目」を付す

1017 朱易衍義 　SHUEKI ENGI　　　　　　　　　　　IN:3191/LCCN:696629
　　　山崎闇斎　刊　2冊　袋　25.7cm×17.8cm
　　　序：延宝5年（1677）垂加翁山崎嘉　刊記：延宝5年（1677）寿文堂

1018 文会筆録 　BUNKAI HITSUROKU　　　　　　　　IN:3129/LCCN:696567
　　　山崎闇斎　刊　16冊　袋　27.2cm×19.4cm
　　　刊記：天和3年（1683）京／寿文堂

1019 中和集説 　CHUUWA SHUUSETSU　　　　　　　　IN:1766/LCCN:433339
　　　山崎闇斎　刊　1冊　袋　25cm×17.8cm
　　　刊記：京／武村市兵衛刊行｜江戸／須原屋茂兵衛・大坂／伊丹屋善兵衛他（全10肆）

1020 拘幽操 　KOUYUUSOU　　　　　　　　　　　　HN:311/ 坂137
　　　山崎闇斎注　刊　1冊　袋　28cm×20cm
　　　刊記：京／武村市兵衛

1021 武銘 　BUMEI　　　　　　　　　　　　　　　IN:1768/LCCN:433341
　　　山崎闇斎考注　刊　1冊　袋　26.5cm×18.6cm

1022 二程治教録 　NITEI CHIKYOUROKU　　　　　　IN:1609/LCCN:433182
　　　保科正之　刊　2冊　袋　26.9cm×19.1cm
　　　序：寛文8年（1668）山崎嘉・寛文12年（1672）林恕　跋：山崎嘉　刊記：寿文堂

1023 二程治教録 　NITEI CHIKYOUROKU　　　　　　IN:2227/LCCN:508627
　　　保科正之　刊　2冊　袋　25.4cm×17.8cm
　　　序：天保14年（1843）林大学頭・天保13年（1842）容敬・寛文8年（1668）山崎嘉・寛文
　　　12年（1672）林恕　跋：山崎嘉
　　　蔵書印等：［士官］

1024 山鹿語類 　YAMAGA GORUI　　　　　IN:1204・1520/LCCN:432777・433093
　　　山鹿素行　写　36冊　袋　26.1cm×18cm
　　　序：門人等　奥書等：享保3年（1718）写
　　　巻1～9　10～20・23・27上・31・32・33・34上・35～40上存

1025 　**集義和書**　*SHUUGI WASHO*　　　　　　　　　　IN:3119/LCCN:696557
　　　熊沢蕃山　刊　5冊　袋　25.2cm × 18.5cm

1026 　**集義和書**　*SHUUGI WASHO*　　　　　　　　　　IN:2402/LCCN:695840
　　　熊沢蕃山　刊　5冊　袋　25.5cm × 18.2cm
　　　刊記：須原屋茂兵衛・勝村伊兵衛他（全11肆）
　　　蔵書印等：［士官］

1027 　**集義外書**　*SHUUGI GAISHO*　　　　　　　　　　IN:3131/LCCN:696569
　　　熊沢蕃山　刊　5冊　袋　25.5cm × 18.1cm
　　　序：宝永7年（1710）小山知常　刊記：宝永6年（1709）江戸／須原屋茂兵衛・京／勝村伊兵衛他（全11肆）
　　　蔵書印等：［深尾蔵］

1028 　**集義外書**　*SHUUGI GAISHO*　　　　　　　　　　IN:2408/LCCN:695846
　　　熊沢蕃山　刊　5冊　袋　25.8cm × 18.2cm
　　　序：宝永7年（1710）小山知常　刊記：宝永6年（1709）｜寛政3年（1791）再板　京／森島吉兵衛・大坂／大野木市兵衛他（全4肆）

1029 　**集義外書**　*SHUUGI GAISHO*　　　　　　　　　　IN:390/LCCN:847386
　　　熊沢蕃山　刊　5冊　袋　25.6cm × 18cm
　　　刊記：宝永6年（1709）江戸／須原屋茂兵衛・京／勝村治右衛門他（全11肆）
　　　蔵書印等：［士官・幼年・三才堂・士官学校予科］

1030 　**童子問**　*DOUJIMON*　　　　　　　　　　　　IN:3126/LCCN:696564
　　　伊藤仁斎　刊　3冊　袋　27.5cm × 18.4cm
　　　序：宝永4年（1707）長胤　跋：宝永4年（1707）林景范文進

1031 　**聖学図講義**　*SEIGAKU ZU KOUGI*　　　　　　　IN:1866/LCCN:508266
　　　浅見絅斎　刊　1冊　袋　27cm × 19cm
　　　跋：宝永6年（1709）門人等

1032 　**慎思録**　*SHINSHIROKU*　　　　　　　　　　　IN:3162/LCCN:696600
　　　貝原篤信　刊　6冊　袋　26.9cm × 18.4cm
　　　序：正徳4年（1714）貝原篤信　刊記：正徳4年（1714）京／茨城多左衛門
　　　巻末に「柳枝軒蔵書目録」4丁半を付す

1033 　**大疑録**　*TAIGIROKU*　　　　　　　　　　　　IN:3164/LCCN:696602
　　　貝原篤信著、大野通明校　刊　2冊　袋　27.4cm × 18.2cm
　　　序：明和3年（1766）大野通明　刊記：明和4年（1767）江戸／須原屋市兵衛
　　　巻頭に「春台先生読損軒先生大疑録」を付す　奥付に蔵版書目を載す

1034 **講学鞭策録** *KOUGAKU BENSAKUROKU*　　　　　　　　　　IN:1865/LCCN:508265
　　佐藤直方　刊　1冊　袋　26cm×18.3cm
　　序：貞享元年（1684）浅見安正　跋：天和2年（1682）佐藤直方　刊記：寿文堂
　　「迂斎先生和書集説抜書」（巻頭）

1035 **弁道** *BENDOU*　　　　　　　　　　IN:1793.1/LCCN:433366
　　荻生徂徠　刊　1冊　袋　27.2cm×18.1cm
　　奥書等：享保2年（1717）物茂卿

1036 **弁道書** *BENDOU SHO*　　　　　　　　　　IN:1849/LCCN:508249
　　太宰純　刊　1冊　袋　26cm×17.6cm
　　跋：享保20年（1735）水野元朗　刊記：享保20年（1735）江戸／須原屋新兵衛

1037 **弁道考注** *BENDOU KOUCHUU*　　　　　　　　　　IN:1854/LCCN:508254
　　宇佐美瀾水　刊　1冊　袋　26.2cm×18.1cm
　　刊記：寛政12年（1800）江戸／野田七兵衛

1038 **弁道　弁名** *BENDOU BENMEI*　　　　　　　　　　IN:2108/LCCN:508508
　　荻生徂徠　刊　3冊　袋　26.4cm×18.4cm
　　序：享保2年（1717）物茂卿　刊記：元文5年（1740）江戸／松本新六

1039 **弁名** *BENMEI*　　　　　　　　　　IN:1793.2/LCCN:433366
　　荻生徂徠　刊　2冊　袋　27.3cm×18.1cm
　　刊記：江戸／松本善兵衛

1040 **徂徠先生答問書** *SORAI SENSEI TOUMON JO*　　　　　　　　　　IN:3125/LCCN:696563
　　荻生徂徠答、根本遜志（武夷）編　刊　3冊　袋　26cm×18.3cm
　　序：享保10年（1725）西台縢忠統・享保9年（1724）服元喬　刊記：京／勝村治右衛門

1041 **徂徠先生学則** *SORAI SENSEI GAKUSOKU*　　　　　　　　　　IN:1710/LCCN:433283
　　荻生徂徠　刊　1冊　袋　27cm×17.8cm
　　跋：享保12年（1727）縢元啓　刊記：享保12年（1727）江戸／須原屋新兵衛

1042 **徂徠先生学則** *SORAI SENSEI GAKUSOKU*　　　　　　　　　　IN:1851/LCCN:508251
　　荻生徂徠　刊　1冊　袋　27cm×17.6cm
　　跋：享保12年（1727）縢元啓　刊記：享保12年（1727）須原屋新兵衛

1043 **徂徠先生学則并附録標註** *SORAI SENSEI GAKUSOKU NARABINI FUROKUHYOUCHUU*
　　伊東亀年（藍田）　刊　2冊　袋　27.1cm×18cm　　　　　　IN:1829/LCCN:508229
　　序：天明元年（1781）東亀年　跋：享保12年（1727）縢元啓
　　刊記：天明元年（1781）・天明6年（1786）再訂　慧海上人捐貲刊

B. 漢文　131

1044 復性弁 ふくせいべん *FUKUSEIBEN*　　　　　　　　　　　IN:3473/LCCN:504795
　　伊藤長胤（東涯）　写　1冊　袋　27.1cm × 18.8cm
　　奥書等：宝永5年（1708）伊藤長胤

1045 古学指要 こがくしよう *KOGAKU SHIYOU*　　　　　　　　　IN:1568/LCCN:433141
　　伊藤長胤（東涯）　刊　2冊　袋　27.3cm × 18.1cm
　　序：正徳4年（1714）伊藤長胤

1046 古今学変 こきんがくへん *KOKON GAKUHEN*　　　　　　　　　IN:1597/LCCN:433170
　　伊藤東涯　刊　3冊　袋　24.9cm × 17.4cm
　　序：享保7年（1722）伊藤長胤　跋：延享元年（1744）奥田士亨
　　刊記：寛延3年（1750）新刻　大坂／河内屋茂兵衛発行｜天保14年（1843）求板

1047 訓幼字義 くんようじぎ *KUN'YOU JIGI*　　　　　　　　　IN:2138/LCCN:508538
　　伊藤東涯　刊　4冊　袋　26cm × 18.7cm
　　序：享保2年（1717）伊藤長胤　跋：宝暦9年（1759）樋口公英
　　刊記：宝暦9年（1759）京／円屋清兵衛
　　「愷悌斎蔵」（柱）　蔵書印等：[高橋氏蔵書印]

1048 鄒魯大旨 すうろたいし *SUURO TAISHI*　　　　　　　　　IN:3120/LCCN:696558
　　伊藤東涯　刊　1冊　袋　26.5cm × 18.4cm
　　跋：享保15年（1730）奥田士亨　刊記：京／平安奎文館
　　蔵書印等：[克明館文庫]

1049 経学文衡 けいがくぶんこう *KEIGAKU BUNKOU*　　　　　　　IN:1822/LCCN:508222
　　伊藤東涯　刊　3冊　袋　25.9cm × 18cm
　　序：享保19年（1734）伊藤長衡　刊記：享保19年（1734）京／奎文館瀬尾源兵衛
　　「古義堂遺書目録　文泉堂発行」3丁を付す

1050 経学文衡 けいがくぶんこう *KEIGAKU BUNKOU*　　　　　　　IN:1570/LCCN:433143
　　伊藤東涯　刊　2冊　袋　25cm × 18cm
　　序：享保19年（1734）伊藤長胤
　　刊記：享保19年（1734）京／瀬尾源兵衛発行｜安永3年（1774）新刊　京／文泉堂
　　異称：鼎鍥経学文衡

1051 釈親考 せきしんこう *SEKISHIN KOU*　　　　　　　　　　IN:1856/LCCN:508256
　　伊藤長胤　刊　2冊　袋　25.7cm × 17.2cm
　　序：享保20年（1735）鎮安原貞平伯亨甫
　　刊記：元文元年（1736）原刻｜寛政8年（1796）再刻　京／文泉堂
　　蔵書印等：[月の屋]

1052 童子問標釈 どうじもんひょうしゃく *DOUJIMON HYOUSHAKU*　IN:1762/LCCN:433335
　　伊藤東涯　刊　2冊　袋　27.2cm × 18.1cm

刊記：寛保2年（1742）京／林権兵衛

1053 親族正名　SHINZOKU SEIMEI　　　　　　　　　　　　　　　　　　IN:3127/LCCN:696565
　　しんぞくせいめい
　　太宰春台　刊　1冊　袋　22.6cm × 15.7cm
　　序：享保10年（1725）山県孝孺少助・享保10年（1725）太宰純
　　刊記：享保10年（1725）江戸／須原屋吉郎兵衛

1054 燃犀録　NENSAIROKU　　　　　　　　　　　　　　　　　　　　　　IN:2249/LCCN:508649
　　ねんさいろく
　　服部天游（蘇門）　刊　1冊　袋　22.5cm × 16.5cm
　　「門人　永忠原書」（巻末）

1055 勧学治体　KANGAKU CHITAI　　　　　　　　　　　　　　　　　　　IN:2846/LCCN:696284
　　かんがくちたい
　　山本信有（北山）　刊　1冊　袋　25.5cm × 17.5cm
　　序：天明8年（1788）藤井利生・天明8年（1788）田村玄仙兼詮　跋：田玄仙兼詮　刊記：寛
　　政4年（1792）大坂／和泉屋宇兵衛・河内屋喜兵衛

1056 大序十謬　DAIJO JUUBYUU　　　　　　　　　　　　　　　　　　　IN:3625/LCCN:703708
　　だいじょじゅうびゅう
　　大田錦城　写　1冊　袋　24.7cm × 17.2cm
　　蔵書印等：［士官］

1057 正学指掌　SEIGAKU SHISHOU　　　　　　　　　　　　　　　　　　IN:2045/LCCN:508445
　　せいがくししょう
　　尾藤孝肇志尹　刊　1冊　洋装（袋）　25.3cm × 17.4cm
　　序：孝章
　　〔朝河〕（SEP 6 1907）収蔵

1058 古序翼　KOJOYOKU　　　　　　　　　　　　　　　　　　　　　　　IN:3509/LCCN:504831
　　こじょよく
　　亀井昭陽　写　3冊　袋　23.5cm × 15.5cm
　　序：享和元年（1801）亀井昱元鳳甫　奥書等：享和元年（1801）｜文政3年（1820）調交写
　　蔵書印等：［東京弘文荘納］

1059 儒門空虚聚語　JUMON KUUKYO SHUUGO　　　　　　　　　　　　　　IN:1830/LCCN:508230
　　じゅもんくうきょしゅうご
　　大塩後素（平八郎・中斎）　刊　3冊　袋　25cm × 15.4cm
　　序：天保6年（1835）河内屋吉兵衛他（全4肆）

1060 猪飼敬所先生書束集　IKAI KEISHO SENSEI SHOKAN SHUU　　　　　IN:401/LCCN:847397
　　いかいけいしょせんせいしょかんしゅう
　　猪飼彦博　写　2冊　洋装（袋）　23.4cm × 16.2cm
　　中村之恒纂「師説筆存」を合綴　〔朝河〕（APR 18 1907）収蔵

1061 入学新論　NYUUGAKU SHINRON　　　　　　　　　　　　　　　　　　IN:2202/LCCN:508602
　　にゅうがくしんろん
　　帆足万里　刊　1冊　袋　25.3cm × 17.5cm
　　序：天保14年（1843）元田彝　刊記：天保15年（1844）大文字屋正助・河内屋茂兵衛他（全10肆）
　　蔵書印等：［士官・乾乾堂印・迂堂蔵書］

B. 漢文　133

1062 如不及斎別号録 JOFUKYUUSAI BETSUGOUROKU　　　IN:260/LCCN:847256
　　鈴木汪他6名編、奥山翼他3名校訂　刊　20冊　袋　22.1cm×13.7cm
　　序：文政8年（1825）楽翁・文化13年（1816）源之煕　刊記：文政10年（1827）新鑴

1063 言志四録 GENSHI SHIROKU　　　IN:1785/LCCN:433358
　　佐藤一斎　刊　4冊　袋　25.6cm×17.8cm
　　序：嘉永4年（1851）一斎老人（言志耋録）・嘉永2年（1849）一斎老人（言志晩録）
　　跋：文政6年（1823）福知山城主源綱条（言志録）・嘉永6年（1853）河田興（言志晩録）
　　刊記：言志後録＝弘化2年（1845）名山閣刊　京／勝村治右衛門・江戸／和泉屋吉兵衛他（全10肆）、言志耋録＝嘉永7年（1854）有乎爾斎刊　京／勝村治右衛門・江戸／須原屋茂兵衛他（全3肆）、言志晩録＝嘉永3年（1850）有乎爾斎刊　京／勝村治右衛門・江戸／須原屋茂兵衛他（全3肆）

1064 聖学　静軒一家言　終北録 SEIGAKU SEIKEN IKKAGEN SHUUHOKU ROKU
　　　　　　　　　　　　　　　　　　　　　　　　　　　IN:2254/LCCN:508654
　　和気行蔵（聖学）、寺門良氏温著、浅利鶴鳴皐・青木先思考校（静軒一家言）、高津泰平（終北録）
　　静軒居士　刊　合1冊　袋　22.7cm×14.9cm
　　序：文化7年（1810）（聖学）・天保8年（1837）磯部忠貫・自序（静軒一家言）・安政4年（1857）松田順之（終北録）　跋：安政4年（1857）高橋宗彰（終北録）
　　「静軒一家言」は巻2のみ存　蔵書印等：［佐藤氏蔵］　（JUL 23 1934）収蔵

1065 敬義内外考 KEIGI NAIGAI KOU　　　IN:2134/LCCN:508534
　　刊　1冊　袋　28.2cm×19.9cm
　　刊記：正徳5年（1715）光海翁源良顕　江戸／山田屋三四郎

1066 外題学問 GEDAI GAKUMON　　　IN:2801/LCCN:696239
　　刊　1冊　袋　15.7cm×10.9cm
　　序：安永9年（1780）西村居行　刊記：安永9年（1780）京／武村嘉兵衛・佐々木治右衛門

1067 沖漠無朕説 CHUUBAKU MUCHINSETSU　　　IN:1779/LCCN:433352
　　刊　1冊　袋　25.5cm×16.9cm
　　刊記：京／武村市兵衛

詩文評・作詩作文

1068 ［重刊］貞和類聚祖苑聯芳集 JOUWA RUIJU SOON RENPOU SHUU
　　義堂周信編　刊　5冊　袋　27.8cm×19.3cm　　　IN:1746/LCCN:433319
　　刊記：寛永9年（1632）
　　異称：貞和集

1069 文章達徳録綱領 BUNSHOU TATTOKU ROKU KOURYOU　　　IN:1862/LCCN:508262
　　藤原惺窩　刊　10冊　袋　26.4cm×17.2cm

序:万暦己亥(慶長4年、1599) 朝鮮国刑部員外郎菁川 姜沆敬叙 刊記:寛文13年(1673) 長野三郎兵衛

1070 錦繡段鈔 きんしゅうだんしょう KINSHUU DANSHOU　　　　　　　　　HN:272/OJ921／R85
宇都宮遯庵 刊 2冊 洋装(袋) 27cm×19cm
跋:万治元年(1658)

1071 初学詩法 しょがくしほう SHOGAKU SHIHOU　　　　　　　　　HN:490/朝3
貝原益軒 刊 1冊 袋 24cm×17cm
序:延宝7年(1679) 刊記:江戸/須原屋茂兵衛・大坂/堺屋定七

1072 古詩断句 こしだんく KOSHI DANKU　　　　　　　　　HN:305/Swingle 1
貝原益軒編 写 1冊 袋 18cm×12cm
奥書等:宝永2年(1704)

1073 [詩文増正]文家必用 ぶんか ひつよう BUNKA HITSUYOU　　　　　　　　　IN:2194/LCCN:508594
人見友竹編 刊 2冊 袋 22cm×15.3cm
序:正徳5年(1715)玉井方教 刊記:大坂/群鳳堂河内屋岡田藤兵衛
蔵書印等:[士官]

1074 詩文国字牘 しぶんこくじとく SHIBUN KOKUJITOKU　　　　　　　　　IN:1848/LCCN:508248
荻生徂徠著、林東冥(周助)校 刊 1冊 袋 26cm×18.5cm
序:享保20年(1735)林義郷周助 跋:享保20年(1735)江西散人鍋島公明伝蔵
「吉文字屋市兵衛蔵」の広告あり 異称:徂徠先生詩文国字牘

1075 [重刻]絶句解 ぜっくかい ZEKKUKAI　　　　　　　　　IN:2140/LCCN:508540
荻生徂徠、道済校、宇恵子迪再校 刊 1冊 袋 23cm×15.9cm
序:源伊信・物道済・享保17年(1732)服元喬
刊記:宝暦13年(1763)江戸/松本善兵衛他(全4肆)
蔵書印等:[河端] 異称:五七絶句解

1076 古文矩 こぶんく KOBUNKU　　　　　　　　　HN:275/坂167
荻生徂徠著、宇佐美恵(灊水)校 刊 1冊 袋 25cm×18cm
序:明和元年(1764) 刊記:文海堂

1077 古文矩附文変 こぶんくふぶんへん KOBUNKU FUBUNHEN　　　　　　　　　IN:1852/LCCN:508252
荻生徂徠 刊 1冊 袋 25cm×17.8cm
序:明和元年(1764)宇恵

1078 四家雋 しかしゅん SHIKASHUN　　　　　　　　　IN:1660/LCCN:433233
徂徠評撰、太宰純・服元喬・宇恵子迪校 刊 12冊 袋 25.8cm×17.8cm
序:余承裕・宝暦11年(1761)宇恵 跋:宝暦11年(1761)土屋秀明 刊記:安永6年(1777)
京/秋田屋平左衛門・大坂/和泉屋宇兵衛他(全6肆)

異称：四大家雋（見返）

1079 唐後詩 （とうごし） TOUGOSHI　　　　　　　　　　　　IN:3486/LCCN:504808
　　　荻生徂徠　写　3冊　袋　22.5cm×16.4cm
　　　蔵書印等：[懸氏家蔵]

1080 [三列] 刊謬正俗 （かんびゅうせいぞく） KANBYUU SEIZOKU　　　　　HN:240/OJ924／186
　　　伊藤東涯　刊　1冊　袋　25cm×18cm
　　　刊記：寛政7年（1795）京／林権兵衛

1081 詩韻砕金幼学便覧 （しいんさいきんようがくべんらん） SHIIN SAIKIN YOUGAKU BENRAN　IN:2180/LCCN:508580
　　　伊藤馨　刊　1冊　袋　11.2cm×15.5cm
　　　序：天保13年（1842）自序
　　　刊記：元治2年（1865）江戸／須原屋茂兵衛・須原屋伊八他（全7肆）
　　　異称：幼学便覧

1082 守株記 （しゅしゅき） SHUSHUKI　　　　　　　　　　　　IN:543/LCCN:847538
　　　写　1冊　袋　25.8cm×17.8cm
　　　上巻存　蔵書印等：[士官]

1083 守株記 （しゅしゅき） SHUSHUKI　　　　　　　　　　　　IN:1206/LCCN:432779
　　　写　1冊　袋　26cm×18.7cm
　　　1巻（巻中）存

1084 英選 （えいせん） EISEN　　　　　　　　　　　　　　IN:3457/LCCN:504779
　　　写　1冊　袋　16cm×9.7cm

総集

1085 懐風藻 （かいふうそう） KAIFUUSOU　　　　　　　　　　IN:12/LCCN:847008
　　　刊　1冊　袋　25.4cm×17.7cm
　　　序：天平勝宝3年（751）原序・宝永元年（1704）松崎祐之
　　　跋：山重顕・寛政5（1793）阮秋成（上田秋成）
　　　刊記：天和4年（1684）碧鶏堂上梓｜宝永2年（1705）演古堂補彫｜寛政5年（1793）竹苞楼再校
　　　蔵書印等：[大阪幼年・士官]

1086 [新刊] 本朝文粋 （ほんちょうもんずい） HONCHOU MONZUI　　　　HN:165/OJ920／F46
　　　藤原明衡編　刊　15冊　袋　26cm×19cm
　　　刊記：正保5年（1648）京／上村次郎右衛門

1087 本朝一人一首　HONCHOU ICHININ ISSHU　　　　　　　　　　　HN:164/ 坂7
　　　林鵞峰編　刊　5冊　袋　27cm × 18cm
　　　刊記：寛文5年（1665）京／田中清左衛門

1088 搏桑名賢文集　FUSOU MEIKEN BUNSHUU　　　　　　　　　IN:1804/LCCN:508204
　　　林義端編　刊　6冊　袋　28cm × 18.1cm
　　　序：元禄11年（1698）林義端九成　刊記：元禄11年（1698）文会堂林九成
　　　［寿量山蔵書］（墨書）　蔵書印等：［東書画印］（方陽朱）

1089 謢園録稿　KEN'EN ROKUKOU　　　　　　　　　　　　　　HN:266/ 坂611
　　　荻生徂徠撰、宇佐美灊水録　刊　2冊　袋　26cm × 18cm
　　　刊記：享保16年（1731）京／茨木多左衛門

1090 日本詠物詩　NIHON EIBUTSUSHI　　　　　　　　　　　　IN:3/LCCN:846999
　　　伊藤栄吉編　刊　3冊　袋　22.6cm × 15.6cm
　　　序：安永5年（1776）江村北海・安永5年（1776）清絢（清田儋叟）
　　　巻末に「尾陽東璧堂製本略目録」を付す　蔵書印等：［松井文庫］

1091 薑花集　KYOUKA SHUU　　　　　　　　　　　　　　　　IN:2128/LCCN:508528
　　　墨化道人　刊　3冊　袋　26.6cm × 17.8cm
　　　序：天保3年（1832）靚明守　刊記：天保6年（1835）余宜楼

1092 今世名家文鈔　KINSEI MEIKA BUNSHOU　　　　　　　　HN:271/OJ924／937
　　　篠崎小竹・斎藤拙堂・坂井虎山・野田笛浦著、月照編　刊　8冊　袋　22cm × 15cm
　　　刊記：安政2年（1855）大坂／河内屋吉兵衛・同茂兵衛（書袋）

1093 四英獄窓骨董集　SHIEI GOKUSOU KOTTOU SHUU　　　　IN:320/LCCN:8473316
　　　刊　1冊　洋装（袋）　18.8cm × 12.6cm
　　　序：慶応4年（1868）蕉蔭古松淵臣
　　　異称：四英獄窓唱和集

1094 皇朝分類名家絶句　KOUCHOU BUNRUI MEIKA ZEKKU　　IN:222/LCCN:847218
　　　石川省斎編、大沼沈山閲　刊　3冊　袋　22.6cm × 15cm
　　　序：大沼沈山　刊記：明治2年（1869）東京／須原屋茂兵衛・島屋平七他（全9肆）（裏見返）
　　　「万青堂梓」（見返・袋）

1095 皇朝名家詩鈔　KOUCHOU MEIKA SHISHOU　　　　　　　HN:276/OJ921／H15
　　　橋本香坡編　刊　9冊　袋　22cm × 15cm
　　　刊記：大坂／河内屋忠七

1096 皇朝八家文鈔　KOUCHOU HAKKA BUNSHOU　　　　　　IN:103/LCCN:847099
　　　竹内貞編　刊　1冊　袋　12.5cm × 8.7cm
　　　巻2存　明治期和装活字本

1097 和漢百花賦　WAKAN HYAKKAFU　　　　　　　　　HN:594/OJ914.6／K11
　　各務支考　刊　1冊　挿絵有　袋　27cm×19cm
　　刊記：京／橘屋治兵衛
　　異称：百花賦

1098 北野文叢　KITANO BUNSOU　　　　　　　　　　IN:93/LCCN:98847089
　　久松宗淵編　刊　1冊　洋装（袋）　25.1cm×17.8cm
　　巻8存

1099 桜花帖　OUKAJOU　　　　　　　　　　　　　　IN:152/LCCN:847148
　　刊　1帖　挿絵有　折本　25.4cm×18.9cm

別集

1100 遍照発揮性霊集　HENJOU HOKKI SHOURYOU SHUU　IN:1943/LCCN:508343
　　南山西室前実翁阿闍梨（空海・真済編、済暹補）　刊　3冊　洋装（袋）　26.5cm×18cm
　　刊記：寛永8年（1631）京／石黒勝太夫
　　「寛永18年（1641）南呂廿六日　阿闍梨之砌求　深栄常住」（巻末）　異称：性霊集

1101 菅家文草　KANKE BUNSOU　　　　　　　　　　HN:247/坂133
　　菅原道真　刊　12冊　袋　26cm×17cm
　　跋：寛文7年（1667）　刊記：京／野田氏

1102 菅家文章　KANKE BUNSHOU　　　　　　　　　IN:2004/LCCN:508404
　　刊　1冊　洋装（袋）　22.5cm×14.8cm
　　序：天保7年（1836）琴台老人　刊記：享保3年（1718）発行｜天保7年（1836）再板
　　〔朝河〕（APR 18 1907）収蔵

1103 菅家後草　KANKE KOUSOU　　　　　　　　　　HN:249/坂134
　　菅原道真　刊　1冊　袋　26cm×17cm
　　刊記：貞享4年（1687）
　　巻第十三のみ存　異称：菅家文草後編・菅家後集

1104 済北集　SAIHOKU SHUU　　　　　　　　　　　HN:423/坂299
　　虎関師錬　刊　10冊　袋　28cm×19cm
　　刊記：貞享元年（1684）江戸／伏見屋藤五郎

1105 南浦文集　NANPO BUNSHUU　　　　　　　　　IN:2370/LCCN:695808
　　文之玄昌（南浦）　刊　2冊　袋　27.1cm×18.9cm
　　跋：寛永6年（1629）　刊記：慶安2年（1649）中野道伴

1106 羅山林先生詩集　*RAZAN HAYASHI SENSEI SHISHUU*　　　　HN:397/ 坂263
　　　林羅山著、林鵞峰編　刊　19冊　袋　28cm × 20cm
　　　跋：寛文2年（1662）　刊記：京／荒川宗長
　　　異称：羅山詩集

1107 艸山集　*SOUZAN SHUU*　　　　HN:515/ 朝2
　　　元政　刊　3冊　洋装（袋）　24cm × 18cm
　　　刊記：延宝2年（1674）京／村上勘兵衛

1108 垂加文集　*SUIKA BUNSHUU*　　　　IN:3190/LCCN:696628
　　　山崎闇斎　刊　3冊　袋　28.5cm × 19cm
　　　序：正徳4年（1714）源安崇　跋：正徳4年（1714）光海翁　刊記：江戸／山田屋三四郎
　　　鞘表紙を施す

1109 舜水先生文集　*SHUNSUI SENSEI BUNSHUU*　　　　IN:1679/LCCN:433252
　　　朱舜水著、徳川光圀編　刊　15冊　袋　25cm × 17.9cm
　　　跋：正徳2年（1712）安積覚
　　　1巻15～28・附録存

1110 古学先生詩文集　*KOGAKU SENSEI SHIBUNSHUU*　　　　IN:2366/LCCN:695804
　　　伊藤仁斎著、伊藤東涯編　刊　文集3冊詩集1冊　袋　26cm × 18.4cm
　　　序：文集＝宝永3年（1706）藤原韶光・北村可昌・長胤、詩集＝享保元年（1716）北村可昌
　　　跋：文集＝享保2年（1717）香川修徳、詩集＝享保2年（1717）長胤
　　　刊記：宝暦11年（1761）京／文泉堂

1111 古学先生文集・古学先生詩集　*KOGAKU SENSEI BUNSHUU・KOGAKU SENSEI SHISHUU*
　　　伊藤仁斎著、伊藤東涯編　刊　4冊　袋　25.4cm × 18.1cm　　IN:1792/LCCN:433365
　　　序：文集＝宝永3年（1706）藤原韶光、詩集＝享保元年（1716）北可昌
　　　跋：文集＝享保2年（1717）香川修徳、詩集＝享保2年（1717）長胤
　　　刊記：天保15年（1844）江戸／須原屋茂兵衛・京／林村芳兵衛他（全7肆）

1112 古学先生詩集　*KOGAKU SENSEI SHISHUU*　　　　IN:3196.2/LCCN:696634.2
　　　伊藤仁斎著、伊藤東涯編　刊　1冊　袋　25.8cm × 17.8cm
　　　序：享保元年（1716）北村可昌　刊記：古義堂蔵版・京／林権兵衛

1113 古学先生文集　*KOGAKU SENSEI BUNSHUU*　　　　IN:3196.1/LCCN:696634.1
　　　伊藤仁斎著、伊藤東涯編　刊　3冊　袋　25.9cm × 17.8cm
　　　序：宝永3年（1706）藤原韶光　跋：享保2年（1717）長胤・享保2年（1717）香川修徳
　　　刊記：京／林権兵衛
　　　「古義堂蔵書　文泉堂発行目録」1丁を付す　蔵書印等：［柴田］　異称：先君子全集

1114 自娯集　*JIGO SHUU*　　　　IN:3183/LCCN:696621
　　　貝原益軒　刊　5冊　袋　25.4cm × 18cm

序：正徳2年（1712）武田定直
刊記：正徳4年（1714）大坂／上田嘉兵衛・京／山中善兵衛他（全5肆）｜文化12年（1815）勝島喜六郎

1115 徂徠集 SORAI SHUU　　　　　　　　　　　　　　　　　HN:514/ 坂 642
荻生徂徠著、仲野安雄輯、林世寧校訂　写　6冊　袋　23cm×16cm
奥書等：文久元年（1861）写
第8〜30巻のみ　林世事自筆本

1116 白石先生余稿 HAKUSEKI SENSEI YOKOU　　　　　　　　HN:120/ 坂 17
新井明卿編　刊　3冊　袋　27cm×18cm
序：正徳5年（1715）刊記：江戸／唐本屋清兵衛板｜西村源六求板

1117 吟窓雑記 GINSOU ZAKKI　　　　　　　　　　　　　　IN:1292/LCCN:432865
松井可楽　写　袋　25.3cm×17.3cm
奥書等：天和2年（1682）開筆｜正徳3年（1713）写
蔵書印等：［参謀］

1118 紹述先生文集 SHOUJUTSU SENSEI BUNSHUU　　　　　　HN:493/ 坂 349
伊藤東涯著、伊藤東所編　刊　30冊　袋　27cm×19cm
刊記：宝暦11年（1761）京／林芳兵衛

1119 春台先生紫芝園稿 SHUNDAI SENSEI SHISHIENKOU　　　HN:500/ 坂 324
太宰純（春台）著、稲垣長章・堤有節編　刊　12冊　袋　26cm×18cm
刊記：宝暦2年（1752）江戸／小林新兵衛
目録1巻・前編5巻・後編15巻・付録1巻全12冊　異称：春台先生文集

1120 蘭亭先生詩集 RANTEI SENSEI SHISHUU　　　　　　　HN:395/ 坂 266
高野蘭亭　刊　6冊　袋　25cm×16cm
刊記：宝暦8年（1758）江戸／小林新兵衛

1121 南郭先生文集 NANKAKU SENSEI BUNSHUU　　　　　　HN:368/ 坂 238
服部元喬（南郭）著、望月三英等編　刊　24冊　袋　27cm×18cm
刊記：初編：享保12年（1727）、2編元文2年（1737）、3編延享2年（1745）、4編：宝暦8年（1758）江戸／小林新兵衛
異称：南郭文集

1122 蛻巌集 ZEIGAN SHUU　　　　　　　　　　　　　　　HN:624/ 坂 594
梁田邦美（蛻巌）著、梁田象水編　刊　8冊　袋　24cm×16cm
刊記：寛保2年（1742）〜延享3年（1746）大坂／敦賀屋九兵衛

1123 蛻巌集後編 ZEIGAN SHUU KOUHEN　　　　　　　　　HN:625/ 坂 595
梁田邦美（蛻巌）著、梁田象水編　刊　8冊　袋　26cm×18cm

刊記：安永9年（1780）大坂／敦賀屋九兵衛

1124 東里遺稿　*TOURI IKOU*　　HN:546/ 坂 441
中根若思（東里）著、服部政世編　刊　1 冊　袋　25cm × 17cm
跋：元治元年（1864）
異称：東里先生遺文・東里先生文集

1125 東洞先生遺稿　*TOUDOU SENSEI IKOU*　　IN:1740/LCCN:433313
吉益東洞著、男　獣修夫・清子直・辰子良編　刊　3 冊　袋　25.5cm × 17.4cm
序：寛政元年（1789）男清子直　刊記：寛政 12 年（1800）京／出雲寺文次郎・林宗兵衛他（全 6 肆）
「京／汲古堂河南儀兵衛出板目録」を付す　（MAY 5 1938）収蔵

1126 詩本草　*SHIHONZOU*　　IN:2974/LCCN:696412
柏木如亭　刊　1 冊　袋　23.1cm × 13.9cm
序：文化 15 年（1818）如亭山人　跋：文政 5（1822）梁卯・村瀬綱

1127 栗山文集　*RITSUZAN BUNSHUU*　　HN:401/ 坂 268
柴野栗山　刊　5 冊　袋　26cm × 18cm
刊記：天保 14 年（1843）江戸／山城屋佐兵衛

1128 大州集　*TAISHUU SHUU*　　IN:3648/LCCN:703731
伊良子憲子典（大州）　刊　8 冊　袋　26.5cm × 18cm
序：天保 7 年（1836）芝田温（恭甫）
巻 1 ～ 12 存

1129 日本楽府　*NIHON GAFU*　　IN:2246/LCCN:508646
頼山陽　刊　1 冊　袋　25.3cm × 17.6cm
序：文政 12 年（1829）畏堂篠崎弼（小竹）　跋：文政 11 年（1828）山陽外史頼襄
刊記：文政 13 年（1830）江戸／須原屋伊八・大坂／河内屋茂兵衛・京／吉田屋治兵衛
蔵書印等：［参謀］

1130 山陽詩鈔　*SAN'YOU SHISHOU*　　HN:431/ 坂 365
頼山陽　刊　2 冊　袋　25cm × 17cm
刊記：天保 4 年（1833）大坂／河内屋徳兵衛他（全 3 肆）

1131 山陽遺稿　*SAN'YOU IKOU*　　IN:2614/LCCN:696052
刊　1 冊　袋　24.4cm × 17.5cm
序：天保 12 年（1841）筱崎弼（小竹）　刊記：天保 12 年（1841）五玉堂
巻 1 存　蔵書印等：［予科］

1132 山陽遺稿　*SAN'YOU IKOU*　　IN:2669/LCCN:696107
頼山陽　刊　2 冊　袋　24.8cm × 18cm

巻1〜6存

1133 不求堂文集初稿　FUKYUUDOU BUNSHUU SHOKOU　　IN:2330/LCCN:695768
　　　吉田清、為慎校　刊　1冊　袋　23.3cm × 16cm
　　　跋：鳳斎中根琛
　　　蔵書印等：［士官］

1134 星巌集　SEIGAN SHUU　　HN:438/ 坂311
　　　梁川星巌　刊　12冊　挿絵有　袋　26cm × 18cm
　　　刊記：天保12年（1841）大坂／前川善兵衛
　　　明治版　甲集2巻・乙集4巻・丙集10巻・丁集5巻・閏集1巻・戊集4集・玉池吟社詩5巻・紅蘭小集2巻計12冊

1135 宕陰存稿　TOUIN SONKOU　　IN:2314/LCCN:695752
　　　塩谷宕陰　刊　1冊　袋　25.8cm × 17.3cm
　　　序：慶応3年（1867）芳野世育

1136 鶴梁文鈔　KAKURYOU BUNSHOU　　IN:1846/LCCN:508246
　　　林長孺（鶴梁）　刊　1冊　袋　26.2cm × 17.2cm
　　　刊記：慶応3年（1867）新鐫（見返）

1137 寧静閣集　NEISEIKAKU SHUU　　IN:2461/LCCN:695899
　　　大槻磐渓　刊　9冊　袋　22.9cm × 15.3cm
　　　序：明治30年（1897）依田百川（第3集）　刊記：弘化5年（1848）新鐫（第1集見返）｜安政5年（1858）（第2集見返）
　　　蔵書印等：［士官］

日記・遊記

1138 雲遊文蔚　UN'YUU BUN'I　　HN:580/ 坂472
　　　墨庵（大任）　刊　5冊　挿絵有　袋　27cm × 18cm
　　　刊記：享和2年（1802）江戸／須原屋茂兵衛

狂詩・狂文

1139 太平楽府　TAIHEI GAFU　　HN:523/ 坂431
　　　銅脈先生（畠中観斎）作、安陀羅校　刊　1冊　袋　18cm × 12cm
　　　序：明和6（1769）　刊記：大井屋左平次他（全2肆）

C. 和歌

歌論・作法

1140 和歌六部抄 （わかろくぶしょう） WAKA ROKUBUSHOU　　IN:33/LCCN:847029
　　刊　3冊　袋　19.5cm × 13.7cm
　　奥書等：嘉慶元年（1387）准三后御判｜天正19年（1591）玄旨（細川幽斎）

1141 袋草子 （ふくろぞうし） FUKURO ZOUSHI　　HN:064/OJ911.2／F45
　　藤原清輔　刊　4冊　袋　26cm × 17cm
　　刊記：貞享2年（1685）
　　遺編1冊欠　異称：清輔袋草子

1142 八雲御抄 （やくもみしょう） YAKUMO MISHOU　　HN:609/坂491
　　順徳天皇　刊　7冊　袋　26cm × 18cm
　　異称：八雲抄

1143 悦目抄 （えつもくしょう） ETSUMOKUSHOU　　HN:059/坂596
　　刊　1冊　袋　26cm × 18cm
　　刊記：正保3年（1646）

1144 ［和歌］更科之記 （さらしなのき） SARASHINA NO KI　　HN:435/坂373
　　刊　2冊　袋　27cm × 19cm
　　刊記：寛文6年（1666）京／えさうし屋喜左衛門
　　異称：更科記・悦目抄

1145 袖中抄 （しゅうちゅうしょう） SHUUCHUUSHOU　　HN:498/坂356
　　顕昭　刊　20冊　袋　27cm × 18cm
　　刊記：慶安4年（1651）京／丸屋庄三郎

1146 袖中抄 （しゅうちゅうしょう） SHUUCHUUSHOU　　IN:46/LCCN:847042
　　顕昭　刊　10冊　袋　25.4cm × 17.3cm
　　刊記：京／瀬尾源兵衛　奥書等：天文22年（1553）黄門都護郎言継（山科言継）
　　蔵書印等：［士官］

1147 井蛙抄 （せいあしょう） SEIASHOU　　HN:437/OJ911.2／T33
　　頓阿　刊　5冊　挿絵有　袋　27cm × 18cm
　　刊記：宝永6年（1709）江戸／升屋喜助・大坂／村上清三郎

1148 題林愚抄 *DAIRIN GUSHOU* HN:035/OJ911.2／W53a（坂484）
　　　　山科言緒　刊　9冊　袋　23.8cm×17.5cm
　　　　刊記：寛政4年（1792）改刻　京／平楽寺（村上勘兵衛）・出雲寺与次郎他（全4肆）
　　　　異称：和歌題林愚抄

1149 題林愚抄 *DAIRIN GUSHOU* HN:036/OJ911.2／W53（Microfilm No.MOJ-152）
　　　　山科言緒　写　6冊　袋　23.8cm×17.5cm、

1150 ［頭書再板］増補和歌題林抄 *ZOUHO WAKA DAIRINSHOU*
　　　　　　　　　　　　　　　　　　　　　　　　HN:627/OJ911.2／113（坂490）
　　　　一条兼良編、北村季吟増補　刊　11冊　袋　23cm×16cm
　　　　刊記：安永6年（1777）京／北村四郎兵衛

1151 歌林良材集 *KARIN RYOUZAI SHUU* IN:2216/LCCN:508616
　　　　一条兼良　刊　2冊　袋　26.8cm×18.6cm
　　　　序：有　刊記：慶安4年（1651）京／秋田屋平左衛門

1152 歌林良材集 *KARIN RYOUZAI SHUU* HN:255/坂90
　　　　一条兼良　刊　2冊　袋　27cm×18cm
　　　　刊記：慶安4年（1651）京／秋田屋平左衛門

1153 歌林良材集 *KARIN RYOUZAI SHUU* HN:256/OJ911.207／I13
　　　　一条兼良　刊　1冊　挿絵有　袋　23cm×16cm
　　　　跋：宝永元年（1704）　刊記：万屋清兵衛

1154 古語源秘抄 *KOGO GENPISHOU* IN:2553/LCCN:695991
　　　　刊　2冊　袋　22.5cm×16cm
　　　　第1冊欠

1155 類字名所和歌集 *RUIJI MEISHO WAKASHUU* HN:416/坂681
　　　　里村昌琢　刊（古活字）　8冊　袋　28cm×21cm
　　　　跋：元和3年（1617）

1156 類字名所和歌集 *RUIJI MEISHO WAKASHUU* HN:417/坂682
　　　　里村昌琢　刊（古活字）　7冊　袋　28cm×21cm
　　　　跋：元和3年（1617）

1157 呉竹集 *KURETAKE SHUU* HN:313/坂479（坂480）
　　　　刊　10冊　袋　27cm×18cm
　　　　刊記：寛文13年（1673）京／長尾平兵衛
　　　　異称：和歌呉竹集

1158 新歌林良材集　SHIN KARIN RYOUZAI SHUU　　　　　　　　　HN:464/ 坂340
　　下河辺長流　刊　2冊　袋　18cm×12cm
　　刊記：文政元年（1818）江戸／須原屋茂兵衛・京／秋田屋太右衛門・大坂／奈良屋長兵衛

1159 松葉名所和歌集　SHOUYOU MEISHO WAKASHUU　　　　　　HN:341/OJ911.274 ／s356
　　六字堂宗恵編　刊　16冊　袋　28cm×20cm
　　刊記：万治3年（1660）京／清水半兵衛
　　異称：松葉集

1160 竹岡抄　TAKEOKASHOU　　　　　　　　　　　　　　　　　　HN:032/ 坂537
　　刊　1冊　袋　26cm×19cm
　　刊記：寛永21年（1644）

1161 細川玄旨聞書全集　HOSOKAWA GENSHI KIKIGAKI ZENSHUU　HN:171/ 坂34
　　細川幽斎述、佐方宗佐編　刊　5冊　袋　26cm×19cm
　　序：延宝6年（1678）　刊記：京／青木勝兵衛
　　異称：細川幽斎聞書全集・幽斎聞書

1162 戴恩記　TAIONKI　　　　　　　　　　　　　　　　　　　　HN:527/OJ911.2 ／M136
　　松永貞徳　刊　4冊　袋　26cm×18cm
　　刊記：元禄15年（1702）（月の部巻末）
　　異称：歌林雑話集

1163 古今類句　KOKON RUIKU　　　　　　　　　　　　　　　　　HN:298/ 坂123-a
　　山本春正　刊　36冊　袋　26cm×19cm
　　刊記：寛文6年（1666）京／桝屋彦右衛門

1164 古今類句　KOKON RUIKU　　　　　　　　　　　　　　　　　HN:299/ 坂123-b
　　山本春正　刊　14冊　袋　26cm×19cm
　　刊記：京／桝屋彦右衛門・大坂／河内屋源七郎
　　6冊欠

1165 勝地吐懐編　SHOUCHI TOKAIHEN　　　　　　　　　　　　HN:489/OJ291.06 ／K23
　　契沖　刊　1冊　洋装（袋）　26cm×18cm
　　刊記：寛政4年（1792）京／銭屋惣四郎他（全8肆）

1166 歌枕秋のねざめ　UTAMAKURA AKI NO NEZAME　　　　　　IN:1/LCCN:846997
　　有賀長伯　刊　1冊　袋　11.3cm×16.2cm
　　序：自序　刊記：元禄5年（1692）京／長谷川伝兵衛

1167 増補歌枕秋の寝覚　ZOUHO UTAMAKURA AKI NO NEZAME　HN:626/ 坂462
　　有賀長伯　刊　8冊　袋　23cm×16cm
　　刊記：正徳4年（1714）江戸／中村屋進七・京／金屋利兵衛・大坂／毛利田庄太郎

異称：歌枕秋の寝覚

1168 初学和歌式 （しょがくわかしき） SHOGAKU WAKASHIKI　　　　　　　HN:491/ 坂 387
　　有賀長伯　刊　1 冊　袋　22cm × 16cm
　　刊記：安永 2 年（1773）渋川清衛門・京／須磨勘兵衛
　　巻 1 〜 3 欠

1169 愚問賢註六窓抄 （ぐもんけんちゅうろくそうしょう） GUMON KENCHUU ROKUSOUSHOU　　HN:092/OJ611.2 ／ M125
　　松井幸隆　刊　5 冊　袋　20cm × 17cm
　　刊記：正徳 2 年（1712）京／新井弥兵衛

1170 宇比麻奈備 （ういまなび） UIMANABI　　　　　　　　　　　　IN:29/LCCN:847025
　　賀茂真淵　刊　1 冊　袋　26.5cm × 18.8cm
　　序：賀茂真淵
　　上之 1 存　蔵書印等：［予科士官］

1171 宇比麻奈備 （ういまなび） UIMANABI　　　　　　　　　　　　HN:572/ 坂 32
　　賀茂真淵　刊　3 冊　袋　26cm × 18cm
　　刊記：天明元年（1781）京／梅村三郎兵衛・江戸／須原屋茂兵衛

1172 柏伝 （かしわでん） KASHIWADEN　　　　　　　　　　　IN:3008/LCCN:696446
　　野田忠粛　刊　1 冊　挿絵有　袋　18.9cm × 12.9cm
　　序：野田維岳　刊記：明和 5 年（1768）大坂／西田理兵衛・辻太輔
　　異称：柏伝和歌の説

1173 和歌呉竹集 （わかくれたけしゅう） WAKA KURETAKE SHUU　　　　　　HN:590/ 坂 480
　　尾崎雅嘉　刊　2 冊　袋　18cm × 12cm
　　序：寛政 7 年（1795）
　　刊記：江戸／岡田屋嘉七・京／出雲寺文次郎・大坂／伊丹屋善兵衛他（全 9 肆）
　　大坂／扇星堂蔵

1174 和歌新呉竹集 （わかしんくれたけしゅう） WAKA SHIN KURETAKE SHUU　　IN:178/LCCN:847174
　　池永秦良　刊　2 冊　袋　17.6cm × 11.8cm
　　刊記：江戸／須原屋茂兵衛・大坂／秋田屋太右衛門
　　「In Exchange Yale Univ. Dec 16 1909」

1175 日本紀歌解槻乃落葉 （にほんぎうたのかいつきのおちば） NIHONGI UTA NO KAI TSUKI NO OCHIBA　IN:2621/LCCN:696059
　　荒木田久老　刊　3 冊　袋　25.2cm × 17.5cm
　　序：寛政 11 年（1799）城戸千楯　跋：文政元年（1818）荒木田久守　刊記：江戸／須原屋茂兵衛・
　　大坂／河内屋太助他（全 10 肆）｜五十槻園蔵板
　　蔵書印等：［士官］　異称：日本紀歌迺解

1176　万葉集類句　MAN'YOUSHUU RUIKU　　　　　　　　　HN:335/ 坂194
　　　長野美波留　刊　5冊　袋　26cm×19cm
　　　跋：寛政11年（1799）跋

1177　万葉集類句　MAN'YOUSHUU RUIKU　　　　　　　　　HN:337/ 坂207
　　　賀茂季鷹　刊　3冊　袋　27cm×19cm
　　　刊記：文化3年（1806）京／林宗兵衛

1178　万葉集類句　MAN'YOUSHUU RUIKU　　　　　　　　　HN:336/ 坂204
　　　賀茂季鷹　刊　3冊　袋　26cm×19cm
　　　刊記：文化3年（1806）江戸／松本平介・京／出雲寺文二郎他（全9肆）

1179　詠歌緊要考　EIGA KIN'YOU KOU　　　　　　　　　IN:3580/LCCN:504902
　　　大江東平　写　1冊　袋　23.8cm×16.3cm
　　　序：庚子（1840）大江東平　奥書等：明治8年（1875）あをきのたちぬ
　　　蔵書印等：［東京弘文荘納］　異称：よみうたのむねたるさだ

1180　和歌駿河草　WAKA SURUGASOU　　　　　　　　　　HN:592/ 坂644
　　　志貴昌澄編　写　1冊　袋　24cm×16.7cm
　　　明治版　末巻欠

1181　歌の大武根　UTA NO OOMUNE　　　　　　　　　　　HN:583/ 坂464
　　　長野義言、堀内広城校　刊　1冊　袋　26cm×18cm
　　　序：弘化2年（1845）　刊記：桃廼舎蔵版
　　　異称：歌の大意

撰集

勅撰集

1182　二十一代集　NIJUUICHIDAI SHUU　　　　　　　　　HN:377/ 坂236
　　　刊　56冊　袋　28cm×20cm
　　　刊記：正保4年（1647）京／吉田四郎右衛門尉

1183　八代集抄　HACHIDAISHUU SHOU　　　　　　　　　　HN:096/ 坂2
　　　北村季吟　刊　50冊　袋　23cm×16cm
　　　刊記：天和2年（1682）京／村上勘兵衛

1184　八代集抄　HACHIDAISHUU SHOU　　　　　　　　　　HN:097/OJ911.2／K27
　　　北村季吟　刊　50冊　袋　22cm×15cm

刊記：文政2年（1819）大坂／河内屋太助他（全2肆）

1185 古今和歌集 KOKIN WAKASHUU　　　　　　　　　　　　HN:288/ 坂 139
　　写　2冊　袋　27cm×20cm
　　奥書等：文化元年（1804）

1186 古今和歌集 KOKIN WAKASHUU　　　　　　　　　　　　HN:289/ 坂 140
　　刊　2冊　袋　26cm×18cm
　　刊記：文化9年（1812）江戸／須原屋伊八

1187 古今和歌集 KOKIN WAKASHUU　　　　　　　　　　　　HN:290/ 坂 143
　　刊　2冊　袋　18cm×13cm
　　刊記：安政5年（1858）江戸／須原屋茂兵衛・京／勝村治右衛門・大坂／河内屋喜兵衛

1188 古今和歌集 KOKIN WAKASHUU　　　　　　　　　　　　IN:86/LCCN:98847082
　　刊　2冊　袋　26.5cm×18.1cm
　　刊記：京／上村次郎右衛門
　　蔵書印等：［参謀］

1189 古今栄雅抄 KOKIN EIGASHOU　　　　　　　　　　　　HN:285/OJ911.2321 ／A92
　　飛鳥井栄雅著、飛鳥井雅俊編　刊　16冊　袋　27cm×19cm
　　刊記：延宝2年（1674）京／荒川宗長
　　異称：栄雅抄

1190 古今余材抄 KOKIN YOZAISHOU　　　　　　　　　　　HN:294/OJ911.2 ／K23
　　契沖　写　3冊　洋装（袋）　26cm×17cm

1191 古今和歌集打聴 KOKIN WAKASHUU UCHIGIKI　　　　　HN:293/OJ911.2321 ／K312k
　　賀茂真淵　刊　20冊　袋　26cm×18cm
　　刊記：寛政元年（1789）江戸／西村源六・渋川与左衛門・大坂／松村九兵衛

1192 古今集遠鏡 KOKINSHUU TOOKAGAMI　　　　　　　　　HN:295/ 坂 131
　　本居宣長　刊　6冊　袋　26cm×18cm
　　刊記：名古屋／永楽屋東四郎
　　異称：遠鏡

1193 古今和歌集鄙言 KOKIN WAKASHUU HINAKOTOBA　　　HN:291/OJ911.2321 ／O98r
　　尾崎雅嘉　刊　6冊　袋　26cm×18cm
　　刊記：両序：寛政元年（1789）　本巻：寛政8年（1796）大坂／敦賀屋九兵衛・秋田屋太右衛門
　　異称：古今和歌集両序鄙言

1194 古今和歌集ひなことば KOKIN WAKASHUU HINAKOTOBA HN:292/OJ911.2321 ／O98r
　　尾崎雅嘉　刊　3冊　袋　25cm×18cm

刊記：寛政 8 年（1796）大坂／敦賀屋九兵衛・秋田屋太右衛門

1195 拾遺和歌集　SHUUI WAKASHUU　　　　　　　　　　　HN:499/ 坂 144

　　刊　2 冊　袋　18cm × 13cm
　　刊記：嘉永 6 年（1853）江戸／須原屋茂兵衛・京／出雲寺文治郎・大坂／河内屋喜兵衛

1196 後拾遺和歌集　GOSHUUI WAKASHUU　　　　　　　　　HN:090/ 坂 145

　　刊　2 冊　袋　18cm × 13cm
　　刊記：安政 5 年（1858）江戸／須原屋茂兵衛・京／勝村治右衛門・大坂／河内屋喜兵衛

1197 千載和歌集　SENZAI WAKASHUU　　　　　　　　　　IN:41/LCCN:847037

　　刊　2 冊　挿絵有　袋　22.4cm × 15.8cm
　　刊記：出雲寺和泉掾
　　蔵書印等：［参謀・安井氏］

1198 千載和歌集　SENZAI WAKASHUU　　　　　　　　　　HN:448/OJ911.2327 ／F46

　　刊　2 冊　袋　24cm × 17cm

1199 新古今和歌集　SHINKOKIN WAKASHUU　　　　　　　　HN:465/OJ911.2421 ／M19

　　刊　2 冊　袋　27cm × 19cm
　　刊記：文政 5 年（1822）江戸／前川六左衛門・山田佐助補刻

1200 新古今和歌集　SHINKOKIN WAKASHUU　　　　　　　　HN:466/ 坂 326

　　刊　4 冊　袋　28cm × 19cm
　　刊記：京／梅村弥右衛門

1201 新古今和歌集新鈔　SHINKOKIN WAKASHUU SHINSHOU　　HN:467/OJ911.2 ／T27

　　東常縁講、細川幽斎補　刊　2 冊　洋装（袋）　23cm × 15cm
　　刊記：宝永 8 年（1711）大坂／油屋平右衛門
　　異称：新古今和歌集鈔

1202 新古今集美濃の家づと　SHINKOKINSHUU MINO NO IEDUTO

　　本居宣長　刊　5 冊　袋　26cm × 18cm　　HN:468/OJ911.2421 ／M282
　　刊記：名古屋／永楽屋東四郎
　　異称：美濃の家づと

1203 新古今集美濃の家づと折添　SHINKOKINSHUU MINO NO IEDUTO ORISOE

　　本居宣長　刊　3 冊　袋　26cm × 18cm　　HN:469/OJ911.2421 ／M282
　　刊記：名古屋／永楽屋東四郎
　　異称：美濃の家づと折添

1204 尾張廼家苞　OWARI NO IEDUTO　　　　　　　　　　HN:393/PL728.29 Orient Japan

　　石原正明　刊　9 冊　袋　26cm × 18cm

序：文政2年（1819）序　刊記：名古屋／永楽屋東四郎
異称：新古今尾張廼家苞

1205 　新勅撰和歌集　SHIN CHOKUSEN WAKASHUU　　　　　　　　HN:462/ 坂 323
　　　藤原定家　刊　4 冊　袋　27cm × 19cm
　　　刊記：宝永 5 年（1708）

1206 　新葉和歌集　SHIN'YOU WAKASHUU　　　　　　　　HN:483/ 坂 376
　　　宗良親王　刊　4 冊　袋　26cm × 19cm
　　　刊記：京／北村四郎兵衛

私撰集

1207 　西本願寺本万葉集　NISHIHONGANJI BON　MAN'YOUSHUU　　IN:48/LCCN:847045
　　　刊　21 冊　列帖　27.2cm × 21.2cm
　　　刊記：文永 3 年（1266）　権律師仙覚
　　　昭和 8 年（1933）竹柏会製作・刊行の複製本

1208 　万葉集　MAN'YOUSHUU　　　　　　　　HN:332/Swingle 2
　　　写　6 冊　袋　24cm × 17cm

1209 　万葉集　MAN'YOUSHUU　　　　　　　　HN:330/Others1
　　　刊　20 冊　袋　26cm × 19cm
　　　刊記：宝永 6 年（1709）京／出雲寺和泉掾

1210 　万葉集　MAN'YOUSHUU　　　　　　　　HN:331/ 坂 195
　　　橘経亮、山田以文校　刊　20 冊　袋　27cm × 19cm
　　　刊記：文化 2 年（1805）京／出雲寺文治郎
　　　異称：万葉和歌集校異

1211 　万葉見安　MAN'YOU MIYASU　　　　　　　　HN:326/ 坂 197
　　　刊　2 冊　袋　27cm × 18cm
　　　刊記：万治 4 年（1661）京／中野是誰
　　　異称：万葉集註釈

1212 　万葉拾穂抄　MAN'YOU SHUUSUISHOU　　　HN:328/ 坂 202（坂 203）
　　　北村季吟　刊　30 冊　袋　26cm × 19cm
　　　跋：貞享 5 年（1688）

1213 　万葉緯　MAN'YOUI　　　　　　　　IN:355/LCCN:847351
　　　似閑　写　1 冊　袋　26.9cm × 19.2cm
　　　奥書等：岡本右衛門尉

異称：引書風土記

1214 万葉新採百首解 （まんようしんさいひゃくしゅかい） MAN'YOU SHINSAI HYAKUSHUKAI　　HN:327/ 坂 224

賀茂真淵　刊　3 冊　袋　26cm × 19cm
刊記：京／二書堂梓

1215 万葉集遠江歌考 （まんようしゅうとおとうみのうたこう） MAN'YOUSHUU TOOTOUMI NO UTA KOU　　HN:339/ 坂 223

賀茂真淵　刊　1 冊　袋　27cm × 19cm
刊記：文政 3 年（1820）
異称：遠江歌考

1216 万葉集目安補正 （まんようしゅうめやすほせい） MAN'YOUSHUU MEYASU HOSEI　　HN:334/ 坂 225

池永秦良著、上田秋成補　刊　4 冊　袋　26cm × 18cm
序：寛政 8 年（1796）　刊記：大坂／伊丹屋善兵衛
異称：万葉集見安補正

1217 万葉集略解 （まんようしゅうりゃくげ） MAN'YOUSHUU RYAKUGE　　HN:338/ 坂 193

加藤千蔭　刊　30 冊　袋　26cm × 18cm
刊記：文化 9 年（1812）名古屋／永楽屋東四郎

1218 万葉山常百首 （まんようやまとひゃくしゅ） MAN'YOU YAMATO HYAKUSHU　　HN:329/ 坂 196

本居大平　刊　1 冊　袋　26cm × 19cm
跋：文政 3 年（1820）　刊記：京／出雲寺松栢堂
異称：山常百首

1219 万葉集中上野国歌 （まんようしゅうちゅうこうづけのくにうた） MAN'YOUSHUU CHUU KOUZUKE NO KUNI UTA　　HN:333/ 坂 469

橋本直香　刊　2 冊　袋　23cm × 16cm
序：安政 6 年（1859）
異称：上野歌解

1220 本末謌解 （もとすえうたのかい） MOTOSUE UTA NO KAI　　HN:361/ 坂 52

岩政信比古　刊　1 冊　袋　26cm × 18cm
刊記：嘉永 3 年（1850）大坂／柏原屋清右衛門他（全 3 肆）

1221 古今和歌六帖 （こきんわかろくじょう） KOKIN WAKA ROKUJOU　　HN:286/OJ911.2322 ／ K321（坂 132）

刊　6 冊　袋　26cm × 19cm
刊記：寛文 9 年（1669）京／吉田四郎右衛門

1222 古今和歌六帖標注 （こきんわかろくじょうひょうちゅう） KOKIN WAKA ROKUJOU HYOUCHUU　　HN:287/OJ911.2322 ／ K312h

山本明清　刊　6 冊　袋　26cm × 18cm
刊記：天保 2 年（1831）江戸／須原屋伊八・須原屋佐助

1223 新撰万葉集　SHINSEN MAN'YOUSHUU　　　　　　　　HN:479/ 坂 136
　　契沖冠註、河本公輔校、賀茂季鷹主閲　刊　2 冊　袋　26cm × 18cm
　　刊記：文化 13 年（1816）再刻　京／林芳兵衛
　　異称：校正菅家万葉集

1224 新撰六帖題和歌　SHINSEN ROKUJOUDAI WAKA　　HN:480/ 坂 329（坂 331）
　　藤原家良　刊　6 冊　袋　27cm × 19cm
　　刊記：万治 3 年（1660）京／中野五郎左衛門
　　異称：新撰六帖

1225 百人一首拾穂抄　HYAKUNIN ISSHU SHUUSUISHOU　　HN:175/ 坂 38
　　北村季吟　刊　4 冊　袋　26cm × 18cm
　　跋：天和元年（1681）

1226 百人一首拾穂抄　HYAKUNIN ISSHU SHUUSUISHOU　　HN:176/ 坂 37
　　北村季吟　刊　4 冊　袋　25cm × 18cm
　　刊記：寛政 6 年（1794）京／勝村治右衛門

1227 ［百人一首］小倉の山ふみ　OGURA NO YAMAFUMI　　IN:2130/LCCN:508530
　　中津元義　刊　1 冊　袋　17.5cm × 11.9cm
　　序：本居宣長・中津元義
　　「In Exchange / Yale Univ. Lib. / DEC 16 1908」（表紙見返）

1228 百人一首図絵　HYAKUNIN ISSHU ZUE　　　　　　　HN:177/ 坂 36
　　田山敬儀　刊　3 冊　挿絵有　袋　25cm × 18cm
　　刊記：文政 5 年（1822）

1229 百人一首一夕話　HYUKUNIN ISSHU HITOYOGATARI　HN:174/OJ911.2 ／ 098（坂 39）
　　尾崎雅嘉著、大石真虎画　刊　9 冊　挿絵有　袋　26cm × 19cm
　　刊記：天保 4 年（1833）大坂／敦賀屋九兵衛

1230 秀雅百人一首　SHUUGA HYAKUNIN ISSHU　　　　　IN:87/LCCN:98847083
　　緑亭川柳　刊　1 冊　挿絵有　袋　18.2cm × 12.1cm
　　序：弘化 5 年（1848）緑亭川柳・弘化 5 年（1848）金水漁人関口秋実　刊記：弘化 5 年（1848）
　　江戸／山口屋藤兵衛・売捌所全 13 肆（裏表紙見返）

1231 ［福寿］百人一首　HYAKUNIN ISSHU　　　　　　　HN:173/ 坂 57
　　　刊　11 冊　袋　18cm × 12cm、

1232 夫木和歌抄　FUBOKU WAKASHOU　　　　　　　　　HN:060/ 坂 597
　　勝田（藤原）長清　刊　37 冊　袋　26cm × 18cm
　　刊記：寛文 5 年（1665）京／出雲寺文治郎他（全 2 肆）

1233 中古歌仙 　CHUUKO KASEN　　　　　　　　　　　　　IN:20/LCCN:847014
　　刊　1冊　挿絵有　袋　24.3cm × 16.4cm
　　刊記：林和泉掾
　　蔵書印等：［参謀］　異称：中古三十六人歌合

1234 類題和歌集 　RUIDAI WAKASHUU　　　　　　　　　　　HN:415/ 坂279
　　後水尾天皇　刊　31冊　袋　22cm × 16cm
　　刊記：元禄16年（1703）京／出雲寺和泉掾

1235 類題和歌補闕 　RUIDAI WAKA HOKETSU　　　　　　　　HN:414/ 坂280
　　加藤古風　刊　6冊　袋　23cm × 16cm
　　刊記：文政13年（1830）江戸／和泉屋庄次郎・京／出雲寺文次郎・大坂／秋田屋太右衛門

1236 女哥仙 　ONNA KASEN　　　　　　　　　　　　　　IN:16/LCCN:847012
　　刊　1冊　挿絵有　袋　26.7cm × 18.3cm

1237 釈教三十六人歌仙図 　SHAKKYOU SANJUUROKUNIN KASEN ZU　IN:15/LCCN:847011
　　勧修寺栄海　刊　1冊　挿絵有　袋　27.2cm × 19.5cm
　　序：加藤磐斎　刊記：寛文元年（1661）
　　蔵書印等：［参謀］

1238 怜野集 　REIYA SHUU　　　　　　　　　　　　　　HN:398/ 坂267
　　清原雄風　刊　12冊　袋　23cm × 16cm
　　跋：文化3年（1806）
　　刊記：江戸／須原屋茂兵衛・京／出雲寺文次郎・大坂／秋田屋太右衛門他（全7肆）

1239 源氏百人一首 　GENJI HYAKUNIN ISSHU　　　　　　　　HN:074/ 坂600
　　黒沢翁満述、楕斎清福画　刊　1冊　袋　27cm × 18cm
　　刊記：天保10年（1839）江戸／玉山書堂
　　異称：源氏物語一人一首

1240 （嘉永五年歌集） 　KAEI GONEN KASHUU　　　　　　　　IN:3382/LCCN:504704
　　写　1冊　袋　24.4cm × 17.1cm
　　序：嘉永5年（1852）信敬
　　〔朝河〕（APR 18 1907）収蔵

1241 類題草野集 　RUIDAI SOUYA SHUU　　　　　　　　　　HN:408/OJ911.2 ／K25
　　木村定良　刊　12冊　袋　22cm × 15cm
　　刊記：文政5年（1822）（凡例）江戸／岡田屋嘉七他（全7肆）

1242 類題草野集 　RUIDAI SOUYA SHUU　　　　　　　　　　HN:409/ 坂281
　　木村定良　刊　12冊　袋　23cm × 15cm
　　刊記：東京／小林新兵衛

明治版

1243 草野集　SOUYA SHUU　　　　　　　　　　　　　　IN:1729/LCCN:433302
　　　木村定良　刊　12冊　袋　23cm×16cm
　　　序：さゝのや清水浜臣・文政2年（1819）椿園のあるし宮せり万作・文化14年（1817）木村
　　　定良　跋：文政5年（1822）定良　刊記：京／出雲寺文治郎・江戸／岡田屋嘉七他（全6肆）
　　　異称：類題草野集

1244 殉難後草　JUNNAN KOUSOU　　　　　　　　　　　IN:2678/LCCN:696116
　　　青雲閣兼文　刊　1冊　袋　19cm×12.7cm
　　　序：慶応4年（1868）青雲閣主人　刊記：慶応4年（1868）青雲閣蔵版

1245 新題林和歌集　SHIN DAIRIN WAKASHUU　　　　　　HN:463/ 坂346
　　　刊　16冊　袋　23cm×16cm
　　　刊記：正徳6年（1716）江戸／平野屋吉兵衛他（全3肆）

家集

1246 六家集　ROKKA SHUU　　　　　　　　　　　　　　HN:402/ 坂273
　　　藤原良経・藤原俊成・西行・慈円・藤原定家・藤原家隆　刊　18冊　袋　26cm×19cm

1247 類題六家集　RUIDAI ROKKA SHUU　　　　　　　　HN:407/ 坂177
　　　藤原伊清編　刊　18冊　袋　22cm×16cm
　　　刊記：宝永元年（1704）京／山本八郎右衛門・大坂／吉田吉右衛門

1248 人麻呂集　HITOMARO SHUU　　　　　　　　　　　HN:151/ 坂11
　　　賀茂真淵編、長瀬真幸校　刊　1冊　袋　25cm×18cm
　　　跋：文政7年（1824）　刊記：大坂／河内屋源七郎
　　　異称：柿本朝臣人麻呂歌集之歌・柿本人麻呂集

1249 菅家集　KANKE SHUU　　　　　　　　　　　　　　HN:250/OJ911.2／s37
　　　写　1冊　洋装（袋）　26cm×18cm
　　　異称：菅家御集

1250 菅家御詠集　KANKE GOEISHUU　　　HN:248/OJ911.2／s37（Microfilm no.MOJ-150）
　　　写　1冊　袋　26cm×18cm
　　　奥書等：文化5年（1808）

1251 菅贈太政大臣歌集　KANZOU DAIJOUDAIJIN KASHUU　　HN:236/OJ911.2／s37K
　　　菅原道真詠、仲田顕忠　刊　1冊　洋装（袋）　22cm×16cm
　　　刊記：江戸／東宰府蔵梓

1252 　**菅贈太政大臣歌集**　*KANZOU DAIJOUDAIJIN KASHUU*　　　HN:235/OJ911.2／s37Ka
　　　菅原道真詠、仲田顕忠　刊　1冊　袋　27cm × 18cm
　　　跋：嘉永5年（1852）　刊記：江戸／和泉屋善兵衛

1253 　**菅贈太政大臣歌集**　*KANZOU DAIJOUDAIJIN KASHUU*　　　HN:237/ 坂135
　　　菅原道真詠、仲田顕忠　刊　1冊　袋　26cm × 17cm
　　　跋：慶応2年（1866）

1254 　**天満宮弐百首和歌**　*TENMANGUU NIHYAKUSHU WAKA*　　　HN:540/OJ911.2／s37
　　　菅原道真詠　写　1冊　袋　26cm × 18cm

1255 　**源三位頼政歌集**　*GENSANMI YORIMASA KASHUU*　　　HN:083/ 坂602
　　　源頼政詠　刊　2冊　袋　22cm × 16cm
　　　刊記：寛文元年（1661）京／林和泉掾

1256 　**山家集類題**　*SANKASHUU RUIDAI*　　　IN:32/LCCN:847028
　　　西行詠、松本柳斎編　刊　1冊　袋　18.5cm × 12.8cm
　　　序：文化9年（1812）　奥書等：明治37年（1904）

1257 　**鷹三百首**　*TAKA SANBYAKUSHU*　　　IN:17/LCCN:847013
　　　藤原定家　刊　1冊　袋　26.4cm × 17.6cm
　　　刊記：寛永13年（1636）
　　　異称：定家鷹三百首

1258 　**後鳥羽院御集**　*GOTOBAIN GYOSHUU*　　　HN:091/ 坂617
　　　後鳥羽院　刊　3冊　袋　27cm × 19cm
　　　刊記：承応2年（1653）

1259 　**為家集**　*TAMEIE SHUU*　　　HN:535/ 坂417-a
　　　藤原為家　刊　8冊　袋　23cm × 16cm
　　　刊記：元禄7年（1694）京／出雲寺和泉掾

1260 　**兼好法師家集**　*KENKOU HOUSHI KASHUU*　　　HN:267/OJ911.25／Y84K1
　　　兼好　刊　2冊　袋　22cm × 13cm
　　　跋：寛文4年（1664）　刊記：京／林和泉掾

1261 　**自讃歌註**　*JISANKA CHUU*　　　HN:215/OJ911.244／J7S1
　　　宗祇著、菱河師宣画　刊　3冊　挿絵有　袋　27cm × 18cm

1262 　**柏玉和歌集**　*HAKUGYOKU WAKASHUU*　　　HN:118/ 坂33
　　　後柏原天皇　刊　4冊　袋　27cm × 18cm
　　　刊記：寛文9年（1669）京／谷岡七左衛門

1263 柏玉和歌集 （はくぎょくわかしゅう） HAKUGYOKU WAKASHUU　　HN:119/OJ911.2／G62
　　後柏原天皇　刊　3冊　袋　27cm×18cm
　　刊記：寛文9年（1669）

1264 雪玉集 （せつぎょくしゅう） SETSUGYOKU SHUU　　HN:449/OJ911.2／s15
　　三条西実隆　刊　12冊　袋　25cm×19cm

1265 沢庵和尚茶器詠歌集 （たくあんおしょうちゃきえいかしゅう） TAKUAN OSHOU CHAKI EIKA SHUU　　HN:531/OJ791／s34
　　沢庵　刊　1冊　挿絵有　袋　20cm×16cm

1266 挙白集 （きょはくしゅう） KYOHAKU SHUU　　HN:317/坂160
　　木下長嘯子、打它公軌・同景軌・山本春正編　刊　8冊　袋　26cm×18cm

1267 碧玉集 （へきぎょくしゅう） HEKIGYOKU SHUU　　HN:146/OJ911.2／R32
　　冷泉政為　刊　6冊　袋　26cm×18cm
　　刊記：寛文12年（1672）

1268 契沖法師富士百首 （けいちゅうほうしふじひゃくしゅ） KEICHUU HOUSHI FUJI HYAKUSHU　　IN:26/LCCN:847022
　　契沖詠、平（村田）春海編　刊　1冊　袋　25.7cm×17.7cm
　　序：寛政11年（1799）源躬弦（安田躬弦）・寛政11年（1799）平春海（村田春海）
　　刊記：京／勝村治右衛門・大坂／河内屋喜兵衛・河内屋茂兵衛・江戸／山城屋佐兵衛
　　異称：詠富士山百首和歌

1269 卜伝百首 （ぼくでんひゃくしゅ） BOKUDEN HYAKUSHU　　IN:535/LCCN:847530
　　写　1冊　挿絵有　袋　26.5cm×18.7cm
　　奥書等：享保18年（1733）新見法入正朝
　　忍馬流常心伝戦場之馬乗様之巻を付載　蔵書印等：［士官］

1270 春葉集 （しゅんようしゅう） SHUN'YOU SHUU　　HN:502/坂381
　　荷田春満詠、荷田信郷編　刊　2冊　袋　26cm×18cm
　　刊記：寛政10年（1798）京／佐々木総四郎他（全6肆）

1271 賀茂翁家集 （かもおうかしゅう） KAMO OU KASHUU　　HN:233/坂174
　　賀茂真淵著、村田春海編　刊　5冊　袋　26cm×18cm
　　刊記：文化3年（1806）江戸／堀野屋仁兵衛・前川弥兵衛・大和田安兵衛合板

1272 賀茂翁家集 （かもおうかしゅう） KAMO OU KASHUU　　HN:234/坂175
　　賀茂真淵著、村田春海編　刊　5冊　袋　26cm×18cm
　　刊記：文化14年（1817）江戸／前川六左衛門

1273 閑田詠草 （かんでんえいそう） KANDEN EISOU　　HN:242/坂181
　　伴蒿蹊　刊　3冊　袋　23cm×16cm
　　刊記：文政元年（1818）京／文台屋太兵衛他（全6肆）

1274　琴後集　*KOTOJIRI SHUU*　　　　　　　　　　　　　　　HN:308/ 坂105
　　村田春海　刊　7冊　袋　23cm×16cm
　　序：文化7年（1810）序　刊記：京／出雲寺文次郎・大坂／河内屋喜兵衛・江戸／須原屋茂兵衛
　　他（全5肆）

1275　鈴屋集　*SUZUNOYA SHUU*　　　　　　　　　　　　　　HN:518/ 坂406
　　本居宣長著、本居春庭・本居大平編　刊　9冊　袋　27cm×18cm
　　刊記：享和3年（1803）伊勢／柏屋兵助他（全3肆）

1276　鈴屋歌集　*SUZUNOYA KASHUU*　　　　　　　　　　　IN:2454/LCCN:695892
　　本居宣長　刊　2冊　袋　25.5cm×17.5cm
　　巻3・4存　異称：鈴屋集

1277　まくらの山　*MAKURA NO YAMA*　　　　　　　　　　　IN:25/LCCN:847021
　　本居宣長　刊　1冊　袋　27.5cm×19.3cm
　　跋：寛政12年（1800）本居宣長
　　刊記：享和2年（1802）伊勢／柏屋兵助・京／銭屋利兵衛・河南儀兵衛

1278　六帖詠草　*ROKUJOU EISOU*　　　　　　　　　　　　　HN:403/ 坂275
　　小沢芦庵　刊　7冊　袋　27cm×19cm
　　跋：文化8年（1811）　刊記：京／吉田四郎衛門

1279　桂園一枝　*KEIEN ISSHI*　　　　　　　　　　　　　　HN:262/ 坂159
　　香川景樹　刊　3冊　袋　26cm×19cm
　　刊記：文政13年（1830）江戸／須原屋茂兵衛・京／河南儀兵衛・大坂／秋田屋太右衛門

1280　橘守部家集　*TACHIBANA MORIBE KASHUU*　　　　　　　HN:522/ 坂418
　　橘守部著、橘冬照編　刊　3冊　袋　27cm×18cm
　　跋：嘉永7年（1854）跋　刊記：橘元輔蔵板

1281　明倫歌集　*MEIRIN KASHUU*　　　　　　　HN:349/OJ911.2 ／T29（坂22）
　　徳川斉昭　刊　5冊　袋　23cm×16cm
　　刊記：文久2年（1862）江戸／和泉屋金右衛門・水戸／修徳館蔵版

1282　伊勢の家苞　*ISE NO IEDUTO*　　　　　　　　　　　　HN:205/ 坂678
　　井上文雄　刊　3冊　袋　26cm×18cm
　　刊記：元治元年（1864）｜明治22年（1889）愛知県／梶田勘助
　　第3編存

1283　ひともとの記　*HITOMOTO NO KI*　　　　　　HN:152/OJ291.2 ／H28
　　田沢義章、法輪編　刊　1冊　袋　23cm×15cm

C. 和歌　157

1284 （詠富士山和歌控）　EI FUJISAN WAKA HIKAE　　　　　IN:3629/LCCN:703712
　　　写　1冊　折本　14.2cm×7.4cm

1285 懐ひ草　五十首　OMOIGUSA　GOJISSHU　　　　　IN:3537/LCCN:504859
　　　池田重太郎　写　1帖　折本　24.5cm×18.3cm
　　　「贈　寿多有博士　懐ひ草五拾首　池田重太郎」（題簽）・「Dr.Frederick Start宛　贈呈　著者自筆」
　　　五十首の和歌と英訳

歌合・歌会和歌

1286 歌合部類　UTAAWASE BURUI　　　　　HN:584/ 坂467
　　　刊　10冊　袋　26cm×19cm
　　　刊記：江戸／和泉屋吉兵衛・京／吉野屋仁兵衛・大坂／河内屋源七郎他（全11肆）

1287 六百番歌合　ROPPYAKUBAN UTAAWASE　　　　　HN:405/ 坂270
　　　藤原良経等詠、藤原俊成判　刊　10冊　袋　27cm×19cm
　　　刊記：承応3年（1654）京／村上平楽寺
　　　異称：左大将家六百番歌合

1288 六百番歌合　ROPPYAKUBAN UTAAWASE　　　　　HN:406/ 坂271
　　　藤原良経等詠、藤原俊成判　刊　6冊　袋　26cm×19cm
　　　異称：左大将家六百番歌合

1289 千五百番歌合　SENGOHYAKUBAN UTAAWASE　　　　　HN:445/OJ911.24／s231
　　　後鳥羽院・藤原良経・慈円・藤原定家等　刊　10冊　袋　27cm×19cm
　　　刊記：京／吉田四郎右衛門

1290 職人尽歌合　SHOKUNINDUKUSHI UTAAWASE　　　　　HN:494/OJ911.26／s343
　　　刊　1冊　挿絵有　袋　26cm×18cm
　　　異称：七十一番職人歌合

1291 六々貝合和歌　ROKUROKU KAIAWASE WAKA　　　　　HN:404/ 坂278
　　　潜蜑子　刊　1冊　挿絵有　袋　22cm×16cm
　　　序：元禄3年（1690）　刊記：京／大和田十左衛門

1292 大井川行幸和歌考証　OOIGAWA GYOUKOU WAKA KOUSHOU　　　　　HN:385/ 坂248
　　　井上文雄編　刊　1冊　袋　26cm×18cm
　　　序：文政3年（1820）

D. 連歌

1293 連歌雨夜記 (れんが あまよのき) RENGA AMAYO NO KI　　　　HN:399/OJ911.3／S35
宗長　写　1冊　袋　22cm×16cm
奥書等：弘化3年（1846）
異称：雨夜記

E. 俳諧

総記

1294 俳諧人物便覧 (はいかいじんぶつびんらん) HAIKAI JINBUTSU BINRAN　　　HN:105/OJ914.4／M21
三浦若海　写　5冊　袋　27cm×19cm

1295 俳道系譜 (はいどうけいふ) HAIDOU KEIFU　　　　　　　　　　HN:100/OJ911.4／R67
露柱庵政二説、思無邪園亀卜記述　写　1冊　袋　26cm×18cm
序：安政2（1855）

俳論・作法

1296 十論為弁抄 (じゅうろんいべんしょう) JUURON IBENSHOU　　　　　　HN:224/坂87
渡辺狂（支考）　刊　3冊　挿絵有　袋　25cm×18cm
刊記：享保10年（1725）京／野田治兵衛開板｜安政3年（1856）大坂／河内屋和助
異称：為弁抄

1297 俳諧古今抄 (はいかいこきんしょう) HAIKAI KOKINSHOU　　　　　　HN:109/坂30
各務支考　刊　5冊　挿絵有　袋　23cm×16cm
刊記：享保15年（1730）京／野田治兵衛
異称：古今抄

1298 二十五条 (にじゅうごじょう) NIJUUGOJOU　　　　　　　　　　HN:376/坂22
各務支考　刊　1冊　袋　23cm×16cm
刊記：享保21年（1736）江戸／太山庄右衛門
異称：二十五箇条

1299 俳諧十論　HAIKAI JUURON　　　　　　　　　　　　　　HN:107/ 坂 19
　　　各務支考　刊　3 冊　袋　27cm × 19cm
　　　刊記：京／野田治兵衛

1300 藻塩袋　MOSHIOBUKURO　　　　　　　　　　　　　　HN:360/ 坂 203
　　　菊岡沾凉　刊　5 冊　袋　23cm × 16cm
　　　刊記：宝暦 4 年（1754）江戸／吉文字屋治郎兵衛・大坂／同市兵衛

1301 去来抄　KYORAISHOU　　　　　　　　　　　　　　　HN:320/ 坂 199
　　　向井去来著、暁台編　刊　3 冊　袋　23cm × 16cm
　　　刊記：安永 4 年（1775）京／井筒屋庄兵衛・橘屋治兵衛

1302 俳諧糸切歯　HAIKAI ITOKIRIBA　　　　　　　　　　HN:104/ 坂 26
　　　石橋隣春耕　刊　4 冊　袋　23cm × 16cm
　　　刊記：安永 5 年（1776）京／田中庄兵衛・中西卯兵衛

1303 華実年浪草　KAJITSU TOSHINAMIGUSA　　　　　　　HN:229/OJ911
　　　鵜川麓文　刊　15 冊　袋　22cm × 16cm
　　　序：天明 2 年（1782）
　　　異称：華実年浪三余抄・俳諧三余抄

1304 華実年浪草　KAJITSU TOSHINAMIGUSA　　　　　　　IN:1010/LCCN:432583
　　　鵜川麓文　刊　3 冊　洋装（袋）　22cm × 15.3cm
　　　序：安永 10 年（1781）金峨井純・空摩居士・蓼太・天明元年（1781）自序
　　　刊記：天明 3 年（1783）三余斎蔵板｜山本平左衛門他（全 6 肆）
　　　〔朝河〕（APR 18 1907）収蔵

1305 華実年浪草三余抄　KAJITSU TOSHINAMIGUSA SAN'YOSHOU　IN:1858/LCCN:508258
　　　鵜川麓文　刊　1 冊　洋装（袋）　22.5cm × 15.3cm
　　　刊記：京／護中堂発行（見返）
　　　巻 7・8 存　〔朝河〕（APR 4 1907）収蔵　異称：華実年浪草

1306 俳諧世説　HAIKAI SESETSU　　　　　　　　　　　　HN:113/ 坂 24
　　　高桑闌更　刊　5 冊　挿絵有　袋　23cm × 16cm
　　　刊記：天明 5 年（1785）京／菊舎太兵衛他（全 2 肆）

1307 芭蕉翁絵詞伝　BASHOU OU EKOTOBA DEN　　　　　　HN:021/ 坂 550
　　　蝶夢幻阿弥陀仏編、狩野正宋画　刊　3 冊　袋　31cm × 22cm
　　　刊記：寛政 5 年（1793）京／井筒屋庄兵衛・橘屋治兵衛

1308 月令博物筌　GETSUREI HAKUBUTSUSEN　　　　　　　IN:2113/LCCN:508513
　　　鳥飼洞斎　刊　16 冊　袋　8.4cm × 19.2cm
　　　序：篠崎応道題・篠崎小竹　刊記：文化 5 年（1808）大坂／吉文字屋市左衛門

1309 ［季寄注解］月令博物筌　GETSUREI HAKUBUTSUSEN　　　　HN:084/ 坂 95
　　鳥飼洞斎　刊　16 冊　袋　9cm × 18cm
　　刊記：大坂／塩屋市良治
　　異称：改正月令博物筌

1310 俳諧寂栞　HAIKAI SABISHIORI　　　　HN:111/ 坂 31
　　春秋庵白雄著、拙堂増補　刊　3 冊　袋　23cm × 16cm
　　刊記：文化 9 年（1812）江戸／鶴屋喜右衛門他（全 2 肆）

1311 俳諧饒舌録　HAIKAI JOUZETSUROKU　　　　HN:106/ 坂 25
　　元木阿弥　刊　2 冊　袋　23cm × 16cm
　　刊記：文化 13 年（1816）江戸／英文蔵

1312 梅林茶談　BAIRIN SADAN　　　　HN:017/ 坂 547
　　梅室素信著、九起編　刊　1 冊　袋　22cm × 16cm
　　跋：天保 12 年（1841）　刊記：京／橘屋治兵衛

1313 ［増補改正］俳諧歳時記栞草　HAIKAI SAIJIKI SHIORIGUSA　　　　HN:112/ 坂 20
　　曲亭馬琴著、藍亭青藍補　刊　5 冊　袋　13cm × 19cm
　　刊記：嘉永 4 年（1851）江戸／英屋大助他（全 14 肆）

1314 俳諧つれづれ草　HAIKAI TSUREDUREGUSA　　　　HN:116/ 坂 627
　　芭蕉庵桃青述、守株軒黙池・閑樹園きく雄編　刊　1 冊　袋　23cm × 16cm
　　刊記：文久元年（1861）

1315 師説録　SHISETSUROKU　　　　HN:486/ 坂 528
　　鳳朗　刊　2 冊　袋　23cm × 16cm
　　刊記：文久 2 年（1862）江戸／万屋忠蔵（見返）
　　異称：蕉門俳諧師説録

撰集・家集・類題集

1316 梟日記　FUKUROU NIKKI　　　　HN:063/ 坂 582
　　西華坊支考編　刊　2 冊　袋　22cm × 16cm
　　刊記：元禄 11 年（1698）京／井筒屋庄兵衛
　　異称：西華坊日記

1317 綾錦　AYANISHIKI　　　　HN:015/ 坂 516
　　菊岡沾涼　刊　1 冊　袋　22cm × 15cm
　　序：享保 17 年（1732）

1318 芭蕉句選 *BASHOU KUSEN*   HN:018/ 坂527
    擲筆庵華雀　刊　2冊　袋　23cm×16cm
    刊記：元文4年（1739）京／井筒屋庄兵衛・同宇兵衛

1319 三朝吟 *SANCHOUGIN*   IN:28/LCCN:847024
    羅人　刊　1冊　挿絵有　袋　14.7cm×21cm
    刊記：寛延3年（1750）京／野田藤八
    歳旦帖

1320 蕪翁句集 *BUOU KUSHUU*   HN:029/ 坂532
    夜半亭蕪村著　春夜楼几董編　刊　2冊　袋　23cm×15cm
    跋：天明4年（1784）
    異称：蕪村句集

1321 俳諧七部集 *HAIKAI SHICHIBUSHUU*   HN:114/ 坂29
    柳居編　刊　7冊　袋　23cm×16cm
    刊記：寛政7年（1795）京／井筒庄兵衛

1322 （寛政十三年歳旦帖） *KANSEI JUUSANNEN SAITANCHOU*   IN:24/LCCN:847020
    刊　1冊　仮綴　15.8cm×20.8cm
    東都市谷・東武四谷大木戸等の連の歳旦帖を合綴

1323 三日月集 *MIKADUKI SHUU*   HN:351/ 坂217
    白図編、少汝補　刊　1冊　袋　23cm×16cm
    刊記：享和2年（1802）

1324 枇杷園句集 *BIWAEN KUSHUU*   HN:023/ 坂525
    枇杷園士朗著、松兄・宇洋編　刊　2冊　袋　23cm×16cm
    序：文化元年（1804）　刊記：名古屋／永楽屋東四郎
    「前篇」存

1325 枇杷園句集 *BIWAEN KUSHUU KOUHEN*   HN:024/ 坂526
    枇杷園士朗著、卓池・秋季編　刊　2冊　袋　23cm×16cm
    序：文化7年（1810）　刊記：名古屋／永楽屋東四郎
    「後篇」存

1326 枇杷園句集 *BIWAEN KUSHUU KOUHEN*   HN:025/ 坂526
    枇杷園士朗著、卓池・秋季編　刊　2冊　袋　23cm×16cm
    序：文化9年（1812）　刊記：江戸／前川六左衛門・名古屋／菱屋九兵衛
    「後篇」存

1327 阿沙野 *ASANO*   HN:010/ 坂517
    来鷗亭大皐編　刊　2冊　袋　23cm×16cm

序：文化 8 年（1811）　刊記：名古屋／永楽屋東四郎
異称：安嵯野

1328　**俳諧新十家類題集**　HAIKAI SHIN JIKKA RUIDAI SHUU　　　　　HN:115/ 坂 27（坂 27-a）

　　俳諧堂耒耜、阿里園六轡編　刊　4 冊　袋　23cm × 16cm
　　刊記：文化 10 年（1813）大坂／塩屋忠兵衛他（全 2 肆）
　　異称：俳諧新十家発句集

1329　**かつらの露**　KATSURA NO TSUYU　　　　　HN:261/ 坂 168

　　梅月館沾嶺　刊　1 冊　袋　30cm × 21cm
　　跋：文化 14 年（1817）

1330　**[素檗句集] 鶯宿梅**　OUSHUKUBAI　　　　　HN:392/ 坂 471

　　素檗　刊　1 冊　袋　23cm × 16cm
　　序：文政 3 年（1820）　刊記：江戸／野田七兵衛他（全 2 肆）

1331　**俳諧一葉集**　HAIKAI ICHIYOU SHUU　　　　　HN:103/ 坂 21

　　仏兮・湖中編　刊　9 冊　袋　18cm × 12cm
　　刊記：文政 10 年（1827）江戸／英大助

1332　**そのしほり**　SONO SHIORI　　　　　HN:512/ 坂 353

　　碩水　刊　1 冊　袋　22cm × 16cm
　　序：天保 3 年（1832）　刊記：京／近江屋利助

1333　**こひし笛**　KOISHIBUE　　　　　HN:283/ 坂 655

　　帯川沙鷗著、而后編　刊　1 冊　袋　23cm × 16cm
　　序：天保 3 年（1832）

1334　**[俳諧] 名家発句類題集**　MEIKA HOKKU RUIDAI SHUU　　　　　HN:348/ 坂 23

　　幻住庵三志　刊　4 冊　袋　22cm × 16cm
　　刊記：天保 8 年（1837）大坂／河内屋儀助他（全 3 肆）

1335　**飛とつ鷺**　HITOTSUSAGI　　　　　HN:154/ 坂 499

　　青々編　刊　1 冊　袋　23cm × 16cm
　　刊記：天保 9 年（1838）

1336　**小蓑庵月並句合**　KOMINOAN TSUKINAMI KUAWASE　　　　　HN:301/ 坂 674

　　小蓑庵　刊　1 冊　袋　18cm × 15cm
　　序：天保 9 年（1838）

1337　**犬まさき集**　INUMASAKI SHUU　　　　　HN:191/ 坂 649

　　杜有　刊　1 冊　袋　23cm × 16cm
　　序：天保 10 年（1839）

E. 俳諧

1338 熱田新三歌仙　ATSUTA SHIN SANKASEN　　　　HN:014/ 坂 520
　　　刊　1 冊　袋　22cm × 16cm
　　　刊記：天保 10 年（1839）

1339 花苗集　HANA NO NAE SHUU　　　　HN:134/ 坂 629
　　　祖郷　刊　1 冊　袋　23cm × 16cm
　　　序：天保 10 年（1839）

1340 花供養　HANA KUYOU　　　　HN:122/ 坂 14
　　　刊　1 冊　袋　23cm × 16cm
　　　刊記：天保 10 年（1839）京／菊屋平兵衛

1341 花供養　HANA KUYOU　　　　HN:123/ 坂 15
　　　刊　1 冊　袋　23cm × 16cm
　　　刊記：天保 11 年（1840）京／菊屋平兵衛

1342 花供養　HANA KUYOU　　　　HN:125/ 坂 12
　　　九起　刊　2 冊　袋　22cm × 16cm
　　　序：天保 14 年（1843）　刊記：京／菊屋平兵衛

1343 花供養　HANA KUYOU　　　　HN:124/ 坂 16
　　　九起　刊　1 冊　袋　23cm × 16cm
　　　序：天保 13 年（1842）　刊記：京／近江屋利助

1344 追福集　TSUIFUKU SHUU　　　　HN:557/ 坂 474
　　　砺山編　刊　2 冊　袋　23cm × 16cm
　　　序：天保 10 年（1839）　刊記：京／菊屋平兵衛

1345 やまなかしゅう　YAMANAKA SHUU　　　　HN:612/OJ911
　　　可大編　刊　1 冊　袋　23cm × 16cm
　　　序：天保 10 年（1839）　刊記：京／野田治兵衛
　　　異称：山中集

1346 新園帖　SHIN'ENCHOU　　　　HN:472/ 坂 240
　　　籟々庵有筇編　刊　1 冊　袋　23cm × 16cm
　　　跋：天保 11 年（1840）

1347 花信帖　KASHINCHOU　　　　HN:258/ 坂 508
　　　田喜庵護物編　刊　1 冊　挿絵有　袋　23cm × 15cm
　　　刊記：天保 11 年（1840）

1348 鴈婦呂集　GANBURO SHUU　　　　HN:068/ 坂 503
　　　刊　1 冊　袋　23cm × 16cm

序：天保11年（1840）

1349 円満集 えんまんしゅう　ENMAN SHUU　　　　　　　　　　　HN:058/ 坂592
　　青々所卓池　刊　1冊　袋　23cm×16cm
　　刊記：天保12年（1841）
　　私家版

1350 ときはぎしゅう　TOKIWAGI SHUU　　　　　　　　　　　HN:543/ 坂659
　　旦斎　刊　1冊　袋　23cm×16cm
　　序：天保12年（1841）　刊記：京／菊屋平兵衛

1351 駄荷袋 だにぶくろ　DANIBUKURO　　　　　　　　　　　HN:038/ 坂558
　　螺舎李蠖　刊　1冊　袋　21cm×16cm
　　序：天保13年（1842）
　　異称：達仁文久魯

1352 夏かわづ なつかわづ　NATSUKAWAZU　　　　　　　　　　　HN:370/ 坂234
　　麦慰舎梅通　刊　1冊　袋　23cm×16cm
　　序：天保13年（1842）　刊記：京／菊屋平兵衛

1353 馬那之集 うまなししゅう　UMANASHI SHUU　　　　　　　　　　　HN:575/ 坂548
　　中野石外　刊　2冊　袋　22cm×16cm
　　刊記：天保13年（1842）
　　石外の私家版

1354 としごと集 としごとしゅう　TOSHIGOTO SHUU　　　　　　　　　　　HN:552/ 坂449
　　北村庵杜鷺　刊　1冊　袋　23cm×16cm
　　序：天保13年（1842）　刊記：京／近江屋利助

1355 家づと集 いえづとしゅう　IEDUTO SHUU　　　　　　　　　　　HN:180/OJ911.46／121
　　呂叟　刊　1冊　袋　23cm×16cm
　　序：天保13年（1842）

1356 あをかりし　AOKARISHI　　　　　　　　　　　HN:007/ 坂522
　　由誓編　刊　1冊　袋　23cm×16cm
　　序：天保13年（1842）

1357 ［増補］方円発句集 ほうえんほっくしゅう　HOUEN HOKKU SHUU　　　　　　　　　　　HN:156/ 坂501
　　方円　刊　2冊　袋　23cm×16cm
　　跋：天保13年（1842）　刊記：京／菊屋平兵衛・梅室蔵板

1358 はつなぐさ　HATSUNAGUSA　　　　　　　　　　　HN:141/ 坂666
　　得蕪　刊　1冊　袋　23cm×16cm

序：天保 13（1842）

1359　はとの巣　HATO NO SU　　　　　　　　　　　　HN:140/ 坂 653
　　　平山　刊　1 冊　袋　23cm×16cm
　　　跋：天保 13（1842）

1360　はしり穂集　HASHIRIHO SHUU　　　　　　　　HN:139/ 坂 668
　　　見外　刊　1 冊　袋　23cm×16cm
　　　序：天保 13（1842）

1361　はなぬす人　HANA NUSUBITO　　　　　　　　HN:131/ 坂 628
　　　思文　刊　1 冊　袋　22cm×16cm
　　　序：天保 13 年（1842）

1362　花能雲集　HANA NO KUMO SHUU　　　　　　HN:128/ 坂 43
　　　惺庵西馬　刊　2 冊　袋　23cm×16cm
　　　序：天保 13 年（1842）
　　　異称：花能雲

1363　さを柿集　SAOGAKI SHUU　　　　　　　　　　HN:433/ 坂 654
　　　緑竹舎涼枝　刊　1 冊　袋　22cm×16cm
　　　刊記：天保 14 年（1843）

1364　敷栲集　SHIKITAE SHUU　　　　　　　　　　　HN:460/ 坂 338
　　　米山　刊　1 冊　袋　23cm×16cm
　　　刊記：天保 14 年（1843）

1365　白菊集　SHIRAGIKU SHUU　　　　　　　　　　HN:484/ 坂 411
　　　比良城林曹　刊　2 冊　袋　22cm×15cm
　　　序：天保 14 年（1843）
　　　異称：しらぎく集

1366　そのにほひ　SONO NIOI　　　　　　　　　　　HN:511/ 坂 414
　　　碩水　刊　1 冊　袋　23cm×15cm
　　　跋：天保 14 年（1843）

1367　声の栞　KOE NO SHIORI　　　　　　　　　　　HN:277/ 坂 191
　　　鷺秋等　刊　2 冊　挿絵有　袋　23cm×16cm
　　　刊記：天保 14 年（1843）京／橘屋治兵衛・伊賀／西沢長兵衛

1368　ちりひち集　CHIRIHIJI SHUU　　　　　　　　　HN:034/ 坂 664
　　　万里　刊　1 冊　袋　23cm×16cm
　　　序：天保 14（1843）

1369 犬居士 　INU KOJI　　　　　　　　　　　　　　　　　　　　HN:190/ 坂 650
　　　梅室　刊　1 冊　袋　23cm × 16cm
　　　刊記：天保 14 年（1843）

1370 ほくせい集 　HOKUSEI SHUU　　　　　　　　　　　　　　HN:160/ 坂 500
　　　清香社中　刊　2 冊　袋　23cm × 16cm
　　　刊記：天保 14 年（1843）

1371 遍那多里集 　HENATARI SHUU　　　　　　　　　　　　　HN:147/ 坂 8
　　　刊　1 冊　袋　23cm × 16cm
　　　序：天保 14 年（1843）

1372 栄流野草芽 　HARU NO KUSAME　　　　　　　　　　　　HN:138/ 坂 45
　　　見外　刊　1 冊　袋　23cm × 16cm
　　　序：天保 14（1843）

1373 花せんふ 　HANASENBU　　　　　　　　　　　　　　　　HN:136/ 坂 630
　　　五仲庵有節編　刊　1 冊　袋　23cm × 16cm
　　　刊記：天保 14 年（1843）京／近江屋利助

1374 類題年毎集 　RUIDAI TOSHIGOTO SHUU　　　　　　　　HN:410/ 坂 450
　　　北村庵杜鵞　刊　1 冊　袋　23cm × 16cm
　　　刊記：天保 14（1843）京／近江屋利助

1375 類題年毎集 　RUIDAI TOSHIGOTO SHUU　　　　　　　　HN:411/ 坂 451
　　　北村庵杜鵞　刊　1 冊　袋　23cm × 16cm
　　　刊記：弘化元年（1844）京／近江屋利助

1376 類題年毎集 　RUIDAI TOSHIGOTO SHUU　　　　　　　　HN:412/ 坂 452
　　　北村庵杜鵞　刊　1 冊　袋　23cm × 16cm
　　　刊記：弘化 2 年（1845）京／近江屋利助

1377 類題年毎集 　RUIDAI TOSHIGOTO SHUU　　　　　　　　HN:413/ 坂 453
　　　北村庵杜鵞　刊　1 冊　袋　23cm × 16cm
　　　刊記：弘化 3 年（1846）京／近江屋利助

1378 田代集 　TASHIRO SHUU　　　　　　　　　　　　　　　HN:539/ 坂 421
　　　刊　1 冊　袋　23cm × 16cm
　　　序：天保 14 年（1843）

1379 とりかえる打見 　TORIKAERU UCHIMI　　　　　　　　　HN:547/OJ911.46／T34
　　　素玉　刊　1 冊　袋　23cm × 16cm
　　　跋：天保 14 年（1843）

1380 追遠会　TSUIEN'E　　　　　　　　　　　　　　　HN:558/OJ91146／T375
　　而后　刊　1冊　袋　23cm×16cm
　　序：天保14年（1843）　刊記：名古屋／風月堂

1381 梅のをりはし　UME NO ORIHASHI　　　　　　　HN:576/坂656
　　平山　刊　1冊　袋　23cm×16cm
　　序：天保14年（1843）

1382 藪つはきしう　YABUTSUBAKI SHUU　　　　　　HN:605/坂496
　　石鼎　刊　1冊　挿絵有　袋　23cm×16cm
　　序：天保14年（1843）　刊記：近江屋利助

1383 藤の辻　FUJI NO TSUJI　　　　　　　　　　　HN:061/坂581
　　之桂　刊　1冊　袋　23cm×16cm
　　刊記：天保14年（1843）

1384 夢塚集　YUMEDUKA SHUU　　　　　　　　　　HN:619/坂493
　　宇逸・石岱・野竹編　刊　2冊　挿絵有　袋　23cm×16cm
　　序：天保14年（1843）　刊記：京／菊屋平兵衛

1385 仰高集　GYOUKOU SHUU　　　　　　　　　　　HN:094/坂646
　　渓斎・為山編　刊　1冊　袋　23cm×16cm
　　序：天保14年（1843）

1386 萩のたきさし　HAGI NO TAKISASHI　　　　　　HN:099/坂626
　　李曠　刊　1冊　袋　23cm×16cm、
　　序：天保14年（1843）序

1387 伝春集　DENSHUN SHUU　　　　　　　　　　　HN:039/坂555
　　祭魚　刊　1冊　袋　22cm×16cm
　　序：天保15年（1844）　刊記：枯魚堂私家版

1388 旅のひとつ　TABI NO HITOTSU　　　　　　　　HN:519/坂423
　　刊　1冊　袋　23cm×16cm
　　序：天保15年（1844）

1389 対塔庵蒼虬句集　TAITOUAN SOUKYUU KUSHUU　　HN:528/坂399
　　成田蒼虬　刊　4冊　袋　22cm×16cm
　　刊記：天保15年（1844）江戸／須原屋茂兵衛・名古屋／松屋善兵衛・京／伊勢屋文助・大坂／
　　秋田屋市兵衛
　　異称：蒼虬翁句集

1390 東西菊 <u>とうざいぎく</u> *TOUZAIGIKU*　　　　　　　　　　　　HN:555/ 坂 658
　　碩水　刊　1 冊　袋　23cm × 16cm
　　序：天保 15 年（1844）

1391 芳奈能都登 <u>はなのつと</u> *HANA NO TSUTO*　　　　　　　　HN:129/ 坂 632
　　みち雄　刊　1 冊　袋　23cm × 16cm
　　序：天保 15 年（1844）

1392 はなざら *HANAZARA*　　　　　　　　　　　　　　　　HN:135/ 坂 667
　　伯遠　刊　1 冊　袋　23cm × 16cm
　　序：天保 15 年（1844）

1393 半毛集 <u>はんもうしゅう</u> *HANMOU SHUU*　　　　　　　　HN:137/ 坂 631
　　流芝　刊　1 冊　袋　23cm × 16cm
　　序：天保 15 年（1844）
　　私家版か

1394 ひとつ栗 <u>ぐり</u> *HITOTSUGURI*　　　　　　　　　　　　HN:153/ 坂 506
　　栗斎凉莎　刊　1 冊　袋　23cm × 16cm
　　序：天保 15 年（1844）
　　異称：ひとつ栗集

1395 ［蕉翁追善］一味集 <u>いちみしゅう</u> *ICHIMI SHUU*　　　HN:179/ 坂 657
　　風阿　刊　1 冊　挿絵有　袋　22cm × 16cm
　　刊記：天保 15 年（1844）京／菊屋平兵衛

1396 小づくえ集 <u>こづくえしゅう</u> *KODUKUE SHUU*　　　　HN:312/ 坂 660
　　甘泉亭編　刊　1 冊　袋　23cm × 16cm
　　序：天保 15 年（1844）　刊記：京／菊屋平兵衛

1397 霜ころも <u>しも</u> *SHIMOGOROMO*　　　　　　　　　　HN:461/ 坂 384
　　呂叟　刊　1 冊　袋　23cm × 16cm
　　跋：天保 15 年（1844）

1398 さはひこめ *SAWAHIKOME*　　　　　　　　　　　　HN:436/ 坂 415
　　一止　刊　1 冊　袋　23cm × 16cm
　　刊記：天保 15 年（1844）仙台／山田屋庄兵衛

1399 椎柴集 <u>しいしばしゅう</u> *SHIISHIBA SHUU*　　　　　　HN:457/ 坂 413
　　漣山　刊　1 冊　袋　23cm × 16cm
　　序：弘化 2 年（1845）

1400　照顔集　SHOUGAN SHUU　　　　　　　　　　　　　　HN:492/ 坂 432
　　　山口曲阜　刊　2冊　袋　23cm×16cm
　　　序：弘化2年（1845）　刊記：京／菊屋平兵衛

1401　師走風雅集　SHIWASU FUUGA SHUU　　　　　　　　HN:487/ 坂 412
　　　無事庵岳陰　刊　1冊　袋　23cm×16cm
　　　序：弘化2年（1845）

1402　そのかさしう　SONOKASA SHUU　　　　　　　　　　HN:510/ 坂 661
　　　竹山　刊　1冊　挿絵有　袋　23cm×16cm
　　　跋：弘化2年（1845）

1403　茶一はい　CHA IPPAI　　　　　　　　　　　　　　　HN:031/ 坂 565
　　　一具　刊　1冊　袋　23cm×16cm
　　　跋：弘化2年（1845）

1404　一徹集　IKKI SHUU　　　　　　　　　　　　　　　　HN:182/ 坂 651
　　　桂花庵　刊　1冊　袋　23cm×16cm
　　　刊記：弘化2年（1845）京／近江屋利助

1405　ほろほろ集　HOROHORO SHUU　　　　　　　　　　　HN:169/ 坂 619
　　　抱月庵鼎峰　刊　1冊　袋　23cm×16cm
　　　刊記：弘化2年（1845）京／近江屋利助

1406　反古団扇集　HOGO UCHIWA SHUU　　　　　　　　　HN:158/ 坂 620
　　　如草　刊　1冊　袋　23cm×16cm
　　　刊記：弘化2年（1845）
　　　異称：ほごうちわ

1407　花供養　HANA KUYOU　　　　　　　　　　　　　　　HN:126/ 坂 13
　　　田中乙美　刊　1冊　袋　22cm×16cm
　　　序：弘化2年（1845）　刊記：京／菊屋平兵衛

1408　俳諧こぼれ炭集　HAIKAI KOBOREZUMI SHUU　　　　HN:108/ 坂 622
　　　卓池　刊　1冊　袋　23cm×16cm
　　　刊記：弘化2年（1845）
　　　異称：こぼれ炭集

1409　俳諧抜群集　HAIKAI BATSUGUN SHUU　　　　　　　HN:102/ 坂 624
　　　太清居秀外編、鱗々舎三江訂　刊　1冊　袋　23cm×16cm
　　　刊記：弘化2年（1845）
　　　異称：俳諧発句抜群集

1410 **俳諧相生集** *HAIKAI AIOI SHUU* HN:101/坂623
　　蒼々園可松　刊　1冊　挿絵有　袋　23cm×16cm
　　序：弘化2年（1845）　刊記：京／近江屋利助
　　異称：相生集

1411 **あけぼの集** *AKEBONO SHUU* HN:004/坂521
　　杉露　刊　1冊　挿絵有　袋　23cm×16cm
　　刊記：弘化2年（1845）京／近江屋利助
　　異称：安気本能集

1412 **をりそへ集** *ORISOE SHUU* HN:391/坂251
　　芋々園（市田芋丈）　刊　1冊　袋　22cm×16cm
　　刊記：弘化2年（1845）京／近江屋利助
　　異称：俳諧折添集

1413 **旅衾** *TABIBUSUMA* HN:520/坂422
　　桐古　刊　1冊　袋　23cm×16cm
　　序：弘化2年（1845）

1414 **すぎばやし** *SUGIBAYASHI* HN:516/OJ911.46／s386
　　刊　1冊　袋　22cm×16cm
　　刊記：弘化2年（1845）京／近江屋利助

1415 **たびね集** *TABINE SHUU* HN:521/坂425
　　窪田漣山　刊　1冊　袋　23cm×16cm
　　刊記：弘化2年（1845）

1416 **としなみしふ** *TOSHINAMI SHUU* HN:553/坂455
　　逸淵　刊　1冊　袋　23cm×16cm
　　序：弘化2年（1845）

1417 **月見塚集** *TSUKIMIDUKA SHUU* HN:560/坂665
　　汀砂・兎什・新々・雪斗　刊　1冊　挿絵有　袋　23cm×16cm
　　序：弘化2年（1845）
　　異称：都喜見津賀

1418 **［俳諧］植継集** *UETSUGI SHUU* HN:570/坂466
　　流芝　刊　2冊　袋　23cm×16cm
　　跋：弘化2年（1845）

1419 **うぐいす笛** *UGUISUBUE* HN:571/坂456
　　青和　刊　1冊　袋　23cm×16cm
　　序：弘化2年（1845）

1420 　藪五徳　YABUGOTOKU　　　　　　　　　　　　　　　　HN:604/ 坂 494
　　　月底　刊　1 冊　袋　23cm × 16cm
　　　刊記：弘化 2 年（1845）

1421 　冬椿集　FUYUTSUBAKI SHUU　　　　　　　　　　　　HN:066/ 坂 541
　　　自然堂社中　刊　2 冊　袋　23cm × 16cm
　　　跋：弘化 2 年（1845）
　　　鳳朗門下の私家版

1422 　宿のうめ　YADO NO UME　　　　　　　　　　　　　　HN:606/ 坂 648
　　　岸百丈　刊　1 冊　袋　23cm × 16cm
　　　序：弘化 2 年（1845）

1423 　沙鷗発句集　SAOU HOKKU SHUU　　　　　　　　　　HN:432/ 坂 305
　　　沙鷗（森本治左衛門）　刊　1 冊　袋　23cm × 16cm
　　　跋：弘化 2 年（1845）　刊記：名古屋／晴月堂卯兵衛他（全 2 肆）

1424 　[俳諧] 四詠集　SHIEI SHUU　　　　　　　　　　　　HN:455/ 坂 625
　　　魚楽　刊　1 冊　袋　23cm × 16cm
　　　序：弘化 3 年（1846）

1425 　[発句] 自認通称千家集　JININ TSUUSHOU SENKA SHUU　HN:212/ 坂 76
　　　大川春魚　刊　3 冊　挿絵有　袋　22cm × 16cm
　　　序：弘化 3 年（1846）　刊記：伊勢／柳葉屋春魚

1426 　槻弓集　TSUKIYUMI SHUU　　　　　　　　　　　　　HN:561/ 坂 475
　　　菊守園見外編　刊　5 冊　袋　23cm × 16cm
　　　刊記：初編＝天保 14 年（1843）、2 編＝天保 15 年（1844）、3 編＝弘化 2 年（1845）、月ゆみ
　　　（通巻番号なし）弘化 3 年（1846）、5 編＝刊記なし
　　　異称：つきゆみ集・月ゆみ

1427 　歌礼可連集　KAREKARE SHUU　　　　　　　　　　　HN:254/ 坂 507
　　　太良　刊　1 冊　挿絵有　袋　23cm × 16cm
　　　序：弘化 3 年（1846）　刊記：仙台／山田屋庄兵衛

1428 　芳新集　HOUSHIN SHUU　　　　　　　　　　　　　　HN:170/ 坂 621
　　　五仲庵有節編　刊　2 冊　袋　23cm × 16cm
　　　序：弘化 2 年（1845）（初編）・弘化 3 年（1846）（2 編）　刊記：京／近江屋利助

1429 　梅見がてら　UMEMIGATERA　　　　　　　　　　　　HN:578/ 坂 457
　　　碩水　刊　1 冊　袋　23cm × 16cm
　　　序：弘化 3 年（1846）　刊記：京／近江屋利助

1430 わかれ霜　*WAKAREJIMO*　　　　　　　　　　　　HN:601/ 坂459
　　安楽林社　刊　1冊　袋　23cm×16cm
　　刊記：弘化3年（1846）

1431 四時行　*SHIJIKOU*　　　　　　　　　　　　　HN:458/ 坂337
　　梅室　刊　1冊　袋　23cm×16cm
　　序：弘化4年（1847）　刊記：京／近江屋利助

1432 このとき集　*KONOTOKI SHUU*　　　　　　　HN:303/ 坂504
　　杜陵　刊　1冊　袋　23cm×16cm
　　序：弘化4年（1847）

1433 石うす集　*ISHIUSU SHUU*　　　　　HN:207/OJ911.46／177
　　石声　刊　1冊　袋　23cm×16cm
　　序：弘化4年（1847）

1434 おひさらひ　*OISARAI*　　　　　　　　　　　HN:386/ 坂255
　　憲屋曲淵　刊　1冊　袋　23cm×16cm
　　刊記：弘化4年（1847）京／近江屋利助（見返）
　　異称：俳諧笈撈集

1435 嵐山集　*ARASHIYAMA SHUU*　　　　　　　　HN:396/ 坂673
　　紀石外　刊　1冊　袋　22cm×16cm
　　刊記：弘化4年（1847）京／近江屋利助

1436 東行集　*TOUKOU SHUU*　　　　　　　　　　HN:544/ 坂454
　　布屋欽哉　刊　1冊　袋　23cm×16cm
　　序：弘化4年（1847）

1437 うめ柳　*UMEYANAGI*　　　　　　　　　　　HN:579/ 坂458
　　柳沢蒋池　刊　1冊　袋　22cm×16cm
　　刊記：弘化4年（1847）京／近江屋利助

1438 ゆくとし集　*YUKUTOSHI SHUU*　　　　HN:618/OJ91145／Y96
　　乙牙　刊　1冊　袋　23cm×16cm
　　序：弘化4年（1847）

1439 艸名集　*SOUMEI SHUU*　　　　　　　IN:1706/LCCN:433279
　　大鶴庵塊翁　刊　1冊　挿絵有　袋　21.8cm×15cm
　　刊記：安政4年（1857）名古屋／菱屋藤兵衛・美濃屋伊六
　　1巻秋之部存　異称：名家画譜艸名集

1440 ［名家画譜］艸名集 　SOUMEI SHUU　　　　　　　　　　　HN:509/OJ623／098
　　　刊　3冊　挿絵有　袋　23cm×16cm

1441 古今発句手鑑 　KOKON HOKKU TEKAGAMI　　　　　　HN:297/坂149
　　　尚古散人編　刊　3冊　挿絵有　袋　23cm×16cm
　　　刊記：安政4年（1857）大坂／河内屋茂兵衛

1442 鶯谿百人集 　OUKEI HYAKUNIN SHUU　　　　　　　HN:389/OJ911.46／038
　　　岡本吾声編、奥邨則画　刊　1冊　袋　23cm×16cm
　　　刊記：安政5年（1858）名古屋／晴月堂卯兵衛

1443 はながめ 　HANAGAME　　　　　　　　　　　　　HN:I33/坂42
　　　応々　刊　1冊　袋　23cm×16cm

1444 ゆくかりしゅう 　YUKUKARI SHUU　　　　　　　　HN:617/OJ911.46／96A1
　　　刊　1冊　袋　22cm×16cm

1445 梅文庫 　UME BUNKO　　　　　　　　　　　　　HN:577/坂676
　　　刊　1冊　挿絵有　袋　23cm×16cm

1446 追善集 　TSUIZEN SHUU　　　　　　　　　　　　HN:559/坂476
　　　蒼虬　刊　1冊　袋　23cm×16cm

1447 たゝしふくべ 　TANANASHI FUKUBE　　　　　　　HN:536/坂416
　　　鵬居・応知　刊　1冊　袋　23cm×16cm

1448 すますだれ 　SUMASUDARE　　　　　　　　　　　HN:517/坂662
　　　容粛　刊　1冊　袋　23cm×16cm
　　　刊記：京／菊屋平兵衛

1449 根笹集 　NEZASA SHUU　　　　　　　　　　　　HN:371/坂505
　　　砺山　刊　1冊　袋　23cm×16cm
　　　刊記：京／橘屋治兵衛

1450 御園集 　GYOEN SHUU　　　　　　　　　　　　　HN:356/坂672
　　　黄山　刊　1冊　袋　23cm×16cm

1451 松苗集 　MATSUNAE SHUU　　　　　　　　　　　HN:343/坂669
　　　刊　1冊　袋　23cm×16cm

1452 しき枝折 　SHIKISHIORI　　　　　　　　　　　　IN:18/LCCN:847014
　　　刊　1冊　挿絵有　袋　22cm×15.7cm

1453 あさから集 ASAKARA SHUU　　　　　　　　　HN:009/CJ911.46／Y27
　　　南梅　刊　1冊　袋　23cm×16cm

1454 芭蕉堂歌仙図 BASHOUDOU KASEN ZU　　　　　HN:020/坂529
　　　蝶夢編　刊　1冊　袋　23cm×16cm
　　　点二ほか35名の画　異称：芭蕉堂中所在三十六人肖像

1455 俳諧丸頭巾 HAIKAI MARUZUKIN　　　　　　　HN:110/坂652
　　　時哉庵梅曦　刊　1冊　袋　23cm×16cm
　　　刊記：京／菊屋平兵衛

1456 はなのこだま HANA NO KODAMA　　　　　　　HN:127/坂44
　　　加藤楚岳　刊　1冊　袋　22cm×16cm

1457 いほこもり IOGOMORI　　　　　　　　　　　HN:192/OJ911.46／I9
　　　梅室・可大　刊　1冊　袋　23cm×16cm

1458 絵合たのしみ草 EAWASE TANOSHIMIGUSA　　　IN:2152/LCCN:508552
　　　（松美庵）　刊　1冊　挿絵有　袋　21.9cm×15cm
　　　全2冊のうち1冊欠　（JUL 23 1934）収蔵

1459 生玉万句 IKUTAMA MANKU　　　　　　　　　IN:104/LCCN:847100
　　　西鶴　刊　1冊　袋　13.5cm×20.3cm
　　　序：自序
　　　複製本

1460 このみふくろ KONOMIBUKURO　　　　　　　　HN:302/坂663
　　　淡節　刊　1冊　袋　23cm×16cm

1461 甲字集 KOUJI SHUU　　　　　　　　　　　　HN:284/OJ911.46／K299
　　　渓斎　刊　1冊　袋　23cm×16cm

1462 新梅文庫 SHIN'UME BUNKO　　　　　　　　　HN:471/坂671
　　　護物　刊　1冊　挿絵有　袋　23cm×16cm

1463 清容帖 SEIYOUJOU　　　　　　　　　　　　HN:441/坂670
　　　内海淡節　刊　1冊　袋　23cm×16cm
　　　刊記：京／菊屋平兵衛

俳文

1464 芭蕉庵小文庫 BASHOUAN KOBUNKO　　　HN:019/ 坂 523
　　ばしょうあんこぶんこ
　　史邦　刊　2冊　袋　22cm×16cm
　　刊記：元禄9年（1696）京／井筒屋庄兵衛
　　異称：小文庫

1465 風俗文選 FUUZOKU MONZEN　　　HN:067/ 坂 577
　　ふうぞくもんぜん
　　五老井許六　刊　5冊　袋　26cm×18cm
　　刊記：宝永4年（1707）京／野田治兵衛尉

1466 本朝文鑑 HONCHOU BUNKAN　　　HN:162/ 坂 6
　　ほんちょうぶんかん
　　各務支考　刊　5冊　袋　27cm×19cm
　　跋：享保3年（1718）　刊記：江戸／小川彦九郎・京／野田治兵衛

1467 和漢文操 WAKAN BUNSOU　　　HN:593/ 坂 477
　　わ かんぶんそう
　　各務支考　刊　7冊　挿絵有　袋　27cm×19cm
　　刊記：享保12年（1727）京／橘屋治兵衛
　　異称：獅子庵遺稿

1468 鶉衣 UZURAGOROMO　　　IN:36/LCCN:847032
　　うずらごろも
　　横井也有　刊　1冊　袋　22.2cm×15cm
　　序：四方山人（大田南畝）　跋：天明5年（1785）護花関六林
　　刊記：大坂／中村三史堂　鹿嶋献可堂蔵（見返）
　　1巻（前編存）

1469 鶉衣 UZURAGOROMO　　　HN:586/ 坂 463
　　うずらごろも
　　横井也有　刊　4冊　袋　22cm×16cm
　　序：文政6年（1823）　刊記：名古屋／永楽屋東四郎他（全6肆）

1470 鶉衣 UZURAGOROMO　　　HN:585/OJ914.6／Y73
　　うずらごろも
　　横井也有　刊　4冊　袋　22cm×16cm
　　刊記：天保12年（1841）大坂／塩屋忠兵衛・塩屋弥七

1471 蕪村翁文集 BUSON'OU BUNSHUU　　　HN:030/ 坂 531
　　ぶそんおうぶんしゅう
　　蕪村著、其独亭忍雪・酔庵其成編　刊　2冊　袋　22cm×16cm
　　刊記：天保8年（1837）大坂／塩屋弥七
　　異称：蕪村文集

1472 新編俳諧文集 SHINPEN HAIKAI BUNSHUU　　　HN:474/ 坂 336
　　しんぺんはいかいぶんしゅう
　　蕪庵蟹守　刊　1冊　袋　23cm×16cm

176　5. 文学

序：文政8年（1825）　刊記：江戸／小林新兵衛

1474 **野菊集** NOGIKU SHUU　　　　　　　　　　　　　　　　　HN:381/ 坂244
のぎくしゅう
　　菊斎雀叟　刊　1冊　袋　22cm×16cm
　　序：天保14年（1843）

F. 雑俳・川柳

1474 **柳樽四編** YANAGITARU YONPEN　　　　　　　　　　　IN:2147.2/LCCN:508547.2
やなぎたるよんぺん
　　応賀　刊　冊　挿絵有　袋　17.3cm×12.3cm
　　刊記：天保14年（1843）江戸／三河屋甚助・吉田屋文三郎
　　種福子・噺図絵・教訓謎合春の雪・新出版絵柳大当利と合冊

1475 **神事行灯** SHINJI ANDON　　　　　　　　　　　　　　　IN:1857/LCCN:508257
しんじあんどん
　　初編＝大石真虎画、二編＝歌川国芳画、三編＝池田英泉画、四編＝歌川国直画、五編＝池田英泉
　　画　刊　1冊　挿絵有　洋装（袋）　24.2cm×15.6cm
　　序：文政12年（1829）蚯蚓焉清（初編）・花笠外史（2編）・小笠山樵（3編）・松亭主人（4編）・
　　小笠光樵（5編）　刊記：江戸／吉田半七・名古屋／片野東四郎他（全3肆）
　　5編1冊〔朝河〕（APR 5 1907）収蔵

1476 **（雑俳絵合）** ZAPPAI EAWASE　　　　　　　　　　　　IN:2214/LCCN:508614
ざっぱいえあわせ
　　刊　1冊　挿絵有　袋　22.2cm×15.5cm

1477 **［誹風］種瓢** TANEFUKUBE　　　　　　　　　　　　　HN:537/ 坂293
たねふくべ
　　三友堂益亭評　刊　1冊　挿絵有　袋　18cm×16cm
　　刊記：天保15年（1844）江戸／三河屋甚輔他（全2肆）
　　第7編のみ存

1478 **種福子** TANEFUKUBE　　　　　　　　　　　　　　　　IN:2147.1/LCCN:508547.1
たねふくべ
　　益亭　刊　1冊　挿絵有　袋　17.3cm×12.3cm
　　序：天保4年（1833）三友堂益亭　刊記：天保15年（1844）
　　柳樽四編・噺図絵・教訓謎合春の雪・新出版絵柳大当利と合冊

G. 狂歌

1479 **彩画職人部類** IROE SHOKUNIN BURUI　　　　　　　　　IN:82/LCCN:98847078
いろえしょくにんぶるい
　　橘岷江（玉樹軒）　刊　2冊　挿絵有　袋　26.4cm×18cm
　　序：明和7年（1781）邇沙窟亀求・天明4年（1784）四方赤良　跋：朱楽菅江　刊記：江戸／
　　文魅堂

異称：画図職人部類

1480 狂歌阿伏兎土産 KYOUKA ABUTO MIYAGE　　　　　IN:1733/LCCN:433306

含笑舎桑田抱臍　刊　1冊　挿絵有　仮綴　26.7cm × 19cm
奥書等：天明7年（1787）
異称：吉備之後州阿伏兎磐台寺記行

1481 岡持家集我おもしろ OKAMOCHI KASHUU WAGA OMOSHIRO

手柄岡持　刊　2冊　袋　23cm × 16cm　　　　　HN:388/OJ911.29／H223
序：文政2年（1819）　刊記：江戸／衆星閣・松葉園

1482 ［文化新撰］狂歌百人一首 KYOUKA HYAKUNIN ISSHU　　IN:35/LCCN:847031

六樹園先生（石川雅望）撰、門人玉光舎占正校　刊　1冊　挿絵有　袋　26.7cm × 17.9cm
刊記：文化6年（1809）江戸／丸屋甚助

1483 狂歌百人一首 KYOUKA HYAKUNIN ISSHU　　　　　　HN:318/坂200

天明老人（内匠）校、安藤広重画　刊　1冊　袋　26cm × 18cm

1484 俳諧歌風調百首 HAIKAIKA FUUCHOU HYAKUSHU　　IN:120/LCCN:98-847164

森羅亭万象（森島中良）　刊　2冊　袋　22cm × 15.2cm
序：文政13年（1830）森羅亭
巻1・3存

1485 ［評判］飲食狂歌合 INSHOKU KYOUKA AWASE　　　　HN:188/坂58

六樹園（石川雅望）編、魚屋北渓画　刊　2冊　袋　23cm × 16cm

1486 家財繁栄抄 KAZAI HAN'EISHOU　　　　　　　　　　IN:2121/LCCN:508521

十返舎一九　刊　1冊　挿絵有　袋　17.9cm × 12.2cm
序：十返舎一九
「馬喰貮　山口版」（題簽）　異称：魚鳥地口　どうけ百人一首

1487 ［浅草金龍山一ノ権現奉納］謡曲扇絵合 UTAI OUGIEAWASE　IN:2177/LCCN:508577

刊　1冊　挿絵有　袋　20.8cm × 15cm
（JUL 23 1934）収蔵

1488 富士山百景狂歌集 FUJISAN HYAKKEI KYOUKA SHUU　　HN:062/坂580

不朽山人撰、一鵬斎芳藤画　刊　1冊　袋　18cm × 12cm
刊記：万延元年（1860）江戸／真人亭富士江蔵版

H. 古代歌謡

総記

1489 紀記歌集 *KIKI KASHUU*   HN:270/OJ911.22 ／ H17
　　　きききかしゅう
　　林諸鳥　刊　2冊　袋　25cm × 17cm
　　跋：天明 8 年（1788）　刊記：大坂／河内屋真七

1490 紀記歌集 *KIKI KASHUU*   HN:269/ 坂 183
　　　きききかしゅう
　　林諸鳥　刊　1冊　袋　26cm × 18cm
　　刊記：寛政 10 年（1798）江戸／富谷徳右衛門

1491 稜威言別 *ITSU NO KOTOWAKI*   HN:208/ 坂 206
　　　いつのことわき
　　橘守部　刊　3冊　袋　26cm × 18cm
　　刊記：嘉永 3 年（1850）

神楽歌・催馬楽

1492 神楽歌入文 *KAGURAUTA IRIAYA*   HN:228/OJ911.6 ／ T12
　　　かぐらうたいりあや
　　橘守部　刊　3冊　袋　22cm × 15cm
　　跋：天保 12 年（1841）　刊記：江戸／岡田屋嘉七
　　異称：神楽入綾・神楽催馬楽歌入文

1493 催馬楽譜入文 *SAIBARAFU IRIAYA*   HN:420/OJ911.6 ／ T12
　　　さいばらふいりあや
　　橘守部　刊　3冊　袋　23cm × 16cm
　　跋：天保 12 年（1841）　刊記：江戸／岡田屋嘉七
　　異称：催馬楽入文

1494 楽章類語鈔 *GAKUSHOU RUIGOSHOU*   IN:69/LCCN:98847065
　　　がくしょうるいごしょう
　　高田与清　刊　5冊　袋　26.3cm × 17.9cm
　　序：文政 2 年 (1819) 高田与清　刊記：文政 2 年 (1819) 紅葉園蔵

朗詠・今様

1495 **和漢朗詠集** WAKAN ROUEI SHUU　　　　　　　　　IN:248/LCCN:847244
　　刊　4帖　折本　24.2cm × 10.3cm

1496 **和漢朗詠集** WAKAN ROUEI SHUU　　　　　　　　　IN:2646/LCCN:696084
　　刊　2冊　袋　25.8cm × 18.1cm
　　刊記：文化元年（1804）江戸／永寿堂西村屋与八
　　蔵書印等：［士官］

1497 **和漢朗詠集註** WAKAN ROUEI SHUU CHUU　　　　　　HN:600/ 坂 481
　　西生永済・北村季吟註　刊　10冊　袋　27cm × 19cm
　　刊記：寛文11年（1671）京／中野小左衛門

1498 **［真艸頭書］和漢朗詠集** WAKAN ROUEI SHUU　　　　HN:599/ 坂 485
　　刊　2冊　袋　25cm × 18cm
　　刊記：天保6年（1835）京／菁屋宗八

1499 **［頭書講釈］和漢朗詠** WAKAN ROUEI　　　　　　　　HN:598/ 坂 486
　　刊　2冊　袋　26cm × 19cm
　　刊記：江戸／西村屋与八

1500 **梁塵愚案抄** RYOUJIN GUANSHOU　　　　　　　　　　HN:418/OJ911.6 ／ 113
　　一条兼良　刊　1冊　洋装（袋）　22cm × 16cm
　　刊記：元禄2年（1689）大坂／松村九兵衛

I. 近世歌謡

総記

1501 **船歌** FUNAUTA　　　　　　　　　　　　　　　　　　IN:3277/LCCN:504599
　　写　1冊　洋装（袋）　26.5cm × 19cm
　　奥書等：文政3年（1820）請人写　蜀山人一校
　　〔朝河〕（SEP 6 1907）収蔵

1502 **［新撰］歌曲さらえ考** KAKYOKU SARAE KOU　　　　　HN:231/ 朝 1
　　浅野高造編、松川半山画　刊　1冊　袋　12cm × 18cm

刊記：嘉永元年（1848）大坂／積典堂
異称：歌曲時習考

江戸長唄

1503 **其面影二人椀久** <small>そのおもかげににんわんきゅう</small> *SONO OMOKAGE NININ WANKYUU*　　IN:59/LCCN:98-847055

　刊　1冊　仮綴　21.5cm × 14cm
　刊記：沢村屋利兵衛（原板）｜丸屋鉄次郎求板

1504 **京鹿子娘道成寺** <small>きょうがのこむすめどうじょうじ</small> *KYOUGANOKO MUSUMEDOUJOUJI*　　HN:315/ 坂201

　藤本斗文　刊　1冊　袋　22cm × 14cm
　刊記：天保11年（1840）江戸／伊賀屋勘右衛門

6. 音楽・演劇

A. 総記

1505 <ruby>続教訓鈔<rt>ぞくきょうくんしょう</rt></ruby> ZOKU KYOUKUNSHOU　　　　IN:1443/LCCN:433016
　　狛朝葛　写　1冊　挿絵有　洋装（袋）　26.4cm × 19.2cm
　　巻11上下存　〔朝河〕（SEP 6 1907）収蔵

1506 <ruby>体源抄<rt>たいげんしょう</rt></ruby> TAIGENSHOU　　　　IN:945/LCCN:432518
　　豊原統秋　写　13冊　袋　26.7cm × 18.1cm

1507 <ruby>体源抄<rt>たいげんしょう</rt></ruby> TAIGENSHOU　　　　IN:944/LCCN:432517
　　豊原統秋　写　3冊　挿絵有　洋装（袋）　27.2cm × 20.1cm
　　〔朝河〕（APR 18 1907）収蔵

1508 <ruby>昌倫工夫昌充記<rt>しょうりんくふうしょうじゅうき</rt></ruby> SHOURIN KUFUU SHOUJUUKI　　　　IN:874/LCCN:432448
　　写　1冊　挿絵有　洋装（袋）　27.5cm × 18.8cm
　　〔朝河〕（AUG 17 1907）収蔵

1509 <ruby>楽家至要大概<rt>がっかしようたいがい</rt></ruby> GAKKA SHIYOU TAIGAI　　　　IN:3260/LCCN:696698
　　藤原長広　写　1冊　挿絵有　洋装（袋）　28.2cm × 20.3cm
　　序：元文3年（1738）鴨真淵　奥書等：元文3年（1738）藤原長広
　　巻1・8存

1510 <ruby>声曲類纂<rt>せいきょくるいさん</rt></ruby> SEIKYOKU RUISAN　　　　IN:1726/LCCN:433299
　　斎藤月岑編、長谷川雪堤画　刊　5冊　挿絵有　袋　26.5cm × 17.3cm
　　序：弘化4年（1847）荊山居士瑜（日尾荊山）・弘化4年（1847）鼎吟竹孝・弘化4年（1847）
　　朝田由豆流　刊記：弘化4年（1847）江戸／須原屋茂兵衛・須原屋伊八｜大坂／河内屋喜兵衛・
　　江戸／須原屋伊八他（全11肆）
　　（MAY 12 1939）収蔵

B. 音楽

総記

1511 五節間郢曲事 (ごせちのかんえいきょくのこと) GOSECHI NO KAN'EIKYOKU NO KOTO　　IN:1449/LCCN:433022
　　綾小路俊量　写　1冊　挿絵有　洋装（袋）　25cm×17.4cm
　　跋：永正11年（1514）按察使俊量　奥書等：永正11年（1514）羽林藤基規
　　〔朝河〕（SEP 6 1907）収蔵　異称：五節間之事

1512 絲竹口伝 (しちくくでん) SHICHIKU KUDEN　　IN:1312/LCCN:432885
　　写　1冊　洋装（袋）　29.8cm×21.2cm
　　奥書等：嘉暦2年（1327）参議正三位有頼
　　〔朝河〕（SEP 6 1907）収蔵

1513 舞曲躰背事 (ぶきょくたいはいのこと) BUKYOKU TAIHAI NO KOTO　　IN:1303/LCCN:432876
　　写　1冊　洋装（袋）　26.7cm×18.3cm
　　奥書等：寛文4年（1664）太秦昌重書
　　〔朝河〕（SEP 6 1907）収蔵

1514 五重序 (ごじゅうのじょ) GOJUU NO JO　　IN:3313/LCCN:504635
　　写　1冊　洋装（袋）　27.3cm×19.4cm
　　奥書等：元禄4年（1691）太秦広当　後続東儀家改兼当
　　〔朝河〕（SEP 6 1907）収蔵

1515 管絃按譜 (かんげんあんぷ) KANGEN ANPU　　IN:3249/LCCN:696687
　　太秦昌隆　写　1冊　挿絵有　洋装（袋）　26.5cm×19.5cm
　　奥書等：宝永5年（1708）太秦昌隆記集
　　〔朝河〕（SEP 6 1907）収蔵

1516 近家楽書・狛氏楽名考・類聚楽録 (ちかいえがくしょ・こましがくめいこう・るいじゅうがくろく) CHIKAIE GAKUSHO・KOMASHI GAKUMEI KOU・
　　　　RUIJUU GAKUROKU　　IN:3290/LCCN:504612
　　狛近家著、安倍季尚編　写　1冊　洋装（袋）　26.9cm×19cm
　　奥書等：正徳元年（1711）伯耆守狛宿祢近家（狛氏楽名考）
　　〔朝河〕（SEP 6 1907）収蔵

1517 楽説紀聞 (がくせつきぶん) GAKUSETSU KIBUN　　IN:1447/LCCN:433020
　　松田健編　写　1冊　洋装（袋）　27.2cm×18.4cm
　　序：享保8年（1723）信甫　奥書等：愛日堂渡辺五郎蔵書許他見（見返）

　　　　上巻存　〔朝河〕（SEP 6 1907）収蔵

1518 **周伶金玉抄** SHUUREI KINGYOKUSHOU　　　　　IN:3339/LCCN:504661
　　（狛近真）写　1冊　袋　26.9cm×18.9cm
　　奥書等：享保10年（1725）写
　　〔朝河〕（SEP 6 1907）収蔵

1519 **祭要楽録** SAIYOU GAKUROKU　　　　　IN:3294/LCCN:504616
　　太秦昌名撰　写　1冊　洋装（袋）　26.4cm×18.2cm
　　奥書等：享保12年（1727）岡遠江守太秦昌名記
　　巻2存　「楽道類聚書第二十八」の内　朱書書き入れあり　〔朝河〕（SEP 6 1907）収蔵

1520 **楽律要覧** GAKURITSU YOURAN　　　　　IN:3315/LCCN:504637
　　（斎藤元成）写　1冊　洋装（袋）　27.2cm×18.9cm
　　序：宝永4年（1707）藤元成　奥書等：享保17年（1732）校　藤元成書
　　〔朝河〕（SEP 6 1907）収蔵

1521 **三五要略** SANGO YOURYAKU　　　　　IN:942/LCCN:432515
　　藤原師長　写　1冊　洋装（袋）　30.2cm×19.7cm
　　奥書等：享保21年（1736）写｜文政5年（1822）校　布施毅
　　〔朝河〕（SEP 6 1907）収蔵

1522 **三五要略** SANGO YOURYAKU　　　　　IN:942.2/LCCN:432515
　　藤原師長　写　1冊　洋装（袋）　27.2cm×19.3cm

1523 **楽道類聚** GAKUDOU RUIJUU　　　　　IN:1300/LCCN:432873
　　太秦昌名　写　1冊　挿絵有　袋　26.4cm×19.3cm
　　奥書等：寛保3年（1743）記　壱岐守太秦昌名
　　太秦公順の「追記」あり

1524 **楽曲考附録** GAKKYOKU KOU FUROKU　　　　　IN:1029/LCCN:432602
　　田安宗武　写　2冊　洋装（袋）　25.5cm×19cm
　　首巻・巻19・24・26～35存

1525 **楽曲考附録** GAKKYOKU KOU FUROKU　　　　　IN:1448/LCCN:433021
　　写　1冊　挿絵有　洋装（袋）　26.2cm×19.2cm
　　奥書等：紅葉山の伶人岡駿河守方へ下し給はりける御草稿（巻41奥）
　　36～41巻存　蔵書印等：［古川氏之記］　〔朝河〕（SEP 6 1907）収蔵

1526 **古楽問答** KOGAKU MONDOU　　　　　IN:1304/LCCN:432877
　　写　洋装（袋）　26.6cm×18.8cm
　　奥書等：宝暦6年（1756）｜安永8年（1779）書　川遁｜天明3年（1783）写

1527 音曲玉淵集 ONGYOKU GYOKUEN SHUU　　　　　　　　　IN:950/LCCN:432523

　　三浦庚妥　刊　1冊　洋装（袋）　22cm×15.7cm
　　序：寛保3年（1743）今村義福　刊記：宝暦12年（1762）今村義福蔵板・大坂／柏原屋清右衛門

1528 左舞曲譜・舞曲・掌中要録 SAMAI KYOKUFU・BUKYOKU・SHOUCHUU YOUROKU
　　　　　　　　　　　　　　　　　　　　　　　　　　　IN:1302/LCCN:432875
　　（岡昌充）　写　1冊　洋装（袋）　25.7cm×18.4cm
　　奥書等：宝暦14年（1764）写　太秦昌充（左舞曲譜）
　　〔朝河〕（SEP 6 1907）収蔵

1529 魏氏楽器図 GISHI GAKKI ZU　　　　　　　　　　　　IN:1969/LCCN:508369

　　魏皓　刊　1冊　挿絵有　洋装（袋）　27cm×18cm
　　序：安永9年（1780）思堂芳元澄書浪　跋：安永9年（1780）樺雲服式雅　刊記：京／奎文館
　　蔵書印等：［筒井図書］〔朝河〕（APR 18 1907）収蔵

1530 玉堂雑記 GYOKUDOU ZAKKI　　　　　　　　　　　　IN:2094/LCCN:508494

　　浦上玉堂著、長瀬真幸校　刊　1冊　挿絵有　洋装（袋）　26.2cm×18.2cm
　　序：尊蹊
　　〔朝河〕（SEP 6 1907）収蔵

1531 （楽譜集） GAKUFU SHUU　　　　　　　　　　　　　IN:3379/LCCN:504701

　　多右近衛将監忠　写　1冊　洋装（袋）　14.2cm×20.6cm
　　奥書等：天保15年（1844）多右近衛将監忠
　　鳴高〜大嘗会田歌破　〔朝河〕（SEP 6 1907）収蔵

1532 風俗案譜 FUUZOKU ANPU　　　　　　　　　　　　　IN:3362/LCCN:504684

　　写　1冊　洋装（袋）　27.3cm×19.5cm
　　奥書等：多右近将曹所伝
　　〔朝河〕（SEP 6 1907）収蔵

1533 三要録 SAN'YOUROKU　　　　IN:1424・1426・1427/LCCN:432997・432999・433000

　　写　1冊　洋装（袋）　17.9cm×12.2cm
　　奥書等：慶応4年（1868）近江守太秦宿祢文均
　　巻1〜3：三五要録　巻4〜6：仁智要録　巻7・8：秦胡要録　〔朝河〕（SEP 6 1907）収蔵

1534 楽謳秘闕 GAKUOU HIKETSU　　　　　　　　　　　　IN:3530/LCCN:504852

　　村上義雅　写　1冊　袋　26.3cm×18.8cm
　　跋：門弟中江

1535 古楽略考 KOGAKU RYAKKOU　　　　　　　　　　　　IN:364/LCCN:847380

　　写　1冊　洋装（袋）　23.7cm×16.8cm
　　蔵書印等：［金井文庫］〔朝河〕（SEP 6 1907）収蔵

管楽

1536 龍笛要録 RYUUTEKI YOUROKU　　　　　　　　　　　IN:1307/LCCN:432880

　　秦兼信　写　1冊　挿絵有　洋装（袋）　27.1cm × 19.3cm
　　跋：永正第8年（1511）秦兼信　奥書等：文化13年（1816）備中介太秦昌式写
　　〔朝河〕（SEP 6 1907）収蔵

1537 律呂季良抄 RITSURYO SUEHARUSHOU　　　　　　　　IN:1306/LCCN:432879

　　安部季良　写　1冊　挿絵有　洋装（袋）　25.2cm × 18.5cm
　　序：文政13年（1830）玄蕃権助季良
　　跋：天保2年（1831）・天保7年（1836）雅楽助安部季良
　　〔朝河〕（SEP 6 1907）収蔵

絃楽

1538 秦箏要略・伏見家秦箏要略 SHINSOU YOURYAKU・FUSHIMIKE SHINSOU YOURYAKU

　　写　1冊　洋装（袋）　27cm × 19.8cm　　　　　　　IN:3285/LCCN:504607
　　奥書等：享保20年（1735）太秦昌名｜寛政元年（1789）
　　〔朝河〕（SEP 6 1907）収蔵

1539 校正類箏治要 KOUSEI RUISOU CHIYOU　　　　　　　IN:1452/LCCN:433025

　　写　1冊　洋装（袋）　26.2cm × 18.5cm
　　奥書等：元文2年（1737）｜享保22年（1737）写　太秦昌名
　　7冊合冊　異称：類箏治要

1540 箏曲大意抄 SOUKYOKU TAIISHOU　　　　　　　　　IN:2100/LCCN:508500

　　山田松黒　刊　1冊　洋装（袋）　26.9cm × 18.2cm
　　序：安永8年（1779）大沢山人
　　3巻存　〔朝河〕（AUG 17 1907）収蔵

1541 箏曲大意抄 SOUKYOKU TAIISHOU　　　IN:2532・2533/LCCN:695970・695971

　　山田松黒　刊　2冊　袋　27cm × 18cm
　　序：安永8年（1779）大沢山人
　　表組・裏組のみ存

1542 箏曲大意抄 SOUKYOKU TAIISHOU　　　　　　　　　IN:2534/LCCN:695972

　　山田松黒　刊　1冊　挿絵有　袋　27.1cm × 18cm
　　序：安永8年（1779）山田松黒　跋：天明2年（1782）樋口淳美　刊記：安永8年（1779）｜
　　文化8年（1811）春求板　江戸／雁金屋伊兵衛・永楽屋東四郎他（全5肆）

1543 箏笙琵琶合譜 　SOU SHOU BIWA GOUFU　　　　　　　IN:3437/LCCN:504759

　　写　1冊　袋　13.4cm × 19.4cm
　　奥書等：嘉永2年（1849）純成楼主人記

1544 四辻家箏之譜 　YOTSUTSUJIKE SOU NO FU　　　　　IN:1450/LCCN:433023

　　写　1冊　洋装（袋）　23cm × 16.6cm
　　〔朝河〕（SEP 6 1907）収蔵

1545 四辻家箏之譜 　YOTSUTSUJIKE SOU NO FU　　　　　IN:1022/LCCN:432595

　　写　1冊　洋装（袋）　26.3cm × 18.8cm
　　〔朝河〕（SEP 6 1907）収蔵

1546 箏之譜箏案譜法 　SOU NO FU SOUAN FUHOU　　　　IN:3344/LCCN:504666

　　写　1冊　洋装（袋）　27.2cm × 19.7cm

1547 箏曲集 　SOUKYOKU SHUU　　　　　　　　　　IN:3396/LCCN:504718

　　文部省音楽取調掛　刊　1冊　洋装（袋）　26.7cm × 18.4cm
　　序：Tokyo September 1st 1888（英文序）　刊記：明治39年（1906）東京音楽学校　第7版
　　異称：COLLECTION OF JAPANESE KOTO MUSIC

1548 琴曲紙譜 　KINKYOKU SHIFU　　　　　　　　　IN:2090/LCCN:508490

　　玄水　刊　1冊　洋装（袋）　27.5cm × 20.2cm
　　序：明和9年（1772）華洛道人玄水　跋：安永9年（1780）平安隠士芳州
　　刊記：安永9年（1780）京／梅村三郎兵衛・西村次郎右衛門・吉田善五郎｜寛政12年（1800）
　　補刻　京／勝村次右衛門・風月荘左衛門・出雲寺文次郎
　　〔朝河〕（AUG 17 1907）収蔵

1549 琴叙 　KOTO NO JO　　　　　　　　　　　　IN:1453/LCCN:433026

　　江世恭禎夫　写　1冊　挿絵有　洋装（袋）　26.7cm × 19.2cm

1550 八重琴 　YAEGOTO　　　　　　　　　　　　　IN:2095/LCCN:508495

　　吟風舎雲琴主人（南海吟風舎）　刊　1冊　挿絵有　洋装（袋）　23.8cm × 16.2cm
　　序：雲琴主人
　　〔朝河〕（SEP 8 1907）収蔵

1551 秦胡要録 　SHINKO YOUROKU　　　　　　　　　IN:3289/LCCN:504611

　　写　1冊　洋装（袋）　28cm × 21cm
　　奥書等：享徳3年（1454）写　梁園
　　壱越調第二・黄鐘調第四のみ存　〔朝河〕（SEP 6 1907）収蔵

1552 当道拾要録 　TOUDOU SHUUYOUROKU　　　　　　IN:854/LCCN:432428

　　写　1冊　洋装（袋）　27.4cm × 20.5cm
　　〔朝河〕（APR 18 1907）収蔵

1553 **当道式目** *TOUDOU SHIKIMOKU*　　　　　　　　　　　IN:818/LCCN:432382
　　　写　1冊　袋　24.5cm × 17cm
　　　蔵書印等：[一誠堂]

打楽

1554 **三鼓類集・打物簡要抄** *SANKO RUIJUU・UCHIMONO KAN'YOUSHOU*　　IN:1454/LCCN:433027
　　　写　1冊　洋装（袋）　26.8cm × 18.3cm
　　　奥書等：寛文6年（1666）狛光逸
　　　〔朝河〕（SEP 6 1907）収蔵

1555 **打物簡要抄** *UCHIMONO KAN'YOUSHOU*　　　　　　　IN:3310/LCCN:504632
　　　（狛葛栄）　写　1冊　洋装（袋）　23.6cm × 16.3cm
　　　奥書等：延享4年（1747）藤原寛葛
　　　〔朝河〕（SEP 6 1907）収蔵

C. 古代劇

神楽・催馬楽

1556 **神楽秘譜** *KAGURA HIFU*　　　　　　　　　　　IN:943/LCCN:432516
　　　写　1冊　洋装（袋）　27.2cm × 19.4cm
　　　〔朝河〕（SEP 6 1907）収蔵

1557 **神楽歌譜** *KAGURA KAFU*　　　　　　　　　　　IN:1425/LCCN:432998
　　　写　1冊　挿絵有　洋装（袋）　17cm × 11.5cm
　　　奥書等：明治4年（1871）太秦文言
　　　〔朝河〕（SEP 6 1907）収蔵　異称：歌曲抄

1558 **催馬楽譜** *SAIBARAFU*　　　　　　　　　　　　IN:1455/LCCN:433028
　　　写　1冊　洋装（袋）　27cm × 19.5cm
　　　〔朝河〕（SEP 6 1907）収蔵　異称：催馬楽抄

延年・田楽

1559 田楽考　DENGAKU KOU　　　　　　　　　　　　　　　　IN:946/LCCN:432519
　　　でんがくこう
　　　伊勢貞丈　写　1冊　挿絵有　洋装（袋）　27.3cm × 18.9cm
　　　〔朝河〕（SEP 6 1907）収蔵

1560 豊嶋郡若一王子社田楽記　TOSHIMAGUN NYAKUICHIOUJISHA DENGAKUKI
　　　としまぐんにゃくいちおうじしゃでんがくき
　　　源清良　写　1冊　洋装（袋）　26.7cm × 18.4cm　　IN:3395/LCCN:504717
　　　〔朝河〕（SEP 6 1907）収蔵

曲舞・幸若舞

1561 静　SHIZUKA　　　　　　　　　　　　　　　　　　　　　HN:488/ 朝5
　　　しずか
　　　写　2冊　挿絵有（18図）　袋　34cm × 25cm

D. 能楽

1562 申楽記　SARUGAKUKI　　　　　　　　　　　　　　　　　IN:947/LCCN:432520
　　　さるがくき
　　　一条兼良　写　1冊　洋装（袋）　27.3cm × 18.7cm
　　　〔朝河〕（SEP 6 1907）収蔵

1563 八帖本花伝書　HACHIJOUBON KADENSHO　　　　　　　　　HN:098/OJ774 ／ S21
　　　はちじょうぼんかでんしょ
　　　刊　1冊　洋装（袋）　27cm × 20cm
　　　異称：花伝書

1564 元服曽我　GENPUKU SOGA　　　　　　　　　　　　　　　HN:082/ 坂575
　　　げんぷくそが
　　　宮増　刊　1冊　袋　22cm × 16cm

1565 狂言記・続狂言記・狂言記拾遺　KYOUGENKI・ZOKU KYOUGENKI・KYOUGENKI SHUUI
　　　きょうげんき　ぞくきょうげんき　きょうげんきしゅうい
　　　刊　2冊　挿絵有　洋装（袋）　16cm × 17cm　　　　HN:316/OJ911.7 ／ k39
　　　刊記：嘉永元年（1848）大坂／橋本徳兵衛他（全4肆）

E. 浄瑠璃 附人形劇

総記

1566 竹豊故事 CHIKUHOU KOJI　　　　　　　　　　　　IN:1765/LCCN:433338
　　　一楽　刊　3冊　挿絵有　袋　22.4cm×15.8cm
　　　序：宝暦6年（1756）浪速散人一楽　刊記：宝暦6年（1756）浪華書林
　　　蔵書印等：[待賈堂]

1567 ［今昔繰浄瑠璃］外題年鑑 GEDAI NENKAN　　　　HN:070/OJ911.8／I16
　　　一楽子編　刊　1冊　袋　16cm×11cm
　　　刊記：宝暦7年（1757）大坂／増田源兵衛

1568 ［今昔繰浄瑠璃］外題年鑑 GEDAI NENKAN　　　　HN:071/OJ911.8／I16
　　　一楽子編　刊　1冊　袋　16cm×11cm
　　　刊記：明和5年（1768）大坂／増田源兵衛

1569 ［今昔繰浄瑠璃］外題年鑑 GEDAI NENKAN　　　　HN:072/OJ918.8／116
　　　一楽子編　刊　1冊　袋　16cm×11cm
　　　刊記：安永8年（1779）大坂／増田源兵衛

1570 ［今昔繰浄瑠璃］外題年鑑 GEDAI NENKAN　　　　HN:073/918／8／116
　　　一楽子編　刊　1冊　袋　16cm×11cm
　　　刊記：寛政5年（1793）大坂／増田源兵衛

1571 ［五行四行］浄瑠璃外題目録 JOURURI GEDAI MOKUROKU　HN:218/OJ911.8／J8
　　　刊　1冊　袋　11cm×16cm
　　　刊記：嘉永3年（1850）大坂／加島屋清助他（全5肆）

古浄瑠璃

1572 阿弥陀四十八願記 AMIDA SHIJUUHACHIGANKI　　　IN:3604/LCCN:504926
　　　刊　1冊　袋　21.2cm×15.6cm

義太夫節

1573 蝉丸 （せみまる） SEMIMARU　　　　　　　　　　　　　　HN:444/ 坂 371
　　　近松門左衛門　刊　1冊　袋　22cm×16cm
　　　刊記：京／山本九兵衛他（全2肆）

1574 酒呑童子枕言葉 （しゅてんどうじまくらのことのは） SHUTENDOUJI MAKURA NO KOTONOHA　　IN:3199/LCCN:696637
　　　近松門左衛門　刊　1冊　袋　21.5cm×15.3cm
　　　蔵書印等：［露暁］

1575 傾城反魂香 （けいせいはんごんこう） KEISEI HANGONKOU　　　　　　　　HN:264/ 坂 182
　　　近松門左衛門　刊　1冊　袋　22cm×16cm
　　　刊記：大坂／加島屋清助他（全6肆）

1576 心中宵庚申 （しんじゅうよいごうしん） SHINJUU YOIGOUSHIN　　　　　　　HN:614/ 坂 502
　　　近松門左衛門　刊　1冊　袋　22cm×16cm
　　　刊記：大坂／玉水源治郎他（全4肆）
　　　異称：宵庚申・おちよ半兵へ宵庚申卯花月

1577 国性爺合戦 （こくせんやかっせん） KOKUSEN'YA KASSEN　　　　　　　　HN:300/ 坂 147
　　　近松門左衛門　刊　1冊　袋　22cm×16cm
　　　刊記：大坂／紙屋与右衛門他（全5肆）

1578 国性爺三之口楼門之段 （こくせんやさんのくちろうもんのだん） KOKUSEN'YA SAN NO KUCHI ROUMON NO DAN
　　　近松門左衛門　刊　1冊　仮綴　22.2cm×15.8cm　　　　IN:13/LCCN:847009
　　　刊記：大坂／加嶋屋清助

1579 枻狩剣本地 （もみじがりつるぎのほんじ） MOMIJIGARI TSURUGI NO HONJI　　　HN:358/ 坂 530
　　　近松門左衛門　刊　1冊　袋　21cm×16cm
　　　刊記：大坂／玉水源次郎

1580 日本振袖始 （にほんふりそではじめ） NIHON FURISODE HAJIME　　　　　　IN:1725/LCCN:433298
　　　近松門左衛門　刊　1冊　袋　21.7cm×15.8cm
　　　刊記：京／山本九菓亭・大坂／玉水源治郎他（全4肆）
　　　竹本義太夫正本　七行本

1581 信州川中島合戦 （しんしゅうかわなかじまかっせん） SHINSHUU KAWANAKAJIMA KASSEN　HN:482/ 坂 386
　　　近松門左衛門　刊　1冊　袋　22cm×16cm
　　　刊記：京／山本九兵衛

E. 浄瑠璃 附人形劇　　191

1582 井筒業平河内通 *IDUTSU NARIHIRA KAWACHIGAYOI* IN:1529/LCCN:433102
　　近松門左衛門　刊　1冊　袋　21.2cm × 15.7cm

1583 大内裏大友真鳥 *DAIDAIRI OOTOMONO MATORI* IN:1780/LCCN:433353
　　竹田出雲　刊　1冊　袋　22cm × 15.7cm
　　刊記：京／菱屋治兵衛

1584 ［妓王妓女］仏御前扇軍 *HOTOKE GOZEN OUGIIKUSA* IN:1528/LCCN:433101
　　松田和吉（文耕堂）　刊　1冊　袋　21.6cm × 15.8cm
　　刊記：山本九兵衛・吉川宗兵衛・鱗形屋孫兵衛

1585 芦屋道満大内鑑 *ASHIYA DOUMAN OOUCHIKAGAMI* HN:013/ 坂 514
　　竹田出雲（一世）　刊　1冊　袋　22cm × 16cm
　　刊記：大坂／山本九右衛門他（全2肆）

1586 甲賀三郎窟物語 *KOUGA SABUROU IWAYA MONOGATARI* HN:278/ 坂 187
　　竹田出雲（一世）　刊　1冊　袋　24cm × 18cm
　　刊記：大坂／山本九右衛門

1587 苅萱桑門筑紫轢 *KARUKAYA DOUSHIN TSUKUSHI NO IEDUTO* IN:1555/LCCN:433128
　　並木宗輔　刊　1冊　袋　22cm × 15.8cm
　　跋：豊竹若太夫・豊竹此太夫　刊記：西沢九葉軒・大坂／玉木源治郎他（全4肆）
　　享保20年（1735）（作者名上）「再版」（内題上）

1588 安倍宗任松浦篝 *ABENO MUNETOU MATSURA NO KINUGASA* HN:001/ 坂 520
　　並木宗輔　刊　1冊　袋　22cm × 18cm
　　刊記：大坂／正本屋九左衛門

1589 小栗判官車街道 *OGURI HANGAN KURUMA KAIDOU* HN:384/ 坂 179
　　千前軒・文耕堂　刊　1冊　袋　21cm × 15cm
　　刊記：大坂／加嶋精助

1590 ［逆櫓松矢籠梅］ひらかな盛衰記 *HIRAGANA SEISUIKI* HN:150/ 坂 49
　　三好松洛・竹田小出雲（竹田出雲（二世））・浅田可啓　刊　1冊　袋　22cm × 16cm
　　刊記：元文4年（1739）大坂／山本九右衛門他（全6肆）

1591 風俗太平記 *FUUZOKU TAIHEIKI* IN:1757/LCCN:433330
　　為永太郎兵衛　刊　1冊　袋　22cm × 15.8cm
　　跋：寛保3年（1743）浅田一鳥・豊岡珍平・小川半平　刊記：江戸／鱗形屋孫兵衛・大坂／西沢九左衛門
　　七行本　蔵書印等：［文笈堂書肆］（黒陽円）

1592 柿本紀僧正旭車 KAKINOMOTONOKISOUJOU ASAHIGURUMA　　　　HN:230/ 坂180
　　為永太郎兵衛・浅山一鳥・豊岡珍兵・但見仙鶴　刊　1冊　袋　22cm×16cm
　　刊記：延享元年（1744）京／八文字屋八左衛門他（全2肆）

1593 軍法富士見西行 GUNPOU FUJIMI SAIGYOU　　　　HN:093/ 坂604
　　並木千柳・小川半平・竹田小出雲　刊　1冊　袋　22cm×16cm
　　刊記：延享2年（1745）大坂／山本九右衛門

1594 夏祭浪花鑑 NATSUMATSURI NANIWA KAGAMI　　　　IN:1724/LCCN:433297
　　並木千柳・三好松洛・竹田小出　刊　1冊　袋　22cm×15.3cm
　　刊記：大坂／山本九菓亭・加島屋清助他（全6肆）
　　竹本義太夫伝教正本

1595 菅原伝授手習鑑 SUGAWARA DENJU TENARAI KAGAMI　　　　IN:1727/LCCN:433300
　　竹田出雲他　刊　1冊　袋　22cm×15.8cm
　　跋：延享3年（1746）並木千柳・三好松洛・竹田小出雲
　　刊記：京／海老屋伊三郎・鶯屋喜右衛門
　　（MAY 25 1939）収蔵

1596 ［再版］仮名手本忠臣蔵 KANADEHON CHUUSHINGURA　　　　HN:238/ 坂176
　　竹田出雲（二世）・三好松洛・並木千柳　刊　1冊　袋　22cm×17cm
　　刊記：嘉永3年（1850）大坂／加嶋清助

1597 ［待宵侍従優美蔵人］源平布引滝 GENPEI NUNOBIKI NO TAKI　　　　HN:080/ 坂603
　　並木千柳・三好松洛　刊　1冊　袋　22cm×16cm
　　刊記：寛延2年（1749）

1598 ［十帖源氏］物ぐさ太郎 MONOGUSA TAROU　　　　HN:359/ 坂220
　　浅田一鳥・中邑阿契・並木丈輔・豊正助・難波三蔵　刊　1冊　袋　22cm×16cm
　　刊記：寛延2年（1749）大坂／西沢九左衛門

1599 八重霞浪花浜荻 YAEGASUMI NANIWA NO HAMAOGI　　　　HN:607/ 坂488
　　並木丈輔・中邑阿契・豊正助・浅田一鳥　刊　1冊　袋　22cm×16cm
　　刊記：寛延2年（1749）大坂／玉水源治郎他（全5肆）

1600 ［振袖のお乳人留袖の招婦］恋女房染分手綱 KOINYOUBOU SOMEWAKE TADUNA
　　吉田冠子（一世）・三好松洛　刊　1冊　袋　22cm×16cm　　　　HN:282/ 坂148
　　刊記：寛延4年（1751）江戸／鱗形屋孫兵衛他（全3肆）

1601 由良湊千軒長者 YURA NO MINATO SENGEN CHOUJA　　　　HN:621/OJ911.8／T172K1
　　竹田小出雲（竹田出雲（三世））・二歩軒・近松半二・北窓後一・竹本三郎兵衛・三好松洛　刊
　　1冊　袋　22cm×16cm
　　刊記：宝暦元年（1751）鱗形屋孫兵衛他（全3肆）

E. 浄瑠璃 附人形劇

1602 愛護稚名歌勝鬨 （あいごのわかめいかのかちどき） AIGO NO WAKA MEIKA NO KACHIDOKI　　HN:003/OJ911.8／T172G1
竹田出雲（二世）著・吉田冠子（一世）・中邑阿契・近松半二・三好松洛　刊　1冊　袋　22cm×16cm
刊記：宝暦3年（1753）

1603 小野道風青柳硯 （おののとうふうあおやぎすずり） ONONO TOUFUU AOYAGI SUZURI　　IN:1781/LCCN:433354
竹田出雲・吉田冠子・中邑閏助・近松半二・三好松洛　刊　1冊　袋　22cm×15.5cm
刊記：宝暦4年（1754）大坂／山本九菓亭・加島屋清助他（全6肆）
「阪東喜玉」（見返）

1604 ［金比羅御本地］崇徳院讃岐伝記 （すとくいんさぬきでんき） SUTOKUIN SANUKI DENKI　　IN:1704/LCCN:433277
竹田出雲他　刊　1冊　袋　22.1cm×16.1cm
刊記：宝暦6年（1756）京／菊屋七郎兵衛

1605 ［再版］祇園祭礼信仰記 （ぎおんさいれいしんこうき） GION SAIREI SHINKOUKI　　HN:087/坂605
中邑阿契・豊竹応律・黒蔵主・三津飲子・浅田一島　刊　1冊　袋　22cm×16cm
刊記：宝暦7年（1757）大坂／西沢九左衛門他（全2肆）

1606 ［常盤御前熊野御前］姫小松子の日の遊 （ひめこまつねびのあそび） HIMEKOMATSU NENOBI NO ASOBI
　　HN:149/坂50
吉田冠子（一世）・近松景鯉・竹田小出雲（竹田出雲（三世））近松半二・三好松洛　刊　1冊　袋　22cm×16cm
刊記：宝暦7年（1757）大坂／玉水源治郎他（全5肆）

1607 安倍晴明倭言葉 （あべのせいめいやまとことば） ABENO SEIMEI YAMATO KOTOBA　　HN:002/坂515
二歩堂・近松半二・北窓後一・三好松洛・竹本三郎兵衛（二世）　刊　1冊　袋　22cm×16cm
刊記：宝暦11年（1761）京／山本九兵衛・大坂／山本九右衛門・江戸／鱗形屋孫兵衛

1608 ［源頼朝源義経］古戦場鐘懸の松 （こせんじょうかねかけのまつ） KOSENJOU KANEKAKE NO MATSU　　HN:304/坂151
二歩軒・近松半二・北窓後一・竹本三郎兵衛・三好松洛　刊　1冊　袋　23cm×16cm
刊記：宝暦11年（1761）

1609 奥州安達原 （おうしゅうあだちがはら） OUSHUU ADACHIGAHARA　　IN:1723/LCCN:433296
竹本政太夫・竹本錦太夫・近松半二他　刊　1冊　袋　22.6cm×15.5cm
刊記：宝暦12年（1762）｜安政3年（1856）再刻　大坂／山本九菓亭・加島屋清助他（全6肆）
竹本義太夫博教正本

1610 ［泉州小田居茶屋摂州殿下茶屋］三日太平記 （みっかたいへいき） MIKKA TAIHEIKI　　HN:352/坂218
近松半二・三好松洛・八民平七・竹本三郎兵衛　刊　1冊　袋　22cm×16cm
刊記：明和4年（1767）京／鶴屋喜右衛門

1611 傾城阿波の鳴門 （けいせいあわのなると） KEISEI AWA NO NARUTO　　HN:263/坂150
近松半二・八民平七・寺田兵蔵・竹田文吉・竹本三郎兵衛　刊　1冊　袋　22cm×16cm

刊記：明和5年（1768）大坂／玉水源治郎他（全5肆）

1612 神霊矢口渡 （しんれいやぐちのわたし） SHINREI YAGUCHI NO WATASHI　　　HN:478/ 坂378

福内鬼外・吉田冠子（二世）・玉泉堂・吉田一二　刊　1冊　袋　22cm×16cm
刊記：明和7年（1770）京／菊屋七郎兵衛

1613 ［起請方便品書置寿量品］伊達娘恋緋鹿子 （だてむすめこいのひがのこ） DATEMUSUME KOI NO HIGANOKO

菅専助・松田和吉・若竹笛躬　刊　1冊　袋　22cm×16cm　　IN:1771/LCCN:433344
刊記：安永2年（1773）大坂／西沢九葉軒・玉水源次郎他（全4肆）
奥書等：鷹跡町田中氏所有｜東田中

1614 花襷会稽褐布染 （はなだすきかいけいのかちんぞめ） HANADASUKI KAIKEI NO KACHINZOME　　　HN:132/ 坂46

菅専助・若竹笛躬　刊　1冊　袋　22cm×16cm
刊記：安永3年（1774）大坂／紙屋与右衛門

1615 ［読切講釈］伊賀越乗掛合羽 （いがごえのりかけがっぱ） IGAGOE NORIKAKE GAPPA　　　HN:181/ 坂75

近松東南　刊　1冊　袋　22cm×16cm
刊記：安永6年（1777）江戸／鱗形屋孫兵衛他（全3肆）

1616 ［奥州秀衡遺跡争論］伽羅先代萩 （めいぼくせんだいはぎ） MEIBOKU SENDAIHAGI　　　HN:347/OJ9118 ／M134

松貫四・高橋武兵衛・吉田角丸　刊　1冊　袋　21cm×15cm
刊記：天明5年（1785）江戸／石渡利助他（全2肆）

1617 ［おそめ久松］新版歌祭文 （しんぱんうたざいもん） SHINPAN UTAZAIMON　　　IN:134/LCCN:847130

近松半二　刊　1冊　袋　21.9cm×15.6cm
刊記：安永9年（1780）大坂／山本九菓亭・加賀屋清助他（全4肆）
蔵書印等：［為永］

1618 伊賀越道中双六 （いがごえどうちゅうすごろく） IGAGOE DOUCHUU SUGOROKU　　　IN:1532/LCCN:433105

近松半二・近松加作　刊　1冊　袋　21.7cm×15.6cm
刊記：大坂／山本九菓亭・加島屋清助他（全6肆）
「竹本義太夫直伝／加嶋屋清助板」（題簽）「鶴沢清蔵」（見返）蔵書印等：［書林吉田本町江戸屋五平］

1619 彦山権現誓助劔 （ひこさんごんげんちかいのすけだち） HIKOSAN GONGEN CHIKAI NO SUKEDACHI　　　HN:148/OJ11.8 ／U71

海野下風・近松保蔵　刊　1冊　袋　22cm×15cm
刊記：天明6年（1786）大坂／紙屋与右衛門

1620 有職鎌倉山 （ゆうしょくかまくらやま） YUUSHOKU KAMAKURAYAMA　　　HN:622/ 坂487

菅専助・中村魚眼　刊　1冊　袋　22cm×16cm
刊記：寛政元年（1789）京／菊屋七郎兵衛

1621　[金毘羅利生記] 花の上野誉の石碑　HANA NO UENO HOMARE NO ISHIBUMI
　　　司馬芝叟・筒井半平　刊　1冊　袋　22cm×15cm　　　　　　　　　　　　HN:130/ 坂47
　　　刊記：寛政元年（1789）江戸／山崎金兵衛・大坂／佐々井治郎衛門他（全5肆）

1622　絵本太功記　EHON TAIKOUKI　　　　　　　　　　　　　　　　　IN:1754/LCCN:433327
　　　近松やなぎ・近松湖水軒・千葉軒　刊　1冊　袋　22cm×15.4cm
　　　刊記：寛政11年（1799）｜安政2年（1855）再版　大坂／西沢九葉軒・加島屋清助他（全6肆）
　　　奥書等：豊竹若太夫・豊竹此太夫

1623　箱根霊験躄仇討　HAKONE REIGEN IZARI NO ADAUCHI　　　　　　　HN:117/ 坂48
　　　司馬芝叟　刊　1冊　袋　22cm×16cm
　　　刊記：享和元年（1801）京／墨屋吉兵衛他（全7肆）

1624　日吉丸稚桜　HIYOSHIMARU WAKAGI NO SAKURA　　　　　　　　　HN:155/ 坂51
　　　近松やなぎ・近松加造・近松万寿・近松梅枝軒　刊　1冊　袋　22cm×16cm
　　　刊記：享和元年（1801）

1625　禿紋日雛形　SATOSODACHI MONBI NO HINAGATA　　　　　　　IN:1827/LCCN:508227
　　　常磐津文字太夫直伝、瀬川如皐述　刊　1冊　袋　21.3cm×14.8cm
　　　刊記：江戸／いがや勘右衛門

常磐津

1626　其扇屋浮名恋風　SONO OUGIYA UKINA NO KOIKAZE　　　　　　　IN:1709/LCCN:433282
　　　刊　1冊　袋　21.3cm×14.4cm
　　　常磐津の稽古本　寛政2年（1790）初演　異称：夕ぎり伊左衛門其扇屋浮名恋風

F. 歌舞伎

総記

1627　歌舞伎姿視　KABUKI SUGATAMI　　　　　　　　　　　　　　　HN:225/OJ771／N5
　　　中村仲蔵（初代）　写　2冊　洋装（袋）　20cm×13cm
　　　奥書等：安永5年（1776）

1628　乗合船　NORIAIBUNE　　　　　　　　　　　　　　　　　　　IN:949/LCCN:432522
　　　写　1冊　袋　26.8cm×18.5cm
　　　跋：寛政12年（1800）

〔朝河〕（APR 18 1907）収蔵

1629 絵本戯場年中鑑 EHON SHIBAI NENJUU KAGAMI　　　　HN:050/OJ771／T15
篁竹里著、歌川豊国画　刊　1冊　袋　22cm×15cm
刊記：享和3年（1803）江戸／蔦屋重三郎

1630 劇場訓蒙図彙 SHIBAI KINMOU ZUI　　　　HN:454/OJ771／s26
式亭三馬著、勝川春英・歌川豊国画　刊　1冊　挿絵有　洋装（袋）　21cm×15cm
刊記：文化3年（1806）上総屋忠助蔵板｜東京／青木恒三郎
明治版

1631 花江都歌舞伎年代記 HANA NO EDO KABUKI NENDAIKI　　　　IN:1548/LCCN:433121
談州楼焉馬著、松高斎春亭画　刊　20冊　挿絵有　洋装（袋）　23.1cm×15.9cm
序：大田南畝序　刊記：文化8年（1811）発兌｜天保12年（1841）求板　大坂／河内屋太助・
河内屋茂兵衛・江戸／鶴屋喜右衛門・丁子屋平兵衛・岡田屋嘉七
（MAY 23 1939）収蔵

1632 [贔屓増益]芝翫節用百戯通 SHIKAN SETSUYOU HYAKKETSUU　IN:1664/LCCN:433237
暁鐘成編、狂画堂芦洲画　刊　1冊　挿絵有　袋　25.8cm×18.4cm
序：文化13年（1816）載文堂主人・文化12年（1815）市角菴丸人　刊記：文政2年（1819）
鶴屋喜右衛門・河内屋太助・塩屋長兵衛

1633 劇場漫録 GEKIJOU MANROKU　　　　IN:77/LCCN:98847073
黙々漁隠（木村黙老）　刊　1冊　挿絵有　洋装（袋）　25.1cm×17.3cm
序：文政12年（1829）黙々漁隠　刊記：京／菊屋七郎兵衛他（全9肆）
蔵書印等：[西国元柳町拾六番地藤井藤吉蔵書印・藤井蔵書]、〔朝河〕（APR 18 1907）収蔵

1634 歌舞伎相続年表 KABUKI SOUZOKU NENPYOU　　　　IN:948/LCCN:432521
（石塚豊芥子）　写　1冊　洋装（袋）　26.9cm×18.8cm
〔朝河〕（APR 18 1907）収蔵

1635 三升屋二三次戯場書留 MIMASUYA NISOUJI SHIBAI KAKITOME　HN:353/OJ771／M16
三升屋二三次　写　1冊　袋　27cm×19cm

1636 八百屋尽・蓬莱山尽・肴尽・松尽・角力つくし・しほかまもふて
YAOYA DUKUSHI・HOURAISAN DUKUSHI・SAKANA DUKUSHI・MATSU DUKUSHI・
SUMOU DUKUSHI・SHIOGAMA MOUDE
　　　　IN:1115/LCCN:432688
写　1冊　袋　25cm×17cm
異称：八百屋蓬莱山肴松各尽

F. 歌舞伎

G. 雑

1637 （音楽雑記）　ONGAKU ZAKKI　　　　　　　　　IN:1301/LCCN:432874
　　　写　1冊　洋装（袋）　24.3cm × 17.1cm
　　　異称：雑記

1638 軍歌　白沙人　GUNKA　HAKUSA NO HITO　　　IN:1094/LCCN:432667
　　　写　1冊　洋装（袋）　23.9cm × 20cm
　　　蔵書印等：［士官］

1639 音楽取調成績申報要略　ONGAKU TORISHIRABE SEISEKI SHINPOU YOURYAKU
　　　刊　1冊　洋装（袋）　22.4cm × 15.9cm　　　IN:3243/LCCN:696681
　　　序：明治17年（1884）伊沢修二　刊記：明治24年（1891）東京音楽学校蔵版・大日本図書会社発売

1640 幼稚園唱歌集　YOUCHIEN SHOUKA SHUU　　　IN:3365a/LCCN:504687a
　　　刊　1冊　洋装（袋）　13.1cm × 18.7cm
　　　刊記：明治20年（1887）刊
　　　小学唱歌集初・2・3編と合綴

1641 小学唱歌集　SHOUGAKU SHOUKA SHUU　　　IN:3365b/LCCN:504687b
　　　刊　1冊　洋装（袋）　13.1cm × 18.7cm
　　　刊記：明治14年（1881）初刊・明治22年（1889）版（小学初編）｜明治16年（1883）初刊・同18年（1885）版（小学2編）｜明治17年（1884）初刊・同18年（1885）版（小学3編）
　　　幼稚園唱歌集と合綴

7. 歴史

A. 日本史

総記

1642 [新版増補] 倭漢合運指掌図　*WAKAN GOUUN SHISHOU ZU*　　WN:388/ 和101
　　円智　刊　4冊　袋

1643 日本王代一覧　*NIHON OUDAI ICHIRAN*　　IN:1614/LCCN:433187
　　林鵞峰　刊　7冊　袋　25.5cm × 18.2cm
　　刊記：寛文3年（1663）
　　異称：王代一覧

1644 日本王代一覧　*NIHON OUDAI ICHIRAN*　　IN:2457/LCCN:695895
　　林鵞峰　刊　4冊　袋　25cm × 17.7cm
　　巻2・3・4存　蔵書印等：[士官]

1645 年代一覧　*NENDAI ICHIRAN*　　IN:38/LCCN:847034
　　刊　2冊　挿絵有　袋　18.2cm × 12cm
　　刊記：江戸／岡田屋嘉七・山崎屋清七他（全8肆）
　　異称：絵本年代一覧

1646 史籍年表　*SHISEKI NENPYOU*　　IN:2854/LCCN:696292
　　（伴信友）　刊　1冊　袋　26.4cm × 18.4cm
　　序：文政11年（1828）伴信友
　　刊記：丹鶴城蔵梓｜京／出雲寺文次郎・江戸／中屋徳兵衛他（全4肆）

1647 泰平年表　*TAIHEI NENPYOU*　　IN:569/LCCN:847564
　　忍屋隠士（大野広城）　写　1冊　袋　27.3cm × 19.1cm
　　序：天保12年（1841）忍屋隠士
　　〔朝河〕（SEP 6 1907）収蔵　版本写

1648 名家年表 MEIKA NENPYOU　　　　　　　　　　IN:591/LCCN:847586
　（川喜多真彦）　写　5冊　洋装（袋）　24.2cm×16.4cm
　〔朝河〕（SEP 13 1907）収蔵

1649 武江年表 BUKOU NENPYOU　　　　　　　　　IN:2863/LCCN:696301
　斎藤幸成（月岑）編　刊　1冊　洋装（袋）　25.7cm×18cm
　序：嘉永2年（1849）荊山陳人源瑜（日尾荊山）　跋：嘉永3年（1850）宮城呂成
　刊記：嘉永3年（1850）大坂／河内屋喜兵衛・江戸／須原屋伊八他（全5肆）
　〔朝河〕（AUG 17 1907）収蔵

通史

1650 大日本史目録 DAINIHONSHI MOKUROKU　　　　IN:2866/LCCN:696304
　徳川光圀　写　2冊　袋　12.2cm×18.2cm

1651 日本外史 NIHON GAISHI　　　　　　　　　　　IN:2859/LCCN:696297
　頼山陽　刊　6冊　袋　22.4cm×15.3cm
　巻12～22巻存　異称：校刻 日本外史

1652 日本外史補 NIHON GAISHIHO　　　　　　　　　IN:2462/LCCN:695900
　岡田僑（鴨里）　刊　1冊　袋　25.1cm×17.9cm
　巻10存　蔵書印等：［士官］

1653 皇朝史略 KOUCHOU SHIRYAKU　　IN:219・220/LCCN:847215・847216
　青山延于選、青山延光校　刊　2冊　洋装（袋）
　序：正編＝文政8年（1825）亀田興（鵬斎）・文政9年（1826）朝川鼎・文政5年（1822）青
　山延于、続編＝天保2年（1831）青山延于　跋：文政9年（1826）男延光（正編）

1654 皇朝史略 KOUCHOU SHIRYAKU　　　　　　　　IN:1599/LCCN:433172
　青山延于選、青山延光校　刊　3冊　袋　24.8cm×17.3cm
　序：天保2年（1831）青山延于　跋：文政9年（1826）男延光　刊記：江戸／須原屋伊八
　正編12巻2冊・続編5巻1冊より成る

1655 国史略 KOKUSHIRYAKU　　　　　　　　　　　IN:3673/LCCN:703756
　源（巌垣）松苗・菊苗・杉苗、源言忠　刊　2冊　袋　18.5cm×13.1cm
　序：文政10年（1827）清原宣光・文政9年（1826）藤原公修
　跋：慶応紀元年（1865）男菊苗
　刊記：文政9年（1826）刻成｜安政4年（1857）再刻｜慶応元年（1865）三刻　京／菱屋孫
　兵衛
　蔵書印等：［南州蔵書・隆盛］　異称：［校訂］国史略／［訂正］国史略

1656 百一録　*HYAKUICHIROKU*　　　　　　　　　　　　IN:564/LCCN:847559
　　　村井敬義　写　3冊　挿絵有　洋装（袋）　27.8cm × 20.6cm
　　　「続百弐録」を付す　〔朝河〕（SEP 6 1907）収蔵

1657 百一録　*HYAKUICHIROKU*　　　　　　　　　　　　IN:563/LCCN:847558
　　　村井敬義　写　3冊　洋装（袋）　27cm × 20cm
　　　〔朝河〕（SEP 6 1907）収蔵

1658 日本略史　*NIHON RYAKUSHI*　　　　　　　　　　　IN:3413/LCCN:504735
　　　刊　4冊　袋　20.6cm × 14.5cm
　　　刊記：明治6年（1873）刻　陸軍文庫（扉題）
　　　各冊裏表紙見返しに地図を付す

1659 日本略史　*NIHON RYAKUSHI*　　　　　　　　　　　IN:3414/LCCN:504736
　　　刊　4冊　袋　20.6cm × 14.5cm
　　　刊記：明治6年（1873）刻　陸軍文庫（扉題）
　　　各冊裏表紙見返しに地図を付す

1660 靖方溯源　*SEIHOU SAKUGEN*　　　　　　　　　　　IN:3347.1/LCCN:504669.1
　　　刊（近代活字・両面印刷）　1冊　洋装　25.5cm × 19.4cm
　　　刊記：明治25年（1892）再版　版権所有伯爵広橋賢光・監修重野安繹・編纂山田安栄・発行
　　　吉川半七
　　　竹崎季長蒙古襲来絵詞と合冊

時代史

1661 鼇頭古事記　*GOUTOU KOJIKI*　　　　　　　　　　　IN:1598/LCCN:433171
　　　刊　3冊　袋　25.6cm × 18cm
　　　序：貞享4年（1687）度会延佳
　　　「皇都書林文昌堂（永田調兵衛）蔵版目録」を付す

1662 古語拾遺言余抄　*KOGO SHUUI GEN'YOSHOU*　　　　HN:281/ 坂122
　　　竜熙近（尚舎）著　刊　5冊　袋　27cm × 19cm
　　　刊記：貞享2年（1685）京／中野氏

1663 日本書紀　*NIHON SHOKI*　　　　　　　　　　　　IN:2864/LCCN:696302
　　　舎人親王編　刊　11冊　袋　26.3cm × 18.5cm
　　　巻1・2・5〜14・19・20・23〜29存

1664 日本書紀　*NIHON SHOKI*　　　　　　　　　　　　IN:1611/LCCN:433184
　　　舎人親王編　刊　15冊　袋　28.5cm × 20.8cm
　　　刊記：大坂／河内屋喜兵衛・京／吉野屋仁兵衛他（全13肆）

蔵書印等：[南郡山本・山本清助・広辻氏蔵書記・隆寛堂]

1665 釈日本紀 SHAKU NIHONGI　　　　　　　　　　　　　　IN:2460/LCCN:695898
　　刊　1冊　袋　25.8cm × 18.1cm
　　巻21・22存　蔵書印等：[士官]

1666 釈日本紀 SHAKU NIHONGI　　　　　　　　　　　　　　IN:2361/LCCN:695799
　　卜部懐賢（兼方）　刊　14冊　袋　25.7cm × 18cm
　　奥書等：一部加一見畢　大常卿卜部朝臣兼方

1667 釈日本書紀 SHAKU NIHON SHOKI　　　　　　　　　　　IN:2391/LCCN:695829
　　卜部懐賢　刊　2冊　袋　27.8cm × 18.5cm
　　第1・2・11・12巻存　「下総崎房　秋葉孫兵衛蔵書」（墨書）蔵書印等：[筑波文庫]
　　異称：釈日本紀

1668 日本書紀神代巻荷田鈔 NIHON SHOKI JINDAI NO MAKI KADASHOU
　　（荷田春満）　写　1冊　袋　27cm × 18cm　　　　　　　IN:3512/LCCN:504834
　　奥書等：安永8年（1779）写　柴田宣昌
　　蔵書印等：[士官]

1669 日本書紀通証 NIHON SHOKI TSUUSHOU　　　　　　　　　IN:2867/LCCN:696305
　　谷川士清　刊　4冊　洋装（袋）　26.5cm × 19.2cm
　　序：宝暦6年（1756）藤原実連・宝暦2年（1752）河北景楨
　　刊記：五条天神宮蔵版｜宝暦12年（1762）刻成
　　〔朝河〕（NOV 2 1907）収蔵

1670 日本書紀文字錯乱備考 NIHON SHOKI MOJI SAKURAN BIKOU　IN:1612/LCCN:433185
　　大関増業　刊　16冊　袋　22.4cm × 15.8cm
　　跋：文政3年（1820）丹治比真人増業・文政5年（1822）林衡　刊記：黒羽領主蔵版｜文政7
　　年（1824）京／出雲寺文治郎・大坂／柳原喜兵衛・江戸／松本平助
　　本文15冊と「日本書紀文字錯乱備考」1冊を付す　「日本書紀黒羽本」（帙題簽）　蔵書印等：[服
　　部喜右衛門蔵]

1671 書紀集解 SHOKI SHUUGE　　　　　　　　　　　　　　IN:2704/LCCN:696142
　　河村秀根著、河村殷根・益根校　刊　5冊　洋装（袋）　25.9cm × 18cm
　　序：天明5年（1785）河村秀根
　　〔朝河〕（NOV 2 1907）収蔵

1672 書紀集解 SHOKI SHUUGE　　　　　　　　　　　　　　IN:1659/LCCN:433232
　　河村秀根著、河村殷根・益根校　刊　20冊　袋　26.4cm × 18.5cm
　　序：天明5年（1785）河村秀根

1673 続(しょくに)日本紀(ほんぎ) *SHOKU NIHONGI*　　　　　　　　　　　　IN:1667/LCCN:433240

　　藤原継縄・菅野真道他　刊　20冊　袋　25.5cm × 18.1cm
　　跋：明暦3年（1657）立野春節　刊記：京／出雲寺和泉掾
　　（MAY 24 1939）収蔵

1674 日本後紀(にほんこうき) *NIHON KOUKI*　　　　　　　　　　　　　IN:1617/LCCN:433190

　　藤原冬嗣・藤原良房他　刊　10冊　袋　26.1cm × 18.4cm
　　奥書等：寛政11年（1799）検校保己一

1675 続(しょくに)日本後紀(ほんこうき) *SHOKU NIHON KOUKI*　　　　　　　　IN:1668/LCCN:433241

　　藤原良房他　刊　10冊　袋　27cm × 19.1cm
　　序：貞観11年（869）藤原良房　跋：寛文8年（1668）立野春節
　　刊記：天明8年（1788）焼失　京／林和泉掾版行｜寛政7年（1795）再刻　出雲寺林元章
　　（MAY 25 1939）収蔵

1676 文徳実録(もんとくじつろく) *MONTOKU JITSUROKU*　　　　　　　　　IN:2364/LCCN:695802

　　藤原基経　刊　1冊　袋　25cm × 17.8cm
　　蔵書印等：［士官］

1677 文徳実録(もんとくじつろく) *MONTOKU JITSUROKU*　　　　　　　　　IN:2710/LCCN:696148

　　藤原基経　刊　10冊　袋　27cm × 19.3cm
　　序：元慶2年（878）藤原基経
　　刊記：宝永6年（1709）京／出雲寺和泉掾｜天明8年（1788）焼失｜寛政8年（1796）校訂
　　新彫　元章

1678 日本三代実録(にほんさんだいじつろく) *NIHON SANDAI JITSUROKU*　　　　　　IN:1646/LCCN:433219

　　源能有・藤原時平・菅原道真　刊　20冊　袋　26.2cm × 18.8cm
　　序：延喜元年（901）藤原時平・大蔵善行（原序）　跋：寛文13年（1673）松下見林
　　刊記：京／林権兵衛

1679 日本三代実録(にほんさんだいじつろく)　　　　　　　　　　　　　　　IN:2301/LCCN:695739

　　源能有・藤原時平・菅原道真　刊　19冊　袋　25.2cm × 17.8cm
　　序：延喜元年（901）藤原時平・大蔵善行（原序）　跋：寛文13年（1673）松下見林　刊記：蓬
　　蒿舎蔵版　林権兵衛・司大助他（全3肆）｜京／河内屋藤四郎・大坂／河内屋茂兵衛他（全6肆）
　　第4冊（巻7・8）欠　蔵書印等：［士官・幼年］

1680 宇多紀略(うだきりゃく) *UDAKIRYAKU*　　　　　　　　　　　　　IN:550/LCCN:847545

　　写　1冊　洋装（袋）　26.4cm × 18.8cm
　　〔朝河〕（AUG 19 1907）収蔵　異称：宇多天皇実録

1681 類聚国史(るいじゅこくし) *RUIJU KOKUSHI*　　　　　　　　　　　IN:2858/LCCN:696296

　　菅原道真　刊　10冊　袋　25.8cm × 18.3cm
　　序：文化13年（1816）菅原長親　跋：文化13年（1816）林衡

巻 1〜9・10・11・14〜16・19・25・28・31・32〜36・40・54・66・71〜75・77〜80・83〜84・86・87〜89・99・101・107・137・159・165・171・173・177〜180・182・185〜187・189〜190・193〜194・199・考異（上中下）存 「Libraryof Congress FEB 1929 Smithsonian Deposit」

1682 類聚国史 RUIJU KOKUSHI　　　　　　　　　　　　　IN:2852/LCCN:696290

　　菅原道真　刊　6冊　洋装（袋）　26cm × 19cm
　　序：文化 12 年（1815）菅原長親　跋：文化 13 年（1816）林衡
　　〔朝河〕（NOV 2 1907）収蔵

1683 新刊吾妻鏡 SHINKAN AZUMAKAGAMI　　　　　　　　IN:2736/LCCN:696174

　　刊　24 冊　袋　26.9cm × 19.5cm
　　跋：慶長 10 年（1605）鹿苑承兌・寛永元年（1624）羅洞散人林道春
　　刊記：寛文元年（1661）京／野田庄右衛門
　　32・33 巻欠

1684 新刊吾妻鏡 SHINKAN AZUMAKAGAMI　　　　　　　　IN:2316/LCCN:695754

　　刊　5 冊　袋　27.7cm × 19.7cm
　　跋：慶長 10 年（1605）鹿苑承兌・寛永元年（1624）羅洞散人林道春
　　刊記：寛文元年（1665）京／野田庄右衛門
　　16 巻（巻 8・9・23〜26・37〜43・50〜52）存

1685 東鑑抜書 AZUMAKAGAMI NUKIGAKI　　　　　　　　IN:1055/LCCN:432628

　　写　2 冊　仮綴　21.3cm × 15cm
　　治承 4 年（1180）〜貞応 3 年（1224）（第一冊）　宝治 2 年（1248）〜文永 3 年（1266）・元仁 2 年（1225）〜嘉禄 3 年（1227）（第二冊）

1686 東鑑抜書 AZUMAKAGAMI NUKIGAKI　　　　　　　　IN:3626/LCCN:703709

　　写　1 冊　袋　21.4cm × 14.6cm
　　蔵書印等：［参謀］

1687 ［三代記］承久記 JOUKYUUKI　　　　　　　　　　　IN:2666/LCCN:696104

　　刊　2 冊　袋　26.3cm × 18.9cm

1688 承久記 JOUKYUUKI　　　　　　　　　　　　　　　　HN:217/WDC2

　　刊　2 冊　袋　28cm × 19cm

1689 本邦前々続史記 HONPOU ZENZEN ZOKU SHIKI　　　IN:1273/LCCN:432846

　　写　6 冊　袋　26.7cm × 18.9cm
　　50 巻（巻 41〜50・61〜100）存

1690 日本逸史・日本逸志考異 NIHON ISSHI・NIHON ISSHI KOUI　IN:1613/LCCN:433186

　　鴨祐之　刊　21 冊　袋　25.7cm × 18.2cm

序：元禄5年（1692）浅井重遠
刊記：享保9年（1724）京／柴軒鳥谷長庸・柳枝軒茨木方道（第20冊） | 小川多左衛門・小川新兵衛（考異）
20冊40巻・考異1巻

1691 残桜記（ざんおうき） ZAN'OUKI　　　　　　　　　　　　　　　IN:53/LCCN:98-847049
　　伴信友　刊　1冊　袋　24.9cm × 17.6cm
　　跋：文化7年（1810）本居大平　刊記：文栄堂蔵版　大坂／前川善兵衛

1692 鎌倉時代史（かまくらじだいし） KAMAKURA JIDAISHI　　　　　　IN:72/LCCN:98847068
　　写　1冊　洋装（袋）　24.1cm × 16.2cm
　　〔朝河〕（APR 18 1907）収蔵

1693 十三ヶ年旧記（じゅうさんかねんきゅうき） JUUSANKANEN KYUUKI　　IN:570/LCCN:847565
　　写　1冊　袋　24.7cm × 17cm
　　天保11年（1840）より嘉永5年（1851）まで

1694 駿藩各所分配姓名録（すんぱんかくしょぶんぱいせいめいろく） SUNPAN KAKUSHO BUNPAI SEIMEIROKU　IN:1657/LCCN:433230
　　駿藩学問所　刊　1冊　袋　7.8cm × 16.2cm
　　刊記：駿府／本屋市蔵

雑史

1695 西来和尚旧事記略話（さいらいおしょうくじきりゃくわ） SAIRAI OSHOU KUJIKI RYAKUWA　IN:1155/LCCN:432728
　　写　1冊　袋　25.4cm × 18cm
　　奥書等：另龍和尚
　　先代旧事本紀の抜粋　錯簡有　異称：旧事記略話

1696 御年譜序附尾（ごねんぷじょふび） GONENPU JO FUBI　　　　　　IN:1483/LCCN:433056
　　写　3冊　袋　27.6cm × 17cm
　　異称：御年譜附尾

1697 太閤記（たいこうき） TAIKOUKI　　　　　　　　　　　　　　　IN:1694/LCCN:433267
　　小瀬甫庵　刊　11冊　挿絵有　袋　12.7cm × 19.1cm
　　序：寛永2年（1625）　跋：寛永3年（1626）朝山意林庵素心
　　刊記：宝永7年（1710）京／野田庄右衛門・出雲寺和泉掾
　　異称：ゑ入　太閤記

1698 東国太平記（とうごくたいへいき） TOUGOKU TAIHEIKI　　　　　HN:542/LCCN:WDC7
　　杉原親清著　刊　18冊　袋　27cm × 19cm
　　刊記：宝永3年（1706）久保田九郎左衛門

1699 桶狭合戦記 (おけはざまかっせんき) OKEHAZAMA KASSENKI　　IN:532/LCCN:847527

　　山澄英龍　写　1冊　洋装（袋）　25.7cm×18.2cm
　　序：弘化3年（1846）田宮篤輝
　　〔朝河〕（SEP 6 1907）収蔵　異称：新編桶狭間合戦記

1700 明智軍記 (あけちぐんき) AKECHI GUNKI　　IN:2557/LCCN:695995

　　刊　10冊　袋　25.4cm×17.7cm
　　刊記：元禄15年（1702）大坂／伊丹屋茂兵衛・毛利田庄太郎
　　蔵書印等：［士官］

1701 長久手合戦之覚 (ながくてかっせんのおぼえ) NAGAKUTE KASSEN NO OBOE　　IN:305/LCCN:306

　　写　1冊　袋　24.6cm×17.3cm
　　奥書等：延宝6年（1678）写　重辰
　　蔵書印等：［参謀］

1702 長湫合戦記 (ながくてかっせんき) NAGAKUTE KASSENKI　　IN:3460/LCCN:504782

　　写　1冊　袋　22.8cm×16.2cm
　　蔵書印等：［参謀］

1703 秀吉公ヨリ大坂迄ノ戦覚 (ひでよしこうよりおおさかまでのいくさおぼえ) HIDEYOSHIKOU YORI OOSAKA MADENO IKUSAOBOE　　IN:1192/LCCN:432765

　　写　1冊　仮綴　26.9cm×19.3cm
　　蔵書印等：［参謀］

1704 福嶋記 (ふくしまき) FUKUSHIMAKI　　IN:1153/LCCN:432726

　　福島左衛門大夫正則　写　1冊　仮綴　24.3cm×17cm
　　奥書等：寛延3年（1750）写　磯辺氏
　　（SEP 9 1946）収蔵

1705 清正記 (きよまさき) KIYOMASAKI　　IN:599/LCCN:847594

　　（古橋又玄）　写　1冊　洋装（袋）　26.3cm×17.8cm
　　奥書等：加藤主計頭清正在判　侍中
　　〔朝河〕（AUG 17 1907）収蔵

1706 征韓偉略 (せいかんいりゃく) SEIKAN IRYAKU　　IN:54/LCCN:98-847050

　　川口長孺　刊　2冊　袋　22.2cm×14.8cm
　　巻1・4存　蔵書印等：［士官・陸軍文庫］

1707 武徳安民記附録 (ぶとくあんみんきふろく) BUTOKU ANMINKI FUROKU　　IN:2554/LCCN:695992

　　木村毅斎　刊　5冊　袋　25.4cm×18.1cm
　　跋：無署名
　　宝永5年（1708）刊『武徳安民記』（25巻）の付録のみ　蔵書印等：［士官］

1708 武徳編年集成 BUTOKU HENNEN SHUUSEI　　　　　　　　　IN:1519/LCCN:433092
　　写　26冊　袋　23.5cm×16.8cm
　　第7冊（巻13〜14）・11〜22冊（巻55〜78）・24冊（巻81〜82）・26〜28冊（巻85
　　〜90）・32〜40冊（巻21〜40）存　蔵書印等：［士官］

1709 阿州稲田記 ASHUU INADAKI　　　　　　　　　　　　IN:339/LCCN:847335
　　写　1冊　挿絵有　袋　22.2cm×14.7cm
　　奥書等：天和2年（1682）写
　　蔵書印等：［参謀］

1710 応兵記 OUHEIKI　　　　　　　　　　　　　　　　IN:1489/LCCN:433062
　　熊沢正興　写　2冊　袋　21.5cm×16.6cm
　　奥書等：淡庵子彙輯　姓紀氏熊沢正興名百介字
　　蔵書印等：［参謀］

1711 大坂安倍野合戦之図 OOSAKA ABENO KASSEN NO ZU　　IN:3682/LCCN:-
　　刊　2枚　挿絵有　一枚物　41.3cm×26.7cm

1712 大坂記 OOSAKAKI　　　　　　　　　　　　　　　　IN:1468/LCCN:433041
　　写　1冊　袋　23.1cm×16.3cm
　　奥書等：水野日向守家記
　　蔵書印等：［参謀］

1713 大坂冬陣首帳之覚 OOSAKA FUYU NO JIN KUBICHOU NO OBOE
　　　　　　　　　　　　　　　　　　　　　　　　　　IN:3489/LCCN:504811
　　写　1冊　袋　27cm×18.7cm
　　蔵書印等：［士官］

1714 大坂冬陣始末之記 OOSAKA FUYU NO JIN SHIMATSU NO KI　IN:369/LCCN:847365
　　写　1冊　袋　24.2cm×17.1cm
　　蔵書印等：［参謀・1946年9月9日］　異称：大坂冬陣始末記

1715 難波戦記大全 NANIWA SENKI TAIZEN　　　　　　　　IN:1459/LCCN:433032
　　田丸具房　写　9冊　袋　23.5cm×16cm
　　奥書等：勢州国司北畠元広流田丸源具房入道常山述
　　32巻（巻7・8・13・14・19〜32）存　異称：難波戦記

1716 玉露叢 GYOKUROSOU　　　　　　　　　　　　　　　IN:1514/LCCN:433087
　　林鵞峯　写　1冊　仮綴　27.3cm×19.2cm

1717 玉露叢 GYOKUROSOU　　　　　　　　　　　　　　　IN:562/LCCN:847557
　　林鵞峯　写　6冊　洋装（袋）　28.2cm×20cm
　　序：延宝2年（1674）
　　〔朝河〕（APR 18 1907）収蔵

1718 中興武家盛衰記 CHUUKOU BUKE SEISUIKI　　　　IN:1191/LCCN:648764
　　　写　3冊　袋　26.1cm×18cm
　　　巻15～20・27～30存　蔵書印等：[士官]

1719 中興武家盛衰記 CHUUKOU BUKE SEISUIKI　　　　IN:1465/LCCN:433038
　　　写　4冊　袋　26.2cm×17.9cm

1720 蒙古寇紀 MOUKO KOUKI　　　　IN:3581/LCCN:504903
　　　長村鑒集輯、荒川忠元・服部元儀・蜂谷珍廬・井戸利雄・本沢親愛・江口為督校
　　　写　2冊　袋　26.5cm×19.1cm
　　　序：文化13年（1816）長村鑒
　　　「勝璋大人御筆」（表紙）

1721 蒙賊記 MOUZOKUKI　　　　IN:2380/LCCN:695818
　　　石川真清　刊　3冊　袋　25.6cm×18.2cm
　　　序：安政3年（1856）事新軒岸上民明
　　　巻1・3・4存

1722 明徳記 MEITOKUKI　　　　IN:2232/LCCN:508632
　　　刊　3冊　袋　27.8cm×19.5cm
　　　刊記：寛永9年（1632）

1723 後太平記 GOTAIHEIKI　　　　HN:088/OJ210.51／T22
　　　多々良一竜著、多々良一吹・同吹毛補訂　刊　43冊　袋　27cm×20cm
　　　刊記：延宝5年（1677）江戸／渡辺善右衛門

1724 室町殿日記 MUROMACHIDONO NIKKI　　　　IN:273/LCCN:847269
　　　楢村長教　写　4冊　袋　23.1cm×17cm
　　　奥書等：貞享3年（1686）写
　　　蔵書印等：[参謀]

1725 数所合戦抜書 SUUSHO KASSEN NUKIGAKI　　　　IN:1178/LCCN:432751
　　　写　1冊　仮綴　25.1cm×17cm

1726 本朝三国志 HONCHOU SANGOKUSHI　　　　IN:2345/LCCN:695783
　　　刊　1冊　袋　25.8cm×17.8cm
　　　巻5～10存　蔵書印等：[士官]

1727 逸史 ISSHI　　　　IN:2701/LCCN:696139
　　　中村積善　刊　3冊　洋装（袋）　25.4cm×17.4cm
　　　序：寛政11年（1799）中井積善・寛政8年（1796）南豊脇長
　　　刊記：天保13年（1842）官許上梓｜嘉永元年（1848）加賀屋善蔵・河内屋吉兵衛
　　　〔朝河〕（APR 8 1907）収蔵

1728 逸史　*ISSHI*　　　　　　　　　　　　　　　　　　IN:2311/LCCN:695749
　　　中井積善　刊　7 冊　袋　25.3cm × 18cm
　　　序：寛政 11 年（1799）中井積善・寛政 8 年（1796）南豊脇長

1729 むもれ水　*MUMOREMIZU*　　　　　　　　　　　　IN:537/LCCN:847532
　　　写　2 冊　袋　24.5cm × 17.1cm
　　　蔵書印等：［参謀・松田書印］

1730 異称日本伝　*ISHOU NIHON DEN*　　　　　　　　　IN:2655/LCCN:696093
　　　松下見林　刊　1 冊　袋　25.2cm × 18.3cm
　　　序：元禄元年（1688）西峰散人　　刊記：大坂／崇文軒
　　　上 1 ～ 3 巻存　蔵書印等：［士官］

1731 野史抄国分史　*YASHISYOU KUNIWAKESHI*　　　　　IN:551/LCCN:847546
　　　写　5 冊　洋装（袋）　23.8cm × 18.6cm
　　　巻 1・2 存　〔朝河〕（APR 18 1907）収蔵

1732 北越軍記　*HOKUETSU GUNKI*　　　　　　　　　　IN:1308/LCCN:432881
　　　雲庵　写　3 冊　袋　23.5cm × 16.6cm
　　　序：寛永 21（1644）洛東隠士雲菴

1733 西国盛衰記　*SAIGOKU SEISUIKI*　　　　　　　　　HN:421/WDC6
　　　馬場信意　刊　12 冊　袋　26cm × 18cm
　　　13 ～ 17 巻欠

1734 伊達鏡実録　*DATE KAGAMI JITSUROKU*　　　　　　IN:3488/LCCN:504810
　　　写　1 冊　袋　23.3cm × 16.3cm
　　　奥書等：呈スウイングル殿　日本粂嶋　大正 4 年（1915）

1735 奥陽斎藤記　*OUYOU SAITOUKI*　　　　　　　　　 IN:533/LCCN:847528
　　　写　1 冊　袋　25.9cm × 16.7cm

1736 関八州古戦記　*KANHASSHUU KOSENKI*　　　　　　IN:1481/LCCN:433054
　　　写　2 冊　袋　22.9cm × 15.2cm
　　　6 巻（巻 5 ～ 10）存

1737 甲城始末記　*KOUJOU SHIMATSUKI*　　　　　　　　IN:576/LCCN:847571
　　　写　1 冊　袋　26.6cm × 17.2cm
　　　奥書等：文政 6 年（1823）勝孝写　│花形氏
　　　甲州合戦記・古記録

1738 駿府御城之記　*SUNPU GOJOU NO KI*　　　　　　　IN:3427/LCCN:504749
　　　写　1 冊　袋　23.1cm × 16.7cm

1739 三河後風土記 MIKAWA GOFUDOKI　　　　　　　　　　　IN:1241/LCCN:432814
　　　写　13冊　袋　22.8cm×15.5cm
　　　13巻（初編目録　巻1～6・13～18）存

1740 三河後風土記 MIKAWA GOFUDOKI　　　　　　　　　　　IN:276/LCCN:847272
　　　写　1冊　袋　27.5cm×19.4cm
　　　後編7巻（巻1～7）存

1741 三河後風土記 MIKAWA GOFUDOKI　　　　　　　　　　　IN:1240/LCCN:99-432813
　　　写　86冊　袋　22.7cm×15.7cm
　　　86巻（前編巻7～12・19～24＝12冊　中編巻1～25＝25冊　後編巻1～25＝25冊
　　　残編巻1～14・16～25＝24冊）存

1742 三河後風土記正説大全 MIKAWA GO FUDOKI SEISETSU TAIZEN　IN:3675/LCCN:703758
　　　写　1冊　袋　23.8cm×16.6cm

1743 駿陽歴代記 SUN'YOU REKIDAIKI　　　　　　　　　　　　IN:3475/LCCN:504798
　　　写　1冊　袋　22.4cm×15.3cm
　　　奥書等：文化15年（1818）仁左衛門道雄
　　　蔵書印等：［笹野文庫］

1744 備前軍記 BIZEN GUNKI　　　　　　　　　　　　　　　　IN:1504/LCCN:433077
　　　写　3冊　袋　23.4cm×16.8cm
　　　巻3～5・附録存　蔵書印等：［参謀］

1745 姫陽陰物語 KIYOUIN MONOGATARI　　　　　　　　　　　　IN:289/LCCN:847285
　　　写　1冊　袋　23cm×16.4cm
　　　跋：宝暦6年（1756）　奥書等：宝暦14年（1764）写

1746 ［関西］陰徳太平記 INTOKU TAIHEIKI
　　　　　　　　　　　　　　　　HN:189/OJ210.51／K12（OJ210.51／K12a（洋装））
　　　香川正矩著、同尭真改訂　刊　41冊　袋　28cm×19cm
　　　刊記：正徳2年（1712）京／有春軒

1747 九州記 KYUUSHUUKI　　　　　　　　　　　　　　　　　　HN:322/坂645
　　　大竹春竜著、含虚子校正　写　18冊　袋　23cm×15cm
　　　序：元禄6年（1693）
　　　異称：九州軍記

1748 ［近代正説砕玉話］武将感状記 BUSHOU KANJOUKI　　　　IN:2200/LCCN:508600
　　　淡庵子　刊　10冊　袋　25.5cm×18.3cm
　　　序：正徳6年（1716）浪華散人・和田正尹　刊記：大坂／秋田屋太右衛門他（全6肆）
　　　第10巻末写補　異称：砕玉話・近代正説砕玉話

1749 雨夜灯 （あまよのともしび） AMAYO NO TOMOSHIBI　　　　IN:286/LCCN:847282
　　写　1冊　袋　23.5cm×16.2cm

1750 忠誠後鑑録 （ちゅうせいこうかんろく） CHUUSEI KOUKANROKU　　　　IN:589/LCCN:847584
　　小川恒充　写　2冊　挿絵有　洋装（袋）　27.3cm×21.3cm
　　序：正徳元年（1711）直養子橘喜・正徳4年（1714）前田道通葉庵・宝永4年（1707）小川恒充
　　〔朝河〕（SEP 6 1907）収蔵

1751 明良洪範 （めいりょうこうはん） MEIRYOU KOUHAN　　　　IN:2753/LCCN:696101
　　真田増誉述、山崎直行校　刊（木活字）　合8冊　洋装（袋）　26.1cm×18.9cm
　　刊記：郁文堂活版
　　〔朝河〕（SEP 6 1907）収蔵

1752 明良洪範 （めいりょうこうはん） MEIRYOU KOUHAN　　　　IN:1242・1245/LCCN:432825・432818
　　真田増誉　写　18冊　袋　26.6cm×18.3cm
　　18巻（巻1・6～7・10～14・19／20～21・24～25・続1～2・5・9～10）存

1753 遺老物語 （いろうものがたり） IROU MONOGATARI　　　　IN:1251/LCCN:432824
　　日下部景衡　写　12冊　袋　27cm×18.3cm
　　序：享保18年（1733）朝倉日下部景衡
　　20巻内12巻（1・3・5～11・13・15・17）存　蔵書印等：［士官］

1754 武辺咄聞書 （ぶへんばなしききがき） BUHENBANASHI KIKIGAKI　　　　IN:1505/LCCN:433078
　　国枝清軒　写　1冊　袋　26.7cm×19.2cm
　　4～6巻存　蔵書印等：［士官］

1755 武辺咄聞書 （ぶへんばなしききがき） BUHENBANASHI KIKIGAKI　　　　IN:1502/LCCN:433075
　　国枝清軒　写　3冊　袋　26.9cm×18.5cm

1756 武辺咄聞書抜萃 （ぶへんばなしききがきばっすい） BUHENBANASHI KIKIGAKI BASSUI　　　　IN:560/LCCN:847555
　　国枝清軒　写　1冊　洋装（袋）　23.4cm×16.8cm
　　〔朝河〕（APR 18 1907）収蔵

1757 紅山夜話 （こうざんやわ） KOUZAN YAWA　　　　IN:306/LCCN:847302
　　写　1冊　袋　24.4cm×16.7cm
　　蔵書印等：［参謀］

1758 談海 （だんかい） DANKAI　　　　IN:557/LCCN:847552
　　写　2冊　洋装（袋）　27.1cm×18.8cm
　　〔朝河〕（APR 18 1907）収蔵

1759　続談海　*ZOKU DANKAI*　　　　　　　　　　IN:558/LCCN:847553
　　　写　7冊　洋装（袋）　27.1cm × 18.8cm
　　　〔朝河〕（SEP 6 1907）収蔵

1760　武勇玉　*BUYUUGYOKU*　　　　　　　　　　IN:453/LCCN:847449
　　　写　1冊　袋　25.8cm × 17.7cm

1761　武野燭談　*BUYA SHOKUDAN*　　　　　　　　IN:561/LCCN:847556
　　　写　30冊　洋装（袋）　27.8cm × 19.2cm
　　　序：宝永6年（1709）
　　　〔朝河〕（APR 18 1907）収蔵

1762　武林隠見録　*BURIN INKENROKU*　　　　　　IN:368/LCCN:847364
　　　写　3冊　袋
　　　奥書等：寛延4年（1751）写　指陰子
　　　蔵書印等：［参謀］

1763　常山紀談　*JOUZAN KIDAN*　　　　　　　　IN:2535/LCCN:695973
　　　湯浅新兵衛元禎（常山）編　刊　1冊　袋　25cm × 17.8cm
　　　巻25存　蔵書印等：［士官・不着堂文庫記］

1764　常山紀談　*JOUZAN KIDAN*　　　　　　　　HN:219/OJ210.4／Y94
　　　湯浅元禎（常山）著、平野敬遵・赤木周憲校訂　刊　6冊　洋装（袋）　25cm × 18cm
　　　刊記：江戸／須原屋茂兵衛・京／勝村治兵衛・大坂／秋田屋太右衛門

1765　常山紀談　*JOUZAN KIDAN*　　　　　　　　HN:220/OJ210.4／Y94
　　　湯浅元禎（常山）著、平野敬遵・赤木周憲校訂　刊　30冊　袋　25cm × 18cm
　　　刊記：江戸／須原屋茂兵衛・京／勝村治兵衛・大坂／秋田屋太右衛門
　　　正編25巻30冊のみ存　拾遺4巻「雨夜の灯」1巻欠

1766　近代公実厳秘録　*KINDAI KOUJITSU GENPIROKU*　IN:566/LCCN:847561
　　　写　1冊　洋装（袋）　24.4cm × 17.7cm
　　　奥書等：宝暦13年（1763）松風軒鷺睡
　　　〔朝河〕（SEP 6 1907）収蔵

1767　近代公実厳秘録　*KINDAI KOUJITSU GENPIROKU*　IN:565/LCCN:847560
　　　写　1冊　袋　24.1cm × 17.4cm
　　　巻1～5存　蔵書印等：［榊原蔵書・渡辺真一・所蔵之章・東京弘文荘納］

1768　勇士一言集　*YUUSHI ICHIGEN SHUU*　　　　IN:544/LCCN:847539
　　　写　3冊　仮綴　25.6cm × 18.2cm
　　　巻4・5・6存　蔵書印等：［参謀］

1769 慶安太平記 KEIAN TAIHEIKI　　　　　　　　　　　　　　IN:361/LCCN:847357
　　写　6冊　袋　23.5cm × 16.3cm
　　6巻（巻1～4・6・7）存　蔵書印等：[士官]

1770 赤穂義士伝一夕話 AKOU GISHI DEN ISSEKIWA　　　　　　IN:1728/LCCN:433301
　　山崎美成　刊　10冊　挿絵有　袋　25.7cm × 18.1cm
　　序：嘉永6年（1853）枕山大沼厚・嘉永7年（1854）矮竹外史
　　刊記：嘉永7年（1854）刻成発兌　宝集堂蔵版｜京／出雲寺文次郎・江戸／大和屋喜兵衛他（全18肆）
　　（MAY 10 1939）収蔵

1771 誠忠武鑑 SEICHUU BUKAN　　　　　　　　　　　　　　　IN:1254/LCCN:432827
　　写　1冊　袋　24.6cm × 19cm
　　奥書等：明治5年（1872）飯田七郎孝顕写｜明治10年（1877）若松屋赤星蔵書
　　3巻（13～15巻）存　蔵書印等：[長崎県島原北有馬若松金・予科]

1772 赤穂義士伝 AKOU GISHI DEN　　　　　　　　　　　　　IN:2754/LCCN:696192
　　山崎美成　刊　5冊　袋　25.5cm × 16.9cm
　　序：嘉永4年（1851）北峰山嵩
　　刊記：大坂／河内屋茂兵衛・大和屋喜兵衛他（全11肆）｜嘉永5年（1852）江戸／大椿堂蔵版（見返）

1773 [本朝忠孝] 美名録 BIMEIROKU　　　　　　　　　　　　IN:2182/LCCN:508582
　　自楽斎玉人　刊　1冊　挿絵有　仮綴　21.4cm × 29.1cm
　　序：自楽斎玉人

1774 赤穂四十七士論 AKOU SHIJUUSHICHISHI RON　　　　　　IN:1334/LCCN:432807
　　写　1冊　仮綴　13.7cm × 19.5cm
　　奥書等：延享元年（1744）
　　蔵書印等：[参謀]

1775 復讐後話 FUKUSHUU KOUWA　　　　　　　　　　　　　　IN:1756/LCCN:433329
　　写　1冊　袋　26.8cm × 18.8cm
　　奥書等：安政5年（1858）臨写

1776 菊池軍記 KIKUCHI GUNKI　　　　　　　　　　　　　　　IN:1060/LCCN:432633
　　（井沢長秀）写　1冊　仮綴　24.3cm × 17.1cm
　　巻1・2（途中）存　蔵書印等：[参謀]　異称：菊池伝記・菊池佐々木軍記

A. 日本史　213

史論

1777 保健大記 *HOUKEN TAIKI*　　　　　　IN:3444/LCCN:504766
　　写　1冊　袋　24.2cm×16.6cm
　　保建大記・神代系図・前左大臣尊氏卿御遺書之事を合冊

1778 保建大記打聞 *HOUKEN TAIKI UCHIGIKI*　　HN:159/OJ210.31／K37
　　谷重遠　刊　1冊　洋装（袋）　25cm×18cm
　　刊記：享保5年（1720）京／茨城多左衛門

1779 古史徴 *KOSHICHOU*　　　　　　IN:2702/LCCN:696140
　　平田篤胤　刊　4冊　洋装（袋）　26.1cm×17.6cm
　　序：文政元年（1818）山崎長右衛門篤利・文政2年（1819）仁右衛門道雄
　　〔朝河〕（NOV 2 1907）収蔵

1780 通語 *TSUUGO*　　　　　　IN:2262/LCCN:695700
　　中井履軒　刊　3冊　袋　24.8cm×17.7cm（上下）・22.2cm×15.2cm（中）
　　序：天保2年（1831）早野正己・天保13年（1842）中洲清水原譲
　　刊記：江戸／須原屋茂兵衛・京／菱屋孫兵衛・大坂／河内屋吉兵衛他（全7肆）
　　取合せ本　中巻は明治刷　蔵書印等：［士官・陸軍］

1781 襲国偽僭考 *SONOKUNI GISEN KOU*　　　　　　IN:528/LCCN:847523
　　鶴峯戊申　写　1冊　洋装（袋）　26.4cm×18.8cm
　　〔朝河〕（APR 18 1907）収蔵

1782 国史纂論 *KOKUSHI SANRON*　　　　　　IN:1590/LCCN:433163
　　山県禎　刊　10冊　袋　25.8cm×17.5cm
　　序：弘化3年（1846）大学頭林韑・天保10年（1839）自序　跋：弘化2年（1845）安積信・
　　弘化2年（1845）小倉実敏
　　刊記：弘化3年（1846）江戸／岡田屋嘉七・和泉屋金右衛門
　　（MAY 11 1939）収蔵

1783 読史贅議 *TOKUSHI ZEIGI*　　　　　　IN:2324/LCCN:695762
　　斎藤馨（竹堂）　刊　2冊　袋　25.5cm×17.5cm
　　序：嘉永6年（1853）艮斎安積信・侗庵（古賀侗庵）　跋：嘉永元年（1848）臥虎山人華・塩谷
　　世弘・嘉永5年（1852）羽倉用九　刊記：京／出雲寺文次郎・江戸／雁金屋清吉他（全15肆）
　　｜嘉永6年（1853）新鐫（見返）
　　蔵書印等：［士官］

伝記

1784 埋木花 　UMOREGI NO HANA　　　　　　　　　　　IN:1501/LCCN:433074
　　写　10冊　挿絵有　袋　27.6cm × 19..5cm
　　序：文政9年（1826）平一貞

1785 埋木花 　UMOREGI NO HANA　　　　　　　　　　　IN:588/LCCN:847583
　　写　3冊　挿絵有　洋装（袋）　25.7cm × 18.5cm
　　序：文政9年（1826）平一貞

1786 聖徳太子伝 　SHOUTOKU TAISHI DEN　　　　　　　IN:1649/LCCN:433222
　　刊　10冊　挿絵有　袋　25.5cm × 18.7cm
　　刊記：寛文6年（1666）

1787 菅家寔録 　KANKE SHOKUROKU　　　　　　　　　　IN:1580/LCCN:433153
　　松本慎（愚山）　刊　3冊　挿絵有　袋　25.2cm × 17.8cm
　　序：寛政10年（1798）勘解由長官為弘

1788 菅家寔録 　KANKE SHOKUROKU　　　　　　　　　　IN:1807/LCCN:508207
　　松本慎（愚山）　刊　3冊　挿絵有　袋　25.7cm × 17.6cm
　　序：寛政10年（1798）勘解由長官為弘　刊記：京／堺屋仁兵衛・尚徳堂堺屋儀兵衛
　　「山崎闇斎先生并門人著編略目」を付す

1789 南木誌 　NANBOKUSHI　　　　　　　　　　　　　　IN:2937/LCCN:696375
　　中山利質編、長山貫校　刊　1冊　挿絵有　洋装（袋）　26.8cm × 19cm
　　序：弘化5年（1848）板倉勝明・嘉永2年（1849）正謙・弘化4年（1847）自序
　　跋：元治元年（1864）長山貫　刊記：江戸／須原屋茂兵衛・東京／福田勝蔵他（全10肆）

1790 細川忠興公記 　HOSOKAWA TADAOKI KOUKI　　　　IN:1162/LCCN:432735
　　（沢村大学）　写　1冊　袋　28.4cm × 19.5cm
　　奥書等：寛文4年（1664）牧丞太夫

1791 福島五左衛門国員山名主膳豊峯稽古発起ノ行道事 　FUKUSHIMA GOZAEMON
　　　KUNIKAZU YAMANA SHUZEN TOYOMINE KEIKO HOKKI NO GYOUDOU NO KOTO
　　写　1冊　挿絵有　袋　26cm × 18.2cm　　　　　　　IN:1208/LCCN:432781

1792 遊女高尾の伝 　YUUJO TAKAO NO DEN　　　　　　　IN:257/LCCN:847253
　　写　1冊　洋装（袋）　23cm × 15.5cm
　　奥書等：文化元年（1804）写　藤忠許

A. 日本史　215

1793 米庵先生略伝 BEIAN SENSEI RYAKUDEN　　　　IN:941/LCCN:432514
　　写　1冊　洋装（袋）　26.8cm × 19cm
　　奥書等：明治15年（1882）写　哦松生記
　　〔朝河〕（APR 18 1907）収蔵

1794 渋川春海伝 SHIBUKAWA SHUNKAI DEN　　　　IN:1198/LCCN:432771
　　遠藤利貞　写　1冊　袋　24cm × 16cm
　　序：明治39年（1906）遠藤利貞　奥書等：明治39年（1906）成　春峰　遠藤利貞

1795 駿州八助行状聞書 SUNSHUU HACHISUKE GYOUJOU KIKIGAKI
　　富岡以直　刊　1冊　挿絵有　袋　23cm × 15.9cm　　IN:1684/LCCN:433257
　　跋：明和7年（1770）富岡以直

1796 武将伝記 BUSHOU DENKI　　　　IN:344/LCCN:847340
　　河合章尭　写　1冊　袋　27.1cm × 18.9cm
　　序：元禄13年（1700）大丈軒小原正義・元禄13年（1700）河合章尭
　　跋：元禄13年（1700）大丈軒小原正義
　　蔵書印等：[参謀・紀正義印]

1797 本朝武林伝 HONCHOU BURIN DEN　　　　IN:2344/LCCN:695782
　　諏訪忠晴　刊　1冊　袋　25cm × 16.7cm
　　巻76～95存　蔵書印等：[士官]

1798 本朝武林伝 HONCHOU BURIN DEN　　　　IN:1521/LCCN:433094
　　諏訪忠晴　刊　12冊　袋　26.4cm × 18.5cm
　　序：延宝7年（1679）　刊記：梅林堂
　　蔵書印等：[惣兵衛文庫・西野蔵書]　異称：太平武林

1799 本朝列侯伝 HONCHOU REKKOU DEN　　　　IN:586/LCCN:847581
　　写　3冊　洋装（袋）　23.3cm × 16.2cm
　　序：延宝7年（1679）
　　〔朝河〕（SEP 6 1907）収蔵

1800 日本諸家人物志 NIHON SHOKA JINBUTSUSHI　　　　IN:1817/LCCN:508217
　　南山道人纂述、皆川淇園閲　刊　1冊　袋　15.5cm × 10.8cm
　　序：寛政11年（1799）皆川愿
　　刊記：寛政12年（1800）改刻　江戸／西村源六・大坂／柏原屋嘉兵衛
　　蔵書印等：[水川氏所蔵記]　異称：日本諸家人物誌・諸家人物考

1801 続諸家人物志 ZOKU SHOKA JINBUTSUSHI　　　　IN:1818/LCCN:508218
　　青柳文蔵茂明著、東条琴台閲　刊　3冊　挿絵有　袋　16.1cm × 11.3cm
　　序：無　跋：文政12年（1829）琴台山樵・文政12年（1829）近江楼主人青柳文蔵
　　異称：日本続諸家人物誌・続諸家人物誌新刻

1802 ［官刻］孝義録 *KOUGIROKU*　　　　　　　　IN:1596/LCCN:433169
　　　刊　40冊　袋　22.7cm × 15.8cm
　　　刊記：享和元年（1801）江戸／須原屋茂兵衛・長谷川庄左衛門
　　　全50巻のうち31〜40を欠く

1803 ［官刻］孝義録 *KOUGIROKU*　　　　　　　　IN:1591/LCCN:433164
　　　刊　10冊　袋　22.8cm × 15.8cm
　　　第31冊〜第40冊存

1804 蝦夷人孝子褒賞記 *EZOJIN KOUSHI HOUSHOUKI*　　　IN:3546/LCCN:504868
　　　写　1冊　袋　26.6cm × 18.2cm

1805 早引人物故事 *HAYABIKI JINBUTSU KOJI*　　　　IN:2348/LCCN:695786
　　　川関惟充　刊　1冊　袋　12.4cm × 18.6cm
　　　刊記：享和2年（1802）｜文政8年（1825）刻成　江戸／前川六左衛門・河内屋茂兵衛他（全6肆）
　　　巻下存

1806 先民伝 *SENMINDEN*　　　　　　　　　　　　IN:2705/LCCN:696143
　　　慮驥（千里）者、原善校　刊　1冊　洋装（袋）　26.6cm × 17.6cm
　　　序：文政2年（1819）・元文4年（1739）竹田定直・享保16年（1731）自序
　　　刊記：文政2年（1819）江戸／慶元堂（見返）
　　　「慶元堂蔵版目録　和泉屋庄次郎」を付す〔朝河〕（APR 8 1907）収蔵　異称：長崎先民伝

1807 良将達徳抄 *RYOUSHOU TATTOKUSHOU*　　　　IN:1484/LCCN:433057
　　　古賀侗庵　写　2冊　袋　23.2cm × 16.5cm
　　　序：文政10年（1827）紫溟古賀煜
　　　2巻（巻1・9）存

1808 前賢故実 *ZENKEN KOJITSU*　　　　　　　IN:3678・3679/LCCN:703761・703762
　　　菊池武保著、手塚光照・長谷部惟正・西村方大・天野真暎校　刊　20冊　挿絵有
　　　袋　26.1cm × 18.2cm
　　　序：天保7年（1836）松田順之・天保7年（1836）自序　跋：弘化4年（1847）蓬翁羽倉用九・
　　　慶応4年（1868）松園道人塩田秦・孫隆房　刊記：雲水無尽庵蔵梓（柱）

1809 先哲叢談後編 *SENTETSU SOUDAN KOUHEN*　　IN:2653/LCCN:696091
　　　東条耕（琴台）　刊　1冊　袋　25.5cm × 17.6cm
　　　巻3　4存　蔵書印等：［士官］

1810 先哲像伝 *SENTETSU ZOU DEN*　　　　　　　IN:2516/LCCN:695954
　　　原義胤　刊　4冊　挿絵有　袋　25.8cm × 18.2cm
　　　序：弘化元年（1844）原義正道甫　刊記：江戸／須原屋茂兵衛・浅倉屋久兵衛他（全4肆）

A. 日本史

1811 日本百将伝一夕話 にほんひゃくしょうでんいっせきわ　NIHON HYAKUSHOU DEN ISSEKIWA　　IN:50/LCCN:847046
　　松亭金水　刊　2冊　挿絵有　袋　25cm × 17.8cm
　　巻10・11存

1812 責而者草 せめてわぐさ　前編　後編　SEMETEWAGUSA　　IN:3642/LCCN:703725
　　渋井徳章　刊　20冊　袋　25.2cm × 17.3cm
　　序：近藤忠質

1813 責而者草 せめてわぐさ　三編　SEMETEWAGUSA　　IN:3643/LCCN:703726
　　渋井徳章　刊　12冊　袋　25.1cm × 17.6cm

1814 責而者草 せめてわぐさ　四編　SEMETEWAGUSA　　IN:3649/LCCN:703732
　　渋井徳章　刊　12冊　袋　25.3cm × 17.8cm

1815 遊女銘々伝 ゆうじょめいめいでん　YUUJO MEIMEI DEN　　IN:861/LCCN:432436
　　夢中舎松泰　写　1冊　洋装（袋）　26.3cm × 19cm
　　異称：遊女伝

1816 名節録 めいせつろく　MEISETSUROKU　　IN:2240/LCCN:508640
　　岡田僑　刊　3冊　袋　25.1cm × 17.8cm
　　序：嘉永3年（1850）岡田僑
　　刊記：慶応2年（1866）江戸／須原屋茂兵衛・大坂／河内屋吉兵衛他（全11肆）

1817 前王廟陵記 ぜんおうびょうりょうき　ZEN'OU BYOURYOUKI　　IN:1734/LCCN:433307
　　松下見林　刊　2冊　袋　27.2cm × 19.3cm
　　序：元禄9年（1696）松下見林　刊記：元禄11年（1698）大坂／毛利田庄太郎

1818 近世畸人伝 きんせいきじんでん　KINSEI KIJIN DEN　　IN:2706/LCCN:696144
　　伴蒿蹊著、花顛三熊思孝画　刊　5冊　挿絵有　袋　25.8cm × 18cm
　　序：寛政2年（1790）慈周　跋：天明8年（1788）三熊思孝

1819 近世畸人伝 きんせいきじんでん　KINSEI KIJIN DEN　　IN:2707/LCCN:696145
　　伴蒿蹊著、花顛三熊思孝画　刊　5冊　挿絵有　袋　25.8cm × 18cm
　　序：寛政9年（1797）浦世繽　刊記：京／銭屋惣四郎

1820 国朝諫諍録 こくちょうかんそうろく　KOKUCHOU KANSOUROKU　　IN:2672/LCCN:696110
　　藤井懶斎　刊　2冊　袋　26.9cm × 19cm
　　序：貞享4年（1687）懶斎序　跋：貞享4年（1687）藤井理定
　　刊記：貞享5年（1688）京／梅村弥右衛門
　　異称：諫諍録

系譜

1821 新撰姓氏録 しんせんしょうじろく　SHINSEN SHOUJIROKU　　　　　IN:1663/LCCN:433236
　　　（万多親王等）　刊　6 冊　袋　27.2cm × 19cm
　　　序：弘仁 6 年（815）万多親王等（原序）　跋：寛文 8 年（1668）自省軒宗因　刊記：寛文 8 年（1668）
　　　京／新右衛門
　　　系譜

1822 尊卑分脈 そんぴぶんみゃく　SONPI BUNMYAKU　　　　　　　IN:987/LCCN:432560
　　　刊　14 冊　袋　29.7cm × 20.7cm
　　　奥書等：天正 19 年（1591）梵舜
　　　異称：諸家大系図

1823 日本文脈 にほんぶんみゃく　NIHON BUNMYAKU　　　　　　　IN:3669/LCCN:703752
　　　橋本博　刊（近代活字）　1 冊　袋　25.6cm × 18.1cm
　　　序：多数　刊記：昭和 16 年（1941）日本系譜学会

1824 振濯録 しんたくろく　SHINTAKUROKU　　　　　　　　IN:1699/LCCN:433272
　　　岡本通理（富治郎）　刊　1 冊　袋　26.4cm × 18.7cm
　　　序：安政 2 年（1855）栖霞館主人・安政 4 年（1857）蔣潭鰕侶浅埜長袢・安政 3 年（1856）
　　　鐸斎谷操・安政 3 年（1856）森紲・安政 3 年（1856）巌谷脩・安政 4 年（1857）長尾泰政・
　　　安政 5 年（1858）玉井懃・安政 5 年（1858）藤沢甫・安政 5 年（1858）磐渓大槻崇　跋：巌
　　　垣亀　刊記：翠捿亭蔵版（見返）
　　　異称：振濯録通俗抄・土部源流

1825 振濯録通俗抄 しんたくろくつうぞくしょう　SHINTAKUROKU TSUUZOKUSHOU　IN:1700/LCCN:433273
　　　岡本通理（富次郎）　刊　1 冊　袋　26.3cm × 18.7cm
　　　跋：安政 3 年（1856）岡本通理
　　　刊記：安政 5 年（1857）京／勝村次右衛門・大坂／河内屋正介他（全 6 肆）
　　　異称：通俗抄

1826 本朝武家評林大系図 ほんちょうぶけひょうりんおおけいず　HONCHOU BUKE HYOURIN OOKEIZU　IN:2355/LCCN:695793
　　　（遠藤元閑）　刊　1 冊　袋　26.4cm × 18cm
　　　巻 1 存　蔵書印等：［参謀］

1827 本朝武家評林大系図 ほんちょうぶけひょうりんおおけいず　HONCHOU BUKE HYOURIN OOKEIZU　IN:2750/LCCN:696188
　　　〔遠藤元閑〕　刊　1 冊　洋装（袋）　25.7cm × 17.6cm
　　　〔朝河〕（SEP 6 1907）収蔵

1828 菅家世系録 かんけせいけいろく　KANKE SEIKEIROKU　　　　IN:2870/LCCN:696308
　　　玉田永教、玉田永辰訂　刊　1 冊　挿絵有　洋装（袋）　25.8cm × 18.1cm

A. 日本史　219

序：文化6年（1809）菅原長孝
〔朝河〕（APR 18 1907）収蔵

1829 豊臣秀吉譜 (とよとみひでよしふ) *TOYOTOMI HIDEYOSHIFU*　　　IN:2958/LCCN:696396

　林羅山　刊　3冊　袋　27cm×18cm
　跋：寛永19年（1642）羅山子道春・函三子守勝　刊記：明暦4年（1658）京／山口市郎兵衛
　（FEB 15 1929）収蔵

1830 豊臣秀吉譜 (とよとみひでよしふ) *TOYOTOMI HIDEYOSHIFU*　　　IN:425/LCCN:847421

　林羅山　刊　3冊　袋　26.1cm×17.9cm
　跋：寛永19年（1642）羅山子道春・函三子守勝　刊記：明暦4年（1658）京／山口市郎兵衛
　蔵書印等：［小川蔵書］

1831 将軍家譜 (しょうぐんかふ) *SHOUGUN KAFU*　　　IN:2772〜2774/LCCN:696210－12

　林羅山　刊　4冊　袋　27cm×18cm
　刊記：明暦4年（1658）
　京都将軍家譜2冊・鎌倉将軍家譜1冊・織田信長譜1冊

1832 将軍家譜 (しょうぐんかふ) *SHOUGUN KAFU*　　　IN:3200/LCCN:696638

　林羅山　刊　4冊　袋　26.6cm×17.4cm
　跋：寛永18年（1641）林羅子道春
　京都将軍家譜2巻・鎌倉将軍家譜1巻・織田信長譜1巻

1833 御年譜 (ごねんぷ) *GONENPU*　　　IN:1488/LCCN:433061

　写　3冊　袋　27cm×19.3cm
　序：正保3年（1646）源義直
　蔵書印等：［参謀］

1834 藩翰譜 (はんかんふ) *HANKANFU*　　　IN:592/LCCN:847587

　新井白石　写　20冊　袋　26.7cm×18.7cm
　序：享保元年（1716）英賀室直清
　（FEB 15 1929）収蔵

1835 藩翰譜続編 (はんかんふぞくへん) *HANKANFU ZOKUHEN*　　　IN:1494/LCCN:433067

　近藤吉左衛門等編　写　1冊　袋　26.1cm×18.2cm
　1巻（巻1）存

1836 駿城護衛系譜 (すんじょうごえいけいふ) *SUNJOU GOEI KEIFU*　　　IN:579/LCCN:847574

　写　3冊　袋　24.1cm×16.9cm
　寛永16年（1639）〜明和5年（1768）

1837 諸家姓名記 (しょけせいめいき) *SHOKE SEIMEIKI*　　　IN:298/LCCN:847294

　写　1冊　袋　24cm×16.8cm

蔵書印等：[参謀・呆田蔵書之印]

1838　黒田家譜　*KURODA KAFU*　　　　　　　　　　　IN:594/LCCN:847589
　　　貝原益軒　写　16冊　袋　25.4cm×18.5cm
　　　「謹呈スチングル博士一九二六年十月福岡田中長三郎」（巻一見返）「黒田家譜後」（一枚）を付す

1839　黒田家譜　*KURODA KAFU*　　　　　　　　　　　IN:3410/LCCN:504732
　　　貝原益軒　写　15冊　袋　27cm×19.1cm
　　　序：貞享4年（1687）貝原益軒

1840　黒田続家譜　*KURODA ZOKU KAFU*　　　　　　　IN:595/LCCN:847590
　　　貝原益軒　写　4冊　袋　25.8cm×18.6cm

1841　小幡家系由来書　*OBATA KAKEI YURAISHO*　　　IN:439/LCCN:847435
　　　道牛　写　1冊　袋　27.3cm×18.3cm
　　　奥書等：寛永19年（1642）道牛
　　　蔵書印等：[参謀]

1842　森実録　*MORI JITSUROKU*　　　　　　　　　　　IN:1049/LCCN:432622
　　　写　2冊　袋　21.4cm×16.6cm
　　　巻6・9存　蔵書印等：[参謀]　異称：森家実録

1843　松浦武四郎年譜　*MATSURA TAKESHIROU NENPU*　IN:3563/LCCN:504885
　　　写　1冊　袋　24.6cm×16.8cm
　　　奥書等：明治38年（1905）嗣一雄

1844　渇仰正統記　*KATSUGOU SHOUTOUKI*　　　　　　IN:1110/LCCN:432683
　　　写　1冊　袋　23.1cm×15.7cm
　　　蔵書印等：[参謀]

1845　御簱本惣印図　*OHATAMOTO SOUINZU*　　　　　　IN:3582/LCCN:504904
　　　写　1冊　挿絵有　袋　25.3cm×18.2cm
　　　奥書等：寛永11年（1634）
　　　（JUL 23 1934）収蔵

史料

1846　宗門人別御改惣〆書上帳　寛政十年午三月　豆州君沢郡　小土肥村
　　　SHUUMON NINBETSU ON'ARATAME SOUJIME KAKIAGECHOU　IN:3607.4/LCCN:504929
　　　写　1冊　袋　28cm×17.8cm

1847 禅宗宗門人別御改書上帳 ZENSHUU SHUUMON NINBETSU ON'ARATAME
　　　　KAKIAGECHOU　　　　　　　　　　　　　　　IN:3607.5/LCCN:504929
　　　写　1冊　袋　28cm × 17.8cm
　　　「寛政10年（1798）豆州君沢郡小土肥村」

1848 法花宗　宗門人別御改書上帳 HOKKESHUU SHUUMON NINBETSU ON'ARATAME
　　　　KAKIAGECHOU　　　　　　　　　　　　　　　IN:3607.6/LCCN:504929
　　　写　1冊　袋　27.8cm × 17.8cm
　　　「寛政10年（1798）豆州君沢郡小土肥村　奉公人」（表紙）

1849 法花宗　宗門人別御改書上帳 HOKKESHUU SHUUMON NINBETSU ON'ARATAME
　　　　KAKIAGECHOU　　　　　　　　　　　　　　　IN:3607.7/LCCN:504929
　　　写　1冊　袋　27.8cm × 17.8cm
　　　「寛政10年（1798）豆州君沢郡小土肥村　穢多　非人」（表紙）

1850 朝鮮人来聘之記 CHOUSENJIN RAIHEI NO KI　　　　IN:291/LCCN:847287
　　　写　1冊　洋装（袋）　24.2cm × 16.1cm
　　　〔朝河〕（SEP 6 1907）収蔵

1851 （長崎年代録） NAGASAKI NENDAIROKU　　　　　IN:3398/LCCN:504720
　　　写　1冊　仮綴　26.5cm × 20cm

1852 後二条師通記 GONIJOU MOROMICHIKI　　　　　　IN:530/LCCN:847525
　　　藤原師通　写　4冊　洋装（袋）　26.7cm × 18.7cm
　　　永保3年（1083）1月1日〜康和元年（1099）3月29日
　　　朱筆校合書入れ有り　〔朝河〕（SEP 6 1907）収蔵

1853 吉田社家記録 YOSHIDA SHAKE KIROKU　　　　　　IN:492/LCCN:847498
　　　写　1冊　洋装（袋）　24cm × 16.6cm
　　　奥書等：享保11年（1726）写　信濃守中臣敬芳書
　　　元弘〜寛永　蔵書印等：［鈴鹿氏／敬芳］

1854 看聞日記 KANMON NIKKI　　　　　　　　　　　IN:554/LCCN:847549
　　　写　8冊　洋装（袋）　27.1cm × 18.8cm
　　　〔朝河〕（APR 18 1907）収蔵

1855 兼見卿記 KANEMIKYOUKI　　　　　　　　　　　IN:556/LCCN:847551
　　　写　5冊　洋装（袋）　27.1cm × 18.8cm
　　　〔朝河〕（SEP 6 1907）収蔵

1856 満済准后日記 MANSAI JUGOU NIKKI　　　　　　IN:555/LCCN:847550
　　　写　6冊　洋装（袋）　27.1cm × 18.8cm

〔朝河〕（SEP 6 1907）収蔵

1857 大乗院寺社雑事記抜萃　DAIJOUIN JISHA ZOUJIKI BASSUI　　IN:520/LCCN:847515
　　尋尊　写　7冊　洋装（袋）　26.3cm × 19.5cm
　　長禄3年（1459）4月1日～寛正4年（1463）　寛正5年（1464）～文明2年（1470）　文明3年（1471）～文明7年（1475）　文明8年（1476）～文明11年（1479）　文明12年（1480）～文明13年（1481）　延徳2年（1490）～延徳4年（1492）　明応元年（1492）～明応4年（1495）　〔朝河〕（SEP 6 1907）収蔵

1858 吉田兼致記　YOSHIDA KANEMUNEKI　　IN:420/LCCN:847416
　　写　1冊　洋装（袋）　27.3cm × 19.9cm
　　奥書等：天保5年（1834）中臣朝臣連従
　　吉田兼致記・大織冠御附属伊日麿御書・精進頭覚語之記を合冊

1859 義演准后日記　GIEN JUGOU NIKKI　　IN:559/LCCN:847554
　　写　8冊　洋装（袋）　27.1cm × 18.8cm
　　〔朝河〕（SEP 6 1907）収蔵

1860 猪隈関白記　INOKUMA KANPAKUKI　　IN:553/LCCN:847548
　　写　5冊　洋装（袋）　27.1cm × 18.8cm
　　〔朝河〕（SEP 6 1907）収蔵　異称：続御暦・続暦

1861 黒田家日記抄出　KURODAKE NIKKI SHOUSHUTSU　　IN:282/LCCN:847276
　　写　1冊　仮綴　23cm × 16.7cm
　　奥書等：宝暦2年（1752）写　常山
　　蔵書印等：［参謀］

1862 江川町略年譜　EGAWAMACHI RYAKUNENPU　　IN:578/LCCN:847573
　　新店仁右衛門　写　1冊　挿絵有　袋　25.8cm × 17.7cm
　　慶長8年（1603）～安政7年（1860）

1863 上賀茂社日記　KAMIGAMOSHA NIKKI　　IN:490/LCCN:847486
　　写　1冊　洋装（袋）　23.2cm × 16.2cm
　　寛政12年（1800）四月三日～十七日　〔朝河〕（APR 18 1907）収蔵

1864 全楽堂日録　ZENRAKUDOU NICHIROKU　　IN:597/LCCN:847592
　　（渡辺崋山）　写　1冊　洋装（袋）　23.5cm × 26cm
　　「文政13年（1830）天保2年（1831）壬辰征参録癸巳客参録」（1丁オ）「文政14年（1830）四月十三日」（1丁ウ）〔朝河〕（AUG 17 1907）収蔵

1865 国分史　KUNIWAKESHI　　IN:552/LCCN:847547
　　写　2冊　洋装（袋）　23.8cm × 15.6cm
　　〔朝河〕（APR 18 1907）収蔵　異称：［大日本史料］

A. 日本史　223

1866 謙信註進帖　KENSHIN CHUUSHINJOU　　　　　　　　　　IN:468/LCCN:847464

　　上杉謙信　写　1冊　仮綴　26.9cm × 20.2cm
　　奥書等：元禄13年（1700）写　太亮軒｜元禄12年（1699）写　斎藤基治
　　異称：光源院殿へ謙信より河中嶋註信帖

1867 一忍先生抜書　ICHININ SENSEI NUKIGAKI　　　　　　　IN:331/LCCN:847327

　　金田知義　写　3冊　袋　26.7cm × 19.2cm
　　蔵書印等：［参謀］

1868 慶安四年辛卯正雪事に付諸文写　KEIAN YONEN KANOTOU SHOUSETSUKOTO NI TSUKI
　　　　　　　　　　　　　　　　　SHOBUN UTSUSHI　　　　IN:808/LCCN:432372

　　写　1冊　袋　26.7cm × 18.7cm
　　異称：正雪一件書翰

1869 諸士出生記　SHOSHI SHUSSHOUKI　　　　　　　　　　　IN:590/LCCN:847585

　　写　1冊　洋装（袋）　25.7cm × 19cm
　　「付　神君御系譜　神君御一生御任官　松平家所々標札寄進状ニ名乗　古城住居名」
　　〔朝河〕（SEP 6 1907）収蔵　異称：三州出生録　附　朱黒印並除地

1870 松窓雑記　SHOUSOU ZAKKI　　　　　　　　　　　　　　IN:288/LCCN:847284

　　写　1冊　袋　23.3cm × 16.1cm

1871 駿府就御普請御条目神文　SUNPU GOFUSHIN NI TSUKI GOJOUMOKU SHINMON

　　写　1冊　袋　30.7cm × 22.7cm　　　　　　　　　　　IN:71.2/LCCN:98847813
　　宝永4年（1707）〜5年（1708）　蔵書印等：［笹野文庫］

1872 駿府御普請中日記　SUNPU GOFUSHINCHUU NIKKI　　　　IN:71.3/LCCN:98847814

　　写　1冊　挿絵有　袋　30.7cm × 22.7cm
　　宝永5年（1708）閏正月18日〜6月8日　蔵書印等：［笹野文庫］

1873 駿府御普請御用姫路記録　SUNPU GOFUSHIN GOYOU HIMEJI KIROKU

　　写　1冊　袋　30.7cm × 22.6cm　　　　　　　　　　　IN:71.1/LCCN:98847067
　　宝永4年（1707）12月〜5年（1708）7月　蔵書印等：［笹野文庫］

1874 駿府御普請御用江戸記録　SUNPU GOFUSHIN GOYOU EDO KIROKU

　　写　1冊　袋　30.7cm × 22.6cm　　　　　　　　　　　IN:71.4/LCCN:98847815
　　宝永4年（1707）12月9日〜6年（1709）正月3日　蔵書印等：［笹野文庫］

1875 給松風説集　KYUUSHOU FUUSETSU SHUU　　　　　　　IN:386/LCCN:8473382

　　写　1冊　袋　24.5cm × 17.2cm
　　奥書等：延享4年（1747）写
　　蔵書印等：［参謀］

1876 **明和三戌年住職故障一件上ヶ御証文** MEIWA SAN INUDOSHI JUUSHOKU KOSHOU
　　　　IKKEN AGEGOSHOUMON　　　　　　　　　　　　　　　　IN:502/LCCN:847498
　　写　1冊　袋　28.2cm × 20.6cm
　　奥書等：愛宕円福寺
　　明和3年丙戌年（1766）七月六日・甲州　訴訟方「元吉田源之助御代官所当時清水御領知甲州
　　山梨郡八幡北村窪八幡大宮司　鸞田備前」相手方「同社別当栄仙弟子江彦　上之坊普賢寺現住善
　　応外より寺社御奉行所」　社領朱印及び勤番等につき訴訟の請証文控

1877 **（見聞雑秘訣）** KENMON ZATSUHIKETSU　　　　　　　　　IN:415/LCCN:847411
　　写　1冊　洋装（袋）　22.7cm × 15.8cm
　　奥書等：天明8年（1788）写
　　〔朝河〕（SEP 6 1907）収蔵

1878 **諸家御届書写** SHOKE OTODOKEGAKI UTSUSHI　　　　　　　IN:3627/LCCN:703710
　　写　1冊　仮綴　23.7cm × 16.5cm
　　奥書等：文化4年（1807）写　松田重恭
　　蔵書印等：[参謀]

1879 **旧家由緒書上帳** KYUUKA YUISHO KAKIAGECHOU　　　　　　IN:587/LCCN:847582
　　写　3冊　袋　29.4cm × 20.4cm
　　序：文化14年（1817）二月廿九日（発端）
　　蔵書印等：[笹野文庫]

1880 **萩藩御警備役俣賀氏記録** HAGIHAN ONKEIBIYAKU MATAGASHI KIROKU
　　　　　　　　　　　　　　　　　　　　　　　　　　　　　　IN:999/LCCN:432572
　　写　12冊　袋　12.6cm × 34.6cm
　　各冊の内容と年時：梅木知行文并年之次第并進ニ人力立遣候控（文化3年（1806）二月吉祥日）
　　殿様御初入国ニ而旦那様仰置候御出役被遊候御往来御備付（天明4年（1784）六月八日）　御
　　内輪御家来中分限帳（享和3年（1803）正月日・俣賀氏）　御末家方御仕向御定式台覚（寛政5
　　年（1793）二月廿五日）　御狩ニ付追々御沙汰書御備附一件（天保14年（1843）三月・俣致知）
　　御軍役御備附写（元禄11年（1698）二月廿八日改・俣賀致知）　大組中談書写（俣賀三郎左
　　衛門・享保～文化）　御在国御留守共火消之定抜書（享保・寛政）　御代々御参府記六抜書（俣賀
　　致知用・寛文～天保）　江戸御着之節川崎より之御備附（文政13年（1830）八月）　知行物成
　　其外所帯定式覚帳（享和4年（1804）正月改之・俣賀氏）

1881 **烏帽子録** EBOSHIROKU　　　　　　　　　　　　　　　　IN:3515/LCCN:504837
　　写　1冊　袋　26.8cm × 20cm
　　文化7年（1810）～明治2年（1869）

1882 **舩長日記のはし書** FUNAOSA NIKKI NO HASHIGAKI　　　　　IN:644/LCCN:847639
　　池田寛親　写　1冊　洋装（袋）
　　序：文政5年（1822）池田寛親
　　上巻存　〔朝河〕（SEP 6 1907）収蔵

1883 身分諸願留　MIBUN SHO NEGAITOME　　　　　　　　　　IN:761/LCCN:847756
　　　写　3冊　袋　24.1cm×16.9cm
　　　奥書等：明治5年（1872）河西知政
　　　1冊目：文政6年（1823）〜弘化3年（1846）　2冊目：天保7年（1836）〜文久3年（1863）
　　　3冊目：文政13年（1830）〜明治2年（1869）

1884 （文政十二年諸事記録）　BUNSEI JUUNINEN SHOJI KIROKU　　IN:1639-3/LCCN:433212
　　　田口五郎右衛門　写　1冊　仮綴　27.7cm×19cm
　　　「肥前佐賀藩諸事記録」（仮題）10冊のうち第3巻　「文政12年（1829）丑七月ヨリ見当候分記之」（冒頭）

1885 （天保二年日記）　TENPOU NINEN NIKKI　　　　　　　　　IN:1639-4/LCCN:433212
　　　田口五郎右衛門　写　1冊　仮綴　27.7cm×19cm
　　　「肥前佐賀藩諸事記録」（仮題）10冊のうち第4巻　「日記　天保2年（1831）卯二月ヨリ見当候分記之」（冒頭）　文政4年（1821）の分もあり

1886 ［御免新版絵入］天保三年来朝琉球人行列記
　　　　　TENPOU SANNEN RAICHOU RYUUKYUUJIN GYOURETSUKI　　IN:2526/LCCN:695964
　　　刊　1冊　挿絵有　袋　23.3cm×16.2cm
　　　序：天保3年（1832）無名氏　刊記：天保3年（1832）十月来朝　薩州御出入方　御免　取次
　　　判元　伏見／丹波屋新左ヱ門・魚春市之丞・京／菱屋弥兵衛

1887 藩譜採要　HANPU SAIROKU　　　　　　　　　　　　　　IN:593/LCCN:847588
　　　写　3冊　袋　25.2cm×18.3cm
　　　序：天保3年（1832）　奥書等：天保4年（1833）写　荒木朽哉　荒木貴勝
　　　蔵書印等：［荒木蔵書］

1888 （天保七年七月諸事記録）　TENPOU SHICHINEN SHICHIGATSU SHOJI KIROKU
　　　田口五郎右衛門　写　1冊　仮綴　27.7cm×19cm　　IN:1639-6/LCCN:433212
　　　「肥前佐賀藩諸事記録」（仮題）10冊のうち第6巻　「天保7年（1836）申七月ヨリ見当候分記之」

1889 （天保八年諸事記録）　TENPOU HACHINEN SHOJI KIROKU　　IN:1639-7/LCCN:433212
　　　田口五郎右衛門　写　1冊　仮綴　27.7cm×19cm
　　　「肥前佐賀藩諸事記録」（仮題）10冊のうち第7巻　「天保8年（1837）酉五月ヨリ見当候分記之」（冒頭）

1890 夢物語　YUME MONOGATARI　　　　　　　　　　　　　　IN:572/LCCN:847567
　　　写　1冊　挿絵有　袋　24.5cm×17cm
　　　奥書等：夢物語　天保9年（1838）成、吉田柿二生贈米使節書｜嘉永7（1854）成、他22編
　　　日知館蔵書本写

1891 辛丑雑記　SHINCHUU ZAKKI　　　　　　　　　　　IN:3571/LCCN:504893

　　花野井有年　写　13冊　袋　27.6cm × 19.7cm
　　蔵書印等：［笹野文庫］

1892 日光火之御番一件　NIKKOU HI NO OBAN IKKEN　　　IN:768/LCCN:847763

　　写　2冊　袋　23.9cm × 16.6cm
　　「天保13年（1842）三月六日～天保14年（1843）六月十八日　田辺用所」（表紙）
　　異称：日光火御番御留守中より御帰府後迄一件

1893 （賀茂神社調進物所役抜書集）
　　　KAMO JINJA CHOUSHINMOTSUSHO YAKU NUKIGAKI SHUU　　IN:3516/LCCN:504838

　　大江盛枝　写　1冊　袋　26.8cm × 19.8cm
　　内容細目：(1) 天保14年（1843）三月二十六日御治定　御延引同15年（1844）辰三月二十七日　東宮御元服一会　調進物所役抜書記　(2) 弘化3年（1846）践作二付三ヶ月神供涼闇中賀茂祭　(3) 弘化4年（1847）正月元日　平座節会　(4) 弘化4年（1847）三月十四日　立大后本宮一会　調進物所役所抜書　大江盛枝　(5) 弘化4年（1847）四月二十五日　御代始石清水臨時祭調神物書抜　(6) 弘化4年（1847）九月二十三日　御即位礼服御覧　(7) 嘉永元年（1848）十二月九日　御代始賀茂臨時祭調進物抜書

1894 （弘化二年日記）　KOUKA NINEN NIKKI　　　　　　IN:1639-8/LCCN:433212

　　田口五郎右衛門　写　1冊　仮綴　27.7cm × 19cm
　　「肥前佐賀藩諸事記録」（仮題）10冊のうち第8巻　「日記　弘化2年（1845）巳十一月ヨリ」（表紙）

1895 （渡辺崋山抜粋記事）　WATANABE KAZAN BASSUI KIJI　　IN:3377/LCCN:504699

　　写　1冊　洋装（袋）　23cm × 16.1cm
　　〔朝河〕（APR 18 1907）収蔵

1896 諸願控牒　SHONEGAI HIKAECHOU　　　　　　　　　IN:1639-1/LCCN:433212

　　田口五郎右衛門　写　1冊　仮綴　27.7cm × 19cm
　　「肥前佐賀藩諸事記録」（仮題）10冊のうち第1冊

1897 諸願写控　SHONEGAI UTSUSHI HIKAE　　　　　　　IN:1639-2/LCCN:433212

　　田口五郎右衛門　写　1冊　仮綴　27.7cm × 19cm
　　「肥前佐賀藩諸事記録」（仮題）10冊のうち第2冊

1898 郡鑑秘録　GUNKAN HIROKU　　　　　　　　　　　　IN:810/LCCN:432374

　　写　2冊　袋　23.8cm × 17cm
　　異称：石見国津和野亀井家領分　郡監秘録

1899 越前国大野郡白山麓中居権現社家出入一件　ECHIZEN NO KUNI OONOGUN
　　　HAKUSANROKU NAKAI GONGEN SHAKE DEIRI IKKEN　　IN:3343/LCCN:504665

　　信濃守　写　1冊　洋装（袋）　23.4cm × 17cm

A. 日本史　227

〔朝河〕（APR 18 1907）収蔵

1900 **（嘉永三年諸事記録）** KAEI SANNEN SHOJI KIROKU　　IN:1639-9/LCCN:433212

　　田口五郎右衛門　写　1冊　仮綴　27.7cm×19cm
　　「肥前佐賀藩諸事記録」（仮題）10冊のうち第9巻　「嘉永3年（1850）戌三月朔日諸記之」（冒頭）

1901 **本願寺一件御裁許写** HONGANJI IKKEN GOSAIKYO UTSUSHI　　IN:524/LCCN:847519

　　写　1冊　袋　24・2cm×16.9cm
　　奥書等：東本願寺輪番長泉寺
　　「嘉永4年（1851）七月六日　本田中務大輔様御掛本願寺一件御裁許写」（表紙）　蔵書印等：[長谷川蔵書]　異称：能州頓成一件御裁許書

1902 **（嘉永五年諸事記録）** KAEI GONEN SHOJI KIROKU　　IN:1639-10/LCCN:433212

　　田口五郎右衛門　写　1冊　仮綴　27.7cm×19cm
　　「肥前佐賀藩諸事記録」（仮題）10冊のうち第10巻　「嘉永5年（1852）子三月朔日諸記之」（冒頭）

1903 **片羽町火事留書** KATAUCHOU KAJI TOMEGAKI　　IN:3463/LCCN:504785

　　新宮太夫安輝扣　写　1冊　袋　23.5cm×15.9cm
　　序：嘉永5年（1852）新宮太夫安輝扣
　　蔵書印等：[笹野文庫・ISSEIDO]

1904 **ペリー来航関係文書巻** PERĪ RAIKOU KANKEI MONJOKAN

　　写　挿絵有（淡彩・多色）　巻子　25.8cm×39.8cm（一紙）　IN:4005/LCCN:別置（保存課）
　　序：有　奥書等：嘉永6年（1853）
　　挿絵＝異国船着岸之略図・諸侯配置図・蒸気船之図・大砲図・ペリイ像・従卒図・地球万図（淡彩・多色）　来航時のアメリカ側の文書の日本語訳　カタカナのルビ多し　蔵書印等：[五明文庫]

1905 **亜米利加集　其他御書付類** AMERIKA SHUU SONOTA ONKAKITSUKERUI
　　　　IN:3528/LCCN:504850

　　写　1冊　袋　24.8cm×17cm

1906 **海路のきり** KAIRO NO KIRI　　IN:3527/LCCN:504849

　　武川希堅　写　挿絵有　袋　27.3cm×18.3cm
　　奥書等：嘉永6年（1853）写

1907 **亜墨利加使節申立之趣** AMERIKA SHISETSU MOUSHITATE NO OMOMUKI

　　写　1冊　仮綴　24.5cm×17.2cm　　IN:3568/LCCN:504890
　　奥書等：安政4年（1857）　水野筑後守・荒尾岩見守・岩瀬伊賀守他

1908 **駿河土産** SURUGA MIYAGE　　IN:3495/LCCN:504817

　　（大道寺重祐）　写　1冊　袋　27.5cm×19.1cm

奥書等：万延元年（1860）写　小川嘉右衛門恭

1909　井伊掃部頭子息玄蕃江遺書　II KAMON NO KAMI SHISOKU GENBAN E ISHO

　　　写　1冊　袋　20.2cm × 14.2cm　　　　　　　　　　　　IN:1182/LCCN:432755
　　　異称：井伊直孝遺書

1910　（井伊掃部頭殿難事御沙汰御届書）
　　　　　II KAMON NO KAMI DONO NANJI GOSATA OTODOKE SHO　　IN:708/LCCN:847703

　　　写　1冊　袋　24.8cm × 14.5cm

1911　見聞集　KENMON SHUU　　　　　　　　　　　　　　　　IN:3429/LCCN:504751

　　　静寧　写　1冊　袋　26.7cm × 20cm
　　　跋：静寧老漁

1912　大溝藩・宮川藩・苗木藩・今尾藩記録
　　　　　OOMIZO HAN MIYAGAWA HAN NAEGI HAN IMAO HAN KIROKU　IN:3630/LCCN:703713

　　　写　1冊　挿絵有　仮綴　25.9cm × 19.1cm
　　　「於京／東山道鎮撫／御総督ヲ始諸御達之写／大溝藩（明治3年（1870）十二月）」「於京／雲母坂御警衛之儀ニ付伺之写／大溝藩（明治3年（1870）十二月）」「於京／御届之写／大溝藩（明治3年（1870）十二月）」「於京都御礼書写／大溝藩（明治3年（1870）十二月）」「於東京／御届書之写／大溝藩（明治3年（1870）十二月）」「願書之写／大溝藩（明治3年（1870）十二月）」「於東京／上納書写／大溝藩（明治3年（1870）十二月）」「巳ノ二月より九月迄／軍務官より御達書写／東山道／近江／宮川藩」「慶応4年（1868）閏四月ヨリ巳九月迄軍務官ヨリ御達書」「慶応4年（1868）五月ヨリ明治2年（1869）九月迄／諸伺御届書之写」「慶応4年（1868）二月ヨリ／東山道御総督江歎願書写」「御達／東山道／美濃／苗木藩」「御届／苗木藩」「伺／苗木藩」「岩倉殿江差出候／情実書／苗木藩」「東山道／美濃／東京兵部省ヨリ御達之部」「於東京都軍務官ヨリ御達之部」「東京軍務官江御届之部」「於京都軍務局江御届之部」「於京都軍務局江伺書之部」「東京総督府江願之部」「於京都軍務局江願書之部」から成る

1913　旧藩県史　KYUUHANKENSHI　　　　　　　　　　　　　　IN:647/LCCN:847642

　　　写　1冊　洋装（袋）　26.2cm × 18.3cm
　　　額田県史　政治部　〔朝河〕（SEP 6 1907）収蔵

1914　甲子兵燹図　KASSHI HEISENZU　　　　　　　　　　　　IN:3346/LCCN:504668

　　　前川五嶺草、寛斎画　刊　1冊　挿絵有（彩色）　折本　23.6cm × 15.2cm
　　　刊記：尊攘堂蔵版｜明治26年（1893）京／森碓山・田中治兵衛
　　　〔朝河〕（SEP 6 1907）収蔵

1915　口達之覚　KOUTATSU NO OBOE　　　　　　　　　　　　IN:3598/LCCN:504920

　　　刊　1冊　挿絵有　袋　25cm × 17cm
　　　奥書等：大正5年（1916）収　葵園主人

A. 日本史　229

1916 内外新報 （ないがいしんぽう） NAIGAI SHINPOU　　　　　　　　　　　　　　IN:311/LCCN:847307

　　館霞外編輯　刊　1冊　挿絵有　洋装（袋）　18.7cm×11.9cm
　　刊記：慶応4年（1868）4月10日～5月23日　遠州屋八兵衛　但し12・13号のみ明治2年
　　（1869）刊
　　45巻（第1号～第45号）存　蔵書印等：[海軍会社執事]　（FEB 15 1929）収蔵

1917 中外新聞 （ちゅうがいしんぶん） CHUUGAI SHINBUN　　　　　　　　　　　　　IN:315/LCCN:847311

　　刊　合1冊　挿絵有　洋装（袋）　23.1cm×16cm
　　序：慶応4年（1868）会訳社執事　刊記：慶応4年（1868）2月24日～閏4月22日
　　27巻（第1号～27号）存　（FEB 15 1929）収蔵

1918 維新以来御達願伺届書写 （いしんいらいおたっしねがいうかがいとどけしょのうつし） ISHIN IRAI OTASSHI NEGAI UKAGAI TODOKESHO NO
　　　UTSUSHI　　　　　　　　　　　　　　　　　　　　　　　　　　　　　　IN:573/LCCN:847568

　　写　1冊　袋　23.3cm×17cm
　　「従明治元年（1868）至四年（1871）同二十年（1887）春亀井家ヨリ借受写　維新以来御達願
　　伺届書写　明治第九年島根県庁へ差出ス草稿也」（扉　墨書）

1919 宗門改帳 （しゅうもんあらためちょう） SHUUMON ARATAMECHOU　　　　　　　　IN:503/LCCN:847499

　　広厳院・最勝院外10ヶ寺、名主二郎左衛門・組頭兵右衛門外3名
　　写　1冊　袋　29.8cm×19.4cm
　　奥書等：野村庄左衛門
　　享保5年（1720）五月　上総国夷隅郡下大田喜村

1920 宗旨御改五人組帳 （しゅうしおんあらためごにんぐみちょう） SHUUSHI ON'ARATAME GONINGUMICHOU　IN:1004/LCCN:432577

　　写　1冊　袋　32.7cm×23cm
　　「明和3年（1766）戌四月／部原村扣」「上総国夷隅郡部原村」（表紙）

1921 宗旨人別五人組御改帳 （しゅうしにんべつごにんぐみおんあらためちょう） SHUUSHI NINBETSU GONINGUMI ON'ARATAMECHOU
　　　　　　　　　　　　　　　　　　　　　　　　　　　　　　　　　IN:509-1/LCCN:847504

　　武州多麻郡宮下村名主宗十郎・組頭藤左衛門分御地頭様御役人衆中
　　写　1冊　袋　30cm×19.3cm
　　天明2年（1782）ノ四月　武蔵

1922 （宗門御改帳） （しゅうもんおんあらためちょう） SHUUMON ON'ARATAMECHOU　　　　　IN:3584/LCCN:504906

　　写　9冊　仮綴　23.7cm×15.7cm
　　御改帳写（天明4年（1784）越後国高田領田井村）・御改下書帳（寛政2年（1790））・宗門御
　　改帳（享和元年（1801））・御改宗門帳（文化7年（1810））・御改宗門帳（文化13年（1816）
　　田井村）・宗門人別書上帳・御仕置五人組高帳（天保14年（1843））・家数人別増減書上帳（天
　　保15年（1844））・宗門人別書上帳（安政5年（1858））・宗門人別書上帳（慶応3年（1867））
　　より成る

1923 宗旨人別五人組御改帳 （しゅうしにんべつごにんぐみおんあらためちょう） SHUUSHI NINBETSU GONINGUMI ON'ARATAMECHOU

IN:509-2/LCCN:847504

武宗多磨郡宮下村名主宗十郎・組頭喜兵衛より御地頭様御役人衆中　写　1冊　袋　29.6cm×19.4cm
天明6年（1786）六月　武蔵

1924　（宗門御改帳）　SHUUMON ON'ARATAMECHOU　　IN:3587/LCCN:504909

近藤安兵衛　写　2冊　仮綴　24.7cm×17.2cm
御定帳（享和元年（1801）高槻村）・宗門改人別帳（明治2年（1869）九町目）より成る

1925　宗門人別御改帳　SHUUMON NINBETSU ON'ARATAMECHOU　　IN:996/LCCN:432569

写　5冊　袋　26.5cm×15.8cm
武蔵国入間郡の宗門人別帳　冊により書型不揃　文政4年（1821）三月・文政6年（1823）三月・文政7年（1824）三月・天明2年（1782）二月・安永6年（1777）二月・明治2年（1869）三月・明治4年（1871）三月・明治4年（1871）三月・明治4年（1871）三月
異称：武州入間郡三ツ木村宗門人別御改帳

1926　宗旨人別五人組御改帳　SHUUSHI NINBETSU GONINGUMI ON'ARATAMECHOU

IN:509-3/LCCN:847504

御知行所多摩郡宮下村名主源兵衛・組頭武兵衛より御地頭様御役人衆中
1冊　袋　26.2cm×16.7cm
文政13年（1830）寅四月　武蔵

1927　宗旨人別五人組御改帳　SHUUSHI NINBETSU GONINGUMI ON'ARATAMECHOU

写　1冊　袋　25.7cm×14.9cm　　　　　　　　　　　IN:509-4/LCCN:847504
天保15年（1844）辰三月　武蔵

1928　宗門御改帳　SHUUMON ON'ARATAMECHOU　　IN:507-1/LCCN:847502

写　5冊　袋　27.2cm×18.8cm
いずれも西町　第1冊：弘化2年（1845）正月　浄土宗旦那之分（宝珠院・専念寺・洞樹院）　第2冊：弘化2年（1845）正月　東本願寺門徒宗（宗恩寺・楽円寺その外12ヶ寺）　第3冊：弘化2年（1845）正月　禅宗旦那之分（香積寺・普光寺・慶安寺・正寿寺）　第4冊：弘化2年（1845）正月　高田宗旦那之分（徳林寺）　第5冊：弘化3年（1846）正月　高田宗

1929　信州筑摩郡白姫村申ノ宗門御改帳　SHINSHUU CHIKUMAGUN SHIROHIMEMURA SARU NO SHUUMON ON'ARATAMECHOU　　IN:506/LCCN:8474501

写　1冊　仮綴　16.6cm×43.1cm
信州筑摩郡白姫村年寄何平・徳原村兼帯名主半左衛門から折井仁左衛門殿・折井只助殿へ　「弘化5年（1848）二月十五日　信州徳原村曹洞宗蓮花寺門徒分と松本和泉町浄土宗宝永寺門徒分」

1930　宗旨御改五人組帳　SHUUSHI ON'ARATAME GONINGUMICHOU　　IN:997/LCCN:432570

写　1冊　袋　33.9cm×24.2cm
安政5年（1858）三月　上総国夷隅郡植野郷中里村の宗門人別帳

A. 日本史　231

1931 宗旨五人組御改帳 SHUUSHI GONINGUMI ON'ARATAMECHOU　IN:998/LCCN:432571
　写　1冊　袋　33cm×24.4cm
　安政5年（1858）三月　上総国夷隅郡植野郷富田村の宗門人別帳

1932 宗門人別帳 SHUUMON NINBETSUCHOU　IN:3592.1/LCCN:504914
　写　1冊　仮綴　25cm×17.1cm
　慶応3年（1867）卯三月　武州葛飾郡新川村

1933 宗門人別御改帳下書 SHUUMON NINBETSU ON'ARATAMECHOU SHITAGAKI
　写　1冊　仮綴　24.5cm×16.3cm
　　　　　　　　　　　　　　　　　　　　　　IN:3592.2/LCCN:504914
　奥書等：明治2年（1869）　袖沢村

1934 午年宗門御改帳 UMADOSHI SHUUMON ON'ARATAMECHOU　IN:504/LCCN:847500
　勢州朝明郡山村百姓代伊平、年寄　庄右衛門、庄屋伊藤林一郎、長坂兵馬殿長坂銀次郎殿
　写　1冊　袋　29.4cm×17.4cm
　奥書等：勢州朝明郡山村　明治3年（1870）

1935 花押藪 KAOUSOU　IN:1547/LCCN:433120
　丸山可澄　刊　7冊　挿絵有　袋　26.3cm×27.7cm
　序：元禄3年（1690）丸山可澄

1936 花押藪 KAOUSOU　IN:2351/LCCN:695789
　丸山可澄　刊　1冊　挿絵有　袋　25.5cm×18.4cm
　刊記：京／山田茂助
　巻6・7存

1937 華押譜 KAOUFU　IN:1554/LCCN:433127
　檜山義慎　刊　7冊　挿絵有　袋　25.6cm×17.6cm
　序：文化12年（1815）檜山担斎義慎　錦城老人代作

1938 花押拾遺 KAOU SHUUI　IN:1550/LCCN:433123
　刊　5冊　袋　9.7cm×16.6cm
　序：天保6年（1635）清水了因　跋：天保7年（1636）秋古昔菴好斎跋
　刊記：岐阜／山寛識・京／小川多左衛門・江戸／永楽屋出店他（全5肆）
　蔵書印等：[神田家蔵]

1939 鄰交徴書二篇 RINKOU CHOUSHO NIHEN　IN:2371/LCCN:695809
　伊藤松貞一輯、男鶴校　刊　1冊　袋　25.7cm×17.8cm
　二篇巻1のみ存

1940 鄰交徴書 RINKOU CHOUSHO　HN:400/OJ210.01／186
　伊藤松（威山）編　刊　6冊　袋　26cm×18cm
　刊記：初編：天保9年（1838）、2編：天保10（1839）、3編：天保11（1840）

詩文部

1941 長崎会所 (ながさきかいしょ) *NAGASAKI KAISHO*　　　IN:935/LCCN:432508
　　写　合1冊　洋装（袋）　24cm×16.2cm
　　唐船拾艘阿蘭陀壱艘元代出銀支払方明細書付（巻一巻首）他　〔朝河〕（OCT 1 1909）収蔵

1942 螢蠅抄 (けいようしょう) *KEIYOUSHOU*　　　IN:2851/LCCN:696289
　　塙保己一　刊　6冊　袋　26cm×18cm
　　序：文化8年（1811）検校保己一　刊記：嘉永2年（1849）

1943 螢蠅抄 (けいようしょう) *KEIYOUSHOU*　　　IN:2850/LCCN:696288
　　塙保己一　刊　1冊　洋装（袋）　26cm×19cm
　　序：文化8年（1811）検校保己一　刊記：嘉永2年（1849）
　　〔朝河〕（AUG 17 1907）収蔵

1944 螢蠅抄 (けいようしょう) *KEIYOUSHOU*　　　IN:2353/LCCN:695791
　　塙保己一　刊　1冊　袋　26cm×18.1cm
　　巻3存　蔵書印等：〔士官〕

B. 外国史

1945 漢土諸家人物誌 (かんどしょかじんぶつし) *KANDO SHOKA JINBUTSUSHI*　　　IN:1839/LCCN:508239
　　皆川淇園・鎌田志庸　刊　2冊　袋　15cm×11.1cm
　　序：寛政5年（1793）鎌田禎志庸・寛政5年（1793）宣英堂葛城輝教
　　刊記：大坂／河内屋源七郎

1946 漢土諸家人物誌 (かんどしょかじんぶつし) *KANDO SHOKA JINBUTSUSHI*　　　IN:1823/LCCN:508223
　　皆川淇園　刊　2冊　袋　15.4cm×11cm
　　刊記：大坂／河内屋佐助

1947 国字分類廿一史略 (こくじぶんるいにじゅういっしりゃく) *KOKUJI BUNRUI NIJUUISSHIRYAKU*　　　IN:2464/LCCN:695902
　　萩井尚絅　刊　5冊　袋　22.2cm×15.8cm
　　巻5～9存　蔵書印等：〔士官〕

1948 印度蔵志 (いんどぞうし) *INDO ZOUSHI*　　　IN:3246/LCCN:696684
　　平田篤胤　写　1冊　洋装（袋）　25.6cm×17.4cm
　　蔵書印等：〔鈴木恭蔵書〕　〔朝河〕（AUG 17 1907）収蔵

1949 毛奇将軍伝之内書翰之部 (もうきしょうぐんでんのうちしょかんのぶ) *MOUKI SHOUGUN DEN NO UCHI SHOKAN NO BU*
　　写　1冊　仮綴　24.4cm×16.8cm　　　IN:1190/LCCN:432763
　　「明治31年（1898）八月十日」（扉）　異称：普仏戦記

8. 地理

A. 総記

1950 国郡管轄録 KOKUGUN KANKATSUROKU　　　　　　　　　　　IN:921/LCCN:432494
　　　写　1冊　袋　23.9cm×16.9cm
　　　『田制沿革考』と合1冊　（SEP 1 1938）収蔵　異称：国郡管轄略

1951 大日本細見指掌全図 DAINIHON SAIKEN SHISHOU ZENZU　　IN:3637/LCCN:703720
　　　小唐山人　刊　1舗　挿絵有（多色刷）　132.2cm×227.5cm
　　　序：文化3年（1806）篠応道
　　　刊記：文化5年（1808）大坂／藤屋弥兵衛・吉文字屋市左衛門他（全3肆）
　　　外題下に「改正増選」と刻す　蔵書印等：［東京弘文荘納］

1952 ［銅鐫］日本輿地全図 NIHON YOCHI ZENZU　　　　　　　　IN:4003/LCCN: 別置（保存課）
　　　翠堂中島彭編述
　　　刊記：明治5年（1872）

1953 日本輿地通志畿内部 NIHON YOCHI TSUUSHI KINAIBU　　　　IN:2759/LCCN:696197
　　　関祖衡・並河永・久保重宜・海北千之・賀茂保篤　刊　挿絵有　洋装（袋）　27.2cm×18.2cm
　　　序：享保19年（1734）並河永　刊記：享保21年（1736）京／茨城多左衛門・江戸／小川彦九郎（第1冊）、享保21年（1736）京／茨城多左衛門・江戸／小川彦九郎・大坂／鹿田静七（第2冊）、享保21年（1736）大坂／松村九兵衛鐫・京／茨城多左衛門・江戸／小川彦九郎（第3冊）｜「享保21年（1736）新鐫　京／柳枝軒方道寿桜」（第1冊見返）、享保21年（1736）新鐫　京／柳枝軒方道寿桜」（第2冊見返）、「享保20年（1735）新鐫　京／柳枝軒方道寿桜」（第3冊見返）、「享保20年（1735）新鐫　京／文海堂寿桜」（第4冊見返）
　　　山城国10巻（巻6・7欠）1冊　大和国16巻1冊　河内国17巻・和泉国5巻合1冊　摂津国13巻1冊より成る　蔵書印等：［聴雨庵松岡図書記］

1954 地理全志 CHIRI ZENSHI　　　　　　　　　　　　　　　　IN:2957/LCCN:696395
　　　英国慕維廉　刊　10冊　挿絵有　袋　25.7cm×17.5cm
　　　序：安政5年（1858）宕陰塩谷世弘
　　　刊記：京／勝村治右衛門・江戸／稲田佐兵衛他（全9肆）｜爽快楼蔵版（見返）
　　　異称：地理総志

1955 地理全志下編　*CHIRI ZENSHI GEHEN*　　　　　IN:2201/LCCN:508601
　　　大英慕維廉編輯訳、英国慕維廉著　刊　5冊　挿絵有　袋　25.8cm × 18.2cm
　　　序：大英慕維廉
　　　刊記：安政 6 年（1859）京／勝村治右衛門・大坂／河内屋茂兵衛・江戸／山城屋佐兵衛

1956 日本名山図会　*NIHON MEIZAN ZUE*　　　　　IN:2775/LCCN:696213
　　　谷文晁　刊　3冊　挿絵有　袋　25.6cm × 18.8cm
　　　序：文化元年（1804）自序　跋：文化元年（1804）川元善
　　　刊記：須原屋茂兵衛・秋田屋太右衛門他（全 9 肆）
　　　異称：名山図会

1957 日本名山図会　*NIHON MEIZAN ZUE*　　　　　IN:2504/LCCN:695942
　　　谷文晁　刊　3冊　挿絵有　袋　25.4cm × 19cm
　　　序：享和 2 年（1802）柴邦彦・文化元年（1804）自序　跋：文化元年（1804）川元善
　　　刊記：大坂／大野木市兵衛
　　　蔵書印等：〔Japan Institut〕

1958 兵要日本地理小誌　*HEIYOU NIHON CHIRI SHOUSHI*　　IN:94/LCCN:98847090
　　　中根淑（香亭）　刊　1冊　挿絵有　袋　20.5cm × 14.4cm
　　　洋活字本

1959 国々竪横及諸方道法記　*KUNIGUNI TATEYOKO OYOBI SHOHOU DOUHOUKI*
　　　写　1冊　洋装（袋）　23.8cm × 18.5cm　　　　　IN:937/LCCN:432510
　　　〔朝河〕（APR 18 1907）収蔵

1960 地名箋　*CHIMEISEN*　　　　　　　　　　　IN:3540/LCCN:504862
　　　写　1冊　挿絵有　袋　16.8cm × 12.2cm
　　　蔵書印等：〔田氏〕

B. 日本地誌

古風土記

1961 出雲国風土記　*IZUMO NO KUNI FUDOKI*　　　　IN:332/LCCN:847328
　　　（神宅臣全太理・出雲臣広嶋編）　写　2冊　袋　26.6cm × 18.7cm

1962 出雲国風土記　*IZUMO NO KUNI FUDOKI*　　　　IN:1473/LCCN:433046
　　　（神宅臣全太理・出雲臣広嶋編）　写　1冊　袋　23.6cm × 17.5cm

1963 出雲国風土記 IZUMO NO KUNI FUDOKI　　　　　　　　IN:327/LCCN:847323
　　（神宅臣全太理・出雲臣広嶋編）　写　2冊　袋　26.9cm × 18cm
　　蔵書印等：［士官］

1964 出雲国風土記 IZUMO NO KUNI FUDOKI　　　　　　　　IN:358/LCCN:847354
　　神宅臣全太理・出雲臣広嶋編　写　1冊　袋　27.1cm × 18.9cm
　　蔵書印等：［筑波文庫］

1965 訂正出雲風土記 TEISEI IZUMO FUDOKI　　　　　　　　IN:2820/LCCN:696258
　　千家俊信校　刊　2冊　袋　25.3cm × 18.2cm
　　序：文化3年（1806）本居大平　跋：寛政9年（1797）千家俊信
　　刊記：文化3年（1806）京／粕洲利兵衛・大坂／岡田茂兵衛他（全6肆）（初板）｜大坂／森本専助／松村九兵衛他（全10肆）
　　「梅之舎大人著述書目」を付す　（JAN 25 1938）収蔵　異称：出雲風土記

1966 訂正出雲風土記 TEISEI IZUMO FUDOKI　　　　　　　　IN:2263/LCCN:695701
　　千家俊信校　刊　2冊　袋　25cm × 18cm
　　序：文化3年（1806）本居大平　刊記：大坂／河内屋喜兵衛板他（全12肆）

1967 訂正出雲風土記 TEISEI IZUMO FUDOKI　　　　　　　　IN:2264/LCCN:695702
　　千家俊信校　刊　2冊　袋　25.8cm × 18.2cm
　　序：文化3年（1806）本居大平
　　刊記：文化3年（1806）刻成　大坂／高橋平助他（全5肆）

1968 出雲風土記解 IZUMO FUDOKIKAI　　　　　　　　　　　IN:428/LCCN:847424
　　写　1冊　仮綴　24.4cm × 16.8cm
　　蔵書印等：［筑波文庫］　異称：石見隣国風土記

1969 出雲国風土記意宇郡古文解 IZUMO NO KUNI FUDOKI OUGUN KOBUNKAI　IN:3558/LCCN:504880
　　本居宣長　写　1冊　袋　27.5cm × 18.8cm
　　奥書等：寛政8年（1796）本居宣長

1970 出雲風土記仮字書 IZUMO FUDOKI KANAGAKI　　　　　　IN:2819/LCCN:696257
　　富永芳久　刊　3冊　袋　25.5cm × 18cm
　　序：安政3年（1856）本居豊穎・安政3年（1856）自序・安政3年（1856）小林敬義（見返）
　　　跋：安政3年（1856）堀尾生津麻呂　刊記：大坂／河内屋茂兵衛
　　（JAN 25 1938）収蔵

1971 出雲風土記仮字書 IZUMO FUDOKI KANAGAKI　　　　　　IN:2675/LCCN:696113
　　富永芳久　刊　3冊　袋　25.4cm × 18cm
　　序：安政3年（1856）出雲大神宮々人富永芳久　跋：安政3年（1856）小野原啓三
　　刊記：大坂／河内屋茂兵衛
　　「信濃国東筑／摩郡松本町／天神奇御魂／神社社務所」（刊記の前）

1972 播磨風土記 *HARIMA FUDOKI* IN:385/LCCN:847381
　　写　1冊　袋　27.5cm × 19.7cm
　　奥書等：寛政 8 年（1796）藤紀光｜嘉永 5 年（1852）写　平種□｜嘉永 6 年（1853）写・校
　　中臣連胤
　　［播磨風土記逸文］を付す　蔵書印等：［はりまひめぢはるやま・筑波文庫］

1973 播磨風土記 *HARIMA FUDOKI* IN:3523/LCCN:504844
　　井上通泰校訂　刊（近代活字）　1冊　袋　18.7cm × 13.6cm
　　特製十部之一（表紙見返「規矩元法秘訣口義」のみ折本　大正 15 年（1926）七月　井上通泰識（解
　　説）　与謝野晶子手沢本

1974 豊後風土記 *BUNGO FUDOKI* IN:2205/LCCN:508605
　　荒木田久老校　刊　1冊　袋　24.9cm × 17.6cm
　　序：寛政 12 年（1800）長谷川菅緒　跋：寛政 12 年（1800）荒木田神主久老　刊記：京／吉野
　　屋仁兵衛・大坂／河内屋喜兵衛他（全 13 肆）
　　蔵書印等：［紫雲斎記・筑波文庫］

1975 肥前国風土記 *HIZEN NO KUNI FUDOKI* IN:2659/LCCN:696097
　　宇治五十槻大人校正　刊　1冊　袋　26.8cm × 18.9cm
　　序：寛政 11 年（1799）長谷川菅緒　刊記：寛政 12 年（1800）大坂／柳原喜兵衛

1976 肥前風土記 *HIZEN FUDOKI* IN:393/LCCN:847389
　　宇治五十槻大人校正　刊　1冊　袋　25.1cm × 17.6cm
　　序：寛政 11 年（1799）長谷川菅緒　刊記：京／吉野屋仁兵衛・大坂／河内屋喜兵衛
　　蔵書印等：［筑波文庫］

1977 常陸風土記 *HITACHI FUDOKI* IN:394/LCCN:847390
　　刊　1冊　袋　25.3cm × 17.4cm
　　序：天保 9 年（1838）小宮山昌秀・天保 9 年（1838）会沢安　奥書等：天保 10 年（1839）西
　　野宣明
　　蔵書印等：［筑波文庫］

1978 常陸国風土記　河内附 *HITACHI NO KUNI FUDOKI* IN:375/LCCN:847371
　　写　1冊　袋　26.7cm × 18.9cm
　　奥書等：文化 8 年（1811）写　百樹
　　蔵書印等：［筑波文庫］

1979 風土記 *FUDOKI* IN:2679/LCCN:696117
　　刊　1冊　袋　26.1cm × 18.9cm
　　刊記：寛文 5 年（1665）京／西脇七良右衛門

1980 風土記 *FUDOKI* IN:3513/LCCN:504835
　　写　1冊　袋　27.2cm × 18.4cm

奥書等：嘉慶2年（1388）左中将藤原元隆写

1981 ［古本］風土記逸文　FUDOKI ITSUBUN　　　　　　　　IN:3247/LCCN:696685

　　　伴信友　写　1冊　挿絵有　袋　27cm × 19cm
　　　奥書等：明治8年（1875）大宮司正七位江藤正澄蔵｜明治5年（1872）平真工

1982 風土記逸文　FUDOKI ITSUBUN　　　　　　　　　　　IN:343/LCCN:847339

　　　写　1冊　袋　26.6cm × 18.5cm
　　　大須賀筠軒旧蔵本　伊賀国残闕風土記・尾張国風土記・伊勢国風土記残闕・河内国惣風土記・襲山余考（八田知紀）

1983 風土記残編　FUDOKI ZANPEN　　　　　　　　　　　IN:422/LCCN:847418

　　　写　1冊　袋　27.8cm × 18.5cm
　　　奥書等：天明8年（1788）写
　　　山城国・伊賀国・伊勢国・尾張国・常陸国・豊後国　蔵書印等：［筑波文庫・紫雲斎記］

1984 風土記残文　FUDOKI ZANBUN　　　　　　　　　　　IN:1187/LCCN:432760

　　　写　3冊　袋　24.4cm × 16.8cm

1985 日本風土記　NIHON FUDOKI　　　　　　　　　　　　IN:2243/LCCN:508643

　　　坂内直頼著、秋里籬島補　刊　8冊　袋　15.8cm × 11cm
　　　序：享和3年（1803）皆川愿　刊記：享和3年（1803）江戸／須原屋茂兵衛・大坂／中川五兵衛他（全4肆）

1986 日本風土記　NIHON FUDOKI　　　　　　　　　　　　IN:1103/LCCN:432676

　　　写　2冊　袋　26.6cm × 18.8cm
　　　巻1～5存

1987 日本風土記　NIHON FUDOKI　　　　　　　　　　　　IN:3628/LCCN:703711

　　　写　1冊　挿絵有　袋　23.1cm × 17.3cm
　　　抄出本　「全浙兵制」の目録・跋（元禄6年（1693）伊藤長胤・享保13年（1728）鈴木澄微）を付す　「2600年記念／昭和15年（1940）11月10日／贈呈　エリザベト」（見返）（NOV 10 1940）収蔵

1988 日本国風土記　NIHONKOKU FUDOKI DAIGOJUUSAN SURUGA NO BU　　　　　　　　

　　　中原師行　写　1冊　袋　24cm × 17cm　　　　　　IN:3458/LCCN:504780
　　　跋：文和元年（1352）朝散太夫中原師行　奥書等：明暦2年（1656）中原職忠｜万治元年（1658）交野内匠頭｜稲河氏景賢｜明和6年（1769）藤原元知写｜安永4年（1775）同賀忠｜寛政4年（1792）臼井珍栄｜文化13年（1816）写　源乃清風｜沢井氏蔵書
　　　第五十三駿河之部存　蔵書印等：［一誠堂］（帙票）

1989 日本惣国風土記　NIHON SOUKOKU FUDOKI　　　　　IN:347/LCCN:847343

　　　写　25冊　袋　27.1cm × 18.3cm

238　8. 地理

大和国　大和・河内・摂津残編　武蔵残遺　遠江残編　伊勢・三河残編　伊勢　遠江　加賀　伊賀残編　尾張　伊賀　尾張　尾張残遺　和泉　備中　豊後残遺　日向　播磨　播磨　甲斐　甲斐残遺書など　蔵書印等：[筑波文庫]

1990　日本総国風土記　*NIHON SOUKOKU FUDOKI*　　　　　　　　　　IN:3597/LCCN:504919
　　　写　6冊　袋　22.5cm × 16cm
　　　奥書等：文政2年（1819）美成

1991　日本総国風土記　*NIHON SOUKOKU FUDOKI*　　　　　　　　　　IN:3600/LCCN:504922
　　　写　1冊　袋　27cm × 19cm
　　　奥書等：安政2年（1855）写・校　連胤

1992　諸国風土記　*SHOKOKU FUDOKI*　　　　　　　　　　　　　　　IN:3494/LCCN:504816
　　　写　1冊　袋　26.7cm × 18.8cm
　　　「謹呈　家老様　横山重」（帙）　蔵書印等：[筑波文庫・紫雲斎記]

地方誌

（1）畿内

1993　雍州府志　*YOUSHUU FUSHI*　　　　　　　　　　　　　　　　IN:2742/LCCN:696180
　　　黒川道祐　刊　2冊　洋装（袋）　26.8cm × 18.3cm
　　　序：貞享元年（1684）林整宇主人・貞享元年（1684）鶴山野節・天和2年（1682）自序
　　　蔵書印等：[吉野弘隆蔵書・塩谷蔵]、〔朝河〕（AUG 19 1907）収蔵

1994　山城名勝志　*YAMASHIRO MEISHOUSHI*　　　　　　　　　　　　IN:2745/LCCN:696183
　　　大島武好　刊　31冊（他に図12鋪）　袋　63.8 × 31.8cm
　　　序：宝永2年（1705）貝原篤信　刊記：正徳元年（1711）京／児玉九郎右衛門他（全9肆）　奥書等：天明5年（1785）
　　　蔵書印等：[日知文庫]

1995　山州名跡志　*SANSHUU MEISEKISHI*　　　　　　　　　　　　　IN:2725.1/LCCN:696163
　　　白慧（坂内直頼）　刊　25冊　挿絵有　袋　22.5cm × 16.4cm
　　　序：宝永8年（1711）林彰直民・元禄15年（1702）沙門白慧　跋：宝永元年（1704）丹水奇岩之隠士硯星　刊記：正徳元年（1711）京／出雲寺和泉掾・島村八兵衛他（全6肆）
　　　〔朝河〕（APR 18 1907）収蔵

1996　山州名跡志　*SANSHUU MEISEKISHI*　　　　　　　　　　　　　IN:2725.2/LCCN:696163
　　　白慧（坂内直頼）　刊　4冊　挿絵有　洋装（袋）　22cm × 17cm
　　　刊記：正徳元年（1711）京／出雲寺和泉掾・小山伊兵衛他（全5肆）
　　　巻2〜22存　〔朝河〕（APR 18 1907）収蔵

1997 山城志 やましろし　YAMASHIROSHI　　　　　　　　　　　　　　IN:2746/LCCN:696184

　　関祖衡　刊　6冊　袋　25.4cm × 18cm
　　序：享保19年（1734）並河永　刊記：大坂／鹿田静六
　　日本輿地通志畿内部のうち　「鹿田松雲堂蔵版書目」を付す

1998 平城宮大内裏跡坪割之図 へいじょうきゅうだいだいりあとつぼわりのず　HEIJOUKYUU DAIDAIRI ATO TSUBOWARI NO ZU

　　北浦定政　刊　1舗　挿絵有　一枚物　89.1cm × 60.1cm　　IN:3525/LCCN:504847
　　刊記：古書保存会

1999 京城勝覧 けいじょうしょうらん　KEIJOU SHOURAN　　　　　　　　　IN:3173/LCCN:696611

　　貝原益軒　刊　1冊　挿絵有　袋　18.3cm × 12.7cm
　　序：宝永3年（1706）貝原篤信　刊記：京／茨木多左衛門

2000 京都東六条 本願寺御大絵図 きょうとひがしろくじょうほんがんじおんおおえず　KYOUTO HIGASHI ROKUJOU HONGANJI ON'OOEZU

　　刊　1舗　挿絵有　一枚物　81.8cm × 79.4cm　　　　　　IN:3529/LCCN:504851
　　刊記：宝暦11年（1761）京／八文字屋八左衛門

2001 都名所図会 みやこめいしょずえ　MIYAKO MEISHO ZUE　　　　　　IN:Jan-96/LCCN:696134

　　秋里籬島　刊　5冊　挿絵有　袋　27cm × 18.7cm
　　序：安永9年（1780）栖霞館主人　跋：安永9年（1780）自跋　刊記：安永9年（1780）吉野屋為八
　　巻4欠　蔵書印等：［松本］

2002 都名所図会 みやこめいしょずえ　MIYAKO MEISHO ZUE　　　　　　IN:1589/LCCN:433162

　　秋里籬島　刊　1冊　挿絵有　袋　25.6cm × 17.8cm
　　巻2存　（MAR 16 1925）収蔵

2003 都名所図会 みやこめいしょずえ　MIYAKO MEISHO ZUE　　　　　　IN:Feb-96/LCCN:696134

　　秋里籬島　刊　2冊　挿絵有　洋装（袋）　27.3cm × 18.7cm
　　序：安永9年（1780）栖霞館主人　跋：安永9年（1780）自跋　刊記：安永9年（1780）｜天明6年（1786）再板　京／吉野屋為八
　　巻1～3・4～6存

2004 都名所図会 みやこめいしょずえ　MIYAKO MEISHO ZUE　　　　　　IN:2065/LCCN:508465

　　秋里籬島　刊　1冊　挿絵有　袋　23cm × 17.1cm
　　蔵書印等：［好古文庫］

2005 内裏雛 だいりびな　DAIRIBINA　　　　　　　　　　　　　　　IN:2770/LCCN:696208

　　刊　1冊　挿絵有　袋　22.3cm × 16cm
　　刊記：京／袋屋重郎兵衛・表紙屋七郎兵衛・吉野屋藤兵衛
　　異称：山城名所寺社物語・寺社物語

2006 洛陽名所集　*RAKUYOU MEISHO SHUU*　　　　　　　　　IN:2874/LCCN:696312
　　　山本泰順　刊　1冊　挿絵有　袋　26.6cm × 18.5cm
　　　序：有

2007 拾遺都名所図会　*SHUUI MIYAKO MEISHO ZUE*　　　　　IN:2697/LCCN:696135
　　　秋里籬島　刊　2冊　挿絵有　洋装（袋）　26.2cm × 18.6cm
　　　序：天明7年（1787）桜寧主人　跋：天明6年（1786）秋里舜福湘夕・天明7年（1787）春朝斎竹原信繁
　　　刊記：天明7年（1787）新板　京／須原屋平左衛門・大坂／河内屋太助他（全3肆）
　　　蔵書印等：[菅政勝]〔朝河〕（APR 18 1907）収蔵　異称：都名所図会拾遺

2008 京の水　*KYOU NO MIZU*　　　　　　　　　　　　　　IN:1584/LCCN:433157
　　　秋里籬島編、下河辺拾水画　刊　2冊　挿絵有　袋　25.9cm × 17.5cm
　　　序：寛政2年（1790）大江資衡
　　　刊記：寛政3年（1791）京／小川多左衛門・野田藤八・吉野屋為八

2009 京の水　*KYOU NO MIZU*　　　　　　　　　　　　　　IN:143/LCCN:847139
　　　秋里籬島編、下河辺拾水画　刊　1冊　挿絵有　洋装（袋）　23.2cm × 17.1cm
　　　序：寛政2年（1790）大江資衡
　　　刊記：寛政3年（1791）京／小川多左衛門・野田藤八・吉野屋為八
　　　〔朝河〕（SEP 6 1907）収蔵

2010 都林泉名勝図会　*MIYAKO RINSEN MEISHOU ZUE*　　　　IN:2698/LCCN:696136
　　　秋里籬島　刊　6冊　挿絵有　袋　26.2cm × 18.5cm
　　　序：寛政11年（1799）藤波二位季忠卿　跋：寛政11年（1799）秋里籬嶋湘夕
　　　刊記：京／吉野屋為八・江戸／須原屋善五郎
　　　蔵書印等：[山尾所有・伊豆田屋・書林／芸州津亀礼堂／本茂]

2011 都林泉名勝図会　*MIYAKO RINSEN MEISHOU ZUE*　　　　IN:2699/LCCN:696137
　　　秋里籬島　刊　2冊　挿絵有　洋装（袋）　26.5cm × 18.5cm
　　　序：寛政11年（1799）藤波二位季忠卿　跋：寛政11年（1799）秋里籬嶋湘夕
　　　刊記：寛政11年（1799）京／吉野屋為八・小川多左衛門他（全5肆）
　　　蔵書印等：[和成・しのだ]

2012 都祇園会図絵　*MIYAKO GION'E ZUE*　　　　　　　　　IN:2154/LCCN:508554
　　　刊　1冊　挿絵有　袋　22.5cm × 15.7cm
　　　刊記：京／丸屋善兵衛板｜享和2年（1802）求板　京／井口兵衛
　　　（JUL 23 1934）収蔵

2013 帝都雅景一覧　*TEITO GAKEI ICHIRAN*　　　　　　　　IN:2726/LCCN:696164
　　　清田龍川・頼山陽編、河村文鳳画　刊　4冊　挿絵有（色刷）　袋　26.4cm × 16.7cm
　　　序：文化4年（1807）龍川清勲
　　　刊記：文化13年（1816）刻成　大坂／森本太助・江戸／前川六左衛門・京／吉田屋新兵衛

B. 日本地誌　241

2014 京羽二重大全 KYOU HABUTAE TAIZEN　　　　IN:2728/LCCN:696166
　　　優々館主人　刊　4冊　挿絵有　洋装（袋）　11.5cm×16.1cm
　　　序：文化7年（1810）優々館主人
　　　刊記：文化8年（1811）須原屋茂兵衛・須原屋伊八・河内屋太助・小川多左衛門

2015 ［新益］京羽二重織留大全 KYOU HABUTAE ORIDOME DAIZEN　IN:398/LCCN:847394
　　　刊　2冊　袋　10.6cm×15.8cm
　　　蔵書印等：［士官］

2016 京都巡覧記 KYOUTO JUNRANKI　　　　IN:2730/LCCN:696168
　　　池田東籬亭（正韶）編、中村有楽画　刊　1冊　挿絵有　袋　12.5cm×18.1cm
　　　序：東籬亭主人誌　刊記：天保2年（1831）京／竹原好兵衛

2017 東山名勝図会 HIGASHIYAMA MEISHOU ZUE　　　　IN:2740/LCCN:696178
　　　木村明啓・川喜多真彦　刊　2冊　挿絵有　洋装（袋）　26.3cm×18.6cm
　　　序：文久2年（1862）凌陰山翁・蒋譚鰕侶祚・安政5年（1858）藤原芳樹　跋：安政6年（1859）
　　　川喜多真彦
　　　刊記：元治元年（1864）刻成　江戸／須原屋茂兵衛・大坂／河内屋喜兵衛他（全13肆）
　　　〔朝河〕（AUG 19 1907）収蔵　異称：再撰華洛名勝図会

2018 都羽津根 MIYAKO HATSUNE　　　　IN:2727/LCCN:696165
　　　換書堂主人　刊　2冊　挿絵有　洋装（袋）　10.7cm×16.2cm
　　　序：文久3年（1863）洛下隠士換書主人　刊記：文久3年（1863）京／蘭数館
　　　〔朝河〕（SEP 6 1907）収蔵

2019 花洛名勝図会、東山之部 KARAKU MEISHOU ZUE HIGASHIYAMA NO BU
　　　　　　　　　　　　　　　　　　　　　　　　　　IN:2734/LCCN:696172
　　　木村明啓・川喜多真彦撰、松川半山等画　刊　8冊　挿絵有　袋　26.1cm×18.2cm
　　　序：文久2年（1862）凌陰山翁・蒋譚鰕侶祚・安政5年（1858）藤原芳樹
　　　刊記：元治元年（1864）京／林芳兵衛

2020 ［慶応再刻］京都順覧記 KYOUTO JUNRANKI　　　　IN:2871/LCCN:696309
　　　池田東籬（正韶）　刊　3冊　挿絵有　袋　11.1cm×15.8cm
　　　序：東籬亭主人　刊記：慶応元年（1865）京／竹原好兵衛
　　　蔵書印等：［緑川文庫・東京弘文荘納］

2021 摂陽群談 SETSUYOU GUNDAN　　　　IN:2744/LCCN:696182
　　　岡田溪志　刊　3冊　挿絵有　洋装（袋）　22.3cm×15cm
　　　序：元禄11年（1698）菊池新三郎　跋：元禄14年（1701）高岡施容
　　　17巻（巻1～7・8～12・13～17）存　〔朝河〕（SEP 6 1907）収蔵

2022 摂津志 SETTSUSHI　　　　IN:2733/LCCN:696171
　　　関祖衡編、並河永校　刊　4冊　挿絵有　袋　27.2cm×18cm

刊記：享保20年（1735）大坂／松村九兵衛・京／茨城多左衛門・江戸／小川彦九郎

2023 摂津名所図会 SETTSU MEISHO ZUE　　　　　　　　　　IN:2700/LCCN:696138
　　秋里籬島、竹原春朝斎図画　刊　4冊　挿絵有　洋装（袋）　26cm × 18.2cm
　　序：寛政10年（1798）中山前大納言愛親卿　跋：寛政10年（1798）籬島秋里湘夕
　　刊記：寛政8年（1796）四冊出来・寛政10年（1798）八冊出来　京／小川太左衛門・大坂／
　　森本太助他（全4肆）
　　蔵書印等：［岡理兵衛］〔朝河〕（AUG 19 1907）収蔵

2024 摂陽落穂集 SETSUYOU OCHIBO SHUU　　　　　　　　IN:581/LCCN:847576
　　浜松歌国　写　1冊　挿絵有　洋装（袋）　24.3cm × 18.2cm

2025 ［改正増補］難波丸綱目 NANIWAMARU KOUMOKU　　　IN:388/LCCN:847384
　　刊　1冊　挿絵有　袋　11cm × 16cm
　　上の二存　蔵書印等：［陸軍士官学校文庫］　異称：摂州難波丸綱目

2026 難波旧地考 NANIWA KYUUCHI KOU　　　　　　　　　IN:2723/LCCN:696161
　　荒木田久老　刊　1冊　洋装（袋）　25.8cm × 18.8cm
　　序：若山梨　跋：寛政11年（1799）書富七五三翔　刊記：寛政12年（1800）大坂／敦賀屋九兵衛・
　　丹波屋伝兵衛他（全6肆）
　　〔朝河〕（SEP 6 1907）収蔵　異称：槻乃落葉高津宮・長柄宮・長柄橋旧地考

2027 住吉名勝図会 SUMIYOSHI MEISHOU ZUE　　　　　　　IN:2722/LCCN:696160
　　秋里籬島著・岡田玉山画　刊　1冊　挿絵有　洋装（袋）　26.4cm × 19cm
　　序：寛政7年（1795）藤波三位寛忠郷　跋：浪華の絵師玉山
　　刊記：寛政6年（1794）江戸／西村源六・大坂／大西甚七他（全11肆）

2028 住吉名勝図会 SUMIYOSHI MEISHOU ZUE　　　　　　　IN:2674/LCCN:696112
　　秋里籬島著、岡田玉山画　刊　3冊　挿絵有　袋　26cm × 17.9cm
　　序：寛政7年（1795）藤波三位寛忠郷　跋：浪華の絵師玉山
　　刊記：寛政6年（1794）大坂／大西甚七・江戸／雁金屋治右衛門他（全4肆）
　　巻1・3・5存　（JUL 23 1934）収蔵

2029 河内国風土記 KAWACHI NO KUNI FUDOKI　　　　　　IN:370/LCCN:847366
　　写　1冊　袋　24cm × 17cm
　　奥書等：弘治2年（1556）権大宮司冨成
　　異称：大日本風土記河内国

2030 河内志 KAWACHISHI　　　　　　　　　　　　　　　IN:2921/LCCN:696359
　　関祖衡　刊　3冊　挿絵有　袋　25.5cm × 18.1cm
　　刊記：享保20年（1735）京／柳枝軒方道
　　日本輿地通志畿内部のうち　「鹿田松雲堂蔵板書目」を付す

2031 河内名所図会　KAWACHI MEISHO ZUE　　　　IN:Feb-95/LCCN:696133
　　　秋里籬島　刊　2冊　挿絵有　洋装（袋）　26.4cm×18.5cm
　　　序：享和元年（1801）通斎主人・同年自序　刊記：享和元年（1801）京／出雲寺文治郎・大坂／森本太助他（全6肆）｜再版　大坂／柳原喜兵衛
　　　巻1～3・4～6存〔朝河〕（APR 18 1907）収蔵

2032 河内名所図会　KAWACHI MEISHO ZUE　　　　IN:Jan-95/LCCN:696133
　　　秋里籬島　刊　6冊　挿絵有　袋　26.4cm×18.5cm
　　　序：享和元年（1801）通斎主人・同年自序
　　　刊記：享和元年（1801）京／出雲寺文治郎・大坂／森本太助他（全6肆）

2033 泉州志　SENSHUUSHI　　　　IN:2731/LCCN:696169
　　　石橋直之　刊　6冊　挿絵有　袋　27.2cm×18.7cm
　　　序：元禄3年（1690）西峰散人・自序　跋：契沖

2034 和泉名所図会　IZUMI MEISHO ZUE　　　　IN:2694/LCCN:696132
　　　秋里籬島著、竹原信繁画　刊　1冊　挿絵有　洋装（袋）　26.3cm×18.8cm
　　　序：通斎主人（愛徳）　跋：寛政7年（1795）籬島秋里湘夕
　　　刊記：寛政8年（1796）京／小川多左衛門・大坂／高橋平助他（全5肆）
　　　〔朝河〕（AUG 19 1907）収蔵

2035 堺鑑　SAKAI KAGAMI　　　　IN:2741/LCCN:696179
　　　衣笠一閑　刊　3冊　袋　22.7cm×16.4cm
　　　序：天和3年（1683）衣笠氏一閑宗葛　刊記：貞享元年（1684）京／武村市兵衛

2036 大和名所図会　YAMATO MEISHO ZUE　　　　IN:2724/LCCN:696162
　　　秋里籬島著、竹原信繁画　刊　2冊　挿絵有　洋装（袋）　26cm×18cm
　　　序：寛政3年（1791）清原宣条佩菊主人　跋：寛政3年（1791）秋里舜福湘夕
　　　刊記：寛政3年（1791）京／小川多左衛門・大坂／高橋平助他（全4肆）
　　　〔朝河〕（AUG 19 1907）収蔵

2037 大和名所図会　YAMATO MEISHO ZUE　　　　IN:2478/LCCN:695916
　　　秋里籬島著、竹原信繁画　刊　6冊　挿絵有　袋　26.2cm×18.4cm
　　　序：寛政3年（1791）清原宣条佩菊主人　跋：寛政3年（1791）秋里舜福湘夕
　　　刊記：寛政3年（1791）京／小川多左衛門・大坂／高橋平助他（全4肆）
　　　巻3欠

2038 大和廻　YAMATO MEGURI　　　　IN:3167.1/LCCN:696605
　　　貝原益軒　刊　1冊　袋　18.1cm×11.9cm
　　　奥書等：元禄9年（1696）貝原篤信記
　　　蔵書印等：［林氏蔵書］／（巻末に）享保6歳（1721）　貝原先生編述目次書林柳枝軒蔵版
　　　異称：大和めぐりの記／和州巡覧記

2039 大和廻　YAMATO MEGURI　　　　　　　　　　　　IN:3167.2/LCCN:696605
　　　貝原益軒　刊　1冊　袋　17.7cm × 11.9cm
　　　奥書等：元禄9年（1696）貝原篤信記
　　　享保6年（1721）貝原先生編述目次書林柳枝軒蔵版（蔵版目録）
　　　異称：大和めぐりの記／和州巡覧記

2040 和州芳野山勝景図　WASHUU YOSHINOYAMA SHOUKEI ZU　　IN:2729/LCCN:696167
　　　貝原益軒　刊　1帖　挿絵有（色刷）　洋装（折本）　30.7cm × 17.1cm
　　　序：正徳3年（1713）貝原篤信　刊記：京／柳枝軒茨城信清

（2）東海道

2041 東海道名所図会　TOUKAIDOU MEISHO ZUE　　　　　　IN:2561/LCCN:695999
　　　秋里籬島　刊　1冊　挿絵有　袋　25.5cm × 18cm
　　　跋：寛政9年（1797）秋里籬島湘夕
　　　刊記：寛政9年（1797）大坂／柳原喜兵衛・江戸／小林新兵衛他（全11肆）
　　　巻6存　「浪華河内屋太兵衛蔵版目録」（2丁）を付す
　　　蔵書印等：［加藤蔵書］（JUN 9 1932）収蔵

2042 風晒子随筆　FUUGAISHI ZUIHITSU　　　　　　　　　IN:605/LCCN:847600
　　　北川舎貞嗣　写　1冊　洋装（袋）　24cm × 16.9cm
　　　〔朝河〕（SEP 6 1907）収蔵　異称：東海道名所記

2043 ［東海木曽］両道中懐宝図鑑　RYOU DOUCHUU KAIHOU ZUKAN　IN:123/LCCN:847119
　　　刊　1冊　挿絵有　洋装（袋）　16cm × 11.4cm
　　　刊記：天明6年（1786）江戸／須原屋茂兵衛
　　　〔朝河〕（SEP 6 1907）収蔵

2044 伊賀国風土記　IGA NO KUNI FUDOKI　　　　　　　　IN:384/LCCN:847380
　　　写　1冊　袋　23.9cm × 17.1cm
　　　奥書等：天正2年（1574）中原忠胤
　　　蔵書印等：［筑波文庫］　異称：日本惣国風土記第十二伊賀国・大日本風土記伊賀国

2045 伊勢国風土記　ISE NO KUNI FUDOKI　　　　　　　　IN:382/LCCN:847378
　　　写　1冊　袋　24cm × 17cm
　　　奥書等：天正2年（1574）写　中原忠胤
　　　蔵書印等：［筑波文庫］　異称：日本惣国風土記第十二伊勢国・大日本風土記伊勢国

2046 伊勢参宮名所図会　ISE SANGUU MEISHO ZUE　　　　　IN:2748/LCCN:696186
　　　刊　2冊　挿絵有　洋装（袋）　24.5cm × 18.1cm
　　　跋：寛政9年（1797）なはの海驢
　　　〔朝河〕（SEP 6 1907）収蔵

2047 志陽略誌 しようりゃくし SHIYOU RYAKUSHI　　　　　　　　　IN:631/LCCN:847626

　田理　写　1冊　洋装（袋）　26.2cm × 18.5cm
　序：正徳3年（1713）三友斎埜邨利貞　跋：正徳3年（1713）田理子省甫
　2巻（巻上・中）存

2048 南勢雑記 なんせいざっき NANSEI ZAKKI　　　　　　　　　　　IN:3595/LCCN:504917

　写　1冊　挿絵有　袋　24.9cm × 18.8cm
　蔵書印等：［藤田蔵書・藤田之印］

2049 尾州寺院集 びしゅうじいんしゅう BISHUU JIIN SHUU　　　　　　　　IN:510/LCCN:847505

　写　2冊　洋装（袋）　21.9cm × 15.6cm
　序：文政7年（1824）御岳山沙門恵明八水
　奥書等：文政6年（1823）枳豆忘庄御岳山高讃寺沙門妙光院恵明写
　〔朝河〕（AUG 19 1907）収蔵　異称：尾張寺院集

2050 三河国二葉松 みかわのくにふたばのまつ MIKAWA NO KUNI FUTABA NO MATSU　IN:638/LCCN:847633

　佐野知堯編　写　1冊　洋装（袋）　24.3cm × 17cm
　序：松泓小笠原基長・元文6年（1736）渡部竪
　〔朝河〕（APR 18 1907）収蔵

2051 三州古今城塁地理誌 さんしゅうここんじょうるいちりし SANSHUU KOKON JOURUI CHIRISHI　IN:868/LCCN:432442

　写　1冊　洋装（袋）　25.5cm × 18.8cm
　奥書等：羽田埜敬雄｜文久元年（1861）無名氏｜羽田八幡宮文庫へ奉納
　〔朝河〕（SEP 6 1907）収蔵　異称：三州古今城塁誌

2052 駿河風土記 するがふどき SURUGA FUDOKI　　　　　　　　　IN:279/LCCN:847275

　写　1冊　挿絵有　袋　27.2cm × 18.3cm
　奥書等：元和元年（1615）中原師行｜明暦2年（1656）中原職忠｜万治元年（1658）校　交
　野内匠頭
　異称：日本惣風土記　第五十三

2053 駿河風土記 するがふどき SURUGA FUDOKI　　　　　　　　　IN:383/LCCN:847379

　写　1冊　袋　27.8cm × 19.8cm
　奥書等：元和元年（1615）中原師行｜明暦2年（1656）写　中原職忠｜万治元年（1658）校
　交野内匠頭
　蔵書印等：［筑波文庫］　異称：日本惣国風土記第五十三

2054 駿河風土記 するがふどき SURUGA FUDOKI　　　　　　　　　IN:630/LCCN:847625

　写　1冊　袋　30.2cm × 21.7cm
　奥書等：元和元年（1615）中原師行｜明暦2年（1656）中原職忠｜万治元年（1658）

2055 駿河国風土記微考 するがのくにふどきびこう SURUGA NO KUNI FUDOKI BIKOU　IN:625/LCCN:847620

　桑原藤泰　写　12冊　挿絵有　袋　24.2cm × 16.7cm

自筆稿本　罫紙は木版

2056 駿州名勝志　SUNSHUU MEISHOUSHI　　　　　　　　　　　IN:2933/LCCN:696371
　　　駿東隣山・川合長行子方　上松修道子敬　校閲　刊　3冊　袋　27.2cm×18.1cm
　　　序：天明3年（1783）秋山章　刊記：天明6年（1786）江戸／須原屋市兵衛
　　　蔵書印等：［笹野文庫・芦舟文庫・水戸青山氏蔵］

2057 駿府御城絵図　SUNPU GOJOU EZU　　　　　　　　　　　IN:3481/LCCN:504803
　　　小西浄孝図　写　1舗　挿絵有（彩色）　畳帖　152.5cm×140.5cm
　　　奥書等：安政6年（1859）小西浄孝写

2058 駿州郡分名所　神社附　SUNSHUU GUNWAKE MEISHO　JINJA TSUKETARI
　　　写　1冊　袋　27.9cm×18.8cm　　　　　　　　　　　　IN:628/LCCN:847623
　　　奥書等：寛政元年（1789）青春山書
　　　異称：駿州名所略

2059 駿河抄　SURUGASHOU　　　　　　　　　　　　　　　　IN:621/LCCN:847616
　　　熊沢興　写　1冊　袋　27.1cm×19cm
　　　〔朝河〕（APR 18 1907）収蔵

2060 駿河雑志　SURUGA ZASSHI　　　　　　　　　　　　　　IN:3452/LCCN:504774
　　　花野井有年編　写　31冊　挿絵有　袋　28.8cm×18.8cm
　　　奥書等：弘化3年（1846）起草　嘉永5年（1852）再稿　花野井昌斎源有年｜大正13年（1924）
　　　鈴木環写｜「八千種屋蔵書」（柱）
　　　蔵書印等：［笹野文庫］　異称：駿河国雑志（内）

2061 駿河志　SURUGASHI　　　　　　　　　　　　　　　　　IN:629/LCCN:847624
　　　写　3冊　袋　24.2cm×17.1cm
　　　尽志楼（罫紙柱刻）

2062 駿河志料　SURUGA SHIRYOU　　　　　　　　　　　　　IN:623/LCCN:847618
　　　新宮（中村）高平　写　2冊　袋　25.7cm×18.9cm
　　　序：文久元年（1861）田中本多正訥・自序・竹村茂枝
　　　版下稿本　目録・古文書別録府内存　匡郭のみ木版で　柱に「新宮文庫」とあり

2063 駿河村誌　SURUGA SONSHI　　　　　　　　　　　　　　IN:627/LCCN:847622
　　　林惟純　写　14冊　袋　26.9cm×18.5cm
　　　奥書等：明治17年（1884）静岡県令奈良原繁　主任者　静岡県御用掛林惟純（1～7冊）｜明治
　　　18年（1885）静岡県令関口隆吉　主任者　静岡県御用掛林惟純（13・14冊）
　　　静岡県（罫紙柱刻）

2064 駿府古図　SUNPU KOZU　　　　　　　　　　　　　　　IN:3639/LCCN:703722
　　　写　1枚　挿絵有　袋　13.6cm×15.7cm

蔵書印等：［笹野文庫、一誠堂］（蔵書票）

2065 駿州府中絵図 SUNSHUU FUCHUU EZU　　　　　IN:3477/LCCN:504799
　　　写　1舗　挿絵有（彩色）　一枚物　79.8cm × 72.9cm
　　　奥書等：有
　　　蔵書印等：［笹野文庫］

2066 駿州久能之図 SUNSHUU KUNOU NO ZU　　　　IN:3501/LCCN:584823
　　　写　1舗　挿絵有　一枚物　46cm × 55.1cm
　　　奥書等：有
　　　蔵書印等：［笹野文庫］

2067 駿河国沼津城絵図 SURUGA NO KUNI NUMADUJOU EZU　IN:3465/LCCN:504787
　　　写　1舗　挿絵有　一枚物　47.5cm × 55.8cm

2068 駿州興国寺城之図 SUNSHUU KOUKOKUJIJOU NO ZU　IN:1689/LCCN:433262
　　　写　1舗　挿絵有　一枚物　55.3cm × 41.2cm
　　　蔵書印等：［笹野文庫］

2069 駿州田中城之図 SUNSHUU TANAKAJOU NO ZU　　IN:3476/LCCN:504797
　　　写　1舗　挿絵有（彩色）　一枚物　91.8cm × 79.5cm
　　　奥書等：有
　　　蔵書印等：［笹野文庫］

2070 駿州庵原郡薩陀八幡平大略図
　　　　SUNSHUU IHARAGUN SATTAHACHIMANDAIRA DAIRYAKUZU　IN:3506/LCCN:584828
　　　刊　1舗　挿絵有　一枚物　39.2cm × 55.7cm
　　　蔵書印等：［笹野文庫・一誠堂］（蔵書票）　異称：駿州庵原郡薩陀八幡平略図（題簽）

2071 沼津永明寺御朱印地先ヨリ唱候場所　御用土地麁絵図
　　　　NUMADU EIMEIJI GOSHUINCHI SAKI YORI TONAESOUROU BASHO GOYOUTOCHI SOEZU
　　　　　　　　　　　　　　　　　　　　　　　　　　　　　　IN:3491/LCCN:504813
　　　写　1舗　挿絵有（彩色）　一枚物　53.3cm × 55.3cm
　　　蔵書印等：［笹野文庫］　異称：御用土地麁絵図再写

2072 ［安倍川巴川］通門江村之麁絵図 TOMOEMURA NO SOEZU　IN:3591/LCCN:504913
　　　写　1舗　挿絵有　一枚物　80.3cm × 39.3cm
　　　奥書等：有
　　　蔵書印等：［笹野文庫、一誠堂］（蔵書票）

2073 駿河国志太益津両郡地図　SURUGA NO KUNI SHIDA MASHIDU RYOUGUN CHIZU
　　　池谷慎太郎　刊　1舗　挿絵有　一枚物　180cm×98cm　　　　　IN:3589/LCCN:504911
　　　序：明治21年（1888）松田寅卯　刊記：明治21年（1888）杉山英太郎・池谷慎太郎

2074 静岡県管下駿河国安倍郡静岡四社境内畧絵図　SHIZUOKAKEN KANKA SURUGA NO
　　　KUNI ABEGUN SHIZUOKA SHISHA KEIDAI RYAKUEZU　　　　　IN:3526/LCCN:504848
　　　刊　1舗　挿絵有　一枚物　55.7cm×103.1cm
　　　奥書等：祠官大井菅麿　祠掌丸山友善
　　　蔵書印等：〔佐野文庫〕

2075 富士山真景之図　FUJISAN SHINKEI NO ZU　　　　　　　　　　　IN:3677/LCCN:703760
　　　英湖斎泰朝　写　1冊　挿絵有　袋　26.6cm×18.4cm
　　　序：嘉永元年（1848）英湖斎主人　跋：明治5年（1872）能見知実
　　　蔵書印等：〔FREDERICK STARR〕（蔵書票）
　　　異称：甲斐国都留郡上吉田邑／富士登山路次真景図絵稿

2076 冨士山志麓の塵　FUJISANSHI FUMOTO NO CHIRI　　　　　　　　IN:1751/LCCN:433324
　　　（日下百枝）　写　7冊　袋　28.1cm×19.6cm
　　　奥書等：有

2077 不二山道知留辺　FUJISAN MICHISHIRUBE　　　　　　　　　　　IN:2520/LCCN:695958
　　　松園梅彦輯、柳下徳次郎校、貞秀画　刊　1冊　挿絵有　袋　11.3cm×15cm
　　　刊記：江戸／雁金屋清吉・須原屋茂兵衛他（全17肆）

2078 国鎮記　KUNISHIZUME NO FUMI　　　　　　　　　　　　　　　IN:2092/LCCN:508492
　　　小山田与清著、鈴木頂行校　刊　1冊　挿絵有　洋装（袋）　23.1cm×16.6cm
　　　序：星池処士秦其馨・小谷三思
　　　「金花堂蔵板目録」（6丁）を付す　〔朝河〕（APR 18 1907）収蔵

2079 秘人理案奈意記　HITORI ANNAIKI　　　　　　　　　　　　　　IN:511/LCCN:847506
　　　写　1冊　袋　23.2cm×16.8cm
　　　奥書等：文化14年（1817）平沢時適写｜嘉永7年（1854）谷顕之
　　　蔵書印等：〔谷氏蔵書〕

2080 奈乎理曽の記　NAORISO NO KI　　　　　　　　　　　　　　　IN:3467/LCCN:504789
　　　藤原正行（加藤靭負）　写　7冊　挿絵有　袋　28.7cm×20.9cm
　　　序：天保11年（1840）自序　跋：自跋　奥書等：慶応元年（1865）葵園主人
　　　異称：奈乎理曽能記・名遠理楚之記

2081 甲斐名勝志　KAI MEISHOUSHI　　　　　　　　　　　　　　　　IN:281/LCCN:847277
　　　萩原元克　写　5冊　袋　27.8cm×20.2cm
　　　序：天明2年（1782）源光章　跋：天明3年（1783）源憲時
　　　奥書等：文化4年（1807）写　長沢村大森氏

B. 日本地誌　249

2082 甲斐名勝志 *KAI MEISHOUSHI*　　　　　　　　　　　　　　IN:2956/LCCN:696394

　　萩原元克　刊　1冊　洋装（袋）　22.7cm × 15.3cm
　　序：天明2年（1782）源光章　跋：天明3年（1783）源憲時
　　刊記：甲府／内藤伝右衛門・同支店

2083 甲斐名勝志 *KAI MEISHOUSHI*　　　　　　　　　　　　　　IN:2225/LCCN:508625

　　萩原元克　刊　3冊　袋　23cm × 15.1cm
　　序：天明6年（1786）龍橋源昌綱・天明2年（1782）源光章　跋：天明3年（1783）源憲時
　　刊記：甲府／村田屋孝太郎・江戸／須原屋伊八・山城屋佐兵衛｜萩廼屋蔵板

2084 甲斐叢記 *KAI SOUKI*　　　　　　　　　　　　　　　　　IN:2943/LCCN:696381

　　大森快庵　刊　1冊　挿絵有　洋装（袋）　26.7cm × 19.6cm
　　序：朝川善庵・嘉永元年（1848）黒川春村　刊記：嘉永4年（1851）刻成 甲府／村田屋孝太郎・京／出雲寺文次郎・江戸／山城屋佐兵衛他（全14肆）

2085 裏見寒話 *URAMI KANWA*　　　　　　　　　　　　　　　　IN:3264/LCCN:504586

　　巣飲叟鶺鴒著、来椒堂仙鼠増補　写　5冊　袋　26.4cm × 17.8cm
　　序：宝暦2年（1752）来椒堂仙鼠　奥書等：宝暦4年（1754）男衾轅源近焉写

2086 熱海温泉図彙 *ATAMI ONSEN ZUI*　　　　　　　　　　　　IN:2938/LCCN:696376

　　山東京山作画、渓斎英泉・歌川国安画　刊　1冊　挿絵有　袋　21.8cm × 15.2cm
　　序：文政13年（1830）自序　跋：文政13年（1830）自跋
　　刊記：天保3年（1832）江戸／山口屋藤兵衛

2087 新編鎌倉志 *SHINPEN KAMAKURASHI*　　　　　　　　　　　IN:2939/LCCN:696377

　　河合恒久纂述、松村清之考訂、力石忠一参補　刊　合3冊　挿絵有　洋装（袋）　27.5cm × 18.6cm
　　序：貞享2年（1685）崔山野節　跋：貞享3年（1686）柳枝軒茨木方淑　刊記：柳枝軒蔵版
　　〔朝河〕（AUG 17 1907）収蔵

2088 七島日記 *SHICHITOU NIKKI*　　　　　　　　　　　　　　IN:2926/LCCN:696364

　　小寺応斎　刊　1冊　挿絵有　洋装（袋）　22.5cm × 17.4cm
　　序：文政7年（1824）亀田鵬斎
　　〔朝河〕（SEP 6 1907）収蔵　異称：伊豆日記

2089 無人嶋之図 *MUJINTOU NO ZU*　　　　　　　　　　　　　IN:3474.3/LCCN:504796

　　林子平　写　1舗　挿絵有　袋　77cm × 27.2cm
　　彩色地図を付す

2090 無人嶋之図 *MUJINTOU NO ZU*　　　　　　　　　　　　　IN:3681

　　写　1冊　挿絵有　仮綴　27cm × 18cm
　　蔵書印等：〔士官〕

2091 武蔵名勝図絵 <ruby>武蔵名勝図絵<rt>むさしめいしょうずえ</rt></ruby> MUSASHI MEISHOU ZUE　　　　　IN:626/LCCN:847621

　　植田孟縉　写　7冊　挿絵有　洋装（袋）　27.3cm × 20.2cm
　　序：文政5年（1822）源定常・文政3年（1820）植田孟縉
　　跋：源弘賢・文政6年（1823）間宮士信
　　〔朝河〕（APR 18 1907）収蔵

2092 <ruby>武蔵野地名考<rt>むさしのちめいこう</rt></ruby> MUSASHINO CHIMEI KOU　　　　　IN:2920/LCCN:696358

　　田沢源太郎義章　刊　1冊　挿絵有　袋　22.8cm × 15.2cm
　　序：享保20年（1735）鳴鳳卿・享保21年（1736）田村正人
　　刊記：享保21年（1736）江戸／吉田次郎兵衛

2093 <ruby>四神地名録<rt>ししんちめいろく</rt></ruby> SHISHIN CHIMEIROKU　　　　　IN:607/LCCN:847602

　　写　1冊　挿絵有　洋装（袋）　23.6cm × 16.6cm
　　序：寛政6年（1794）黄薇山人古松軒
　　〔朝河〕（AUG 17 1907）収蔵

2094 <ruby>武蔵野話<rt>むさしやわ</rt></ruby> MUSASHIYAWA　　　　　IN:2924/LCCN:696362

　　鶴磯樵夫（斎藤鶴磯）　刊　1冊　挿絵有　洋装（袋）　26.3cm × 17.7cm
　　序：文化11年（1814）本多楙　跋：文化12年（1815）自跋
　　刊記：文化12年（1815）江戸／須原屋茂兵衛・須原屋伊八
　　異称：野話

2095 <ruby>訪甌録<rt>ほうちょうろく</rt></ruby> HOUCHOUROKU　　　　　IN:618/LCCN:847614

　　渡辺崋山　写　1冊　洋装（袋）　26.3cm × 18.5cm
　　序：天保3年（1832）渡辺定静
　　〔朝河〕（SEP 6 1907）収蔵

2096 <ruby>江戸大絵図<rt>えどおおえず</rt></ruby> EDO OOEZU　　　　　IN:3469/LCCN:504791

　　温清軒図　刊　1舗　挿絵有（色刷）　畳帖　138.5cm × 177cm
　　序：温清軒　刊記：江戸／須原屋茂兵衛

2097 <ruby>壷分二十間御江戸之図<rt>つぼわけにじっけんおえどのず</rt></ruby> TSUBOWAKE NIJIKKEN OEDO NO ZU　　IN:3470/LCCN:504792

　　刊　1舗　挿絵有（彩色）　一枚物　62cm × 86.8cm
　　刊記：享保11年（1726）江戸／山口屋梓

2098 ［再校］<ruby>江戸砂子<rt>えどすなご</rt></ruby> EDO SUNAGO　　　　　IN:2331/LCCN:695769

　　菊岡沾涼著、丹治庶智補、牧冬渉斎訂正　刊　7冊　挿絵有　袋　22.4cm × 15.8cm
　　序：享保17年（1732）沾涼・明和7年（1770）丹治政逸　跋：明和9年（1772）田菊岡
　　刊記：享保20年（1735）江戸／須原伊八他（全2肆）｜「前板享保17年（1732）、再校宝暦
　　年中（1751～1764）、訂正明和年中（1764～1772）」（見返）

2099 ［再校］<ruby>江戸砂子温古名蹟誌<rt>えどすなごおんこめいせきし</rt></ruby> EDO SUNAGO ONKO MEISEKISHI　IN:2923/LCCN:696361

　　菊岡沾涼著・丹治庶智補・牧冬渉斎訂正　刊　8冊　挿絵有　袋　22.7cm × 16cm

序：享保17年（1732）沾凉・明和7年（1770）丹治政逸　跋：享保17年（1732）沾凉・明
　　和9年（1772）田菊岡　刊記：明和9年（1772）藤木久市・須原屋伊八
　　「須原屋伊八蔵板目録」を付す　異称：再校江府名跡志・再校江戸砂子

2100　江戸砂子温故名跡誌　EDO SUNAGO ONKO MEISEKISHI　　IN:2922/LCCN:696360

　　菊岡沾凉　刊　1冊　挿絵有　洋装（袋）　22.4cm×17.1cm
　　序：享保17年（1732）沾凉　跋：享保17年（1732）沾凉　刊記：江戸／藤木久市
　　〔朝河〕（SEP 6 1907）収蔵　異称：江府名跡誌・新編 江戸砂子温故誌

2101　江戸名勝志　EDO MEISHOUSHI　　IN:2944/LCCN:696382

　　藤原之廉　刊　3冊　挿絵有　袋　16cm×11.3cm
　　序：延享3年（1746）藤原之廉　刊記：明和元年（1764）　江戸／須原屋茂兵衛

2102　江戸往古図説　EDO OUKO ZUSETSU　　IN:610/LCCN:98-847605

　　大橋方長　写　1冊　挿絵有　洋装（袋）　27cm×19cm
　　序：寛政12年（1800）大橋方長
　　〔朝河〕（日付なし）

2103　江戸名所図会　EDO MEISHO ZUE　　IN:2503/LCCN:695941

　　刊　1冊　挿絵有　袋　25.9cm×18.3cm
　　巻6存

2104　［増補改正］万世江戸町鑑　BANSEI EDO MACHIKAGAMI　　IN:128/LCCN:847124

　　刊　1冊　挿絵有　洋装（袋）　15.5cm×11.1cm
　　刊記：天保4年（1833）江戸／須原屋茂兵衛他（全2肆）
　　〔朝河〕（SEP 6 1907）収蔵

2105　東都歳事記　TOUTO SAIJIKI　　IN:1744/LCCN:433317

　　斎藤月岑、長谷川雪旦画、松斎雪堤補画　刊　5冊　挿絵有　袋　22.6cm×15.7cm
　　序：天保3年（1832）冠山道人・天保7年（1836）荊山日尾瑜　刊記：天保9年（1838）須
　　原屋茂兵衛・須原屋伊八
　　（MAR 16 1925）収蔵

2106　東都歳事記　TOUTO SAIJIKI　　IN:2835/LCCN:696273

　　斎藤月岑、長谷川雪旦画　松斎雪堤補画　刊　1冊　挿絵有　洋装（袋）　23cm×16cm
　　序：天保3年（1832）冠山老人　刊記：天保9年（1838）江戸／須原屋茂兵衛・須原屋伊八、
　　京／勝村治右衛門、江戸／須原屋佐助他（全13肆）

2107　武江遊観志略　BUKOU YUUKAN SHIRYAKU　　IN:2592/LCCN:696030

　　竜尾園尋香（般若道人）　刊　1冊　挿絵有　袋　7.5cm×15.6cm
　　序：安政6年（1859）般若道人尋香
　　蔵書印等：［士官］

2108 元吉原の記 MOTOYOSHIWARA NO KI　　　　　　IN:3440/LCCN:504762
　　　写　1冊　挿絵有　袋　26.2cm × 18.5cm

2109 東都府内寺社鑑 TOUTO FUNAI JISHA KAGAMI　　　IN:512/LCCN:847507
　　　刊　2冊　洋装（袋）　22.4cm × 16.4cm
　　　〔朝河〕（AUG 17 1907）収蔵

2110 ［新編］江戸志 EDOSHI　　　　　　　　　　　　IN:608/LCCN:847603
　　　写　2冊　挿絵有　洋装（袋）　23.1cm × 16.4cm

2111 増補江戸咄 ZOUHO EDOBANASHI　　　　　　　　IN:2930/LCCN:696368
　　　刊　1冊　挿絵有　洋装（袋）　26.9cm × 18.3cm
　　　蔵書印等：［藤井蔵書］〔朝河〕（SEP 6 1907）収蔵　異称：［増補］江戸名所はなし

2112 江戸名所花暦 EDO MEISHO HANAGOYOMI　　　　IN:2951/LCCN:696389
　　　岡山鳥著、長谷川雪旦画　刊　1冊　挿絵有　洋装（袋）　23cm × 16.9cm
　　　序：文政9年（1826）竿斎道人　刊記：文政10年（1827）守不足斎蔵板
　　　〔朝河〕（SEP 6 1907）収蔵

2113 御江戸図説集覧 OEDO ZUSETSU SHUURAN　　　　IN:3468/LCCN:504790
　　　山崎美成（久作）編　刊　橋本貞秀（王蘭斎）図画、1冊　挿絵有　袋　26.4cm × 18.4cm
　　　序：嘉永5年（1852）橋本玉蘭斎　刊記：嘉永5年（1852）開版　発行兼印刷者　松山堂藤井利八・
　　　発行所　松雲堂書店

2114 小石川志料 KOISHIKAWA SHIRYOU　　　　　　　IN:609/LCCN:98-847604
　　　松崎純庸　写　2冊　挿絵有　洋装（袋）　27.2cm × 19.5cm
　　　序：文化8年（1811）自序

2115 芝八景 SHIBA HAKKEI　　　　　　　　　　　　IN:2925/LCCN:696363
　　　関守　写　1冊　挿絵有　洋装（袋）　24.4cm × 15.4cm
　　　跋：慶応3年（1867）自跋

2116 駿河台志 SURUGADAISHI　　　　　　　　　　　IN:614/LCCN:98-847609
　　　写　1冊　挿絵有　袋　26.5cm × 18.8cm

2117 高田雲雀 TAKADA HIBARI　　　　　　　　　　　IN:613/LCCN:98-847608
　　　大田南畝　写　冊　洋装（袋）　23.3cm × 16.5cm

2118 向岡閑話 MUKOUGAOKA KANWA　　　　　　　　　IN:611/LCCN:98-847606
　　　大田南畝　写　2冊　挿絵有　洋装（袋）　26.8cm × 19.4cm
　　　序：文化5年（1808）自序

2119 成田名所図会 なりためいしょずえ　*NARITA MEISHO ZUE*　　　　IN:2942/LCCN:696380
　　　中路定俊著、中路定得補　刊　1冊　挿絵有　洋装（袋）　26cm×19.5cm
　　　序：嘉永7年（1854）照岳　刊記：安政5年（1858）刻成　新勝精舎蔵版
　　　〔朝河〕（APR 18 1907）収蔵　異称：成田参詣記

2120 成田名所図会 なりためいしょずえ　*NARITA MEISHO ZUE*　　　　IN:2941/LCCN:696379
　　　中路定俊著、中路定得補　刊　5冊　挿絵有　袋　26.4cm×18.4cm
　　　序：嘉永7年（1854）照岳　刊記：安政5年（1858）刻成　新勝精舎蔵板

2121 常陸国誌 ひたちこくし　*HITACHI KOKUSHI*　　　　IN:336/LCCN:847332
　　　（小宅生順）　写　3冊　袋　26.7cm×19.2cm
　　　蔵書印等：[筑波文庫]　異称：古今類聚常陸国誌

2122 古今類聚常陸国誌 ここんるいじゅうひたちこくし　*KOKON RUIJUU HITACHI KOKUSHI*　IN:3420/LCCN:504742
　　　写　2冊　袋　26.6cm×19.1cm
　　　蔵書印等：[筑波文庫・紫雲斎記]　異称：常陸国志

2123 常陸国郡郷考 ひたちのくにぐんごうこう　*HITACHI NO KUNI GUNGOU KOU*　IN:2223/LCCN:508623
　　　宮本元球　刊　3冊　袋　25.7cm×18cm
　　　刊記：博文館蔵版
　　　蔵書印等：[筑波文庫]他　異称：常陸誌料　郡郷考

2124 常陸国郡郷考 ひたちのくにぐんごうこう　*HITACHI NO KUNI GUNGOU KOU*　IN:2950/LCCN:696388
　　　宮本元球　刊　1冊　洋装（袋）　26.1cm×17.7cm
　　　序：安政6年（1859）宮本元求伸笏　刊記：京／勝村治右衛門・江戸／山城屋佐兵衛他（全11肆）
　　　「山城屋佐兵衛蔵板目録」（5丁）〔朝河〕（AUG 19 1907）収蔵

2125 常陸紀行 ひたちきこう　*HITACHI KIKOU*　　　　IN:2660.1/LCCN:696098
　　　洗心山人黒崎貞孝　刊　2冊　挿絵有　袋　26cm×18cm
　　　序：文政9年（1826）洗心山人　刊記：京／菊屋七郎兵衛・江戸／菊屋幸三郎他（全11肆）

2126 常陸紀行 ひたちきこう　*HITACHI KIKOU*　　　　IN:2660.2/LCCN:696098
　　　洗心山人黒崎貞孝　刊　1冊　挿絵有　袋　26cm×18cm
　　　刊記：京／菊屋七郎兵衛・江戸／菊屋幸三郎他（全11肆）
　　　坤巻存

2127 常陸紀行 ひたちきこう　*HITACHI KIKOU*　　　　IN:2931/LCCN:696369
　　　洗心山人黒崎貞孝　刊　2冊　挿絵有　袋　25.9cm×17.6cm
　　　序：文政9年（1826）洗心山人　刊記：京／菊屋七郎兵衛・江戸／菊屋幸三郎板他（全11肆）
　　　蔵書印等：[恵中堂・立田氏図書・東京弘文荘納]

2128 鹿島志 かしまし　*KASHIMASHI*　　　　IN:2940/LCCN:696378
　　　平時鄰著、岳亭八島定岡画　刊　2冊　挿絵有　袋　25.4cm×18.1cm

序：文政6年（1823）成島司直・文政6年（1823）知非斎主人源与清・大宮司中臣鹿嶋連則瓊
刊記：江戸／須原屋茂兵衛・大坂／河内屋卯助他（全13肆）
蔵書印等：［田中蔵］　異称：鹿島名所図絵

2129 筑波私記（つくばしき） *TSUKUBA SHIKI*　　　　　　　　　　　　IN:295/LCCN:847291
　　写　1冊　袋　26.7cm×19.5cm
　　序：文化5年（1808）飯塚淑慎

2130 関城繹史（かんじょうえきし） *KANJOU EKISHI*　　　　　　　　IN:2230/LCCN:508630
　　宮本元球　刊　1冊　袋　22.5cm×18cm
　　序：嘉永4年（1851）宮本元球仲笏　刊記：万延元年（1860）三香社蔵梓（見返）
　　常陸誌料のうち

2131 関城繹史（かんじょうえきし） *KANJOU EKISHI*　　　　　　　　IN:2703/LCCN:696141
　　宮本元球　刊　1冊　洋装（袋）　25.6cm×17.8cm
　　序：嘉永4年（1851）宮本元球仲笏　刊記：万延元年（1860）三香社蔵梓（見返）
　　「山城屋佐兵衛蔵板略目録」を付す

（3）東山道

2132 木曽路の記（きそじのき） *KISOJI NO KI*　　　　　　　　　　IN:3171/LCCN:696609
　　貝原益軒　刊　1冊　挿絵有　袋　18cm×12.1cm
　　序：宝永6年（1709）貝原益軒篤信
　　刊記：京／茨木多左衛門｜正徳3年（1713）新版｜享保6年（1721）柳枝軒蔵版（巻末別丁）

2133 木曽路名所図会（きそじめいしょずえ） *KISOJI MEISHO ZUE*　　IN:2955/LCCN:696393
　　秋里籬島　刊　2冊　挿絵有　洋装（袋）　24.8cm×17cm
　　序：文化2年（1805）富士谷成元　跋：西村中和
　　刊記：文化2年（1802）大坂／和泉屋源七・京／西村吉兵衛他（全12肆）
　　「河内屋太助梓行目録」（2丁）を付す

2134 美濃風土記（みのふどき） *MINO FUDOKI*　　　　　　　　　　IN:435/LCCN:847431
　　写　1冊　袋　27cm×18.2cm

2135 茂々久岐祢（ももくきね） *MOMOKUKINE*　　　　　　　　　　IN:620/LCCN:847615
　　写　3冊　挿絵有　洋装（袋）　22.9cm×16.4cm
　　〔朝河〕（SEP 6 1907）収蔵

2136 飛州志（ひしゅうし） *HISHUUSHI*　　　　　　　　　　　　　IN:617/LCCN:847612
　　写　1冊　洋装（袋）　26.6cm×19cm
　　2巻（巻1国法部・巻2神祠部）存　〔朝河〕（APR 18 1907）収蔵

2137 信濃奇談 SHINANO KIDAN　　　　　　　　　　　　　　　IN:2847/LCCN:696285
　　　（中村元恒・堀内元鎧編）　刊　2冊　挿絵有　袋　26.2cm×18.1cm
　　　序：文政12年（1829）中邨元恒　跋：文政12年（1829）中邨元恒

2138 高府小志 KOUFU SHOUSHI　　　　　　　　　　　　　　IN:582/LCCN:847577
　　　写　1冊　洋装（袋）　27.3cm×19.7cm
　　　紙背文書あり〔朝河〕（SEP 6 1907）収蔵

2139 上野国輿地全図 KOUZUKE NO KUNI YOCHI ZENZU　　　IN:3517/LCCN:504839
　　　写　1舗　挿絵有　一枚物　128.3cm×142cm
　　　奥書等：桂園珍蔵
　　　彩色　異称：上野国図（外）

2140 前橋風土記 MAEBASHI FUDOKI　　　　　　　　　　　　IN:356/LCCN:847352
　　　古市剛　写　1冊　袋　27.8cm×19.7cm
　　　序：貞享元年（1684）古市剛

2141 下野国誌 SHIMOTSUKE KOKUSHI　　　　　　　　　　　IN:2936/LCCN:696376
　　　越智守弘識　刊　2冊　挿絵有　洋装（袋）　26.8cm×18.6cm
　　　序：嘉永3年（1850）亀田梓・嘉永元年（1848）自序　刊記：江戸／山静堂・文会堂

2142 下野掌覧 SHIMOTSUKE SHOURAN　　　　　　　　　　　IN:2927/LCCN:696365
　　　菅原豊直　刊　1冊　挿絵有　袋　25.7cm×17.8cm
　　　序：安政6年（1859）自序　跋：万延元年（1860）自跋
　　　刊記：万延元年（1860）野州栃木／升屋浅吉・宇都宮／荒物屋伊右衛門

2143 日光名勝記 NIKKOU MEISHOUKI　　　　　　　　　　　IN:3170/LCCN:696608
　　　貝原益軒　刊　1冊　挿絵有　袋　17.8cm×11.6cm
　　　跋：正徳4年（1714）書堂柳枝軒　刊記：正徳4年（1714）京／茨木多左衛門
　　　「貝原先生述作柳枝軒刊行目録」を付す　異称：東路之記

2144 日光山志 NIKKONSANSHI　　　　　　　　　　　　　　IN:2556/LCCN:695994
　　　植田孟縉　刊　3冊　挿絵有　袋　25.7cm×17.9cm
　　　序：文政8年（1825）松平定常
　　　刊記：天保8年（1837）　江戸／和泉屋庄次郎・同須原屋伊八他（全12肆）
　　　巻1・4・5存

2145 日光山志 NIKKOUSANSHI　　　　　　　　　　　　　　IN:2928/LCCN:696366
　　　植田孟縉　刊　2冊　挿絵有（彩色）　洋装（袋）　26cm×17.9cm
　　　序：文政8年（1825）松平定常　跋：天保5年（1834）源弘賢
　　　刊記：天保8年（1837）江戸／和泉屋庄次郎・同須原屋伊八他（全12肆）
　　　〔朝河〕（AUG 19 1907）収蔵

2146 磐城枕友　*IWAKI MAKURA NO TOMO*　　　　　　　　　　IN:345/LCCN:847341
　　　吉田定顕　写　1冊　袋　26.5cm × 18.5cm
　　　跋：宝暦11年（1761）吉田定顕
　　　蔵書印等：[筠軒蔵書]（大須賀筠軒）[筑波文庫]

2147 岩城風土記　*IWAKI FUDOKI*　　　　　　　　　　　　IN:360/LCCN:847356
　　　葛山為篤　写　1冊　袋　28cm × 19.1cm
　　　奥書等：安政5年（1858）北邑作重

2148 会津風土記　*AIDU FUDOKI*　　　　　　　　　　　　IN:357/LCCN:847353
　　　保科正之編　写　1冊　袋　27.5cm × 18.5cm
　　　序：寛文6年（1666）山崎闇斎・寛文11年（1671）林春斎　跋：寛文11年（1671）林信篤

2149 観跡聞老志　*KANSEKI BUNROUSHI*　　　　　　　　IN:1247/LCCN:482820
　　　佐久間洞巌　写　19冊　袋　26.1cm × 17.7cm
　　　序：享保4年（1719）容軒源義和
　　　異称：奥羽観跡聞老志

2150 旧蹟遺聞　*KYUUSEKI IBUN*　　　　　　　　　　　IN:2929/LCCN:696367
　　　黒川盛隆著、三輪秀福・阪牛助丁・梅内祐訓編　刊　4冊　袋　26.6cm × 18.8cm
　　　序：文化3年（1806）橘千蔭・文化4年（1807）村田春海　跋：文化3年（1806）黒川盛隆

2151 岩瀬郡風土記　*IWASEGUN FUDOKI*　　　　　　　　IN:359/LCCN:847355
　　　写　1冊　袋　28cm × 18.9cm
　　　蔵書印等：[筑波文庫]

2152 岩瀬風土記　*IWASE FUDOKI*　　　　　　　　　　　IN:349/LCCN:847345
　　　拾井舜田　写　1冊　袋　18.6cm × 14.1cm
　　　序：不説庵古稀翁舜田　奥書等：明治31年（1898）舜田｜増子助重所有書

2153 石春郡風土記稿　*IWASEGUN FUDOKIKOU*　　　　　IN:1045/LCCN:432618
　　　村上勝英　写　1冊　袋　23.6cm × 12.6cm
　　　序：文政6年（1823）自序
　　　自筆稿本

（4）北陸道

2154 越前国名勝志　*ECHIZEN NO KUNI MEISHOUSHI*　　　IN:632/LCCN:847627
　　　芳契子竹内寿庵　写　1冊　洋装（袋）　24cm × 17.2cm
　　　〔朝河〕（SEP 6 1907）収蔵

B. 日本地誌　257

2155 北国奇談巡杖記 HOKKOKU KIDAN JUNJOUKI　　IN:616/LCCN:98-84711
　　鳥翠台北茎　写　1冊　挿絵有　洋装（袋）　23.5cm×17.5cm
　　序：伴蒿蹊・自序　跋：文化3年（1806）大酉洞竹軒　奥書等：米山氏
　　〔朝河〕（APR 18 1907）収蔵　異称：奇談北国巡杖記

2156 北三州略記 KITA SANSHUU RYAKKI　　IN:575/LCCN:847570
　　桜井政次　写　冊　洋装（袋）　23.3cm×17.8cm
　　跋：宝暦3年（1753）上山真名
　　〔朝河〕（APR 18 1907）収蔵

2157 （加賀国地誌） KAGA NO KUNI CHISHI　　IN:622/LCCN:847617
　　写　1冊　洋装（袋）　24.3cm×18.1cm
　　〔朝河〕（APR 18 1907）収蔵

2158 能州名跡志 NOUSHUU MEISEKISHI　　IN:624/LCCN:847619
　　文聾斎（太田頼資）　写　1冊　挿絵有　洋装（袋）　23.7cm×17.5cm
　　序：安永6年（1777）自序
　　〔朝河〕（SEP 6 1907）収蔵　異称：名跡志（柱）

2159 越中名所記 ECCHUU MEISHOKI　　IN:619/LCCN:847614
　　写　1冊　洋装（袋）　18cm×14cm
　　蔵書印等：［高島蔵］〔朝河〕（APR 18 1907）収蔵

2160 越後名寄 ECHIGO NAYOSE　　IN:1498/LCCN:433071
　　丸山元純　写　31冊　袋　22.9cm×16cm
　　序：宝暦6年（1756）丸山元純良陳
　　全32巻のうち巻2・4・7・8・9後・26・28・31欠
　　蔵書印等：［立教館図書印・桑名文庫・対梅宇口萩原乙彦蔵千俳書二酉精舎・陸軍］

（5）山陰道

2161 丹後州宮津府志 TANGOSHUU MIYADU FUSHI　　IN:1109/LCCN:432682
　　小林玄章・小林正章　写　1冊　袋　23.5cm×17cm
　　序：宝暦11年（1761）小林玄章　奥書等：毅軒主人書
　　表紙に「共四」とあり　3冊欠か　異称：宮津府志

（6）山陽道

2162 播磨巡覧記 HARIMA JUNRANKI　　IN:395/LCCN:847391
　　田原相常　刊　1冊　挿絵有　袋　17.9cm×12.2cm

序：明和9年（1772）抱玉軒　刊記：明和9年（1772）｜文化4年（1807）大坂／柏原屋与左衛門・塩屋平助

2163 **播磨名所巡覧図会**　*HARIMA MEISHO JUNRAN ZUE*　　　IN:2743/LCCN:696181

村上石田著、中井藍江画　刊　2冊　挿絵有　洋装（袋）　26.3cm×17.8cm
序：享和3年（1803）勉亭主人　跋：享和3年（1803）藍江中直
刊記：文化元年（1804）大坂／柏原屋清右衛門・塩屋忠兵衛
〔朝河〕（AUG 19 1907）収蔵

2164 **播州名所巡覧図会**　*BANSHUU MEISHO JUNRAN ZUE*　　　IN:2499/LCCN:695937

村上石由著　中井藍江画　刊　5冊　挿絵有　袋　25cm×18cm
序：享和3年（1803）勉亭主人　跋：享和3年（1803）藍江中直
刊記：江戸／須原屋茂兵衛他（全12肆）

2165 **備中名勝考**　*BICCHUU MEISHOU KOU*　　　IN:2821/LCCN:696259

小寺清之、辻鳳山画　刊　1冊　挿絵有（多色刷）　洋装（袋）　26.7cm×18.3cm
序：文化12年（1815）自序・文政2年（1819）菅原乗承
刊記：文政5年（1822）江戸／須原屋茂兵衛・大坂／秋田屋太右衛門他（全10肆）
〔朝河〕（AUG 18 1907）収蔵

2166 **厳島道芝記**　*ITSUKUSHIMA MICHISHIBA NO KI*　　　IN:1534/LCCN:433107

小島常也　刊　8冊　挿絵有　袋　22.3cm×16.4cm
序：元禄10年（1697）小島常也
刊記：京／小佐治与左衛門・江戸／武村安兵衛・広島／石沼嘉兵衛
7巻（巻1上下・2〜7）存

2167 **厳島図会**　*ITSUKUSHIMA ZUE*　　　IN:2823/LCCN:696261

岡田清編、山野竣峯斎ほか画　刊　3冊　挿絵有　洋装（袋）　25.7cm×18.2cm
序：天保6年（1835）源通明・天保7年（1836）田中芳樹・天保8年（1837）岡田清
跋：天保12年（1841）吉村広胖玄誠甫　刊記：天保13年（1842）広島／樽屋惣左衛門・世並屋伊兵衛・大坂／河内屋儀助・蔵版主　広島／宮崎小十郎

2168 **厳島図**　*ITSUKUSHIMA ZU*　　　IN:3690/

刊　1帖　挿絵有　折本　28.7cm×16.6cm
「西北為面東為南為背／面背併観其全可概／一枚」（表紙）

（7）南海道

2169 **紀伊国名所図会**　*KII NO KUNI MEISHO ZUE*　　　IN:2751/LCCN:696189

高市志友著、中和画図（1〜3編）、加納諸平・神野易興撰、小野広隆書画（4編）　刊　6冊
挿絵有　洋装（袋）　26.2cm×18.5cm
序：文化6年（1809）前権中納言持豊（初編）・天保8年（1837）右大弁菅原聡長（3編）・弘

B. 日本地誌　259

化2年（1845）紀伊国造紀朝臣尚長（4編）
刊記：初編＝文化8年（1811）江戸／須原屋茂兵衛・大坂／河内屋太助他（全9肆）、2編＝文化9年（1812）和歌山／帯屋伊兵衛・大坂／河内屋太助、3編＝天保9年（1838）江戸／須原屋茂兵衛・大坂／河内屋太助・和歌山／帯屋伊兵衛、4編＝嘉永4年（1851）江戸／須原屋茂兵衛・大坂／河内屋喜兵衛・河内屋太助・紀伊／帯屋伊兵衛
18巻6冊（初編3巻1冊　2編3巻1冊　3編6巻2冊　4編6巻2冊）存　〔朝河〕（AUG 19 1907）収蔵　異称：南海奇勝紀国図絵・紀伊名所図絵

2170　紀伊国名所図会　KII NO KUNI MEISHO ZUE　　IN:3661/LCCN:703744
高市志友著、西村中和画　刊　5冊　挿絵有　袋　26cm×18.3cm
序：文化6年（1809）前権中納言持豊　刊記：江戸／須原屋茂兵衛・大坂／河内屋太助他（全9肆）
5巻（初編上下・2・3上下）存　「河内屋太助梓行目録」を付す

2171　紀伊国名所図会　KI NO KUNI MEISHO ZUE SANPEN　　IN:2277/LCCN:695715
加納諸平編、法橋中和・小野広隆・上田公長画　刊　7冊　挿絵有　袋　26.5cm×18.2cm
序：天保8年（1837）右大弁菅原聡長
刊記：天保9年（1838）江戸／須原屋茂兵衛・大坂／河内屋太助・和歌山／帯屋伊兵衛
三編

2172　紀伊続風土記　KII ZOKU FUDOKI　　IN:633/LCCN:847628
仁井田好古　写　8冊　挿絵有　洋装（袋）　27.3cm×18.8cm
高野山部存　（AUG 1 1909）収蔵

2173　紀伊続風土記　KII ZOKU FUDOKI　　IN:634・635/LCCN:847629・847630
写　4冊　洋装（袋）　27.3cm×18.8cm
序：天保9年（1838）加納諸平・天保9年（1838）赤城世謙士甫
奥書等：天保10年（1839）写　彩霞　赤城世謙
高野山之部　総分方　巻21欠　（AUG 1 1909）収蔵　異称：高野山総分方風土記

2174　熊野名勝図画　KUMANO MEISHOU ZUGA　　IN:2747/LCCN:696185
北圃恭著、木芙蓉画　刊　3冊　挿絵有　袋　27.2cm×17.6cm
序：安永3年（1774）渋井太室・寛政12年（1800）芙蓉木雍
刊記：寛政13年（1801）江戸／須原屋茂兵衛
異称：熊野遊記

2175　熊野遊記・熊野名勝図画　KUMANO YUUKI・KUMANO MEISHOU ZUGA
北圃恭著、木芙蓉画　刊　3冊　挿絵有　袋　26cm×18.1cm　IN:2627/LCCN:696065
序：安永3年（1774）渋井太室・寛政12年（1800）芙蓉木雍
刊記：寛政13年（1801）江戸／須原屋茂兵衛
蔵書印等：［筑波文庫・紫雲斎記］

2176　阿波名所図会　AWA MEISHO ZUE　　IN:2824/LCCN:696262
探古室墨海撰、画　刊　2冊　挿絵有　袋　25.4cm×18cm
序：文化8年（1811）武者小路実純卿　徹山識（付言）・文化8年（1811）浪華　探古室墨海　跋：

文化 8 年（1811）浪花隠士一寿亭亀雄　刊記：文化 11 年（1814）大坂／河内屋太助
「名所記総目録 浪華心斎橋通 唐物町書林 河内屋太助梓行」（2 丁）を付す

2177　讃岐国名勝図会　*SANUKI NO KUNI MEISHOU ZUE*　　　IN:2872/LCCN:696310

　　　（梶原景紹）・松岡信正画　刊　5 冊　挿絵有　袋　26.8cm × 19.2cm
　　　序：嘉永 6 年（1853）千種有功・嘉永 6 年（1853）祝部希声　刊記：演習館蔵板（見返）
　　　蔵書印等：［松邨蔵書・東京弘文荘納］

2178　愛媛面影　*EHIME NO OMOKAGE*　　　IN:2822/LCCN:696260

　　　半井（平野）法橋梧庵　刊　1 冊　挿絵有　洋装（袋）　25.2cm × 17cm
　　　序：慶応 3 年（1867）平野季栄・慶応 2 年（1866）大塚主水橋与・同年自序
　　　［梧庵大人著書目録］を付す　蔵書印等：［大久保蔵書］〔朝河〕（APR 18 1907）収蔵

（8）西海道

2179　筑前名寄　*CHIKUZEN NAYOSE*　　　IN:2624/LCCN:696062

　　　貝原益軒　刊　1 冊　袋　21.9cm × 15cm
　　　跋：元禄 4 年（1691）自跋　刊記：元禄 6 年（1693）京／柳枝軒　茨木方道

2180　筑前名寄　*CHIKUZEN NAYOSE*　　　IN:3418/LCCN:504740

　　　貝原益軒　写　5 帖　仮綴　24.5cm × 16.8cm
　　　奥書等：進呈　スウキングル博士　村上もと子
　　　1 巻（御笠郡・糟屋郡・宗像郡・遠賀郡・那珂郡）のみ存　各郡毎に仮綴

2181　筑前名寄　*CHIKUZEN NAYOSE*　　　IN:3175/LCCN:696613

　　　貝原益軒　刊　2 冊　袋　22.8cm × 15.4cm
　　　跋：元禄 4 年（1691）自跋　刊記：元禄 6 年（1693）京／柳枝軒茨木方道

2182　筑前国続風土記　*CHIKUZEN NO KUNI ZOKU FUDOKI*　　　IN:637/LCCN:847632

　　　貝原益軒撰、竹田定直校正　写　20 冊　袋　23.2cm × 16.4cm
　　　序：宝永六年（1709）自序　奥書等：享和元年（1801）至文化元年（1804）写　片宗尹寿

2183　筑前続風土記　*CHIKUZEN ZOKU FUDOKI*　　　IN:334/LCCN:847330

　　　写　16 冊　袋　26.9cm × 18.3cm
　　　序：元禄 16 年（1703）貝原篤信
　　　蔵書印等：［筑波文庫］

2184　筑前国続風土記拾遺　*CHIKUZEN NO KUNI ZOKU FUDOKI SHUUI*　　　IN:639/LCCN:847634

　　　青柳種信　写　1 冊　洋装（袋）　26.9cm × 20cm
　　　〔朝河〕（AUG 17 1907）収蔵

2185　筑後志　CHIKUGOSHI　　　　　　　　　　　　　　　　　　IN:1297/LCCN:432870
　　不破守直　写　1冊　袋　23.6cm × 16cm
　　序：安永7年（1778）不破守直・安永9年（1780）淡居駑老久徳重恭・安永6年（1777）観
　　斎杉山正仲　跋：寛政元年（1789）左槙元幹

2186　筑後地鑑　CHIKUGO CHIKAN　　　　　　　　　　　　　　　IN:640/LCCN:847635
　　西貞　写　1冊　洋装（袋）　26.8cm × 19.3cm
　　序：天和2年（1682）西牟田西氏以三　跋：天和3年（1683）西貞以三

2187　長崎志　NAGASAKISHI　　　　　　　　　　　　　　　　　　IN:585/LCCN:847580
　　田辺茂啓　写　1冊　洋装（袋）　24cm × 15.8cm
　　序：宝暦10年（1760）樊元衷公補氏・宝暦10年（1760）本邑暁生田辺茂啓
　　付箋に「長崎実録大成」（OCT 1 1909）収蔵

2188　長崎志続編　NAGASAKISHI　　　　　　　　　　　　　　　IN:583/LCCN:847578
　　小原克紹編、野間寿恒・村岡重文（重修）　写　1冊　洋装（袋）　24.1cm × 15.8cm
　　序：明和7年（1770）小原克紹・享和元年（1801）野間寿恒・村岡重文謹識（凡例）
　　（OCT 1 1909）収蔵

2189　長崎音蜜見聞録　NAGASAKI ONMITSU KENBUNROKU　　　　　IN:577/LCCN:847572
　　松崎氏　写　1冊　挿絵有　洋装（袋）　25.8cm × 16.8cm
　　異称：長崎隠密見聞録

2190　長崎古今集覧　NAGASAKI KOKON SHUURAN　　　　　　　　IN:584/LCCN:847579
　　松浦陶　写　3冊　洋装（袋）　24cm × 15.8cm
　　序：文化8年（1811）松浦陶
　　（OCT 1 1909）収蔵

2191　長崎土産　NAGASAKI MIYAGE　　　　　　　　　　　　　　IN:3616/LCCN:504938
　　磯野信春（文斎）著・画　刊　1冊　挿絵有　袋　22.5cm × 15.8cm
　　序：弘化4年（1847）田集義・洒浦人　刊記：弘化4年（1847）長崎／大和屋由平

2192　肥後国地理誌　HIGO NO KUNI CHIRISHI　　　　　　　　　　IN:636/LCCN:847631
　　写　2冊　洋装（袋）　25.2cm × 18.9cm
　　〔朝河〕（AUG 19 1907）収蔵　異称：飽田郡横手郷地誌調

2193　琉球談　RYUUKYUU BANASHI　　　　　　　　　　　　　　IN:2825/LCCN:696263
　　森嶋中良　刊　1冊　挿絵有　袋　22.7cm × 15.7cm
　　序：寛政2年（1790）蘭渓前野達　跋：寛政2年（1790）書林申椒堂主人
　　刊記：江戸／須原屋市兵衛

2194　海外襍聞記　KAIGAI ZATSUBUNKI　　　　　　　　　　　　IN:337/LCCN:847333
　　写　1冊　袋　23.3cm × 16.7cm

蔵書印等：[士官]

2195 南島志　NANTOUSHI　　　　　　　　　　　　　　　　　　　　IN:457/LCCN:847453
　　　新井白石　写　1 冊　袋　27.4cm × 18.3cm
　　　序：享保 4 年（1719）源君美
　　　蔵書印等：[筑波文庫]

2196 琉球解語　RYUUKYUU KAIGO　　　　　　　　　　　　　　　IN:2844/LCCN:696282
　　　富岡手冨校、一立斎広重画　刊　1 冊　挿絵有　袋　13.5cm × 18.6cm
　　　序：嘉永 3 年（1850）梓元 若林堂　刊記：嘉永 3 年（1850）江戸／若林堂梓（見返）

2197 琉球三省　並　三十六島之図
　　　RYUUKYUU SANSHOU　NARABINI　SANJUUROKUTOU NO ZU　IN:3474.1/LCCN:504796
　　　写　4 舗　挿絵有（彩色）　一枚物　75cm × 54cm
　　　奥書等：林子平

北方資料

2198 蝦夷志　EZOSHI　　　　　　　　　　　　　　　　　　　　　IN:3447/LCCN:504769
　　　新井白石　写　1 冊　挿絵有（彩色）　袋　27.5cm × 19.4cm
　　　序：享保 5 年（1720）源君美

2199 蝦夷志　EZOSHI　　　　　　　　　　　　　　　　　　　　　IN:3445/LCCN:504767
　　　新井白石　写　1 冊　挿絵有　袋　26.7cm × 18.9cm
　　　序：享保 5 年（1720）源君美

2200 蝦夷国全図　EZOKOKU ZENZU　　　　　　　　　　　　　　　IN:3474.2/LCCN:504796
　　　林子平　写　1 舗　挿絵有　94.6cm × 53.8cm
　　　彩色地図

2201 蝦夷嶋物語　EZOTOU MONOGATARI　　　　　　　　　　　　　IN:3521.1/LCCN:504843
　　　写　5 冊　袋　23.7cm × 16.2cm
　　　奥書等：正徳 5 年（1715）松前志磨守ニ差出｜元文 2 年（1737）写

2202 蝦夷嶋奇観　EZOTOU KIKAN　　　　　　　　　　　　　　　IN:3553/LCCN:504875
　　　写　袋　25.4cm × 18.2cm

2203 蝦夷島記　EZOTOUKI　　　　　　　　　　　　　　　　　　IN:3521.2/LCCN:504843
　　　写　1 冊　袋　23.7cm × 16.2cm

2204 蝦夷随筆 *EZO ZUIHITSU*　　　　　　　　　　IN:3565/LCCN:504887
　　写　1冊　袋　23.7cm×16.3cm
　　奥書等：元文2年（1737）～3年記

2205 蝦夷草紙 *EZO SOUSHI*　　　　　　　　　　IN:3605/LCCN:504927
　　最上徳内常矩　写　1冊　袋　28.3cm×19cm
　　蔵書印等：[稲波]

2206 蝦夷伝 *EZO DEN*　　　　　　　　　　　　IN:3564/LCCN:504886
　　写　2冊　挿絵有　袋　24.1cm×16.5cm
　　異称：号海国便覧

2207 蝦夷風土記 *EZO FUDOKI*　　　　　　　　　IN:376/LCCN:847372
　　新山質　写　1冊　袋　27cm×18cm
　　蔵書印等：[筑波文庫]

2208 蝦夷風土記 *EZO FUDOKI*　　　　　　　　　IN:3560/LCCN:504882
　　新山質　写　1冊　袋　26.1cm×18.4cm

2209 蝦夷風土記 *EZO FUDOKI*　　　　　　　　　IN:1434/LCCN:433007
　　写　1冊　袋　25.9cm×16.7cm
　　序：常陸国住大里郡毛賀野村健治　跋：嘉永3年（1850）慎独斎
　　奥書等：安政3年（1856）有華隠居写
　　　（JUL 23 1934）収蔵　異称：新発蝦夷通言記

2210 蝦夷風土考 *EZO FUUDO KOU*　　　　　　　IN:3544/LCCN:504866
　　写　1冊　袋　26.7cm×18.8cm
　　（JUL 23 1934）収蔵

2211 蝦夷国記纂聞 *EZOKOKUKI SANMON*　　　　IN:1436/LCCN:433009
　　（新井白石）　写　2冊　挿絵有（彩色）　袋　27.1cm×18.2cm
　　序：享保5年（1720）源君美
　　蝦夷志（新井白石）・三国通覧図説（林子平）・蝦夷全国図（古河古松軒）・
　　蝦夷拾遺（佐藤玄太郎等）・
　　蝦夷軍記並に聞書を収む　（JUL 23 1934）収蔵　異称：蝦夷志

2212 蝦夷風俗彙纂 *EZO FUUZOKU ISAN*　　　　　IN:3685
　　刊　1冊　挿絵有　袋　22.9cm×15cm
　　巻6存

2213 蝦夷道知辺 *EZO NO MICHISHIRUBE*　　　　IN:3521.4/LCCN:504843
　　魯鈍斎（本多利明）　写　1冊　袋　23.8cm×16.2cm
　　序：寛政13年（1801）魯鈍斎

2214 蝦夷拾遺 *EZO SHUUI*　　　　　　　　　　　　　IN:3559/LCCN:504881
　　写　1冊　挿絵有　袋　26.6cm×18.1cm
　　序：天明6年（1786）佐藤玄六郎行信

2215 蝦夷拾遺 *EZO SHUUI*　　　　　　　　　　　　　IN:1267/LCCN:342840
　　（青島俊蔵・庵原宣方・佐藤行信・皆川秀道・山口高品）　写　3冊　袋　22.3cm×15.8cm
　　序：天明6年（1786）佐藤玄六郎
　　蔵書印等：［士官］

2216 蝦夷紀聞 *EZO KIBUN*　　　　　　　　　　　　　IN:3676/LCCN:703759
　　写　5冊　袋　27.1cm×18.7cm
　　蔵書印等：［士官］　異称：文化四年蝦夷紀聞・北蝦夷紀聞

2217 蝦夷見聞記 *EZO KENBUNKI*　　　　　　　　　　IN:1433/LCCN:433006
　　写　5冊　挿絵有　袋　27.1cm×18.2cm

2218 蝦夷紀事 *EZO KIJI*　　　　　　　　　　　　　　IN:3543/LCCN:504865
　　写　1冊　袋　26.7cm×18.8cm
　　（JUL 23 1934）収蔵

2219 蝦夷紀行 *EZO KIKOU*　　　　　　　　　　　　　IN:3536/LCCN:504858
　　谷元旦　写　6冊　袋　27.1cm×18.8cm
　　奥書等：寛政11年（1799）谷元旦

2220 蝦夷紀行 *EZO KIKOU*　　　　　　　　　　　　　IN:1435/LCCN:433008
　　飯野瑞元　写　1冊　挿絵有（彩色）　袋　26.6cm×18.1cm
　　奥書等：文化5年（1808）定所主人

2221 近世蝦夷人物誌 *KINSEI EZO JINBUTSUSHI*　　　IN:3566/LCCN:504888
　　松浦弘　写　3冊　袋　26.9cm×19.8cm
　　序：安政4年（1857）松浦弘（凡例）

2222 蝦夷事蹟 *EZO JISEKI*　　　　　　　　　　　　IN:3483.2/LCCN:504805
　　写　1冊　袋　24.6cm×16.4cm
　　「倭武人ノ記」と合冊

2223 （蝦夷雑記） *EZO ZAKKI*　　　　　　　　　　　IN:3578/LCCN:504900
　　写　1冊　挿絵有　仮綴　12.5cm×17.2cm
　　（JUL 23 1934）収蔵

2224 蝦夷日記 *EZO NIKKI*　　　　　　　　　　　　　IN:3478/LCCN:504800
　　清水偵作　写　1冊　挿絵有　袋　23.8cm×16.3cm

B. 日本地誌

2225 蝦夷国風俗人情之沙汰　EZO NO KUNI FUUZOKU NINJOU NO SATA　IN:3567/LCCN:504889

最上徳内　写　2冊　袋　26.9cm × 18.5cm
序：寛政3年（1791）本多三郎右衛門利明

2226 蝦夷の記　EZO NO KI　IN:3549/LCCN:504871

写　1冊　袋　27cm × 19.1cm
跋：読書間人　奥書等：壬午（宝暦12年（1762））校　読書間人
「白石叢書　十六」（表紙）（JUL 23 1934）収蔵

2227 続蝦夷草紙　ZOKU EZO SOUSHI　IN:3539/LCCN:504861

近藤守重　写　1冊　袋　26.5cm × 18cm
序：文化元年（1804）近藤守重

2228 東西蝦夷山川地理取調図　TOUZAI EZO SANSEN CHIRI TORISHIRABE ZU

松浦竹四郎　刊　28枚　挿絵有　一枚物　18.5cm × 10cm　IN:75/LCCN:98847071
跋：万延元年（1860）拙堂隠士

2229 東西蝦夷　山川地理取調図首　番号之図　案内士人名簿
TOUZAI EZO　SANSEN CHIRI TORISHIRABE ZU SHU　IN:3538/LCCN:504860

松浦武四郎　刊　1帖　挿絵有　折本　18cm × 9.9cm
序：安政6年（1859）（凡例）　奥書等：東西蝦夷山川地理取調方　松浦竹四郎源弘誌

2230 蝦夷東西考証　EZO TOUZAI KOUSHOU　IN:3545/LCCN:504867

菅原夏蔭　写　2冊　挿絵有　袋　23.8cm × 16.3cm
序：嘉永7年（1854）菅原夏蔭　奥書等：嘉永7年（1854）菅原夏蔭
（JUL 23 1934）収蔵

2231 東蝦夷日誌　HIGASHIEZO NISSHI　IN:3660/LCCN:703743

松浦竹四郎　刊　7冊　挿絵有　袋　25.8cm × 17.9cm
序：源の弘・松浦の弘（凡例）　跋：南華逸史若麟・慶応3年（1867）二峰・明治6年（1873）
槐堂炎巣　刊記：多気志楼蔵板　東西蝦夷山川地理取調紀行
蔵書印等：[鳥尾蔵書・嶋盟社]　（JUL 23 1934）収蔵

2232 東夷周覧　TOUI SHUURAN　IN:1236/LCCN:432809

縢知文　写　1冊　袋　26.5cm × 18.4cm
蔵書印等：[士官]　異称：東夷周覧稿

2233 東夷周覧　TOUI SHUURAN　IN:Jan-48/LCCN:504770

縢知文士興　写　2冊　袋　27cm × 18.5cm
序：享和元年（1801）縢知文

2234 東蝦夷夜話　TOUKAI YAWA　IN:3655/LCCN:703738

大内余庵　刊　3冊　挿絵有　袋　25.5cm × 17.8cm

序：安政7年（1860）益堂鈴木善教・安政7年（1860）菅原夏陰・安政7年（1860）桐斎余
広貞　刊記：文久元年（1861）新鐫　大内余庵著述并蔵版　江戸／文苑閣・播磨屋勝五郎
蔵書印等：[克己斎足立氏図書之印・伊看花再藤処]

2235　東蝦夷地名解　*HIGASHIEZO CHIMEIKAI*　　　IN:3521.5/LCCN:504843

写　1冊　袋　23.8cm×16.2cm

2236　東北夷輿地誌　*TOUHOKU EZO YOCHISHI*　　　IN:3554/LCCN:504876

岳大沖　写　1冊　袋　25.5cm×18cm
（JUL 25 1934）収蔵

2237　西蝦夷日誌　*NISHIEZO NISSHI*　　　IN:3548/LCCN:504870

松浦竹四郎　刊　2冊　挿絵有　袋　25.8cm×17.9cm
序：文久3年（1863）源の弘　刊記：多気志楼蔵板
初編・2編存　（JUL 23 1934）収蔵

2238　西蝦夷高嶋日記　*NISHIEZO TAKASHIMA NIKKI*　　　IN:3522/LCCN:504844

写　4冊　袋　23.8cm×16.2cm
巻1〜5（春・夏・秋・冬2と附録）存

2239　[遠山・村垣] 西蝦夷日記　*NISHIEZO NIKKI*　　　IN:3552/LCCN:504874

遠山金四郎・村垣左太夫　写　1冊　袋　23.8cm×16.4cm
序：有　跋：遠山金四郎・村垣左太夫

2240　北蝦夷余誌　*KITAEZO YOSHI*　　　IN:2544/LCCN:695982

松浦健志郎　刊　1冊　挿絵有　袋　25.3cm×17.8cm
序：安政7年（1860）松浦竹四郎　跋：安政7年（1860）松浦弘
刊記：安政7年（1860）　多気志楼蔵版
異称：陀羅伊加遠呂津古記行

2241　北蝦夷余誌　*KITAEZO YOSHI*　　　IN:3659.1/LCCN:703742

松浦竹四郎　刊　1冊　挿絵有　袋　26cm×18cm
刊記：安政7年（1860）多気志楼蔵版
（JUL 23 1934）収蔵　異称：陀羅伊加遠呂津古記行

2242　北蝦夷余誌　*KITAEZO YOSHI*　　　IN:3654.2/LCCN:703737.2

松浦竹四郎　刊　1冊　挿絵有　袋　25.8cm×17.8cm
序：安政7年（1860）松浦竹四郎（凡例）　跋：安政7年（1860）松浦弘
刊記：多気志楼蔵版　東西蝦夷山川地理取調紀行（見返）
（JUL 23 1934）収蔵　異称：陀羅伊加遠呂津古記行

2243　北蝦夷図説　*KITAEZO ZUSETSU*　　　IN:3662/LCCN:703745

間宮倫宗（林蔵）　刊　4冊（各2部、計8冊）　挿絵有　袋　26cm×18.2cm

B. 日本地誌　267

序：嘉永 7 年（1854）益堂鈴木善教　刊記：安政 2 年（1855）　江戸／播磨屋勝五郎発行
2 部計 8 冊存　異称：銅柱余録　エゾノ事

2244　銅柱余録 DOUCHUU YOROKU　　　　　　　　　　　　　IN:3492/LCCN:504814
　　　間宮林蔵話、村上貞助編　写　1 冊　挿絵有　袋　26.7cm × 18.2cm
　　　北蝦夷図説

2245　探蝦録 TANKAROKU　　　　　　　　　　　　　　　　IN:3542/LCCN:504864
　　　写　2 冊　袋　26.5cm × 17.9cm
　　　（JUL 23 1934）収蔵

2246　紀成蝦夷記行 KISEI EZO KIKOU　　　　　　　　　　　IN:3574/LCCN:504896
　　　写　3 冊　袋　23.8cm × 16.2cm
　　　（JUL 23 1934）収蔵

2247　蝦夷旅行日記 EZO RYOKOU NIKKI　　　　　　　　　　IN:3505/LCCN:584827
　　　写　1 冊　挿絵有　仮綴　19.7cm × 12.9cm
　　　蔵書印等：[北田氏印]

2248　蝦夷旅行日記 EZO RYOKOU NIKKI　　　　　　　　　　IN:3547/LCCN:504869
　　　写　1 冊　仮綴　23.5cm × 15.3cm

2249　蝦夷道中日記 EZO DOUCHUU NIKKI　　　　　　　　　IN:274/LCCN:847270
　　　大木官蔵　写　1 冊　袋　28.3cm × 19.5cm
　　　文化 4 年（1807）6 月　江戸より蝦夷の道中記

2250　蝦夷行記 EZO KOUKI　　　　　　　　　　　　　　　IN:3521.3/LCCN:504843
　　　（坂倉源次郎）　写　1 冊　袋　23.8cm × 16.2cm
　　　奥書等：元文 4 年（1739）
　　　異称：北海随筆

2251　観国録 KANKOKUROKU　　　　　　　　　　　　　　IN:3590/LCCN:504912
　　　（石川和助）　写　3 冊　袋　26.7cm × 18.2cm
　　　年次不明　4 月 15 日〜10 月 5 日の蝦夷国の廻国日記・記録

2252　廻浦日記 KAIHO NIKKI　　　　　　　　　　　　　　　IN:3504/LCCN:584826
　　　写　1 冊　袋　12.1cm × 16.5cm
　　　奥書等：佐々木
　　　安政 6 年（1859）3 月 7 日〜10 月 22 日まで　蝦夷地の旅行日記　蔵書印等：[北田氏印]

2253　蝦夷の嶋踏 EZO NO SHIMABUMI　　　　　　　　　　　IN:3419/LCCN:504741
　　　福居芳麿　写　3 冊　挿絵有　袋　26.2cm × 18.7cm
　　　序：文化 12 年（1815）芳麿男藤原芳高　跋：文化 11 年（1814）福居芳麿

奥書等：やすむろ
3巻（上中下）存

2254 蝦夷雑書 EZO ZASSHO　　IN:3541/LCCN:504863
写　2冊　袋　26.6cm × 18.3cm
奥書等：明治12年（1879）写　松浦䈞
安政文政年間野作戸口表・高田屋嘉兵衛伝并遺族採録ヲ請ノ疏　ほか計6編

2255 未曽有の記 MIZOU NO KI　　IN:3556/LCCN:504878
遠山景晋　写　2冊　袋　23.8cm × 16.2cm
（JUL 23 1934）収蔵

2256 北海随筆 HOKKAI ZUIHITSU　　IN:3497/LCCN:504819
写　5冊　袋　24.4cm × 16.7cm
奥書等：明阿弥

2257 夷諺俗話 IGEN ZOKUWA　　IN:3443/LCCN:504765
串原正峯　写　5冊　袋　23.7cm × 16.2cm
序：寛政4年（1792）串原右仲正峯　奥書等：清水偵作写

2258 二叟譚奇 NISOU DANKI　　IN:2830/LCCN:696268
新楽閑叟　写　2冊　挿絵有　袋　23.9cm × 16.4cm
序：文化7年（1810）新楽閑叟

2259 （蝦夷ホロイツミ報告） EZO HOROITSUMI HOUKOKU　　IN:3561/LCCN:504883
写　1冊　袋　13.7cm × 19.9cm
安政7年（1860）成

2260 石狩日誌 ISHIKARI NISSHI　　IN:3659.7/LCCN:703742
松浦竹四郎　刊　1冊　挿絵有　袋　26cm × 18cm
序：源の弘（凡例）　跋：万延元年（1860）北総鷺湖不雄　簞山高常
刊記：多気志楼蔵版　東西蝦夷山川地理取調紀行
（JUL 23 1934）収蔵　異称：丁巳石狩日誌

2261 ［丁巳］石狩日誌 ISHIKARI NISSHI　　IN:3653/LCCN:703736
松浦竹四郎　刊　1冊　挿絵有（彩色）　袋　25.6cm × 17.8cm
序：源の弘（凡例）　跋：万延元年（1860）北総鷺湖不雄　簞山高常
刊記：多気志楼蔵版　東西蝦夷山川地理取調紀行（見返）
蔵書印等：［士官］

2262 ［丁巳］石狩日誌 ISHIKARI NISSHI　　IN:3654.7/LCCN:703737.7
松浦竹四郎　刊　1冊　挿絵有（彩色）　袋　25.6cm × 17.8cm
序：源の弘（凡例）　跋：万延元年（1860）北総鷺湖不雄　簞山高常

刊記：多気志楼蔵版　東西蝦夷山川地理取調紀行（見返）
（JUL 23 1934）収蔵

2263　久摺日誌　KUSURI NISSHI　　　　　　　　　　　　　　　　IN:3659.6/LCCN:703742
　　　松浦竹四郎　刊　1冊　挿絵有　袋　26cm×18cm
　　　序：源弘　跋：文久元年（1861）穂積重胤
　　　刊記：多気志楼蔵版　東西蝦夷山川地理取調紀行
　　　（JUL 23 1934）収蔵

2264　［戊午］久摺日誌　KUSURI NISSHI　　　　　　　　　　　　IN:3654.6/LCCN:703737.6
　　　松浦竹四郎　刊　1冊　挿絵有　袋　25.8cm×17.8cm
　　　序：万延元年（1860）源弘（凡例）　跋：文久元年（1861）穂積重胤
　　　刊記：多気志楼蔵版　東西蝦夷山川　地理取調紀行（見返）
　　　（JUL 23 1934）収蔵

2265　後方羊蹄日誌　KOUHOU YOUTEI NISSHI　　　　　　　　　　IN:3659.4/LCCN:703742
　　　松浦竹四郎　刊　1冊　挿絵有　袋　26cm×18cm
　　　序：源の弘（凡例）　刊記：多気志楼蔵版　東西蝦夷山川地理取調紀行
　　　（JUL 23 1934）収蔵　異称：戊午後方羊蹄日誌

2266　後方羊蹄日誌　KOUHOU YOUTEI NISSHI　　　　　　　　　　IN:3654.5/LCCN:703737.5
　　　松浦竹四郎　刊　1冊　挿絵有　袋　25.8cm×17.8cm
　　　序：安政6年（1859）源の弘（凡例）　跋：枕山居士大沼厚
　　　刊記：多気志楼蔵版　東西蝦夷山川地理取調紀行（見返）
　　　（JUL 23 1934）収蔵

2267　後方羊蹄日誌　KOUHOU YOUTEI NISSHI　　　　　　　　　　IN:2505/LCCN:695943
　　　松浦竹四郎　刊　1冊　挿絵有　袋　25.5cm×17.8cm
　　　序：安政6年（1859）源の弘（凡例）　跋：文久元年（1861）枕山居士大沼厚
　　　刊記：多気志楼蔵版（見返）
　　　蔵書印等：［士官］

2268　［戊午］知床日誌　SHIRETOKO NISSHI　　　　　　　　　　　IN:3654.3/LCCN:703737.3
　　　松浦竹四郎　刊　1冊　挿絵有　袋　25.8cm×17.8cm
　　　序：万延元年（1860）源の弘（凡例）　跋：文久3年（1863）松岡豊田亮
　　　刊記：多気志楼蔵版　東西蝦夷山川　地理取調紀行（見返）
　　　（JUL 23 1934）収蔵

2269　知床日誌　SHIRETOKO NISSHI　　　　　　　　　　　　　　IN:3659.2/LCCN:703742
　　　松浦竹四郎　刊　1冊　挿絵有　袋　26cm×18cm
　　　序：源の弘（凡例）
　　　刊記：多気志楼蔵版、東西蝦夷山川地理取調紀行　文久3年（1863）　松岡豊田亮
　　　（JUL 23 1934）収蔵　異称：戊午知床日誌

2270 ［丁巳］天塩日誌 TESHIO NISSHI　　　　　　　　　　　IN:3654.9/LCCN:703737.9

　　松浦竹四郎　刊　1冊　挿絵有　袋　25.8cm×17.8cm
　　序：万延2年（1861）源弘（凡例）　跋：文久2年（1862）拙堂居士正謙
　　刊記：多気志楼蔵版　東西蝦夷山川　地理取調紀行（見返）
　　（JUL 23 1934）収蔵

2271 天塩日誌 TESHIO NISSHI　　　　　　　　　　　　　IN:3659.9/LCCN:703742

　　松浦竹四郎　刊　1冊　挿絵有　袋　26cm×18cm
　　序：源弘（凡例）　跋：文久2年（1862）拙堂居士正謙
　　刊記：多気志楼蔵版　東西蝦夷山川地理取調紀行
　　（JUL 23 1934）収蔵　異称：丁巳天塩日誌

2272 ［戊午］十勝日誌 TOKACHI NISSHI　　　　　　　　　IN:3654.8/LCCN:703737.8

　　松浦竹四郎　刊　1冊　挿絵有　袋　25.8cm×17.8cm
　　序：万延元年（1860）源弘（凡例）　跋：万延2年（1861）蒋潭鰕侶
　　刊記：多気志楼蔵版　東西蝦夷山川地理取調紀行（見返）
　　（JUL 23 1934）収蔵

2273 十勝日誌 TOKACHI NISSHI　　　　　　　　　　　　IN:3659.8/LCCN:703742

　　松浦竹四郎　刊　1冊　挿絵有　袋　26cm×18cm
　　序：源弘（凡例）　跋：万延2年（1861）蒋潭鰕侶
　　刊記：多気志楼蔵版　東西蝦夷山川地理取調紀行
　　（JUL 23 1934）収蔵　異称：戊午十勝日誌

2274 十勝物語 TOKACHI MONOGATARI　　　　　　　　　　IN:3575/LCCN:504897

　　写　1冊　仮綴　25.2cm×17.1cm
　　奥書等：明治3年（1870）国野夏雲
　　（JUL 23 1934）収蔵　異称：夏雲新話

2275 ［戊午］納紗布日誌 NOSAPPU NISSHI　　　　　　　　IN:3654.4/LCCN:703737.4

　　松浦竹四郎　刊　1冊　挿絵有　袋　25.8cm×17.8cm
　　序：万延元年（1860）源弘（凡例）　跋：文久3年（1863）川田剛・正志安
　　刊記：多気志楼蔵版　東西蝦夷山川地理取調紀行（見返）
　　（JUL 23 1934）収蔵

2276 納紗布日誌 NOSAPPU NISSHI　　　　　　　　　　　IN:3659.3/LCCN:703742

　　松浦竹四郎　刊　1冊　挿絵有　袋　26cm×18cm
　　序：源弘（凡例）　刊記：多気志楼蔵板　東西蝦夷山川地理取調紀行
　　（JUL 23 1934）収蔵

2277 西チウベヽ境方東モモウシ境迄山道海岸地理里数調
　　NISHICHIUBEBESAKAI YORI HIGASHIMOMOUSHISAKAI MADE SANDOU KAIGAN CHIRI

B. 日本地誌　271

RISUU SHIRABE　　　　　　　　　　　　　　　　IN:3636/LCCN:703719

写　1冊　挿絵有　袋　34.2cm×12.2cm
蔵書印等：［田代氏］非売（朱書き）

2278　［丁巳］夕張日誌　YUUBARI NISSHI　　　　　IN:3654.1/LCCN:703737.1

松浦竹四郎　刊　1冊　挿絵有　袋　25.8cm×17.8cm
序：万延元年（1860）源弘　跋：黒川春村
刊記：多気志楼蔵版　東西蝦夷山川　地理取調紀行（見返）
（JUL 23 1934）収蔵

2279　夕張日誌　YUUBARI NISSHI　　　　　　　　　IN:3659.5/LCCN:703742

松浦竹四郎　刊　1冊　挿絵有　袋　26cm×18cm
序：源弘　跋：松井西埜　刊記：多気志楼蔵版　東西蝦夷山川地理取調紀行
（JUL 23 1934）収蔵　異称：丁巳夕張日誌

2280　熊祭　KUMA MATSURI　　　　　　　　　　　　IN:3551/LCCN:504873

写　1冊　仮綴・一枚物　27.7cm×19.8cm
「熊祭」＝北海道庁原稿箋筆2枚・「旧土人部落別現在居住調」＝同原稿箋三枚（明治42年（1909）十二月末日調）、「旭川町及上川支庁管内各村統計一覧表」（明治41年（1908））から成る
（JUL 23 1934）収蔵

2281　松田氏四六筆記　MATSUDASHI SHIROKU HIKKI　IN:3480/LCCN:504802

松田仁三郎　写　4冊　挿絵有　袋　23.9cm×16.2cm
（JUL 23 1934）収蔵

2282　北蝦夷クシュンユタン在留露人取調書
　　　KITAEZO KUSHUN'YUTAN ZAIRYUU ROJIN TORISHIRABE SHO　IN:3550/LCCN:504872

堀織部正・村垣与三郎　写　1冊　袋　27.5cm×19.7cm
慶応2年（1866）蔵書印等：［代田氏印］

2283　倭武人ノ記　YAMATO BUJIN NO KI　　　　　IN:3483.1/LCCN:504805

写　1冊　袋　23.9cm×16.3cm
「蝦夷事蹟」と合冊

2284　唐太日記　KARAFUTO NIKKI　　　　　　　　IN:2826/LCCN:696264

鈴木茶渓（重尚）・松浦多気（武）志郎評注・橋本玉蘭（貞秀）画　刊　1冊　挿絵有　洋装（袋）
22.8cm×15.5cm
刊記：安政7年（1860）江戸／播磨屋勝五郎

2285　終北録　SHUUHOKUROKU　　　　　　　　　　IN:2543/LCCN:695981

高津秦平甫　刊　1冊　袋　22.2cm×15.6cm
序：安政4年（1857）蓬翁用九・松田順之　跋：安政4年（1857）高橋宗彰拝
刊記：安政4年（1857）新刊　会津／高橋氏友于亭蔵版

異称：戌唐太日記

2286 **唐太通詞申上書** からふとつうじしんじょうしょ　*KARAFUTO TSUUJI SHINJOUSHO*　　IN:3586/LCCN:504908

唐太元番人太郎治・中村小市郎　写　1冊　挿絵有　袋　26.7cm × 18.3cm
（JUL 23 1934）収蔵　異称：（唐太雑記）

2287 **辺防付蝦夷御用聞書** へんぼうつけたりえぞごようききがき　*HENBOU TSUKETARI EZO GOYOU KIKIGAKI*

写　1冊　袋　23.8cm × 16.8cm　　　　　　　　　　　　　　　　IN:379/LCCN:847375
奥書等：寛政4年（1792）写｜寛政11年（1799）書付（蝦夷御用聞書冒頭）
蔵書印等：[士官・予科士官]

2288 **辺要分界図考** へんようぶんかいずこう　*HEN'YOU BUNKAI ZUKOU*　　IN:3562/LCCN:504884

近藤守重　写　1冊　挿絵有　袋　27.2cm × 19.4cm
序：文化元年（1804）

2289 **辺要分界図考** へんようぶんかいずこう　*HEN'YOU BUNKAI ZUKOU*　　IN:641/LCCN:847636

近藤守重　写　7冊　挿絵有　袋　26.7cm × 18.7cm
序：文化元年（1804）

遊覧・遊歴

2290 **諸国名所図** しょこくめいしょず　*SHOKOKU MEISHO ZU*　　IN:3555/LCCN:504877

写　1冊　挿絵有　袋　23.5cm × 16.4cm
奥書等：安政6年（1859）認
（JUL 23 1934）収蔵

2291 **広駅道中記** こうえきどうちゅうき　*KOUEKI DOUCHUUKI*　　IN:2673/LCCN:696111

刊　1冊　挿絵有　袋　10.8cm × 16.1cm
刊記：文化3年（1806）江戸／前川六左衛門｜文化新版改正増補版（見返）

2292 **続諸州めぐり** ぞくしょしゅう　*ZOKU SHOSHUU MEGURI*　　IN:3169/LCCN:696607

貝原益軒　刊　2冊　挿絵有　袋　16.9cm × 11.8cm
刊記：正徳3年（1713）京／茨木多左衛門板行
異称：〔西北紀行／南遊紀行〕諸州めぐり／諸州巡覧記　取り合わせ本

2293 **続諸州めぐり** ぞくしょしゅう　*ZOKU SHOSHUU MEGURI*　　IN:3168/LCCN:696606

貝原益軒　刊　7冊　挿絵有　袋　17.5cm × 12cm
刊記：正徳3年（1713）京／茨木多左衛門板行｜享保6年（1721）柳枝軒蔵版（最終冊裏見返）
西北紀行（上・下）・南遊紀行（上・中・下）・続諸州めぐり（上・下）から成
異称：拾遺諸州めぐり／諸州巡覧記

2294 奉使日本紀行 HOUSHI NIHON KIKOU　　　　　　　　　IN:1265/LCCN:432838

　　クリュセンステルン、青地盈訳、高橋景保校　写　4冊　袋　26.5cm×18cm
　　7巻（巻4～10）存

2295 吾嬬路之記 AZUMA NO MICHI NO KI　　　　　　　　　IN:3155/LCCN:696593

　　貝原益軒　刊　1冊　挿絵有　袋　18.5cm×12.7cm
　　序：享保6年（1721）柳枝軒　刊記：京／柳枝軒茨城多左衛門｜「駄賃安永御改」（見返上段）

2296 東国旅行談 TOUGOKU RYOKOUDAN　　　　　　　　　　IN:2758/LCCN:696196

　　寿鶴斎　刊　1冊　挿絵有　洋装（袋）　21.7cm×15.7cm
　　序：天明7年（1787）寿鶴　刊記：天明9年（1789）江戸／西宮新六
　　序・巻1は補写　〔朝河〕（NOV 6 1907）収蔵　異称：旅行談

2297 見聞西遊雑記 KENMON SAIYUU ZAKKI　　　　　　　　IN:2838/LCCN:696276

　　（春名忠成）　刊　1冊　挿絵有　洋装（袋）　22cm×15.6cm
　　序：岡靖軒
　　蔵書印等：［書肆／大垣俵町／平流軒利兵衛］　〔朝河〕（SEP 6 1907）収蔵

2298 西国三十三所名所図会 SAIGOKU SANJUUSANSHO MEISHO ZUE　IN:2693/LCCN:696131

　　暁鐘成作、松川半山・浦川公左画　刊　3冊　挿絵有　洋装（袋）　25.8cm×18.7cm
　　序：嘉永元年（1848）茂蘿無染・嘉永元年（1848）鶏鳴舎暁鐘成
　　刊記：嘉永6年（1853）江戸／須原屋茂兵衛・大坂／河内屋政七
　　〔朝河〕（AUG 17 1907）収蔵

2299 筑紫紀行 TSUKUSHI KIKOU　　　　　　　　　　　　IN:2828/LCCN:696266

　　吉田重房（菱屋平七）　刊　1冊　挿絵有　洋装（袋）　22.2cm×16cm
　　序：享和2年（1802）尾張菱屋平七
　　大坂／宝玉堂（表紙見返）｜大阪／岡島真七他（全36肆）（裏見返）

2300 筑紫紀行 TSUKUSHI KIKOU　　　　　　　　　　　　IN:2827/LCCN:696265

　　吉田重房（菱屋平七）　刊　10冊　挿絵有　袋　22.2cm×15.6cm
　　序：享和2年（1802）尾張菱屋平七・文化6年（1809）吉田重房
　　刊記：天保3年（1832）京／梶川七郎兵衛・名古屋／永楽屋東四郎他（全8肆）

2301 筑紫紀行 TSUKUSHI KIKOU　　　　　　　　　　　　IN:2260/LCCN:508660

　　吉田重房　刊　5冊　挿絵有　袋　22.7cm×15.8cm
　　序：享和2年（1802）菱屋平七　跋：文化3年（1806）吉田重房
　　刊記：文化3年（1806）京／梶川七郎兵衛・名古屋／永楽屋東四郎他（全8肆）
　　蔵書印等：［士官・尚斎文庫］

C. 辺防・漂着

2303 **海防叢書** *KAIBOU SOUSHO*　　　　　　　　　　IN:296/LCCN:847292
　　写　1冊　袋　27cm×19.8cm
　　異国船之義・弘化二年異国船之義・呑海肇基論・林家門人上書・近海御備より成る
　　蔵書印等：[士官]

D. 外国地誌

総記

2303 **采覧異言** *SAIRAN IGEN*　　　　　　　　　　　IN:366/LCCN:847362
　　山村昌永　写　7冊　袋　24.8cm×16.6cm
　　序：文化元年（1804）紫石杉田勤
　　7巻存　首巻に世界地図の図面八図あり　蔵書印等：[士官]　異称：訂正増訳采覧異言

2304 **訂正増訳采覧異言** *TEISEI ZOUYAKU SAIRAN IGEN*　　IN:1260/LCCN:432833
　　（新井白石）・大槻盤水閲・山村昌永増訳　写　5冊　袋
　　5巻（巻4〜8）存　蔵書印等：[士官]

2305 **訂正増訳采覧異言** *TEISEI ZOUYAKU SAIRAN IGEN*　　IN:601/LCCN:
　　写　2冊　袋　26.3cm×18.5cm
　　序：文化元年（1804）紫石杉田勤
　　〔朝河〕（AUG 19 1907）収蔵

2306 **訂正増訳采覧異言図・邏馬人欸状**
　　TEISEI ZOUYAKU SAIRAN IGEN ZU・RŌMAJIN AIJOU　　IN:1255/LCCN:432828
　　（佐久間維章編）　写　1冊　挿絵有　袋　26.8cm×18.8cm
　　序：安永7年（1778）島原佐章（邏馬人欸状）　奥書等：宝永5年（1708）｜天明6年（1786）
　　写　夢遊道人（邏馬人欸状奥）
　　蔵書印等：[士官]　異称：歐羅巴洲輿地図・亜細亜洲輿地図・阿弗利加洲輿地図・南亜墨利加洲
　　輿地図・北亜墨利加洲輿地図・邏馬人欸状

2307 **三国通覧図説** *SANGOKU TSUURAN ZUSETSU*　　　IN:3572/LCCN:504894
　　林子平　写　1冊　挿絵有　袋　24cm×17cm
　　序：桂川甫国瑞　奥書等：文政5年（1822）

2308 三国通覧図説 SANGOKU TSUURAN ZUSETSU　　　　IN:278/LCCN:847274
　　　林子平　写　1冊　挿絵有　袋　23.6cm × 16.9cm
　　　序：天明5年（1785）桂川甫周国瑞　跋：天明5年（1785）林子平
　　　奥書等：嘉永7年（1854）敏義写
　　　蔵書印等：[士官]

2309 三国通覧図説 SANGOKU TSUURAN ZUSETSU　　　　IN:603/LCCN:847598
　　　林子平　写　1冊　袋　27.1cm × 19.3cm
　　　序：天明6年（1786）桂川甫周国瑞　跋：天明5年（1785）林子平

2310 三国通覧図説 SANGOKU TSUURAN ZUSETSU　　　　IN:604/LCCN:847599
　　　林子平　写　1冊　挿絵有　袋　27cm × 19.4cm
　　　序：天明6年（1786）桂川甫周国瑞　跋：天明5年（1785）林子平

2311 三国通覧輿地路程全図 SANGOKU TSUURAN YOCHI ROTEI ZENZU
　　　林子平図　写　1舗　挿絵有　袋　76.8cm × 53.6cm　　IN:3474.4/LCCN:504796
　　　蔵書印等：[久世子爵蔵書章]　（JUL 23 1924）収蔵

2312 八紘通誌 HAKKOU TSUUSHI　　　　IN:2226/LCCN:508626
　　　箕作阮甫虔儒　刊　3冊　挿絵有　袋　26.4cm × 18.5cm
　　　序：嘉永3年（1850）自序
　　　刊記：嘉永4年（1851）江戸／須原屋伊八・京／勝村治右衛門・大坂／秋田屋太右衛門
　　　蔵書印等：[士官]

2313 地学正宗 CHIGAKU SEISOU　　　　IN:2217/LCCN:508617
　　　匹懿　字隣雋／杉田成卿閲／杉田玄端訳　刊　7冊・図1冊　挿絵有　袋　26.1cm × 18cm
　　　序：嘉永3年（1850）梅里杉田信　刊記：京／勝村治右衛門・江戸／須原屋伊八他（全3肆）
　　　［杉田先生著述刊行書目］を付す　蔵書印等：[惟善堂蔵書]

2314 海外余話 KAIGAI YOWA　　　　IN:2540/LCCN:695978
　　　酔夢痴人著　刊　4冊　袋　25.5cm × 17.8cm
　　　跋：嘉永4辛（1851）酔夢痴人
　　　巻2欠　蔵書印等：[士官]

2315 堪輿全図 KAN'YO ZENZU　　　　IN:3641/LCCN:703724
　　　写　1冊　挿絵有（彩色）　折本　38.1cm × 22.1cm

2316 外蕃容貌図会 GAIBAN YOUBOU ZUE　　　　IN:2278/LCCN:695716
　　　刊　1冊　挿絵有（彩色）　袋　25.5cm × 18.2cm
　　　刊記：嘉永7年（1854）東春堂老人蔵版
　　　坤巻存

2317 泰西輿地図説　TAISEI YOCHI ZUSETSU　　　　　　　IN:224/LCCN:847220

彩雲堂主人（朽木昌綱）　刊　6冊　挿絵有　袋　25cm×17cm
序：天明9年（1789）鳩谷孔平信敏（萩野鳩谷）　刊記：江戸／群玉堂滕元義（見返）
異称：泰西図説

2318 帝爵魯西亜国誌　TEISHAKU ROSHIA KOKUSHI　　　IN:1298/LCCN:432871

牙歌不勃盧埀爾撰、馬場貞由訳　写　2冊　袋　26.8cm×18.5cm
奥書等：享保17年（1732）摸刻於アムステルダム
（10 SEP 1946）収蔵　異称：蝦夷日記

2319 全露国屯田兵事情　ZEN ROKOKU TONDENHEI JIJOU　IN:1194/LCCN:432767

ミハイル・ホロシーン編輯・加藤繢訳　写　1冊　仮綴　23.6cm×15.1cm

2320 清俗紀聞　SHINZOKU KIBUN　　　　　　　　　　IN:2833/LCCN:696271

（中川忠英編、石崎融思等画）　刊　2冊　挿絵有　洋装（袋）　27cm×18cm
序：寛政11年（1799）雲堂黒訳惟直撰・寛政10年（1798）中井曽弘
跋：寛政11年（1799）中川忠英　刊記：寛政11年（1799）江戸／西容太郎

2321 唐土名勝図会　MOROKOSHI MEISHOU ZUE　　　　IN:2512/LCCN:695950

岡田玉山編、岡熊岳・大原東野画　刊　6冊　挿絵有　袋　25.4cm×18.1cm
序：文化2年（1805）奥田元継・享和4年（1804）皆川愿
刊記：大坂／尚書堂辻本信太郎・京／尚書堂辻本定次郎

2322 唐土名勝図会　MOROKOSHI MEISHOU ZUE　　　　IN:2829/LCCN:696267

岡田玉山編・岡熊岳・大原東野画　刊　6冊　挿絵有　袋　25.5cm×18.2cm
序：文化2年（1805）奥田元継・享和4年（1804）皆川愿
跋：文化2年（1805）書肆浅文貫　刊記：大坂／河内屋吉兵衛（他5肆）｜積玉圃蔵版（河内屋製本記）｜大坂／柳原喜兵衛

2323 唐土名勝図会　MOROKOSHI MEISHOU ZUE　　　　IN:2831/LCCN:696269

岡田玉山編・岡熊岳・大原東野画　刊　6冊　挿絵有　袋　25.8cm×18.3cm
序：文化2年（1805）奥田元継・享和4年（1804）皆川愿・文化2年（1805）春田横塘
跋：文化2年（1805）浅文貫

2324 唐土名勝図会　京師　MOROKOSHI MEISHOU ZUE KEISHI　IN:52/LCCN:98-847048

岡田玉山編　刊　1冊　挿絵有　袋　25.9cm×17.7cm
序：享和4年（1804）皆川愿・文化2年（1805）春田横塘有則
蔵書印等：［士官］

2325 支那歴代沿革図　SHINA REKIDAI ENKAKU ZU　　　IN:3638/LCCN:703721

（長久保赤水）　刊　1冊　挿絵有　袋　35.4cm×24cm
序：安政2年（1855）小星軒二宮　跋：安政2年（1855）会津佐藤長　刊記：安政4年（1857）
積玉圃河内屋喜兵衛・文栄堂伊丹屋善兵衛板｜江戸／須原屋茂兵衛・京／出雲寺文次郎他（全

D. 外国地誌　277

12 肆）

2326 亜米利加総記 AMERIKA SOUKI　　　　IN:149/LCCN:847145
広瀬達（竹庵）訳　刊　1冊　袋　26.2cm×18cm
序：嘉永7年（1854）弘庵居士藤森大雅（藤森弘庵）・嘉永7年（1854）竹庵学人（広瀬竹庵）
跋：嘉永7年（1854）湖山迂人（横山湖山）
蔵書印等：[倉井蔵書・春岳公記念文庫]（JUL 23 1934）収蔵

2327 航米日録 KOUBEI NICHIROKU　　　　IN:3674/LCCN:703757
写　7冊　袋　23.8cm×16.6cm

2328 米利堅航海日記略図 MERIKEN KOUKAI NIKKI RYAKUZU　　　　IN:643/LCCN:847638
写　1冊　挿絵有　袋　26.8cm×18.5cm

2329 バタヒヤ新聞 BATAHIYA SHINBUN　　　　IN:3500/LCCN:504822
刊　12冊　袋　22.6cm×15.7cm
刊記：文久2年（1862）刊
「万屋兵四郎目録」を付す　文久元年（1861）7月26日より

2330 万国旗章図譜 BANKOKU KISHOU ZUFU　　　　IN:3569/LCCN:504891
刊　袋　24.8cm×17cm
序：嘉永5年（1852）弘庵居士藤森大雅　跋：嘉永5年（1852）森尉
刊記：嘉永5年（1852）山城屋佐兵衛他（全3肆）
（JUL 23 1934）収蔵

2331 万国旗鑑 BANKOKU KIKAN　　　　IN:2155/LCCN:508555
刊　1冊　挿絵有　袋　7cm×16.3cm
序：嘉永6年（1853）松園主人　跋：嘉永5年（1852）
刊記：弘化3年（1846）刊行｜嘉永6年（1853）再雕成
蔵書印等：[尚古館蔵書記]（JUL 23 1934）収蔵　異称：蛮国旗鑑

2332 日本人外国漂流記 NIHONJIN GAIKOKU HYOURYUUKI　　　　IN:3487/LCCN:504809
写　袋　22.6cm×16.6cm
仙台石巻若宮丸寛政5年（1793）漂流　翌5月10日ヲロシア漂着　文化元年（1804）9月6日長崎に帰国　水主之内一人津太夫よりの聞書

2333 環海異聞 KANKAI IBUN　　　　IN:602/LCCN:847597
大槻茂質　写　3冊　洋装（袋）　25.6cm×19.4cm
序：文化4年（1807）大槻茂質
〔朝河〕（APR 18 1907）収蔵

2334 環海異聞 KANKAI IBUN　　　　IN:3401/LCCN:504723
（大槻茂質問、津太夫等答、志村弘強記）写　16冊　挿絵有（彩色）袋　26.8cm×18.5cm

「De bock wtrikkegk tot America」

2335 環海異聞 *KANKAI IBUN*　　　　　　　　　　　　　　IN:3402/LCCN:504724
　（大槻茂質問、津太夫等答、志村弘強記）　写　8冊　挿絵有（彩色）　袋　23.7cm × 17.1cm

2336 海外異聞 *KAIGAI IBUN*　　　　　　　　　　　　　　IN:642/LCCN:847637
　靄湖漁叟　刊　5冊　挿絵有　袋　25.2cm × 27.3cm
　序：天保15年（1844）靄湖漁叟　刊記：嘉永7年（1854）新鐫　青蚨園寿桜（見返）
　異称：亜墨利加新話

2337 無人嶋談話 *MUJINTOU DANWA*　　　　　　　　　　IN:612/LCCN:98-847607
　曽槃　写　2冊　挿絵有　洋装（袋）　26.7cm × 19cm
　跋：寛政9年（1797）薩摩侍医曽槃士

2338 泰西三才正蒙 *TAISEI SANSAI SEIMOU*　　　　　　　IN:2509/LCCN:695947
　永井青涯（則）　刊　3冊　挿絵有　袋　26.3cm × 18.3cm
　序：嘉永3年（1850）蒋潭鰕侶長祚（序）　刊記：嘉永3年（1850）筑前／郫如楼蔵版（見返）
　蔵書印等：［西荘文庫・士官］

9. 政治・法制・附故実

A. 総記

2339 常陸帯 (ひたちおび) HITACHIOBI　　　　　　　　　　　IN:374/LCCN:847370
　　藤田東湖　写　2冊　袋　24.1cm×16.1cm
　　奥書等：文久2年（1862）写　土本思道素月庵秘書

2340 常陸帯 (ひたちおび) HITACHIOBI　　　　　　　　　　　IN:467/LCCN:847463
　　藤田東湖　写　合1冊　袋　26.3cm×18.7cm
　　序：天保15年（1844）

B. 政治

2341 井伊直弼開国史料撰 (いいなおすけかいこくしりょうせん) IINAOSUKE KAIKOKU SHIRYOUSEN　　IN:3245/LCCN:696683
　　写　1冊　袋　27.5cm×20cm

2342 板倉政要 (いたくらせいよう) ITAKURA SEIYOU　　　　　　　IN:710/LCCN:847705
　　写　6冊　袋　26.5cm×18cm
　　蔵書印等：［御日記所・払］

2343 献可録 (けんかろく) KENKAROKU　　　　　　　　　　　IN:819/LCCN:432383
　　室鳩巣　写　1冊　袋　24cm×17cm
　　奥書等：室新助
　　蔵書印等：［長谷川］

2344 荒政略抄 (こうせいりゃくしょう) KOUSEI RYAKUSHOU　　　　IN:916/LCCN:432489
　　武郷元質　写　1冊　袋　28.8cm×19cm
　　跋：享保5年（1720）武郷元質

2345 鎖国論 (さこくろん) SAKOKURON　　　　　　　　　　　IN:1114/LCCN:432587
　　極西検夫爾、志筑忠雄訳　写　1冊　袋　26.2cm×18cm
　　序：杏花園主人（南畝）

ケンペル「日本志」の抄訳　蔵書印等：［士官］

2346 市尹要覧 しいんようらん SHIIN YOURAN　　IN:1078・1080/LCCN:432651・432653
写　2冊　袋　22.7cm × 16.2cm
巻5・6存　（JUL 23 1934）収蔵

2347 殖民論 しょくみんろん SHOKUMINRON　　IN:1296/LCCN:432869
写　1冊　袋　28cm × 20cm

2348 政談 せいだん SEIDAN　　IN:3646/LCCN:703729
荻生徂徠　刊　4冊　袋　25.6cm × 17.5cm
奥書等：明治44年（1941）自適生

2349 大学或問 だいがくわくもん DAIGAKU WAKUMON　　IN:3132/LCCN:696570
熊沢了介　刊　2冊　袋　26.6cm × 18.2cm
序：天明8年（1788）
刊記：天明8年（1788）江戸／山崎金兵衛、大坂／泉本八兵衛他（全5肆）｜凌宵閣蔵版

2350 天保改元伏議 てんぽうかいげんじょうぎ TENPOU KAIGEN JOUGI　　IN:840/LCCN:432414
写　1冊　袋　26.9cm × 18.8cm
「文政13年（1830）勘文」「天保元年（1830）十二月十日詔書」他

2351 辺策私弁 へんさくしべん HENSAKU SHIBEN　　IN:1038/LCCN:432611
藤原正養　写　1冊　袋　26.9cm × 19.6cm
奥書等：弘化2年（1845）秦一貞

2352 本佐録 ほんさろく HONSAROKU　　IN:430/LCCN:847426
本多正信　写　1冊　袋　27.2cm × 19.7cm
奥書等：阿波守とのへ
蔵書印等：［参謀・紀印正］　異称：正信集

2353 民間省要 みんかんせいよう MINKAN SEIYOU　　IN:829/LCCN:432403
田中丘隅　写　8冊　袋　27.1cm × 19.1cm
序：享保5年（1720）乗門某・享保6年（1721）武陽散氏呆

2354 明徳慈政録 めいとくじせいろく MEITOKU JISEIROKU　　IN:759/LCCN:847754
写　1冊　袋　16.3cm × 23.6cm
奥書等：嘉永4年（1851）磯崎秀延写
蔵書印等：［東京弘文荘納］

C. 法令

2355 続紀歴朝詔詞解　SHOKU KIREKI CHOUSHOU SHIKAI　　IN:2875/LCCN:696313

　　本居宣長　刊　6冊　袋　26cm×18.1cm
　　序：享和3年（1803）大神安守
　　刊記：享和3年（1803）須受能耶蔵版　名古屋／永楽屋東四郎・江戸／同出店・大垣／同出店
　　「尾陽東壁堂製本略目録」（5丁半）を付す　蔵書印等：［竹田文庫・紫川館竹四郎蔵書記］（MAY 23 1939）収蔵　異称：歴朝詔詞解・詔詞解

2356 亜墨利加国条約并税則　AMERIKA KOKU JOUYAKU NARABINI ZEISOKU

　　刊　1冊　袋　26cm×18cm　　　　　　　　　　　　　　　IN:976/LCCN:432549
　　「五ケ条約書并税則」のうち

2357 案文四種　ANMON YONSHU　　IN:919/LCCN:432492

　　写　1冊　袋　27.4cm×19.2cm
　　地方文書四種の例文集

2358 英吉利国条約並税則　IGIRISU KOKU JOUYAKU NARABINI ZEISOKU

　　刊　1冊　袋　26cm×18cm　　　　　　　　　　　　　　　IN:972/LCCN:432545
　　刊記：安政6年（1859）江戸／岡田屋嘉七・須原屋伊八他（全11肆）

2359 一札之事　ISSATSU NO KOTO　　IN:995A/LCCN:432568

　　写　2帖　折本　33cm×14.5cm
　　天保14年（1843）閏九月　岩井村与左衛門他全4名より江戸浅草寺地中地借幸七殿御店慶蔵宛

2360 以範弁用　IHAN BEN'YOU　　IN:701/LCCN:847696

　　畠山永年　写　2冊　袋　25.2cm×14.6cm
　　序：弘化4年（1847）畠山永年

2361 （石見国郡中入用其他取計之儀定）　IWAMI NO KUNI GUNCHUU IRIYOU SONOHOKA
　　　　TORIHAKARI NO GI SADAME　　IN:712/LCCN:847707

　　写　1冊　袋　27.3cm×19cm

2362 請判之一札　UKEHAN NO ISSATSU　　IN:977.2/LCCN:記載

　　写　1冊　仮綴　26.5cm×17.8cm
　　奥書等：嘉永5年（1852）写　行忠　桜野道場西念寺主
　　異称：村高家数人別書抜帳

2363 請判之一札　UKEHAN NO ISSATSU　　　　　　　　IN:977.1/LCCN:432550
　　　写　1冊　仮綴　26.5cm×17.8cm
　　　奥書等：嘉永7年（1854）広瀬町村西念寺様　御住職　広瀬町村市兵衛　金桶村清三郎　高山
　　　福田屋　吉蔵
　　　異称：嘉永七（1854）甲寅年二月日　請判之一札　西念寺惣門徒中

2364 延喜式　ENGISHIKI　　　　　　　　　　　　　　IN:2303/LCCN:695741
　　　藤原時平・藤原忠平　刊　10冊　袋　27.3cm×19.5cm
　　　刊記：寛文7年（1667）大坂／松下見林書
　　　巻31～40存

2365 延喜式　ENGISHIKI　　　　　　　　　　　　　　IN:131/LCCN:847127
　　　（藤原忠平）　刊　30冊　袋　24.7cm×19.5cm

2366 延喜式　ENGISHIKI　　　　　　　　　　　　　　IN:667/LCCN:847662
　　　写　4冊　袋　27cm×19.2cm
　　　35・36・39～44巻存　　異称：延喜式異本

2367 御家御条目　OIE GOJOUMOKU　　　　　　　　　 IN:3430/LCCN:504752
　　　写　1冊　袋　27.2cm×19.8cm
　　　奥書等：天保6年（1835）

2368 御伺百箇条　OUKAGAI HYAKKAJOU　　　　　　　IN:794/LCCN:98-847789
　　　写　6冊　袋　26.3cm×18.2cm
　　　（SEP 1 1938）収蔵

2369 大岡忠相政要実録　OOOKA TADASUKE SEIYOU JITSUROKU　IN:778/LCCN:847773
　　　写　1冊　袋　26.7cm×18.3cm

2370 大久保安芸守御相談書并吟味伺書　OOKUBO AKI NO KAMI GOSOUDAN SHO NARABINI
　　　　　　　　　　　　　　　　　　GINMI UKAGAI SHO　　　IN:782/LCCN:847777
　　　写　3冊　袋　27.2cm×27.4cm
　　　「信州大津村万吉儀無宿大作を及殺害候一件」（巻1　阿部主計頭・脇坂中勢大輔御相談書并吟
　　　味伺書）「武州早稲田村甚兵衛女房さよ儀致乱心孫佐吉を及殺害候一件」（巻2）「飛州岩井后
　　　村七右衛門妹すゑ儀娘しん行衛之儀を申立候一件」（巻3）

2371 墺国金櫃取扱規則　ŌSUTORIA KINKI TORIATSUKAI KISOKU　IN:1195/LCCN:432768
　　　写　1冊　袋　23.5cm×16cm
　　　刊記：明治44年（1911）笠原正樹訳（表紙）｜1909年　維也納　墺匈国印刷局発行（見返）

2372 墺国金櫃取扱規則　ŌSUTORIA KINKI TORIATSUKAI KISOKU　IN:1193/LCCN:432766
　　　写　1冊　袋　23.5cm×16cm
　　　刊記：明治44年（1911）笠原正樹訳（表紙）｜1909年　維也納　墺匈国印刷局発行（見返）

2373 御勝手方御定書 OKATTEGATA OSADAMEGAKI　　IN:781/LCCN:847776
　　写　3冊　袋　23.5cm×16.3cm
　　奥書等：寛政8年（1796）写　右三本同年大田南畝先生大司農属吏支配勘定ニ転ズ依テ以贈之｜文政6年（1823）写　吉見義方
　　蔵書印等：［吉見文庫］

2374 御定書 OSADAMEGAKI　　IN:726/LCCN:847721
　　写　1冊　袋　17.4cm×11.9cm
　　上巻存　元文5年（1740）4月～明和7年（1770）6月までの御定書　異称：交裁御定書

2375 御定書 OSADAMEGAKI　　IN:739/LCCN:847734
　　写　1冊　挿絵有　袋　26.1cm×18.4cm
　　奥書等：寛政2年（1790）松平越中守｜天保10年（1839）椿真和
　　異称：寛政百箇条

2376 御定書 OSADAMEGAKI　　IN:738/LCCN:847733
　　写　1冊　袋　27cm×18.5cm
　　奥書等：寛政2年（1790）松平越中守

2377 御定書 OSADAMEGAKI　　IN:744/LCCN:847739
　　写　1冊　袋　27.5cm×19.2cm
　　奥書等：寛政2年（1790）松平越中守

2378 御定書 OSADAMEGAKI　　IN:751/LCCN:847746
　　写　1冊　挿絵有　袋　23.2cm×16.8cm
　　奥書等：寛保2年（1742）牧野越中守他
　　異称：目安裏判

2379 御定書 OSADAMEGAKI　　IN:745/LCCN:847740
　　写　1冊　袋　24.1cm×16.8cm
　　刊記：天保12年（1841）刻　江戸／訂書堂蔵梓
　　版本写

2380 御定法書 GOJOUHOUSHO　　IN:752/LCCN:98-847747
　　写　1冊　袋　24cm×14.5cm
　　（SEP 1 1938）収蔵　異称：公事方御定書

2381 御定相当 OSADAME SOUTOU　　IN:740/LCCN:847735
　　写　2冊　袋　25.4cm×16.3cm

2382 御触書 OFUREGAKI　　IN:3510/LCCN:504832
　　写　1冊　袋　24.2cm×17cm
　　奥書等：文政6年（1823）御触｜上田原村　中井伊左衛門　所持

関東御評定所掟目と合綴

2383 御触書 （おふれがき） *OFUREGAKI* IN:770/LCCN:847765
　写　1冊　袋　23.3cm × 16cm
　「寛政元年（1789）ヨリ享和3年（1803）迄／喜多村」（表紙）

2384 御触書幷回状写 （おふれがきならびにかいじょううつし） *OFUREGAKI NARABINI KAIJOU UTSUSHI* IN:771/LCCN:847766
　写　11冊　袋　24cm × 17cm
　奥書等：慶応元年（1865）〜慶応2年（1866）
　淀宿庄屋治郎八の控

2385 御触帳 （おふれちょう） *OFURECHOU* IN:652a/LCCN:847647a
　写　2冊　袋　23.6cm × 16.4cm
　奥書等：明治2年（1869）
　御触幷達留と合綴

2386 御触幷達留 （おふれならびにたっしとどめ） *OFURE NARABINI TASSHITODOME* IN:652b/LCCN:847647b
　写　2冊　袋　23.6cm × 16.4cm
　奥書等：明治2年（1869）神田佐久間町三丁目・四丁目
　御触帳と合綴

2387 阿蘭陀国条約幷税則 （おらんだこくじょうやくならびにぜいそく） *ORANDA KOKU JOUYAKU NARABINI ZEISOKU* IN:973/LCCN:432546
　刊　1冊　袋　26cm × 18cm
　奥書等：永井玄蕃頭　岡部駿河守　岩瀬肥後守
　五ケ条約書幷税則のうち

2388 御内訴調 （ごないそしらべ） *GONAISO SHIRABE* IN:798/LCCN:847793
　写　1冊　袋　24.6cm × 15.5cm
　「嘉永元年（1848）4月9日安部伊勢守殿え御差出し相成候下書」（内題脇）

2389 御軍役御定 （おぐんやくおさだめ） *OGUN'YAKU OSADAME* IN:447/LCCN:847443
　写　1冊　袋　26.6cm × 19.2cm
　奥書等：明和元年（1764）写　熊沢百介紀正暸
　蔵書印等：［参謀］

2390 御触御書付其外諸書留 （おふれおかきつけそのほかしょかきとめ） *OFURE OKAKITSUKE SONOHOKA SHO KAKITOME* IN:772/LCCN:847767
　写　3冊　袋　26.3cm × 18.4cm
　奥書等：天保元年（1830）｜天保15年（1844）出来　狩野藤原為泰写

2391 科典 （かてん） *KATEN* IN:741/LCCN:847736
　写　1冊　袋　27cm × 20cm
　奥書等：安永9年（1780）写
　「塩野忠祐所持／安藤内存也」（表紙）　異称：御定書百箇条

C.法令

2392 仮番頭所勤格式　KARI BANTOU SHOKIN KAKUSHIKI　　　　　IN:714/LCCN:847709
　　　写　1冊　仮綴　24.3cm×17.1cm
　　　奥書等：明和8年（1771）｜文政7年（1824）写　頼野

2393 官中秘策　KANCHUU HISAKU　　　　　　　　　　　　　　IN:766/LCCN:847761
　　　写　11冊　袋　23cm×16.8cm
　　　序：安永4年（1775）西山元文斎
　　　蔵書印等：［池南文庫］

2394 関東御評定所掟目　KANTOU GOHYOUJOUSHO JOUMOKU　　IN:3510/LCCN:504832
　　　写　1冊　袋　24.2cm×17cm
　　　奥書等：嘉永5年（1852）辻春平写｜上田原村　中井伊左衛門　所持
　　　御触書と合綴

2395 関八州御領私領寺社領教諭諺解
　　　　　　KANHASSHUU GORYOU SHIRYOU JISHARYOU KYOUYU GENKAI　IN:709/LCCN:847704
　　　写　1冊　袋　27.2cm×19.3cm

2396 旧条記　KYUUJOUKI　　　　　　　　　　　　　　　　　　IN:724/LCCN:847719
　　　写　1冊　袋　23.5cm×17cm
　　　宝永～正徳（1704～1716）

2397 券状　KENJOU　　　　　　　　　　　　　　　　　　　　IN:1006-1/LCCN:432579
　　　写　3冊　仮綴　33.1cm×24.3cm
　　　第1冊：「券状／下京廿七番組　鷲尾町」「第五号」（表紙・朱書）　第2冊：「券状／下河原町」
　　　「第拾壱号」（表紙・朱書）　第3冊：「券状／上弁天町」「第弐号」（表紙・朱書）

2398 享保以来被仰出控　KYOUHOU IRAI OOSE IDASARURU HIKAE　IN:758/LCCN:847753
　　　写　3冊　袋　23.5cm×16.3cm
　　　享保元年（1716）以来の仰出控　蔵書印等：［東京弘文荘納］

2399 金銀吹替え御触　KINGIN FUKIKAE NO OFURE　　　　　　IN:721/LCCN:847716
　　　写　1冊　袋　23cm×16cm
　　　立原杏所旧蔵

2400 金銀吹直御書付之写　KINGIN FUKINAOSHI OKAKITSUKE NO UTSUSHI
　　　写　1冊　袋　14.3cm×39.6cm　　　　　　　　　　　　IN:2837/LCCN:696275
　　　序：正徳4年（1714）
　　　諸国商人両替し候輩に可申渡事／新金銀の事触書第一／新古今銀割合次第　とじ目　継目割印あり

2401 禁中並公家諸法度　KINCHUU NARABINI KUGE SHOHATTO　IN:732/LCCN:847727
　　　写　1冊　袋　26.6cm×19.5cm
　　　奥書等：明治23年（1890）真砂の舎の主人

2402 （公家諸法度并漂流記） *KUGE SHOHATTO NARABINI HYOURYUUKI*
　　写　1冊　袋　26.5cm × 20cm　　　　　　　　　　　　IN:731/LCCN:847726
　　序：元治元年（1864）伊藤晃克　奥書等：橘嘉樹（公家諸法度）｜伊藤晃克（宝永新内裏殿中画図）｜市中隠（漂流記）｜元治元年（1864）静寧老夫（年代記）
　　公家諸法度・宝永新内裏殿中画図・漂流記・年代記から成る

2403 公事一件書 *KUJI IKKEN NO SHO*　　　　　　　　　　IN:754/LCCN:98-847749
　　写　2冊　袋　26.7cm × 19.2cm
　　（SEP 1 1938）収蔵　異称：公事一件見合

2404 公事御定書 *KUJI OSADAMEGAKI*　　　　　　　　　　IN:742/LCCN:847737
　　写　1冊　袋　23.6cm × 16.7cm

2405 公事方御定書 *KUJIKATA OSADAMEGAKI*　　　　　　　IN:733/LCCN:847729
　　写　1冊　袋　23.5cm × 16.9cm
　　奥書等：寛保2年（1742）寺社奉行　牧野越中守他

2406 公事方御定書 *KUJIKATA OSADAMEGAKI*　　　　　　　IN:746/LCCN:847741
　　写　1冊　袋　24.5cm × 16.8cm
　　異称：御仕置御定書

2407 公事方御定書 *KUJIKATA OSADAMEGAKI*　　　　　　　IN:747/LCCN:847742
　　写　1冊　袋　23.6cm × 16.3cm
　　奥書等：天保13年（1842）写　観弘
　　「智恩寺蔵」（見返）　異称：御仕置附定書

2408 公事方御定書 *KUJIKATA OSADAMEGAKI*　　　　　　　IN:735/LCCN:847730
　　写　1冊　袋　23.3cm × 16.4cm
　　奥書等：安政7年（1860）写
　　（MAY 9 1938）収蔵　異称：目安目録

2409 （公事方御定書） *KUJIKATA OSADAMEGAKI*　　　　　　IN:733/LCCN:847728
　　写　3冊　袋　26.6cm × 18.7cm

2410 公事方御定書・寛保二年御定書
　　　KUJIKATA OSADAMEGAKI・KANPOU NINEN OSADAMEGAKI　IN:736/LCCN:847731
　　写　1冊　袋　27.5cm × 19.7cm
　　奥書等：寛保2年（1742）寺社奉行　牧野越中守他｜寛保2年（1742）松平左近将監
　　（SEP 1 1938）収蔵　異称：御定書目録

2411 公事方取斗方心得 *KUJIKATA TORIHAKARAIKATA KOKOROE*　IN:753/LCCN:98-847748
　　長谷川氏　写　1冊　袋　14.8cm × 19・8cm
　　（SEP 1 1938）収蔵

C. 法令　287

2412 公事根源集釈 KUJI KONGEN SHUUSHAKU　　　　IN:2221/LCCN:508621
　　松下見林　刊　3冊　袋　27.4cm × 19.4cm
　　跋：元禄7年（1694）松下見林書　刊記：平楽寺村上勘兵衛
　　蔵書印等：［渡辺蔵］（SEP 1 1913）収蔵「Copy…1953」

2413 公事訴訟取捌 KUJI SOSHOU TORISABAKI　　　　IN:755/LCCN:847750
　　写　1冊　袋　23.9cm × 16.6cm
　　「十六円八十九銭六厘」「石原源之助」「丙辰年／新子唐控」（巻末）

2414 郡役浦役人足并御用船御請書連印帳 GUN'YAKU URAYAKU NINSOKU NARABINI
　　　　　　　　GOYOUSEN ON'UKESHO REN'INCHOU　　IN:702/LCCN:847697
　　写　1冊　袋　29.7cm × 19.5cm
　　「文化9年（1812）6月」（内題）　異称：文化九年郡役浦役人足并用船御請書連印

2415 慶安御触書 KEIAN OFUREGAKI　　　　IN:3657/LCCN:703740
　　写　1冊　仮綴　25.8cm × 18.2cm
　　刊記：文政13年（1830）岩村地方役所

2416 慶応三年十月上浣　封内布告 KEIOU SANNEN JUUGATSU JOUKAN　HOUNAI FUKOKU
　　写　1冊　仮綴　22.4cm × 16.1cm　　　　IN:684/LCCN:847679

2417 刑経 KEIKYOU　　　　IN:1578/LCCN:433151
　　山崎闇斎　刊　1冊　袋　26.2cm × 18.9cm
　　跋：嘉永3年（1850）水野源重明
　　蔵書印等：［坂西文庫］（カード）

2418 ［絵入］刑罰大秘録 KEIBATSU TAIHIROKU　　　　IN:663/LCCN:847658
　　写　1冊　挿絵有　仮綴　24.6cm × 16.9cm

2419 刑律 KEIRITSU　　　　IN:760/LCCN:847755
　　写　1冊　袋　19.8cm × 12.5cm
　　奥書等：寛政6年（1794）写　野口勉毛
　　蔵書印等：［士官］

2420 検使楷梯 KENSHI KAITEI　　　　IN:785/LCCN:847780
　　写　2冊　袋　25cm × 14.5cm
　　序：天保6年（1835）岡本弥一郎長之

2421 検使其外心得方秘書 KENSHI SONOHOKA KOKOROEKATA HISHO　IN:720/LCCN:847715
　　写　1冊　袋　14cm × 20.5cm

2422 （檢法） *KENPOU*　　　　　　　　　　　IN:716/LCCN:847711
　　写　1冊　挿絵有　袋　24.5cm×17.2cm

2423 検法秘鑑 *KENPOU HIKAN*　　　　　　IN:719/LCCN:847714
　　写　1冊　挿絵有　袋　24cm×18cm
　　天明年間（1781〜1789）

2424 憲法部類 *KENPOU BURUI*　　　　　　IN:717/LCCN:847712
　　写　2冊　袋　23.8cm×17cm
　　巻3・4存　「享保3年（1718）より明和（1764〜1772）まで」（巻3表紙）「正徳（1711〜1716）より安永（1772〜1781）まで」（巻4表紙）

2425 公裁 *KOUSAI*　　　　　　　　　　　IN:722/LCCN:847717
　　写　1冊　袋　26.5cm×19cm
　　松平越中守様へ仰出之写など

2426 公裁一件 *KOUSAI IKKEN*　　　　　　IN:757/LCCN:847752
　　写　1冊　袋　26.1cm×18.3cm
　　奥書等：元文3年（1738）御定御仕置書　三百七十六ヶ条
　　蔵書印等：［東京弘文荘納］

2427 公裁筆記 *KOUSAI HIKKI*　　　　　　IN:725/LCCN:847720
　　写　5冊　袋　23.4cm×15.7cm

2428 公裁録 *KOUSAIROKU*　　　　　　　　IN:729/LCCN:847724
　　写　5冊　袋　23.5cm×16.7cm

2429 公裁録 *KOUSAIROKU*　　　　　　　　IN:728/LCCN:847723
　　写　4冊　袋　23.2cm×16.5cm

2430 公裁録 *KOUSAIROKU*　　　　　　　　IN:727/LCCN:847722
　　写　2冊　洋装（袋）　13.6cm×18.9cm

2431 ［延暦］交替式 *KOUTAISHIKI*　　　　IN:653/LCCN:847648
　　写　1冊　洋装（袋）　27.2cm×20.1cm

2432 御改革四拾箇条 *GOKAIKAKU SHIJUKKAJOU*　IN:682/LCCN:847677
　　写　1冊　袋　23.1cm×16.6cm
　　奥書等：篠田太右衛門　嘉永4年（1851）写
　　質屋教諭書・寺院教諭書を付す

C. 法令　289

2433 伍家制令詳解　GOKA SEIREI SHOUKAI　　　　　　IN:1784/LCCN:433357
　　三野元密　刊　1冊　挿絵有　袋　22.8cm×15.7cm
　　序：文化7年（1810）三野元密　跋：天明6年（1786）三野元密　奥書等：寛政9年（1797）
　　男　三野知彰

2434 国令　KOKURYOU　　　　　　　　　　　　　　IN:756/LCCN:847751
　　黒沢長顕・松原基　写　5冊　袋　26.2cm×19.6cm
　　凡例・士・農・工商・国令後編農の5冊より成る　異称：律令格式国令

2435 御公義御定法　GOKOUGI GOJOUHOU　　　　　　IN:680/LCCN:847675
　　写　1冊　袋　24.3cm×17.4cm

2436 御高札之内　御文書　GOKOUSATSU NO UCHI GOBUNSHO　IN:2101/LCCN:508501
　　刊　1冊　袋　22.7cm×15.7cm
　　定（正徳元年（1711）5月）9ヶ条　定（正徳元年（1771）5月）7ヶ条　定（正徳元年（1771）
　　5月）10ヶ条　定（正徳元年（1771）5月）7ヶ条　公儀触高札　（JUL 23 1934）収蔵

2437 九重忘草　KOKONOE WASUREGUSA　　　　　　IN:915/LCCN:432488
　　写　1冊　洋装（袋）　25.9cm×18.7cm
　　〔朝河〕（AUG 17 1907）収蔵

2438 御趣意仰渡御触写　GOSHUI OOSEWATASHI OFURE UTSUSHI　IN:769/LCCN:847764
　　写　3冊　袋　24cm×16.2cm

2439 御巡在ニ付品々触達一件留　GOJUNZAI NI TSUKI SHINAJINA FURETASSHI IKKENTOME
　　写　1冊　仮綴　32.1cm×23.8cm　　　　　　　　　IN:1008/LCCN:432581
　　「嘉永6年（1853）正月」（表紙）

2440 御定目　GOJOUMOKU　　　　　　　　　　　　IN:689/LCCN:847684
　　写　4冊　袋　27.8cm×18.2cm
　　奥書等：享和元年（1801）武蔵国秩父郡上我野郷南川村畑井生此主細窪弥三郎

2441 御条目写　GOJOUMOKU UTSUSHI　　　　　　　IN:748/LCCN:847743
　　写　1冊　袋　24.5cm×16.3cm

2442 御条目集　GOJOUMOKU SHUU　　　　　　　　　IN:679/LCCN:847674
　　写　1冊　袋　24cm×15.7cm
　　奥書等：明治44年（1911）
　　蔵書印等：［東京弘文荘納］

2443 御制札写控　GOSEISATSU UTSUSHI HIKAE　　　　IN:694/LCCN:847689
　　写　1冊　袋　26.8cm×21cm
　　「寛文11年（1671）3月」（表紙）　寛文11年（1671）〜延宝5年（1677）の京都制札・高

札写し

2444 御停止御触 　GOCHOUJI OFURE　　　　　　　　　　　IN:695/LCCN:847690
　　　写　1冊　袋　24.1cm×16.4cm
　　　「天保12年（1841）1月」（表紙）　蔵書印等：［東京弘文荘納］

2445 御当家令条 　GOTOUKE REIJOU　　　　　　　　　　　IN:696/LCCN:847691
　　　写　3冊　袋　23.7cm×16.8cm
　　　異称：幕府令条

2446 御当家令条集 　GOTOUKE REIJOU SHUU　　　　　　　IN:679/LCCN:847692
　　　写　4冊　袋　22.7cm×16.1cm
　　　蔵書印等：［東京弘文荘納・大岡］

2447 淡路国津名郡郡家村五人組帳
　　　　AWAJI NO KUNI TSUNAGUN GUNKEMURA GONINGUMICHOU　IN:661/LCCN:847656
　　　写　1冊　仮綴　24cm×6.8cm
　　　奥書等：延享4年（1747）
　　　（FEB 4 1938）収蔵　異称：延享四年五人組帳　卯正月　郡家村

2448 五人組改帳 　GONINGUMI ARATAMECHOU　　　　　　　IN:686/LCCN:847681
　　　写　1冊　仮綴　23.2cm×16.4cm
　　　奥書等：宝暦13年（1763）七兵衛以下67名連印

2449 指上申五人組一札之事 　GONINGUMI ISSATSUWO SASHIAGE MOUSU NO KOTO
　　　写　1冊　袋　26.3cm×16.8cm　　　　　　　　IN:804/LCCN:432368
　　　奥書等：寛政11年（1799）写　別印村村主藤右衛門

2450 遠州引佐郡上都田村五人組帳
　　　　ENSHUU INASAGUN KAMITSUDAMURA GONINGUMICHOU　IN:1009/LCCN:432582
　　　写　1冊　袋　31.4cm×21.5cm
　　　奥書等：慶応3年（1867）

2451 近江国神崎郡五人組御仕置帳　宝暦四甲戌年九月
　　　　OUMI NO KUNI KANZAKIGUN GONINGUMI OSHIOKICHOU　IN:3608.1/LCCN:504930
　　　写　冊　袋　29cm×20cm
　　　「宝暦4年（1754）近江国神崎郡伊庭村／緑川健五郎　佐藤勘太夫　庄屋　年寄」（巻末）

2452 五人組異同弁 　GONINGUMI IDOUBEN　　　　　　　　IN:692/LCCN:847687
　　　写　1冊　洋装（袋）　24.8cm×17cm
　　　序：明治13年（1880）
　　　元禄3年（1690）より幕末に至る五人組関係の法令集　〔朝河〕（SEP 6 1907）収蔵

C.法令　291

2453 御仕置五人組帳 OSHIOKI GONINGUMICHOU　　　　　IN:780/LCCN:847775
　　　写　1冊　袋　27.2cm × 19.6cm

2454 御仕置五人組帳 OSHIOKI GONINGUMICHOU　　　　　IN:779/LCCN:847774
　　　写　1冊　仮綴　24.4cm × 16.5cm
　　　「宝暦6年（1756）」（表紙）

2455 御仕置五人組帳 OSHIOKI GONINGUMICHOU　　　　　IN:3608.3/LCCN:504930
　　　写　1冊　袋　28cm × 20.1cm
　　　「文政2年（1819）7月　生野　御役所　美作国勝北郡広房場西介」（巻末）

2456 御仕置五人組帳 OSHIOKI GONINGUMICHOU　　　　　IN:3607.3/LCCN:504929
　　　写　1冊　袋　28cm × 17.8cm
　　　「寛政10年（1798）3月／韮山御仮所／伊豆国君沢郡小土肥村　名主万之丞　組頭庄八　百姓代弥五右衛門」（巻末）

2457 蒲原郡下長橋村五人組帳 KANBARAGUN SHIMONAGAHASHIMURA GONINGUMICHOU
　　　庄屋　五郎右衛門　写　1冊　仮綴　27.4cm × 18.1cm　　IN:3588/LCCN:504910
　　　「越後国　天明5年（1785）五月」（表紙）

2458 享保十九年相州愛甲郡妻田村五人組御改帳 KYOUHOU JUUKYUUNEN
　　　SOUSHUU AIKOUGUN TSUMATAMURA GONINGUMI ON'ARATAMECHOU
　　　写　1冊　仮綴　24cm × 17.2cm　　　　　　　　　　　　IN:815/LCCN:432379
　　　享保19年（1734）～元文元年（1736）

2459 御条目五人組書上帳写 GOJOUMOKU GONINGUMI KAKIAGECHOU UTSUSHI
　　　写　1冊　仮綴　24cm × 16.6cm　　　　　　　　　　　　IN:648/LCCN:847643
　　　奥書等：明治2年（1869）右村百姓代為次郎　名主休番彦三郎　年番房五郎
　　　「武蔵国大里郡武躰五人組」3組15人連印　異称：武蔵国大里郡武体御条目五人組書上帳写

2460 五人組御改御条目控 GONINGUMI ON'ARATAME GOJOUMOKU HIKAE
　　　写　冊　袋　28cm × 20.2cm　　　　　　　　　　　　　IN:3608.5/LCCN:504930
　　　「文久3年（1863）3月写　本町」（表紙）

2461 五人組御改控帳 GONINGUMI ON'ARATAME HIKAECHOU　　　IN:691/LCCN:847686
　　　写　1冊　仮綴　23.4cm × 15.9cm
　　　奥書等：安永5年（1776）東内町

2462 五人組御仕置帳 GONINGUMI OSHIOKICHOU　　　　　　　IN:1007/LCCN:432580
　　　刊　1冊　袋　31.5cm × 21.1cm
　　　刊記：文政6年（1823）巨摩郡長松寺邑　年番所（手書）
　　　「巨摩郡長松寺邑　年番所持」（表紙）

2463　**五人組御仕置帳**　GONINGUMI OSHIOKICHOU　　　　　IN:3610.1/LCCN:504932
　　　写　冊　袋　30.5cm × 20.9cm
　　　「宝暦9年（1759）3月　越後国頸城郡河村」（本文末）

2464　**五人組御仕置帳**　GONINGUMI OSHIOKICHOU　　　　　IN:3607.2/LCCN:504929
　　　写　冊　袋　27.1cm × 17.5cm
　　　「寛政2年（1790）11月　大貫治右衛門」「越後国蒲原郡川舟村　半助　源八　惣助　半次郎　甚之助」（本文）

2465　**五人組御仕置之条々**　GONINGUMI OSHIOKI NO JOUJOU　　IN:693/LCCN:847688
　　　写　1冊　袋　25cm × 16.6cm
　　　奥書等：宝暦9年（1759）西荒川村控

2466　**五人組書上帳**　GONINGUMI KAKIAGECHOU　　　　　IN:608.2/LCCN:504930
　　　写　1冊　袋　28.2cm × 19cm
　　　「文政2年（1819）3月　信州伊那郡　中坪村」（表紙）「文政2年（1819）3月　村御役人衆中　／三人組　庄右衛門　宇兵衛　長之助」（本文末）

2467　**五人組箇条書写**　GONINGUMI KAJOU SHOSHA　　　　IN:700/LCCN:847695
　　　写　1冊　仮綴　23.6cm × 17.6cm
　　　「嘉永3年（1850）　主片山半左衛門」（表紙）「寛延3年（1750）写　寛延4年（1751）冨永吉右衛門（仰出）」（前書）

2468　**（五人組関係文書）**　GONINGUMI KANKEI MONJO　　　IN:3583/LCCN:504905
　　　写　10冊　仮綴　24.3cm × 17cm
　　　社領五人組帳（慶応3年（1867）3月）・御掟目（享和3年（1803）8月）・御仕置五人組帳（天保8年（1837）　同13年（1842）　同15年（1844）　嘉永4年（1851）・〈高坂村／上高根村〉五人組帳（文化10年（1813））・五人組覚帳（文政9年（1826））・五人組合帳（弘化4年（1847））から成る

2469　**五人組御法度御触書**　GONINGUMI GOHATTO OFUREGAKI　IN:681/LCCN:847676
　　　写　1冊　仮綴　29cm × 20.5cm
　　　奥書等：元禄16年（1703）

2470　**五人組帳**　GONINGUMICHOU　　　　　　　　　　IN:3593/LCCN:504915
　　　刊　1冊　袋　25.5cm × 17.8cm
　　　刊記：天保7年（1836）山本大膳蔵版（朱印）

2471　**五人組帳**　GONINGUMICHOU　　　　　　　　　　IN:687/LCCN:847682
　　　写　1冊　袋　28.3cm × 20.4cm
　　　奥書等：中越村持主　亀吉
　　　異称：五人組御法度前書之事

C. 法令

2472 五人組帳 GONINGUMICHOU　　　　　　　　　　　IN:802/LCCN:432366

　　　写　1冊　袋　27.1cm × 19.8cm
　　　文久4年（1864）成立　信濃国水内郡徳昌稲倉の五人組に関する定書　異称：条々

2473 五人組帳控 GONINGUMICHOU HIKAE　　　　　　　IN:688/LCCN:847683

　　　写　1冊　仮綴　24.6cm × 17.3cm
　　　奥書等：天保7年（1836）仰渡

2474 五人組帳前書 GONINGUMICHOU MAEGAKI　　　　　IN:1758/LCCN:433331

　　　刊　1冊　袋　17.8cm × 11.9cm
　　　刊記：万延2年（1861）新刻　清泉堂蔵板

2475 五人組之帳 GONINGUMI NO CHOU　　　　　　　　IN:3610.2/LCCN:504932

　　　写　1冊　袋　14.6cm × 46.4cm
　　　「嘉永3年（1850）三月」（表紙）「岡田会所」（裏表紙）

2476 五人組前書法度書 GONINGUMI MAEGAKI HATTOGAKI　IN:690/LCCN:847685

　　　写　1冊　袋　14.6cm × 19.2cm

2477 庄内二郡五人組掟之条々 SHOUNAI NIGUN GONINGUMI OKITE NO JOUJOU

　　　刊　1冊　袋　23.7cm × 16.5cm
　　　　　　　　　　　　　　　　　　　　　　　　　IN:3658/LCCN:703741
　　　刊記：文政2年（1819）6月
　　　異称：庄内二郡五人組掟帳

2478 信州筑摩郡埴原村并白姫村五人組御改帳 SHINSHUU CHIKUMAGUN
　　　HAIBARAMURA NARABINI SHIRAHIMEMURA GONINGUMI ON'ARATAMECHOU

　　　写　1冊　仮綴　35.6cm × 14.6cm　　　　　　　IN:788/LCCN:847783
　　　奥書等：文政10年（1827）

2479 信州筑摩郡上和泉村五人組合帳 SHINSHUU CHIKUMAGUN KAMIIZUMIMURA
　　　　　GONINGUMI AWASECHOU　　　　　　　　　IN:789/LCCN:847784

　　　写　2冊　仮綴　38.3cm × 15.1cm
　　　奥書等：文政3年（1820）・文政10年（1827）

2480 信州筑摩郡埴原村并上和泉村・白姫村五人組御改帳 SHINSHUU CHIKUMAGUN
　　　HAIBARAMURA NARABINI KAMIIZUMIMURA SHIRAHIMEMURA GONINGUMI
　　　　　ON'ARATAMECHOU　　　　　　　　　　　　IN:787/LCCN:847782

　　　写　1冊　仮綴　38.9cm × 14.5cm
　　　奥書等：天明8年（1788）
　　　（FEB 14 1938）収蔵

2481 出羽国田河郡東堀越村五人組帳 DEWA NO KUNI TAGAWAGUN

HIGASHIHORIKOSHIMURA GONINGUMICHOU　　　　　IN:3607.1/LCCN:504929

　　写　冊　袋　28.4cm×18.4cm
　　奥書等：天明8年（1788）叶野次良左衛門

2482 武州比企郡野本村御仕置五人組御改帳　BUSHUU HIKIGUN NOMOTOMURA OSHIOKI
　　　　　　GONINGUMI ON'ARATAMECHOU　　　　　IN:671/LCCN:847666

　　写　1冊　袋　25.7cm×17cm
　　奥書等：宝永2年（1705）

2483 文化四丁卯五人組帳　BUNKA YON TEIBOU GONINGUMICHOU　　IN:803/LCCN:432366

　　写　1冊　袋　24.8cm×17.5cm

2484 武蔵国高麗郡真能寺村五人組御改帳　MUSASHI NO KUNI KOMAGUN SHINNOUJIMURA
　　　　　　GONINGUMI ON'ARATAMECHOU　　　　　IN:765/LCCN:847760

　　写　1冊　仮綴　26.3cm×16.8cm
　　奥書等：明和4年（1767）真能寺村名主惣右衛門

2485 村中五人組留帳　MURAJUU GONINGUMI TOMECHOU　　IN:3608.4/LCCN:504930

　　写　冊　袋　28cm×20.1cm
　　奥書等：弘化3年（1846）中宿村

2486 五人組連判帳　GONINGUMI RENBANCHOU　　IN:715/LCCN:847710

　　写　1冊　袋　24.3cm×17.3cm
　　「弘化4年（1847）2月」（表紙）　河州橋本新田の文書

2487 御布告留帳　GOFUKOKU TOMECHOU　　IN:651/LCCN:847646

　　写　1冊　袋　26.8cm×19.2cm
　　奥書等：明治6年（1873）
　　柏崎県参事発令

2488 御用帳抜要　GOYOUCHOU BATSUYOU　　IN:723/LCCN:847718

　　写　1冊　袋　27cm×19.4cm
　　巻2存　安永8年（1779）〜天保11年（1840）　異称：公儀御触留

2489 御用留　GOYOUTOME　　IN:699/LCCN:847694

　　写　1冊　袋　26.5cm×19cm
　　天明〜天保の幕府勘定所回状・触留の編纂物

2490 御用留　GOYOUTOME　　IN:698/LCCN:847693

　　写　1冊　袋　27.3cm×17.4cm
　　奥書等：江曽原村名主多右衛門（裏表紙）
　　明治4年（1871）4月晦日以降　甲府役所宛願届等

C．法令　295

2491 御用留 GOYOUTOME　　　　　　　　　　　　　　　　　IN:685/LCCN:847680
　　　写　1冊　袋　26.4cm×18.7cm
　　　宝永八年より享保四年まで　越後三島郡塚山村諸御用留

2492 （相模国鎌倉郡関東御取締役御触達書）SAGAMI NO KUNI KAMAKURAGUN KANTOU
　　　　　　　　　　　　　　　　ONTORISHIMARIYAKU OFURE TASSHIGAKI　IN:799/LCCN:847794
　　　写　1冊　仮綴　24.3cm×17cm
　　　「教諭書写／斉藤文造所有」（表紙）　蔵書印等：［厳松堂・神奈川県消毒済証］

2493 三秘集 SANPI SHUU　　　　　　　　　　　　　　　　IN:806/LCCN:432370
　　　写　13冊　袋　25.8cm×16.2cm
　　　明和9年（1772）〜文化3年（1806）

2494 滋賀県治大要 SHIGAKEN CHITAIYOU　　　　　　　　　　IN:649/LCCN:847644
　　　写　1冊　袋　26.4cm×19cm
　　　明治22年（1889）度の県会決議録など

2495 寺社法則 JISHA HOUSOKU　　　　　　　　　　　　　　　IN:409/LCCN:847405
　　　写　1冊　袋　26.4cm×16.3cm
　　　蔵書印等：［桃堂蔵・吐仏］

2496 下総大塚原村　御水帳無之訳書案文 SHIMOUSA OOTSUKAHARAMURA OMIZUCHOU
　　　　　　　　　　　　　　　　　　KORE NAKI WAKE SHO ANBUN　IN:920/LCCN:432493
　　　写　1冊　袋　27.2cm×19.4cm
　　　奥書等：明和9年（1772）御水帳消失｜文化2年（1805）
　　　（SEP 1 1938）収蔵

2497 重立倹約　御令条 JUURITSU KEN'YAKU　GOJOUREI　　　　IN:783/LCCN:847778
　　　写　1冊　袋　23.4cm×16.8cm
　　　表紙に「従享保5年（1720）至文政11年（1828）3月」とある　蔵書印等：［山崎文庫］

2498 聖徳太子憲法十七条 SHOUTOKU TAISHI KENPOU JUUSHICHIJOU
　　　写　1冊　仮綴　25.5cm×17.5cm　　　　　　　　　　IN:1202f/LCCN:432775f
　　　欽定銭録・独断・象刑研究資料・朝野類要・親属記と合綴　（AUG 29 1939）収蔵

2499 聖徳太子十七条憲法註解 SHOUTOKU TAISHI JUUSHICHIJOU KENPOU CHUUKAI
　　　写　1冊　袋　23.9cm×16.3cm　　　　　　　　　　　IN:654/LCCN:847649

2500 （諸公事願書手形之事）SHO KUJI NEGAISHO TEGATA NO KOTO　IN:792/LCCN:847787
　　　写　1冊　袋　25.8cm×15.7cm
　　　蔵書印等：［永観堂］

2501 諸侯建白 SHOKOU KENPAKU　　　　　　　　　　　　　　IN:730/LCCN:847725
　　写　1冊　袋　22.7cm×14.7cm
　　奥書等：霞真流　矢野虎一郎好裕／同二代孫　真々流初段勝則
　　海軍教授所規則・土佐州渓史事国漂流始末書などを含む

2502 諸国御料所諸百姓 SHOKOKU GORYOUSHO SHO HYAKUSHOU　IN:704/LCCN:847699
　　写　1冊　袋　30.3cm×19.1cm
　　奥書等：正徳3年（1713）樋口又十郎様御書出

2503 諸式写置礼志之事 SHOSHIKI UTSUSHI OKARESHI NO KOTO　IN:817/LCCN:432381
　　写　1冊　袋　24.5cm×17cm
　　奥書等：慶応4年（1868）中村秀盟写

2504 私領所村方諸取計書 SHIRYOUSHO MURAKATA SHO TORIHAKARAI SHO
　　写　1冊　袋　23.6cm×17.4cm　　　　　　　　　　　IN:791/LCCN:847786

2505 新選憲法 SHINSEN KENPOU　　　　　　　　　　　　　IN:797/LCCN:847792
　　写　1冊　挿絵有　袋　24.4cm×17.1cm
　　異称：評定所三奉行御定書

2506 新選憲法秘録 SHINSEN KENPOU HIROKU　　　　　　　IN:801/LCCN:432365
　　写　12冊　袋　25.8cm×19cm
　　奥書等：長島藤太郎義孝写

2507 新選憲法秘録 SHINSEN KENPOU HIROKU　　　　　　　IN:786/LCCN:847781
　　写　6冊　袋　27.1cm×19.2cm
　　掟・御触・心得・取計・公事出入など　天保まで

2508 新定税目 SHINTEI ZEIMOKU　　　　　　　　　　　　　IN:258/LCCN:847254
　　神奈川運上所　刊　1冊　袋　23.4cm×16.5cm
　　蔵書印等：[石井]

2509 深秘 SHINPI　　　　　　　　　　　　　　　　　　　　IN:1661/LCCN:433234
　　写　3冊　袋　23.6cm×15.9cm

2510 新野問答・旧事記偽書明証考 SHIN'YA MONDOU　KUJIKI GISHO MEISHOUKOU
　　新井勘亀　写　1冊　袋　28.1cm×19.9cm　　　　　　IN:470/LCCN:847466
　　奥書等：享保16年（1781）

2511 新令句解武家諸法度 SHINREI KUKAI BUKE SHOHATTO　IN:674/LCCN:847769
　　写　1冊　袋　26.7cm×15.7cm
　　奥書等：宝永7年（1710）

C. 法令　297

2512 駿府御役人記録 SUNPU OYAKUNIN KIROKU　　　　IN:807a/LCCN:432371a
　　　写　1冊　袋　13.9cm × 19.5cm
　　　序：荘園主人
　　　「駿府記録　手控　佐久良伊・駿府記録　手控　敬孝」と合綴　蔵書印等：[福島文庫]

2513 駿府記録、手控、敬孝 SUNPU KIROKU TEBIKAE KEIKOU　　IN:807c/LCCN:432371c
　　　写　3冊　袋　13.5cm × 19cm
　　　奥書等：安政5年（1858）写
　　　「駿府御役人記録」「駿府記録　手控　佐久良伊」と合綴

2514 駿府記録、手控、佐久良伊 SUNPU KIROKU TEBIKAE SAKURAI
　　　写　3冊　袋　16cm × 21.2cm　　　　　　　　　　　IN:807b/LCCN:432371b
　　　「駿府御役人記録」「駿府記録　手控　敬孝」と合綴

2515 制度通 SEIDOTSUU　　　　　　　　　　　　　　　　IN:189/LCCN:847185
　　　伊藤東涯　刊　8冊　挿絵有　袋　22.1cm × 15.7cm
　　　序：享保9年（1724）伊藤長胤　跋：寛政8年（1726）伊藤善韶
　　　刊記：寛政9年（1797）全刻　施政堂蔵板　田中市兵衛・吉田四郎右衛門他（全4肆）

2516 制度通 SEIDOTSUU　　　　　　　　　　　　　　　　IN:188/LCCN:847184
　　　伊藤東涯　刊　8冊　挿絵有　袋　22.1cm × 15.7cm
　　　序：享保9年（1724）伊藤長胤　跋：寛政8年（1726）伊藤善韶
　　　刊記：寛政9年（1797）全刻　施政堂蔵版　京／林権兵衛・林芳兵衛
　　　「古義堂遺書目録」（3丁）を付す

2517 象刑研究資料 SHOUKEI KENKYUU SHIRYOU　　　　　IN:1202c/LCCN:432775c
　　　趙升撰、東川憙校　写　1冊　仮綴　25.5cm × 17.5cm
　　　欽定銭録・独断・朝野類要・親属記・聖徳太子憲法十七条と合綴　（AUG 29 1939）収蔵

2518 訴訟及裁決 SOSHOU OYOBI SAIKETSU　　　　　　　IN:816/LCCN:432380
　　　写　1冊　仮綴　24.8cm × 17.3cm
　　　蔵書印等：[東京弘文荘納]　内容=「京都伏見宮御家来今井主殿口一件御裁許（根岸珍政写）・
　　　綾瀬側一件御歎願写シ　文政13年（1830）2月・梯木村仇一件　御裁許（根岸珍平太写）・願
　　　文写（根岸珍政写）・増林村訴訟書・千間堀口一件之事・武州葛飾郡下川崎村変死騒動一件（根
　　　岸氏）」の全7件

2519 訴状之控 SOJOU NO HIKAE　　　　　　　　　　　　IN:814/LCCN:432378
　　　写　1冊　袋　23cm × 17cm
　　　奥書等：弘化2年（1845）写

2520 袖日記 SODE NIKKI　　　　　　　　　　　　　　　　IN:676/LCCN:847671
　　　写　1冊　袋　24.7cm × 14.5cm
　　　刊記：安永5年（1776）

異称：聴訟袖日記

2521 大明律例訳義 DAIMIN RITSUREI YAKUGI　　IN:421/LCCN:847417

　　（高瀬忠敦）　写　14冊　袋　27cm×18.8cm
　　蔵書印等：[東京師範学校図書印・士官]

2522 地租改正法 CHISO KAISEIHOU　　IN:846/LCCN:432420

　　刊　1冊　袋　25.6cm×17.9cm
　　序：明治6年（1873）太政大臣三条実美　刊記：東京／須原屋茂兵衛
　　蔵書印等：[加藤]

2523 聴訟要領 CHOUSHOU YOURYOU　　IN:678/LCCN:847673

　　写　2冊　袋　24.2cm×17cm
　　奥書等：安永9年（1780）

2524 聴訟要録 CHOUSHOU YOUROKU　　IN:677/LCCN:847672

　　写　1冊　袋　24.1cm×16.8cm

2525 的例問答 TEKIREI MONDOU　　IN:775/LCCN:847770

　　大野広城　写　2冊　洋装（袋）　25.9cm×18cm
　　〔朝河〕（SEP 6 1907）収蔵

2526 寺町勘秘録 TERAMACHI KANHIROKU　　IN:821/LCCN:4332385

　　写　1冊　袋　25.2cm×14.8cm

2527 天保勤扱改革規軌 TENPOU TSUTOME ATSUKAI KAIKAKU KIKI　　IN:820/LCCN:432384

　　写　1冊　袋　27.2cm×19.2cm

2528 東照宮御裁許百箇条 TOUSHOUGUU GOSAIKYO HYAKKAJOU　　IN:737/LCCN:847732

　　写　1冊　挿絵有　袋　23.7cm×16.5cm

2529 日本刑法沿革 NIHON KEIHOU ENKAKU　　IN:3441/LCCN:504763

　　豊島直通　写　1冊　袋　23.7cm×15.4cm

2530 （飛騨国高山陣屋証文留写）
　　　　HIDA NO KUNI TAKAYAMA JIN'YA SHOUMON TOMEUTSUSHI　　IN:703/LCCN:847698

　　写　2冊　袋　22.7cm×16.6cm
　　蔵書印等：[東京弘文荘納]

2531 （評定所心得の事）HYOUJOUSHO KOKOROE NO KOTO　　IN:707/LCCN:847702

　　写　1冊　折本　25.7cm×14.6cm
　　奥書等：正徳2年（1712）評定所御奉行中

C.法令　299

2532 （評定所裁許書写）HYOUJOUSHO SAIKYO SHO UTSUSHI　　IN:705/LCCN:847700
　　写　1冊　袋　29.4cm×18.7cm
　　序：享保14年（1729）　奥書等：文化9年（1812）写
　　元文3年（1738）〜寛保2年（1742）　大岡越前時代の裁許書

2533 評定所式目百箇条御定書 HYOUJOUSHO SHIKIMOKU HYAKKAJOU OSADAMEGAKI
　　写　1冊　挿絵有　袋　27cm×19.9cm　　　　　　　　IN:750/LCCN:847745
　　奥書等：寛保2年（1742）牧野越中守他

2534 評定所条目　HYOUJOUSHO JOUMOKU　　　　　　　　IN:743/LCCN:847738
　　写　1冊　袋　27.3cm×18.9cm
　　奥書等：寛保2年（1742）松平佐近将監

2535 武家諸法度　BUKE SHOHATTO　　　　　　　　　　　IN:672/LCCN:847667
　　刊　1冊　袋　26.3cm×18cm
　　刊記：嘉永元年（1848）不倦堂
　　異称：儀則帖

2536 武家諸法度　BUKE SHOHATTO　　　　　　　　　　　IN:673/LCCN:847668
　　写　1冊　袋　26.5cm×19cm

2537 武家諸法度及寺院御触書　BUKE SHOHATTO OYOBI JIIN OFUREGAKI
　　写　3冊　袋　23.4cm×16.8cm　　　　　　　　　　　IN:664/LCCN:847659
　　奥書等：安永4年（1775）源治
　　蔵書印等：［東京弘文荘納］

2538 府県章程改正案・区政略案　FUKEN SHOUTEI KAISEIAN・KUSEI RYAKUAN
　　写　1冊　仮綴　26.9cm×19.7cm　　　　　　　　　　IN:646/LCCN:847641
　　序：明治9年（1876）野村靖
　　蔵書印等：［東京弘文荘納］

2539 服忌令撰注分釈　BUKKIRYOU SENCHUU BUNSHAKU　　IN:834/LCCN:432408
　　写　1冊　洋装（袋）　27.7cm×18.6cm
　　序：安永10年（1781）長山庄右衛門・文化7年（1810）加藤瀬左衛門次章
　　〔朝河〕（SEP 6 1907）収蔵

2540 仏蘭西国条約並税則　FURANSUKOKU JOUYAKU NARABINI ZEISOKU
　　刊　1冊　袋　26cm×18cm　　　　　　　　　　　　　IN:975/LCCN:432548
　　奥書等：水野筑後守・永井玄蕃頭・井上信濃守・堀識部正・岩瀬肥後守・野々山証蔵
　　五ケ条約書并税則のうち

2541 文昭公御遺書・有徳公御夜話・寛政執政山下幸内上書評并白川侯物価論
　　BUNSHOUKOU ON'ISHO・YUUTOKUKOU ON'YAWA・KANSEI SHISSEI YAMASHITA

　　　　　　KOUNAI JOUSHO HYOU NARABINI SHIRAKAWAKOU BUKKARON　　IN:823/LCCN:432397
　　写　1冊　袋　27cm × 19.2cm
　　奥書等：寛政5年（1793）間宮信好

2542　　ぶんしょうひかん
　　　　聞訟秘鑑　BUNSHOU HIKAN　　　　　　　　　　　　　　　　IN:669/LCCN:847664
　　写　1冊　袋　23.4cm × 16.6cm
　　奥書等：ミヤウチ里　苅谷主
　　異称：公裁秘宝録

2543　　ぶんしょうひかん
　　　　聞訟秘鑑　BUNSHOU HIKAN　　　　　　　　　　　　　　　　IN:668/LCCN:847663
　　写　1冊　袋　26.3cm × 18.7cm

2544　　ぶんでんそうしょ
　　　　聞伝叢書　BUNDEN SOUSHO　　　　　　　　　　　　　　　　IN:666/LCCN:847661
　　写　2冊　洋装（袋）　25.7cm × 17.8cm
　　〔朝河〕（APR 19 1907）収蔵

2545　　ぶんでんそうしょ
　　　　聞伝叢書　BUNDEN SOUSHO　　　　　　　　　　　　　　　　IN:665/LCCN:847660
　　写　11冊　袋　26.7cm × 18.5cm

2546　　ほうそうしりょうそうあん
　　　　法曹志料草案　HOUSOU SHIRYOU SOUAN　　　　　　　　　　IN:645/LCCN:847640
　　写　4冊　袋　23.4cm × 15.9cm
　　蔵書印等：〔沼田文庫〕

2547　　ほんちょうれいこう
　　　　本朝令考　HONCHOU REIKOU　　　　　　　　　　　　　　　　IN:657/LCCN:847652
　　河村秀頴草稿、稲葉通邦編次　写　2冊　袋　24cm × 16.2cm
　　序：天明6年（1786）稲葉通邦
　　（AUG 25 1925）収蔵　異称：皇朝令考

2548　　みょうほうかんようしょう
　　　　明法肝要抄　MYOUHOU KAN'YOUSHOU　　　　　　　　　　　　IN:655/LCCN:847650
　　乗恵　写　1冊　袋　30cm × 20.6cm
　　法曹類林巻第226

2549　　めいじさんねんこうごねんおふれがき
　　　　明治三庚午年御触書　MEIJI SAN KOUGO NEN OFUREGAKI　　IN:650/LCCN:847645
　　写　挿絵有　袋　24.2cm × 16.6cm
　　奥書等：丹波藩庁
　　蔵書印等：〔巌松堂古典部・民政局〕

2550　　めやすうらばんたいぜん
　　　　目安裏判大全　MEYASU URABAN TAIZEN　　　　　　　　　　IN:749/LCCN:847744
　　写　1冊　挿絵有　袋　26.8cm × 20cm
　　奥書等：享保2年（1717）牧野越中守他
　　異称：御定書

2551 間注所三善氏記 MONCHUUSHO MIYOSHISHI NO KI　　　　IN:763/LCCN:847758
　　　写　1冊　袋　26.5cm×19cm
　　　奥書等：天保13年（1842）菅原夏蔭｜嘉永元年（1848）再記　菅原夏蔭

2552 宿方一許書物 YADOKATA IKKYO SHOMOTSU　　　　IN:822/LCCN:432386
　　　写　2冊　袋　26.7cm×18.7cm

2553 与力同心ニ申渡ス条々 YORIKI DOUSHIN NI MOUSHI WATASU JOUJOU
　　　北条氏如　写　1冊　袋　27cm×18.5cm　　　　IN:432/LCCN:847428
　　　奥書等：享保6年（1721）写　村上暢利
　　　蔵書印等：[稽古堂蔵書・参謀]　異称：持弓武功与力同心ニ申渡条

2554 与力同心江申渡条々 YORIKI DOUSHIN E MOUSHI WATASU JOUJOU
　　　写　1冊　挿絵有　袋　26cm×17.5cm　　　　IN:534/LCCN:847529
　　　蔵書印等：[士官]

2555 律令要略 RITSURYOU YOURYAKU　　　　IN:796/LCCN:847791
　　　氏長　写　1冊　袋　27.4cm×19.10cm
　　　序：寛保元年（1741）氏長

2556 律令要略 RITSURYOU YOURYAKU　　　　IN:795/LCCN:847790
　　　氏長　写　1冊　袋　27cm×20cm
　　　序：寛保元年（1741）氏長

2557 令抄 RYOUSHOU　　　　IN:656/LCCN:847651
　　　一条兼良　写　3冊　袋　24.2cm×17cm
　　　1938 収蔵

2558 令俗解 RYOU ZOKUGE　　　　IN:903/LCCN:432476
　　　写　1冊　袋　27.2cm×18.8cm
　　　（MAY 7 1938）収蔵　異称：田令和解

2559 令義解 RYOU NO GIGE　　　　IN:2220/LCCN:508620
　　　清原真人夏野　他　刊　10冊　袋　25.7cm×17.8cm
　　　刊記：江戸／山城屋佐兵衛

2560 令集解 RYOU NO SHUUGE　　　　IN:658/LCCN:847653
　　　惟宗直本　刊（木活字）　36冊　袋　26.5cm×18.9cm
　　　跋：明治5年（1872）石川介　刊記：蕉園石川介校字印刷　明治4年（1871）発兌　東京／須原屋茂兵衛・山城屋佐兵衛他（全9肆）　奥書等：慶長3年（1598）吏部秀賢
　　　（APR 22 1939）収蔵

2561 令集解 　RYOU NO SHUUGE　　　　　　　　　　　　　　　　IN:659/LCCN:847654

　　惟宗直本　刊（木活字）　36冊　袋　26.5cm × 18.9cm
　　跋：明治5年（1872）石川介　刊記：蕉園石川介校字印刷　明治4年（1871）発兌　東京／須原
　　屋茂兵衛・山城屋佐兵衛他（全9肆）　奥書等：慶長3年（1598）吏部秀賢
　　（MAY 7 1938）収蔵

2562 臨時 　RINJI　　　　　　　　　　　　　　　　　　　　IN:567/LCCN:847562

　　写　2冊　袋　20.7cm × 14.6cm
　　蔵書印等：［高山寺］　異称：禁裡臨時公事控書

2563 類聚三代格 　RUIJUU SANDAIKYAKU　　　　　　　　　　　　IN:660/LCCN:847655

　　写　6冊　袋　25.7cm × 18cm
　　序：弘仁格・貞観格・延喜格の各原序（略）
　　跋：弘化2年（1845）尾張／植松茂岳・野村正徳・高橋広道・神谷元平
　　奥書等：嶋信彰校訂　丁卯（慶応3年（1867））
　　（MAY 11 1938）収蔵

2564 歴代法令集 　REKIDAI HOUREI SHUU　　　　　　　　　　　　IN:825/LCCN:432399

　　写　1冊　袋　26.9cm × 18.7cm
　　奥書等：氏都
　　蔵書印等：［士官］　異称：将軍家御法令集

2565 魯西亜国条約并税則 　ROSHIAKOKU JOUYAKU NARABINI ZEISOKU　IN:974/LCCN:432547

　　刊　1冊　袋　26cm × 18cm
　　五ケ条約書并税則のうち

D. 官職

2566 官位 　KAN'I　　　　　　　　　　　　　　　　　　　　IN:826/LCCN:432400

　　写　1冊　袋　26.2cm × 19.8cm

2567 拾芥抄 　SHUUGAISHOU　　　　　　　　　　　　　　　　　IN:1541/LCCN:433114

　　洞院公賢　刊　2冊　挿絵有　袋　25.2cm × 18.6cm
　　蔵書印等：［士官］

2568 拾芥抄 　SHUUGAISHOU　　　　　　　　　　　　　　　　　IN:1542/LCCN:433115

　　洞院公賢　刊　6冊　挿絵有　袋　26cm × 19.3cm
　　異称：新板拾芥抄

2569 ［新板］職原抄引事大全 　SHOKUGENSHOU INJI TAIZEN　　　　IN:2329/LCCN:695767

　　植木悦　刊　9冊　袋　26.8cm × 18.8cm

刊記：万治2年（1659）京／中川茂兵衛
蔵書印等：［帯江文庫・士官］

2570 ［標註］職原抄校本　SHOKUGENSHOU KOUHON　　IN:1526/LCCN:433099
　　近藤芳樹　刊　6冊　袋　26.1cm × 18.2cm
　　序：嘉永7年（1854）安積信
　　刊記：須原屋茂兵衛・和田屋太右衛門他（全9肆）｜安政5年（1858）（見返）

2571 職原抄支流　SHOKUGENSHOU SHIRYUU　　IN:827/LCCN:432401
　　写　1冊　袋　26.3cm × 19.4cm

2572 職原鈔弁疑私考　SHOKUGENSHOU BENGI SHIKOU　　IN:179/LCCN:847175
　　壺井義知　刊　1冊　洋装（袋）　25.7cm × 18.1cm
　　序：享保3年（1718）賀茂県主清茂　跋：享保2年（1717）衣笠散人・壺井義知
　　刊記：享保3年（1718）京／唐本屋八郎兵衛

2573 雲上明鑑　UNJOU MEIKAN　　IN:1478/LCCN:433051
　　方巾斎房常　刊　1冊　挿絵有　袋　16.8cm × 11.3cm
　　序：有　刊記：文化4年（1807）再刊（序文）
　　巻上存

2574 唐官鈔　TOUKANSHOU　　IN:3128/LCCN:696566
　　伊藤東涯　刊　3冊　袋　27.1cm × 18.2cm
　　序：宝暦3年（1753）藤原栄親・享保21年（1736）伊藤長胤　跋：宝暦3年（1753）主殿助
　　伴重威　刊記：宝暦3年（1753）新刊　京／文泉堂　林権兵衛
　　「古義堂蔵書　文泉堂発行目録」（1丁）を付す

2575 百人組御番所勤方控　HYAKUNINGUMI GOBANSHO TSUTOMEKATA HIKAE
　　写　1冊　袋　23.4cm × 16.9cm　　IN:706/LCCN:847701
　　「享保元年（1716）より延享2年（1745）まで　亀井」（表紙）　蔵書印等：［進木廼舎］

2576 武家的用心得草　BUKE TEKIYOU KOKOROEGUSA　　IN:675/LCCN:847670
　　写　4冊　袋　24cm × 16.5cm

2577 本朝官制沿革図考　HONCHOU KANSEI ENKAKU ZUKOU　　IN:824/LCCN:432398
　　伊藤長胤　写　3冊　袋　23.5cm × 16cm
　　序：正徳4年（1714）伊藤長胤

2578 陸軍士官必携　RIKUGUN SHIKAN HIKKEI　　IN:122/LCCN:847118
　　渡辺一郎訳・柳河春三閲　刊　2冊　袋　19.5cm × 13.2cm
　　刊記：慶応3年（1867）江戸／山城屋佐兵衛
　　蔵書印等：［士官］

2579 柳営秘鑑 <ruby>りゅうえいひかん</ruby> *RYUUEI HIKAN*　　　　　　　　　　　IN:850/LCCN:432424

　　写　6冊　洋装（袋）　27.6cm × 19cm
　　〔朝河〕（AUG 17 1907）収蔵

2580 柳営秘鑑 <ruby>りゅうえいひかん</ruby> *RYUUEI HIKAN*　　　　　　　　　　　IN:861/LCCN:432435

　　写　1冊　洋装（袋）　27.5cm × 22cm

E. 補任

2581 （尾張様御家中所附）*OWARISAMA GOKACHUU TOKORODUKE*　　IN:811/LCCN:432375

　　写　1冊　洋装（袋）　22.2cm × 15.3cm
　　奥書等：安政4年（1857）大原弥兵衛写
　　〔朝河〕（SEP 6 1907）収蔵

2582 ［新板改正］嘉永武鑑 *KAEI BUKAN*　　　　　　　　　　　IN:2636/LCCN:696074

　　刊　4冊　挿絵有　袋　15.8cm × 11.4cm
　　刊記：嘉永2年（1849）江戸／須原屋茂兵衛
　　「書肆千鐘房略目録」を付す　蔵書印等：［参謀］

2583 寛政武鑑 *KANSEI BUKAN*　　　　　　　　　　　　　　　IN:2589/LCCN:696027

　　刊　3冊　挿絵有　袋　15.8cm × 11.2cm

2584 御交替武鑑 *GOKOUTAI BUKAN*　　　　　　　　　　　　　IN:2681/LCCN:696119

　　刊　1冊　袋　9.9cm × 15.9cm
　　刊記：享保16年（1731）江戸／暦双紙／地本問屋

2585 御昇進御位階御用掛 *GOSHOUSHIN GOIKAI GOYOUGAKARI*　　IN:124/LCCN:847120

　　刊　1冊　袋　10.8cm × 7.7cm
　　刊記：文政10年（1827）江戸／須原屋茂兵衛

2586 袖玉武鑑 *SHUUGYOKU BUKAN*　　　　　　　　　　　　　IN:2299.3/LCCN:695737

　　刊　1冊　袋　6.9cm × 16.2cm
　　刊記：天保9年（1838）江戸／須原屋茂兵衛
　　蔵書印等：［参謀］

2587 袖玉武鑑 *SHUUGYOKU BUKAN*　　　　　　　　　　　　　IN:2299.2/LCCN:695737

　　刊　1冊　袋　6.9cm × 16.2cm
　　刊記：文化15年（1818）江戸／須原屋茂兵衛
　　蔵書印等：［参謀］

2588　（袖玉武鑑）　SHUUGYOKU BUKAN　　　　　　　　　　IN:2299.1/LCCN:695737
　　　刊　1冊　袋　6.9cm×16.2cm
　　　刊記：文化12年（1815）江戸／須原屋茂兵衛
　　　蔵書印等：［参謀］

2589　泰平万代大成武鑑　TAIHEI BANDAI TAISEI BUKAN　　　IN:2469/LCCN:695907
　　　刊　4冊　挿絵有　袋　15.8cm×11.4cm
　　　刊記：宝暦10年（1760）江戸／出雲寺和泉掾
　　　蔵書印等：［参謀］

2590　泰平万代大成武鑑　TAIHEI BANDAI TAISEI BUKAN　　　IN:1697/LCCN:433270
　　　刊　3冊　袋
　　　刊記：万延元年（1860）出雲寺万次郎

2591　天保武鑑　TENPOU BUKAN　　　　　　　　　　　　　IN:2582/LCCN:696020
　　　刊　1冊　袋　16cm×11.2cm
　　　刊記：天保7年（1836）江戸／須原屋茂兵衛
　　　異称：御役目録

2592　天明武鑑　TENMEI BUKAN　　　　　　　　　　　　　IN:2074/LCCN:508474
　　　刊　4冊　挿絵有　袋　14cm×11.4cm
　　　刊記：天明2年（1782）江戸／須原屋茂兵衛

2593　南朝公卿補任　NANCHOU KUGYOU BUNIN　　　　　　　IN:352/LCCN:847345
　　　写　4冊　袋　26.6cm×18.9cm
　　　巻1: 後醍醐天皇・後村上院上　巻2: 後村上院下　巻3: 後亀山院上　巻4: 後亀山院下
　　　蔵書印等：［士官］

2594　入官第一義　NYUUKAN DAIICHIGI　　　　　　　　　　IN:2735/LCCN:696173
　　　塚田虎　刊　1冊　洋装（袋）　26.3cm×18.2cm
　　　刊記：東都雄風館蔵　江戸／須原屋茂兵衛・岡田屋嘉七他（全5肆）
　　　〔朝河〕（SEP 6 1907）収蔵

2595　武鑑　BUKAN　　　　　　　　　　　　　　　　　　　IN:2591/LCCN:696029
　　　刊　1冊　挿絵有　袋　15.4cm×11cm
　　　巻1存

2596　（武鑑）　BUKAN　　　　　　　　　　　　　　　　　IN:2199/LCCN:508599
　　　刊　3冊　挿絵有　袋　15.4cm×11.1cm
　　　刊記：享保8年（1723）江戸／山口屋権兵衛

2597　武家補任　BUKE BUNIN　　　　　　　　　　　　　　IN:1482/LCCN:433055
　　　関正玄　写　4冊　袋　27.8cm×19.9cm

奥書等：正徳3年（1713）自松叟

2598 **武家補任** ぶけぶにん　*BUKE BUNIN*　　　　　　　　　　　　IN:1040/LCCN:432613
　　写　1冊　袋　19.8cm × 12.8cm

2599 **武家補任** ぶけぶにん　*BUKE BUNIN*　　　　　　　　　　　　IN:1161/LCCN:432734
　　写　1冊　袋　20.8cm × 14.6cm
　　異称：武家叙任

2600 **文化武鑑** ぶんかぶかん　*BUNKA BUKAN*　　　　　　　　　　IN:2195/LCCN:508595
　　刊　4冊　挿絵有　袋　16cm × 11.5cm
　　刊記：文化13年（1816）江戸／千鐘房　須原屋茂兵衛

2601 **元百人組四組頭代々記** もとひゃくにんぐみよんくみかしらだいだいき　*MOTO HYAKUNINGUMI YONKUMI KASHIRA DAIDAIKI*
　　写　1冊　袋　24.3cm × 17.2cm　　　　　　　　IN:764/LCCN:847759
　　慶長6年（1601）～文久2年（1862）

F. 典礼・儀式

2602 **青標紙** あおびょうし　*AOBYOUSHI*　　　　　　　　　　　　IN:776a/LCCN:847771a
　　大野広城　写　2冊　挿絵有　袋　19.2cm × 14.2cm
　　板本写　殿居嚢と合綴

2603 **安斎雑録** あんさいざつろく　*ANSAI ZATSUROKU*　　　　　　IN:328/LCCN:847324
　　伊勢貞丈　写　3冊　挿絵有　袋　26.8cm × 19cm
　　奥書等：安永9年（1780）貞丈記

2604 **衣服令打聞** いぶくりょううちぎき　*IBUKURYOU UCHIGIKI*　　IN:852/LCCN:432426
　　長瀬真幸　写　1冊　袋　26.5cm × 18.5cm
　　奥書等：ながせのまさき｜寛政7年（1795）写　阿蘇惟馨｜寛政12年（1800）写　延秋｜文政11年（1828）写　伴宿祢直方
　　（MAY 7 1938）収蔵

2605 **色集** いろしゅう　*IROSHUU*　　　　　　　　　　　　　　IN:3585/LCCN:504907
　　写　1冊　挿絵有　袋　23.1cm × 16.2cm

2606 **小笠原大諸礼集大全** おがさわらだいしょれいしゅうたいぜん　*OGASAWARA DAISHOREI SHUU TAIZEN*　IN:1622/LCCN:433195
　　大江文全　刊　3冊　挿絵有　袋　26.5cm × 18.6cm
　　序：文政8年（1825）大江文全　刊記：文政9年（1826）大坂／小林利兵衛・奥田弥助

2607 飾馬考 KAZARIUMA KOU　　　　　　　　　　　　　IN:2899/LCCN:696337
　　的場勝美　刊　2冊　挿絵有　袋　25cm×18cm
　　序：嘉永3年（1850）清原宣明　跋：嘉永元年（1848）荒井公廉
　　刊記：安政4年（1857）大坂／前川善兵衛

2608 賀茂祭記録 KAMOMATSURI KIROKU　　　　　　　　IN:494/LCCN:847490
　　写　1冊　洋装（袋）　23.2cm×16.6cm
　　〔朝河〕（AUG 17 1907）収蔵

2609 菅像弁 KANZOU NO BEN　　　　　　　　　　　　　IN:598/LCCN:847593
　　平貞丈（伊勢貞丈）写　1冊　挿絵有　洋装（袋）　27.6cm×19cm
　　奥書等：安永8年（1779）伊勢平蔵貞丈
　　〔朝河〕（APR 18 1907）収蔵

2610 冠帽図会 KANBOU ZUE　　　　　　　　　　　　　　IN:2836/LCCN:696274
　　（松岡辰方）刊　1冊　挿絵有　袋　20cm×19.8cm
　　跋：天保11年（1840）円治真人行義
　　故実叢書34

2611 吉良流諸式 KIRARYUU SHOSHIKI　　　　　　　　　IN:863/LCCN:432437
　　写　1冊　洋装（袋）　23.4cm×17.5cm

2612 禁秘御鈔階梯 KINPI MISHOU KAITEI　　　　　　　IN:1581/LCCN:433154
　　滋野井公麗　刊　3冊　袋　27.3cm×19.3cm
　　跋：安永5年（1776）自跋　刊記：京／吉田四郎右衛門

2613 禁裏殿上古実秘録 KINRI TENJOU KOJITSU HIROKU　　IN:833/LCCN:432407
　　伊勢貞丈　写　1冊　洋装（袋）　27.3cm×18.7cm
　　奥書等：天明3年（1783）伊勢平蔵貞丈考
　　〔朝河〕（SEP 6 1907）収蔵　異称：安斎雑録

2614 首実験之巻私抄 KUBIJIKKEN NO MAKI SHISHOU　　　IN:1096/LCCN:432669
　　写　1冊　挿絵有　袋　29cm×19.3cm
　　奥書等：文化14年（1817）三森十太兵衛｜天保10年（1839）浅河助十郎殿
　　異称：首実験抄

2615 群書摘鈔 GUNSHO TEKISHOU　　　　　　　　　　　IN:1176/LCCN:432749
　　写　1冊　仮綴　26cm×18.2cm

2616 稽古要略 KEIKO YOURYAKU　　　　　　　　　　　　IN:2235/LCCN:508635
　　碧川好尚（藤緑河・緑河亭主人）刊　1冊　袋　26.6cm×18.5cm
　　序：安政3年（1856）緑河亭主人（例言）
　　「伊吹廼屋先生及門人著述刻成之書目　塾蔵版」を付す

2617 化粧秘伝 KESHOU HIDEN　　　　　　　　　　　　　　　　IN:2732/LCCN:696170
　　　佐山半七丸作、速水春暁斎画　刊　3冊　挿絵有　袋　25.3cm×17.6cm
　　　序：文化10年（1813）大原権少将源朝臣重成卿（洋々舘主人）
　　　刊記：文化10年（1813）江戸／雁金屋青山清吉

2618 江家次第 GOUKE SHIDAI　　　　　　　　　　　　　　　　IN:3400/LCCN:504722
　　　大江匡房　刊　19冊　袋　26.8cm×19.1cm
　　　跋：承応2年（1653）蓬生巷林鷦
　　　巻16欠　蔵書印等：［東京弘文荘納］

2619 江家次第 GOUKE SHIDAI　　　　　　　　　　　　　　　　IN:137/LCCN:847133
　　　大江匡房　刊　11冊　袋　26.4cm×18cm
　　　跋：承応2年（1653）蓬生巷林鷦　刊記：京／錢屋惣四郎
　　　異称：江次第

2620 江家次第 GOUKE SHIDAI　　　　　　　　　　　　　　　　IN:2304/LCCN:695742
　　　大江匡房　刊　8冊　袋　26.3cm×18.3cm
　　　巻1～8存

2621 故実雑書 KOJITSU ZASSHO　　IN:847・848・849/LCCN:432421・432422・432423
　　　写　16冊　挿絵有　洋装（袋）　24.1cm×16.2cm（1～8）、27.2cm×19.7cm（9・10・11）、28cm×19.8cm（12）、26.8cm×18.8cm（13）、28.8cm×20.8cm（14）、16.8cm×24.2cm（15）、20.5cm×13.6cm（16）
　　　当躾方歌（嘉永元年（1848）写　平井菊三郎）・満請取渡之事・酌之次第・喰初之次第・髪置之次第・袴着之次第・嫁娶婿入之次第・舅見果之次第・婿入之次第・懐妊帯之次第・書礼法式（小笠原民部大輔信定的伝・田村節蔵教則・深川喜五郎久敬）・難説姓氏考証（経亮）・「鯨波と申事は……」（明和8年（1771）多賀常政問　伊勢氏貞丈答）・「元日うしの始詳ならず」（文化5年（1808）写　源宗悟）・鳴弦蟇目考（明和8年（1771）伊勢平蔵貞丈）・梅檀鳩尾問答（明和9年（1772）伊勢平蔵貞丈）・求사抄（宝暦11年（1761）伊勢平蔵貞丈）・衣紋廻状留（寛政10年（1798）～弘化3年（1846））　馬具・鞘考（みのとし夏　くれ井のやか尾直子）・矢羽文考（安永5年（1776）伊勢平蔵貞丈　文政12年（1829）土井七太郎利恒）結様秘図（光様写）・八張弓之図（天保12年（1841）写）等より成る　蔵書印等：［川内文庫・偕楽堂］
　　　〔朝河〕（SEP 6 1907）収蔵

2622 故実拾要 KOJITSU SHUUYOU　　　　　　　　　　　　　　IN:838/LCCN:432412
　　　（篠崎東海）　写　1冊　洋装（袋）　24.7cm×16.6cm
　　　〔朝河〕（APR 18 1907）収蔵

2623 故実拾要 KOJITSU SHUUYOU　　　　　　　　　　　　　　IN:1222/LCCN:432795
　　　（篠崎東海）　写　1冊　袋　24.2cm×19.2cm
　　　蔵書印等：［士官］

2624 故実類聚抄 KOJITSU RUIJUSHOU　　　　　　　　　　　　IN:380/LCCN:847376
　　　秋斎多田先生（多田義俊）口述、門人等筆授　写　1冊　袋　25.7cm×18.2cm

蔵書印等：［予科士官・士官・仙台幼年］

2625 古図類従調度部文房器具 KOZU RUIJUU CHOUDOBU BUNBOUKIGU　　IN:1583/LCCN:433156
高島千春　刊　1冊　挿絵有　袋　24.7cm × 18.4cm
序：文政 5 年（1822）成島司直

2626 婚礼之書同献組 KONREI NO SHO DOUKENSO　　IN:1047/LCCN:432620
小笠原長時　写　1冊　袋　18.8cm × 12.4cm
奥書等：宝暦 12 年（1760）小笠原大膳大夫長時他 6 名｜享和 2 年（1802）速水藤左殿　石橋助次種房｜石橋与門｜享和元年（1801）石橋助次　速水藤左殿｜織田筑前守秀錦臣　藤南軍太夫正始
蔵書印等：［士官］　異称：婚礼献組之次第

2627 三礼口訣 SANREI KUKETSU　　IN:3187/LCCN:696625
貝原益軒　刊　2冊　袋　10.5cm × 15.6cm
序：元禄 12 年（1699）貝原益軒　跋：元禄 12 年（1699）茨木方道
刊記：文化 12 年（1815）求板｜勝島喜六郎蔵版｜京／植村藤右衛門・山中善兵衛

2628 四季艸 SHIKIKUSA　　IN:2889/LCCN:696327
伊勢貞丈　刊　2冊　挿絵有　洋装（袋）　25.8cm × 19cm
序：安永 7 年（1778）伊勢平蔵貞丈｜天保 8 年（1837）長沢衛門源伴雄　跋：安永 7 年（1778）伊勢平蔵貞丈　刊記：天保 14 年（1843）阪本屋喜一郎他（全 6 肆）
〔朝河〕（APR 18 1907）収蔵

2629 笏 SHAKU　　IN:835/LCCN:432409
写　1冊　挿絵有　洋装（袋）　24.1cm × 16.4cm
奥書等：文化 12 年（1815）写　俊康
〔朝河〕（SEP 6 1907）収蔵

2630 諸鞍日記考註補遺 SHOAN NIKKI KOUCHUU HOI　　IN:1485/LCCN:433058
（伊勢貞丈）　写　1冊　袋　23.1cm × 16.6cm
奥書等：文化 2 年（1805）本多甲馬・藤原忠憲

2631 条々聞書 JOUJOU KIKIGAKI　　IN:853/LCCN:432427
伊勢貞丈　写　1冊　挿絵有　洋装（袋）　27cm × 20.2cm
奥書等：明和 3 年（1766）伊勢平蔵貞丈
〔朝河〕（SEP 6 1907）収蔵

2632 装束色彙 SHOUZOKU SHOKUI　　IN:839/LCCN:432413
写　1冊　洋装（袋）　25.8cm × 19cm
蔵書印等：［松井蔵書］、〔朝河〕（SEP 6 1907）収蔵

2633 装束織紋図 　SHOUZOKU SHOKUMON ZU　　　　　　　IN:837/LCCN:432411
　　　写　1冊　挿絵有　洋装（袋）　26.4cm × 19cm
　　　蔵書印等：［深川文庫］、〔朝河〕（SEP 6 1907）収蔵

2634 装束図式 　SHOUZOKU ZUSHIKI　　　　　　　　　IN:2274/LCCN:695712
　　　刊　1冊　挿絵有　袋　27.1cm × 15.8cm
　　　刊記：元禄5年（1692）京／富倉太兵衛
　　　〔朝河〕（APR 18 1907）収蔵

2635 諸聞書ノ条々 　SHO KIKIGAKI NO JOUJOU　　　　　IN:1510/LCCN:433083
　　　写　1冊　挿絵有　袋　20cm × 12.8cm
　　　奥書等：寛政5年（1793）｜寛政12年（1800）伊勢貞春茂君　本多甲馬忠憲　藤浪軍大夫正治
　　　｜寛延2年（1749）｜天明8年（1788）服部八郎左衛門直系・藤浪軍大夫正治他計7名写

2636 職方考覧 　SHOKUHOU KOURAN　　　　　　　　　 IN:549/LCCN:847544
　　　写　1冊　袋　24.7cm × 17cm
　　　蔵書印等：［士官］

2637 織文図会 　SHOKUMON ZUE　　　　　　　　　　　IN:1675/LCCN:433248
　　　松岡士弁（松岡辰方）編、本間遊清（百里）補　刊　1冊　挿絵有（彩色）　袋　26.9cm ×
　　　19.3cm
　　　序：享和元年（1801）藤原基季　跋：文化12年（1815）八幡与一源百里
　　　異称：装束織文図会

2638 織文図会 　SHOKUMON ZUE　　　　　　　　　　　IN:1676/LCCN:433249
　　　松岡士弁（辰方）著、本間遊清（百里）補　刊　6冊　挿絵有　袋　26.9cm × 19.3cm
　　　序：寛政12年（1800）藤原朝臣正臣・文化14年（1817）八幡百里・文政元年（1818）本間
　　　百里
　　　刊記：文化14年（1817）｜文政元年（1818）｜文政7年（1824）｜文政8年（1825）刊
　　　女官　狩衣　錦織物　礼服部各一巻　御幸部二巻

2639 新抄格勅府 　SHINSHOU KYAKUCHOKUFU　　　　　IN:662/LCCN:847657
　　　写　1冊　袋　26.3cm × 19cm
　　　奥書等：長保3年（1001）写｜万延元年（1860）写　栗田寛｜明治9年（1876）写　小杉榲邨
　　　｜明治12年（1879）写　荻原厳雄
　　　巻10存　蔵書印等：［東京弘文荘納］　異称：新抄格勅符抄

2640 新朝律令 　SHINCHOU RITSURYOU　　　　　　　　IN:670/LCCN:847665
　　　写　1冊　挿絵有　袋　26.5cm × 18.5cm
　　　異称：江戸城中新朝律令

2641 逆士切服之一条 　GYAKUSHI SEPPUKU NO ICHIJOU　IN:536/LCCN:847531
　　　近藤蹊斎　写　1冊　仮綴　23.7cm × 16.7cm

F. 典礼・儀式　311

奥書等：近藤蹊斎
蔵書印等：[予科士官]

2642 宣案(せんあん)　SEN'AN　　　　　　　　　　　　　　IN:323/LCCN:847319
　　　写　1冊　折本　33.4cm × 14.6cm
　　　奥書等：文化9年（1812）
　　　異称：菅原和子叙位宣案

2643 内裏式(だいりしき)　DAIRISHIKI　　　　　　　　　　　IN:2273/LCCN:695711
　　　刊　1冊　袋　26.6cm × 18cm
　　　刊記：享和3年（1803）京／娑婆岐春行
　　　〔朝河〕（APR 18 1907）収蔵

2644 内裏式(だいりしき)　DAIRISHIKI　　　　　　　　　　　IN:2272/LCCN:695710
　　　刊　1冊　袋　25.6cm × 18.1cm

2645 （内裏配置図）(だいりはいちず)　DAIRI HAICHI ZU　　　IN:2869/LCCN:696307
　　　刊　9枚　挿絵有　一枚物　121.8cm × 107cm（京城略図）、139.3cm × 153.9cm（大内裡）、
　　　60.5cm × 77cm（太政官）、81.5cm × 185.8cm（八政院）、54.3cm × 62.8cm（神祇官）、
　　　81.5cm × 184.8cm（豊楽院）、109.3cm × 115.4cm（大学寮四道院）、61.4cm × 38.4cm（真言院）、
　　　32.3cm × 43.3cm（武徳殿）
　　　京城略図・大内裡・太政官・八政院・神祇官・豊楽院・大学寮四道院・真言院・武徳殿の九枚
　　　配置図に略注を付す　蔵書印等：[小沢文庫]

2646 当流紋尽(とうりゅうもんづくし)　TOURYUU MONDUKUSHI　IN:2757/LCCN:696195
　　　刊　1冊　挿絵有　洋装（袋）　21.2cm × 15.8cm
　　　刊記：正徳3年（1713）栃木／石原半兵衛・京／八文字屋八左衛門
　　　「当流紋尽 西川筆」（見返）〔朝河〕（APR 18 1907）収蔵

2647 独断(どくだん)　DOKUDAN　　　　　　　　　　　　　IN:1202b/LCCN:432775b
　　　蔡邕　写　1冊　仮綴　25.5cm × 17.5cm
　　　欽定銭録・象刑研究資料・朝野類要・親属記・聖徳太子憲法十七条と合綴
　　　（AUG 29 1939）収蔵

2648 殿居嚢(とのいぶくろ)　TONOIBUKURO　　　　　　　　IN:776b/LCCN:847771b
　　　大野広城　写　2冊　挿絵有　袋　19.2cm × 14.2cm
　　　板本写　青標紙と合綴

2649 ［武家必攬］殿居嚢(とのいぶくろ)　TONOIBUKURO　　　IN:777/LCCN:847772
　　　大野広城　写　3冊　挿絵有　袋　26.3cm × 18.6cm
　　　序：天保8年（1837）藤原朝臣

2650 日本歳時記 *NIHON SAIJIKI*　　　　　　　　　　　　　　　IN:2099/LCCN:508499

　　貝原好古　刊　1冊　挿絵有　洋装（袋）　21.8cm × 15.8cm
　　序：貞享 4 年（1687）貝原篤信　刊記：貞享 5 年（1688）京／日新堂｜文政 7 年（1824）補刻、
　　江戸／須原屋茂兵衛・大坂／秋田屋太右衛門
　　「都鄙祭事記」を付す　〔朝河〕（SEP 6 1907）収蔵

2651 日本歳時記 *NIHON SAIJIKI*　　　　　　　　　　　　　　　IN:2843/LCCN:696081

　　貝原好古　刊　4冊　挿絵有　袋　21.8cm × 15.4cm
　　序：貞享 4 年（1687）　跋：貞享 4 年（1687）貝原篤信
　　刊記：貞享 5 年（1688）日新堂｜京／河内屋藤四郎・大坂／河内屋茂兵衛他（全 11 肆）
　　蔵書印等：［左右田文庫］

2652 日本歳時記 *NIHON SAIJIKI*　　　　　　　　　　　　　　　IN:3172/LCCN:696610

　　貝原好古　刊　4冊　挿絵有　袋　22cm × 15.8cm
　　序：貞享 4 年（1687）貝原篤信
　　刊記：貞享 5 年（1688）京／河内屋藤四郎・大坂／河内屋茂兵衛

2653 日本歳時記 *NIHON SAIJIKI*　　　　　　　　　　　　　　　IN:3154/LCCN:696592

　　貝原好古　刊　4冊　袋　22.5cm × 15.8cm
　　序：貞享 4 年（1687）貝原篤信　刊記：貞享 5 年（1688）京／日新堂

2654 女官飾抄 *NYOKAN KAZARISHOU*　　　　　　　　　　　　　IN:3352a/LCCN:504674a

　　写　1冊　挿絵有　洋装（袋）　22.8cm × 16cm
　　奥書等：安政 4 年（1857）梅之房きやう
　　近世女房装束紋図と合綴　〔朝河〕（SEP 6 1907）収蔵

2655 近世女房装束紋図 *KINSEI NYOUBOU SHOUZOKU MONZU*　IN:3352b/LCCN:504674b

　　写　1冊　挿絵有　洋装（袋）　22.8cm × 16cm
　　奥書等：弘化 3 年（1846）写
　　女官飾抄と合綴　朝河（SEP 6 1907）収蔵

2656 人数押前行列之次第 *NINZUU OUZEN GYOURETSU NO SHIDAI*　IN:1087/LCCN:432660

　　写　1冊　袋　14.6cm × 21.6cm
　　「寛文 8 年（1668）9 月 20 日　藤原良忠」（挟込紙）　異称：行列

2657 八省院図・内裡図附 *HASSHOUIN ZU　DAIRI ZU*　　　　　IN:125/LCCN:847121

　　刊（近代活字）　2舗　洋装（袋）　24.4cm × 17.8cm
　　蔵書印等：［幼年］

2658 紋帳綱目 *MONCHOU KOUMOKU*　　　　　　　　　　　　　IN:1594/LCCN:433167

　　多賀金助 画　刊　3冊　挿絵有　袋　15cm × 20.9cm
　　跋：藻波町菱屋宗玄主　刊記：宝暦 12 年（1762）刊

F. 典礼・儀式

2659 早引紋帳大全 HAYABIKI MONCHOU TAIZEN　　IN:3594/LCCN:504916
　　刊　1冊　挿絵有　袋　7cm×15.6cm
　　序：弘化3年（1846）　刊記：文政9年（1826）刻成 | 天保6年（1835）再刻 | 弘化5年（1848）
　　再刻　江戸／須原屋茂兵衛他（全4肆）

2660 ［新撰］早引紋帳大全 HAYABIKI MONCHOU DAIZEN　　IN:805/LCCN:432369
　　刊　1冊　挿絵有　袋　7.5cm×15.7cm
　　刊記：文政7年（1824）御免・弘化5年（1848）再刻　江戸／須原屋茂兵衛他（全2肆）

2661 古代模様広益紋帳大全 KODAI MON'YOU KOUEKI MONCHOU TAIZEN　　IN:3599/LCCN:504921
　　甲斐山久三郎　刊　3冊　挿絵有　袋　11.5cm×16.5cm
　　刊記：明治36年（1903）発行

2662 万職図考 BANSHOKU ZUKOU　　IN:2481/LCCN:695919
　　葛飾戴斗画　刊　1冊　挿絵有　袋　21.8cm×15.3cm
　　序：天保6年（1835）　刊記：大坂／群玉堂（見返）
　　第3編存

2663 直垂考 HITATARE KOU　　IN:836/LCCN:432410
　　写　1冊　洋装（袋）　27.2cm×19.2cm
　　跋：安永9年（1780）橘嘉樹　奥書等：文化13年（1816）写　深沢長護
　　直垂の事・鎧直垂考（土肥氏）・土肥氏直垂考評（貞丈考）・土肥氏鎧直垂考贅言（嘉樹）の合写
　　蔵書印等：［小諸文庫］〔朝河〕（SEP 6 1907）収蔵

2664 服飾管見 FUKUSHOKU KANKEN　　IN:1496/LCCN:433069
　　田安宗武　写　3冊　袋　23.6cm×16.5cm
　　奥書等：天明4年（1784）源久恒
　　3巻（巻4・12・13）存　蔵書印等：［陸軍・西荘文庫］（11 SEP 1946）収蔵

2665 服色図解 FUKUSHOKU ZUKAI　　IN:1677/LCCN:433250
　　横川重孝（本間百里）　刊　2冊　挿絵有（彩色）　袋　26.9cm×19.3cm
　　序：文化13年（1816）八幡与一源百里

2666 武家厳秘録 BUKE GENPIROKU　　IN:1314/LCCN:432887
　　写　9冊　挿絵有　袋　25.3cm×18.2cm
　　序：天保8年（1837）藤原朝臣（殿居袋序）　刊記：天保10年（1839）江戸／訂書堂（殿居袋）・
　　天保11年（1840）江戸／忍廼屋（青標紙）
　　［武家／必攬］殿居嚢（前後編6冊）・［武家／必冊］青標紙（3冊）の版本写
　　異称：［武家／必攬］殿居嚢・［武家／必冊］青標紙

2667 武家雑類草露伝 BUKE ZATSURUI SOURODEN　　IN:342/LCCN:847335
　　写　1冊　袋　25.7cm×18cm
　　奥書等：水嶌卜成之成・青野治大夫只恰・広沢斉司只方・樋口嘉内国久

蔵書印等：[士官]

2668 **武家装束抄** *BUKE SHOUZOKUSHOU*　　　　IN:831/LCCN:432405
　　写　1冊　洋装（袋）　27.1cm×19cm
　　奥書等：明治2年（1869）花井政定
　　〔朝河〕（SEP 6 1907）収蔵

2669 **武家職原抄** *BUKE SHOKUGENSHOU*　　　　IN:1035/LCCN:432608
　　平手重庸　写　1冊　袋　27.2cm×19.3cm
　　序：宝永8年（1711）平手氏橘重庸
　　奥書等：享保6年（1721）平手氏重庸｜享保10年（1725）貞匡

2670 **武装類聚** *BUSOU RUIJUU*　　　　IN:1294/LCCN:432867
　　藤原正治　写　7冊　袋　20.3cm×13.2cm
　　序：寛政戊申　藤浪静幽・藤原正治　奥書等：宝暦2年（1752）岡田勝英
　　序の干支不審　蔵書印等：[士官]

2671 **武門故実百箇条** *BUMON KOJITSU HYAKKAJOU*　　　　IN:2193/LCCN:508593
　　秋斎桂先生細註　刊　3冊　挿絵有　袋　25cm×17.8cm
　　序：弘化4年（1847）相馬肇元基

2672 **文久三亥年十二月御上洛掛り御用留** *BUNKYUU SAN INOTOSHI JUUNIGATSU*
　　　　GOJOURAKUGAKARI GOYOUDOME　　　　IN:1120/LCCN:432693
　　写　1冊　仮綴　14cm×20.4cm
　　奥書等：文久3年（1863）

2673 **縒七徳秘伝・縒七手懸払** *HOROSHICHI TOKUHIDEN・HOROSHICHI TEKAKEBARAI*
　　写　仮綴　15.4cm×21.7cm　　　　IN:1084/LCCN:432657

2674 **本朝改元考** *HONCHOU KAIGEN KOU*　　　　IN:2661/LCCN:696099
　　山崎嘉（闇斎）　刊　1冊　袋　27.7cm×19.2cm
　　刊記：延宝5年（1677）寿文堂

2675 **町火消し起立** *MACHIBIKESHI KIRITSU*　　　　IN:3446/LCCN:504768
　　写　1冊　挿絵有　袋　27.1cm×19.1cm
　　異称：（江戸）町火消起立纏之変草

2676 **有司勤役録** *YUUSHI KIN'YAKUROKU*　　　　IN:828/LCCN:432402
　　写　1冊　袋　27cm×20.1cm

2677 **要筐弁志年中行事** *YOUKYOU BENSHI NENJUU GYOUJI*　　　　IN:843/LCCN:432417
　　写　1冊　挿絵有　洋装（袋）　27.3cm×19.8cm
　　序：文化9年（1812）

F. 典礼・儀式　315

〔朝河〕(AUG 17 1907) 収蔵

2678 臨時客応接　*RINJIKYAKU AISHIRAI*　　　IN:2296/LCCN:695734
和田信定　刊　1冊　袋　22cm×14.9cm
序：文政2年（1819）鵬斎老人興・文政3年（1820）蜀山人
刊記：京／勝村治右衛門・江戸／須原屋佐助他（全5肆）
江戸／金花堂須原屋佐助の広告1丁を付す

2679 臨時客応接　*RINJIKYAKU AISHIRAI*　　　IN:1632/LCCN:433205
和田信定　刊　1冊　袋　22.7cm×16cm
序：文政2年（1819）鵬斎老人興・文政3年（1820）蜀山人・文政2年（1819）和田信定
巻末に西村与八・英平吉連名の出板広告半丁あり

2680 礼式書札集　*REISHIKI SHOSATSU SHUU*　　　IN:1630/LCCN:433203
刊　1冊　挿絵有　袋　13.1cm×19cm
刊記：延宝3年（1675）

2681 歴世女装考　*REKISEI JOSOU KOU*　　　IN:1633/LCCN:433206
岩瀬百樹（山東京山）　刊　4冊　挿絵有　袋　26.7cm×18.4cm
序：弘化4年（1847）藤原裕之　刊記：弘化4年（1847）江戸／松山堂書店藤井利八
4巻（春夏秋冬）存

10. 経済

A. 総記

2682　**租庸調略説** *SOYOUCHOU RYAKUSETSU*　　IN:842/LCCN:432416
　　小中村清矩　写　2冊　袋　24cm × 16.5cm
　　蔵書印等：[東京弘文荘納]

2683　**越中国官倉納穀交替記** *ECCHUU NO KUNI KANSOU NOUKOKU KOUTAIKI*
　　写　1冊　袋　30cm × 20.9cm　　IN:841/LCCN:432415
　　石山寺蔵巻子本の写し

B. 度量衡・貨幣

2684　**度量衡考** *DORYOUKOU KOU*　　IN:3121/LCCN:696559
　　荻生徂徠　刊　2冊　袋　26.7cm × 18.8cm
　　序：享保18年（1733）物観・享保14年（1729）物道済　刊記：享保19年（1734）江戸／松会三四郎・中村新七他（全8肆）
　　「春秋堂蔵版書目」1丁半を付す

2685　**皇国度制考** *KOUKOKU DOSEIKOU*　　IN:83/LCCN:98847079
　　平田篤胤　刊　2冊　袋　26.6cm × 18.4cm
　　序：中根師質　跋：平田銕胤
　　「本朝度攷弁」を付す

2686　**皇国度制考** *KOUKOKU DOSEI KOU*　　WN:121/和123
　　平田篤胤撰、宮田大門等校　刊　2冊　袋

2687　**国家金銀銭譜** *KOKKA KINGIN SENFU*　　IN:3462/LCCN:504784
　　写　1冊　挿絵有　袋　23.5cm × 16.1cm
　　序：延享3年（1746）青木敦
　　蔵書印等：[酔月亭蔵・考古堂蔵]

2688 奇鈔百円 KISHOU HYAKUEN　　　　　　　　　　　IN:2146/LCCN:508546

　　流石庵羽積　刊　1冊　挿絵有　袋　22.4cm × 15.5cm
　　序：天明6年（1786）応道・天明6年（1786）流石庵羽積　刊記：京都市／山城屋藤井佐兵衛
　　明治後刷

2689 古今泉貨鑑 KOKON SENKA KAGAMI　　　　　　　　IN:2571/LCCN:696009

　　刊　1冊　挿絵有　袋　22.6cm × 16cm
　　刊記：寛政2年（1790）大坂／柏原屋清右衛門他（全3肆）
　　12巻存

2690 ［古今校正］新古銭かゞみ SHIN KOSEN KAGAMI　　　IN:2187/LCCN:508587

　　刊　1冊　挿絵有　袋　22.1cm × 15.6cm
　　刊記：寛政5年（1793）｜天保2年（1831）求版　大坂／伏見屋嘉兵衛
　　3巻（上中下）存　（JUL 23 1934）収蔵

2691 寛政孔方鑑 KANSEI KOUHOUKAN　　　　　　　　　IN:1551/LCCN:433124

　　（河村羽積編）　刊　1冊　挿絵有　袋　22.6cm × 15.8cm
　　序：寛政6年（1794）流石庵羽積
　　刊記：寛政6年（1794）江戸／山崎金兵衛・大坂／渋川清右衛門他（全5肆）

2692 古今銭譜 KOKON SENPU　　　　　　　　　　　　IN:3479/LCCN:504801

　　写　1冊　挿絵有　袋　23.6cm × 16.9cm
　　（JUL 23 1934）収蔵

2693 新改古銭箱 SHINKAI KOSENBAKO　　　　　　　　　IN:2188.1/LCCN:508588

　　刊　1冊　挿絵有　袋　22.2cm × 15.3cm
　　刊記：京／平井弥三兵衛
　　［新板］古銭値うち帳と合1冊　（JUL 23 1934）収蔵　異称：古銭鏡

2694 ［新板］古銭値うち帳 KOSEN NEUCHICHOU　　　　　IN:2188.2/LCCN:508588

　　刊　1冊　挿絵有　袋　22.2cm × 15.3cm
　　刊記：大坂／称光堂・古銭売買所・河内屋清右衛門
　　「古銭鏡」と合1冊　（JUL 23 1934）収蔵

2695 絵銭十二支 ESEN JUUNISHI　　　　　　　　　　　IN:3514/LCCN:504836

　　写　1冊　挿絵有　袋　24.6cm × 17.5cm
　　奥書等：大正6年（1917）山辺久太郎

C. 領知 附分限帳

2696 **会津分限帳** (あいづぶんげんちょう) *AIDU BUNGENCHOU*　　　　IN:809/LCCN:432373
河井八太夫　写　1冊　袋　24.7cm × 17.1cm
奥書等：寛永10年（1633）書｜天保5年（1834）写

2697 **（仙台登米領知行帳）** (せんだいとよまりょうちぎょうちょう) *SENDAI TOYOMARYOU CHIGYOUCHOU*　　　IN:812/LCCN:432376
写　1冊　袋　9.4cm × 18.7cm
御徒行通御知行帳・諸職人御足軽御知行帳を付す　異称：石高帳

D. 地方

2698 **勧農固本録** (かんのうこほんろく) *KANNOU KOHONROKU*　　　　IN:169/LCCN:847165
万尾時春　刊　2冊　袋　25.3cm × 18.2cm
序：享保10年（1725）東海平維章（篠崎東海）・享保10年（1725）謙亭・享保10年（1725）
万尾時春　刊記：大坂／柏原屋清右衛門版（裏見返）

2699 **田賦考** (でんぷこう) *DENPU KOU*　　　　IN:927/LCCN:432500
宇野貞徳　写　1冊　袋　27cm × 19.3cm
奥書等：文化9年（1812）宇野貞徳

2700 **田制沿革考** (でんせいえんかくこう) *DENSEI ENKAKU KOU*　　　　IN:921.1/LCCN:432494.1
写　1冊　袋　23.9cm × 16.9cm
国郡管轄録と合綴　（SEP 1 1938）収蔵

2701 **田制沿革等之件々** (でんせいえんかくなどのくだんくだん) *DENSEI ENKAKU NADONO KUDAN KUDAN*　　　IN:905/LCCN:432478
写　1冊　袋　24.2cm × 16.7cm
蔵書印等：［東京弘文荘納］

2702 **分田備考** (ぶんでんびこう) *BUNDEN BIKOU*　　　　IN:907/LCCN:432480
朝川善庵　写　2冊　袋　26.7cm × 18.6cm
蔵書印等：［東京弘文荘納］

2703 **地方名目** (じかたみょうもく) *JIKATA MYOUMOKU*　　　　IN:909/LCCN:432482
写　1冊　袋　25cm × 17.5cm
奥書等：弘化3年（1846）写　源宗明

2704 地方心伝　JIKATA SHINDEN　　　　　　　　　　　　　　IN:901/LCCN:432474
　　　写　1冊　袋　24cm×17.1cm
　　　序：自序　跋：嘉永3年（1850）
　　　（MAY 7 1938）収蔵

2705 地方品目解　JIKATA HINMOKUKAI　　　　　　　　　　IN:910/LCCN:432483
　　　写　1冊　袋　24.5cm×17cm

2706 地方心得歌百首　JIKATA KOKOROEUTA HYAKUSHU　　　　WN:053/和338
　　　写　1冊　袋

2707 地方凡例録　JIKATA HANREIROKU　　　　　　　　　　IN:774/LCCN:847769
　　　大石久敬　写　12冊　袋　24.1cm×16cm
　　　跋：寛政6年（1794）大石猪十郎

2708 地方凡例録　JIKATA HANREIROKU　　　　　　　　　　IN:773/LCCN:847768
　　　大石久敬　写　3冊　洋装（袋）　26.7cm×19cm

2709 検見規鑑　KENMI KIKAN　　　　　　　　　　　　　　IN:718/LCCN:847713
　　　写　1冊　袋　24.3cm×17.3cm
　　　奥書等：明治4年（1871）写

2710 御検見扣鈔　OKEMI HIKAESHOU　　　　　　　　　　　IN:926/LCCN:432499
　　　写　1冊　袋
　　　「弘化3年（1846）八月　白井氏蔵書」（表紙）

2711 庄屋取計向的例　SHOUYA TORIHAKARAIMUKI TEKIREI　　IN:813/LCCN:432377
　　　写　2冊　袋　23.1cm×17.2cm
　　　奥書等：嘉永3年（1850）
　　　享保（1716〜）から嘉永までの庄屋の記録

2712 山城国紀伊郡下三栖村検地帳
　　　　　YAMASHIRO NO KUNI KIIGUN SHIMOMISUMURA KENCHICHOU　　IN:929/LCCN:432502
　　　写　1冊　袋　25cm×17.2cm
　　　跋：延宝7年（1679）　検地惣奉行石川伊織他

2713 山城国乙訓郡下久我村名寄帳　YAMASHIRO NO KUNI OTOKUNIGUN SHIMOKUGAMURA
　　　　　NAYOSECHOU　　　　　　　　　　　　　　　　　IN:928/LCCN:432501
　　　写　1冊　袋　25.2cm×18.6cm
　　　跋：延宝4年（1676）上庄や勘兵衛・下庄屋八兵衛
　　　「延宝4年（1676）辰ノ極月日」（表紙墨書）

2714 淡海録税賦簿 OUMIROKU ZEIFUBO　　　　　IN:845/LCCN:432419

　　写　1冊　袋　23.9cm × 17cm
　　奥書等：明和2年（1765）借写（目録末）

2715 椿大御新田水帳写 TSUBAKI GOSHINDEN MIZUCHOU UTSUSHI　　IN:925/LCCN:432498

　　写　1冊　袋　24.8cm × 17.1cm
　　序：寛文拾壱歳（1671）辛卯四月開発　元禄八年（1695）歳乙亥八月御縄田畑　高石反別定
　　御支配御代宦役楽勘左衛門　奥書等：天保14年（1843）古橋玄内写

2716 豆州駿州　御料私領寺社領高附帳 ZUSHUU SUNSHUU GORYOU SHIRYOU
　　　　　　　　　　　　　　　　　JISHARYOUDAKA TSUKECHOU　　IN:851/LCCN:432425

　　写　1冊　袋　24.6cm × 17.6cm
　　奥書等：寛延4年（1751）｜嘉永3年（1850）写

2717 甲州西郡筋莿沢村田改帳・甲州西郡筋莿沢村御検地水帳 KOUSHUU
　　NISHIGUN SUJIIBARASAWAMURA TA ARATAMECHOU・KOUSHUU NISHIGUN
　　SUJIIBARASAWAMURA ONKENCHI MIZUCHOU　　IN:1000/LCCN:432573

　　遠藤次郎左衛門　写　5冊　袋　29.8cm × 20cm
　　奥書等：写　戸倉小左衛門　平岡今右衛門（御検地水帳）
　　貞享3年（1686）8月（田改帳扉）・寛文12年（1672）8月9日～13日（御検地水帳）

2718 甲州八代郡大石和筋上黒駒村屋敷水帳 KOUSHUU YATSUSHIROGUN OOISAWASUJI
　　KAMIKUROKOMAMURA YASHIKI MIZUCHOU　　IN:1002/LCCN:432575

　　写　2冊　袋　32.3cm × 23cm
　　奥書等：享保2年（1717）八代郡大石和筋上黒駒村弦間八左衛門写
　　「慶長6年（1601）10月6（7）日／拾弐（壱）番拾弐冊之内」「享保2年（1717）／拾冊之内」
　　（各冊扉）

2719 甲斐国三郡村高帳 KAI NO KUNI SANGUN MURADAKACHOU　　IN:922/LCCN:432495

　　鷹野慧広　写　3冊　袋　16.7cm × 25.4cm
　　跋：宝暦6年（1756）鷹野慧広　奥書等：宝暦4年（1754）写　倠田半之丞
　　（SEP 1 1938）収蔵

2720 慶長十一年上総国下小田荘評喜崎水帳 KEICHOU JUUICHINEN KAZUSA NO KUNI
　　SHIMOODANOSHOU HYOU KIZAKI MIZUCHOU　　IN:894/LCCN:432463

　　写　2冊　袋　30.7cm × 18.9cm
　　異称：下小田喜崎縄打水帳

2721 慶長十一年上総国下小田荘評喜崎水帳 KEICHOU JUUICHINEN KAZUSA NO KUNI
　　SHIMOODANOSHOU HYOU KIZAKI MIZUCHOU　　IN:895/LCCN:432469

　　写　7冊　袋　29.3cm × 19.1cm
　　異称：下小田喜崎縄打水帳

2722 （慶長十七年上総下大田喜崎縄打水帳） KEICHOU JUUNANANEN KAZUSA SHIMOOOTA
　　　 KIZAKI NAWAUCHI MIZUCHOU　　　　　　　　　　IN:913-1 ～ 8/LCCN:432486

　　　写　8冊（25冊の内）　袋　25.5cm × 17.6cm
　　　奥書等：慶長 17 年（1612）2 月 15 ～ 23 日　大橋半左衛門外 3 名
　　　「下大田喜之郷御縄打水帳」8 冊（「岸越」6 冊「高尾前」1 冊「屋敷岸越」1 冊）・「上総国伊保
　　　庄下小田喜之郷御縄打之水帳」8 冊・「下小田喜御縄打水帳」7 冊・「下大田喜村御縄打水帳」1 冊・
　　　「下太田喜村水帳之寄」1 冊より成る

2723　上総国望陀郡横田郷水帳　KAZUSA NO KUNI MOUDAGUN YOKOTAGOU MIZUCHOU
　　　　　　　　　　　　　　　　　　　　　　　　　　IN:899/LCCN:432472

　　　竹山安兵衛・福田兵左衛門・山下主米　写　1 冊　袋　26.9cm × 19.5cm
　　　奥書等：寛文 10 年（1670）竹山安兵衛　福田兵左衛門　山下主水

2724　上総国望陀郡小櫃谷横田郷屋鋪帳　KAZUSA NO KUNI MOUDAGUN OBITSUDANI
　　　　　　YOKOTAGOU YASHIKICHOU　　　　　　　　IN:900/LCCN:432473

　　　写　2 冊　袋　24cm × 16.4cm
　　　奥書等：延宝 9 年（1681）小林半兵衛
　　　（SEP 1 1938）収蔵

2725　上総下郡村畑牒　KAZUSA SHIMOGOORIMURA HATAKECHOU　IN:914/LCCN:432487

　　　写　2 冊　仮綴　25.5cm × 18cm、29.9cm × 21cm
　　　奥書等：天正 19 年（1591）上総下郡村　石田善之｜寛永 7 年（1630）

2726　上総国長柄郡大芝村見取場検地帳　KAZUSA NO KUNI NAGARAGUN OOSHIBAMURA
　　　　　　MITORIBA KENCHICHOU　　　　　　　　　IN:1005/LCCN:432578

　　　写　1 冊　仮綴　32.2cm × 23.5cm
　　　奥書等：享保 20 年（1735）御代官上坂安左衛門　御勘定長坂孫七郎以下七名

2727　山地畝反別帳之仕立様御沙汰　SANCHI SETANBETSUCHOU NO SHITATEYOU GOSATA
　　　写　1 冊　袋　24.4cm × 17.1cm　　　　　　　　　IN:800/LCCN:847795
　　　旅役御貸銀御法令・御家中江戸番手之節分限ニ応し御仕組中御勘渡物御沙汰

2728　手控綴込　TEBIKAE TSUDURIKOMI　　　　　　　IN:762/LCCN:847757

　　　森田用蔵写　写　2 冊　挿絵有　袋　26.7cm × 18.9cm
　　　奥書等：江戸牛込代官高木清左衛門御手代森田用蔵之手控　嘉永 5 年（1852）
　　　蔵書印等：[一誠堂]

2729　（越後国長岡領長嶺村御免方附済五人組請寄質地証文　文久三年） ECHIGO
　　　NO KUNI NAGAOKARYOU NAGAMINEMURA GOMENKATA FUSAI GONINGUMI UKEYOSE
　　　SHICCHI SHOUMON　BUNKYUU SANNEN
　　　　　　　　　　　　　　　　　　　　　　　　　　IN:904/LCCN:432477

　　　写　1 冊　仮綴　30.3cm × 21.7cm
　　　「質地証文　子 12 月改　御免方附守田久兵衛」（冒頭）「文久 3 年（1863）12 月」（末尾）

322　10. 経済

異称：質地証文

2730 丹波組田畑屋敷帳　TANBAGUMI TAHATA YASHIKICHOU　　　　IN:918/LCCN:432491

写　1冊　袋　24cm × 16.9cm
奥書等：寛文11年（1671）竹山安兵衛・福田兵左衛門・山下主采

2731 丹州与作郡府中郷御畠御検地帳

TANSHUU YOSAGUN FUCHUUGOU ONHATAKE ONKENCHICHOU　　IN:924/LCCN:432497

中田五助（介）・吉田与右衛門　写　1冊　袋　24cm × 21cm
慶長7年（1602）八月十日（表紙）

2732 丹州竹野郡三津懸津御検地帳

TANSHUU TAKENOGUN MITSUKAKETSU ONKENCHICHOU　　IN:923/LCCN:432496

春野勝九郎　写　1冊　袋　23.2cm × 20.1cm
慶長7年（1602）九月日（表紙）

2733 （石見国那賀郡波佐組納米御勘定帳）

IWAMI NO KUNI NAKAGUN HAZAGUMI NOUMAI OKANJOUCHOU　　IN:844/LCCN:432418

写　6冊　仮綴　27.7cm × 20.9cm
延宝5年（1677）～7年（1679）までの納米御勘定帳・納米未払御勘定帳

2734 御願上請免御用捨米写帳　ONNEGAIAGE SEIMEN GOYOUSHAMAI UTSUSHICHOU

写　1冊　袋　24.2cm × 17cm　　　　　　　　　　　IN:784/LCCN:847779
奥書等：文久3年（1863）

2735 本郷石見守領地郷村高帳　HONGOU IWAMI NO KAMI RYOUCHI SATOMURADAKACHOU

本郷石見守　写　1冊　袋　27.1cm × 19.9cm　　　　IN:902/LCCN:432475
奥書等：安政6年（1859）寄合　本郷石見守
武蔵国入間郡・上総国市原・長柄・駿河国富士・有渡・駿東・遠江国山名・佐野・豊田・周智郡の石高等を記す　（SEP 1 1938）収蔵

2736 五人組高書上帳　GONINGUMITAKA KAKIAGECHOU　　IN:3609.5/LCCN:504931

写　1冊　袋　24.7cm × 15.9cm
1冊目：安政5年（1858）三月　田井村　庄屋兪田杢左衛門控　2冊目：天保14年（1843）二月日　同　3冊目：天保15年（1844）2月日　同　4冊目：弘化2年（1845）2月　同（いずれも表紙）

2737 上羽生邑給々分郷簿・羽生領組合地頭姓名御朱印除地高調簿　KAMIHANYUUMURA
KYUUKYUUBUNGOUBO・HANYUURYOU KUMIAI JITOU SEIMEI GOSHUIN YOKECHIDAKA
SHIRABEBO　　　　　　　　　　　　　　　　　IN:917/LCCN:432490

写　5冊　袋　27cm × 18.2cm
奥書等：安政5年（1858）写　伊藤紫峰

分郷簿 4 冊・高調簿 1 冊

2738 牧野新田村宮社境内間数御改 MAKINOSHINDENMURA MIYASHA KEIDAI KENSUU ON'ARATAME　　　　　　　　　　　　　　　　　IN:3592.3/LCCN:504914

　　写　1 冊　仮綴　24.8cm × 17.1cm
　　奥書等：宝暦 9 年（1759）　牧野新田村庄屋　長兵衛　同村五人組頭　太七　同村百姓　利助　井上惣右衛門殿

2739 定掛場大井川通明細帳 JOUKAKARIBA OOIGAWADOORI MEISAICHOU
　　IN:931/LCCN:432504

　　写　1 冊　袋　13.6cm × 19.9cm
　　奥書等：文政元年（1818）写　佐藤藤原嘉長
　　蔵書印等：［笹野文庫］

E. 雑

2740 米銭万宝早相場 BEISEN BANPOU HAYASOUBA　　　　　　　　WN:003/ 和 145

　　刊　1 冊　袋
　　刊記：天保 12 年（1841）

2741 格役改 KAKUYAKU ARATAME　　　　　　　　　　　　　IN:142/LCCN:847138

　　写　12 冊　袋　24.5cm × 17.2cm
　　天明 5 年（1785）・文政 2 年（1819）・同 5 年（1822）～ 9 年（1826）・明治 12 年（1879）・13 年（1880）の記録　異称：大坂平井小袖店格役改帳

2742 御鑑札酒造米高御貸株同拝借高并名前書上帳 GOKANSATSU SHUZOUMAIDAKA ONKASHIKABU ONAJIKU HAISHAKUDAKA NARABINI NAMAE KAKIAGECHOU

　　写　1 冊　袋　24cm × 16.5cm　　　　　　　　　　　IN:683/LCCN:847678
　　安政 7 年（1860）正月（原表紙）～慶応 3 年（1867）まで　武蔵国埼玉郡騎西町場酒造人より郡代所・代官所・郷目付への酒造高請書など全 8 通合綴

2743 請取申御扶持方之事 UKETORI MOUSU OFUCHIKATA NO KOTO

　　写　1 帖　折本　32cm × 14.6cm　　　　　　　　　IN:995B-1/LCCN:432568
　　寄合医師樋口三益が美濃部庄右衛門などにあてた請取　1. 安政 5 年（1858）分　2. 弘化 2 年（1845）7 月分　3. 嘉永 5 年（1852）10 月分

2744 得意先印鑑 TOKUISAKI INKAN　　　　　　　　　　　　IN:1001/LCCN:432574

　　写　1 冊　袋　34cm × 20.9cm
　　明治 15 年（1882）10 月改　当（表紙墨書）、第百廿一国立銀行（裏表紙）

11. 教育

A. 総記

2745 　学資談　*GAKUSHIDAN*　　　　　　　　　　　　　IN:2358/LCCN:695796
　　　田中頤大蔵　刊　1冊　袋　25.7cm×18.1cm
　　　跋：文化7年（1810）田中頤　刊記：京／石田治兵衛他（全2肆）

2746 　宮城師範学校各科答文集　*MIYAGI SHIHAN GAKKOU KAKKA TOUBUN SHUU*
　　　写　10冊　仮綴　28cm×19.5cm　　　　　　　　IN:3466/LCCN:504788
　　　第1冊：品目　第2冊：歴史　第3冊：地理巻ノ1　第4冊：地理巻ノ2　第5冊：数理巻ノ1
　　　第6冊：数理巻ノ2　第7冊：物理巻ノ1　第8冊：物理巻ノ2　第9冊：博物　第10冊：文章

2747 　新潟県師範学校定期試験答案集
　　　NIIGATAKEN SHIHAN GAKKOU TEIKI SHIKEN TOUAN SHUU　　IN:3439/LCCN:504761
　　　写　4冊　袋　27cm×19cm

2748 　青森県下公立青森師範学校予科生徒試験答書　*AOMORIKENKA KOURITSU AOMORI*
　　　SHIHAN GAKKOU YOKASEITO SHIKEN TOUSHO　　　　IN:3431/LCCN:504753
　　　写　1冊　袋　26.5cm×18.6cm

B. 教訓

2749 　孝経刊誤考例　*KOUKYOU KANGO KOUREI*　　　　　　　IN:1833/LCCN:508233
　　　刊　1冊　袋　27.2cm×19.2cm
　　　刊記：万治2年（1659）　池田屋

2750 　大和小学　*YAMATO SHOUGAKU*　　　　　　　　　　　IN:404/LCCN:847400
　　　山崎闇斎　刊　5冊　袋　27cm×17.8cm
　　　序：自序　刊記：万治3年（1660）上村四郎兵衛

2751 童観抄 DOUKANSHOU　　　　　　　　　　　　IN:3202/LCCN:696640
　　林道春　刊　1冊　袋　28.4cm × 19.1cm

2752 東照宮御遺訓 TOUSHOUGUU GOYUIKUN　　　　IN:1286/LCCN:432859
　　写　4冊　袋　23.4cm × 15.8cm

2753 神君御文 SHINKUN ONFUMI　　　　　　　　　IN:405/LCCN:847401
　　徳川家康　写　1冊　洋装（袋）　27cm × 19.6cm
　　〔朝河〕（APR 18 1907）収蔵

2754 新庄殿遺書 SHINJOUDONO ISHO　　　　　　　IN:1310/LCCN:432883
　　写　2冊　袋　18.9cm × 12.6cm

2755 五倫書 GORINSHO　　　　　　　　　　　　　IN:2320/LCCN:695758
　　刊　14冊　袋　27.4cm × 18cm
　　巻4～7・16～19・31～48・51～53・56～58存　朱書書き入れあり　蔵書印等：［士官］

2756 葉隠 HAGAKURE　　　　　　　　　　　　　IN:335/LCCN:847331
　　田代陣基　写　4冊　袋　25.7cm × 18.8cm
　　序：宝永7年（1710）　奥書等：天保10年（1839）写　道孝
　　蔵書印等：［西氏蔵書・西氏庫書・内務省警保局保安課］

2757 葉隠聞書 HAGAKURE KIKIGAKI　　　　　　　IN:275/LCCN:847271
　　山本常朝　写　1冊　袋　26cm × 19cm
　　巻5のみ存　蔵書印等：［内務省警保局保安課・内務省蔵書印］

2758 二十四孝熊沢注 NIJUUSHIKOU KUMAZAWACHUU　IN:1860/LCCN:508260
　　熊沢蕃山注　刊　1冊　挿絵有　袋　25.7cm × 18.5cm
　　跋：宝永7年（1710）小山知常　刊記：文化10年（1813）求板　吉田屋新兵衛

2759 続二十四孝絵抄 ZOKU NIJUUSHIKOU ESHOU　　IN:3185/LCCN:696623
　　貝原益軒著、玉水亭保磨編、浦川公左画　刊　1冊　挿絵有　袋　17.8cm × 12.4cm
　　序：玉水亭保磨　刊記：嘉永2年（1849）新刻　大坂／秋田屋太右衛門・江戸／須原屋新兵衛他
　　（全7肆）

2760 比売鑑 HIMEKAGAMI　　　　　　　　　　　IN:1786/LCCN:433359
　　中村惕斎　刊　30冊　挿絵有　袋　24.8cm × 17.4cm
　　序：貞享4年（1687）藤井懶斎・延宝元年（1673）伏見江閑人　刊記：宝永6年（1709）江戸
　　／須原屋茂兵衛（述言之部）｜正徳2年（1712）江戸／須原屋茂兵衛（紀行之部）｜大坂／森
　　本太助（両篇奥付、明治期）

2761 訓蒙要言故事 KUNMOU YOUGEN KOJI　　　　IN:2105/LCCN:508505
　　宮川一翠子道達　刊　4冊　袋　26cm × 19cm

序：元禄7年（1694）宮川一翠子道達　刊記：元禄7年（1694）京／上村八郎右衛門他（全3肆）
奥書等：三野村本勝寺
（JUL 23 1934）収蔵　異称：故事要言

2762 初学知要 しょがくちよう　SHOGAKU CHIYOU　　　　　　　　　　　IN:3159.1/LCCN:696597.1
　　　貝原益軒　刊　3冊　袋　25.8cm × 18.4cm
　　　序：元禄10年（1697）伊藤素安・元禄10年（1697）貝原益軒
　　　刊記：元禄11年（1698）大坂／岡田茂兵衛・京／葛西市郎兵衛

2763 初学知要 しょがくちよう　SHOGAKU CHIYOU　　　　　　　　　　　IN:3158/LCCN:696596
　　　貝原益軒　刊　3冊　袋　25.8cm × 18.4cm
　　　序：元禄10年（1697）伊藤素安・元禄10年（1697）貝原益軒
　　　刊記：元禄11年（1698）大坂／岡田茂兵衛・京／葛西市郎兵衛
　　　（SWINGLE COLLECTION）収蔵

2764 初学知要 しょがくちよう　SHOGAKU CHIYOU　　　　　　　　　　　IN:2670/LCCN:696108
　　　貝原益軒　刊　3冊　袋　26cm × 18.5cm
　　　序：元禄10年（1697）伊藤素安・元禄10年（1697）貝原益軒
　　　刊記：元禄11年（1698）大坂／岡田茂兵衛・京／葛西市郎兵衛（裏見返）
　　　明治版　蔵書印等：［松堂蔵書］

2765 初学知要 しょがくちよう　SHOGAKU CHIYOU　　　　　　　　　　　IN:3159.2/LCCN:696597.2
　　　貝原益軒　刊　3冊　袋　25.8cm × 18.4cm
　　　序：元禄10年（1697）伊藤素安・元禄10年（1697）貝原益軒
　　　刊記：元禄11年（1698）大坂／岡田茂兵衛・京／葛西市郎兵衛

2766 大和俗訓 やまとぞくくん　YAMATO ZOKUKUN　　　　　　　　　　　IN:3139.2/LCCN:696577.2
　　　貝原益軒　刊　5冊　袋　22.5cm × 15cm
　　　序：宝永4年（1707）竹田定直・宝永5年（1708）益軒貝原篤信
　　　刊記：宝永6年（1709）茨城多左衛門

2767 大和俗訓 やまとぞくくん　YAMATO ZOKUKUN　　　　　　　　　　　IN:3140/LCCN:696578
　　　貝原益軒　刊　5冊　袋　22.1cm × 15.5cm
　　　序：宝永4年（1707）竹田定直・宝永5年（1708）益軒貝原篤信
　　　刊記：文化12年（1815）大坂／上田喜兵衛・京／山中善兵衛他（全4肆）
　　　「洛陽書坊　瑞錦堂蔵」（見返）

2768 大和俗訓 やまとぞくくん　YAMATO ZOKUKUN　　　　　　　　　　　IN:3139.1/LCCN:696577.1
　　　貝原益軒　刊　5冊　袋　22.5cm × 15cm
　　　序：宝永4年（1707）竹田定直・宝永5年（1708）益軒貝原篤信
　　　刊記：京／河内屋藤四郎・大坂／河内屋茂兵衛他（全11肆）

2769 楽訓 らくくん　RAKUKUN　　　　　　　　　　　　　　　　　　　IN:2135/LCCN:508535
　　　貝原益軒　刊　1冊　挿絵有　袋　22.2cm × 14.4cm

刊記：宝永8年（1711）柳枝軒茨城信清

2770 楽訓 RAKUKUN　　　　　　　　　　　　　　　　IN:3156/LCCN:696594
　　　貝原益軒　刊　2冊　袋　22cm×15.5cm
　　　跋：宝永7年（1710）益軒貝原篤信・宝永8年（1711）書坊柳枝軒茨城信清
　　　刊記：享保6年（1721）京／茨城多左衛門
　　　2巻（巻中下）存

2771 楽訓 RAKUKUN　　　　　　　　　　　　　　　　IN:3151/LCCN:696589
　　　貝原益軒　刊　3冊　袋　22cm×15.5cm
　　　跋：宝永7年（1710）益軒貝原篤信・宝永8年（1711）書坊柳枝軒茨城信清
　　　刊記：京／河内屋藤四郎・大坂／河内屋茂兵衛他（全11肆）
　　　「洛陽　書舗　瑞錦堂蔵版」（見返）[群鳳堂蔵版目録]2丁を付す　蔵書印等：[今原蔵書]

2772 楽訓 RAKUKUN　　　　　　　　　　　　　　　　IN:3150/LCCN:696588
　　　貝原益軒　刊　3冊　袋　22cm×15.5cm
　　　跋：宝永7年（1710）益軒貝原篤信・宝永8年（1711）書坊柳枝軒茨城信清
　　　刊記：京／河内屋藤四郎・大坂／河内屋茂兵衛他（全11肆）
　　　「洛陽　書舗　瑞錦堂蔵版」（見返）　蔵書印等：[上原]

2773 楽訓 RAKUKUN　　　　　　　　　　　　　　　　IN:1631/LCCN:433204
　　　貝原益軒　刊　1冊　袋　22.5cm×14.5cm
　　　上巻存

2774 楽訓 RAKUKUN　　　　　　　　　　　　　　　　IN:3157/LCCN:696595
　　　貝原益軒　刊　3冊　袋　22cm×15.5cm
　　　跋：宝永7年（1710）益軒貝原篤信・宝永8年（1711）書坊柳枝軒茨城信清　刊記：元禄10年（1697）
　　　元版｜天明7年（1787）再板｜文化12年（1815）勝島喜六郎蔵版・大坂／上田嘉兵衛・京／
　　　山中善兵衛他（全5肆）
　　　「洛陽　書舗　瑞錦堂蔵版」（見返）

2775 文武訓 BUNBUKUN　　　　　　　　　　　　　　　IN:1774/LCCN:433347
　　　貝原益軒　刊　3冊　袋　22.7cm×15.8cm
　　　序：享保元年（1716）竹田定直　刊記：享保2年（1717）京／茨木多左衛門

2776 文武訓 BUNBUKUN　　　　　　　　　　　　　　　IN:1769/LCCN:433342
　　　貝原益軒　刊　2冊　袋　22.2cm×15.4cm
　　　序：享保元年（1716）竹田定直

2777 文武訓 BUNBUKUN　　　　　　　　　　　　　　　IN:3135/LCCN:696573
　　　貝原益軒　刊　3冊　袋　22.5cm×15.1cm
　　　序：享保元年（1716）竹田定直
　　　刊記：文化12年（1829）勝島喜六郎蔵版・大坂／上田喜兵衛・京／山中善兵衛他（全4肆）

2778 文武訓 *BUNBUKUN*　　　　　　　　　　　　　　　　　IN:3136/LCCN:696574
　　貝原益軒　刊　3冊　袋　22.1cm × 15.4cm
　　序：享保元年（1716）竹田定直　刊記：江戸／須原屋茂兵衛・大坂／堺屋定七他（全7肆）
　　6巻（文訓4巻・武訓2巻）存

2779 初学訓 *SHOGAKUKUN*　　　　　　　　　　　　　　　IN:3188/LCCN:696626
　　貝原益軒　刊　5冊　袋　22.4cm × 15.3cm
　　序：享保3年（1718）竹田定直
　　刊記：文化12年（1815）勝嶋喜六郎・京／山中善兵衛他（全5肆）

2780 初学訓 *SHOGAKUKUN*　　　　　　　　　　　　　　　IN:3189/LCCN:696627
　　貝原益軒　刊　5冊　袋　22.4cm × 15.3cm
　　序：享保3年（1718）竹田定直
　　刊記：文化12年（1815）勝嶋喜六郎・京／山中善兵衛他（全5肆）

2781 初学訓 *SHOGAKUKUN*　　　　　　　　　　　　　　　IN:119/LCCN:98-847115
　　貝原益軒　刊　5冊　袋　22.4cm × 15.6cm
　　序：竹田定直　刊記：享保3年（1718）
　　蔵書印等：［東京女子師範学校図書之印］

2782 冥加訓 *MYOUGAKUN*　　　　　　　　　　　　　　　IN:3142/LCCN:696580
　　貝原益軒　刊　3冊　袋　22.1cm × 15.3cm
　　序：益軒貝原篤信　刊記：大坂／河内屋新治郎・同清七｜大坂／文苑堂寿梓（見返）

2783 冥加訓 *MYOUGAKUN*　　　　　　　　　　　　　　　IN:1592/LCCN:433165
　　貝原益軒　刊　3冊　袋　22.3cm × 15.7cm
　　刊記：大坂／河内屋新治郎

2784 和俗童子訓 *WAZOKU DOUJIKUN*　　　　　　　　　　IN:3146/LCCN:696584
　　貝原益軒　刊　3冊　袋　22.3cm × 15.7cm
　　刊記：安永2年（1773）再校　大坂／柏原屋渋川清右衛門
　　異称：童子訓

2785 家道訓 *KADOUKUN*　　　　　　　　　　　　　　　IN:3148/LCCN:696586
　　貝原益軒　刊　3冊　袋　22cm × 15cm
　　刊記：文化12年（1815）上田嘉兵衛・山中善兵衛他（全5肆）

2786 家道訓 *KADOUKUN*　　　　　　　　　　　　　　　IN:3149/LCCN:696587
　　貝原益軒　刊　3冊　袋　22.8cm × 15.9cm
　　刊記：京／茨木多左衛門開
　　「柳枝軒蔵書目録」を付す

2787 君子訓 KUNSHIKUN　　　　　　　　　　　　　　　IN:3184/LCCN:696622
　　　貝原益軒　刊　2冊　袋　22.8cm × 15.4cm
　　　刊記：天保14年（1843）江戸／青雲堂英文蔵
　　　3巻（上・中・下）存

2788 五常訓 GOJOUKUN　　　　　　　　　　　　　　　IN:3137/LCCN:696575
　　　貝原益軒　刊　1冊　袋　21cm × 15.7cm
　　　序：宝永7年（1710）竹田定直　刊記：宝永8年（1711）大坂／柏原屋佐兵衛

2789 町人袋 CHOUNINBUKURO　　　　　　　　　　　　IN:3176/LCCN:696614
　　　西川如見　刊　4冊　袋　22.2cm × 15.4cm
　　　序：西川求林斎　跋：享保4年（1719）柳枝軒　刊記：享保4年（1719）大坂／海部屋多田勘兵衛蔵｜文政8年（1825）江戸／須原屋茂兵衛・大坂／秋田屋太右衛門他（全4肆）
　　　附録「町人袋底払」を付す

2790 尾陽侯止仁記 BIYOUKOU SHIJINKI　　　　　　　　IN:341/LCCN:847337
　　　写　1冊　仮綴　27.4cm × 20.1cm
　　　奥書等：享保16年（1731）写　辻川氏
　　　蔵書印等：［参謀］

2791 福神教訓袋 FUKUJIN KYOUKUNBUKURO　　　　　　IN:2768/LCCN:696206
　　　鈴木以敬　刊　5冊　挿絵有　袋　22.3cm × 15.9cm
　　　序：鈴木以敬　刊記：享保17年（1732）京／文台屋治郎衛門

2792 藻塩草 MOSHIHOGUSA　　　　　　　　　　　　　　IN:1593/LCCN:433165
　　　藤堂嵐子　刊　1冊　袋　30.6cm × 20.9cm
　　　跋：享保17年（1732）　刊記：至楽窩蔵版｜天保7年（1836）上梓

2793 利家遺書并感状 TOSHIIE ISHO NARABINI KANJOU　　IN:304/LCCN:847300
　　　写　1冊　袋　22.2cm × 14.8cm
　　　奥書等：寛保3年（1743）
　　　蔵書印等：［参謀・小田胆尚］

2794 和字功過自知録 WAJI KOUKA JICHIROKU　　　　　　IN:1737/LCCN:433310
　　　刊　1冊　挿絵有　袋　22.2cm × 15.4cm
　　　序：安永4年（1775）安田棟隆　跋：寛政12年（1800）沙門源無識　刊記：安永5年（1776）原刻｜寛政12年（1800）再刻　京／武村甚兵衛・大坂／森本太助他（全5肆）｜毘耶窟蔵（見返）
　　　2巻（巻上・下および附録「附録功過自知録大意」）存　異称：増補絵抄和字功過自知録

2795 和漢故事要言 WAKAN KOJI YOUGEN　　　　　　　　IN:2118/LCCN:508518
　　　白梅園鷺水　刊　5冊　袋　22.3cm × 15.7cm
　　　刊記：宝永2年（1705）袋屋三郎兵衛（書肆名の部分入木）

2796 君則 KUNSOKU　　　　　　　　　　　　　　　　IN:596/LCCN:847591

　　（近藤篤）写　1冊　洋装（袋）　23.7cm×16.6cm
　　奥書等：安永7年（1778）股野充美書｜寛政4年（1792）写
　　〔朝河〕（SEP 6 1907）収蔵

2797 博覧古言 HAKURAN KOGEN　　　　　　　　　　IN:1524/LCCN:433097

　　刊　5冊　袋　25.4cm×17.5cm
　　序：青黎閣主人　刊記：天明5年（1785）補刻発行　江戸／須原屋伊八蔵版
　　補刻本　後印　異称：管蠡抄

2798 あつめ草 ATSUMEGUSA　　　　　　　　　　　　IN:2769/LCCN:696207

　　刊　40冊　挿絵有　袋　22.1cm×15.4cm
　　刊記：天明6年（1786）京／山本長兵衛・八文字屋庄兵衛他（全5肆）｜寛政3年（1791）上河庄兵衛他（全3肆）｜京／大谷吉野屋仁兵衛板

2799 父兄訓 FUKEIKUN　　　　　　　　　　　　　　IN:2649/LCCN:696087

　　刊　1冊　袋　18.5cm×12.7cm
　　序：天明6年（1786）林子平
　　蔵書印等：［士官］

2800 和漢善行録 WAKAN ZENKOUROKU　　　　　　　IN:2126/LCCN:508526

　　刊　3冊　挿絵有　袋　22.5cm×15.4cm
　　序：伏原宣条・天明8年（1788）多賀漸
　　刊記：天明8年（1788）京／秋田屋平左兵衛・同藤兵衛
　　蔵書印等：［谷口］

2801 絵本孝経 EHON KOUKYOU　　　　　　　　　　　IN:1831/LCCN:508231

　　満斎先生画　刊　1冊　挿絵有　袋　22.7cm×15.7cm
　　刊記：文化10年（1813）　尾張／片野東四郎　奥書等：gift R. C. Armstrong Aug. 28. 1926（見返）
　　1巻（本文18丁から）存　「永楽屋東四郎蔵板目録」1丁を付す

2802 絵本孝経 EHON KOUKYOU　　　　　　　　　　　IN:1748/LCCN:433321

　　鍬形蕙斎画　刊　1冊　挿絵有　袋　22.7cm×15.8cm
　　刊記：文化10年（1813）発兌　大坂／松村九兵衛・尾張／片野東四郎他（全4肆）

2803 ［狂言教訓］尽孝記 JINKOUKI　　　　　　　　　IN:3112/LCCN:696550

　　入江致身　刊　1冊　挿絵有　袋　22.5cm×15.4cm
　　序：文化10年（1813）　跋：文政2年（1819）鎌田肱庵
　　「平安書坊」（見返）「石門諸名家著述目録」を付す

2804 女四書芸文図会 ONNA SHISHO GEIMON ZUE　　　IN:2531/LCCN:695969

　　清原宣明編、村田嘉言画　刊　1冊　挿絵有　袋　25.4cm×17.9cm
　　序：天保6年（1835）清原宣明

刊記：天保6年（1835）須原屋茂兵衛・秋田屋太右衛門他（全5肆）
4巻（漢曹大家女誡図会・曹大家女論語図会・鄭氏女孝経図会・明孝慈列女図会）を合綴

2805 画本早真名美 えほんはやまなび　EHON HAYAMANABI　　　　　　　IN:243/LCCN:847239

浦川公左　刊　3冊　挿絵有　袋　17.7cm × 12.2cm
序：弘化丁未（1847）季冬　摂都　浦川一船斎公佐画　刊記：弘化5年（1848）京／桝屋勘兵衛・大坂／柏原屋清右衛門（初編）｜弘化5年（1848）大坂／河内屋喜兵衛・柏原屋清右衛門・堺屋定七（2・3編）
初・1・2篇各1巻存

2806 菅家遺戒 かんけゆいかい　KANKE YUIKAI　　　　　　　IN:2712/LCCN:696150

菅原道真　刊　1冊　洋装（袋）　26cm × 18.5cm
序：嘉永5年（1852）大中臣教忠・嘉永5年（1852）法雲院僧正光通
跋：嘉永5年（1852）松園坊前住現竹林坊法眼清根・嘉永5年（1852）維貞薫沐
〔朝河〕（AUG 17 1907）収蔵

2807 明訓一班抄 めいくんいっぱんしょう　MEIKUN IPPANSHOU　　　　　　　IN:406/LCCN:847402

徳川斉昭　写　1冊　洋装（袋）　21.9cm × 15.8cm
奥書等：安政4年（1857）写　堀誠斎
〔朝河〕（APR 17 1907）収蔵

2808 告志篇 こうしへん　KOUSHIHEN　　　　　　　IN:1577/LCCN:433150

徳川斉昭　刊　1冊　袋　25.9cm × 18cm
跋：天保4年（1833）松平将監頼位　刊記：文久3年（1863）弘道館蔵版（見返）
（NOV 20 1964）収蔵

2809 南亭余韻 なんていよいん　NANTEI YOIN　　　　　　　IN:403/LCCN:847390

上杉治憲（鷹山）　写　1冊　袋　26.8cm × 18cm
蔵書印等：［松平忠敬蔵書之印・厚書蔵斎］　〔朝河〕（APR 18 1907）収蔵

2810 童蒙教練詞 どうもうきょうれんことば　DOUMOU KYOUREN KOTOBA　　　　　　　IN:2333/LCCN:695771

酒寄重篤　刊　1冊　挿絵有　袋　11.5cm × 16.2cm
上巻存

2811 軍記百首和歌 ぐんきひゃくしゅわか　GUNKI HYAKUSHU WAKA　　　　　　　IN:1163/LCCN:432736

写　1冊　袋　25.7cm × 17.6cm

2812 責善集 せきぜんしゅう　SEKIZEN SHUU　　　　　　　IN:1654/LCCN:433227

（松平定信）　写　1冊　袋　26.5cm × 19.1cm
巻1欠

2813 新庄直恒遺誡 しんじょうなおつねゆいかい　SHINJOU NAOTSUNE YUIKAI　　　　　　　IN:307/LCCN:847303

写　1冊　仮綴　24cm × 17.1cm

蔵書印等：[参謀]

2814 絵本童の的 EHON WARABE NO MATO　　　　　　　　　　IN:1759B/LCCN:433332
　　　鈴木春信画　刊　1冊　挿絵有　袋　22.5cm × 15.9cm

2815 処安伝 SHOAN DEN　　　　　　　　　　　　　　　　　　IN:1475/LCCN:433048
　　　写　1冊　袋　20.8cm × 13.3cm
　　　跋：藤南正治
　　　異称：九四渕龍之位

2816 売卜先生糠俵 BAIBOKU SENSEI KONUKATAWARA　　　　IN:2513/LCCN:695951
　　　虚白斎　刊　1冊　挿絵有　袋　22.6cm × 16.2cm
　　　序：安永6年（1777）虚白斎　跋：堵庵
　　　刊記：安永6年（1777）京／山本長兵衛・すみ屋甚兵衛他（全4肆）

C. 教科書

2817 婦人養草 FUJIN YASHINAIGUSA　　　　　　　　　　　　IN:2307/LCCN:695745
　　　梅塢散人（村上武右衛門）　刊　5冊　袋　25.5cm × 17.3cm
　　　刊記：元禄2年（1689）京／梅村弥右衛門・加賀／塚本治兵衛・同半兵衛
　　　蔵書印等：[小藤・山善・いしかはみつはる]

2818 女訓翁草 JOKUN OKINAGUSA　　　　　　　　　　　　　IN:3138/LCCN:696576
　　　竹田春庵　刊　1冊　袋　22.6cm × 15.8cm
　　　序：元文5年（1740）竹田春庵　刊記：寛保元年（1741）京／茨城多左衛門・永田調兵衛
　　　異称：女童子訓翁艸

2819 [文法大成]女教文章鑑 JOKYOU BUNSHOU KAGAMI　　　HN:216/坂85
　　　林蘭女著、西川祐信画　刊　1冊　袋　26cm × 19cm
　　　刊記：寛保2年（1742）京／菊屋喜兵衛

2820 女今川教文 ONNA IMAGAWA OSHIEBUMI　　　　　　　　IN:1621/LCCN:433194
　　　玄海堂　刊　1冊　挿絵有　袋　25.8cm × 18.2cm
　　　序：明和4年（1767）玄海堂　刊記：京／菱屋治兵衛

2821 女大学宝文庫 ONNA DAIGAKU TAKARA BUNKO　　　　　IN:1625/LCCN:433198
　　　貝原益軒　刊　1冊　挿絵有　袋　21.7cm × 14.7cm
　　　刊記：天保13年（1842）江戸／和泉屋市兵衛・山本平吉
　　　異称：女大学

2822 女今川操鏡 ONNA IMAGAWA MISAO KAGAMI　　　　IN:1624/LCCN:433197
　　　刊　1冊　挿絵有　袋　25.6cm × 17.5cm
　　　刊記：天保15年（1844）江戸／山崎屋清七

2823 女大学操鑑 ONNA DAIGAKU MISAO KAGAMI　　　　IN:3166/LCCN:696604
　　　高野龍訂正　刊　1冊　挿絵有　袋　23.5cm × 15.8cm
　　　刊記：嘉永4年（1851）江戸／須原屋茂兵衛・浅倉屋久兵衛他（全5肆）
　　　異称：女大学

2824 女今川艶詞 ONNA IMAGAWA HADEKOTOBA　　　　IN:1619/LCCN:433192
　　　刊　1冊　挿絵有　袋　25.7cm × 17.8cm
　　　刊記：京／今井菊花堂・菊屋七良兵衛

2825 ［錦耕書房］女大学操文庫 ONNA DAIGAKU MISAO BUNKO　　　　IN:3141/LCCN:696579
　　　刊　1冊　挿絵有　袋　24.9cm × 17.2cm

2826 女童教訓　女大学出世文庫　附女実語教 ONNA WARABE KYOUKUN　ONNA
　　　DAIGAKU SHUSSE BUNKO　TSUKETARI ONNA JITSUGOKYOU　IN:1626/LCCN:433199
　　　貝原益軒　刊　1冊　挿絵有　袋　24.7m × 17.2cm
　　　刊記：江戸／須原屋茂兵衛・京／菊屋七郎兵衛他（全8肆）
　　　（JAN 13 1937）収蔵

2827 ［校訂］女四書 ONNA SHISHO　　　　IN:2111/LCCN:508511
　　　辻原元甫　刊　4冊　袋　25.1cm × 17.6cm
　　　序：嘉永6年（1853）西攻衷天錫　跋：嘉永7年（1854）永山平
　　　刊記：嘉永7年（1854）孝友堂蔵板（見返）｜出版人　東京／西坂成一・発行人　東京／金港堂
　　　4巻存

2828 女今川 ONNA IMAGAWA　　　　IN:2767/LCCN:696205
　　　刊　1冊　挿絵有　洋装（袋）　22.2cm × 15.6cm
　　　序：源瑲　刊記：名古屋／永楽屋東四郎
　　　〔朝河〕（SEP 6 1907）収蔵

2829 諸礼教訓鏡 SHOREI KYOUKUN KAGAMI　　　　IN:1691/LCCN:433264
　　　刊　1冊　挿絵有　袋　22cm × 16cm
　　　刊記：京／菊屋七郎兵衛

2830 女訓孝経 JOKUN KOUKYOU　　　　IN:2175/LCCN:508575
　　　刊　1冊　袋　24.9cm × 17.1cm
　　　（JUL 23 1934）収蔵　異称：教訓女孝経

2831 武家消息文 BUKE SHOUSOKUBUN　　　　　　　　　　　IN:280/LCCN:847276
　　　写　10冊　袋　29.2cm × 20.6cm
　　　奥書等：元和元年（1615）平尚祐（1冊目）｜元和7年（1621）平尚祐（6冊目）
　　　蔵書印等：［士官・中央幼年］（大正3年12月24日）

2832 本朝千字文 HONCHOU SENJIMON　　　　　　　　　　　　HN:168/ 坂54
　　　貝原篤信（益軒）著、戸川後学注　刊　1冊　袋　25cm × 18cm
　　　刊記：大坂／敦賀屋彦七他（全8肆）
　　　異称：素読本朝千字文

2833 万宝古状揃文鑑 BANPOU KOJOUZOROE FUMI KAGAMI　　IN:2186/LCCN:508586
　　　歌川直政画　刊　1冊　挿絵有　袋　25.4cm × 17.4cm
　　　刊記：天保16年（1845）｜安政3年（1856）再刻　江戸／錦森堂・森屋治兵衛
　　　異称：古状

2834 実語教　童子教 JITSUGOKYOU　DOUJIKYOU　　　　　　IN:1540/LCCN:433113
　　　刊　1冊　挿絵有　袋　25.3cm × 17.8cm
　　　刊記：大坂／山城屋政吉

2835 ［山青堂］商売往来 SHOUBAI OURAI　　　　　　　　　IN:1832/LCCN:508232
　　　静斎英一画　刊　1冊　挿絵有　袋　25.4cm × 17.3cm

2836 ［訂正絵鈔］校本庭訓往来 KOUHON TEIKIN OURAI　　IN:1747/LCCN:433320
　　　峰岸龍父校、戴斗先生（北斎）画図　刊　1冊　挿絵有　袋　26.4cm × 18.2cm
　　　序：文政9年（1826）峰岸龍父　跋：文政9年（1826）浪華書林　岡田群玉堂主人（附言）　刊記：
　　　文政10年（1827）大坂／河内屋茂兵衛

2837 絵本庭訓往来 EHON TEIKIN OURAI　　　　　　　　　　IN:1753/LCCN:433326
　　　葛飾北斎画　刊　1冊　挿絵有　袋　22.7cm × 15.7cm
　　　序：六樹園（石川雅望）　刊記：江戸／和泉屋市兵衛・名古屋／永楽屋東四郎

2838 中山道往来 NAKASENDOU OURAI　　　　　　　　　　　IN:2145/LCCN:508545
　　　永楽舎　刊　1冊　挿絵有　袋　17.7cm × 11.7cm
　　　序：永楽舎　刊記：江戸／釜屋友次郎
　　　「上吉妻村　渡辺美之助一求之」（8丁ウラ墨書）

2839 隅田川往来 SUMIDAGAWA OURAI　　　　　　　　　　　IN:1658/LCCN:433231
　　　刊　1冊　挿絵有　袋　17.8cm × 11.9cm
　　　刊記：江戸／吉田屋文三郎

2840 書牘 SHOTOKU　　　　　　　　　　　　　　　　　　　IN:3672/LCCN:703755
　　　内田嘉一　刊　4冊　袋　22.1cm × 15.1cm
　　　跋：明治7年（1874）夏六月内田嘉一書　刊記：明治7年（1874）文部省｜明治8年（1875）

文部省・東京／山中市兵衞・稲田佐兵衞・出雲寺万次郎｜明治8年（1875）　文部省
異称：書牘日用文

12. 理学

A. 総記

2841 　新撰年表　*SHINSEN NENPYOU*　　　　　　　　　　WN:346/ 和117
　　　清宮秀堅　刊　1冊　袋
　　　序：安政2年（1855）　刊記：安政2年（1855）

B. 天文暦算

天文

2842 　[理学入式] 遠西観象図説　*ENSEI KANSHOU ZUSETSU*　　WN:023/ 和313
　　　吉雄南皐（尚貞）口授、草野養準記　刊　1冊　袋
　　　跋：文政6年（1823）　刊記：文政6年（1823）

2843 　怪異弁断　*KAII BENDAN*　　　　　　　　　　IN:2919/LCCN:696357
　　　西川如見　刊　4冊　袋　24.4cm × 17.5cm
　　　序：正徳4年（1714）　跋：正徳5年（1715）
　　　刊記：大坂／河内屋太助蔵板｜江戸／須原屋茂兵衛・大坂／河内屋太助他（全10肆）
　　　異称：[和漢変象／怪異弁断] 天文精要

2844 　訓蒙天地弁　*KUNMOU TENCHIBEN*　　　　　　　　WN:113/ 和125
　　　高井哂我　刊　3冊　袋
　　　刊記：寛政3年（1791）

2845 　[合刻] 天経或問天学名目鈔　*TENKEI WAKUMON TENGAKU MYOUMOKUSHOU*
　　　刊　4冊　挿絵有　袋　25.9cm × 18.1cm
　　　　　　　　　　　　　　　　　　　　　　　　　　　　　IN:2915
　　　序：享保15（1730）竹軒木寅亮汝弼甫
　　　跋：享保15年（1730）侍医法眼長尾分哲男全庵鵬仲大甫
　　　「天経或問法解」の刊記を付す

2846　渾天新語　KONTEN SHINGO　　　　　　　　　　　　　　　　IN:2918/LCCN:696356
　　　河野通礼編　刊　2冊　挿絵有　袋　25.8cm × 18.4cm
　　　序：文化元年（1804）皆川愿・文化元年（1804）最里幹公済
　　　刊記：文化6年（1809）江戸／須原屋茂兵衛・大坂／橋本徳兵衛他（全6肆）

2847　周髀算経図解　SHUUHI SANKEI ZUKAI　　　　　　　　　　　WN:354/ 和 129
　　　川辺信一　刊　1冊　袋
　　　序：天明5年（1785）　刊記：天明5年（1785）
　　　上巻存

2848　［新刻］授時暦経諺解　JUJI REKIKYOU GENKAI　　　　　　WN:069/ 和 194
　　　亀谷和竹　刊　6冊　袋
　　　序：宝永6年（1709）自序　刊記：宝永6年（1709）

2849　授時暦図解　JUJIREKI ZUKAI　　　　　　　　　　　　　　WN:068/ 和 111
　　　小泉光保　刊　3冊　袋
　　　序：元禄10年（1697）　刊記：元禄10年（1697）
　　　異称：元史授時暦経図解

2850　初学天文指南　SHOGAKU TENMON SHINAN　　　　　　　　　　WN:349/ 和 199
　　　馬場信武　刊　5冊　袋
　　　刊記：宝永3年（1706）

2851　新製平天儀俗解　SHINSEI HEITENGI ZOKUKAI　　　　　　　IN:2917/LCCN:696355
　　　米室白裕　刊　1冊　挿絵有　袋　23.7cm × 16.7cm
　　　序：天保11年（1840）米室白裕

2852　天経或問註解　TENKEI WAKUMON CHUUKAI　　　　　　　　　WN:380/ 和 130
　　　入江東阿　刊　1冊　袋
　　　序：寛延3年（1750）　刊記：寛延3年（1750）

2853　天経或問註解　TENKEI WAKUMON CHUUKAI　　　　　　　　　IN:2914
　　　入江東阿　刊　3冊　挿絵有　袋　26cm × 17.8cm
　　　序：寛延3年（1750）望三英・寛延3年（1750）東阿入江脩保叔
　　　刊記：寛延3年（1750）江戸／嵩山房小林新兵衛求板

2854　［両儀集説外記］天文義論　TENMON GIRON　　　　　　　　WN:375/ 和 134
　　　西川如見　刊　2冊　袋
　　　刊記：正徳2年（1712）

2855　天文図解発揮　TENMON ZUKAI HAKKI　　　　　　　　　　　WN:377/ 和 168
　　　中根璋元圭　刊　3冊　袋
　　　刊記：元文4年（1739）

本編 2 巻附録 1 巻

2856 　天文俗談　*TENMON ZOKUDAN*　　　　　　　　　　　　　　　　WN:376/ 和 254

　　西村遠里　刊　1 冊　袋

2857 　日用弁惑口訣　*NICHIYOU BENWAKU KUKETSU*　　　　　　IN:2161/LCCN:508561

　　松浦国祐（泉隣）著、松浦久信（東雞）閲　刊　1 冊　挿絵有　袋　16.2cm × 10.1cm

　　刊記：大坂／前川善兵衛

　　（JUL 23 1934）収蔵

2858 　平天儀図解　*HEITENGI ZUKAI*　　　　　　　　　　　　　　IN:2916/LCCN:696354

　　岩橋耕琇堂　刊　1 冊　挿絵有　袋　25.7cm × 18.3cm

　　序：享和元年（1801）皆川愿　跋：橘春暉　刊記：享和 2 年（1802）泉南岩橋耕琇堂蔵板・大坂／井上重左衛門・池内八兵衛他（全 7 肆）

　　蔵書印等：[蔵書金矢氏之印]

2859 　暦象考成表　*REKISHOU KOU SEIHYOU*　　　　　　　　　IN:3105/LCCN:696543

　　写　1 冊　袋　23.5cm × 17.1cm

　　蔵書印等：[浅香文庫]

暦

2860 　[安永改正]古暦便覧　*KOREKI BENRAN*　　　　　　　　　WN:127/ 和 262

　　中西如環（敬房）　刊　1 冊　袋

　　序：安永 6 年（1777）　刊記：安永 6 年（1777）

2861 　古暦便覧　*KOREKI BENRAN*　　　　　　　　　　　　　　WN:126/ 和 112

　　吉田光由　刊　2 冊　袋

　　刊記：明暦 2 年（1656）

2862 　頭書長暦　*TOUSHO CHOUREKI*　　　　　　　　　　　　WN:384/ 和 95

　　小泉松卓（光保）　刊　1 冊　袋

　　刊記：貞享 5 年（1688）

2863 　日用暦談　*NICHIYOU REKIDAN*　　　　　　　　　　　　WN:152/ 和 154

　　小林随景　刊　1 冊　袋

　　刊記：寛延 2 年（1749）

2864 　仏国暦象編　*BUKKOKU REKISHOUHEN*　　　　　　　　WN:025/ 和 229

　　円通著、智穀校　刊　5 冊　袋

　　序：文化 7 年（1810）　刊記：文化 7 年（1810）

2865 梵暦策進 BONREKI SAKUSHIN　　　　　　　　　　　　WN:005/ 和 132
　　　円通　刊　1 冊　袋

2866 暦引図編 REKIIN ZUHEN　　　　　　　　　　　　　WN:164/ 和 121
　　　渋川景佑編　刊　1 冊　袋
　　　刊記：安政 2 年（1855）

2867 暦日講訳 REKIJITSU KOUYAKU　　　　　　　　　IN:1629/LCCN:433202
　　　刊　1 冊　袋　21.9cm × 14.8cm
　　　（JUN 13 1937）収蔵

2868 暦象新書図編 REKISHOU SHINSHO ZUHEN　　　　　WN:166/ 和 329
　　　写　1 冊　袋

2869 暦林問答集 REKIRIN MONDOU SHUU　　　　　　　WN:165/ 和 308
　　　賀茂在方　写　1 冊　袋
　　　奥書等：天台沙門祐存写

2870 和漢暦原考 WAKAN REKIGEN KOU　　　　　　　　WN:389/ 和 164
　　　石井光政　刊　1 冊　袋
　　　刊記：文政 13 年（1830）

気候

2871 易学晴雨考 EKIGAKU SEIU KOU　　　　　　　　　IN:316/LCCN:847312
　　　井上教親　刊　1 冊　袋　18.2cm × 12.7cm
　　　序：文化 9 年（1812）勝岡同好成甫・文化 9 年（1812）井上主殿教親　刊記：含章堂蔵版（本文末）
　　　｜大坂／星文堂・含章堂（見返）
　　　「含章堂蔵版書目／大坂／藤屋橋本徳兵衛」（2 丁半）を付す　（JUL 23 1934）収蔵

2872 清蒙気差加減表 SEIMOU KISA KAGENHYOU　　　　IN:2475/LCCN:695913
　　　恵川景之閲、山中信古編　刊　1 冊　袋　22.1cm × 15.5cm
　　　刊記：和歌山／阪本屋源兵衛他（全 3 肆）｜天香堂蔵梓（見返）
　　　蔵書印等：［高井氏印］

2873 風雨天眼通 FUUU TENGANTSUU　　　　　　　　　IN:2122/LCCN:508522
　　　黄白山人　刊　1 冊　挿絵有　袋　11cm × 15.7cm
　　　序：安永 5 年（1776）黄白山人　刊記：大坂／松邨九兵衛

2874 風雨賦国字弁 FUUU BUKOKU JIBEN　　　　　　　　WN:026/ 和 346
　　　中西敬房　刊　2 冊　袋

340　　12. 理学

刊記：安政 6 年（1859）

2875 ［増補］民用晴雨便覧　MIN'YOU SEIU BENRAN　　　　　　　WN:148/ 和 215
　　　中西敬房　刊　2 冊　袋
　　　異称：渾天民用晴雨便覧

和算

2876 異形同術　附録　IKEI DOUJUTSU　　　　　　　　　　　　　WN:052/ 和 77
　　　小松鈍斎閲、山上光道編　刊　1 冊　袋

2877 ［吉田先生口授］永宝塵劫記大全　EIHOU JINKOUKI TAIZEN　　WN:021/ 和 78
　　　吉田光由　刊　1 冊　袋
　　　刊記：天保 2 年（1831）
　　　金徳塵劫記中編・永宝塵劫記大成の合冊

2878 円理解　ENRIKAI　　　　　　　　　　　　　　　　　　　　WN:022/ 和 319
　　　写　1 冊　袋

2879 円率之真術　ENRITSU NO SHINJUTSU　　　　　　IN:1257.17/LCCN:432830
　　　写　1 冊　挿絵有　袋　26.4cm × 18.8cm
　　　蔵書印等：［高井氏印］

2880 ［町見術］阿弧丹度用法　続編　OKUTANTO YOUHOU　　　　WN:160/ 和 360
　　　渡辺以親　刊　1 冊　袋
　　　刊記：嘉永 7 年（1854）
　　　異称：阿弧丹度用法図説後編

2881 ［町見術］阿弧丹度用法略図説　OKUTANTO YOUHOU RYAKUZUSETSU　WN:159/ 和 359
　　　渡辺以親　刊　1 冊　袋
　　　刊記：嘉永 5 年（1852）

2882 ［新版］教塵劫記　OSHIE JINKOUKI　　　　　　　　　　　　WN:162/ 和 241
　　　刊　1 冊　袋

2883 教塵劫記独稽古　OSHIE JINKOUKI HITORIGEIKO　　　　　　WN:163/ 和 157
　　　刊　1 冊　袋
　　　異称：新板教塵劫記

2884 温知算叢　ONCHI SANSOU　　　　　　　　　　　　　　　WN:161/ 和 273
　　　木村尚寿　刊　1 冊　袋

刊記：文政11年（1828）

2885 解隠題之法 KAIINDAI NO HOU　　　　　　　　WN:073/ 和324
　　関孝和　写　1冊　袋

2886 改算 KAISAN　　　　　　　　　　　　　　　　WN:075/ 和28
　　刊　1冊　袋
　　2部存

2887 改算記 KAISANKI　　　　　　　　　　　　　　WN:079/ 和279
　　山田正重　刊　1冊　袋

2888 改算記 KAISANKI　　　　　　　　　　　　　　WN:080/ 和25
　　山田正重　刊　1冊　袋
　　上巻存

2889 [頭書改正] 改算記綱目 KAISANKI KOUMOKU　　WN:081/ 和177
　　持永豊次・大橋宅清　刊　3冊　袋
　　刊記：貞享4年（1687）

2890 [大増補] 改算記綱目大全 KAISANKI KOUMOKU TAIZEN　　WN:082/ 和281
　　刊　1冊　袋
　　刊記：文政7年（1824）

2891 [大増補] 改算記綱目大全 KAISANKI KOUMOKU TAIZEN　　WN:083/ 和207
　　刊　3冊　袋
　　刊記：明和元年（1764）

2892 改算記大成 KAISANKI TAISEI　　　　　　　　WN:085/ 和282
　　刊　1冊　袋
　　刊記：西村市郎右衛門

2893 改算記大成 KAISANKI TAISEI　　　　　　　　WN:086/ 和255
　　刊　1冊　袋

2894 改算記大成 KAISANKI TAISEI　　　　　　　　WN:087/ 和301
　　刊　1冊　袋
　　異称：新刻改算記綱目大全

2895 改算記大成 KAISANKI TAISEI　　　　　　　　WN:088/ 和178
　　刊　1冊　袋
　　刊記：明和3年（1766）
　　「算法闕疑抄　巻一」と合綴

2896　[増補改正再板] 改算記大全　*KAISANKI TAIZEN*　　　　　　　WN:089/ 和 211

　　刊　2 冊　袋

2897　改算記日用車　*KAISANKI NICHIYOUGURUMA*　　　　　　　WN:084/ 和 289

　　刊　1 冊　袋
　　刊記：寛政 9 年（1797）

2898　改算塵劫記　*KAISAN JINKOUKI*　　　　　　　　　　　　WN:076/ 和 348

　　刊　1 冊　袋
　　刊記：寛政 4 年（1792）

2899　[安政再板] 改算塵劫記　*KAISAN JINKOUKI*　　　　　　WN:077/ 和 365

　　刊　1 冊　袋

2900　[新板] 改算塵劫記　*KAISAN JINKOUKI*　　　　　　　　WN:078/ 和 351

　　刊　1 冊　袋
　　刊記：寛政 8 年（1796）

2901　開式新法　*KAISHIKI SHINPOU*　　　　　　　　　　　　IN:3683

　　川井久徳著、坂部玄胖閲　刊　2 冊　袋　25.9cm × 18.3cm
　　序：享和 3 年（1803）川井久徳
　　刊記：文化 2 年（1805）江戸／宮田六左衛門・須原屋茂兵衛他（全 4 肆）

2902　開商点兵算法　*KAISHOU TENPEI SANPOU*　　　　　　　WN:092/ 和 216

　　村井中漸、長野士択　刊　2 冊　袋
　　刊記：明和 7 年（1770）
　　2 部存　異称：開商算法

2903　開商点兵算法演段　*KAISHOU TENPEI SANPOU ENDAN*　　WN:093/ 和 250

　　長野士択　刊　1 冊　袋
　　刊記：明和 7 年（1770）
　　異称：開商点兵算法の下篇

2904　改精算法　*KAISEI SANPOU*　　　　　　　　　　　　　IN:3095/LCCN:696533

　　鈴木安明　刊　1 冊　袋　22.6cm × 15.6cm
　　序：天明 5 年（1785）鈴木安明　跋：天明 5 年（1785）鈴木安明子貫
　　刊記：天明 5 年（1785）江戸／須原屋市兵衛
　　巻頭に「精要算法答術之論」を付す　蔵書印等：[高井氏印・市村蔵書]

2905　改精算法改正論　*KAISEI SANPOU KAISEIRON*　　　　　WN:090/ 和 202

　　鈴木安明　刊　1 冊　袋
　　刊記：天明 7 年（1787）

B. 天文暦算　343

2906 改正天元指南 *KAISEI TENGEN SHINAN*　　　　WN:091/ 和205
　　藤田貞資　刊　5冊　袋
　　刊記：寛政7年（1795）

2907 開宗算法 *KAISOU SANPOU*　　　　WN:094/ 和382
　　葛谷実順撰　刊　2冊　袋
　　刊記：寛延3年（1750）

2908 階梯算法 *KAITEI SANPOU*　　　　WN:095/ 和137
　　武田篤之進（之孚）　刊　3冊　袋
　　刊記：文政3年（1820）

2909 開平早算秘伝書 *KAIHEI HAYAZAN HIDEN SHO*　　　　WN:070/ 和22
　　山本一二三　刊　1冊　袋
　　刊記：享和3年（1803）

2910 開平法問題 *KAIHEIHOU MONDAI*　　　　WN:071/ 和320
　　写　1冊　袋

2911 開方盈朒術 *KAIHOU EIJIKUJUTSU*　　　　WN:072/ 和323
　　中根元循　写　1冊　袋

2912 開方翻変法 *KAIHOU HONHENHOU*　　　　IN:1257.6/LCCN:432830
　　関孝和編　写　1冊　挿絵有　袋　26.4cm×18.8cm
　　蔵書印等：[高井氏印]

2913 海路安心録 *KAIRO ANSHINROKU*　　　　WN:074/ 和386
　　坂部広胖　刊　1冊　袋
　　刊記：文化13年（1816）
　　異称：算法海路安心録

2914 解惑算法 *KAIWAKU SANPOU*　　　　WN:096/ 和127
　　会田安明　刊　1冊　袋
　　序：天明8年（1788）　刊記：天明8年（1788）

2915 解惑算法 *KAIWAKU SANPOU*　　　　WN:097/ 和256
　　会田安明　刊　1冊　袋
　　序：天明8年（1788）　刊記：天明8年（1788）

2916 格致算書 *KAKUCHI SANSHO*　　　　WN:100/ 和102
　　柴村盛之　刊　1冊　袋
　　刊記：明暦3年（1657）
　　上巻存

2917 [早割] 掛算法春雪 　*KAKEZANHOU NO HARUYUKI*　　　　WN:098/ 和24

　　吉田権次郎編　刊　1冊　袋

2918 割機算法 　*KAKKI SANPOU*　　　　WN:099/ 和416

　　内田観斎鑑定・志野知郷編・杉田直孟訂　刊　1冊　袋
　　序：天保8年（1837）　刊記：天保8年（1837）

2919 括要算法 　*KATSUYOU SANPOU*　　　　WN:102/ 和97

　　関孝和著、荒木村英検閲、大高由良校訂　刊　2冊　袋
　　刊記：正徳2年（1712）

2920 [拾玉] 勘者御伽双紙 　*KANJA OTOGIZOUSHI*　　　　WN:101/ 和306

　　中根法舳（保之丞）　刊　3冊　袋
　　刊記：寛保3年（1743）

2921 球算独習書 　*KYUUSAN HITORINARAI SHO*　　　　IN:2569/LCCN:696007

　　刊　1冊　挿絵有　袋　17.5cm × 11.5cm
　　刊記：吉田屋文蔵他（全2肆）
　　異称：八さんの割こゑの事

2922 給算録 　*KYUUSANROKU*　　　　WN:139/ 和40

　　刊　1冊　袋

2923 九章算法塵劫記 　*KYUUSHOU SANPOU JINKOUKI*　　　　WN:140/ 和361

　　刊　1冊　袋
　　刊記：寛政6年（1794）

2924 九数答術 　*KYUUSUU TOUJUTSU*　　　　WN:142/ 和377

　　河東田直正（渾沌斎）訂　刊　1冊　袋
　　刊記：文政7年（1824）

2925 九数百好 　*KYUUSUU HYAKKOU*　　　　WN:141/ 和390

　　戸板保佑著、河東田直正（渾沌斎）訂　刊　1冊　袋
　　刊記：文政7年（1824）

2926 九連環術 　*KYUU RENKANJUTSU*　　　　IN:1257.1/LCCN:432830

　　写　1冊　挿絵有　袋　26.4cm × 18.8cm
　　蔵書印等：[高井氏印]

2927 狂歌塵劫記 　*KYOUKA JINKOUKI*　　　　WN:138/ 和209

　　鈍々亭編　刊　1冊　袋
　　序：文政11年（1828）　刊記：文政11年（1828）

B. 天文暦算　345

2928 玉積通考　*GYOKUSEKI TSUUKOU*　　　　　　　　　　　　　　　WN:032/ 和 305
　　　蘭畹（伯一）　写　1 冊　袋

2929 玉積通考　*GYOKUSEKI TSUUKOU*　　　　　　　　　　　　　　　IN:3686/LCCN:-
　　　蘭畹（伯一）　刊　3 冊　挿絵有　袋　26cm × 18.1cm
　　　序：寛政 7 年（1795）　跋：寛政 7 年（1795）・文化 10 年（1813）嶰右良　刊記：名古屋 / 永
　　　楽屋東四郎他（全 3 肆）
　　　袋存　「尾陽東璧堂製本略目録」5 丁半を付す　蔵書印等：［高井氏蔵］

2930 金徳塵劫記　*KINTOKU JINKOUKI*　　　　　　　　　　　　　　WN:114/ 和 293
　　　刊　1 冊　袋
　　　刊記：天保 2 年（1831）

2931 銀鐚掛割定法　*GINBITA KAKEWARI JOUHOU*　　　　　　　　　WN:027/ 和 67
　　　野村政茂　刊　1 冊　袋
　　　刊記：正徳 5 年（1715）
　　　利足算掛目安・利足積歳足法と合冊

2932 ［太極三物］空一算学書　*KUUICHI SANGAKU SHO*　　　　　　　WN:137/ 和 81
　　　小坂貞直　刊　3 冊　袋

2933 具応算法　*GUOU SANPOU*　　　　　　　　　　　　　　　　　WN:031/ 和 169
　　　三宅賢隆　刊　5 冊　袋
　　　刊記：宝暦 9 年（1759）

2934 軍数動静記　*GUNSUU DOUSEIKI*　　　　　　　　　　　　　　WN:030/ 和 340
　　　中西正好　写　3 冊　袋
　　　奥書等：宝暦元年（1751）

2935 啓廸算法指南大成　*KEITEKI SANPOU SHINAN TAISEI*　　　　　WN:105/ 和 290
　　　小野以正　刊　1 冊　袋
　　　刊記：安政 2 年（1855）
　　　本編 5 巻・附録 1 巻存　異称：増補算法指南大成

2936 掲楣算法　*KEIBI SANPOU*　　　　　　　　　　　　　　　　　WN:103/ 和 118
　　　堀池久道　刊　2 冊　袋
　　　刊記：天保 9 年（1838）

2937 研幾算法　*KENKI SANPOU*　　　　　　　　　　　　　　　　　WN:106/ 和 350
　　　建部賢弘　刊　1 冊　袋
　　　刊記：天和 3 年（1683）

2938 驗符之法　GENPU NO HOU　　　　　　　　　　　IN:1257.2/LCCN:432830
　　写　1冊　袋　26.4cm×18.8cm
　　奥書等：天和3年（1683）訂書
　　蔵書印等：[高井氏印]

2939 広益算梯　KOUEKI SANTEI　　　　　　　　　　IN:1430/LCCN:433003
　　（久留島義太編、山路主住校）　写　16冊　挿絵有　袋　22.5cm×14.9cm
　　奥書等：延享元年（1744）関藤原孝和・荒木村英・松永良弼・山路平主住｜臨水軒伝之｜延享3年（1746）林窓菴訂
　　巻2～7・甲～癸存　異称：（関流）広益算梯

2940 広益塵劫記　KOUEKI JINKOUKI　　　　　　　　WN:115/和62
　　刊　1冊　袋

2941 広益塵劫記大成　KOUEKI JINKOUKI TAISEI　　　WN:116/和366
　　刊　1冊　袋
　　刊記：享保3年（1718）
　　異称：新編塵劫記大成　中・下巻

2942 勾股致近集　KOUKO CHIKIN SHUU　　　　　　　WN:118/和374
　　若杉多十郎　刊　1冊　袋
　　跋：享保4年（1719）（後跋）　刊記：享保4年（1719）

2943 勾股致近集　KOUKO CHIKIN SHUU　　　　　　　WN:119/和381
　　若杉多十郎　刊　2冊　袋
　　跋：享保4年（1719）　刊記：享保4年（1719）

2944 鈎股変化法　KOUKO HENKAHOU　　　　　　　　IN:1257.3/LCCN:432830
　　松永良弼編　写　1冊　挿絵有　袋　26.4cm×18.8cm
　　蔵書印等：[高井氏印]

2945 峡算須知　KOUSAN SUCHI　　　　　　　　　　WN:130/和304
　　井上昌倫　刊　1冊　袋
　　刊記：嘉永元年（1848）

2946 峡算早割法　KOUSAN HAYAWARIHOU　　　　　　WN:129/和379
　　花輪宜清　刊　1冊　袋
　　刊記：弘化3年（1846）
　　異称：峡算早割

2947 ［自得捷径］広用算法大全　KOUYOU SANPOU TAIZEN　WN:135/和367
　　藤原徳風　刊　1冊　袋
　　刊記：嘉永3年（1850）

2948 ［自得捷径］広用算法大全 KOUYOU SANPOU TAIZEN　　　　WN:136/ 和387
　　藤原徳風　刊　1冊　袋
　　刊記：安政4年（1857）

2949 合類算法 GOURUI SANPOU　　　　WN:029/ 和201
　　市川行英　刊　1冊　袋
　　序：天保7年（1836）　刊記：天保7年（1836）

2950 絳老余算統術 KOUROU YOSAN TOUJUTSU　　　　WN:128/ 和328
　　仰松軒君（内藤政樹）撰、松永良弼編　写　1冊　袋

2951 弧角小成 KOKAKU SHOUSEI　　　　WN:117/ 和20
　　恵川景之編、山中信古校　刊　1冊　袋
　　刊記：安政2年（1855）

2952 股勾弦鈔 KOKOU GENSHOU　　　　WN:120/ 和352
　　星野実宜　刊　1冊　袋
　　刊記：寛文12年（1672）

2953 古今算鑑 KOKON SANKAN　　　　WN:124/ 和296
　　内田恭編　刊　1冊　袋
　　序：天保3年（1832）　刊記：天保3年（1832）
　　巻2欠

2954 ［寛政再刻］古今算法記 KOKON SANPOUKI　　　　WN:122/ 和70
　　沢口一之　刊　6冊　袋

2955 古今算法記 KOKON SANPOUKI　　　　WN:123/ 和242
　　沢口一之　刊　3冊　袋
　　序：寛文10年（1670）
　　巻1・2・5存

2956 弧三角通 KO SANKAKU TSUU　　　　WN:131/ 和389
　　徳久知弘　写　1冊　袋
　　序：弘化3年（1846）　奥書等：弘化3年（1846）写

2957 ［円理真術］弧矢弦叩底 KOSHIGEN KOUTEI　　　　WN:132/ 和128
　　忍澄　刊　1冊　袋
　　刊記：文政2年（1819）

2958 ［円理真術］弧矢弦叩底 KOSHIGEN KOUTEI　　　　WN:133/ 和165
　　忍澄　刊　2冊　袋
　　刊記：文政2年（1819）

2959 五明算法 GOMEI SANPOU　　　　　　　　　　　　WN:028/ 和68
　　家崎善之（思山）　刊　2冊　袋
　　刊記：文政9年（1826）
　　後集上・下存

2960 五明算法前集図式解 GOMEI SANPOU ZENSHUU ZUSHIKIKAI　　IN:1253/LCCN:432826
　　家崎善之子長　写　2冊　袋　23.6cm×16cm
　　蔵書印等：[高井氏印]　異称：五明算法

2961 [米銭相場] 小割早算用 KOWARI HAYAZAN'YOU　　　　　　WN:134/ 和35
　　井口正編　刊　1冊　袋
　　刊記：安政4年（1857）

2962 再訂算法 SAITEI SANPOU　　　　　　　　　　　　WN:181/ 和267
　　藤田喜言　刊　1冊　袋
　　刊記：寛政10年（1798）

2963 [新撰] 査表算 SAHYOUSAN　　　　　　　　　　　　WN:180/ 和195
　　内藤真矩　刊　1冊　袋
　　刊記：安政3年（1856）

2964 算学階梯 SANGAKU KAITEI　　　　　　　　　　　WN:297/ 和414
　　中沢貞宜編　写　1冊　袋

2965 [増補] 算学稽古大全 SANGAKU KEIKO TAIZEN　　　　　WN:298/ 和156
　　松岡能一（良助）　刊　1冊　袋
　　刊記：天保4年（1833）

2966 [増補] 算学稽古大全 SANGAKU KEIKO TAIZEN　　　　　WN:299/ 和385
　　松岡能一（良助）　刊　1冊　袋
　　刊記：文久元年（1861）

2967 [増補] 算学稽古大全 SANGAKU KEIKO TAIZEN　　　　　WN:300/ 和141
　　松岡能一（良助）　刊　1冊　袋

2968 [新編] 算学啓蒙註解 SANGAKU KEIMOU CHUUKAI　　　　WN:302/ 和312
　　星野実宜注　刊　1冊　袋
　　刊記：寛文12年（1672）

2969 算学鉤致 SANGAKU KOUCHI　　　　　　　　　　　WN:303/ 和184
　　石黒信由　刊　3冊　袋
　　刊記：文政2年（1819）

2970 算学詳解　SANGAKU SHOUKAI　　　　　　　　　　　　WN:304/ 和163
　　松田正則編　刊　2冊　袋
　　刊記：宝永2年（1705）

2971 算学小筌　SANGAKU SHOUSEN　　　　　　　　　　　WN:305/ 和311
　　牛島盛庸著、伊藤保喬校　刊　1冊　袋
　　刊記：寛政8年（1796）

2972 算学小筌　SANGAKU SHOUSEN　　　　　　　　　　　WN:306/ 和260
　　牛島盛庸著、伊藤保喬校　刊　1冊　袋

2973 算学初心鈔　SANGAKU SHOSHINSHOU　　　　　　　　WN:307/ 和76
　　脇野光正編　写　2冊　袋
　　1・2巻存　異称：算法一起

2974 算学速成　SANGAKU SOKUSEI　　　　　　　　　　　WN:308/ 和394
　　福田金塘著、岩田清庸（巻1〜3）・佐竹義致（巻4）・竹林忠重（巻5）編　刊　1冊　袋
　　序：安政5年（1858）　刊記：明治6年（1873）

2975 算学知恵海　SANGAKU CHIE NO UMI　　　　　　　　WN:295/ 和345
　　刊　1冊　袋
　　刊記：享保3年（1718）
　　異称：秘術改撰算学知恵海大成

2976 ［秘術改撰］算学重宝記　SANGAKU CHOUHOUKI　　　WN:296/ 和272
　　刊　1冊　袋
　　刊記：天明7年（1787）

2977 ［珠算乗除］算学定位法　SANGAKU TEIIHOU　　　　WN:309/ 和119
　　小川愛道　刊　1冊　袋
　　刊記：明和5年（1768）

2978 算学提要　SANGAKU TEIYOU　　　　　　　　　　　　WN:310/ 和283
　　竺真応　刊　1冊　袋
　　刊記：天保5年（1834）

2979 算学提要　SANGAKU TEIYOU　　　　　　　　　　　　WN:311/ 和406
　　竺真応　刊　1冊　袋
　　序：天保4年（1833）

2980 ［改補］算学備要大成　SANGAKU BIYOU TAISEI　　　WN:293/ 和197
　　佐々木定保（其争）　刊　1冊　袋
　　刊記：安政4年（1857）

2981 [新刻増補] 算学備要大成 *SANGAKU BIYOU TAISEI*   WN:294/ 和161

     佐々木定保（其争）　刊　1冊　袋

2982 算顆秘録 *SANKA HIROKU*   WN:314/ 和341

     原田茂嘉　刊　1冊　袋
     刊記：天保8年（1837）

2983 算鑑記 *SANKANKI*   WN:315/ 和86

     神原覚嘉　刊　2冊　袋
     刊記：享保3年（1718）

2984 算元記 *SANGENKI*   WN:312/ 和12

     藤岡茂之　刊　1冊　袋
     刊記：明暦3年（1657）
     中巻存

2985 （算術問答書） *SANJUTSU MONDOUSHO*   IN:3107/LCCN:696545

     刊　1冊　挿絵有　袋　22.4cm×15.7cm
     巻2存

2986 算書 *SANSHO*   IN:1476/LCCN:433049

     写　1冊　挿絵有　列帖　16.4cm×11.2cm
     「光慶」（表紙）

2987 算髄 *SANZUI*   IN:3102/LCCN:696540

     刊　1冊　袋　26.8cm×18.1cm
     序：延享2年（1745）山本格安　刊記：延享3年（1746）京／蓍屋勘兵衛
     鶏助算法を付す　蔵書印等：[高井氏印]

2988 算数記 *SANSUUKI*   WN:319/ 和245

     奥出有益　刊　6冊　袋
     刊記：天保3年（1832）

2989 算俎 *SANSO*   WN:316/ 和266

     杉村茂清　刊　2冊　袋
     序：寛文3年（1663）
     巻1・3存　異称：算法算俎

2990 算藪 *SANSOU*   WN:317/ 和269

     平山驥（千里）　刊　2冊　袋
     刊記：寛政元年（1789）

2991 算則 *SANSOKU* WN:318/ 和322
　　写　10冊　袋

2992 算道手引草 *SANDOU TEBIKIGUSA* IN:3115/LCCN:696553
　　刊　1冊　袋　12.1cm×17cm
　　刊記：明和8年（1771）江戸／かねた氏

2993 ［狂歌近道］算筆早まなび *SANPITSU HAYAMANABI* WN:183/ 和15
　　刊　1冊　袋

2994 算法演段指南 *SANPOU ENDAN SHINAN* WN:194/ 和94
　　河端裕（道碩）　刊　1冊　袋
　　下巻存

2995 算法円理括発 *SANPOU ENRI KAPPATSU* IN:3109/LCCN:696547
　　竹内藤左衛門修敬　刊　2冊　挿絵有　袋　22.6cm×16cm
　　序：嘉永4年（1851）庭山政勝・嘉永4年（1851）竹内修敬子準　跋：嘉永4年（1851）辰巳重房
　　蔵書印等：［高井氏印］

2996 算法円理鑑 *SANPOU ENRIKAN* WN:196/ 和214
　　斉藤宜義著、斉藤宜長閲　刊　1冊　袋
　　刊記：天保8年（1837）
　　2部存

2997 算法円理私論 *SANPOU ENRI SHIRON* WN:198/ 和150
　　萩原信芳　刊　1冊　袋
　　跋：慶応3年（1867）　刊記：慶応3年（1867）
　　本編1巻・附録1巻存

2998 算法円理新々 *SANPOU ENRI SHINSHIN* WN:197/ 和136
　　斉藤宜義　刊　1冊　袋
　　序：天保11年（1840）　刊記：天保11年（1840）

2999 算法円理通 *SANPOU ENRITSUU* WN:199/ 和196
　　藤岡有貞　刊　1冊　袋
　　跋：弘化3年（1846）　刊記：弘化3年（1846）

3000 算法円理冰釈 *SANPOU ENRI HYOUSHAKU* WN:195/ 和100
　　岩井重遠閲、山口重信等撰、桜井節義等編　刊　2冊　袋
　　序：天保8年（1837）　刊記：天保8年（1837）

3001 算法開蘊 さんぽうかいうん　SANPOU KAIUN　　　　　　　　　　WN:216/ 和126
　　剣持章行　刊　5冊　袋
　　序：嘉永元年（1848）　刊記：嘉永元年（1848）
　　本編4巻・附録1巻

3002 ［新編秘術］算法改正録 さんぽうかいせいろく　SANPOU KAISEIROKU　　WN:215/ 和230
　　奥田有益　刊　2冊　袋
　　序：宝永3年（1832）　刊記：宝永3年（1832）
　　首巻・上巻存

3003 算法廓如 さんぽうかくじょ　SANPOU KAKUJO　　　　　　　　　WN:217/ 和166
　　会田安明　刊　2冊　袋
　　刊記：寛政9年（1797）

3004 算法学海 さんぽうがっかい　SANPOU GAKKAI　　　　　　　　IN:3114/LCCN:696552
　　坂正永　刊　1冊　袋　25.3cm×17.7cm
　　跋：天明元年（1781）村井求林
　　下巻存　「尚古堂（岡田屋嘉七）蔵板書目」を付す

3005 ［諸家童子早指南］算法記 さんぽうき　SANPOUKI　　　　　　WN:291/ 和26
　　刊　1冊　袋

3006 ［日用早割］算法記 さんぽうき　SANPOUKI　　　　　　　　　WN:290/ 和421
　　窮算道人　刊　1冊　袋

3007 算法記 さんぽうき　SANPOUKI　　　　　　　　　　　　　　 WN:289/ 和337
　　関孝和編　写　1冊　袋

3008 ［祠殺區掲］算法奇賞 さんぽうきしょう　SANPOU KISHOU　　 WN:230/ 和246
　　馬場正統編　刊　2冊　袋
　　刊記：文政13年（1816）

3009 算法狂歌大早割 さんぽうきょうかおおはやわり　SANPOU KYOUKA OOHAYAWARI　WN:238/ 和299
　　田丸治助　刊　1冊　袋
　　刊記：寛政2年（1790）
　　異称：狂歌割

3010 算法極形指南 さんぽうきょくぎょうしなん　SANPOU KYOKUGYOU SHINAN　WN:239/ 和248
　　秋田鳳堂（義一）編　刊　3冊　袋
　　刊記：天保6年（1835）

3011 ［絵入算問入］算法工夫之錦 さんぽうくふうのにしき　SANPOU KUFUU NO NISHIKI　WN:237/ 和339
　　船山喜一（輔之）　写　2冊　袋

B. 天文暦算　353

奥書等：寛政7年（1795）
前編上・下存

3012 ［改算近道百家通用］算法稽古車 (さんぼうけいこぐるま)　*SANPOU KEIKOGURUMA*　WN:223/ 和263
　　　刊　1冊　袋

3013 ［改算近道百家通用］算法稽古車 (さんぼうけいこぐるま)　*SANPOU KEIKOGURUMA*　WN:222/ 和294
　　　刊　1冊　袋
　　　刊記：文化13年（1816）

3014 ［新撰訂正初学重宝］算法稽古図会 (さんぼうけいこずえ)　*SANPOU KEIKO ZUE*　WN:220/ 和415
　　　木村繁雄編・画　刊　1冊　袋

3015 ［新撰訂正］算法稽古図会 (さんぼうけいこずえ)　*SANPOU KEIKO ZUE*　WN:219/ 和73
　　　暁鐘成編・画　刊　1冊　袋
　　　刊記：天保2年（1831）

3016 ［自得捷径］算法稽古宝 (さんぼうけいこだから)　*SANPOU KEIKODAKARA*　WN:221/ 和407
　　　刊　1冊　袋

3017 算法稽古早指南 (さんぼうけいこはやしなん)　*SANPOU KEIKO HAYASHINAN*　WN:218/ 和17
　　　刊　1冊　袋
　　　刊記：享和元年（1801）
　　　異称：大増補袖玉塵劫記

3018 ［頭書］算法闕疑抄 (さんぼうけつぎしょう)　*SANPOU KETSUGISHOU*　WN:229/ 和87
　　　磯村吉徳　刊　5冊　袋

3019 ［首書］算法闕疑抄 (さんぼうけつぎしょう)　*SANPOU KETSUGISHOU*　WN:228/ 和167
　　　磯村吉徳　刊　4冊　袋
　　　刊記：文化元年（1804）
　　　1〜4巻

3020 算法闕疑抄 (さんぼうけつぎしょう)　*SANPOU KETSUGISHOU*　WN:227/ 和178
　　　磯村吉徳　刊　1冊　袋
　　　巻1存　「改算記大成」3巻と合冊　　異称：増補算法闕疑抄

3021 ［新版］算法闕疑抄 (さんぼうけつぎしょう)　*SANPOU KETSUGISHOU*　WN:226/ 和278
　　　磯村吉徳　刊　1冊　袋
　　　刊記：延宝2年（1674）

3022 算法闕疑抄 (さんぼうけつぎしょう)　*SANPOU KETSUGISHOU*　WN:225/ 和243
　　　磯村吉徳　刊　5冊　袋

刊記：延宝 2 年（1674）

3023 算法闕疑抄 **SANPOU KETSUGISHOU**　　　　　　　　　　WN:224/ 和 11

磯村吉徳　刊　2 冊　袋
刊記：寛文元年（1661）
巻 5 欠

3024 算法交商術 **SANPOU KOUSHOUJUTSU**　　　　　　　　　　WN:234/ 和 318

福田嘉当編　写　1 冊　袋

3025 算法考艸 **SANPOU KOUSOU**　　　　　　　　　　　　　　WN:235/ 和 413

写　1 冊　袋

3026 算法考艸円内交斜容円術 **SANPOU KOUSOU ENNAI KOUSHA YOUENJUTSU**

五瀬田誠撰術　写　1 冊　袋　　　　　　　　　　　　　　　　　WN:236/ 和 412
奥書等：寛政 6 年（1794）訂書

3027 ［再補］算法古今通覧 **SANPOU KOKON TSUURAN**　　　　WN:232/ 和 244

会田安明　刊　5 冊　袋
序：寛政 7 年（1795）自序　刊記：寛政 7 年（1795）

3028 算法弧背詳解 **SANPOU KOHAI SHOUKAI**　　　　　　　　WN:231/ 和 342

写　1 冊　袋

3029 算法瑚璉 **SANPOU KOREN**　　　　　　　　　　　　　　WN:233/ 和 223

竹内武信閲、小林忠良著　刊　1 冊　袋
刊記：天保 7 年（1836）

3030 算法雑解 **SANPOU ZAKKAI**　　　　　　　　　　　　　　IN:3689

福田金塘、奥村又左衛門吉栄編、岡善右衛門通賀訂　刊　4 冊　挿絵有　袋　25cm × 17.8cm
序：天保 7 年（1836）藤原経条・天保 14 年（1843）奥邨吉栄　跋：天保 14 年（1843）佐野義致・
天保 14 年（1843）理軒福田泉
前集 4 巻存　蔵書印等：［秋田氏之章・高井氏印］　異称：算題雑解

3031 算法雑俎 **SANPOU ZASSO**　　　　　　　　　　　　　　WN:284/ 和 271

白石長忠閲、岩井重遠編　刊　1 冊　袋
跋：文政 13 年（1830）　刊記：文政 13 年（1830）

3032 算法雑著 **SANPOU ZACCHO**　　　　　　　　　　　　　IN:3101/LCCN:696539

石山道順撰　写　1 冊　挿絵有　袋　26.2cm × 18.8cm
異称：根源記算法雑著・根源記七十三問

B. 天文暦算　355

3033 算法地方指南 SANPOU JIKATA SHINAN　　　　　　　　WN:208/ 和274
　　長谷川寛閲、村田恒光編　刊　1冊　袋
　　刊記：天保7年（1836）

3034 算法地方大成 SANPOU JIKATA TAISEI　　　　　　　　WN:211/ 和404
　　長谷川寛閲、秋田義一編　刊　1冊　袋
　　刊記：天保8年（1837）

3035 算法地方大成 SANPOU JIKATA TAISEI　　　　　　　　WN:210/ 和265
　　長谷川寛閲、秋田義一編　刊　5冊　袋
　　刊記：天保8年（1837）

3036 ［官許］算法地方大成 SANPOU JIKATA TAISEI　　　　　WN:209/ 和247
　　長谷川寛・秋田義一編閲　刊　5冊　袋
　　刊記：天保8年（1837）

3037 算法地方大成斥非問答 SANPOU JIKATA TAISEI SEKIHI MONDOU　WN:212/ 和222
　　栗田宜貞　刊　1冊　袋
　　刊記：天保8年（1837）
　　異称：斥非問答

3038 ［新編図解］算法指掌 SANPOU SHISHOU　　　　　　　　WN:259/ 和115
　　石山正盈　刊　1冊　袋
　　巻2存　異称：算法指掌大成

3039 算法指掌 SANPOU SHISHOU　　　　　　　　　　　　　　WN:258/ 和225
　　石山正盈　刊　1冊　袋
　　刊記：享保8年（1723）
　　巻2・3・5存

3040 ［新編塵劫記首書増補改］算法指南車 SANPOU SHINANGURUMA　WN:253/ 和284
　　吉田光由　刊　1冊　袋
　　刊記：明和6年（1769）

3041 ［秘術抜萃］算法指南塵劫記 SANPOU SHINAN JINKOUKI　　WN:251/ 和373
　　刊　1冊　袋
　　刊記：文化8年（1811）

3042 算法指南大全 SANPOU SHINAN TAIZEN　　　　　　　　　WN:252/ 和96
　　吉田光由著、岡本憲尚補　刊　1冊　袋
　　刊記：嘉永4年（1851）

3043 算法自約術 SANPOU JIYAKUJUTSU　　　　　　　　　　WN:213/ 和309
　　会田安明編　写　2冊　袋

3044 ［大増補］算法出世宝大全 SANPOU SHUSSEDAKARA TAIZEN　　WN:264/ 和208
　　刊　1冊　袋
　　刊記：文化12年（1815）
　　異称：近道塵劫記

3045 算法書 SANPOU SHO　　　　　　　　　　　　　　　　WN:292/ 和96
　　刊　1冊　袋

3046 算法正平 SANPOU SHOUHEI　　　　　　　　　　　　WN:260/ 和357
　　法道寺善　写　1冊　袋
　　奥書等：元治元年（1864）

3047 算法初見直用集 SANPOU SHOKEN CHOKUYOU SHUU　　WN:261/ 和10
　　渡辺守矩（源数）　刊　1冊　袋
　　刊記：安永2年（1773）

3048 算法助術 SANPOU JOJUTSU　　　　　　　　　　　　WN:214/ 和232
　　長谷川弘閲、山本賀前編　刊　1冊　袋
　　刊記：天保12年（1841）

3049 算法初心車 SANPOU SHOSHINGURUMA　　　　　　　　WN:263/ 和93
　　田中由真子編　刊　1冊　袋
　　刊記：寛延3年（1750）
　　異称：増補算法初心車

3050 ［増補大成］算法初心車 SANPOU SHOSHINGURUMA　　　WN:262/ 和92
　　田中由真子編　刊　1冊　袋
　　刊記：寛政9年（1797）
　　異称：増補改正算法初心車大成

3051 ［補刻訂正］算法新書 SANPOU SHINSHO　　　　　　　WN:257/ 和397
　　長谷川寛閲、千葉胤秀編　刊　1冊　袋
　　刊記：明治13年（1880）三刻新鐫

3052 ［補刻訂正］算法新書 SANPOU SHINSHO　　　　　　　WN:256/ 和396
　　長谷川寛閲、千葉胤秀編　刊　1冊　袋
　　刊記：明治13年（1880）三刻新鐫

3053 算法新書 SANPOU SHINSHO　　　　　　　　　　　　WN:255/ 和395
　　長谷川寛閲、千葉胤秀編　刊　5冊　袋

刊記：明治6年（1873）再刻

3054 算法新書 SANPOU SHINSHO WN:254/ 和 193-a
長谷川寛閲、千葉胤秀編　刊　5冊　袋
刊記：文政13年（1830）

3055 算法図解 SANPOU ZUKAI IN:3688
村田佐十郎恒光閲、豊田伊三郎勝義撰　刊　2冊　挿絵有　袋
序：天保14年（1843）斎藤正謙

3056 ［増補］算法図解大全 SANPOU ZUKAI TAIZEN WN:288/ 和 162
山田安山子補　刊　1冊　袋
刊記：嘉永元年（1848）
異称：改正算法図解・算法図解

3057 算法図解大全 SANPOU ZUKAI TAIZEN WN:287/ 和 371
刊　1冊　袋
刊記：正徳4年（1714）大坂／油屋与兵衛

3058 算法図解早伝授 SANPOU ZUKAI HAYADENJU WN:286/ 和 148
環中仙　刊　1冊　袋
異称：初心算法早伝授・算法早伝授

3059 算法図解早伝授 SANPOU ZUKAI HAYADENJU WN:285/ 和 335
環中仙　刊　1冊　袋
刊記：享保13年（1728）
異称：初心算法早伝授・算法早伝授

3060 算法整数起源抄 SANPOU SEISUU KIGENSHOU WN:248/ 和 287
菊地長良閲、金子左右平編　刊　1冊　袋
序：弘化2年（1845）　刊記：弘化2年（1845）

3061 算法整数起源抄 SANPOU SEISUU KIGENSHOU WN:247/ 和 286
菊地長良閲、金子左右平編　刊　2冊　袋
序：弘化2年（1845）　刊記：弘化2年（1845）

3062 算法尖円豁通 SANPOU SEN'EN KATTSUU WN:250/ 和 138
桑木正明著、木村林昱訂　刊　1冊　袋
序：安政2年（1855）　刊記：安政2年（1855）
本編1巻・附録1巻　異称：尖円豁通

3063 算法浅問抄 SANPOU SENMONSHOU WN:249/ 和 8
御粥安本編、小川重助訂　刊　1冊　袋

刊記：天保 11 年（1840）

3064 算法側円集 　<ruby>さんぽうそくえんしゅう</ruby>　SANPOU SOKUEN SHUU　　　　　WN:266/ 和 314

会田安明　写　1 冊　袋
巻 6 存

3065 算法側円詳解 　<ruby>さんぽうそくえんしょうかい</ruby>　SANPOU SOKUEN SHOUKAI　　　　WN:265/ 和 90

村田恒光編　刊　2 冊　袋
刊記：天保 5 年（1834）

3066 算法大成 　<ruby>さんぽうたいせい</ruby>　SANPOU TAISEI　　　　　　　　IN:2581/LCCN:696019

大西楽来閣、松永董城撰　刊　1 冊　挿絵有　袋　18cm × 12cm
異称：童蒙算法大成

3067 ［増々補改正首書］算法大全指南車 　<ruby>さんぽうたいぜんしなんぐるま</ruby>　SANPOU TAIZEN SHINANGURUMA

吉田光由　刊　1 冊　袋　　　　　　　　　　　　　　　　WN:267/ 和 355
刊記：寛政 13 年（1801）
異称：新編塵劫記再板

3068 算法智恵海大全 　<ruby>さんぽうちえのうみたいぜん</ruby>　SANPOU CHIE NO UMI TAIZEN　　WN:185/ 和 88

広瀬備重・江馬久重　刊　1 冊　袋
刊記：寛政 5 年（1793）

3069 算法智恵鑑 　<ruby>さんぽうちえかがみ</ruby>　SANPOU CHIEKAGAMI　　　　　　WN:184/ 和 210

刊　1 冊　袋
上巻存　異称：算書

3070 ［改算大成］算法智恵宝 　<ruby>さんぽうちえだから</ruby>　SANPOU CHIEDAKARA　　WN:187/ 和 347

吉田光由編　刊　1 冊　袋

3071 ［改算校正］算法知恵袋大全 　<ruby>さんぽうちえぶくろたいぜん</ruby>　SANPOU CHIEBUKURO TAIZEN　WN:186/ 和 152

吉田光由　刊　1 冊　袋
刊記：文政元年（1818）
異称：万宝塵劫記大成・算法知恵袋

3072 算法逐索術 　<ruby>さんぽうちくさくじゅつ</ruby>　SANPOU CHIKUSAKUJUTSU　　　WN:188/ 和 203

大原利明（勝右衛門）　写　1 冊　袋

3073 算法重宝記 　<ruby>さんぽうちょうほうき</ruby>　SANPOU CHOUHOUKI　　　　　　WN:189/ 和 13

鈴木重次　刊　1 冊　袋
刊記：正徳 5 年（1715）
異称：古今増補算法重宝記改成

3074　算法直術正解　SANPOU CHOKUJUTSU SEIKAI　　　　WN:190/ 和288
　　平内廷臣（大隅）　刊　1冊　袋
　　2部存

3075　算法通書　SANPOU TSUUSHO　　　　WN:281/ 和69
　　長谷川弘閲、古谷道生（定吉）編　刊　3冊　袋
　　刊記：嘉永7年（1854）

3076　[和解図式] 算法天元指南　SANPOU TENGEN SHINAN　　　　WN:268/ 和354
　　佐藤茂春　刊　5冊　袋
　　刊記：元禄11年（1698）

3077　算法天元樵談集　SANPOU TENGEN SHOUDANSHUU　　　　WN:269/ 和181
　　中村政栄編　刊　2冊　袋
　　序：元禄15年（1702）　刊記：元禄15年（1702）
　　異称：算法天元樵談

3078　[天元樵談追加] 算法天元適等　SANPOU TENGEN TEKITOU　　　　WN:270/ 和182
　　中村政栄　刊　3冊　袋
　　序：元禄15年（1702）　刊記：元禄15年（1702）
　　異称：算法真裸適等・算法天元樵談追加平円立円真裸適等

3079　算法天元録　SANPOU TENGENROKU　　　　WN:271/ 和114
　　西脇利忠編　刊　2冊　袋
　　刊記：正徳元年（1711）
　　中・下巻存　異称：算法天元録理諺鈔

3080　[関流] 算法点竄指南　SANPOU TENZAN SHINAN　　　　WN:273/ 和253
　　大原利明閲、大原金杉　門人等編　刊　3冊　袋
　　刊記：天保6年（1835）

3081　[関流] 算法点竄指南　SANPOU TENZAN SHINAN　　　　WN:274/ 和235
　　大原利明閲、大原金杉　門人等編　刊　1冊　袋
　　刊記：天保6年（1835）再刻
　　上巻存

3082　算法点竄指南録　SANPOU TENZAN SHINANROKU　　　　WN:276/ 和170
　　坂部広胖著、馬場正督訂　刊　3冊　袋
　　序：文化12年（1815）　刊記：文化12年（1815）
　　初編存

3083　算法点竄指南録　SANPOU TENZAN SHINANROKU　　　　WN:275/ 和277
　　坂部広胖著、馬場正督訂　刊　15冊　袋

序：文化 12 年（1815）　刊記：文化 12 年（1815）
異称：点竄指南録

3084　**算法点竄初学抄** SANPOU TENZAN SHOGAKUSHOU　　WN:277/ 和 411

池田貞一閲、橋本昌方著、木村尚寿・秋山彝徳校　刊　1 冊　袋
序：文政 13 年（1830）　刊記：文政 13 年（1830）
異称：点竄初学抄

3085　**算法点竄手引草　初編** SANPOU TENZAN TEBIKIGUSA　SHOHEN　　WN:279/ 和 103

長谷川寛閲、山本賀前編　刊　3 冊　袋
刊記：天保 4 年（1833）

3086　**算法点竄手引草　二編** SANPOU TENZAN TEBIKIGUSA　NIHEN　　WN:278/ 和 104

秋田宜義閲、大村一秀編　刊　3 冊　袋
刊記：天保 12 年（1841）

3087　**［最上流］算法天生法指南** SANPOU TENSHOUHOU SHINAN　　WN:272/ 和 172

会田安明　刊　5 冊　袋
刊記：文化 7 年（1810）

3088　**［関流］算法童子教** SANPOU DOUJIKYOU　　WN:191/ 和 142

大原山紫微院編　刊　1 冊　袋
刊記：万延元年（1860）

3089　**［拾玉］算法童子門** SANPOU DOUJIMON　　WN:193/ 和 291

村井中漸　刊　5 冊　袋
刊記：天保 4 年（1833）

3090　**［拾玉］算法童子門** SANPOU DOUJIMON　　WN:192/ 和 109

村井中漸　刊　6 冊　袋
刊記：天明 4 年（1784）
異称：算法童子門日用算

3091　**算法得幸録** SANPOU TOKUKOUROKU　　WN:280/ 和 384

岸通昌　刊　2 冊　袋
刊記：安永 2 年（1773）

3092　**［定例式］算法日新録** SANPOU NISSHINROKU　　WN:241/ 和 155

河西清義　刊　1 冊　袋
刊記：安政 4 年（1857）

3093　**算法発隠** SANPOU HATSUIN　　WN:201/ 和 179

北川孟虎　刊　1 冊　袋

刊記：文化 12 年（1815）

3094 算法発蒙集　SANPOU HATSUMOUSHUU　　　　　　　　　WN:202/ 和 264
　　杉山貞治編、吉川長昌校　刊　3 冊　袋
　　序：寛文 10 年（1670）自序　刊記：寛文 10 年（1670）

3095 算法早合点　SANPOU HAYAGATEN　　　　　　　　　　WN:203/ 和 238
　　刊　1 冊　袋

3096 算法早割秘伝抄　SANPOU HAYAWARI HIDENSHOU　　　WN:204/ 和 41
　　青木宇千　刊　1 冊　袋
　　刊記：弘化 4 年（1847）

3097 算法非撥乱　SANPOU HIHATSURAN　　　　　　　　　WN:206/ 和 99
　　会田安明　刊　1 冊　袋
　　刊記：寛政 13 年（1801）

3098 算法麓逕　SANPOU FUMOTOMICHI　　　　　　　　　　WN:200/ 和 380
　　久間修文　刊　?冊　袋
　　刊記：天保 3 年（1832）

3099 算法変形指南　SANPOU HENGYOU SHINAN　　　　　　WN:205/ 和 302
　　長谷川寛閲、福田廷臣編　刊　1 冊　袋

3100 算法方円鑑　SANPOU HOUENKAN　　　　　　　　　　WN:207/ 和 9
　　萩原信芳（禎助）　刊　1 冊　袋
　　刊記：文久 2 年（1862）

3101 算法明粋記　SANPOU MEISUIKI　　　　　　　　　　WN:240/ 和 356
　　村田栄清　刊　1 冊　袋
　　刊記：元禄 6 年（1693）
　　異称：改算塵劫記

3102 算法約術新編　SANPOU YAKUJUTSU SHINPEN　　　　WN:282/ 和 75
　　剣持章行撰、高木道明等校　刊　1 冊　袋
　　序：文久 2 年（1862）　刊記：文久 2 年（1862）

3103 算法約述新編　SANPOU YAKUJUTSU SHINPEN　　　　WN:283/ 和 408
　　剣持章行撰、高木道明等校　刊　3 冊　袋
　　序：文久 2 年（1862）　刊記：文久 2 年（1862）

3104 算法理解教　SANPOU RIKAI NO OSHIE　　　　　　　WN:242/ 和 7
　　飯嶋武雄　刊　1 冊　袋

序：天保4年（1833）　刊記：天保4年（1833）
初編1冊存

3105　算法利息全書 SANPOU RISOKU ZENSHO　　　WN:245/ 和3
さんぽうりそくぜんしょ

剣持章行　刊　2冊　袋
刊記：安政4年（1857）

3106　[諸流全伝] 算法利足速成 SANPOU RISOKU SOKUSEI　　　WN:244/ 和19
さんぽうりそくそくせい

福田金塘閣、福田理軒創製、岩田七平（清庸）編　刊　2冊　袋
刊記：安政4年（1857）

3107　算法率揮 SANPOU RIKKI　　　WN:243/ 和191
さんぽうりっき

刊　1冊　袋
序：享保11年（1726）　刊記：享保11年（1726）

3108　算用手引草 SAN'YOU TEBIKIGUSA　　　WN:320/ 和14
さんようてびきぐさ

内田源兵衛（秀富）　写　1冊　袋
刊記：宝暦5年（1755）

3109　四角問答 SHIKAKU MONDOU　　　WN:328/ 和80
しかくもんどう

中村与左衛門　刊　1冊　袋
刊記：明暦4年（1658）
上巻存

3110　磁石算根元記 JISHAKUZAN KONGENKI　　　WN:066/ 和187
じしゃくざんこんげんき

保坂因宗　刊　3冊　袋

3111　[自得捷径] 宝玉塵功記 HOUGYOKU JINKOUKI　　　IN:3108/LCCN:696546
ほうぎょくじんこうき

黒田庸行著　刊　1冊　挿絵有　袋　22.1cm × 15.7cm
序：嘉永4年（1851）碓井寛　刊記：嘉永4年（1851）大坂／河内屋喜兵衛
蔵書印等：[高井氏印]

3112　自約術 JIYAKUJUTSU　　　IN:1257.1/LCCN:432830
じゃくじゅつ

写　1冊　挿絵有　袋　26.4cm × 18.8cm
蔵書印等：[高井氏印]

3113　社盟算譜 SHAMEI SANPU　　　WN:327/ 和135
しゃめいさんぷ

白石長忠編、池田貞一校　刊　2冊　袋
刊記：文政10年（1827）
上・下巻存

3114　[秘伝捷径] 袖珍算法 SHUUCHIN SANPOU　　　WN:353/ 和44
しゅうちんさんぽう

山田昌信　刊　1冊　袋

B. 天文暦算　363

刊記：寛政9年（1797）

3115 順天堂算譜　JUNTENDOU SANPU　　　　　　　IN:3106/LCCN:696544
福田理軒、岩田清庸他編　刊　2冊　挿絵有　袋　22.5cm × 15.8cm
序：弘化4年（1847）自序　跋：弘化4年（1847）福田復徳

3116 ［新編］捷径算法　SHOUKEI SANPOU　　　　　　WN:351/ 和233
千野乾弘　刊　1冊　袋
刊記：明和7年（1770）

3117 招差新術　SHOUSA SHINJUTSU　　　　　　　IN:1257.14/LCCN:432830
写　1冊　挿絵有　袋　26.4cm × 18.8cm
蔵書印等：［高井氏印］

3118 招差別術　SHOUSA BETSUJUTSU　　　　　　　IN:1257.13/LCCN:432830
写　1冊　挿絵有　袋　26.4cm × 18.8cm
蔵書印等：［高井氏印］

3119 乗除加減之法　JOUJOKAGEN NO HOU　　　　　WN:067/ 和331
会田安明編　写　1冊　袋

3120 樵談九問答術　SHOUDAN KYUUMON TOUJUTSU　WN:347/ 和206
山田勝吉（荊石）　刊　1冊　袋
刊記：安永6年（1777）
異称：算法天元樵談九問答術・天元樵談

3121 初学算法記　SHOGAKU SANPOUKI　　　　　　WN:348/ 和158
刊　3冊　袋

3122 諸約混一術　SHOYAKU KON'ITSUJUTSU　　　　WN:352/ 和310
会田安明　写　2冊　袋
下巻欠　異称：算法諸約混一術

3123 真元算法　SHINGEN SANPOU　　　　　　　　WN:342/ 和71
武田多則撰、武田真元閲　刊　3冊　袋
刊記：弘化2年（1845）

3124 塵劫記　JINKOUKI　　　　　　　　　　　　　WN:057/ 和146
（吉田光由）著、下河辺拾水画　刊　1冊　袋
刊記：安永7年（1778）

3125 ぢんかうき　JINKOUKI　　　　　　　　　　　WN:058/ 和51
刊　1冊　袋

巻2存

3126 **ぢんかうき** *JINKOUKI*   WN:059/ 和59
   刊　1冊　袋
   異称：童子早学

3127 **［蘭字以呂波通賦帖相場割］ぢんかう記** *JINKOUKI*   WN:060/ 和349
   刊　1冊　袋

3128 **ぢんかう記** *JINKOUKI*   WN:061/ 和147
   刊　1冊　袋
   刊記：天保6年（1835）
   旭の雪と合冊

3129 **ぢんかうき** *JINKOUKI*   WN:062/ 和65
   刊　1冊　袋

3130 **ぢんかう記** *JINKOUKI*   WN:063/ 和60
   刊　1冊　袋

3131 **［増補］ぢんかうき** *JINKOUKI*   WN:064/ 和53
   刊　1冊　袋

3132 **塵劫記** *JINKOUKI*   WN:056/ 和52
   刊　1冊　袋
   下巻存

3133 **塵劫記** *JINKOUKI*   WN:055/ 和372
   （吉田光由）　刊　3冊　袋

3134 **塵劫記大全** *JINKOUKI TAIZEN*   WN:065/ 和180
   吉田光由編　刊　1冊　袋

3135 **新製乗除対数表** *SHINSEI JOUJO TAISUUHYOU*   WN:344/ 和236
   恵川景之編、山中信古校　刊　1冊　袋
   刊記：安政4年（1857）
   異称：算法捷径新製乗除対数表

3136 **新製乗除対数表** *SHINSEI JOUJO TAISUUHYOU*   WN:345/ 和391
   恵川景之編、山中信古校　写　1冊　袋
   異称：算法捷径新製乗除対数表

3137 新板算用記 SHINPAN SAN'YOUKI　　　　　WN:329/ 和 113
　　刊　1 冊　袋
　　刊記：天明元年（1781）

3138 神壁算法 SHINPEKI SANPOU　　　　　WN:330/ 和 219
　　藤田貞資閲、藤田嘉言編　刊　2 冊　袋
　　刊記：寛政 8 年（1796）

3139 ［増補首書］新編算法大全 SHINPEN SANPOU TAIZEN　　　　　WN:341/ 和 403
　　吉田光由　刊　1 冊　袋
　　刊記：天保新鐫

3140 新編地方算法後集 SHINPEN JIKATA SANPOU KOUSHUU　　　　　WN:331/ 和 259
　　栗田久巴　刊　1 冊　袋
　　刊記：享保 9 年（1724）

3141 新編地方算法集 SHINPEN JIKATA SANPOU SHUU　　　　　WN:332/ 和 143
　　栗田久巴　刊　1 冊　袋
　　刊記：享保 5 年（1720）
　　異称：地方算法集

3142 新編塵劫記 SHINPEN JINKOUKI　　　　　WN:333/ 和 105
　　吉田光由編　刊　2 冊　袋
　　刊記：寛文 9 年（1669）
　　中・下巻存

3143 新編塵劫記 SHINPEN JINKOUKI　　　　　WN:334/ 和 106
　　吉田光由編　刊　3 冊　袋
　　刊記：寛文 13 年（1673）

3144 新編塵劫記 SHINPEN JINKOUKI　　　　　WN:335/ 和 84
　　吉田光由編　刊　1 冊　袋
　　刊記：貞享 2 年（1685）

3145 新編塵劫記 SHINPEN JINKOUKI　　　　　WN:336/ 和 83
　　吉田光由編　刊　3 冊　袋
　　刊記：享保 2 年（1717）

3146 新編塵劫記 SHINPEN JINKOUKI　　　　　WN:337/ 和 375
　　吉田光由編　刊　1 冊　袋
　　刊記：天明 6 年（1786）
　　異称：万法塵劫記

3147 [新板] 新編塵劫記 　SHINPEN JINKOUKI　　　　　　　　　　WN:338/ 和108
　　　吉田光由編　刊　3冊　袋
　　　異称：新板塵劫記

3148 [増補] 新編塵劫記 　SHINPEN JINKOUKI　　　　　　　　　　WN:339/ 和188
　　　吉田光由編　刊　3冊　袋
　　　異称：新板塵劫記

3149 [増補頭書] 新編塵劫記大全 　SHINPEN JINKOUKI TAIZEN　　　WN:340/ 和362
　　　刊　1冊　袋
　　　刊記：天保3年（1832）

3150 （数学教科書（幾何））　SUUGAKU KYOUKASHO　KIKA　　　　IN:1197/LCCN:432770
　　　写　1冊　挿絵有　袋　25.5cm×18cm

3151 数学守雌録 　SUUGAKU SHUSHIROKU　　　　　　　　　　WN:366/ 和234
　　　三橋正富　刊　3冊　袋
　　　刊記：享和3年（1803）

3152 数度霄談 　SUUDO SHOUDAN　　　　　　　　　　　　　WN:365/ 和298
　　　西村（近藤）遠里　刊　2冊　袋
　　　刊記：安永7年（1778）

3153 数理神篇 　SUURI SHINPEN　　　　　　　　　　　　　IN:3096/LCCN:696534
　　　斎藤宜義閲、安原千方編、阿佐美宣喜校、安原安幸訂　刊　2冊　挿絵有　袋　22.6cm×16cm
　　　序：万延元年（1860）船津正武
　　　蔵書印等：[高井氏印]

3154 西算速知 　SEISAN SOKUCHI　　　　　　　　　　　　IN:3687/LCCN:-
　　　福田理軒口授、花井喜十郎健吉編、曽根又右衛門栄道筆記　刊　2冊　挿絵有　袋　25.3cm×17.3cm
　　　序：安政4年（1857）従二位実仲・同3年（1856）自序　跋：安政4年（1857）渡部健　刊記：安政4年（1857）大坂／海北嘉兵衛惟義・宮脇孝次郎至尹
　　　蔵書印等：[順天堂蔵板印・高井氏印]

3155 精要算法 　SEIYOU SANPOU　　　　　　　　　　　　　WN:321/ 和295
　　　藤田定資　刊　3冊　袋
　　　刊記：天明元年（1781）

3156 精要算法 　SEIYOU SANPOU　　　　　　　　　　　　　WN:322/ 和300
　　　藤田定資　刊　1冊　袋
　　　刊記：天明元年（1781）

B．天文暦算

異称：関流算法

3157 精要算法解義 （せいようさんぽうかいぎ） SEIYOU SANPOU KAIGI　　　　WN:323/ 和 410
写　1 冊　袋
下巻存

3158 精要算法起源 （せいようさんぽうきげん） SEIYOU SANPOU KIGEN　　　　IN:1258/LCCN:432831
会田安明　写　7 冊　袋　26.8cm × 18.7cm
序：寛政 13 年（1801）
蔵書印等：[高井氏印]　異称：再訂精要算法起源

3159 関流算法草術　鈎股 （せきりゅうさんぽうそうじゅつ　こうこ） SEKIRYUU SANPOU SOUJUTSU　KOUKO　　WN:324/ 和 330
山路主任　写　1 冊　袋
明治写か

3160 浅致算法 （せんちさんぽう） SENCHI SANPOU　　　　WN:326/ 和 270
平野喜房　刊　1 冊　袋
刊記：文久 3 年（1863）

3161 闡微算法 （せんびさんぽう） SENBI SANPOU　　　　WN:325/ 和 120
武田済美撰　刊　2 冊　袋
刊記：寛延 3 年（1750）

3162 [新撰参考] 増益塵劫記集成 （ぞうえきじんこうきしゅうせい） ZOUEKI JINKOUKI SHUUSEI　　WN:398/ 和 55
刊　1 冊　袋
刊記：文政 6 年（1823）

3163 相場割早見掛算 （そうばわりはやみかけざん） SOUBAWARI HAYAMI KAKEZAN　　WN:355/ 和 34
籌山堂撰　刊　1 冊　袋
刊記：文化 8 年（1811）

3164 増補塵劫記 （ぞうほじんこうき） ZOUHO JINKOUKI　　　　WN:399/ 和 61
刊　1 冊　袋
刊記：安政 2 年（1855）

3165 増補新編塵劫記 （ぞうほしんぺんじんこうき） ZOUHO SHINPEN JINKOUKI　　　　WN:400/ 和 107
吉田光由編　刊　1 冊　袋

3166 増補頒暦略註 （ぞうほふんれきりゃくちゅう） ZOUHO FUNREKI RYAKUCHUU　　IN:1821/LCCN:508221
刊　1 冊　袋　19.3cm × 13cm
序：文政 11 年（1828）賀茂朝臣保救　刊記：文政 11 年（1828）京／大経師降屋内匠蔵板
見返に九曜星年々吉凶之事を貼付

3167 続角約術 　ぞくかくやくじゅつ　*ZOKU KAKUYAKUJUTSU* 　　　　　IN:1257.11/LCCN:432830
　　　写　1冊　挿絵有　袋　26.4cm×18.8cm
　　　蔵書印等：［高井氏印］　異称：続角術

3168 続算学小筌 　ぞくさんがくしょうせん　*ZOKU SANGAKU SHOUSEN* 　　　WN:401/ 和82
　　　牛島盛庸　刊　1冊　袋
　　　刊記：天保3年（1832）

3169 続神壁算法 　ぞくしんぺきさんぽう　*ZOKU SHINPEKI SANPOU* 　　　WN:402/ 和239
　　　藤田嘉言編　刊　1冊　袋
　　　刊記：文化4年（1807）

3170 続神壁算法起源 　ぞくしんぺきさんぽうきげん　*ZOKU SHINPEKI SANPOU KIGEN* 　　WN:403/ 和217
　　　広江永貞　刊　冊　袋
　　　序：天保4年（1833）　刊記：天保4年（1833）

3171 算盤指南 　そろばんしなん　*SOROBAN SHINAN* 　　　　　　　WN:563/ 和393
　　　大藪茂利編、長谷川善左衛門閲　刊　1冊　袋
　　　序：天保13年（1842）　刊記：天保13年（1842）

3172 ［増補］算盤近道 　そろばんちかみち　*SOROBAN CHIKAMICHI* 　　　WN:358/ 和43
　　　芳賀知致　刊　1冊　袋
　　　刊記：文政8年（1825）
　　　異称：改正算法近道

3173 算盤通書 　そろばんつうしょ　*SOROBAN TSUUSHO* 　　　　　　WN:364/ 和419
　　　長谷川善左衛門閲、山本安之進編　刊　3冊　袋
　　　序：嘉永7年（1854）　刊記：明治14年（1881）再板

3174 ［関流］十露盤童子早学 　そろばんどうじはやまなび　*SOROBAN DOUJI HAYAMANABI* 　WN:359/ 和23
　　　刊　1冊　袋
　　　江戸相場早割塵劫記と合冊

3175 ［塵劫記いろは引］十露盤独稽古 　そろばんひとりげいこ　*SOROBAN HITORIGEIKO* 　WN:360/ 和226
　　　東観堂隠士　刊　1冊　袋

3176 ［新撰早割江戸相場］算盤独稽古 　そろばんひとりげいこ　*SOROBAN HITORIGEIKO* 　WN:361/ 和46
　　　勢陽堂橋本　刊　1冊　袋
　　　序：嘉永3年（1850）　刊記：嘉永3年（1850）

3177 算盤道調 　そろばんみちしるべ　*SOROBAN MICHISHIRUBE* 　　WN:362/ 和50
　　　五味復義編　刊　1冊　袋
　　　刊記：文久4年（1864）

3178　大公益塵劫記世界玉　DAIKOUEKI JINKOUKI SEKAIDAMA　　WN:013/ 和144
　　吉田光由　刊　1冊　袋

3179　［往世未撰得大智典］大数量握掌一鑑　DAISUURYOU AKUSHOU ICHIRAN
　　渡辺英綱　刊　1冊　袋　　　　　　　　　　　　　　　　　WN:014/ 和45
　　刊記：明和元年（1764）

3180　大成算経　TAISEI SANKEI　　　　　　　　　　　　WN:369/ 和307
　　関孝和　写　7冊　袋
　　巻1・3・4・6・15・16存

3181　大成算経　TAISEI SANKEI　　　　　　　　　IN:1429/LCCN:433002
　　関孝和編　写　10冊　挿絵有　袋　28.5cm×20cm

3182　大全塵劫記　TAIZEN JINKOUKI　　　　　　　　　　WN:370/ 和401
　　長谷川寛閲、山本安之進編　刊　1冊　袋
　　刊記：嘉永7年（1854）

3183　［再刻増補］大全塵劫記　TAIZEN JINKOUKI　　　　　WN:371/ 和402
　　長谷川寛閲、山本安之進・小野友五郎編　刊　1冊　袋
　　刊記：嘉永7年（1854）
　　異称：再刻大全塵劫記

3184　大全塵劫記　TAIZEN JINKOUKI　　　　　　　IN:2912/LCCN:696350
　　長谷川西磻・山本藤樹編　刊　1冊　挿絵有　袋　25.4cm×17.5cm
　　序：天保3年（1832）秋田宣・嘉永7年（1854）木聖園外史田中明・天保3年（1832）宮本重一　刊記：江戸／須原屋茂兵衛・吉田屋文次郎他（全13肆）
　　異称：［再刻増補］大全塵劫記

3185　大全塵劫記　TAIZEN JINKOUKI　　　　　　　IN:2198/LCCN:508598
　　長谷川善左衛門閲、山本安之進・小野友五郎　刊　1冊　挿絵有　袋　22.7cm×15.7cm
　　刊記：嘉永7年（1854）江戸／岡田屋嘉七
　　1巻附録1巻存　蔵書印等：［士官］　異称：再刻大全塵劫記

3186　大増補塵劫記　DAIZOUHO JINKOUKI　　　　　　　　WN:015/ 和58
　　刊　1冊　袋
　　刊記：文久4年（1864）

3187　大日本数学史　DAINIHON SUUGAKUSHI　　　　IN:1259/LCCN:432832
　　遠藤利貞　写　3冊　袋　28.2cm×19.5cm
　　3巻（中下）存　蔵書印等：［高井氏印・高井氏珍蔵］

3188 ［天保改］大万宝塵劫記 DAIBANPOU JINKOUKI　　　　WN:012/ 和63

　　刊　1冊　袋
　　刊記：天保13年（1842）

3189 大略天学名目鈔 TAIRYAKU TENGAKU MEIMOKUSHOU　　WN:368/ 和133

　　西川正休（忠次郎）　刊　1冊　袋
　　序：享保14年（1729）
　　異称：天学初学問答・天学名目鈔

3190 （立木速算） TACHIKI SOKUZAN　　　　WN:367/ 和400

　　岩田幸通（誠中）　刊　1冊　袋
　　序：天保9年（1838）　刊記：天保9年（1838）

3191 脱竄術考 DATSUSANJUTSU KOU　　　　IN:1257.8/LCCN:432830

　　写　1冊　挿絵有　袋　26.4cm×18.8cm
　　蔵書印等：［高井氏印］

3192 脱子術 DASSHIJUTSU　　　　IN:1257.15/LCCN:432830

　　写　1冊　挿絵有　袋　26.4cm×18.8cm
　　蔵書印等：［高井氏印］

3193 探玄算法 TANGEN SANPOU　　　　WN:372/ 和200

　　入江修敬（龍渚）撰、中村安清・篠本守典校　刊　1冊　袋
　　刊記：元文4年（1739）

3194 探賾算法 TANSAKU SANPOU　　　　WN:373/ 和417

　　剣持章行著、野村貞処訂　刊　1冊　袋
　　刊記：天保10年（1839）

3195 ［日本士農工商］智恵車大全 CHIEGURUMA TAIZEN　　WN:006/ 和280

　　刊　1冊　袋
　　刊記：正徳元年（1711）

3196 ［万家通用］近道塵劫記 CHIKAMICHI JINKOUKI　　WN:007/ 和116

　　吉田光由撰　刊　1冊　袋
　　刊記：嘉永3年（1850）

3197 稚徳塵劫記 CHITOKU JINKOUKI　　　　WN:008/ 和66

　　魁春亭貞芳画　刊　1冊　袋

3198 中学算法 CHUUGAKU SANPOU　　　　WN:009/ 和383

　　青山利水　刊　1冊　袋
　　刊記：享保4年（1719）

異称：下学答術中学算法

3199 籌算指南　CHUUZAN SHINAN　　　　　　　　　　　WN:010/ 和183
　　　千野乾弘　刊　1冊　袋
　　　刊記：文政4年（1821）

3200 籌算指南　CHUUZAN SHINAN　　　　　　　　　　　WN:011/ 和405
　　　千野乾弘　刊　1冊　袋
　　　「籌算開平立方法」を付す

3201 通機算法　TSUUKI SANPOU　　　　　　　　　　　　WN:387/ 和409
　　　村山保信著、高野隆礼・三宮信清校　刊　1冊　袋
　　　刊記：文久3年（1863）

3202 摘要算法　TEKIYOU SANPOU　　　　　　　　　　　WN:374/ 和171
　　　岡田忠貴著、武田真元閲　刊　6冊　袋
　　　刊記：弘化3年（1846）

3203 ［新版］天元算法利伝記　TENGEN SANPOU RIDENKI　WN:379/ 和42
　　　吉瀬源兵衛　刊　1冊　袋
　　　刊記：慶応2年（1866）

3204 天元早算法　TENGEN HAYASANPOU　　　　　　　　WN:378/ 和149
　　　松井松左衛門　刊　1冊　袋
　　　刊記：延享3年（1746）

3205 添約術・重約術・累約術　TEN'YAKUJUTSU・JUUYAKUJUTSU・RUIYAKUJUTSU
　　　写　1冊　挿絵有　袋　26.4cm × 18.8cm　　　　IN:1257.12/LCCN:432830
　　　蔵書印等：［高井氏印］

3206 ［算法］田俚拾要　DENRI SHUUYOU　　　　　　　　WN:017/ 和333
　　　大沢可鶴（雨答軒）　写　1冊　袋
　　　序：文政11年（1828）自序

3207 ［増補］当世改算記　TOUSEI KAISANKI　　　　　　WN:382/ 和160
　　　菊地長良閲、金子昌良編　刊　1冊　袋
　　　刊記：安政3年（1856）
　　　「算法整数起源抄」初編を付す

3208 当世改算記　TOUSEI KAISANKI　　　　　　　　　　WN:383/ 和227
　　　菊地長良閲、金子昌良編　刊　1冊　袋

3209 当世じんこう記 *TOUSEI JINKOUKI*　　　　　　　　　WN:381/ 和251
　　鈴木（会田）安明　刊　1冊　袋
　　刊記：天明5年（1785）

3210 蹈轍術 *TOUTETSUJUTSU*　　　　　　　　　　　WN:385/ 和316
　　写　1冊　袋

3211 当用算法 *TOUYOU SANPOU*　　　　　　　　　　WN:386/ 和6
　　佐久間纉（庸軒）　刊　1冊　袋
　　序：嘉永7年（1854）　刊記：嘉永7年（1854）

3212 ［新版懐中］独算鑑 *DOKUSANKAN*　　　　　　WN:018/ 和29
　　立花富矩　刊　1冊　袋
　　刊記：寛政7年（1795）
　　異称：懐中独算鑑

3213 ［江戸早割江戸早割独稽古］二一天作 *NIICHI TENSAKU*　WN:154/ 和18
　　吉田由清　刊　1冊　袋
　　刊記：弘化4年（1847）

3214 ［新撰早割江戸相場］二一天作 *NIICHI TENSAKU*　WN:155/ 和220
　　刊　1冊　袋

3215 ［新撰早割江戸相場］二一天作 *NIICHI TENSAKU*　WN:156/ 和49
　　最上流格斎　刊　1冊　袋

3216 ［新撰早割江戸相場］二一天作 *NIICHI TENSAKU*　WN:157/ 和31
　　最上流格斎　刊　1冊　袋
　　異称：新撰早割・新撰早割二一天作之五

3217 ［新撰早割］二一天作之五 *NIICHI TENSAKU NO GO*　WN:158/ 和4
　　最上流格斎　刊　1冊　袋

3218 日用要算 *NICHIYOU YOUSAN*　　　　　　　　　WN:153/ 和153
　　山上光道（鉤斎）　刊　2冊　袋
　　刊記：安政6年（1859）

3219 剥脱演段正編 *HAKUDATSU ENDAN SEIHEN*　　　IN:1257.7/LCCN:432830
　　写　1冊　袋　26.4cm × 18.8cm
　　蔵書印：［高井氏印］

B. 天文暦算　373

3220 八線十分表　HASSEN JUUBUNHYOU　　　　　　　　　WN:034/ 和388
　　　福田理軒　写　1冊　袋
　　　序：天保14年（1843）

3221 発微算法演段諺解　HATSUBI SANPOU ENDAN GENKAI　　WN:035/ 和192
　　　建部賢弘　刊　4冊　袋
　　　序：貞享2年（1685）　刊記：貞享2年（1685）

3222 撥乱算法　HATSURAN SANPOU　　　　　　　　　　　WN:036/ 和292
　　　神谷定令　刊　1冊　袋
　　　刊記：寛政11年（1799）
　　　2部存

3223 早算手引集　HAYAZAN TEBIKI SHUU　　　　　　　　WN:045/ 和27
　　　山本一二三　刊　1冊　袋
　　　刊記：文化8年（1811）

3224 早算手引集　HAYAZAN TEBIKI SHUU　　　　　　　　WN:046/ 和32
　　　山本一二三　刊　1冊　袋
　　　刊記：文化9年（1812）

3225 早引塵劫記　HAYABIKI JINKOUKI　　　　　　　　　WN:037/ 和173
　　　刊　1冊　袋
　　　刊記：文化10年（1813）
　　　異称：早引塵劫記大成

3226 早引塵劫記　HAYABIKI JINKOUKI　　　　　　　　　WN:038/ 和364
　　　刊　1冊　袋

3227 ［開蒙重宝新撰］早道改算記大成　HAYAMICHI KAISANKI TAISEI　WN:039/ 和212
　　　刊　1冊　袋
　　　刊記：嘉永4年（1851）

3228 早道算用集　HAYAMICHI SAN'YOU SHUU　　　　　　WN:040/ 和30
　　　豊島寿計斎著、宇野貴信編　刊　1冊　袋
　　　刊記：寛政9年（1797）
　　　上巻存

3229 ［増補］早割算法記　HAYAWARI SANPOUKI　　　　　WN:044/ 和21
　　　吉田由清　刊　1冊　袋
　　　刊記：天保13年（1842）

3230　［算法狂歌入］早割塵劫記　*HAYAWARI JINKOUKI*　　　　WN:041/ 和368
　　刊　1冊　袋

3231　［江戸相場］早割塵劫記　*HAYAWARI JINKOUKI*　　　　WN:043/ 和56
　　変鶴堂主人編　刊　1冊　袋

3232　［江戸相場］早割塵劫記　*HAYAWARI JINKOUKI*　　　　WN:042/ 和23
　　刊　1冊　袋
　　十露盤童子早学と合冊

3233　［算法独学］万代塵劫記　*BANDAI JINKOUKI*　　　　WN:002/ 和369
　　井筒文泉堂主人　刊　1冊　袋
　　刊記：安政2年（1855）

3234　反復招差法　*HANPUKU SHOUSAHOU*　　　　WN:033/ 和332
　　会田安明編　写　1冊　袋

3235　万宝塵劫記大全　*BANPOU JINKOUKI TAIZEN*　　　　WN:001/ 和376
　　石川流宣　刊　3冊　袋

3236　非改精算法　*HIKAISEISANPOU*　　　　WN:048/ 和122
　　神谷定令　刊　1冊　袋
　　刊記：天明7年（1787）
　　異称：関流非改精算法

3237　秘術算　初心伝　*HIJUTSUSAN SHOSHIN DEN*　　　　WN:047/ 和5
　　金嶋秀水・金嶋歌五郎　刊　1冊　袋
　　序：天保4年（1833）　刊記：天保4年（1833）

3238　富貴塵劫記綱目　*FUUKI JINKOUKI KOUMOKU*　　　　WN:024/ 和370
　　刊　1冊　袋

3239　分合術・分合別術・点竄術　*BUNGOUJUTSU・BUNGOU BETSUJUTSU・TENZANJUTSU*
　　写　1冊　挿絵有　袋　26.4cm × 18.8cm　　　　IN:1257.4/LCCN:432830
　　蔵書印等：［高井氏印］　異称：分合術・同別術・点竄術

3240　米銭胸算用　初編　*BEISEN MUNASAN'YOU*　　　　WN:004/ 和1
　　井上定賀　刊　1冊　袋
　　刊記：天保5年（1834）

B. 天文暦算

3241 以平方式直為冪術 HEIHOUSHIKI O MOTTE TADACHINI BEKI O NASUJUTSU
へいほうしきをもってただちにべきをなすじゅつ

写 1冊 挿絵有 袋 26.4cm×18.8cm　　　　　　　　IN:1257.16/LCCN:432830
蔵書印等：[高井氏印]

3242 以平方式為冪術 HEIHOUSHIKI O MOTTE BEKI O NASUJUTSU
へいほうしきをもってべきをなすじゅつ

写 1冊 挿絵有 袋 26.4cm×18.8cm　　　　　　　　IN:1257.9/LCCN:432830
蔵書印等：[高井氏印]

3243 方円順度 HOUEN JUNDO　　　　　　　　　　　　　　　　WN:049/和326
ほうえんじゅんど

溝口林郷 写 4冊 袋
奥書等：文化10年(1813)〜12年(1815)

3244 方陣円攢 HOUJIN ENSAN　　　　　　　　　　　　　　　　WN:050/和325
ほうじんえんさん

関孝和 写 1冊 袋
異称：方陣並円攢之法・方陣之法

3245 本朝算鑑 HONCHOU SANKAN　　　　　　　　　　　IN:2350/LCCN:695788
ほんちょうさんかん

安永惟正 刊 1冊 挿絵有 袋 22.5cm×15.8cm
巻中存

3246 本朝数学宗統略記 HONCHOU SUUGAKU SOUTOU RYAKKI　　　WN:051/和399
ほんちょうすうがくそうとうりゃっき

写 1折 袋

3247 万延塵劫記 MAN'EN JINKOUKI　　　　　　　　　　　　　WN:144/和151
まんえんじんこうき

成毛正賢（文融）編 刊 1冊 袋
異称：経世算法記

3248 万福塵劫記大全 MANPUKU JINKOUKI TAIZEN　　　　　　　WN:143/和276
まんぷくじんこうきたいぜん

中村友水子 刊 1冊 袋
刊記：明和5年(1768)

3249 未詳算法 MISHOU SANPOU　　　　　　　　　　　　　　　WN:149/和334
みしょうさんぽう

滝川新平（有義）・石田金平（保之） 写 2冊 袋
前編上・下存

3250 未詳算法諺解 MISHOU SANPOU GENKAI　　　　　　　　　WN:150/和317
みしょうさんぽうげんかい

滝川有義（子竜）・石田保之 写 6冊 袋
前編6巻6冊存

3251 宮城流算術伝書 MIYAGIRYUU SANJUTSU DENSHO　　　　　　WN:151/和33
みやぎりゅうさんじゅつでんしょ

和田恭寛 写 1冊 袋
奥書等：文政11年(1828)

3252 明元算法 MEIGEN SANPOU　　　　　　　　　　WN:145/ 和358
　　柴田清行　刊　2冊　袋
　　刊記：元禄2年（1689）

3253 明元流算術 MEIGENRYUU SANJUTSU　　　　　WN:146/ 和378
　　塩文輔　刊　1冊　袋
　　刊記：寛政5年（1793）
　　異称：珠算必携明元塵劫記

3254 ［風流］目箇算五教私記（前編） MENOKOZAN GOKYOU SHIKI　　WN:147/ 和98
　　森羅亭万象　刊　1冊　袋
　　序：天保2年（1831）　刊記：天保2年（1831）

3255 養生女の子算 YOUJOU MENOKOZAN　　　　　　WN:394/ 和244
　　辻慶儀　刊　1冊　袋
　　刊記：天保4年（1833）

3256 要妙算法 YOUMYOU SANPOU　　　　　　　　WN:395/ 和228
　　堀池久道編　刊　7冊　袋
　　刊記：天保2年（1831）

3257 輿梁録 YORYOUROKU　　　　　　　　　　　WN:396/ 和186
　　隋　陳欽若著、鈴木頼之校　刊　2冊　袋
　　刊記：嘉永2年（1849）

3258 利足積歳定法 RISOKU SEKISAI JOUHOU　　　　WN:167/ 和67
　　野村政茂　刊　1冊　袋
　　刊記：享保6年（1721）
　　「銀鐚掛割定法」と合冊

3259 立円積法 RITSUEN SEKIHOU　　　　　　　　IN:1257.5/LCCN:432830
　　写　1冊　挿絵有　袋　26.4cm×18.8cm
　　蔵書印等：［高井氏印］

3260 ［算法］立題初門 RITSUDAI SHOMON　　　　　WN:171/ 和110
　　福田嘉当　写　1冊　袋
　　奥書等：天保2年（1831）

3261 ［天明新編］利得算法記 RITOKU SANPOUKI　　WN:170/ 和175
　　志水裡町斎　刊　1冊　袋
　　刊記：天明8年（1788）
　　異称：利得算法記大成

B. 天文暦算　377

3262　[天明新編] 利得算法記　RITOKU SANPOUKI　　　　　WN:169/ 和 57
　　　志水裡町斎　刊　1 冊　袋
　　　刊記：天明 8 年（1788）
　　　異称：正術塵劫記

3263　利得算法記　RITOKU SANPOUKI　　　　　WN:168/ 和 64
　　　志水裡町斎　刊　1 冊　袋
　　　刊記：文政 10 年（1827）

3264　[砲術必用] 量地算法　RYOUCHI SANPOU　　　　　WN:174/ 和 39
　　　鈴木重正　刊　1 冊　袋
　　　刊記：安政 2 年（1855）

3265　[新編] 和漢算法大成　WAKAN SANPOU TAISEI　　　　　WN:392/ 和 176
　　　宮城清行　刊　3 冊　袋
　　　巻 1・3・4 存　異称：和漢算法・新編和漢算法

3266　[新編] 和漢算法大成　WAKAN SANPOU TAISEI　　　　　WN:391/ 和 268
　　　宮城清行　刊　6 冊　袋
　　　刊記：明和元年（1764）
　　　異称：和漢算法・新編和漢算法

3267　[新編] 和漢算法大成　WAKAN SANPOU TAISEI　　　　　WN:390/ 和 159
　　　宮城清行　刊　7 冊　袋
　　　刊記：寛保 3 年（1743）
　　　異称：和漢算法

3268　和漢数学名義集　WAKAN SUUGAKU MEIGI SHUU　　　　　WN:393/ 和 140
　　　山本格安　刊　1 冊　袋
　　　刊記：寛延 4 年（1751）
　　　異称：数学名義集

洋算

3269　洋算用法（初編）　YOUSAN YOUHOU　　　　　WN:397/ 和 420
　　　柳川春三　刊　1 冊　袋
　　　刊記：安政 4 年（1857）

C. 測量

3270 規矩元法 (きくげんぽう) *KIKU GENPOU*　　　　IN:3099/LCCN:696537
　　写　2冊　挿絵有（彩色）　袋　14.8cm × 22.2cm
　　規矩元法図解并用器・規矩元法秘訣より成る

3271 規矩元法町見国図集要私録 (きくげんぽうちょうけんこくずしゅうようしろく) *KIKU GENPOU CHOUKEN KOKUZUSHUU YOUSHIROKU*
　　写　1冊　袋　　　　　　　　　　　　　　　　　　　　　　　　　WN:110/ 和336

3272 規矩元法町見弁疑 (きくげんぽうちょうけんべんぎ) *KIKU GENPOU CHOUKEN BENGI*　　WN:109/ 和257
　　鳥田道桓（南渓）　刊　5冊　袋
　　跋：享保19年（1734）　刊記：享保19年（1734）
　　異称：規矩元法長験弁疑・町見弁疑

3273 規矩術図解 (きくじゅつずかい) *KIKUJUTSU ZUKAI*　　　　WN:112/ 和221
　　吉田重矩　刊　3冊　袋
　　刊記：文政3年（1820）
　　異称：溝口流規矩術図解

3274 規矩術図解 (きくじゅつずかい) *KIKU JUTSUZUKAI*　　　　IN:3103/LCCN:696541
　　吉田重矩他　刊　1冊　挿絵有　袋　22.8cm × 16cm
　　序：文政元年（1818）吉田重矩　跋：文政3年（1820）村田光隆　刊記：如拙　俗称村田佐十郎蔵板
　　溝口源流　古今未発方円奇法　伊賀村田如拙先生閲　規矩術図解　門人柳川吉田重矩　盛岡河井影光　江戸松田知倪（見返）朽木軒蔵版（初編3巻）　蔵書印等：［高井氏印］
　　異称：溝口流規矩術図解

3275 規矩秘訣・規矩極秘目録 (きくひけつ・きくごくひもくろく) *KIKU HIKETSU・KIKU GOKUHI MOKUROKU*
　　写　1冊　挿絵有　袋　22.2cm × 15.1cm　　　　　　　　　　IN:1095/LCCN:432668
　　「享保9年（1724）」（表紙墨書）　異称：規矩覚

3276 規矩分等集 (きくぶんとうしゅう) *KIKU BUNTOU SHUU*　　　　WN:108/ 和124
　　万尾時春　刊　2冊　袋
　　刊記：享保7年（1722）

3277 規矩法円理之図 (きく ほうえんり の ず) *KIKUHOU ENRI NO ZU*　　WN:111/ 和321
　　写　1冊　袋

3278 規矩法図解 (きくほうずかい) *KIKUHOU ZUKAI*　　　　IN:1256/LCCN:432829
　　写　7冊　挿絵有　袋・折本　26.4cm × 18.6cm

奥書等：長崎阿蘭陀人ヨリ伝授　樋口権左衛門尉　因幡内匠頭様御家中清水太右衛門尉尚重　松代奥津藤左衛門尉正辰　奥津藤左衛門方副　海沼龍左衛門義恭　町田源左衛門正記｜清水太右衛門尉藤原姓｜享保年中焼失　門下免許之以書写
蔵書印等：［高井氏印・色部義太夫義穀］　異称：規矩元法秘訣口義・規矩法図解目録抄・規矩法別伝図解目録抄・規矩法秘術・規矩術抄奥抄中国図要法・規矩術抄奥之抄

3279　窺望心計示蒙　KIBOU SHINKEI JIMOU　　　　　　　　　　WN:107/ 和343
　　　岩田清庸　刊　1冊　袋
　　　刊記：天保14年（1843）
　　　異称：町見捷径窺望心計示蒙

3280　渾発量地速成　KONPASU RYOUCHI SOKUSEI　　　　　　　WN:125/ 和36
　　　藤岡有貞（雄市・観瀾）　刊　2帖　袋
　　　跋：弘化3年（1846）　刊記：弘化3年（1846）

3281　算法量地捷解　前編　SANPOU RYOUCHI SHOUKAI　　　　WN:246/ 和392
　　　市川方静閲、松沢信義（鏡蔵）編　刊　3冊　袋
　　　刊記：文久元年（1861）

3282　三紗伝諺解　SANMYOUDEN GENKAI　　　　　　　　　　WN:182/ 和422
　　　写　1冊　袋

3283　匠家矩術要解　SHOUKA KUJUTSU YOUKAI　　　　　　　WN:350/ 和398
　　　平内安房編　刊　1冊　袋
　　　刊記：天保4年（1833）

3284　新器測量法　SHINKI SOKURYOUHOU　　　　　　　　　　WN:343/ 和204
　　　五十嵐篤好　刊　2冊　袋
　　　刊記：安政4年（1857）

3285　側円術天地矩合解　SOKUENJUTSU TENCHI KUGOUKAI　　WN:356/ 和315
　　　福田嘉当　写　1冊　袋
　　　異称：側円術天地矩合秘解・算法側円術秘解

3286　測量集成　SOKURYOU SHUUSEI　　　　　　　　　　　　WN:357/ 和418
　　　福田理軒（泉）総理・花井健吉（初・二編）、上原一成（三編）、平松信孝（四編）編
　　　刊　11冊　袋
　　　序：安政3年（1856）～慶応3年（1867）　刊記：安政3年（1856）～慶応3年（1867）

3287　町見術覚書　CHOUKENJUTSU OBOEGAKI　　　　　　　　IN:1201/LCCN:432774
　　　写　1冊　袋　13.8cm×20.2cm

3288 町見術覚書 (ちょうけんじゅつおぼえがき) CHOUKENJUTSU OBOEGAKI　　IN:1133/LCCN:432706
　　写　2冊　挿絵有　仮綴　14cm × 20.2cm
　　3巻のうち初・中巻存

3289 田畝里程考 (でんぽりていこう) DENPO RITEI KOU　　WN:016/和185
　　黒田玄鶴　刊　1冊　袋
　　序：文政3年（1820）　刊記：文政3年（1820）

3290 度量衡説統 (どりょうこうせっとう) DORYOUKOU SETTOU　　WN:020/和285
　　最上徳内　刊　3冊　袋
　　刊記：文化元年（1804）

3291 度量徴 (どりょうちょう) DORYOUCHOU　　WN:019/和89
　　田内啓　刊　1冊　袋
　　刊記：嘉永元年（1848）
　　下巻存

3292 分度余術 (ぶんどよじゅつ) BUNDO YOJUTSU　　IN:1275/LCCN:432848
　　松宮俊仍編　写　3冊　挿絵有　袋　24.2cm × 17.3cm
　　3巻（上之下・中之上・中之下）存

3293 律原発揮 (りつげんはっき) RITSUGEN HAKKI　　WN:172/和353
　　中根璋（元珪）編　刊　1帖　袋
　　刊記：元禄5年（1692）

3294 里尼全図 (りにぜんず) RINI ZENZU　　IN:2568/LCCN:696006
　　下曽祢先生閲、阿部先生訳　刊　1冊　折本　22.6cm × 15.6cm
　　刊記：安政4年（1857）北筑／手塚氏蔵梓
　　坤巻存

3295 量地弧度算法 (りょうちこどさんぽう) RYOUCHI KODO SANPOU　　IN:317/LCCN:847313
　　内田恭　刊　3帖　挿絵有　折本　15.7cm × 7.4cm
　　刊記：江戸／須原屋茂兵衛・尾張／永楽屋東四郎他（全4肆）

3296 量地三略 (りょうちさんりゃく) RYOUCHI SANRYAKU　　IN:157/LCCN:847153
　　荒至重　刊　2冊　挿絵有　袋　18.5cm × 12.6cm
　　序：慶応元年（1865）荒至重子成・慶応元年（1865）東海五観（内田五観）僊人
　　跋：勝和忠（斎藤杣亭）
　　「東奥報徳館」（見返）

3297 量地指南 (りょうちしなん) RYOUCHI SHINAN　　WN:175/和189
　　村井昌弘　刊　3冊　袋
　　刊記：文化7年（1810）

3298 量地指南　後編　*RYOUCHI SHINAN*　　　　　WN:176/ 和190
　　村井昌弘　刊　5冊　袋
　　刊記：文化7年（1810）

3299 量地図説　*RYOUCHI ZUSETSU*　　　　　WN:179/ 和37
　　甲斐駒蔵広永　刊　1冊　袋
　　刊記：嘉永5年（1852）
　　下巻存

3300 量地図説　*RYOUCHI ZUSETSU*　　　　　IN:2472/LCCN:695910
　　刊　1冊　挿絵有　袋　18.2cm × 12.2cm
　　跋：嘉永5年（1852）甲斐駒蔵広永門人・富田彦蔵保敬　刊記：嘉永5年（1852）数学道場蔵板　江戸／山田佐助・山崎屋清七／天文地方測量師／大野弥三郎規周／大野作測量器鬻所／玉屋吉次郎｜山崎屋清七他（全13肆）
　　巻下存　「西磴長谷川先生門人著述目録」を付す

3301 量地図説　*RYOUCHI ZUSETSU*　　　　　IN:158/LCCN:847154
　　長谷川善左衛門弘閲、甲斐駒蔵広永編、小野友五郎広胖校
　　刊　2冊　挿絵有　袋　18.6cm × 12.6cm
　　序：嘉永5年（1852）阿倍勘司保円・嘉永5年（1852）鈴木金六郎宗徳　跋：嘉永5年（1852）富田彦蔵保敬　刊記：嘉永5年（1852）数学道場蔵板　江戸／天文地方測器師　大野弥三郎・玉屋吉治郎・山田佐助・山崎屋清七｜京／勝村治右衛門・江戸／山崎屋清七他（全14肆）
　　「西磴長谷川先生門人著述目録」（2丁）を付す

3302 ［六分円器］量地手引草　*RYOUCHI TEBIKIGUSA*　　　　　WN:177/ 和261
　　村田恒光　刊　1冊　袋
　　序：嘉永6年（1853）　刊記：嘉永6年（1853）

3303 量地必携　*RYOUCHI HIKKEI*　　　　　WN:173/ 和38
　　山本正路　刊　1冊　袋
　　序：嘉永3年（1850）　刊記：嘉永3年（1850）

3304 量地幼学指南　*RYOUCHI YOUGAKU SHINAN*　　　　　WN:178/ 和72
　　中田為知編　刊　1冊　袋
　　序：安政4年（1857）　刊記：安政4年（1857）

D. 地学 附鉱物

3305 雲根志　*UNKONSHI*　　　　　IN:1736/LCCN:433309
　　木内小繁重暁　刊　4冊　挿絵有　袋　22.4cm × 15.4cm
　　序：安永8年（1779）拙巣山人

前編巻 2　後編巻 1・3　三編巻 5 存　異称：湖上石話　雲根子（前編外題）・法国石話　雲根子（三編外題）

E. 化学

3306　三元素略説　*SANGENSO RYAKUSETSU*　　　　　　　　　　　　　　　　　WN:313/ 和 74

　　広川晴軒（魯）　刊　1 冊　袋
　　刊記：慶応元年（1865）

F. 博物

総記

3307　成形図説　*SEIKEI ZUSETSU*　　　　　　　　　　　　　　　　　　IN:232/LCCN:847228

　　島津重豪／曽槃・白尾国柱等編　刊　30 冊　挿絵有　袋　25.2cm × 18.2cm
　　五穀部・菜蔬部など

3308　成形図説　*SEIKEI ZUSETSU*　　　　　　　　　　　　　　　　　　IN:392/LCCN:847388

　　島津重秀／曽槃・白尾国柱等編　刊　15 冊　挿絵有　袋　26.2cm × 18.6cm
　　刊記：鹿児島藩蔵板　大坂／相屋九兵衛・伊予屋善兵衛
　　巻 16 ～ 30 存　蔵書印等：［舎密局印・鹿児島藩蔵印］

3309　成形図説　*SEIKEI ZUSETSU*　　　　　　　　　　　　　　　　　IN:1650/LCCN:433223

　　島津重豪著、曽槃・白尾国柱等編　刊　10 冊　挿絵有　袋　26.4cm × 18.8cm
　　序：文化元年（1804）臣曽槃　刊記：鹿児島藩蔵版　文化元年（1804）全部百巻　上梓三十巻
　　第 1 冊～第 9 冊＝巻 1 ～ 14（農事部）　第 10 冊＝巻 15（五穀部）

3310　陸氏草木鳥獣虫魚疏図解　*RIKUSHI SOUMOKU CHOUJUU CHUUGYO SOZUKAI*

　　淵在寛　刊　5 冊　挿絵有　袋　27.3cm × 18.3cm　　　　　　　　　IN:2796/LCCN:696234
　　序：安永 7 年（1778）淵在寛
　　刊記：斎新甫蔵　安永 8 年（1779）大坂／大野木市兵衛・江戸／須原屋茂兵衛
　　蔵書印等：［神谷・寒山寺製帙］

3311　陸氏草木鳥獣虫魚疏図解　*RIKUSHI SOUMOKU CHOUJUU CHUUGYO SO ZUKAI*

　　淵在寛　刊　1 冊　挿絵有　袋　26.3cm × 18.4cm　　　　　　　　　IN:2797/LCCN:696235
　　序：安永 7 年（1778）淵在寛
　　刊記：安永 8 年（1779）江戸／須原屋茂兵衛・京／北村四郎兵衛

本文 4 巻付録 1 巻　付録の柱に「巻五」とあり　異称：詩疏図解

動物

3312 　一角纂考　*IKKAKU SANKOU*　　　　　　　　　　IN:3015/LCCN:696453
　　　木村孔恭　刊　1 冊　挿絵有　袋　25.5cm × 18.2cm
　　　序：天明 7 年（1787）桂川国瑞甫周顕・天明 6 年（1786）玄沢大槻茂質子煥
　　　刊記：京／袋屋佐七郎・鉱屋万助
　　　蔵書印等：［東京弘文荘］

3313 　魚かゞみ　*UOKAGAMI*　　　　　　　　　　　IN:2992/LCCN:696430
　　　武井周作　刊　1 冊　挿絵有　洋装（袋）　21.9cm × 15.5cm
　　　序：天保 2 年（1831）桂川鎮香・綾瀬漁人梓・天保 2 年（1831）榇涯武好一
　　　刊記：本文榇涯拙筆／彫刊　弥曽宇
　　　蔵書印等：［織田文庫］〔朝河〕（APR 18 1907）収蔵　異称：魚鑑

3314 　貝尽浦の錦　*KAIDUKUSHI URA NO NISHIKI*　　　IN:3011/LCCN:696449
　　　大枝流芳　刊　1 冊　挿絵有　洋装（袋）　25cm × 17.4cm
　　　序：自序　刊記：寛延 4 年（1751）西村源六・渋川清右衛門・伊和惣兵衛
　　　〔朝河〕（APR 18 1907）収蔵

3315 　貝尽浦の錦　*KAIDUKUSHI URA NO NISHIKI*　　　IN:3010/LCCN:696448
　　　大枝流芳　刊　2 冊　挿絵有　袋　26.1cm × 18.4cm
　　　序：自序　刊記：寛延 4 年（1751）西村源六・渋川清右衛門・伊和惣兵衛
　　　蔵書印等：［東京弘文荘納］

3316 　河童実説　*KAPPA JISSETSU*　　　　　　　　　IN:3425/LCCN:504747
　　　写　1 冊　挿絵有　袋　25.3cm × 20cm

3317 　河蝦考　*KAWAZU KOU*　　　　　　　　　　　IN:3017/LCCN:696455
　　　源真楫　刊　1 冊　挿絵有　袋　25.7cm × 17.9cm
　　　序：文政 9 年（1826）本居大平・文政 8 年（1825）野乃舎の主千引藤原彦麿
　　　蔵書印等：［東京弘文荘納］

3318 　金魚養玩草　*KINGYO SODATEGUSA*　　　　　　IN:1560/LCCN:433133
　　　安達喜之、奚疑斎増補　刊　1 冊　挿絵有　袋　15.1cm × 9.6cm
　　　序：安喜之　刊記：大坂／河内屋木兵衛

3319 　皇和魚譜　*KOUWA GYOFU*　　　　　　　　　　IN:3016/LCCN:696454
　　　栗本丹州撰・大淵常範編　刊　1 冊　挿絵有　洋装（袋）　28.6cm × 20.1cm
　　　序：天保 9 年（1838）喜多村寛士栗・天保 9 年（1838）石原愚者増島固
　　　刊記：江戸／須原屋佐助｜資寿堂蔵板（見返）

蔵書印等：〔朝河〕（APR 18 1907）収蔵

3320 国牛十図 KOKUGYUU JUUZU　　　　　　　　　　　　　　　　IN:1750/LCCN:433323
　　　河東直麿　写　1冊　挿絵有　袋　27cm × 18.2cm
　　　奥書等：延慶3年（1310）河東牧童寓直麿記

3321 水虎考略　河童 SUIKO KOURYAKU KAPPA　　　　　　　　　IN:3423/LCCN:504745
　　　栗本瑞見法眼編　写　1冊　挿絵有　袋　18.2cm × 12.8cm
　　　奥書等：庚寅写　縮図野田旦嶺筆

3322 獐耳細辛図譜 SUHAMA SAISHIN ZUFU　　　　　　　　　　　IN:886/LCCN:432460
　　　写　1冊　挿絵有　袋　27.8cm × 20cm

3323 象志 ZOUSHI　　　　　　　　　　　　　　　　　　　　　　IN:3012/LCCN:696450
　　　刊　1冊　挿絵有　袋　27.1cm × 17.9cm
　　　刊記：並川甚三郎・木村市郎兵衛　江戸／植村藤三郎・大坂／安井嘉兵衛
　　　「享保13年（1728）六月七日象渡来」（冒頭）

3324 橐駝考 TAKUDA KOU　　　　　　　　　　　　　　　　　　IN:3018/LCCN:696456
　　　唐公愷　刊　1冊　挿絵有　袋　26.2cm × 17.9cm
　　　序：文政7年（1824）山崎美成　刊記：京／植村藤右衛門・江戸／和泉屋金右衛門他（全3肆）
　　　蔵書印等：〔東京弘文荘納〕

植物

3325 秋野七草考 AKI NO NANAKUSA KOU　　　　　　　　　　　　IN:226/LCCN:847222
　　　北野秋芳（菊塢）　刊　1冊　挿絵有　袋　24.1cm × 16.8cm
　　　序：文化9年（1812）鵬斎老人亀田興　跋：文化9年（1812）平務廉

3326 怡顔斎蘭品 IGAN SAIRANHIN　　　　　　　　　　　　　　　IN:196/LCCN:847192
　　　松岡恕庵　刊　2冊　挿絵有　袋　26.1cm × 18.5cm
　　　刊記：享保13年（1728）｜明和9年（1772）京／佐々木総四郎

3327 画本野山草 EHON NOYAMAGUSA　　　　　　　　　　　　　IN:2572/LCCN:696010
　　　刊　1冊　挿絵有　袋　22cm × 16cm
　　　巻3存

3328 画本野山草 EHON NOYAMAGUSA　　　　　　　　　　　　　IN:2525/LCCN:695963
　　　橘保国　刊　1冊　挿絵有　袋　22.2cm × 15.9cm
　　　刊記：宝暦5年（1755）｜文化3年（1806）求版　柳原喜兵衛・江戸／須原屋茂兵衛・卯助他
　　　（全11肆）
　　　巻5存　異称：絵本野山草

3329 花彙 かい KAI　　　　　　　　　　　　　　　　　　　　IN:231/LCCN:847227

島田充房（草部）・小野蘭山（木部）　刊　8冊　挿絵有　袋　26.1cm × 17.9cm

序：宝暦9年（1759）春日駐景舎主人・宝暦9年（1759）雍南田充房・宝暦13年（1763）蘭山小野希薄・宝暦9年（1759）海南関鐸・宝暦13年（1763）雍南書於不磷斎

刊記：明和2年（1765）京／大路儀右衛門

3330 花譜 かふ KAFU　　　　　　　　　　　　　　　　　　　IN:227/LCCN:847223

貝原益軒　刊　5冊　袋　22.3cm × 15.8cm

序：元禄7年（1694）貝原益軒　刊記：元禄11年（1698）京／林九兵衛・永原孫兵衛｜天保15年（1844）補刻　京／高倉丸屋禅郎｜京／山中瑞錦堂・丸屋善兵衛・大和屋善三郎（裏見返）｜京／瑞錦堂蔵版（見返）

3331 菊経国字略解 きくきょうこくじりゃくかい KIKUKYOU KOKUJI RYAKKAI　　IN:230/LCCN:847226

黄龍源頼寛、淡園戸崎哲子明校、守恬斎白土盛隆伯省解、黙亭市川利義孟路評

刊　2冊　挿絵有　袋　20.1cm × 13.4cm

序：宝暦4年（1754）岡井孝先・宝暦4年（1754）黄龍源頼寛子孟・宝暦5年（1755）戸崎哲

異称：菊経・黄龍公菊経国字略解・菊経国字解

3332 桂園竹譜 けいえんちくふ KEIEN CHIKUFU　　　　　　　　　　IN:884/LCCN:432458

岡村尚謙　写　1冊　挿絵有　洋装（袋）　27.4cm × 19.2cm

奥書等：天保12年（1841）精々舎主人写

〔朝河〕（APR 18 1907）収蔵

3333 兼葭堂竹譜 けんかどうちくふ KENKADOU CHIKUFU　　　　　　IN:1571/LCCN:433144

木村兼葭堂輯　写　1冊　袋　26.8cm × 19cm

3334 莎草類写生 さそうるいしゃせい SASOURUI SHASEI　　　　　　　IN:888/LCCN:432462

写　2冊　挿絵有（彩色）　袋　26.7cm × 19cm

3335 植学啓原 しょくがくけいげん SHOKUGAKU KEIGEN　　　　　　IN:3004/LCCN:696442

宇田川榕庵　刊　1冊　挿絵有　袋　25.7cm × 18.2cm

序：箕作虎・天保4年（1833）自序

「和蘭翻訳医書窮理書発行目録」を付す

3336 草名和譚 そうめいわたん SOUMEI WATAN　　　　　　　　　　IN:885/LCCN:432459

写　4冊　挿絵有　仮綴　25.4cm × 17cm

「元文2年（1737）二月四日納日始之」（1冊目表紙見返）、「長田蔵書」（4冊目裏表紙）

3337 草木錦葉集 そうもくきんようしゅう SOUMOKU KIN'YOU SHUU　　IN:3002/LCCN:696440

水野忠暁・大岡雲峰・関根雲停　刊　3冊　挿絵有　洋装（袋）　26.2cm × 17.5cm

序：明治13年（1880）姜民・文政10年（1827）水のげんちうきやう

刊記：文政12年（1829）栽花園蔵板｜出版人　内山長太郎・北畠茂兵衛

386　12. 理学

〔朝河〕（APR 18 1907）収蔵

3338 草木弁疑 　SOUMOKU BENGI　　　　　　　　　　　　　　　　IN:3003/LCCN:696441
　　　内山覚順　刊　4冊　袋　26.4cm × 17.5cm
　　　序：宝暦9年（1759）人鯤溟仲尚賢・竹屋・松嶺国貞・宝暦8年（1758）賀府内山義泰
　　　刊記：宝暦8年（1758）京／日野屋源七｜宝暦9年（1759）新刊　平京潤古堂発行（見返）

3339 ドヽネウス 　DODONEUSU　　　　　　　　　　　　　　　　　IN:3001/LCCN:696439
　　　江馬春齢　写　1冊　袋　27.6cm × 20cm
　　　「美濃江馬春齢 自筆」（扉）　異称：トトネウス名訳

3340 はな 　HANA　　　　　　　　　　　　　　　　　　　　　　IN:3438/LCCN:504760
　　　霜花庵　写　1冊　袋　23.8cm × 15cm
　　　奥書等：明治44年（1911）写

3341 冨士之芝草 　FUJI NO SHIBAKUSA　　　　　　　　　　　　　IN:3424/LCCN:504746
　　　写　1冊　袋　24.5cm × 16.9cm
　　　奥書等：明治9年（1876）写　仲尾荊香

3342 柳絮略記 　RYUUJO RYAKKI　　　　　　　　　　　　　　　　IN:1634/LCCN:433207
　　　五愛楼楽山　写　2冊　挿絵有（彩色）　袋　26.5cm × 20cm
　　　序：安政3年（1856）楽山老人香　跋：五愛楼主人　奥書等：安政4年（1857）柳絮略記
　　　安政4年（1857）版本写　異称：柳絮略記考証

F. 博物

13. 医学

A. 総記

3343 **医学指南** *IGAKU SHINAN*　　　　　　　　IN:3044/LCCN:696482
　　い がくし なん
　　曲直瀬道三　刊　3冊　袋　28.2cm × 20cm

3344 **医通纂要** *ITSUU SAN'YOU*　　　　　　　　IN:3028/LCCN:696466
　　い つうさんよう
　　加藤忠実編　刊　4冊　袋　12.8cm × 18.8cm
　　序：明和2年（1765）膝主篤　跋：安永5年（1776）鳥飼昭
　　刊記：安永5年（1776）大坂／星文堂・定栄堂

3345 **医通纂要** *ITSUU SAN'YOU*　　　　　　　　IN:3026/LCCN:696464
　　い つうさんよう
　　（加藤謙斎）　刊　1冊　袋　27.2cm × 19.7cm
　　序：明和2年（1765）膝主篤　跋：安永5年（1776）鳥飼昭
　　刊記：安永5年（1776）大坂／星文堂・定栄堂梓｜大坂／藤屋弥兵衛・吉文字屋市兵衛
　　「鳥巣先生著述并蔵版医本目録」（2丁）を付す

3346 ［叢桂亭］**医事小言** *IJI SHOUGEN*　　　　　IN:3027/LCCN:696465
　　　　　　　　い じしょうげん
　　原南陽述、大河内政存等編　刊　8冊　袋　22cm × 14.5cm
　　序：文化2年（1805）田邨玄遷魚詮・文化2年（1805）原昌克・享和3年（1803）原玄興昌充　跋：
　　文政3年（1820）篠本恭　刊記：京／須原屋平左衛門・水戸／須原屋安次郎

3347 **本朝医談** *HONCHOU IDAN*　　　　　　　IN:3062.1/LCCN:696500.1
　　ほんちょういだん
　　奈須恒徳　刊　1冊　挿絵有　袋　26.3cm × 18.2cm
　　序：文政5年（1822）大石千引　跋：文政7年（1824）服部甫庵
　　刊記：江戸／和泉屋庄次郎
　　蔵書印等：［大矢文庫］

3348 **医宗仲景考** *ISOU CHUUKEI KOU*　　　　　IN:1537/LCCN:433110
　　いそうちゅうけいこう
　　平篤胤（平田篤胤）輯考　刊　1冊　袋　26.4cm × 18.2cm
　　序：文政10年（1827）生田国秀　跋：源門川崎重恭
　　「伊吹廼屋先生及門人著述刻成之書目　塾蔵版」を付す

3349 療治夜話　*RYOUJI YAWA*　　　　　　　　　　　IN:3084/LCCN:696522

　　今泉玄裕　刊　2冊　袋　25.8cm × 17.8cm
　　序：嘉永3年（1850）高階経由・嘉永5年（1852）江戸丹波元堅茝庭・嘉永3年（1850）小
　　竹老人篠崎弼・嘉永3年（1850）今泉玄裕英行　跋：嘉永5年（1852）男善行　刊記：万延元
　　年（1860）京／出雲寺文治郎・江戸／山城屋佐兵衛他（全4肆）｜江戸／玉山堂発行（見返）

3350 皇国名医伝　*KOUKOKU MEII DEN*　　　　　　　IN:2629/LCCN:696067

　　浅田宗伯　刊　3冊　袋　25.8cm × 17.7cm
　　序：嘉永3年（1850）林燿・嘉永4年（1851）丹波元堅・嘉永4年（1851）喜多村直寛　跋：
　　亀田綾瀬　刊記：京／出雲寺文次郎・江戸／須原屋茂兵衛他（全7肆）

3351 達生図説　*TASSEI ZUSETSU*　　　　　　　　　IN:1803/LCCN:508203

　　近藤直義退蔵　刊　3冊　挿絵有　袋　25.9cm × 17.8cm
　　序：安政5年（1858）・嘉永7年（1854）近藤直義
　　刊記：安政5年（1858）京／野田藤八他（全8肆）

B. 漢方

総記

3352 医心方　*ISHINHOU*　　　　　　　　　　　　　IN:3065/LCCN:696503

　　丹波康頼　刊　30冊　袋　27.1cm × 19.4cm
　　序：安政元年（1854）多紀元堅・多紀元昕・万延元年（1860）多紀元琰・多紀元佶
　　刊記：東京帝国大学御蔵板｜浅倉屋文淵閣吉田久兵衛

3353 益軒先生銓定頤正輯要　*EKIKEN SENSEI SENJOU ISEI SHUUYOU*　IN:3091/LCCN:696529

　　竹田定直編　刊　3冊　袋　22.3cm × 15.9cm
　　序：正徳元年（1711）益軒貝原篤信　跋：正徳元年（1711）竹田定直
　　刊記：正徳4年（1714）京／永田調兵衛
　　異称：頤正輯要

3354 瘈狗傷考　*KEIKU SHOUKOU*　　　　　　　　　IN:148/LCCN:847144

　　原南陽　刊　1冊　袋　25.5cm × 17.6cm
　　序：安永10年（1781）淡園埼允明・天明3年（1783）立原万（杏所）　跋：文政3年（1820）
　　水田荘　刊記：天保7年（1836）求版　江戸／須原屋伊八・水戸／須原屋安次郎

3355 経穴彙解　*KEIKETSU IKAI*　　　　　　　　　IN:2088/LCCN:508488

　　原南陽　刊　8冊　挿絵有　袋　26cm × 17.4cm
　　序：文化4年（1807）立原任　刊記：京／須原屋平左衛門・水戸／須原屋安次郎他（全4肆）
　　「南陽先生著述目録」を付す

3356 黄帝八十一難経疏証　KOUTEI HACHIJUUICHINANKEI SOSHOU　　IN:1796/LCCN:433369
　　多紀柳沂（丹波元胤紹翁）著、男元昕兆熹校　刊　2冊　袋　25.8cm×17.7cm
　　序：文政2年（1819）丹波元胤
　　刊記：京／出雲寺文次郎・江戸／英大助他（全9肆）｜医学館御蔵板
　　「英平吉郎蔵版医書目録」（計6丁）を付す　異称：難経疏証

3357 傷寒名数解　SHOUKAN MEISUUKAI　　IN:3046/LCCN:696484
　　中西惟忠（子文）　刊　5冊　袋　25.9cm×18.3cm
　　刊記：安永3年（1774）京／高橋清兵衛他（全3肆）

3358 傷寒論国字弁　SHOUKANRON KOKUJIBEN　　IN:3013/LCCN:696451
　　浅野元甫　刊　7冊　袋　22.7cm×15.9cm
　　序：寛政3年（1791）浅野微元甫　刊記：寛政6年（1794）　片野東四郎

3359 傷寒論輯義　SHOUKANRON SHUUGI　　IN:3048/LCCN:696486
　　丹波桂山（多紀元簡）　刊　10冊　袋　26.1cm×18.2cm
　　序：享和元年（1801）丹波元簡廉夫　跋：文政5年（1822）不肖孤元堅

3360 傷寒論集成　SHOUKANRON SHUUSEI　　IN:3049/LCCN:696487
　　山田正珍宗俊・中林清熙俊庵・笠原方恒雲仙校　刊　10冊　袋　25.4cm×17.5cm
　　序：寛政元年（1792）大田元貞公幹・寛政2年（1793）丹波元簡廉夫　跋：寛政元年（1792）
　　笠原方恒雲仙　刊記：享和2年（1802）島田屋新七｜天保3年（1832）補刻　若林屋清兵衛｜
　　大坂／秋田屋太右衛門・尾張／永楽屋東四郎・江戸／若林屋久兵衛他（全6肆）

3361 傷寒論述義　SHOUKANRON JUTSUGI　　IN:3050/LCCN:696488
　　丹波桂山（多紀元簡）　刊　2冊　袋　26.1cm×17.8cm
　　序：文政10年（1827）丹波元堅蕢　跋：嘉永4年（1851）稲葉元熙
　　刊記：天保15年（1844）江戸／万笈堂　英屋大助

3362 傷寒論弁正　SHOUKANRON BENSEI　　IN:3047/LCCN:696485
　　中西惟忠（深斎）　刊　6冊　袋　26.2cm×18cm
　　刊記：寛政2年（1790）京／林伊兵衛他（全4肆）

3363 小児必要養草　SHOUNI HITSUYOU SODATEKUSA　　IN:108/LCCN:847104
　　香月啓益　刊　3冊　袋　22cm×15.5cm
　　序：正徳4年（1714）杏三折・元禄16年（1703）香月五平子秀房　刊記：大坂／河内屋和助

3364 傷風約言　SHOUFUU YAKUGEN　　IN:3097/LCCN:696535
　　後藤椿菴　刊　1冊　袋　26cm×17.9cm
　　序：享保17年（1732）自序　刊記：寛政7年（1795）京／林権兵衛
　　「中立斎後藤先生著書目」を付す

3365 雛知苦庵養生物語 　SUICHIKUAN YOUJOU MONOGATARI　　　　IN:256/LCCN:847252
　　曲直瀬道三（曲直瀬一渓）　刊　1冊　袋　26cm×16.9cm
　　序：天保3年（1832）択善居主人　刊記：天保3年（1832）京／勝村治右衛門他（全5肆）
　　異称：道三翁養生物語

3366 長寿養生論 　CHOUJU YOUJOURON　　　　IN:2840/LCCN:696278
　　松本鹿鹿（多田宣綿）編　刊（木活字）　4冊　袋　25.8cm×18.1cm
　　跋：寛政7年（1795）松本鹿々多田宣綿・大橋政辰・文政13年（1830）無空々々道人
　　蔵書印等：［本伝・市川氏蔵本］

3367 難経捷径 　NANKEI SHOUKEI　　　　IN:1799/LCCN:433372
　　寿徳菴玄由註解　刊　4冊　袋　28cm×19.6cm
　　跋：寛永14年（1637）寿徳庵玄由　刊記：慶安2年（1649）京／武村市兵衛

3368 難経本義攟遺 　NANKEI HONGI SEKII　　　　IN:1615/LCCN:433188
　　許昌滑寿著・貞竹玄節　刊　10冊　挿絵有　袋　26.3cm×17.3cm
　　跋：慶安2年（1649）竹貞叟玄節　刊記：万治2年（1659）京／谷岡七左衛門
　　異称：難経本義

3369 脈学輯要 　MYAKUGAKU SHUUYOU　　　　IN:1795/LCCN:433368
　　丹波元簡廉夫（多紀元簡）　刊　1冊　袋　25.7cm×18cm
　　序：寛政7年（1795）丹波元簡　跋：元胤紹翁・元堅蔵庭
　　刊記：文政5年（1822）京／出雲寺文次郎・江戸／英大助｜医学館御蔵板
　　「英平吉郎蔵版医書目録」（計6丁）を付す

3370 養生訓 　YOUJOUKUN　　　　IN:1735/LCCN:433308
　　貝原篤信　刊　4冊　袋　22.3cm×15.6cm
　　序：文化10年（1813）頼惟完　跋：正徳3年（1713）貝原篤信
　　刊記：文化9年（1812）補刻発兌　大坂／多田勘兵衛製本
　　「養生訓附録」（杉本義篤撰）を付す　異称：貝原養生訓

3371 養生訓 　YOUJOUKUN　　　　IN:3152/LCCN:696590
　　貝原益軒　刊　3冊　袋　22.3cm×15.5cm
　　序：文化10年（1813）頼惟完
　　異称：貝原養生訓

3372 養生訓 　YOUJOUKUN　　　　IN:3153/LCCN:696591
　　貝原益軒　刊　4冊　袋　22.2cm×15.5cm
　　跋：貝原篤信　刊記：正徳3年（1713）永田調兵衛
　　「養生訓附録」（杉本義篤撰）を付す

3373 養生訓 　YOUJOUKUN　　　　IN:3092/LCCN:696530
　　貝原益軒、杉本義篤等撰　刊　4冊　袋　22.9cm×16.1cm

序：文化10年（1813）頼惟完　跋：正徳3年（1713）貝原篤信
刊記：文化9年（1812）　大坂／多田勘兵衛
異称：貝原養生訓（題簽）

方論

3374 医方考縄愆 IHOU KOU JOUKEN　　　IN:3037/LCCN:696475
北山友松　刊　10冊　袋　27.5cm×19.5cm
序：元禄9年（1696）北山　刊記：元禄10年（1697）京／秋田屋平左衛門

3375 医方大成論和語鈔 IHOU TAISEIRON WAGOSHOU　　　IN:3067/LCCN:696505
岡本為竹一抱子　刊　2冊　袋　28.1cm×19cm
序：元禄15年（1702）田村時敏玄真甫
刊記：元禄15年（1702）京／小紅屋喜兵衛｜梁文堂（見返）
異称：大成論和談鈔

3376 医療手引草 IRYOU TEBIKIGUSA　　　IN:3035/LCCN:696473
加藤謙斎　刊　2冊　袋　18.5cm×12.5cm
序：宝暦13年（1763）産質菴・宝暦14年（1764）滕懿之（後序）　刊記：明和3年（1766）
開板｜明和9年（1772）再板　大坂／高田清兵衛・浅野弥兵衛他（全3肆）

3377 医療手引草　続編 IRYOU TEBIKIGUSA　　　IN:3036/LCCN:696474
加藤謙斎　刊　2冊　袋　18cm×12cm
序：明和5年（1768）盛塘　刊記：江戸／岡田屋嘉七・大坂／敦賀屋彦七他（全8肆）
上下2巻存

3378 医療手引草　別録 IRYOU TEBIKIGUSA　　　IN:3034/LCCN:696472
加藤謙斎　刊　2冊　袋　18cm×12.5cm
序：安永6年（1777）主篤菴滕懿之
刊記：文政4年（1821）求板　大坂／河内屋源七郎・伊丹屋善兵衛他（全3肆）

3379 温泉論 ONSENRON　　　IN:2947/LCCN:696385
柘植常彰　刊　1冊　袋　25.4cm×18.2cm
序：文化6年（1809）杉本良温・文化6年（1809）河埜俊良庵・文化6年（1809）田中俊哲・
文化6年（1809）赤城長尾龍雲　跋：文化12年（1815）自跋
刊記：文化13年（1816）京／三木安兵衛・大坂／鳥飼市右衛門他（全3肆）
蔵書印等：[市川蔵本・田町宣蔵書印]

3380 格致余論諺解 KAKUCHI YORON GENKAI　　　IN:2096/LCCN:508496
岡本為竹一抱子　刊　4冊　袋　26.7cm×19cm
序：元禄9年（1696）岡本為竹一抱子
刊記：元禄9年（1696）京／西村市郎右衛門・同氏九左衛門・江戸／同氏半兵衛

蔵書印等：[猶猶斎図書記・客山蔵書]　異称：諺解・格致諺解

3381 脚気鈎要　*KAKKE KOUYOU*　　IN:3033/LCCN:696471
今村了菴　刊　2冊　袋　26cm × 17.5cm
序：文久元年（1861）丹波元倍　跋：文久元年（1861）浅田惟常

3382 金匱玉函要略述義　*KINKI GYOKKAN YOURYAKU JUTSUGI*　　IN:3059/LCCN:696497
丹波元堅（多紀元堅）　写　2冊　袋　25.8cm × 17.9cm
跋：嘉永7年（1854）堀川済　刊記：嘉永7年（1854）鐫／存誠薬室叢書

3383 金匱玉函要略方論輯義　*KINKI GYOKKAN YOURYAKU HOURON SHUUGI*　　IN:3060/LCCN:696498
丹波元簡　刊　3冊　袋　25.7cm × 18.1cm
跋：文化8年（1811）男元胤　刊記：文化8年（1811）江戸／万笈堂英大助

3384 困学穴法　*KONGAKU KETSUHOU*　　IN:310/LCCN:847306
石塚尹（汭上）　刊　1冊　挿絵有　袋　8.4cm × 18.2cm
序：天保6年（1835）小川及庵　刊記：天保6年（1835）汭上矮蔵（見返）
「Erledigt/kani 297 Dr.A.Brener」

3385 産論翼　*SANRON'YOKU*　　IN:1686/LCCN:433259
賀川玄迪　刊　1冊　袋　25cm × 17.1cm
序：安永4年（1775）柴邦彦
巻1（乾巻）存

3386 産論翼　*SANRON'YOKU*　　IN:3090/LCCN:696528
賀川玄廸　刊　1冊　挿絵有　袋　25.2cm × 17.8cm
序：安永4年（1775）柴邦彦　跋：安永4年（1775）橘士豹
刊記：明和2年（1765）産論原刻｜安永4年（1775）同翼原刻｜嘉永6年（1853）校正再刻
　　　江戸／須原屋茂兵衛・京／北村屋太助

3387 子玄子産論　*SHIGENSHI SANRON*　　IN:1662/LCCN:433235
賀川玄悦子玄著、玄廸子啓・山脇格叔光校　刊　2冊　袋　25.2cm × 17.4cm
序：明和2年（1765）橘陶
刊記：明和2年（1765）京／河南四郎兵衛・河南喜兵衛・江戸／須原屋茂兵衛
「子玄子治験四十八則」を付す　2部存　異称：産論

3388 [校正] 子玄子産論　*SHIGENSHI SANRON*　　IN:2466/LCCN:695904
賀川文煥　刊　2冊　挿絵有　袋　25.2cm × 18c
序：嘉永4年（1851）賀川文煥・明和2年（1765）橘陶

3389 四診備要　*SHISHIN BIYOU*　　IN:1819/LCCN:508219
細井順叔達　刊　2冊　挿絵有　袋　22.1cm × 15.7cm
序：文政元年（1818）越智俊道仁傑・弘化4年（1847）井後元珪・文政元年（1818）藤はら

B. 漢方

のはるもと・文政元年（1818）細井順叔達　跋：文政元年（1818）可翁藤井衡・弘化4年（1847）壷山老人中川故・弘化4年（1847）三国猶祈　刊記：越前／細井紫髯先生蔵版｜弘化4年（1847）江戸／須原屋茂兵衛・英大助・京／丸屋善兵衛・大坂／伊丹屋善兵衛・袋屋亀次郎｜香祖軒蔵梓（見返）

蔵書印等：［武田之章］

3390　四診備要（ししんびょう）　SHISHIN BIYOU　　　　　　　　　　　　　　IN:2398/LCCN:695836

細井順叔達　刊　2冊　挿絵有　袋　25.2cm×17.8cm

序：文政元年（1818）越智俊道・弘化4年（1847）井渓元珪・文政元年（1818）藤はらのはるもと・文政元年（1818）細井順叔達　跋：文政元年（1818）藤井衡・弘化4年（1847）中川故・弘化4年（1847）三国直行　刊記：越前　細井紫髯先生蔵版｜弘化4年（1847）江戸／須原屋茂兵衛・英大助、京／丸屋善兵衛、大坂／伊丹屋善兵衛・袋屋亀次郎｜香祖軒蔵梓（見返）

3391　授蒙聖功方（じゅもうせいこうほう）　JUMOU SEIKOUHOU　　　　　　　IN:3043/LCCN:696481

曲直瀬道三　刊（古活字版）　2冊　袋　13.5cm×20.5cm

3392　続瘍科秘録（ぞくようかひろく）　ZOKU YOUKA HIROKU　　　　　　　IN:3032/LCCN:696470

本間玄調著、川又誠等記　刊　5冊　挿絵有　袋　25.7cm×16.1cm

序：安政5年（1858）男高佐

刊記：安政6年（1859）京／勝村治右衛門・江戸／和泉屋金右衛門他（全11肆）

3393　治痘極意（ちとうごくい）　CHITOU GOKUI　　　　　　　　　　　　　IN:3085/LCCN:696523

近藤玄之　刊　1冊　袋　26cm×17.4cm

序：文政6年（1823）自序　刊記：有恒堂蔵板

富士川游出品付紙あり　蔵書印等：［富士川家蔵本］　異称：痘科弁要補校　治痘極意

方集

3394　観聚方要補（かんじゅほうようほ）　KANJUHOU YOUHO　　　　　　　　IN:3056/LCCN:696494

丹波元簡　刊　2冊　袋　18.5cm×12.7cm

刊記：江戸／須原屋茂兵衛・大坂／河内屋喜兵衛他（全5肆）

3395　［軍陣備要］救急摘方（きゅうきゅうてきほう）　KYUUKYUU TEKIHOU　IN:318/LCCN:847314

平野元良（無適道人）　刊　2冊　挿絵有　袋　18.4cm×12.6cm

序：嘉永6年（1853）蘭の舎の主拙守（正編）・安政3年（1856）かゝみの屋のあるし主拙（続編）　刊記：安政3年（1856）

蔵書印等：［士官］

3396　広恵済急方（こうけいさいきゅうほう）　KOUKEI SAIKYUUHOU　　　　IN:3063/LCCN:696501

佐野義行　刊　3冊　挿絵有　袋　25.9cm×17.6cm

序：寛政元年（1789）自序　跋：寛政2年（1790）　刊記：須原屋茂兵衛・同嘉助他（全4肆）

3397 　広恵済急方　KOUKEI SAIKYUUHOU　　　　　　　　　　　　　　　IN:397/LCCN:847393
　　　多紀元徳撰、多紀元簡校　刊　3冊　挿絵有　袋　25.7cm × 17.7cm
　　　序：寛政元年（1789）自序・寛政元年（1789）中野監物藤原清翰
　　　刊記：京／出雲寺文次郎・江戸／英大助

3398 　産育全書　SAN'IKU ZENSHO　　　　　　　　　　　　　　　　　IN:2514/LCCN:695952
　　　水原三折　刊　1冊　挿絵有　袋　22.7cm × 16.3cm
　　　序：北島常美誰禎　刊記：嘉永3年（1850）京／醇生菴蔵
　　　附録存

3399 　小児養育金礎　SHOUNI YOUIKU KOGANE NO ISHIZUE　　　　　IN:2477/LCCN:69915
　　　石田鼎貫　刊　1冊　挿絵有　袋　22.2cm × 15.6cm
　　　序：元治元年（1864）石田丹波介平勝信　跋：文化10年（1813）　刊記：嘉永4年（1851）改
　　　補｜慶応元年（1865）京／井筒屋徳兵衛・陸奥／井筒屋権右衛門他（全29肆）

3400 　梅花無尽蔵　BAIKA MUJINZOU　　　　　　　　　　　　　　　IN:3045/LCCN:696483
　　　永田徳本　刊　3冊　袋　27.5cm × 19cm
　　　序：明和4年（1767）和気正路　跋：明和5年（1768）甲斐高孟
　　　刊記：明和5年（1768）京／林伊兵衛

3401 　普救類方　FUKYUU RUIHOU　　　　　　　　　　　　　　　　IN:389/LCCN:847385
　　　林良適、丹羽正伯編　刊　1冊　袋　22.6cm × 16cm
　　　序：享保14年（1729）橘朝臣親顕　刊記：享保11年（1726）官製
　　　巻1上存　蔵書印等：［筑波文庫・紫園斎記］　異称：官刻普救類方

3402 　普救類方　FUKYUU RUIHOU　　　　　　　　　　　　　　　　IN:3029/LCCN:696467
　　　林良適、丹羽正伯編　刊　7冊　挿絵有　袋　22.6cm × 16cm
　　　序：享保14年（1729）橘朝臣親顕
　　　刊記：享保14年（1729）江戸／松会三四郎・和泉屋儀兵衛他（全7肆）

本草

3403 　一本堂薬選　IPPONDOU YAKUSEN　　　　　　　　　　　　　　IN:3077/LCCN:696515
　　　香川修庵　刊　4冊　袋　26cm × 18.4cm
　　　序：享保15年（1730）伊藤長胤・享保14年（1729）香川修徳・元文3年（1738）香川修徳
　　　太沖父（続編）　跋：享保19年（1734）龍洲伊藤元弘・享保19年（1734）香川修徳修庵
　　　刊記：享保16年（1731）京／文泉堂（見返）
　　　異称：薬選

3404 　雲州採薬記事　UNSHUU SAIYAKU KIJI　　　　　　　　　　　　IN:2998/LCCN:696436
　　　山本安鴨　写　1冊　袋　26.6cm × 18.9cm
　　　天保15年（1844）の記事あり

B. 漢方　395

3405 蕣録　ENROKU　　　　　　　　　　　　　　　　　　IN:184/LCCN:847180
　　　大槻玄沢　刊　1冊　袋　26cm×18.3cm
　　　刊記：文化6年（1809）

3406 蛸志　KAISHI　　　　　　　　　　　　　　　　　　IN:3083/LCCN:696521
　　　喜多村槐園　刊　3冊　袋　25.9cm×18.2cm
　　　序：嘉永2年（1849）丹波元堅・嘉永2年（1849）安積信・文政3年（1820）槐園喜多村直
　　　子温甫　跋：嘉永2年（1849）喜多村直寛士栗薫
　　　刊記：学訓堂蔵版│嘉永2年（1849）須原屋茂兵衛他（全4肆）

3407 巻懐食鏡　KANKAI SHOKKYOU　　　　　　　　　　　IN:2976/LCCN:696414
　　　香月牛山　刊　1冊　袋　16.9cm×9cm
　　　序：正徳元年（1711）松岡恕庵・正徳元年（1711）自序　刊記：柳枝軒

3408 岸和田草木記　KISHIWADA SOUMOKUKI　　　　　　　IN:3422/LCCN:504744
　　　写　1冊　袋　27.7cm×20cm
　　　奥書等：弘化2年（1845）写　榕室山錫夫│昭和10年（1935）3月上旬　書五十嵐天籟

3409 救荒本草会識　KYUUKOU HONZOU KAISHIKI　　　　　IN:1014/LCCN:432587
　　　小野蘭山　写　1冊　袋　26.2cm×18cm
　　　序：天明3年（1783）　奥書等：文化14年（1817）写　一斎惟亨
　　　「救荒野譜会識」を「救荒本草会識」の後に付す　（FEB 9 1938）収蔵

3410 救荒本草啓蒙　KYUUKOU HONZOU KEIMOU　　　　　　IN:2989/LCCN:696427
　　　小野恵畝　刊　5冊　袋　25.4cm×17.7cm
　　　序：天保12年（1841）菅原利保・天保13年（1842）丹波元堅・天保14年（1843）龍遷院　跋：
　　　天保14年（1843）橋田中恵　刊記：天保13年（1842）江戸／山城屋佐兵衛・須原屋善五郎

3411 広益本草大成　KOUEKI HONZOU TAISEI　　　　　　　IN:2985/LCCN:696423
　　　岡本為竹一抱子　刊　10冊　袋　22.6cm×15.9cm
　　　序：元禄11年（1698）法眼鈴木宗因　跋：元禄11年（1698）択庸堂鈴木宗春
　　　刊記：元禄11年（1698）京／小佐治半右衛門宗貞開板
　　　蔵書印等：［東雲・馬氏蔵書・大西立達源倍徳蔵書印］　異称：和語本草

3412 広倭本草　KOU YAMATO HONZOU　　　　　　　　　　IN:2983.1/LCCN:696421.1
　　　直海龍（元周）　刊　12冊　袋　22.7cm×16cm
　　　序：宝暦5年（1755）池坊専意・宝暦5年（1755）直海龍　跋：宝暦7年（1757）武川幸順
　　　本文10巻・別録上下2巻存

3413 広倭本草　KOU YAMATO HONZOU　　　　　　　　　　IN:2983.2/LCCN:696421.2
　　　直海龍（元周）　刊　12冊　袋　22.8cm×15.7cm
　　　序：宝暦5年（1755）池坊専意・宝暦5年（1755）直海龍　跋：宝暦7年（1757）武川幸順
　　　刊記：宝暦9年（1759）京／永田調兵衛

本文10巻・別録上下2巻存

3414 合類薬種名寄帳 GOURUI YAKUSHU NAYOSECHOU　　　　IN:3075/LCCN:696513

刊　2冊　袋　11.3cm × 17.9cm
序：正徳4年（1714）芳菊堂本郷正豊（正集）・享保14年（1729）岡本氏範話堂（後集）
刊記：正徳5年（1715）大坂／鳥飼市兵衛・渋川清右衛門・北田清左衛門（見返）｜享保14年
（1729）大坂／鳥飼市兵衛・渋川清右衛門・北田清左衛門（後集巻尾）
蔵書印等：［洒竹文庫・斎藤松之助］　異称：本草明弁薬種名寄

3415 古方薬説 KOHOU YAKUSETSU　　　　IN:3078/LCCN:696516

蘭山小野先生鑑定、門人久留米宇治田郁泰亮著　刊　2冊　袋　25.7cm × 17.7cm
序：中西惟忠子文　跋：山梨和童
刊記：寛政7年（1795）京／吉田四郎左衛門・江戸／須原屋茂兵衛他（全7肆）
奥書等：享和2年（1802）求　鎌田邑　江塚氏

3416 古方薬品考 KOHOU YAKUHIN KOU　　　　IN:3072/LCCN:696510

刊　1冊（もとは4冊）　挿絵有　袋　23.6cm × 17.1cm
序：天保11年（1840）内藤尚賢剛甫　刊記：天保13年（1842）新鐫　京／朱蕉園蔵版　江戸
／須原屋茂兵衛・京／南林芳兵衛他（全4肆）

3417 竹実記 SASANOMI NO KI　　　　IN:3007/LCCN:696445

白雲山人、菱川清春画　刊　1冊　挿絵有　袋　22cm × 14.8cm
刊記：天保3年（1832）京／金屋吉兵衛

3418 詩経名物弁解 SHIKYOU MEIBUTSU BENKAI　　　　IN:2667/LCCN:696105

江村如圭編　刊　4冊　袋　22.5cm × 16cm
序：享保15年（1730）伊藤長胤・享保16年（1731）江村如圭　刊記：享保16年（1731）原
刻｜嘉永3年（1850）補刻　江戸／須原屋茂兵衛・京／丁子屋定七他（全4肆）

3419 詩経名物弁解 SHIKYOU MEIBUTSU BENKAI　　　　IN:2793/LCCN:696231

江村如圭　刊　4冊　挿絵有　袋　22.5cm × 16cm
序：享保15年（1730）伊藤長胤　刊記：享保16年（1731）原刻｜嘉永3年（1850）補刻
江戸／須原屋茂兵衛・京／丁子屋定七他（全4肆）

3420 重訂本草綱目啓蒙 JUUTEI HONZOU KOUMOKU KEIMOU　　　　IN:2987/LCCN:696425

小野蘭山口授、小野職孝士徳録　刊　20冊　挿絵有　袋　26.1cm × 17.6cm
序：弘化4年（1847）藤原長慎・享和2年（1802）丹波元簡
刊記：江戸／和泉屋善兵衛蔵｜京／出雲寺文次郎他（全9肆）
異称：重訂啓蒙

3421 小品考 SHOUHIN KOU　　　　IN:2948/LCCN:696386

西村広休　刊　1冊　挿絵有　袋　25.7cm × 17.9cm
序：安政5年（1858）榕室山本錫夫
刊記：安政6年（1859）双松軒蔵板｜京／北村屋太助・江戸／須原屋茂兵衛他（全4肆）

3422 食物和歌本草増補 SHOKUMOTSU WAKA HONZOU ZOUHO　　IN:3000/LCCN:696438
山岡元隣　刊　7冊　袋　22.1cm×16.1cm
刊記：寛文7年（1667）京／水田甚左衛門
蔵書印等：［東京弘文荘納］　異称：増補食物和歌本草

3423 食物和歌本草増補 SHOKUMOTSU WAKA HONZOU ZOUHO　　IN:2999/LCCN:696437
山岡元隣　刊　3冊　袋　22.6cm×16.2cm
刊記：元文2年（1737）求板　大坂／藤屋弥兵衛
異称：増補食物和歌本草

3424 食療正要 SHOKURYOU SEIYOU　　IN:2978/LCCN:696416
松岡玄達撰、松岡子勅校　刊　4冊　袋　22.4cm×16.2cm
序：明和5年（1768）藤惟寅　跋：明和6年（1769）中山元亨
刊記：明和6年（1769）京／小川太左衛門・野田藤八他（全3肆）

3425 諸国採薬記 SHOKOKU SAIYAKUKI　　IN:882/LCCN:432456
上村佐平太政勝　写　1冊　袋　23.9cm×15.4cm
奥書等：元文5年（1740）吉家公江奉献｜宝暦5年（1755）家重公江奉献｜上村佐平太政勝録｜天保3年（1832）写　志真迷

3426 諸菜譜 SHOSAIFU　　IN:241/LCCN:847237
貝原益軒　刊　1冊　袋　22.2cm×15.4cm
序：宝永元年（1704）益軒貝原篤信　刊記：正徳4年（1714）｜享保19年（1734）再校｜文化12年（1815）勝嶋喜六郎蔵板｜京／植村藤右衛門他（全5肆）
異称：菜譜

3427 諸菜譜 SHOSAIFU　　IN:242/LCCN:847238
貝原益軒　刊　1冊　袋　22.3cm×15.7cm
序：宝永元年（1704）益軒貝原篤信
刊記：正徳4年（1714）毛利田荘太郎・小河多左衛門連刻
異称：菜譜

3428 諸菜譜 SHOSAIFU　　IN:240/LCCN:847236
貝原益軒（篤信）　刊　1冊　袋　22.4cm×15.2cm
序：宝永元年（1704）益軒貝原篤信　刊記：正徳4年（1714）｜享保19年（1734）再校｜文化12年（1815）勝嶋喜六郎蔵版｜大坂／上田喜兵衛・京／小川多左衛門・上田半三郎・山中善兵衛
異称：菜譜

3429 諸菜譜 SHOSAIFU　　IN:2471/LCCN:695909
貝原益軒　刊　1冊　袋　22.3cm×15.8cm
中巻存　異称：菜譜

3430 図解本草　ZUKAI HONZOU　　　　　　　　　　　IN:2993/LCCN:696431
　　　下津元知　刊　4冊　挿絵有　袋　22.4cm × 15.6cm
　　　序：山脇重顕・下津藤元知　刊記：享保元年（1716）勧学堂 駒井五郎兵衛｜貞享2年（1685）
　　　江戸／藤本兵左衛門・田中理兵衛
　　　蔵書印等：［九折堂山田氏之図書云記］

3431 ［増補］古方薬品考　KOHOU YAKUHIN KOU　　　　IN:3082/LCCN:696520
　　　内藤尚賢　刊　5冊　挿絵有　袋　22.4cm × 15.5cm
　　　序：天保11年（1840）内藤尚賢剛甫　刊記：京／林芳兵衛

3432 ［増補］家伝預薬集　KADEN YOYAKU SHUU　　　　IN:3079/LCCN:696517
　　　刊　7冊　袋　12.6cm × 19.8cm
　　　刊記：宝永7年（1710）大坂／秋田屋大野木市兵衛板行
　　　異称：新増家伝預薬集

3433 草木花実写真図譜　SOUMOKU KAJITSU SHASHIN ZUFU　IN:107-1/LCCN:847103
　　　川原慶賀　刊　4冊　挿絵有　袋　26cm × 18cm
　　　序：石崎融思　刊記：大坂／前川善兵衛

3434 草木花実写真図譜　SOUMOKU KAJITSU SHASHIN ZUFU　IN:107-2/LCCN:847103
　　　川原慶賀　刊　4冊　挿絵有　袋　26cm × 18cm
　　　序：石崎融思　刊記：大坂／前川善兵衛

3435 続奇法集要　ZOKU KIHOU SHUUYOU　　　　　　　IN:896/LCCN:432470
　　　写　2冊　挿絵有　洋装（袋）　13.6cm × 19.5cm
　　　〔朝河〕（SEP 6 1907）収蔵　異称：奇法集要

3436 桃洞遺筆　TOUDOU IHITSU　　　　　　　　　　IN:2986.1/LCCN:696424.1
　　　小原桃洞、小原蘭峡輯録　刊　6冊　挿絵有　袋　25.5cm × 17.8cm
　　　序：天保4年（1833）近藤好道識・天保4年（1833）本居太平　刊記：天保4年（1833）和
　　　歌山／帯屋伊兵衛・綛田屋平右ヱ門・阪本屋喜一郎（肇輯巻尾）｜嘉永3年（1850）京／枡屋
　　　勘兵衛・和歌山／阪本屋大二郎他（全8肆）（二輯巻尾）
　　　肇輯3巻・二輯3巻のそれぞれに付録を付す　蔵書印等：［和歌山藩藩校・平田氏蔵書］

3437 桃洞遺筆　TOUDOU IHITSU　　　　　　　　　　IN:2986.2/LCCN:696424.2
　　　小原桃洞　小原蘭峡先生輯録　刊　6冊　挿絵有　袋　25.7cm × 17.8cm
　　　序：天保4年（1833）近藤好道・天保4年（1833）本居太平　刊記：天保4年（1833）和歌
　　　山／帯屋伊兵衛・綛田屋平右ヱ門・阪本屋喜一郎（肇輯巻尾）｜嘉永3年（1850）京／枡屋勘
　　　兵衛・和歌山／阪本屋大二郎他（全8肆）（二輯巻尾）
　　　肇輯3巻・二輯3巻のそれぞれに付録を付す　蔵書印等：［和歌山藩藩校・小山文庫］

3438 桃洞遺筆　TOUDOU IHITSU　　　　　　　　　　IN:2530/LCCN:695968
　　　小原桃洞著・小原蘭峡編　刊　3冊　挿絵有　袋　25.6cm × 17.7cm

序：天保 4 年（1833）近藤好道・天保 4 年（1833）本居大平
刊記：天保 4 年（1833）刻成　帯屋伊兵衛・阪本屋喜一郎他（全 3 肆）

3439 篤慶採薬記　TOKUKEI SAIYAKUKI　　IN:881/LCCN:432455

山本篤慶仲錫　写　7 冊　挿絵有　袋　27.7cm × 20cm
文政 3 年（1820）夏より天保 3 年（1832）まで　近江から山陰にかけての本草採薬収集記

3440 備急八薬新論　BIKYUU HACHIYAKU SHINRON　　IN:3073/LCCN:696511

佐藤神符満　刊　3 冊　挿絵有　袋　25.9cm × 18cm
序：天保 14 年（1843）　跋：安政 4 年（1857）瑞庵相磯望見・江山関根為宝
刊記：京／勝村治右衛門・江戸／須原屋茂兵衛（全 12 肆）｜安政 5 年（1858）新刻（見返）

3441 日向採薬記　HYUUGA SAIYAKUKI　　IN:2965/LCCN:696403

賀来睦之　写　5 冊　挿絵有　袋　27.3cm × 19.8cm
奥書等：明治 9 年（1876）写
板本写　異称：日州採薬記

3442 物品識名　BUPPIN SHIKIMEI　　IN:1776.1/LCCN:433349.1

岡林清達稿、水谷豊文補編　刊　2 冊　袋　18.1cm × 12.7cm
刊記：文化 6 年（1809）永楽堂（見返）
蔵書印等：[東京弘文荘納]

3443 物品識名拾遺　BUPPIN SHIKIMEI SHUUI　　IN:1776.2/LCCN:433349.2

水谷豊文　刊　2 冊　袋　18.1cm × 12.8cm
跋：文政 7 年（1824）水谷豊文　刊記：永楽堂（見返）

3444 物類品隲　BUTSURUI HINSHITSU　　IN:2945/LCCN:696383

平賀源内　刊　6 冊　挿絵有　袋　26cm × 17.9cm
序：宝暦 13 年（1763）後藤光生・宝暦 13 年（1763）久保恭亨
刊記：宝暦 13 年（1763）松籟館蔵版　江戸／須原屋市兵衛・大坂／柏原屋清右衛門

3445 庖厨備用倭名本草　HOUCHUU BIYOU WAMYOU HONZOU　　IN:1525/LCCN:433098

向井元升　刊　10 冊　袋　21.7cm × 15.5cm
序：寛文 12 年（1672）木下順庵・寛文 12 年（1672）中山三柳・寛文 12 年（1672）三宅道乙・寛文 11 年（1671）向井元升以順・寛文 12 年（1672）藤村庸軒当直
跋：寛文 11 年（1671）嗣男元瑞謹　刊記：貞享元年（1684）梶川儀兵衛

3446 本草啓蒙名疏　HONZOU KEIMOU MEISO　　IN:2988/LCCN:696426

小野職孝　刊　8 冊　袋　22.4cm × 15.7cm
序：文化 5 年（1808）源弘賢　刊記：大坂／河内屋嘉七・江戸／鶴屋金助他（全 4 肆）｜文化 6 年（1809）開彫　板貯衆芳軒之書蔵（見返）

3447 本草綱目会識 *HONZOU KOUMOKU KAISHIKI* IN:1013/LCCN:432586
安田静　写　3冊　袋　26.1cm × 18.1cm

3448 本草綱目会識 *HONZOU KOUMOKU KAISHIKI* IN:877/LCCN:432451
小野蘭山　写　11冊　袋　26.2cm × 18cm
（FEB 2 1938）収蔵　異称：HONZOKOMOKU KAISHIKI

3449 本草綱目記聞 *HONZOU KOUMOKU KIBUN* IN:878/LCCN:432452
小野蘭山　写　22冊　袋　25.4cm × 18.2cm
序：文政2年（1819）益田陳脩（書写者序）　奥書等：文政3年（1820）写　益田陳脩

3450 本草綱目啓蒙図譜 *HONZOU KOUMOKU KEIMOU ZUFU* IN:2960/LCCN:696398
井口楽三（望之）編　刊　1冊　挿絵有　袋　26cm × 17.8cm
序：嘉永2年（1849）誉安院曲直瀬貞　刊記：嘉永3年（1850）京／出雲寺文治郎・江戸／和泉屋善兵衛他（全5肆）｜岸和田邸学蔵版学蔵版（見返）｜白鶴園蔵（柱）
巻8・9山草部存

3451 本草綱目指南音引 *HONZOU KOUMOKU SHINAN ONBIKI* IN:2953/LCCN:696391
刊　6冊　袋　29cm × 19cm
奥書等：謹献米国国会図書館　昭和3年（1928）田中長三郎（台湾帝国大学教授）

3452 本草綱目品目・本艸名物附録
　　　HONZOU KOUMOKU HINMOKU・HONZOU MEIBUTSU FUROKU　IN:2507/LCCN:695945
貝原篤信　刊　1冊　袋　22.5cm × 15.8cm
蔵書印等：［両日屋図書］　異称：［増補］本草綱目

3453 本草綱目補物品目録 *HONZOU KOUMOKU HOBUPPIN MOKUROKU*
後藤光生　刊　2冊　袋　27cm × 18cm　IN:2952/LCCN:696390
序：寛延3年（1750）望三英・享保13年（1728）原光　跋：宝暦2年（1752）勝守幹
刊記：宝暦2年（1752）江戸／鶴本平蔵
異称：物品目録

3454 本草綱目補物品目録 *HONZOU KOUMOKU HOBUPPIN MOKUROKU*
後藤光生　刊　2冊　袋　27.1cm × 18.3cm　IN:1844/LCCN:508244
序：寛延4年（1750）望三英・享保13年（1728）都原光生・藤守幹
跋：宝暦2年（1752）藤守幹　刊記：宝暦2年（1752）江戸／鶴本平蔵
異称：物品目録

3455 本草綱目訳説 *HONZOU KOUMOKU YAKUSETSU* IN:879/LCCN:432453
小野蘭山口授　写　20冊　袋　26cm × 18.7cm
『本草綱目』水部第5巻〜人部第52巻までの講釈　蔵書印等：［布治波良乃比呂美知尓乎佐牟留布美良乃志留志］

3456 本草綱目訳説 HONZOU KOUMOKU YAKUSETSU　　IN:880/LCCN:432454
　　写　10冊　袋　26.8cm×19.2cm
　　巻5～52存　本草綱目の講述　蔵書印等：[東京弘文荘納]　異称：本草記聞

3457 本草諸禽図考 HONZOU SHOKIN ZUKOU　　IN:887/LCCN:432461
　　写　5冊　袋　27.7cm×20cm
　　山禽部・原禽部・林禽部・水禽部上下存

3458 本草図譜 HONZOU ZUFU　　IN:2962/LCCN:696400
　　岩崎常正　刊　合1冊　挿絵有　洋装（袋）　26.6cm×19cm
　　序：文政11年（1828）喜多村直・文政11年（1828）灌園岩崎常正
　　〔朝河〕（APR 18 1907）収蔵

3459 本草正正譌 HONZOU SEISEIKA　　IN:2995/LCCN:696433
　　山岡恭安　刊　1冊　袋　26.5cm×17.9cm
　　序：安永6年（1777）大江資衡・安永6年（1777）高秀子厚
　　刊記：安永7年（1778）伊勢／文台屋庄左衛門・京／野田藤八他（全5肆）

3460 本草通串 HONZOU TSUUKAN　　IN:2982/LCCN:696420
　　前田利保編　刊　33冊　袋　25.7cm×18cm
　　48巻存

3461 本草薬性備考和訓鈔 HONZOU YAKUSHOU BIKOU WAKUNSHOU
　　丹波頼理　刊　7冊　袋　22.7cm×16.4cm　　IN:2996/LCCN:696434
　　序：文化3年（1806）自序・文化4年（1807）湖南関祐之・文化4年（1807）中神富徳
　　刊記：錦小路家御蔵板　文化4年（1807）京／堺嘉七・吉田屋佐兵衛（計6肆）
　　巻2に補筆あり

3462 本草薬名備考和訓鈔 HONZOU YAKUMYOU BIKOU WAKUNSHOU
　　丹波頼理　刊　7冊　袋　25.4cm×17.6cm　　IN:2997.2/LCCN:696435.2
　　序：天保元年（1830）小野広草・文化3年（1806）自序　跋：天保2年（1831）山澄延年
　　刊記：文化4年（1807）原刻｜天保2年（1831）再刻　京／林喜兵衛・大坂／加賀屋善蔵・江戸／和泉屋庄治郎

3463 本草薬名備考和訓鈔 HONZOU YAKUMYOU BIKOU WAKUNSHOU
　　丹波頼理　刊　7冊　袋　25.7cm×17.6cm　　IN:2997.1/LCCN:696435.1
　　序：天保元年（1830）小野広草・文化3年（1806）自序　跋：天保2年（1831）山澄延年
　　刊記：文化4年（1807）原刻｜天保2年（1831）再刻　京／林喜兵衛・大坂／加賀屋善蔵・江戸／和泉屋庄治郎

3464 本草和解 HONZOU WAGE　　IN:2211/LCCN:508611
　　曲直瀬道　三原著・大江　瀬軒校　刊　4冊　袋　11cm×16cm
　　序：元禄10年（1697）大江瀬軒

7 巻 4 冊なれど巻末のみ欠か　蔵書印等：［池田蔵書］　異称：図解本草和解

3465　**本草和解**　HONZOU WAGE　　　　　　　　　　　　　　IN:2981/LCCN:696419

　　曲直瀬道三　刊　4 冊　挿絵有　袋　11.2cm × 16.2cm
　　序：元禄 10 年（1697）大江瀬軒　刊記：大坂／河内屋吉兵衛・柏原屋清右衛門

3466　**本草和名**　HONZOU WAMYOU　　　　　　　　　　　　　IN:2954/LCCN:696392

　　深江輔仁　刊　2 冊　袋　26cm × 18cm
　　序：寛政 8 年（1796）丹波元簡　刊記：江戸／和泉屋庄次郎発行

3467　**本朝食鑑**　HONCHOU SHOKUKAGAMI　　　　　　　　　　IN:2959/LCCN:696397

　　丹岳野（小野）必大　刊　12 冊　袋　21.8cm × 15.8cm
　　序：元禄 8 年（1695）宇林整・元禄 8 年（1695）漁翁伯将父・元禄 8 年（1695）人見竹洞序・
　　元禄 5 年（1692）丹岳野必大　跋：元禄 8 年（1695）男浩
　　刊記：元禄 10 年（1697）江戸／平野氏伝左衛門・大坂／平野屋勝左衛門
　　（MAY 7 1938）収蔵

3468　**本草正譌**　HONZOU SEIKA　　　　　　　　　　　　　　IN:2977/LCCN:696415

　　松平君山著、太田恒可・岡野満雅・小見山順友・大河内重昌・山田重間・男忠武・孫秀彦校
　　刊　6 冊　袋　22.5cm × 15.9cm
　　序：安永 5 年（1776）大江資衡・安永 5 年（1776）磯谷正卿・安永 5 年（1776）岡田挺之
　　刊記：安永 5 年（1776）名古屋／風月孫助・京／風月荘左衛門他（全 3 肆）
　　（JAN 13 1937）収蔵

3469　**毛詩品物図攷**　MOUSHI HINBUTSU ZUKOU　　　　　　　IN:2390/LCCN:695828

　　岡元鳳編　刊　1 冊　挿絵有　袋　26.3cm × 18.8cm
　　巻 3・4 存　蔵書印等：［頼家蔵・紫雲斎記］

3470　**毛詩品物図攷**　MOUSHI HINBUTSU ZUKOU　　　　　　　IN:2799/LCCN:696237

　　岡元鳳編、抱芳斎国雄画　刊　3 冊　挿絵有　袋　25.9cm × 18cm
　　序：天明 4 年（1784）那波師曽・天明 5 年（1785）柴邦彦・岡元鳳　跋：天明 4 年（1784）
　　木孔恭　刊記：天明 5 年（1785）大坂／大野木市兵衛・京／北村四郎兵衛他（全 4 肆）

3471　**毛詩品物図攷**　MOUSHI HINBUTSU ZUKOU　　　　　　　IN:2949/LCCN:696387

　　岡元鳳編　刊　3 冊　挿絵有　袋　25cm × 17.7cm
　　序：天明 4 年（1784）那波師曽・天明 5 年（1785）柴邦彦・岡元鳳
　　跋：天明 4 年（1784）木孔恭　刊記：江戸／北畠茂兵衛・大坂／松村九兵衛他（全 10 肆）

3472　**薬性提要**　YAKUSHOU TEIYOU　　　　　　　　　　　　IN:3074/LCCN:696512

　　多紀元簡鑑定　刊　1 冊　袋　18.1cm × 12.1cm
　　刊記：文化 4 年（1807）開彫　慶元堂（見返）
　　「万笈堂蔵版目録」（8 丁）を付す

3473 薬品弁惑　YAKUHIN BENWAKU　　　　　　　　　　IN:3080/LCCN:696518
　　　大口灌畦　刊　2冊　袋　22.9cm × 16.3cm
　　　序：宝暦4年（1754）大口美明　刊記：宝暦4年（1754）大坂／渋川清右衛門・北村卯之助

3474 薬徴・薬徴続編・薬徴続編附録　YAKUCHOU　　　　IN:1797/LCCN:433370
　　　吉益為則（東洞）　刊　6冊　袋　25.7cm × 18cm
　　　序：明和8年（1771）吉益為則（薬徴）・寛政8年（1796）吉益猷修夫（続編）　跋：天明4年
　　　（1784）男猷（薬徴）・安永7年（1778）男猷（続編）　刊記：文政11年（1828）大坂／加賀
　　　屋善蔵（薬徴）｜寛政元年（1794）京／出雲寺文次郎・橘屋儀兵衛他（全4肆）（続編・附録）
　　　｜熊本／橘屋清蔵

3475 薬籠本草　YAKUROU HONZOU　　　　　　　　　　IN:2975/LCCN:696413
　　　香月牛山著、香月玄同参、綾部玄岫訂　刊　6冊　袋　22.7cm × 15.1cm
　　　序：享保13年（1728）中華趙天潢・享保13年（1728）伊藤長胤・享保12年（1727）自序
　　　跋：享保14年（1729）土昌英　刊記：享保19年（1734）京／茨城多左衛門
　　　巻末に「万里神交（享保14年（1729）藤道生序）」を付す　蔵書印等：[東京弘文荘納・仙台
　　　府医学図書信]

3476 大和本草　YAMATO HONZOU　　　　　　　　　　　IN:2971/LCCN:696409
　　　貝原益軒　刊　19冊　挿絵有　袋　22.6cm × 16.4cm
　　　序：宝永5年（1708）崔原韜・宝永5年（1708）自序
　　　刊記：宝永6年（1709）京／小野善助｜伏照軒蔵（見返）
　　　本編16巻・附録2巻より成る

3477 大和本草　YAMATO HONZOU　　　　　　　　　　　IN:2970/LCCN:696408
　　　貝原益軒　刊　10冊　挿絵有　袋　22.1cm × 16cm
　　　序：宝永5年（1708）崔原韜・宝永5年（1708）自序
　　　刊記：宝永6年（1709）京／永田調兵衛
　　　本編16巻・附録2・諸品図1より成る　蔵書印等：[藤波里松原氏]

3478 大和本草　YAMATO HONZOU　　　　　　　　　　　IN:2131/LCCN:508531
　　　貝原益軒　刊　10冊　挿絵有　袋　22.5cm × 15.8cm
　　　序：宝永5年（1708）崔原韜・宝永5年（1708）貝原篤信　刊記：宝永6年（1709）京／永
　　　田調兵衛（本編巻16末）・正徳5年（1715）｜宝暦11年（1761）京／永田調兵衛（諸品図末尾）

3479 大和本草　YAMATO HONZOU　　　　　　　　　　　IN:2972/LCCN:696410
　　　貝原益軒　刊　10冊　挿絵有　袋　22.2cm × 15.9cm
　　　序：宝永5年（1708）崔原韜・宝永5年（1708）自序
　　　刊記：正徳5年（1715）｜宝暦11年（1761）新校正　京／永田調兵衛蔵板
　　　本編16巻・附録2巻・諸品図1より成る

3480 大和本草　YAMATO HONZOU　　　　　　　　　　　IN:2969/LCCN:696407
　　　貝原益軒　刊　25冊　挿絵有　袋　22.2cm × 16cm
　　　序：宝永5年（1708）崔原韜・宝永5年（1708）貝原篤信　刊記：宝永6年（1709）京／永

田調兵衛（本編巻16末）｜正徳5年（1715）京／永田調兵衛蔵板（諸品図巻下）
本編16巻・付録2巻・諸品図3より成る

3481 大和本草 YAMATO HONZOU　　　　　　　　　　IN:2968/LCCN:696406
貝原益軒　刊　25冊　挿絵有　袋　22.2cm × 16.1cm
序：宝永5年（1708）崔原韜・宝永5年（1708）貝原篤信　刊記：宝永6年（1709）京／永
田調兵衛（本編巻16末）｜正徳5年（1715）京／永田調兵衛蔵板（諸品図巻下）
本編16巻・付録2巻・諸品図3より成る

3482 大和本草会識 YAMATO HONZOU KAISHIKI　　　　IN:1012/LCCN:432585
小野蘭山　写　5冊　袋　26.2cm × 18cm
奥書等：安永9年（1780）開講　天明3年（1783）満会｜文政元年（1818）惟亨写
（FEB 9 1938）収蔵

3483 大和本草綱目 YAMATO HONZOU KOUMOKU　　　IN:2964/LCCN:696402
貝原益軒　刊　1冊　挿絵有　袋　22.8cm × 16.4cm
異称：大和付録巻

3484 霊宝薬性能毒備考大成 REIHOU YAKUSHOU NOUDOKU BIKOU TAISEI
曲直瀬道三著、渓上野白補　刊　7冊　袋　13cm × 19cm　IN:3076/LCCN:696514
序：貞享2年（1685）・渓上野白　跋：享保5年（1720）渓上野白
刊記：宝暦5年（1755）　異称：霊宝能毒大成

3485 聯珠詩格名物図考 RENJU SHIKAKU MEIBUTSU ZUKOU　IN:221/LCCN:847217
阿部喜任（榕斎）　刊　2冊　挿絵有　袋　26.3cm × 17.2cm
序：文政13年（1830）大窪詩仏・文政12年（1829）占春老人曾槃　刊記：巴萩園蔵
草部2巻存

3486 和歌食物本草 WAKA SHOKUMOTSU HONZOU　　　IN:883/LCCN:432457
刊　1冊　袋　27.4cm × 17.9cm
刊記：寛永19年（1642）京／安田重兵衛
最終半丁のみ写　蔵書印等：［東京弘文荘納］　異称：哥本草

C. 蘭方

3487 按腹図解 ANPUKU ZUKAI　　　　　　　　　　IN:3087/LCCN:696525
太田晋斎　刊　1冊　挿絵有　袋　25.3cm × 17.2cm
序：文政10年（1827）太田武経　刊記：文政10年（1827）

3488 遠西医方名物考 ENSEI IHOU MEIBUTSU KOU　　　IN:2298/LCCN:695736
宇田川榛斎訳、宇田川榕庵校補　刊　36冊　挿絵有　袋　25.8cm × 17.9cm

刊記：大坂／河内屋太助・江戸／須原屋伊三郎他（全3肆）
「榛斎宇田川先生著述発行書目」及び「青藜閣（江戸／須原屋伊三郎）蔵版書目録」（7丁）を付す

3489 遠西医方名物考補遺　ENSEI IHOU MEIBUTSU KOU HOI　IN:2275/LCCN:695713
宇田川榛斎訳述、宇田川榕庵校補　刊　9冊　挿絵有　袋　25.6cm×17.8cm
刊記：大坂／河内屋太助・江戸／須原屋伊八他（全3肆）（巻3・6・9巻末）｜天保5年（1834）風雲堂蔵版　青藜閣（巻1・4・7見返）

3490 済生備考　SAISEI BIKOU　IN:3057/LCCN:696495
杉田成卿　刊　2冊　挿絵有　袋　26.1cm×18.1cm
序：嘉永3年（1850）杉田信　刊記：嘉永3年（1850）京／勝村治右衛門・江戸／須原屋伊八他（全4肆）｜天真楼蔵版（見返）

3491 全体新論　ZENTAI SHINRON　IN:2291/LCCN:695729
合信（ホブソン）　刊　2冊　袋　26.3cm×18.1cm
刊記：越智蔵版　安政4年（1857）
蔵書印等：[筑波文庫図書記・紫雲斎記]

3492 泰西本草名疏　TAISEI HONZOU MEISO　IN:2961/LCCN:696399
伊藤舜民編　刊　3冊　挿絵有（彩色）　袋　25.6cm×18cm
序：文政12年（1829）大河内重敦　跋：文政12年（1829）吉雄尚貞
刊記：文政12年（1829）刻成　花繞書屋蔵板（見返）

3493 泰西薬名早引　TAISEI YAKUMEI HAYABIKI　IN:3100/LCCN:696538
横井璨編、愚道小森先生閲　刊　3冊　袋　17.9cm×12cm
序：天保7年（1836）小石龍・天保7年（1836）　跋：天保7年（1836）小石紹
刊記：天保8年（1837）素道館蔵（見返）
2巻附録1巻より成る　異称：薬名早引

3494 重訂解体新書銅版全図　JUUTEI KAITAI SHINSHO DOUBAN ZENZU　IN:322/LCCN:847313
刊（銅版）　1冊　挿絵有　折本
跋：文政4年（1821）西厓南寧一・磐水
刊記：文政9年（1826）京／植村藤右衛門・江戸／須原屋茂兵衛他（全4肆）
『解体新書』の挿画のみを銅版に彫り直し　折本に仕立てたもの

3495 勃氏口授五官器并各神経生殖器論　BOTSUSHI KUJU GOKANKI NARABINI KAKU SHINKEI SEISHOKUKIRON　IN:450/LCCN:847446
ケホール　写　1冊　挿絵有　袋　24.2cm×16.4cm
蔵書印等：[筑波文庫]

3496 瘍科秘録　YOUKA HIROKU　IN:3031.1/LCCN:696469
本間玄調　刊　10冊　挿絵有　袋　25.7cm×16.1cm

序：天保 8 年（1837）本間玄調
刊記：弘化 4 年（1847）京／出雲寺文次郎・江戸／和泉屋金右衛門他（全 12 肆）

3497 瘍科秘録 ようかひろく　YOUKA HIROKU　　　　　　　IN:180・182/LCCN:847176・847178

本間玄調　刊　12 冊　袋　25.7cm × 16.5cm
序：天保 8 年（1837）唐公愷・天保 8 年（1837）丹波元堅茝庭　刊記：大坂／河内屋喜兵衛・江戸／和泉屋金右衛門他（全 8 肆）（巻 5 奥）｜自準亭蔵（見返）｜弘化 4 年（1847）江戸／和泉屋金右衛門（巻 10 奥）
「玉巌堂蔵梓目録」（7 丁）を付す

3498 瘍科秘録 ようかひろく　YOUKA HIROKU　　　　　　　IN:3031.2/LCCN:696469

本間玄調　刊　10 冊　挿絵有　袋　25.7cm × 16.1cm
序：天保 8 年（1837）本間玄調
刊記：弘化 4 年（1847）京／出雲寺文次郎・江戸／和泉屋金右衛門他（全 12 肆）

3499 蘭療方 らんりょうほう　RANRYOUHOU　　　　　　　　IN:3030/LCCN:696468

安米的爾著、広川獬訳　刊　2 冊　挿絵有　袋　22.1cm × 15cm
序：享和 4 年（1804）皆川愿　跋：享和 3 年（1803）広川獬　奥書等：山口素

3500 窊篤児薬性論 わあとるやくしょうろん　WĀTORU YAKUSHOURON　IN:2524/LCCN:695962

（ハンデ・ワートル著、林洞海訳）　刊　1 冊　挿絵有　袋　21.6cm × 14.9cm
巻 4 存

3501 窊篤児薬性論 わあとるやくしょうろん　WĀTORU YAKUSHOURON　IN:181/LCCN:847177

ハンデ・ワートル著、林洞海（彊）訳　刊　5 冊　袋　22.5cm × 15cm
刊記：江戸／英蘭堂島村利助
天保 11 年（1840）成立　巻 9 ～巻 20 存

D. 和方

3502 神遺方 しんいほう　SHIN'IHOU　　　　　　　　　　　IN:2093/LCCN:508493

丹波康頼　刊　3 冊　袋　26cm × 18.3cm
序：丹波康頼・文政 6 年（1823）丹波頼理・文政 5 年（1822）和気義啓
刊記：貽安斎蔵版　京／木村吉左衛門
蔵書印等：[信陽上田成沢蔵書]

3503 神遺方 しんいほう　SHIN'IHOU　　　　　　　　　　　IN:1671/LCCN:433244

丹波康頼　刊　3 冊　袋　25.6cm × 17.5cm
序：丹波康頼・文政 6 年（1823）丹波頼理・文政 5 年（1822）和気義啓　刊記：貽安斎蔵版　京／木村吉右衛門

3504 神遺方 附薬名便覧　SHIN'IHOU TSUKETARI YAKUMEI BINRAN　IN:3081/LCCN:696519
　　丹波康頼　刊　1冊　袋　17.9cm × 12.8cm
　　刊記：貽安斎蔵　文政10年（1827）　京／木村吉右衛門

E. 雑

3505 医官玄稿　IKAN GENKOU　　　　　　　　　　　　　　IN:3042/LCCN:696480
　　鹿門山人著、望元泰　刊　5冊　袋　25.8cm × 18.2cm
　　序：宝暦3年（1753）服元喬・宝暦2年（1752）望三英　刊記：明和3年（1766）京／植村藤右衛門・江戸／伏見屋善六他（全5肆）｜玉枝軒発行（見返）
　　「大坂／山本文会堂京屋浅治郎蔵板目録」を付す

3506 叢桂偶記　SOUKEI GUUKI　　　　　　　　　　　　　　IN:3023/LCCN:696461
　　原南陽　刊　2冊　袋　25.5cm × 16.9cm
　　序：寛政12年（1800）梅庵草堂　跋：童男昌文
　　刊記：嘉永7年（1854）再刻　京／須原屋茂兵衛・水戸／須原屋安治郎他（全5肆）
　　「南陽原先生著述目録」（半丁）を付す

3507 漫遊雑記　MAN'YUU ZAKKI　　　　　　　　　　　　　IN:3041/LCCN:696479
　　永富朝陽　刊　2冊　袋　25.6cm × 18.2cm
　　序：文化4年（1807）藤元幹隆昌・寛政9年（1797）小田亨叔・宝暦13年（1763）亀井道載・宝暦12年（1762）清田儋叟　跋：明和元年（1764）自跋・宝暦13年（1763）亀井魯・文化5年（1808）松士蔵道遠
　　刊記：文化6年（1809）江戸／前川六左衛門・大坂／柳原喜兵衛他（全3肆）
　　異称：独嘯嚢語

3508 和韓医話　WAKAN IWA　　　　　　　　　　　　　　　IN:3069/LCCN:696507
　　山口忠居　刊　1冊　袋　27.2cm × 18.8cm
　　序：明和元年（1764）松平秀雲・明和元年（1764）松浦寿師敬　跋：明和元年（1764）山口忠居　刊記：明和2年（1765）京／銭屋七郎兵衛・名古屋／同久兵衛他（全4肆）

14. 産業

A. 農業

3509 **農業全書** *NOUGYOU ZENSHO*　　　　　　　　　　　IN:173/LCCN:847169

宮崎安貞編、貝原楽軒刪補　刊　11冊　挿絵有　袋　22.3cm × 15.4cm

序：元禄9年（1696）宮崎安貞・元禄9年（1696）貝原篤信　跋：元禄9年（1696）貝原好古　刊記：元禄10年（1697）元板｜天明7年（1787）再板　京／小川多左衛門

蔵書印等：[藤井文庫・日本中学校図書之印]

3510 **農業全書** *NOUGYOU ZENSHO*　　　　　　　　　　　IN:171/LCCN:847167

宮崎安貞編、貝原楽軒刪補　刊　4冊　挿絵有　袋　22cm × 15.4cm

序：元禄10年（1697）佐々宗淳・元禄9年（1696）宮崎安貞　跋：元禄9年（1696）貝原篤信　刊記：安政3年（1856）江戸／須原屋茂兵衛他（全5肆）

10巻付録1巻存

3511 **農業全書** *NOUGYOU ZENSHO*　　　　　　　　　　　IN:174/LCCN:847170

宮崎安貞編、貝原楽軒刪補　刊　11冊　挿絵有　袋　22.6cm × 15.6cm

序：元禄9年（1696）宮崎安貞・元禄9年（1696）貝原篤信　跋：元禄9年（1696）貝原好古

蔵書印等：[坂上蔵書・三由正堂印]

3512 **農業全書** *NOUGYOU ZENSHO*　　　　　　　　　　　IN:172/LCCN:847168

宮崎安貞編、貝原楽軒刪補　刊　11冊　挿絵有　袋　22cm × 15cm

序：元禄9年（1696）宮崎安貞・元禄9年（1696）貝原篤信　跋：元禄9年（1696）貝原篤信　刊記：大坂／河内屋直七

3513 **農譚薮** *NOUTANSOU*　　　　　　　　　　　　　　IN:908/LCCN:432481

鹿峰田理　写　2冊　袋　24.7cm × 17.7cm

序：享保7年（1722）鹿峰の田理　奥書等：明和5年（1768）吉田氏貞任老人

蔵書印等：[東京弘文荘納]

3514 **農家調宝記** *NOUKA CHOUHOUKI*　　　　　　　　　IN:170/LCCN:847166

高井蘭山（伴寛）編　刊　3冊　挿絵有　袋　22.2cm × 15.3cm

序：初編＝文化6年（1809）自序、続編＝文政5年（1822）高井伴寛　刊記：初編＝文化6年（1809）江戸／和泉屋金右衛門、嗣編＝文化14年（1817）江戸／和泉屋金右衛門、続編＝文政5年（1822）

江戸／和泉屋金右衛門
全3巻（初編・嗣編・続編各1巻）存

3515 農家調宝記 NOUKA CHOUHOUKI　　IN:3110/LCCN:696548

高井蘭山（伴寛）　刊　2冊　挿絵有　袋　22.3cm × 15.8cm
序：文政5年（1822）自序　刊記：花屋久次郎
2巻（正編・続編）存

3516 農喻 NOUYU　　IN:185/LCCN:847181

鈴木政長（武助・為蝶軒）　刊　1冊　袋　26.3cm × 18cm
序：文化8年（1811）鈴木之徳沢民　跋：文政5年（1822）秋山盛恭

3517 農稼業事 NOUKA GYOUJI　　IN:79/LCCN:98847075

柳川屋庄兵衛　刊　1冊　挿絵有　袋　19.9cm × 14.5cm
跋：天保15年（1844）浪華佳哉　刊記：天保10年（1839）柳川屋庄兵衛

3518 農家益 NOUKAEKI　　IN:175.1/LCCN:847171

大蔵永常　刊　7冊　挿絵有　袋　25.7cm × 17.8cm
序：前編＝享和2年（1802）大蔵永常、後編＝荒井公廉・藤堂良道、続編＝文政元年（1818）菅晋帥（菅茶山）　刊記：前編＝京／吉野屋仁兵衛他（全13肆）、後編＝文化8年（1811）京／河南四良兵衛他（全3肆）、続編＝嘉永7年（1854）京／越後屋治兵衛他（全8肆）
7巻（前編3巻・後編2巻・続編2巻）存

3519 農家益 NOUKAEKI　　IN:175.2/LCCN:847171

大蔵永常　刊　7冊　挿絵有　袋　25.7cm × 17.8cm
序：前編＝享和2年（1802）奥野秀辰・享和2年（1802）荒井公廉・享和2年（1802）大蔵永常、後編＝享和2年（1802）奥野秀辰・藤堂良道・文化7年（1810）荒井公廉、続編＝文政元年（1818）菅晋帥（菅茶山）　刊記：江戸／須原屋茂兵衛（前編）・江戸／須原屋茂兵衛（後編）・江戸／須原屋茂兵衛（続編）
7巻（前編3巻・後編2巻・続編2巻）存

3520 農家大学 NOUKA DAIGAKU　　IN:2766/LCCN:696204

玄永堂　刊　1冊　袋　25.8cm × 18cm
跋：文政13年（1830）玄永堂　刊記：江戸／須原屋茂兵衛

3521 農暇必読 NOUKA HITSUDOKU　　IN:190/LCCN:847186

山崎美成編、町田正房増補、大蔵永常　刊　3冊　挿絵有　袋　25.7cm × 18.2cm
序：江山為宝（関根趙斎）・天保6年（1835）金水漁翁（付言）
刊記：安政6年（1859）江戸／青雲堂英文蔵
初編3巻存　「青雲堂蔵板目録」3丁を付す

3522 いろは農矩 IROHA NOUKU　　IN:932/LCCN:432505

根岸千侭　写　1冊　挿絵有　袋　24.2cm × 16.4cm
奥書等：明治13年（1880）起稿　根岸千侭

3523 ［増補］花壇大全　KADAN TAIZEN　　　　　　　　　　IN:194/LCCN:847190
　　　刊　8冊　挿絵有　袋　15.5cm × 10.9cm
　　　序：元禄7年（1694）松賀浦乃蔵六堂
　　　刊記：文化10年（1813）増補　京／菱屋孫兵衛他（全6肆）
　　　蔵書印等：［横山氏蔵書］

3524 増補地錦抄　ZOUHO JIKINSHOU　　　　　　　　　　IN:195.3/LCCN:847191.3
　　　伊藤伊兵衛四世　刊　8冊　挿絵有　袋　15.7cm × 11cm
　　　序：宝永7年（1710）三角軒花隣　刊記：宝永7年（1710）江戸／須原屋茂兵衛
　　　広益地錦抄・地錦抄付録と合冊

3525 広益地錦抄　KOUEKI JIKINSHOU　　　　　　　　　　IN:195.1/LCCN:847191.1
　　　伊藤伊兵衛四世　刊　8冊　挿絵有　袋　15.7cm × 11cm
　　　序：享保4年（1719）武陽染井の野夫　刊記：享保4年（1719）江戸／須原屋茂兵衛
　　　地錦抄付録・増補地錦抄と合冊

3526 地錦抄付録　JIKINSHOU FUROKU　　　　　　　　　　IN:195.2/LCCN:847191.2
　　　伊藤伊兵衛四世　刊　4冊　挿絵有　袋　15.7cm × 11cm
　　　刊記：享保18年（1733）江戸／須原屋茂兵衛
　　　広益地錦抄・増補地錦抄と合冊

3527 花壇綱目　KADAN KOUMOKU　　　　　　　　　　　　IN:229/LCCN:847225
　　　水野元勝　刊　1冊　挿絵有　袋　22.7cm × 16.3cm
　　　序：有　刊記：享保元年（1716）大坂／柏原屋与一

3528 草木育種　SOUMOKU SODATEGUSA　　　　　　　　　　IN:234.1/LCCN:847230
　　　岩崎常正（灌園）　刊　1冊　挿絵有　袋　26cm × 18.5cm
　　　序：文化14年（1817）みなもとの弘賢（屋代弘賢）　刊記：文化15年（1818）京／勝村治右衛門・
　　　大坂／河内屋喜兵衛・江戸／須原屋茂兵衛・山城屋佐兵衛
　　　前編存

3529 草木育種　SOUMOKU SODATEGUSA　　　　　　　　　　IN:236/LCCN:847232
　　　岩崎常正（灌園）　刊　2冊　挿絵有　袋　25.8cm × 18cm
　　　序：文化14年（1817）みなもとの弘賢（屋代弘賢）　刊記：文化15年（1818）京／勝村治右衛門・
　　　大坂／河内屋喜兵衛・江戸／須原屋茂兵衛・山城屋佐兵衛
　　　前編存

3530 草木育種　後編　SOUMOKU SODATEGUSA　　　　　　　IN:237/LCCN:847233
　　　阿部櫟斎　刊　2冊　挿絵有　袋　25.7cm × 17.9cm
　　　序：天保8年（1837）花木綿蔭主人知村　刊記：文化15年（1818）京／勝村治右衛門・山城
　　　屋佐兵衛・大坂／河内屋喜兵衛・江戸／須原屋茂兵衛｜江戸／千鍾房・玉山堂・万笈堂（見返）
　　　後編存（FEB 15 1929）収蔵

3531 草木育種　後編　SOUMOKU SODATEGUSA　　　　IN:234.2/LCCN:847230
　　　阿部櫟斎　刊　1冊　挿絵有　袋　26cm×18.5cm
　　　序：天保8年（1837）花木綿蔭主人知村・天保8年（1837）移花日巴萩園主人（例言）　刊記：
　　　文化15年（1818）京／勝村治右衛門・山城屋佐兵衛・大坂／河内屋喜兵衛・江戸／須原屋茂
　　　兵衛｜江戸／千鍾房・玉山堂・万笈堂（見返）
　　　須原屋茂兵衛の略書目録（半丁）を付す

3532 花壇朝顔通　KADAN ASAGAOTSUU　　　　IN:225/LCCN:847221
　　　壺天堂主人著・森春渓画　刊　1冊　挿絵有　袋　18.2cm×11.5cm
　　　序：文化11年（1814）松園　跋：文化11年（1814）壺天堂　刊記：文化12年（1815）江戸
　　　／山城佐兵衛他（全3肆）
　　　坤巻存

3533 撫子培養手引草　NADESHIKO BAIYOU TEBIKIGUSA　　　　IN:3520/LCCN:504842
　　　長谷酔花　写　1冊　挿絵有（彩色）　袋　27.7cm×19.9cm
　　　序：文久3年（1863）　五雲道人

3534 橘品　KITSUHIN　　　　IN:235/LCCN:847231
　　　弄花亭主人　刊　1冊　挿絵有　袋　15.8cm×10.9cm
　　　跋：洛下弄花亭主人　刊記：寛政9年（1797）京／橘屋伝兵衛｜懐橘堂（見返）

3535 経典穀名考　KEITEN KOKUMEI KOU　　　　IN:183/LCCN:847179
　　　山田文静　刊　3冊　袋　28.2cm×18.2cm
　　　序：文政10年（1827）山田文静太古　刊記：文政10年（1827）男荘左衛門済校刊
　　　「経典穀名考」と「農政全書巻二十五（穀部）」との合刻

3536 救荒便覧　KYUUKOU BENRAN　　　　IN:187/LCCN:847183
　　　遠藤通（義斎）坂本純庵　刊　4帖　挿絵有　折本　17cm×6.6cm
　　　序：天保7年（1836）白鶴義斎遠藤通　跋：天保4年（1833）白鶴義斎遠藤通・天保7年（1830）
　　　岩名謙・天保7年（1836）田原崋山渡辺登・天保6年（1835）熊山沢微
　　　刊記：江戸／英大助・大坂／河内屋茂兵衛他（全4肆）｜白鶴義斎蔵板（後編・続編見返）

3537 甘藷之説　KANSHO NO SETSU　　　　IN:930/LCCN:43503
　　　江夏干城・安岡百樹・狩野良信　写　1冊　挿絵有　袋　27.7cm×19.9cm
　　　奥書等：明治5年（1872）安岡百樹・狩野良信・祐尚写
　　　甘藷之説・神山県産甘藷之説を合冊　異称：神山県産甘藷之説

3538 金生樹譜別録　KINSEI JUFU BETSUROKU　　　　IN:186/LCCN:847182
　　　長生舎主人編　刊　1冊　挿絵有　袋　22.4cm×14.7cm
　　　序：植木屋六三郎　刊記：京／勝村治右衛門他（全4肆）
　　　〔朝河〕（APR 18 1907）収蔵

B. 畜産業

畜産

3539 **牛経** *GYUUKEI*　　　　　　　　　　　　　　　　　IN:1789/LCCN:433362
　　　刊　1冊　挿絵有　袋　17.6cm×11.7cm

3540 **厩馬新論** *KYUUBA SHINRON*　　　　　　　　　　　IN:261/LCCN:847257
　　　龍山堂主人　刊　1冊　挿絵有　袋　25.6cm×18cm
　　　序：嘉永6年（1853）無辺散人・雪城沢俊卿　跋：文化3年（1806）龍山堂主人　刊記：安政
　　　元年（1854）江戸／和泉屋金右衛門

獣医

3541 **解馬新書** *KAIBA SHINSHO*　　　　　　　　　　　　IN:1861/LCCN:508261
　　　藤原武樹（菊地東水）　刊　2冊　挿絵有　袋　25.9cm×17.6cm
　　　序：嘉永4年（1851）自序　跋：嘉永5年（1852）長沢茂昭

養蚕

3542 **養蚕秘録** *YOUSAN HIROKU*　　　　　　　　　　　IN:3617/LCCN:00-703700
　　　上垣伊兵衛守国著、西村中和・速水春暁斎画　刊　2冊　挿絵有　袋　24.8cm×17.6cm
　　　跋：享和2年（1802）関口源慊・享和2年（1802）加藤為貞
　　　刊記：享和3年（1803）江戸／須原屋茂兵衛・京／須原屋平左衛門他（全4肆）
　　　中下巻存　異称：扶桑国第一産　養蚕秘録

3543 **養蚕図解** *YOUSAN ZUKAI*　　　　　　　　　　　　IN:253/LCCN:847249
　　　鈴木弥作　刊　1冊　挿絵有　袋　22.2cm×14.8cm
　　　序：明治16年（1883）西郷従道　刊記：明治18年（1885）鈴木弥十
　　　蔵書印等：［石井氏文庫］

3544 **養蚕図解** *YOUSAN ZUKAI*　　　　　　　　　　　　IN:3640/LCCN:703723
　　　神苑会（代表者　田中芳男）　刊　9舗　挿絵有　一枚物　77.5cm×63cm
　　　刊記：明治27年（1894）東京市／鈴木卯之吉
　　　1～6・8～10枚目存　蔵書印等：［拾枚壱組／定価金七拾五銭］（10枚目）［庄田］（同裏）［大
　　　正7年（1918）拾月廿弐日］（1枚目裏）

3545 桑栽培仕法 （くわさいばいしほう） KUWA SAIBAI SHIHOU　　　　　IN:268/LCCN:847264
　　　刊　1冊　仮綴　23cm×15.7cm
　　　蔵書印等：［東京府物産局・価二匁五分］

雑

3546 鶯育草 （うぐいすそだてぐさ） UGUISU SODATEGUSA　　　　　IN:266/LCCN:847262
　　　梅香舎柳列編　刊　1冊　袋　18.2cm×12.9cm
　　　序：洛西梅香舎主人　跋：嘉永5年（1852）子春　梅香舎柳列

C. 林業

3547 漆遣様 （うるしのつかいよう） URUSHI NO TSUKAIYOU　　　　　IN:1039/LCCN:432612
　　　写　1冊　袋　18.1cm×14.3cm

D. 水産業

3548 湖中産物図証 （こちゅうさんぶつずしょう） KOCHUU SANBUTSU ZUSHOU　　　　　IN:934/LCCN:432507
　　　藤居重啓　写　6冊　挿絵有　袋　27.7cm×19.8cm
　　　奥書等：嘉永7年（1854）榕室山本錫夫

E. 鉱業

3549 採礦錬作銀銅図 （さいこうれんさくぎんどうず） SAIKOU RENSAKU GINDOU ZU　　　　　IN:267/LCCN:847263
　　　写　1冊　挿絵有　袋　23.5cm×17cm
　　　奥書等：安政6年（1859）写　原図係浪華兼葭堂所蔵
　　　蔵書印等：［桜嶋］〔朝河〕（SEP 6 1907）収蔵

3550 銅細工考 （どうざいくこう） DOUZAIKU KOU　　　　　IN:1305/LCCN:432878
　　　写　挿絵有（彩色）　洋装（袋）　24.9cm×18.5cm

3551 金工鑑定秘訣 （きんこうかんていひけつ） KINKOU KANTEI HIKETSU　　　　　IN:76.1/LCCN:98847146
　　　野田敬明編　刊　2冊　袋　25.5cm×17.6cm
　　　序：文政2年（1819）物維則・本阿弥光悦七世菅原長根　刊記：文政3年（1820）江戸／北島

長四郎

3552 金工鑑定秘訣　*KINKOU KANTEI HIKETSU*　　　　IN:76.2/LCCN:98847072
野田敬明編　刊　2冊　挿絵有　袋　26.7cm × 18.2cm
序：文政2年（1819）物維則・本阿弥光悦七世菅原長根
刊記：文政3年（1820）江戸／北島長四郎

3553 金工鑑定秘訣　*KINKOU KANTEI HIKETSU*　　　　IN:76.3/LCCN:98847146
野田敬明編　刊　2冊　挿絵有　洋装（袋）　26.7cm × 18.2cm
序：文政2年（1819）物維則・本阿弥光悦七世菅原長根
刊記：文政3年（1820）江戸／北島長四郎
〔朝河〕（APR 18 1907）収蔵

3554 金工鑑定秘訣　*KINKOU KANTEI HIKETSU*　　　　IN:150/LCCN:847146
野田敬明編　刊　2冊　袋　25.5cm × 17.6cm
序：文政2年（1819）物維則・本阿弥光悦七世菅原長根
刊記：文政3年（1820）刀松軒蔵｜江戸／北島長四郎

F. 工業 附土木・建築

3555 機巧図彙　*KIKOU ZUI*　　　　IN:2483/LCCN:695921
細川頼直　刊　1冊　挿絵有　袋　22.4cm × 15.4cm
序：寛政9年（1797）万象主人
上巻存

3556 製葛録　*SEIKATSUROKU*　　　　IN:161/LCCN:847157
大蔵永常、有坂比馬画　刊　1冊　挿絵有　袋　22.1cm × 15.5cm
序：文政11年（1828）簡堂羽倉天則　刊記：文正堂（見返）｜忠雅堂　大坂赤志忠七版（裏見返）

3557 建具便覧　*TATEGU BENRAN*　　　　IN:154/LCCN:847150
青木鉄五郎編　刊　1冊　挿絵有　洋装（袋）　8.5cm × 18.5cm
序：嘉永元年（1848）青木鉄五郎（初編）・元治元年（1864）武陽葛飾一梁斎主大工勘右衛門正豊（2編）　刊記：元治元年（1864）京／出雲寺文治郎他（全12肆）
初編・2編存

3558 ［増補］大匠雛形　*DAISHOU HINAGATA*　　　　IN:193/LCCN:847189
鈴木正豊・本林常将　刊　6冊　挿絵有　袋　14.5cm × 22.5cm
序：元治元年（1864）正豊
刊記：享保2年（1717）原刻｜慶応2年（1866）再版　京／勝村治右衛門他（全10肆）
蔵書印等：［道家］

3559 大匠雛形大全 DAISHOU HINAGATA TAIZEN　　　　IN:192/LCCN:847188
　　　山田泰平校　刊　合1冊　洋装（袋）　25.2cm × 18.5cm
　　　刊記：嘉永4年（1851）京／勝村治右衛門他（全8肆）
　　　〔朝河〕（AUG 19 1907）収蔵

3560 御普請定法 GOFUSHIN JOUHOU　　　　IN:897/LCCN:432471
　　　写　1冊　挿絵有　袋　23.9cm × 16.6cm
　　　奥書等：明治4年（1871）茨目村山氏之依第志所得也
　　　〔朝河〕（SEP 1 1938）収蔵

G. 商業

3561 糸乱記 SHIRANKI　　　　IN:790/LCCN:847785
　　　写　1冊　洋装（袋）　23.7cm × 15.8cm
　　　序：享保4年（1719）

3562 江戸買物独案内 EDO KAIMONO HITORI ANNAI　　　　IN:2117/LCCN:508517
　　　中川五郎左衛門編　刊　2冊　挿絵有　袋　11.6cm × 19.1cm
　　　序：文政5年（1822）蜀山人・文政7年（1824）中川芳山堂
　　　刊記：文政7年（1824）京／河南四郎兵衛・大坂／中川五郎左衛門他（全11肆）
　　　〔朝河〕（JUL 23 1934）収蔵

3563 江戸買物独案内 EDO KAIMONO HITORI ANNAI　　　　IN:1752/LCCN:433325
　　　中川五郎左衛門編　刊　1冊　挿絵有　袋　11.5cm × 19cm
　　　飲食之部存

3564 江戸買物独案内 EDO KAIMONO HITORI ANNAI　　　　IN:2143/LCCN:508543
　　　中川五郎左衛門編　刊　1冊　挿絵有　袋　11.6cm × 19.1cm
　　　飲食之部存

3565 東講商人鑑 AZUMAKOU AKINDO KAGAMI　　　　IN:271/LCCN:847267
　　　大城屋良助（甲良山）編　刊　1冊　挿絵有　洋装（袋）　16.2cm × 22.5cm
　　　序：安政2年（1855）甲良山
　　　〔朝河〕（SEP 6 1907）収蔵

3566 大坂商業習慣録 OOSAKA SHOUGYOU SHUUKANROKU　　　　IN:936/LCCN:432509
　　　遠藤芳樹編　写　1冊　洋装（袋）　26.2cm × 20.5cm
　　　序：明治16年（1883）
　　　「明治15年（1882）大坂商法会議所ニ就キ親シク各商業人ヨリ聞取筆記セルモノ」（緒言）〔朝河〕（SEP 6 1907）収蔵

H. 交通 附通信

3567 航海金針 *KOUKAI KINSHIN* IN:255/LCCN:847251
　　花旗医士瑪高温繙訳参訂　刊　1冊　挿絵有　袋　25.9cm × 17.7cm
　　序：自序　刊記：薩府蔵版｜安政4年（1857）江戸／岡田屋嘉七

I. 物産

3568 日本山海名物図絵 *NIHON SANKAI MEIBUTSU ZUE* IN:81/LCCN:98847077
　　平瀬徹斎　刊　5冊　挿絵有　袋　25.4cm × 17.7cm
　　序：宝暦4年（1754）半時庵（淡々）　跋：赤松閣平瀬鬼望　刊記：宝暦4年（1754）｜寛政9年（1797）求板　大坂／播磨屋幸兵衛・塩屋長兵衛・塩屋卯兵衛｜江戸／須原屋茂兵衛・大坂／河内屋源七郎他（全10肆）
　　「前川文栄堂蔵版目録」2丁・「軍書小説類蔵板目録」3丁を付す

3569 日本山海名物図絵 *NIHON SANKAI MEIBUTSU ZUE* IN:84/LCCN:98847080
　　平瀬徹斎　刊　5冊　挿絵有　袋　25.7cm × 18.3cm
　　序：宝暦4年（1754）半時庵（淡々）　跋：赤松閣平瀬鬼望　刊記：宝暦4年（1754）｜寛政9年（1797）求板　大坂／播磨屋幸兵衛・塩屋長兵衛・塩屋卯兵衛

3570 日本山海名産図会 *NIHON SANKAI MEISAN ZUE* IN:141/LCCN:847137
　　蔀関月画　刊　1冊　挿絵有　洋装（袋）　24.3cm × 17.2cm
　　序：寛政10年（1798）木村孔恭　跋：寛政10年（1798）なにはえのみち
　　刊記：寛政11年（1799）大坂／吉田松林堂・播磨屋幸兵衛・塩屋長兵衛・塩屋卯兵衛
　　蔵書印等：［田中］

3571 伊豆海島風土記産物部 *IZU KAITOU FUDOKI SANBUTSUBU* IN:933/LCCN:432506
　　佐藤行信・吉川秀道　写　1冊　挿絵有　袋　26.2cm × 19.7cm
　　蔵書印等：［もちぬしさとうしうろく］　異称：伊豆海島産物書

3572 備中松山領産物 *BICCHUU MATSUYAMARYOU SANBUTSU* IN:873/LCCN:432447
　　写　1冊　挿絵有（彩色）　袋　27.3cm × 19.7cm
　　異称：松山物産

3573 ［増訂］南海包譜 *NANKAI HOUFU* IN:1313/LCCN:432886
　　山中信古編、上街邦彦校正　写　1冊　袋　26.2cm × 18.8cm
　　序：慶応元年（1865）川合修・元治元年（1864）上辻邦彦
　　贈呈　合衆国和聖東図書館　大正4年（1915）日本国　白井光太郎

15. 芸術

A. 総記

3574 ［古今和漢］万宝全書 BANPOU ZENSHO　　IN:1595/LCCN:433168
刊　13冊　挿絵有　袋　10.8cm × 16.5cm
刊記：元禄7年（1694）　江戸／万屋清兵衛（全4肆）
人物伝記・印文・図像集・焼き物・彫刻など　美術全般

3575 元明清書画人名録 GENMINSHIN SHOGA JINMEIROKU　　IN:201/LCCN:847197
彭城百川　刊　2冊　袋　21.9cm × 15.3cm
序：安永6年（1777）怒合離々王父（河野怒斎）
刊記：安永6年（1777）京／中村次郎兵衛・大坂／渋川清左衛門・河内屋喜兵衛

3576 清書画人名続録 SHIN SHOGA JINMEI ZOKUROKU　　IN:202/LCCN:847198
宮崎青谷　刊　2冊　袋　21.9cm × 15.3cm
序：天保9年（1838）斎藤謙（拙堂）・天保7年（1836）宮崎青谷（凡例）
跋：天保8年（1837）青谷居士　刊記：大坂／柳原喜兵衛
異称：続書画人名録

B. 書画

総記

3577 詩仙堂志 SHISENDOUSHI　　IN:1674/LCCN:433247
三橋成烈編　刊　4冊　挿絵有　袋　25.6cm × 18.6cm
序：寛政2年（1790）菅原為徳・寛政9年（1797）柴邦彦　跋：明和7年（1770）藤原成烈・寛政6年（1794）平孝盛・寛政6年（1794）滕成方・寛政元年（1789）詩仙真光
刊記：詩僊堂蔵板｜寛政9年（1797）京／植村藤右衛門・北村四郎兵衛・北村庄助
蔵書印等：松平確堂蔵書・本間氏蔵書記

絵画

3578 **絵本写宝袋** EHON SHAHOUBUKURO　　　　　　　　　　IN:3203/LCCN:696641

　　橘有税　刊　9冊　挿絵有　袋　22.2cm × 15.6cm
　　序：享保5年（1720）自序　跋：明和7年（1770）法眼保国
　　刊記：享保5年（1720）｜明和7年（1770）再板　江戸／須原屋茂兵衛・大坂／渋川清右衛門
　　巻1～6・8・9上下存　異称：写宝袋／再刻写宝袋

3579 **絵本写宝袋** EHON SHAHOUBUKURO　　　　　　　　　　IN:2570/LCCN:696008

　　橘有税　刊　1冊　挿絵有　袋　22.2cm × 15.6cm
　　刊記：享保5年（1720）大坂／渋川清右衛門
　　下巻存

3580 **画典通考** GATEN TSUUKOU　　　　　　　　　　　　　IN:2482/LCCN:695920

　　大岡晋斎著、橘守国画　刊　1冊　挿絵有　袋　22.7cm × 15.9cm
　　巻6存

3581 **画典通考** GATEN TSUUKOU　　　　　　　　　　　　　IN:1825/LCCN:508225

　　大岡晋斎著、橘守国画　刊　1冊　挿絵有　袋　22.7cm × 15.9cm
　　巻3存

3582 **画図百花鳥** GAZU HYAKKACHOU　　　　　　　　　　　IN:1845/LCCN:508245

　　狩野探幽原図・山下守範写　刊　4冊　挿絵有　袋　25.8cm × 18.1cm
　　序：享保13年（1728）鳴鳳・山下石仲子守範・紫野居士敬
　　刊記：享保14年（1729）江戸／出雲寺和泉掾・京／同店
　　異称：画本百花鳥

3583 **絵本福寿艸** EHON FUKUJUSOU　　　　　　　　　　　IN:233/LCCN:847229

　　大岡春川　刊　1冊　挿絵有　袋　26.9cm × 18.8cm
　　序：元文2年（1737）法眼春卜愛董
　　刊記：元文2年（1737）｜宝暦5年（1755）大坂／浅野弥兵衛・同伊助
　　異称：［草花画譜］画本福寿草

3584 **画本鴬宿梅** EHON OUSHUKUBAI　　　　　　　　　　　IN:1838/LCCN:508238

　　刊　1冊　挿絵有　袋　22.3cm × 16cm
　　序：元文4年（1739）　井叔　刊記：柳枝軒（見返）
　　巻1存　「Gift/Mr.John Hyde/MAR 16 1925」（扉下）

3585 **丹青錦嚢** TANSEI KINNOU　　　　　　　　　　　　　IN:1836/LCCN:508236

　　大岡春卜　刊　1冊　挿絵有　袋　26.7cm × 18cm
　　跋：宝暦3年（1753）大岡法眼春卜

刊記：宝暦3年（1753）日野屋半兵衛・西村源六・伊丹屋鳴井茂兵衛
巻6存

3586 百鬼夜行　HYAKKI YAGYOU　　　　　　　　　　IN:1824/LCCN:508224

鳥山石燕　刊　1冊　挿絵有　袋　21.9cm × 15.7cm
序：安永6年（1777）雪中菴蓼太・安永4年（1775）紫陽主人老蚕
前編1冊存　異称：［図画］百鬼夜行

3587 費氏山水画式　HISHI SANSUI GASHIKI　　　　　　IN:1523/LCCN:433096

費漢源　刊　3冊　挿絵有　袋　25.4cm × 17.9cm
序：天明7年（1787）芙蓉窩　木雍文熙・天明7年（1787）兎道山樵沢元愷　跋：天明7年（1787）杜昂雄飛
刊記：江戸／須原屋茂兵衛・大坂／秋田屋太右衛門他（全12肆）｜江戸／千鐘房発兌（見返）
異称：費漢源山水画式

3588 万物図解為斎画式　BANBUTSU ZUKAI ISAI GASHIKI　IN:90/LCCN:98847086

葛飾北斎　刊　1冊　挿絵有　袋　22.5cm × 14.5cm
序：楊江　刊記：京／堺屋仁兵衛他（全14肆）

3589 画学大全　GAGAKU TAIZEN　　　　　　　　　　IN:939/LCCN:432512

刊写　2冊　洋装（袋）　29.2cm × 19.3cm
序：寛政12年（1800）柴邦彦（板本序透写）
板本と写本との取合せ本　〔朝河〕（APR 18 1907）収蔵

3590 唐詩選画本　TOUSHISEN EHON　　　　　　　　　HN:551/OJ921 ／ T15

高井蘭山編、画＝初編：橘石峰、2編：鈴木芙蓉、3編：高山円乗、4編：北尾重政、5編：小松原翠渓、6編：前北斎為一（葛飾北斎）、7編：狂人山翁（葛飾北斎）　刊　35冊　袋　23cm × 16cm
刊記：初編（再刻）：文化2年（1805）、2編（再刻）：文化11年（1814）、3編：寛政3年（1791）、4編：寛政5年（1793）、5編：天保3年（1832）、6編：天保4年（1833）、7編：天保7年（1836）
江戸／小林新兵衛
7編35巻35冊　寄せ本　異称：画本唐詩選・唐詩画譜

3591 古秀画譜　KOSHUU GAFU　　　　　　　　　　　IN:1579/LCCN:433152

八田古秀　刊　1冊　挿絵有　袋　26.1cm × 17.9cm
序：文化9年（1812）賀茂季鷹　刊記：文化9年（1812）大坂／河内屋喜兵衛・京／吉田屋新兵衛

3592 略画早指南　RYAKUGA HAYASHINAN　　　　　　　IN:1644/LCCN:433217

葛飾北斎画　刊　1冊　挿絵有　袋　18.5cm × 12.5cm
序：文化9年（1812）鐘着庵梅年　刊記：文化9年（1812）

3593 写山楼画本　SHAZANROU GAHON　　　　　　　　　IN:244/LCCN:847240

谷文晁　刊　1冊　挿絵有　袋　27.7cm × 18.6cm
序：谷文晁　跋：文化8年（1811）文晁　刊記：文化14年（1817）江戸／和泉屋庄次郎

3594 扁額軌範　HENGAKU KIHAN　　　　　　　　　　　　　　IN:2879/LCCN:696317
　　　速水春暁斎、合川珉和・北川春成画　刊　1 冊　挿絵有　洋装（袋）　25.9cm × 18.6cm
　　　序：文政 2 年（1819）櫟亭琴魚　刊記：津逮堂蔵版｜京／吉野屋大谷仁兵衛
　　　〔朝河〕（AUG 19 1907）収蔵

3595 琦鳳画譜　KIHOU GAFU　　　　　　　　　　　　　　　IN:1558/LCCN:433131
　　　琦鳳　刊　1 冊　挿絵有（色刷）　袋　25.6cm × 17.5cm
　　　序：文政 7 年（1824）一雲道人椶隠　跋：自跋　刊記：文政 7 年（1824）京／吉田新兵衛

3596 光琳百図　KOURIN HYAKUZU　　　　　　　　　　　　　IN:177/LCCN:847173
　　　尾形光琳画、酒井抱一編　刊　4 冊　挿絵有　袋　25.4cm × 18.4cm
　　　序：鵬斎亀田興（前編）・文政 9 年（1826）文晁（後編）　跋：抱一暉真（前編）・文政 9 年（1826）
　　　抱一暉真（後編）

3597 厳島絵馬鑑　ITSUKUSHIMA EMAKAGAMI　　　　　　　　IN:2594/LCCN:696032
　　　千歳園藤彦、渡辺対岳他 3 名縮図　刊　1 冊　挿絵有　袋　24.7cm × 17.9cm
　　　序：天保元年（1831）杏坪頼柔・天保 2 年（1831）広島人藤彦・文政 13 年（1830）棚守将監
　　　野坂元貞
　　　巻 1・2 存　異称：厳島扁額縮本

3598 厳島絵馬鑑　ITSUKUSHIMA EMAKAGAMI　　　　　　　　IN:1533/LCCN:433106
　　　千歳園藤彦　刊　5 冊　挿絵有　袋　25.7cm × 17.9cm
　　　序：天保 3 年（1832）藤原資愛・天保元年（1830）杏坪頼柔・文政 13 年（1830）野坂元貞・
　　　天保 2 年（1830）広島人藤彦　刊記：天保 3 年（1832）広島／坂田忠五郎・山口宗五郎｜嘉永
　　　元年（1848）広島／世並屋伊兵衛、江戸／須原屋茂兵衛・広島／世並屋伊兵衛他（全 14 肆）
　　　異称：厳島扁額縮本

3599 集古十種　扁額　SHUUKO JISSHU HENGAKU　　　　　　IN:116/LCCN:98-847112
　　　松平定信　刊　10 冊　袋　37.8cm × 25.6cm

3600 芙蓉又奇　FUYOU YUUKI　　　　　　　　　　　　　　　IN:2567/LCCN:696005
　　　山田貞実編、土佐舟霞・素順等画　刊　1 冊　挿絵有　袋　16.3cm × 21.8cm
　　　序：天保 4 年（1833）おかもとの主・天保 4 年（1833）山田貞実　跋：天保 4 年（1833）小
　　　栗福謙

3601 魚貝略画式　GYOKAI RYAKUGASHIKI　　　　　　　　　IN:62/LCCN:98847058
　　　刊　1 冊　挿絵有（彩色）　袋　25cm × 17.5cm
　　　刊記：京／出雲寺文次郎・江戸／須原屋茂兵衛・大坂／近江屋平助他（全 10 肆）

3602 絵本緋威鎧　EHON HIODOSHI NO YOROI　　　　　　　IN:1759.1/LCCN:433332
　　　刊　2 冊　挿絵有　袋　22.3cm × 15.5cm
　　　「絵本蔵版目録（ひしや孫兵衛板）」を付す

B. 書画　421

3603 絵本花言葉 EHON HANAKOTOBA　　　　　　　IN:2610/LCCN:696048
　　　刊　1冊　挿絵有　袋　22.3cm × 15.6cm
　　　序：一陽井素外
　　　上巻存

3604 人物山水絵本 JINBUTSU SANSUI EHON　　　　IN:1440/LCCN:433013
　　　林峯　写　1冊　仮綴　27.3cm × 20cm

3605 絵本鷹かゞみ EHON TAKAKAGAMI　　　　　　IN:113/LCCN:98-847109
　　　河鍋暁斎画　刊　5冊　挿絵有　袋　22.5cm × 15.8cm
　　　刊記：金花堂梓（見返）
　　　蔵書印等：[京都三条通御幸町角　書房　大谷仁兵衛]

3606 絵本鷹かゞみ EHON TAKAKAGAMI　　　　　　IN:2480/LCCN:695918
　　　河鍋暁斎画　刊　1冊　挿絵有　袋　23.1cm × 16.1cm
　　　2編上存　蔵書印等：[中村文庫]

3607 守国花鳥画譜 MORIKUNI KACHOU GAFU　　　IN:63/LCCN:98847059
　　　刊　1冊　挿絵有　袋　22.6cm × 15.6cm
　　　刊記：江戸／小林新兵衛

3608 [花鳥山水]北樹画譜 HOKUJU GAFU　　　　　IN:1527/LCCN:433100
　　　北樹（葛飾北樹）　刊　1冊　挿絵有　袋　18.2cm × 12.5cm
　　　序：漆園董義
　　　異称：北樹画譜

3609 雪舟山水画 SESSHUU SANSUIGA　　　　　　　IN:127-1/LCCN:847123
　　　雪舟　写　1冊　軸
　　　奥書等：狩野右京進安信

3610 今様舞台鬘 IMAYOU BUTAIKAZURA　　　　　IN:3490/LCCN:504812
　　　耳鳥斎　刊　1冊　挿絵有（色刷）　袋　20.7cm × 15.2cm
　　　刊記：大坂／しほ屋善兵衛　奥書等：其水（黙阿弥翁書）
　　　異称：狂画耳鳥斎

3611 [CINSEN]銅版細画輯 DOUBAN SAIGASHUU　IN:4002/LCCN: 別置（保存課）
　　　春灯　刊（銅版）　1冊　挿絵有　袋

3612 銅版画帖 DOUBAN GAJOU　　　　　　　　　　IN:2281/LCCN:695719
　　　刊　1冊　挿絵有　折本　23.8cm × 18.1cm
　　　裏面に錦襴布切貼付集成あり

3613 日本画指南　NIHONGA SHINAN　　　　　　　　　　　　IN:61/LCCN:98847057
　　　刊　2冊　挿絵有　折本　18.1cm×12.1cm
　　　巻1・3存　木版彩色刷

3614 （俳画手帖）　HAIGA TECHOU　　　　　　　　　　　　IN:3503/LCCN:584825
　　　写　1冊　挿絵有　折本　10.6cm×8.8cm
　　　絵のみ　文章なし

3615 Illustrations of Japanese Cherries（ポトマック河畔桜花彩色画集）
　　　K.Tsunoi　写　冊　挿絵有　袋　　　　　　IN:4004/LCCN:別置（保存課）
　　　（FEB 15 1923）収蔵

3616 竹崎季長蒙古襲来絵詞　TAKEZAKI SUENAGA MOUKO SHUURAI EKOTOBA
　　　　　　　　　　　　　　　　　　　　　　　　　IN:3347.2/LCCN:504669.2
　　　刊（近代活字・両面印刷）　1冊　挿絵有　洋装　25.5cm×19.4cm
　　　刊記：明治25年（1892）再版　版権所有伯爵広橋賢光、監修重野安繹、編纂山田安栄、発行
　　　吉川半七

3617 各種蓮写生五十二葉　KAKUSHU HASU SHASEI GOJUUNIYOU　IN:3399/LCCN:504721
　　　写　2冊　挿絵有（彩色）　袋　26.6cm×20cm
　　　奥書等：明治21年（1888）　宙　韓画堂

3618 菊花賦　KIKKAFU　　　　　　　　　　　　　　　　IN:73/LCCN:98847069
　　　越智宣哲　刊　1冊　挿絵有　袋　21.9cm×11.9cm
　　　序：夢竹黄華楼主人　刊記：大正5年（1916）奈良市／正気書院

書跡

3619 本朝名公墨宝　HONCHOU MEIKOU BOKUHOU　　　　　IN:114/LCCN:98-847110
　　　刊　3冊　袋　28.6cm×19.2cm
　　　刊記：正保2年（1645）
　　　（JAN 6 1916）収蔵

3620 三国筆海全書　SANGOKU HIKKAI ZENSHO　　　　　　IN:70/LCCN:98847066
　　　真幸正心（木戸常陽）　刊　19冊　挿絵有　袋　28.7cm×19.5cm
　　　序：慶安5年（1652）真幸正心

3621 古梅園墨譜　KOBAIEN BOKUFU　　　　　　　　　　IN:80/LCCN:98847076
　　　松井元泰（貞文）　刊　4冊　挿絵有　袋　25.8cm×16.4cm
　　　序：榕城董之橋　跋：江童可亭宜一・元文3年（1738）みなもとの信ゆき　刊記：京／柳枝軒・
　　　江戸／小川彦九郎

3622 集古帖 （しゅうこじょう） SHUUKOJOU　　　　　　　　　　IN:115/LCCN:98-847111

　　北条鉉　刊　7冊　折本　29.4cm × 29.2cm
　　刊記：寛政7年（1795）
　　正編巻1・2欠　集古続帖を付す

3623 集古妙蹟 （しゅうこみょうせき） SHUUKO MYOUSEKI　　　　　IN:1721/LCCN:433294

　　蒔田必器輯、度会弘琰　刊　5冊　袋　25.5cm × 17.8cm
　　序：柴邦彦　跋：享和3年（1803）度会弘琰　刊記：文化5年（1808）京／田中荘兵衛・江戸
　　／北沢伊八他（全4肆）｜文錦堂・琛芳堂発兌（見返）

3624 ［遵依真蹟］集古浪華帖 （しゅうこなにわちょう） SHUUKO NANIWACHOU　　IN:324/LCCN:847320

　　森川竹窓（世黄）　刊　5冊　袋　35.8cm × 23.7cm
　　序：文政2年（1819）筱粥　刊記：文政2年（1819）大坂／柳原喜兵衛

3625 行書類纂 （ぎょうしょるいさん） GYOUSHO RUISAN　　　　　　IN:396/LCCN:847392

　　関子徳（克明）選輯、関世道（思亮）編次　刊　12冊　袋　25.6cm × 15.4cm
　　序：文政12年（1829）培斎主人林銑・文政2年（1819）翠軒老人立原万・文政2年（1819）
　　鵬斎亀田興穉龍　跋：文政2年（1819）詩仏老人大窪行・文政12年（1829）江戸朝川鼎

3626 草叢 （そうそう） SOUSOU　　　　　　　　　　　　　　　IN:2137/LCCN:508537

　　刊　6冊　袋　25.7cm × 18.1cm
　　刊記：安政2年（1855）須原屋茂兵衛・須原屋佐助・播磨屋勝五郎
　　6巻（巻7〜12）存

3627 草叢 （そうそう） SOUSOU　　　　　　　　　　　　　　　IN:2276/LCCN:695714

　　瀬尾荘三編　刊　6冊　袋　25.9cm × 18.1cm
　　序：安政2年（1855）茶渓古賀増・安政元年（1854）道庵呂俊
　　6巻存　異称：歴代草叢

印譜

3628 埋麝発香 （まいじゃはっこう） MAIJA HAKKOU　　　　　　　IN:246/LCCN:847242

　　穂井田忠友　刊　1冊　洋装（袋）　25.8cm × 18.5cm
　　跋：天保11年（1840）
　　1巻存

3629 画工印章弁玉集 （がこういんしょうべんぎょくしゅう） GAKOU INSHOU BENGYOKU SHUU　　IN:247/LCCN:847243

　　刊　2冊　挿絵有　袋　25.6cm × 18.1cm
　　2巻存　異称：弁玉集

3630 和漢印尽 （わかんいんずくし） WAKAN INZUKUSHI　　　　　　IN:2167/LCCN:508567

　　刊　1冊　挿絵有　折本　18.5cm × 8.5cm

1 巻存

C. 金石

金石学

3631 扶桑鐘銘集　*FUSOU SHOUMEI SHUU*　　　　　　IN:245/LCCN:847241
　　岡崎信好（廬門）編　刊　3冊　袋　25.6cm × 18cm
　　序：安永7年（1778）龍公美（龍草廬）・岡崎信好

3632 金石搨本考　*KINSEKI TOUHON KOU*　　　　　　IN:940/LCCN:432513
　　（市河寛斎）写　1冊　洋装（袋）　24.1cm × 17cm
　　〔朝河〕（SEP 6 1907）収蔵

3633 菅神廟碑注解　*KANSHINBYOU HICHUUKAI*　　　IN:270/LCCN:847266
　　田沼有終（謙）刊　1冊　挿絵有　洋装（袋）　22.4cm × 15.6cm
　　序：文久2年（1862）田沼謙有終　跋：文久2年（1862）服部政世
　　〔朝河〕（APR 18 1907）収蔵

碑帖

3634 石刻十三経　*SEKIKOKU JUUSANGYOU*　　　　　IN:98/LCCN:98807094
　　刊　2冊　折本　28.7cm × 17cm
　　蔵書印等：［幼年］

D. 工芸

3635 大工雛形倭絵様集　*DAIKU HINAGATA YAMATOEYOU SHUU*　IN:66/LCCN:98847062
　　刊　2冊　挿絵有　折本　27.1cm × 18cm
　　序：宝暦13年（1763）立川小兵衛

3636 （捺染型集）　*OSHIZOME KATASHUU*　　　　　IN:3573/LCCN:504895
　　写　3冊　挿絵有　袋　22.9cm × 15.7cm

3637 雪斎運金図譜　SESSAI UNKIN ZUFU　　　　　　IN:269/LCCN:847265
本島雪斎（只直）・本島雪舸（只一）編　刊　1冊　挿絵有　洋装（袋）　25cm × 17.6cm
序：安政5年（1858）磊磊散人三国直準　跋：安政2年（1855）幽眠老人挙贈尚古斎珍寿
〔朝河〕（APR 18 1907）収蔵

16. 諸芸

A. 総記

3638 諸芸小鑑　SHOGEI KOKAGAMI　　　　　　　　　　　IN:1703/LCCN:433276

　　弾松軒　刊　6冊　挿絵有　袋　15.8cm × 11.1cm
　　序：貞享3年（1686）中村　刊記：貞享3年（1686）京／中村屋孫兵衛・江戸／本屋清兵衛・大坂／岡田三郎右衛門

B. 茶道

3639 （茶道書集）　CHADOUSHO SHUU　　　　　　　　　　IN:953/LCCN:432526

　　写　2冊　挿絵有　洋装（袋）　27.7cm × 19.9cm
　　奥書等：紹鷗｜梅雪禅師
　　巻1＝茶道　紹鷗より梅雪禅師ニ授ル　四帖半置合之書　巻2＝茶湯目録　宗易已前茶道之記　巻3＝茶湯　利休茶会記　巻4＝珠光一紙之目録　巻5＝煎茶礼要集　巻6＝茶湯　巻7＝茶湯　遠州舟越予州へ相伝　巻8＝茶湯　著者未詳茶湯書　一二三　巻8＝茶湯　著者未詳茶湯書　四五六　より成る　〔朝河〕（AUG 19 1907）収蔵

3640 喫茶養生記　KISSA YOUJOUKI　　　　　　　　　　　IN:67/LCCN:98847063

　　栄西　刊　1冊　袋　26cm × 17.8cm
　　序：建保2年（1214）栄西　刊記：京／銭屋総四郎

3641 喫茶南方続録　KISSA NANPOU ZOKUROKU　　　　　　IN:971/LCCN:432544

　　立花実山　写　1冊　挿絵有　洋装（袋）　26.9cm × 19.8cm
　　奥書等：道桂
　　〔朝河〕（SEP 6 1907）収蔵

3642 利休百会　RIKYUU HYAKKAI　　　　　　　　　　　　IN:965/LCCN:432538

　　写　1冊　袋　26.4cm × 19.8cm
　　奥書等：天正16年（1588）抛筌斎利休不審庵宗易点之

3643 弁玉集 BENGYOKU SHUU　　　　　　　　　　　　　　　IN:167/LCCN:847163
　　べんぎょくしゅう
　　刊　3冊　挿絵有　袋　25.7cm×18.2cm
　　刊記：寛文12年（1672）大坂／柏原屋清右衛門（裏見返）
　　寛文十二年（1672）板の後印本（柏原屋版）　画工印章弁玉集（2巻）・茶器弁玉集（3巻）より成る　異称：茶器弁玉集（内題）・茶器弁知集（柱刻）

3644 茶湯初心抄 CHANOYU SHOSHINSHOU　　　　　　　　　IN:68/LCCN:98847064
　　ちゃのゆしょしんしょう
　　刊　2冊　袋　26cm×15.8cm
　　刊記：寛文12年（1672）松井三良兵衛

3645 茶道便蒙抄 CHADOU BENMOUSHOU　　　　　　　　　　IN:262/LCCN:847258
　　ちゃどうべんもうしょう
　　山田宗徧　刊　3冊　挿絵有　袋　25.2cm×18.6cm
　　序：貞享3年（1686）野釈蘿月子・貞享2年（1685）中根乗庵　跋：延宝8年（1680）如意田・四方庵宗徧

3646 茶之湯三伝集 CHANOYU SANDEN SHUU　　　　　　　　IN:144/LCCN:847140
　　ちゃのゆさんでんしゅう
　　広長軒遠藤元閑　刊　4冊　挿絵有　袋　22cm×15.6cm
　　序：自序　跋：元禄4年（1691）広長軒元閑　刊記：京／秀嶋平兵衛

3647 古今茶道全書 KOKON CHADOU ZENSHO　　　　　　　　IN:205/LCCN:847201
　　ここんちゃどうぜんしょ
　　紅染山鹿庵　刊　5冊　挿絵有　袋　27cm×19.2cm
　　序：元禄6年（1693）紅染山鹿庵　刊記：元禄7年（1694）京／水田甚左衛門・吉田伊兵衛｜習成軒刊行（序）

3648 当流茶之湯流伝集 TOURYUU CHANOYU RYUUDEN SHUU　　IN:207/LCCN:847203
　　とうりゅうちゃのゆりゅうでんしゅう
　　広長軒遠藤元閑　刊　2冊　挿絵有　袋　22.5cm×15.8cm
　　刊記：元禄7年（1694）　京／和泉屋茂兵衛・江戸／同次郎左衛門

3649 当流茶之湯流伝集 TOURYUU CHANOYU RYUUDEN SHUU　　IN:145/LCCN:847141
　　とうりゅうちゃのゆりゅうでんしゅう
　　広長軒元閑（遠藤元閑）　刊　6冊　挿絵有　袋　22.2cm×15.8cm
　　跋：自跋　刊記：元禄7年（1694）京／和泉屋茂兵衛・江戸／次郎右衛門
　　「茶書刊行出来目」を付す

3650 南坊録 NANBOUROKU　　　　　　　　　　　　　　　IN:969/LCCN:432542
　　なんぼうろく
　　千利休　写　2冊　洋装（袋）　26cm×18.5cm
　　跋：元禄13年（1700）向生・実山百　奥書等：宝永2年（1705）実山合十｜享保3年（1718）自特庵慈渓他｜享保9年（1724）止々斎道桂

3651 南方録続録 NANPOUROKU ZOKUROKU　　　　　　　　　IN:970/LCCN:432543
　　なんぼうろくぞくろく
　　立花実山　写　1冊　挿絵有　洋装（袋）　26.3cm×19.5cm
　　序：元禄16年（1703）　跋：元禄16年（1703）　奥書等：卍山老納書・実山自賛・道桂｜実山自賛・藤原氏定房
　　〔朝河〕（SEP 6 1907）収蔵

3652 落葉 おちば　OCHIBA　　　　　　　　　　　　　　　　　　　　IN:964/LCCN:432537

　　写　1冊　洋装（袋）　26.9cm×20.2cm
　　奥書等：元禄15年（1702）清純｜享保15年（1730）中嶋善慶

3653 利休茶道具図絵 りきゅうちゃどうぐずえ　RIKYUU CHADOUGU ZUE　　　　　　　IN:198/LCCN:847194

　　山田宗偏　刊　2冊　袋　25.3cm×19cm
　　序：元禄15年（1702）葛村隠素堂　跋：元禄14年（1701）利休宗易居士四代不審庵周学宗偏
　　蔵書印等：［石津　世良氏蔵書　糠橋］

3654 台子の茶式 だいすのちゃしき　DAISU NO CHASHIKI　　　　　　　　　　　IN:963/LCCN:432536

　　写　1冊　挿絵有　洋装（袋）　24cm×16.8cm
　　跋：正徳5年（1715）松本加右衛門
　　〔朝河〕（SEP 6 1907）収蔵

3655 茶席墨宝祖伝考 ちゃせきぼくほうそでんこう　CHASEKI BOKUHOU SODEN KOU　　IN:2856/LCCN:696294

　　藤井以正　刊　1冊　袋　15.8cm×9cm
　　序：薮門六世適伝・清隠斎常通　跋：宝暦2年（1752）藤玄芝　刊記：宝暦2年（1752）江戸
　　／西村源六・京／岡権兵衛他（全3肆）
　　異称：祖伝考・茶席祖伝考 附墨蹟鑒定

3656 煎茶仕用集 せんちゃしようしゅう　SENCHA SHIYOU SHUU　　　　　　　　IN:112/LCCN:98-847108

　　大枝流芳　刊　2冊　挿絵有　袋　22.1cm×15.5cm
　　序：宝暦6年（1756）浪華巣庵主人都賀庭鐘　刊記：大坂／浅井龍章堂・鹿島献可堂梓（見返）
　　蔵書印等：［伊藤所蔵・尚斎蔵書］　異称：清湾茶話

3657 茶事談 ちゃじだん　CHAJIDAN　　　　　　　　　　　　　　　　　　IN:210/LCCN:847206

　　南秀女　刊　1冊　袋　22.5cm×15.6cm
　　序：宝暦10年（1760）南秀自序・桜井宗休　刊記：宝暦10年（1760）京／西村市郎右衛門・
　　中川茂兵衛・江戸／西村源六
　　蔵書印等：［洒竹文庫］

3658 ［且坐式花月式］茶事交会一致 ちゃじこうかいいっち　CHAJI KOUKAI ICCHI　IN:168/LCCN:847164

　　刊　2冊　挿絵有　袋　23.2cm×16.4cm
　　序：宝暦14年（1764）浪華山人　刊記：明和3年（1766）大坂／野村長兵衛
　　異称：交会一致

3659 茶式 ちゃしき　CHASHIKI　　　　　　　　　　　　　　　　　　　IN:200/LCCN:847196

　　煙水道人　刊　1冊　袋　22.6cm×15.2cm
　　跋：明和6年（1769）魯堂　刊記：明和7年（1770）　奥書等：明和6年（1769）煙水道人記

3660 茶事見聞集 ちゃじけんぶんしゅう　CHAJI KENBUN SHUU　　　　　　　　IN:956/LCCN:432523

　　写　1冊　挿絵有　洋装（袋）　23.2cm×15.5cm
　　序：安永7年（1778）

〔朝河〕（SEP 6 1907）収蔵

3661 **茶道早合点** *CHADOU HAYAGATEN* IN:163/LCCN:847159
珍阿、暁鐘成画　刊　3冊　挿絵有　袋　22.4cm × 15.6cm
序：上＝明和7年（1770）無我意道人・明和8年（1771）華洛小山隠士珍阿　付録＝天保8年（1837）暁鐘成　跋：萩著聞（下）　刊記：天保8年（1837）求版　大坂／中村三史堂・藍屋弥七（付録）
上・下・付録存

3662 **茶人花押藪** *CHAJIN KAOUSOU* IN:250.1/LCCN:847246
刊　1冊　袋　15.3cm × 10cm
序：延享3年（1746）素衛　刊記：享和3年（1803）大坂／河内屋太助・今津屋辰三郎

3663 **茶人花押藪** *CHAJIN KAOUSOU* IN:249.1/LCCN:847245
刊　1冊　袋　15.9cm × 9.1cm
序：延享3年（1746）素衛　刊記：享和3年（1803）大坂／河内屋太助・今津屋辰三郎

3664 **茶人華押叢** *CHAJIN KAOUSOU* IN:78/LCCN:98847074
鈴木政通　刊　1冊　挿絵有　洋装（袋）　18.6cm × 12.8cm
序：天保5年（1834）成島司直　跋：天保6年（1835）藤原昌芳

3665 **続茶人花押藪** *ZOKU CHAJIN KAOUSOU* IN:250.2/LCCN:847246
刊　1冊　袋　15.1cm × 9.8cm
序：享和3年（1803）蓬莱山白居士　刊記：享和3年（1803）大坂／河内屋太助・今津屋辰三郎

3666 **続茶人花押藪** *ZOKU CHAJIN KAOUSOU* IN:249.2/LCCN:847245
刊　1冊　袋　15.3cm × 9.2cm
序：文化2年（1805）・享和3年（1803）蓬莱山白居士（凡例）　刊記：享和3年（1803）大坂／河内屋太助・今津屋辰三郎｜四莚堂刻（見返）

3667 **自弁茶略** *JIBEN CHARYAKU* IN:209/LCCN:847205
嵐水　刊　1冊　挿絵有　袋　23.6cm × 16.3cm
序：自序　刊記：享和3年（1803）瓦礫舎蔵｜片埜東四郎

3668 **古今名物類聚** *KOKON MEIBUTSU RUIJUU* IN:251/LCCN:847427
陶斎尚古老人　刊　8冊　挿絵有　袋　22.7cm × 16.2cm
刊記：寛政3年（1791）江戸／松山堂蔵版
中興茶入之部（一～五）・大名物茶入之部（六・七）・名物之部（一・二）より成る

3669 **古今名物類聚** *KOKON MEIBUTSU RUIJUU* IN:252/LCCN:847428
陶斎尚古老人　刊　8冊　挿絵有　袋　22.7cm × 16.2cm
刊記：寛政3年（1791）江戸／松山堂蔵版

後竈国焼之部・天目茶碗之部・楽焼茶碗之部・雑記之部（二冊）・拾遺之部（四冊）より成る

3670 茶旨略 CHASHIRYAKU　　　　　　　　　　　　　　　　　　　IN:206/LCCN:847202
　　速水宗達　刊　1冊　袋　26.4cm×18cm
　　序：文化7年（1810）畑維龍　跋：文化7年（1810）片岡信賢　刊記：文化8年（1811）京／
　　石田治兵衛・城戸一右衛門

3671 喫茶活法 KISSA KAPPOU　　　　　　　　　　　　　　　　　　IN:959.1/LCCN:432532
　　玄丹　写　1冊　洋装（袋）　26.7cm×18.8cm
　　奥書等：文化10年（1813）桂花庵｜善教｜文政6年（1823）長坂松斎
　　〔朝河〕（AUG 17 1907）収蔵

3672 喫茶活法 KISSA KAPPOU　　　　　　　　　　　　　　　　　　IN:959.2/LCCN:432532
　　玄丹　写　2冊　洋装（袋）　26.9cm×20.2cm
　　3巻（巻中欠）〔朝河〕（SEP 6 1907）収蔵

3673 茶席挿花集 CHASEKI SOUKA SHUU　　　　　　　　　　　　　　IN:263/LCCN:847259
　　芳亭野人　刊　1冊　挿絵有　大和綴　10.5cm×19.8cm
　　刊記：文政7年（1824）江戸／須原屋茂兵衛・須原屋佐助
　　異称：挿花集

3674 木芽説 KONOME NO SETSU　　　　　　　　　　　　　　　　　IN:197/LCCN:847193
　　前田夏蔭　刊　1冊　袋　25.7cm×17.8cm
　　序：文政11年（1828）上林盛一　跋：文政12年（1829）菅原夏蔭　刊記：文政12年（1829）
　　江戸／尚友堂岡村庄助

3675 古今茶人系譜 KOKON CHAJIN KEIFU　　　　　　　　　　　　　IN:204/LCCN:847200
　　鈴木政通　刊　1冊　袋　23.5cm×16.7cm
　　序：天保3年（1832）東岳成島司直・天保3年（1832）半寸庵門人半静庵鈴木政通

3676 茶道聞書 CHADOU KIKIGAKI　　　　　　　　　　　　　　　　IN:966/LCCN:432539
　　写　1冊　袋　13.6cm×19.5cm
　　奥書等：天保9年（1838）大村・実応写｜天保11年（1840）｜天保6年（1835）野宮別当｜
　　天保11年（1840）実応上人

3677 茶式花月集 CHASHIKI KAGETSU SHUU　　　　　　　　　　　　IN:162.1/LCCN:847158
　　刊　4冊（前2・後2）　挿絵有　袋　25.9cm×18.1cm
　　刊記：天保8年（1837）一楽斎蔵板｜名古屋／三友堂東八（前編）｜天保10年（1839）一楽
　　堂蔵板　江戸／須原屋茂兵衛・名古屋／美濃屋東八他（全5肆）（後編）

3678 茶式花月集 CHASHIKI KAGETSU SHUU　　　　　　　　　　　　IN:162.2/LCCN:847158
　　刊　4冊（前2・後2）　挿絵有　袋　26.2cm×18.6cm
　　刊記：天保10年（1839）一楽堂蔵板｜江戸／須原屋茂兵衛・万屋東平・美濃屋喜七（後編）

B. 茶道　431

3679 煎茶手引之種 SENCHA TEBIKI NO KUSA　　　　　　IN:203/LCCN:847199

　　山本都龍軒　刊　1冊　挿絵有　袋　7.3cm×16.4cm
　　序：都龍軒山本主人　刊記：嘉永元年（1848）大坂／河内屋喜兵衛・江戸／須原屋新兵衛他（全6肆）

3680 貞要集 TEIYOU SHUU　　　　　　　　　　　　　IN:952/LCCN:432525

　　写　1冊　洋装（袋）　27cm×20cm
　　〔朝河〕（AUG 19 1907）収蔵

3681 茶法記 CHAHOUKI　　　　　　　　　　　　　　IN:955/LCCN:432528

　　写　1冊　挿絵有　洋装（袋）　23.6cm×16.1cm
　　〔朝河〕（SEP 6 1907）収蔵

3682 茶道正伝集 CHADOU SEIDEN SHUU　　　　　　　IN:961/LCCN:432534

　　乗山伝左衛門（宗伯）　写　11冊　洋装（袋）　26.4cm×18.7cm
　　奥書等：須藤上房写
　　〔朝河〕（SEP 6 1907）収蔵　異称：茶道正伝極秘集

3683 枝折抄 SHIORISHOU　　　　　　　　　　　　　 IN:958/LCCN:432531

　　写　6冊　袋　23.4cm×17.4cm
　　序：有　奥書等：有
　　1・2＝上巻　3〜5＝下巻　6＝「数寄屋之内仕様之事／附り宗和茶湯秘事心得覚書」
　　異称：宗和流茶湯枝折抄

3684 九段秘事台子 KUDAN HIJI DAISU　　　　　　　 IN:3261/LCCN:696699

　　酒心庵先生門人　写　1冊　挿絵有　洋装（袋）　23.8cm×16.7cm
　　奥書等：有
　　〔朝河〕（SEP 6 1907）収蔵

3685 和泉草 IZUMIGUSA　　　　　　　　　　　　　　IN:957/LCCN:432530

　　藤林宗源　写　2冊　挿絵有　洋装（袋）　27.5cm×19.4cm
　　〔朝河〕（AUG 17 1907）収蔵

3686 釜の形 KAMA NO KATACHI　　　　　　　　　　　IN:1003/LCCN:432576

　　写　1冊　挿絵有　袋　32.6cm×22.7cm

3687 茶要秘鈔 CHAYOU HISHOU　　　　　　　　　　　IN:954/LCCN:432527

　　写　5冊　挿絵有　袋　13.9cm×19.5cm
　　蔵書印等：［炎州／広石／持明寺］　異称：茶道要録

3688 茶湯 CHANOYU　　　　　　　　　　　　　　　　IN:951/LCCN:432524

　　写　1冊　挿絵有　洋装（袋）　27.2cm×19.5cm
　　合8冊

C. 作庭

3689 盆山一歩抄 <small>ぼんさんいっぽしょう</small> *BONSAN IPPOSHOU*　　　　　IN:1775/LCCN:433348
　　楽山斎編集、雪仙斎模写　刊　1冊　挿絵有　袋　22.5cm × 15.3cm
　　序：安永3年（1774）雪山斎藤尚徳　刊記：安永3年（1774）

3690 盆山百景図 <small>ぼんさんひゃっけいず</small> *BONSAN HYAKKEI ZU*　　　　IN:214/LCCN:847210
　　順石軒磐海　刊　2冊　挿絵有　袋　16.1cm × 25.5cm
　　序：天明5年（1785）蓑洲長欽・天明5年（1785）順石軒

3691 占景盤図式 <small>せんけいばんずしき</small> *SENKEIBAN ZUSHIKI*　　　　IN:215/LCCN:847211
　　墨江道寛・墨江愛山編　刊　2冊　挿絵有　袋　25.1cm × 17.8cm
　　序：文政9年（1826）小竹陳篠崎弼（篠崎小竹）　刊記：松楓山房蔵｜文化5年（1808）京／山
　　田直三郎・大坂／青木三郎

3692 盆砂雛形 <small>ぼんさひながた</small> *BONSA HINAGATA*　　　　　　IN:1778.1/LCCN:433351
　　景雲堂　刊　1冊　挿絵有　袋　16.8cm × 23.4cm
　　奥書等：後藤伊十郎所有　明治24年（1891）
　　初編存

3693 盆砂雛形 <small>ぼんさひながた</small> *BONSA HINAGATA*　　　　　　IN:1778.2/LCCN:433351
　　景雲堂　刊　1冊　挿絵有　袋　17.6cm × 23.9cm
　　奥書等：後藤伊十郎所有　明治24年（1891）

D. 華道

3694 立花時勢粧 <small>りっかいまようすがた</small> *RIKKA IMAYOU SUGATA*　　　IN:1645/LCCN:433218
　　富春軒仙渓　刊　5冊　袋　29.8cm × 20.3cm
　　序：貞享5年（1688）　跋：貞享5年（1688）西村氏義慣
　　刊記：貞享5年（1688）京／中野氏板行

3695 立花時勢粧 <small>りっかいまようすがた</small> *RIKKA IMAYOU SUGATA*　　　IN:264/LCCN:847260
　　富春軒仙渓　刊　7冊　挿絵有　袋　30.3cm × 21.2cm
　　序：貞享5年（1688）　刊記：貞享5年（1688）京／中野氏板行
　　図譜上中下3巻・巻1〜3・5存　異称：立花秘伝抄

3696　[古今増補] 立花大全　*RIKKA TAIZEN*　　IN:1561/LCCN:433134
　　　刊　1冊　挿絵有　袋　15.8cm×22.4cm
　　　刊記：元禄9年（1696）大坂／万屋彦太郎

3697　[生花秘伝] 野山の錦　*NOYAMA NO NISHIKI*　　IN:2510/LCCN:695948
　　　木村周篤著、高木貞武画　刊　2冊　挿絵有　袋　22.5cm×15.8cm
　　　序：老生閣木村葛民　跋：由縁斎平魚
　　　刊記：享保15年（1730）大坂／鳶金屋清助・井筒屋喜右衛門
　　　異称：野山のにしき

3698　抛入岸之波　*NAGEIRE KISHI NO NAMI*　　IN:1837/LCCN:508237
　　　釣雪野叟編、橘守国・高木素点画　刊　1冊　挿絵有　袋　22.7cm×15.8cm
　　　跋：元文5年（1740）釣雪　刊記：寛延3年（1750）江戸／伏見屋善六他（全3肆）
　　　下巻存　異称：本朝瓶花史

3699　生花正意四季友　*IKEBANA SHOUI SHIKI NO TOMO*　　IN:1685/LCCN:433258
　　　落帽堂暁山　刊　3冊　挿絵有　袋　22.6cm×15.8cm
　　　序：寛延2年（1749）遠陽釘浦金牛釈寂照
　　　刊記：寛延4年（1751）江戸／西村源六・京／中川茂兵衛他（全3肆）

3700　立花初心抄　*RIKKA SHOSHINSHOU*　　IN:2110/LCCN:508510
　　　玉泉　刊　1冊　挿絵有　袋　27.2cm×18.6cm
　　　序：元文5年（1740）玉泉
　　　上巻存

3701　立花百箇条目録　*RIKKA HYAKKAJOU MOKUROKU*　　IN:3508/LCCN:504830
　　　雅嘉　写　1冊　挿絵有　袋　15cm×22.6cm
　　　奥書等：六角堂池坊専好　高田安立坊周玉　上村伝五左衛門尉寛清　宇津木卿左衛門尉朝隣　須子八兵衛雅嘉｜寛延3年（1750）　箕田三左衛門殿参

3702　立花伝　*RIKKA DEN*　　IN:3611/LCCN:504933
　　　松井東水　写　3冊　袋　26.8cm×20.7cm
　　　奥書等：宝暦7年（1757）京／石流軒松井東水

3703　抛入華乃園　*NAGEIRE HANA NO SONO*　　IN:1620/LCCN:433193
　　　禿帚子　刊　3冊　挿絵有　袋　22.4cm×15.6cm
　　　序：禿帚居士　刊記：明和3年（1766）江戸／須原屋市兵衛・大坂／稲葉新右衛門
　　　上巻「古今名家之評話」・中巻「古人名家之式 茶席挿華図」・下巻「古人名家之式 雅筵挿華図」
　　　より成る　「山本泰文堂（塩屋長兵衛）蔵板目録」を付す　異称：[華鈴集摘採書] 抛入華乃園

3704　入花伝法集　*NYUUKA DENPOU SHUU*　　IN:3461/LCCN:504783
　　　写　1冊　袋　24.3cm×16.7cm
　　　奥書等：明和7年（1770）写　知義

3705 挿花稽古百首 そうかけいこひゃくしゅ　SOUKA KEIKO HYAKUSHU　　　IN:1683/LCCN:433256

（用捨庵）　刊　3冊　挿絵有　袋　22.5cm×16.1cm
序：安永4年（1775）東都葛飾隠士用捨庵
刊記：安永4年（1775）京／中川藤四郎・江戸／西村宗七他（全3肆）

3706 生花百枝折 いけばなひゃくしおり　IKEBANA HYAKUSHIORI　　　IN:1587/LCCN:433160

鳥山石燕等画　刊　1冊　挿絵有　袋　23.3cm×16.5cm
序：安永4（1775）南陽山人
（NOV 7 1941）収蔵　異称：百々枝折

3707 利休流生花伝書 りきゅうりゅうせいかでんしょ　RIKYUURYUU SEIKA DENSHO　　　IN:3532/LCCN:504854

正覚寺十代　写　2冊　挿絵有　袋　23.9cm×15.7cm
奥書等：安永5年（1776）江戸牛込高田正覚寺十代
蔵書印等：[今村]　（JUL 29 1941）収蔵　異称：利休伝生花大目録口伝書

3708 生花奥儀抄 いけばなおうぎしょう　IKEBANA OUGISHOU　　　IN:1687/LCCN:433260

五大坊卜友　刊　5冊　挿絵有　袋　22.4cm×15.7cm
序：寛政元年（1789）湖山久田犂・寛政8年（1796）五大坊卜友　跋：天明7年（1787）無牽子卜西　刊記：京／方円居・大坂／亀齢軒・江戸／是心軒｜平安京荒神五大坊秘蔵印判　寛政元年（1789）｜文化9年（1812）中川藤四郎発行

3709 活花図大成 いけばなずたいせい　IKEBANA ZU TAISEI　　　IN:1535/LCCN:433108

吉尾泰雅　刊　2冊　挿絵有　袋　25.7cm×18.1cm
序：寛政元年（1789）桂月園吉尾泰雅・春眠亭蘭花　跋：有　刊記：寛政元年（1789）出板｜文化5年（1808）求板　江戸／須原屋茂兵衛・和泉屋吉兵衛

3710 活花図大成 いけばなずたいせい　IKEBANA ZU TAISEI　　　IN:1530/LCCN:433103

吉尾泰雅　刊　2冊　挿絵有　袋　27.3cm×18.9cm
序：寛政元年（1789）桂月園吉尾泰雅　刊記：寛政元年（1789）出板｜文化5年（1808）求版｜嘉永5年（1783）補刻・平安錦章堂蔵梓・製本所佐竹美松堂｜江戸／須原屋茂兵衛・京／北村屋太助他（全7肆）

3711 養性流秘伝図式 ようじょうりゅうひでんずしき　YOUJOURYUU HIDEN ZUSHIKI　　　IN:3684/LCCN: 番号

風鑑斎積水　刊　1冊　挿絵有　袋　22.4cm×15.9cm
序：寛政10年（1798）風鑑斎主人
異称：養性挿花秘伝図式

3712 挿花秘伝図式 そうかひでんずしき　SOUKA HIDEN ZUSHIKI　　　IN:1680/LCCN:433253

風鑑斎（積水）　刊　5冊　挿絵有　袋　22.6cm×15.7cm
序：寛政10年（1798）風鑑斎主人　跋：玄龍子　刊記：江戸／申椒堂蔵（見返）
蔵書印等：[金子蔵書]　異称：養性挿花秘伝図式

3713 挿花衣之香 SOUKA KOROMO NO KA　　　　　　IN:1713.1/LCCN:433286
　　　貞松斎一馬　刊　4冊　挿絵有　袋　22.6cm×15.9cm
　　　序：寛政11年（1799）孝経楼主人・貞松斎一馬　跋：寛政11年（1799）貞松斎一馬渓龍寛篤
　　　　刊記：享和元年（1801）大坂／柏原屋清右衛門・江戸／小林新兵衛他（他2肆）
　　　　口伝抄（1冊）と合冊　異称：遠州挿花衣香

3714 挿花衣之香 SOUKA KOROMO NO KA　　　　　　IN:1826/LCCN:508226
　　　貞松斎一馬編　刊　1冊　挿絵有　袋　22.7cm×15.8cm
　　　巻2存

3715 青山御流活花手引種 SEIZAN GORYUU IKEBANA TEBIKIGUSA　　IN:218/LCCN:847214
　　　吉尾泰雅　刊　5冊　挿絵有　袋　22.7cm×16.1cm
　　　序：寛政12年（1800）みなもとのほうこく・寛政12年（1800）桂月園吉尾泰雅　跋：寛政
　　　12年（1800）門人　社月　刊記：灌華堂蔵板｜寛政12年（1800）京／出雲寺文次郎・江戸
　　　／大和屋久兵衛他（全9肆）

3716 生花実体はじめぐさ IKEBANA JITTEI HAJIMEGUSA　　　　IN:1531.2/LCCN:433104
　　　上＝春宵斎述、中＝春古洞斎著、春宵斎校正、下＝春古洞斎輯、春宵斎校正
　　　刊　3冊　挿絵有　袋　26.3cm×18.5cm
　　　序：享和3年（1803）芦屋頑翁　春宵斎玉窓録　刊記：享和3年（1803）舩越氏蔵板
　　　（JUL 29 1941）収蔵　異称：端見の草むすび　生花端見草

3717 生花百瓶図 IKEBANA HYAKUHEI ZU　　　　　　　IN:1531.1/LCCN:433104
　　　古洞斎琢窓　刊　3冊　挿絵有　袋　26.6cm×18.5cm
　　　序：享和3年（1803）阿波辺積・享和3年（1803）春宵斎生花道正事授持弟子　春古洞斎琢窓
　　　　奥書等：摂隴（華亭）平思斎書
　　　（JUL 29 1941）収蔵　異称：比都弥知草／生花百瓶比都弥知草

3718 四季賞花集 SHIKI SHOUKA SHUU　　　　　　　　IN:1692/LCCN:433265
　　　鷹取遜庵　刊　2冊　袋　25.6cm×18.1cm
　　　序：千葉万水・文化2年（1805）鷹取遜庵遅木
　　　　刊記：伊勢／山形屋伝兵衛・大坂／柏原屋清右衛門他（全11肆）

3719 正風遠州流挿花衣香附録口伝抄 SHOUFUU ENSHUURYUU SOUKA KOROMO NO KA
　　　　　FUROKU KUDENSHOU　　　　　　　　　　IN:1713.2/LCCN:433287
　　　貞松斎米一馬　刊　1冊　挿絵有　袋　22.8cm×15.9cm
　　　序：文化2年（1805）貞松斎米一馬　跋：文化2年（1805）貞松斎米一馬・文化2年（1805）
　　　酔花山人
　　　挿花衣之香（4冊）と合冊　異称：遠州挿花衣香口伝抄

3720 生花百花式 IKEBANA HYAKKASHIKI　　　　　　IN:1690/LCCN:433263
　　　池坊専定　刊　1冊　挿絵有　袋　27.2cm×15.2cm
　　　刊記：文化5年（1808）池坊専定撰

3721 古今立華手引草　KOKON RIKKA TEBIKIGUSA　　　　　　　IN:1563/LCCN:433136
　　　藤天真宗匠　刊　1冊　挿絵有　袋　26.1cm×18.8cm
　　　序：文化6年（1809）花月庵　刊記：文化6年（1809）京鉱屋安兵衛

3722 正風遠州流挿花独稽古　SHOUFUU ENSHUURYUU SOUKA HITORIGEIKO
　　　貞松斎米一馬　刊　2冊　挿絵有　袋　16.3cm×11.4cm　　IN:1585/LCCN:43358
　　　序：文化3年（1806）自序　跋：文化3年（1806）酔花山人　刊記：文化3年（1806）江戸／
　　　西村源六・小林新兵衛・野田七兵衛（前編）｜文化7年（1810）江戸／西村源六・小林新兵衛・
　　　野田七兵衛（後編）
　　　異称：［古流／生花］独り稽古

3723 挿花其枝折　SOUKA SONO SHIORI　　　　　　　　　　IN:1708/LCCN:433281
　　　真行窓正遵　刊　2冊　挿絵有　袋　22.9cm×16.4cm
　　　序：文化4年（1807）四方引垣真顔
　　　刊記：文化12年（1815）江戸／西村源六・逍遙堂若林清兵衛

3724 ［本朝］挿花百練　SOUKA HYAKUREN　　　　　　　　IN:1711/LCCN:433284
　　　無角斎道甫筆記、浪華探養斎一露校訂、蔀関牛子廼画　刊　1冊
　　　挿絵有　袋　22.4cm×15.5cm
　　　序：大虚庵晃延ちとせ雄　跋：文化13年（1816）未生斎一甫
　　　刊記：文化13年（1816）大坂／寄道斎清甫蔵版
　　　異称：挿花百練

3725 挿花初学養種　SOUKA UIMANABI YASHINAIGUSA　　　　IN:1716/LCCN:433289
　　　千松庵一樹　刊　1冊　挿絵有　袋　22.4cm×16cm
　　　序：文政元年（1818）　刊記：文政元年（1818）江戸／野田七兵衛・大坂屋友吉他（全4肆）

3726 挿花初学養種　SOUKA UIMANABI YASHINAIGUSA　　　　IN:1717/LCCN:433290
　　　千松庵一樹　刊　1冊　挿絵有　袋　22.3cm×16cm
　　　序：文政元年（1818）　刊記：文政元年（1818）江戸／野田七兵衛・大坂屋友吉他（全4肆）

3727 挿花初学養種　SOUKA UIMANABI YASHINAIGUSA　　　　IN:217b/LCCN:847213b
　　　千松庵一樹　刊　1冊　挿絵有　袋　22.9cm×15.2cm
　　　序：文政元年（1818）千松庵一樹　刊記：文政元年（1818）発兌｜天保6年（1835）求版　江
　　　戸／大坂屋茂吉・野田七兵衛・西村源六・岡田屋嘉七・和泉屋市兵衛
　　　挿花初学・挿花初学養種と合綴　〔朝河〕（APR 18 1907）収蔵

3728 挿花初学　SOUKA UIMANABI　　　　　　　　　　　　IN:217a/LCCN:847213a
　　　千松庵一樹　刊　1冊　挿絵有　袋　22.9cm×15.2cm
　　　序：文政元年（1818）蕉窓陳人山地寛・亀田長梓（亀田綾瀬）
　　　刊記：文政元年（1818）発兌｜天保6年（1835）求版　江戸／大坂屋茂吉・野田七兵衛・西村源六・
　　　岡田屋嘉七・和泉屋市兵衛
　　　挿花初学・挿花初学養種と合綴　〔朝河〕（APR 18 1907）収蔵

D. 華道　437

3729 ［松月堂古流四季混雑］生花百瓶図 IKEBANA HYAKUHEI ZU　　IN:1688/LCCN:433261
　　五大坊双蛾　刊　3冊　挿絵有　袋　26.1cm×16.8cm
　　序：文政2年（1819）魚鱗雌雄軒院号　五大坊双蛾　刊記：文政5年（1822）伊勢／山形伝右衛門・
　　名古屋／松屋善兵衛・江戸／須原茂兵衛・大坂／伊丹屋善兵衛・京／中川藤四郎

3730　しのぶぐさ　SHINOBUGUSA　　IN:1720/LCCN:433293
　　春古洞斎、吉田桃月画　刊　3冊　挿絵有　袋　26cm×18.5cm
　　序：文政3年（1820）春古洞斎琢窓　跋：文政4年（1821）春上陽斎井上敬邨
　　刊記：文政5年（1822）成刻　連蓬堂蔵板

3731　先家初伝花形　SENKA SHODEN HANAGATA　　IN:3472/LCCN:504794
　　写　1冊　挿絵有　袋　25.1cm×17.6cm
　　奥書等：文政8年（1825）

3732 ［正風遠州流］挿花松之翠 SOUKA MATSU NO MIDORI　　IN:1681/LCCN:433254
　　巌松斎貞一鵰著、（秋月是秀画）　刊　3冊　挿絵有　袋　23.7cm×16.4cm
　　序：文政10年（1827）燕斎孝
　　3巻存　異称：松之翠

3733　挿花浜名之海　SOUKA HAMANA NO UMI　　IN:1712/LCCN:433285
　　川松斎保一鳥・渓斎英泉画　刊　3冊　挿絵有　袋　22.1cm×15.5cm
　　序：天保5年（1834）綾瀬亀田長梓不玉及・天保5年（1834）川松斎保一鳥　跋：柳亭種彦　刊記：
　　天保6年（1835）新刻　大坂／柏原屋清右衛門・江戸／山城屋佐兵衛他（全11肆）
　　異称：正風遠州流挿花浜名之海

3734　生花初心伝　IKEBANA SHOSHIN DEN　　IN:1693/LCCN:433266
　　森在久（瀬丸斎一可）　刊　4冊　挿絵有　袋　22.2cm×15.5cm
　　序：西讃羽方隠人・瀬丸斎一可
　　刊記：天保7年（1836）再板　須原屋茂兵衛・秋田屋彦助他（全5肆）
　　異称：挿花初心伝

3735　挿花千歳松　SOUKA CHITOSE NO MATSU　　IN:1707.1/LCCN:43328
　　千松庵一樹　刊　3冊　挿絵有　袋　22.8cm×15.5cm
　　序：天保11年（1840）千松庵一樹　跋：天保11年（1840）竜眠青羊
　　刊記：天保12年（1841）京／中川藤五郎・江戸／和泉屋市兵衛他（全3肆）
　　異称：遠州流挿花千歳松

3736　初自学草　SHOJIGAKUSOU　　IN:1707.2
　　千松庵一樹　刊　1冊　挿絵有　袋　22.8cm×15.5cm
　　序：天保12年（1841）千松庵一樹

3737　挿花四方の曙　SOUKA YOMO NO AKEBONO　　IN:1714/LCCN:433287
　　微笑庵九皐　刊　3冊　挿絵有　袋　26.1cm×18.5cm

序：弘化 3 年（1846）蘭皐斎一如・微笑庵九皐（天巻）・嘉永 7 年（1854）秀皐斎（地巻）　跋：弘化 3 年（1846）春皐斎南嶺（天巻）　刊記：微笑流華道家元蔵板

3738 剪花翁伝　SENKAOUDEN　　　　　　　　　　　　　　　　　IN:228/LCCN:847224
中山雄平　刊　4 冊　挿絵有　袋　25.9cm × 18.4cm
序：弘化 4 年（1847）剛斎古矢知白・弘化 4 年（1847）中山雄平（凡例）　刊記：嘉永 4 年（1851）成刻　水竹亭蔵版｜江戸／須原屋茂兵衛・京／銭屋惣四郎・大坂／河内屋政七他（全 10 肆）

3739 遠州流挿花図　ENSHUURYUU SOUKA ZU　　　　　　　　　　　IN:1755/LCCN:433328
所縁亭一嘯　刊　1 冊　挿絵有　袋　23.6cm × 16cm
序：嘉永 3 年（1850）所縁亭一嘯　刊記：一嘯蔵板｜仙台／所縁亭社中（見返）

3740 生花早満奈比　IKEBANA HAYAMANABI　　　　　　　　　　　　IN:216/LCCN:847212
暁鐘成　刊　5 冊　挿絵有　袋　17.5cm × 12.2cm
序：初編＝一本亭魚鱗・2 編＝天保 13 年（1842）萩菴老人・3 編＝天保 14 年（1843）紅葉亭老樵・4 編＝天保 14 年（1843）荒陵　純浄房・5 編＝天保 14 年（1843）藤酒家主人　刊記：嘉永 4 年（1851）大坂／伊丹屋善兵衛

3741 生花早満奈飛　IKEBANA HAYAMANABI　　　　　　　　　　　　IN:211/LCCN:847207
暁鐘成　刊　5 冊　挿絵有　袋　17.5cm × 11.9cm
刊記：嘉永 4 年（1851）大坂／伊丹屋善兵衛
巻 6 〜 10 存

3742 生花松のしづく　IKEBANA MATSU NO SHIDUKU　　　　　　　IN:1562/LCCN:433135
松盛斎法橋理恩　刊　1 冊　挿絵有　袋　25.6cm × 18.1cm
序：嘉永 5 年（1852）法橋理恩
刊記：古流家元生花宗師　松盛斎法橋理恩誌　社中校梓　嘉永 6 年（1853）
異称：古流百瓶之図

3743 四季茂り　SHIKI SHIGERI　　　　　　　　　　　　　　　　　IN:1777/LCCN:433350
天生斎一派　刊　1 冊　挿絵有　袋　25.2cm × 18cm
序：安政 5 年（1858）天生斎一派
異称：葉蘭一色四季茂り

3744 生花百瓶　IKEBANA HYAKUHEI　　　　　　　　　　　　　　　IN:3442/LCCN:504764
亀齢軒斗遠　写　1 冊　挿絵有　袋　23.5cm × 17cm
奥書等：万延 2 年（1861）写
異称：松月堂古流挿花竹田百瓶

3745 一桜流四季農徳蒙　ICHIOURYUU SHIKI NOUTOKUMOU　　　　IN:1718/LCCN:433291
一桜斎広法　刊　1 冊　挿絵有　袋　23.1cm × 17cm
序：文久 2 年（1862）滝口入道長渓長
巻末に出版発起人連名（4 丁）を付す

3746 瓶花容導集 HEIKA YOUDOU SHUU　　　　　IN:1773/LCCN:433346
　　（池坊専定）　刊　冊　挿絵有　袋　30.6cm × 21cm
　　（JUL 29 1941）収蔵　異称：新刻瓶花容導集

3747 利休流挿花秘伝 RIKYUURYUU SOUKA HIDEN　　IN:3471/LCCN:504793
　　写　1冊　挿絵有　袋　23.8cm × 16.2cm
　　奥書等：利休流挿花家元　正瓢菴宗月　蔵書印等：［黒沢忠正］

3748 千流活花図 SENRYUU IKEBANA ZU　　　　　IN:3482/LCCN:504804
　　松涛軒主人　写　1冊　挿絵有　袋　29.2cm × 20.6cm

3749 遠州流正風花矩 ENSHUURYUU SHOUFUU KAKU　　IN:43/LCCN:847039
　　柴田宗碩（感鬼庵）　刊　1冊　挿絵有　袋　22.4cm × 15.5cm
　　跋：感鬼庵宗碩　刊記：卯春発行
　　巻下存

3750 挿花の道 SOUKA NO MICHI　　　　　　　IN:3485/LCCN:504807
　　閑月斎　写　1冊　挿絵有　袋　26.6cm × 18.7cm
　　序：閑月斎

3751 広益正風体立花大全 KOUEKI SHOUFUUTAI RIKKA TAIZEN　IN:2423/LCCN:695861
　　刊　1冊　挿絵有　袋　22cm × 15.7cm
　　序：有　刊記：西村市良右衛門蔵板
　　（JUL 29 1941）収蔵　異称：増補正風体立花大全

3752 生花之図 IKEBANA NO ZU　　　　　　　IN:3632/LCCN:703715
　　写　1冊　挿絵有（彩色）　袋　26cm × 18cm

3753 生花の図 IKEBANA NO ZU　　　　　　　IN:3577/LCCN:504899
　　写　1冊　挿絵有　袋　25.2cm × 18.8cm

3754 生花図 IKEBANA ZU　　　　　　　　　　IN:3633/LCCN:703716
　　写　1冊　挿絵有　袋　29.6cm × 20.3cm
　　文化～明治期　池之坊四十一世専明ほか

E. 香道

3755 香道秋の光 KOUDOU AKI NO HIKARI　　　IN:1602/LCCN:433175
　　大枝流芳・巌信　刊　4冊　挿絵有　袋　18.3cm × 13cm
　　序：野衲素雲堂吟阿・享保17年（1732）大枝流芳

刊記：杏薫堂蔵版｜享保18年（1733）京／植村藤右衛門・大坂／植村藤三郎他（全3肆）
3巻（上中下）・附録香志新組十品より成る　蔵書印等：［香氏］

3756　香道秘伝　KOUDOU HIDEN　　　　　　　　IN:212・213/LCCN:847208・847209

大枝流芳　刊　4冊　袋　18.1cm×12.7cm
序：自序　跋：享保17年（1732）大枝流芳
刊記：元文4年（1739）京／植村藤右衛門・江戸／植村藤三郎・大坂／植村藤三郎
「香道奥之栞」を付す　異称：改正香道秘伝・香道秘伝書校正

F. 占卜・相法

3757　大広益新撰八卦鈔諺解　DAIKOUEKI SHINSEN HAKKESHOU GENKAI

刊　1冊　挿絵有　袋　22.4cm×15.6cm　　　　　　IN:2197/LCCN:508597
刊記：享保3年（1718）風月庄左衛門他（全2肆）
（JUL 23 1934）収蔵　異称：大広益八卦諺解大成・新撰八卦

3758　大広益新撰八卦鈔諺解　DAIKOUEKI SHINSEN HAKKESHOU GENKAI

刊　1冊　挿絵有　袋　22.5cm×16cm　　　　　　　IN:2294/LCCN:695732
刊記：享保3年（1718）再治新板　北尾八兵衛・杉生五郎左衛門他（全5肆）

3759　易占要略　EKISEN YOURYAKU　　　　　　　　IN:1835/LCCN:508235

太宰春台　刊　1冊　袋　27.1cm×17.8cm
跋：紫芝主人太宰純　刊記：宝暦3年（1753）京／永田調兵衛・江戸／上坂勘兵衛・前川権兵衛

3760　家相図解　KASOU ZUKAI　　　　　　　　　　IN:2191/LCCN:508591

松浦久信　刊　2冊　挿絵有　袋　18cm×12.3cm
序：寛政元年（1789）東海処士・寛政7年（1795）伊沢友悳・寛政10年（1798）橘久信・寛政10年（1798）犬飼合六三郎・松浦国祐　刊記：寛政10年（1798）江戸／西村宗七他（全5肆）

3761　五行易指南　GOGYOUEKI SHINAN　　　　　　IN:2718/LCCN:696156

桜田虎門　刊　2冊　洋装（袋）　22.4cm×15.2cm
序：文化13年（1816）虎門鼓缶子
刊記：文政4年（1821）敦学書院蔵版｜東京／目黒十郎・仙台／有千閣
〔朝河〕（APR 18 1907）収蔵

3762　方角即考　HOUGAKU SOKKOU　　　　　　　　IN:2104/LCCN:508504

松浦国祐　刊　1冊　袋　18.9cm×12.8cm
序：文化2年（1805）松浦永詳祐　跋：北富舎信房
刊記：文化4年（1807）大坂／藤屋善七他（全5肆）

3763 卜筮早考 BOKUZEI SOUKOU　　　　　　　　　　IN:2164/LCCN:508564
　　（平沢随貞）　刊　1冊　挿絵有　袋　15.2cm×10.7cm
　　序：文化10年（1813）星文堂主人　跋：平子篤
　　刊記：文化10年（1813）再刻　大坂／塩屋佐吉・藤屋弥兵衛
　　星文堂（藤屋浅野弥兵衛）蔵書目録（2丁）・新井白蛾先生及古易者流之著書（2丁半）・諸流先生易書及相書暦書天文地理雑書（4丁半）・松浦東鶏先生著書（1丁）を付す　異称：再訂卜筮早考

3764 ［日用重宝善悪早操］万年大雑書 MANNEN OOZASSHO　　IN:1586/LCCN:433159
　　刊　1冊　挿絵有　袋　17.6cm×12.2cm
　　刊記：文政4年（1821）大坂／加賀屋善蔵
　　異称：万年大雑書永代暦

3765 ［大増補］男女一代八卦 DANJO ICHIDAI HAKKE　　IN:1764/LCCN:433337
　　刊　1冊　挿絵有　袋　18cm×12.4cm
　　刊記：文政11年（1828）地本問屋再板　江戸／鶴屋喜右衛門

3766 三世相日用宝鑑 SANZESOU NICHIYOU HOUKAN　　IN:2474/LCCN:695912
　　暁鐘成補閲并画図　刊　1冊　挿絵有　袋　10.9cm×7.7cm
　　刊記：天保3年（1832）大文字屋得五郎・河内屋長兵衛

3767 万物分類夢相手鑑 BANBUTSU BUNRUI MUSOU TEKAGAMI　IN:2183/LCCN:508583
　　刊　1冊　袋　17.8cm×11.9cm
　　刊記：弘化4年（1847）江戸／藤岡屋彦太郎・藤岡屋慶次郎
　　（JUL 23 1934）収蔵　異称：［弘化／新版］ゆめはんじ

3768 人相指南秘伝集 NINSOU SHINAN HIDEN SHUU　　IN:2156/LCCN:508556
　　関根知之　刊　1冊　挿絵有　袋　17.5cm×12cm
　　序：嘉永2年（1849）関根八蔵知之　刊記：「江戸　素雲堂蔵」（見返）
　　（JUL 23 1934）収蔵

3769 正卜考 SEIBOKU KOU　　　　　　　　　　　　IN:2115/LCCN:508515
　　伴信友　刊　3冊　挿絵有　袋　25.7cm×17.7cm
　　序：天保15年（1844）
　　刊記：安政5年（1858）江戸／須原屋茂兵衛・京／越後屋治兵衛他（全18肆）
　　（JUL 23 1934）収蔵

3770 卜筮極秘伝大全 BOKUZEI GOKUHIDEN TAIZEN　　IN:3557/LCCN:504879
　　随貞平沢先生口授、随運道松宮俊仍輯録、随天斎寺尾昌芳授閲
　　写　1冊　仮綴　26.9cm×19.5cm

3771 百籤鈔 HYAKUSENSHOU　　　　　　　　　　　IN:2163/LCCN:508563
　　刊　1冊　挿絵有　袋　15.6cm×11.2cm

刊記：江戸／隆栄軒梓（見返）

3772 ［補訂再板］改正三世相小鑑 　KAISEI SANZESOU KOKAGAMI　　　　　　　　　　　IN:2144/LCCN:508544
　　　　刊　1冊　挿絵有　袋　17.6cm × 11.6cm
　　　　刊記：江戸／山口屋藤兵衛

3773 　ゆめあはせ　YUMEAWASE　　　　　　　　　　　　　　　　　　　　　　　　　　IN:2169/LCCN:508569
　　　　刊　1冊　挿絵有　袋　16.3cm × 11cm
　　　　刊記：大坂／河内屋和助・柏原屋義兵衛

G. 料理 附菓子

3774 　料理躾抄　RYOURI SHITSUKESHOU　　　　　　　　　　　　　　　　　　　　　IN:1637/LCCN:433210
　　　　刊　1冊　袋　13.2cm × 19.3cm
　　　　寛永19年（1642）成立　前半部は板心に「銚子鯉注」と刻し、1～11丁まで　後半部は板心に「料理躾抄」と刻し、1～25丁まで存

3775 　（逸題料理作法書）　RYOURI SAHOU SHO　　　　　　　　　　　　　　　　　　IN:3436/LCCN:504758
　　　　写　1冊　挿絵有　袋　13cm × 16.5cm
　　　　奥書等：寛文8年（1668）写
　　　　「増依山随願寺沙門左中将蔵頼忍」（一ウ墨書）

3776 　鯉切揃図　KOI KIRISOROE ZU　　　　　　　　　　　　　　　　　　　　　　　IN:3455/LCCN:504777
　　　　刊　1冊　挿絵有　袋　12.8cm × 16.5cm
　　　　奥書等：寛文10年（1670）　竹田摂津守　長谷川佐助　極月吉日　信利　須佐又左衛門殿

3777 　鯉切揃図　KOI KIRISOROE ZU　　　　　　　　　　　　　　　　　　　　　　　IN:3454/LCCN:504776
　　　　刊　1冊　挿絵有（彩色）　袋　12.5cm × 17.1cm

3778 　古今料理集　KOKON RYOURI SHUU　　　　　　　　　　　　　　　　　　　　　IN:1604/LCCN:433177
　　　　刊　5冊　挿絵有　袋　19cm × 13cm
　　　　刊記：延宝2年（1674）江戸／西村源六・京／西村市郎右衛門・中川茂兵衛
　　　　目録半丁を付す

3779 　（江戸料理集）　EDO RYOURI SHUU　　　　　　　　　　　　　　　　　　　　　IN:1749/LCCN:433322
　　　　刊　6冊　挿絵有　袋　22.3cm × 16cm
　　　　「延宝9年（1681）正月13日」（裏見返墨書）

3780 　和漢精進料理抄　WAKAN SHOUJIN RYOURI SHOU　　　　　　　　　　　　　　IN:1738/LCCN:433311
　　　　吉岡氏　刊　1冊　袋　22.2cm × 15.7cm
　　　　序：元禄10年（1697）吉岡氏

3781 節用料理大全 SETSUYOU RYOURI TAIZEN　　　　　IN:1656/LCCN:433229
　　　四条家高嶋氏撰　刊　1冊　挿絵有　袋　25.6cm×18.5cm
　　　刊記：正徳4年（1714）江戸／須藤権兵衛・大坂／万屋彦太郎｜大坂／松寿堂版（見返）

3782 献立筌 KONDATESEN　　　　　IN:2215/LCCN:508615
　　　刊　1冊　挿絵有　袋　21.9cm×14.8cm
　　　序：宝暦10年（1760）無尺舎主人　跋：山河念夢　刊記：大坂／野村長兵衛

3783 ［魚鳥包丁凡一百拾弐段載記］四条流包丁式 SHIJOURYUU HOUCHOUSHIKI
　　　写　1冊　挿絵有（彩色）　袋　30.5cm×19cm
　　　　　　　　　　　　　　　　　　　　　　　　　　IN:3634/LCCN:7037717
　　　奥書等：明和2年（1765）村越八参写

3784 卓子料理仕様 SHIPPOKU RYOURI SHIYOU　　　　　IN:1695/LCCN:433268
　　　未達　刊　1冊　袋　18.2cm×12.1cm
　　　刊記：明和9年（1772）西村源六・西村市郎右衛門・中川藤四郎・西村平八

3785 新撰献立部類集 SHINSEN KONDATE BURUI SHUU　　　　　IN:1719/LCCN:433292
　　　佐伯元明　刊　2冊　袋　22.7cm×16cm
　　　序：安永5年（1776）聴霞子
　　　刊記：安永5年（1776）中川藤四郎・吉田善五郎他（全4肆）
　　　2巻（上下）存

3786 卓子式 SHIPPOKUSHIKI　　　　　IN:1702/LCCN:433275
　　　田信（田中信平）　刊　1冊　挿絵有　袋　20.8cm×14cm
　　　序：天明4年（1784）田信　刊記：天明4年（1784）京／西村市郎右衛門・林宗兵衛他（全4肆）

3787 諸国名産大根料理秘伝抄 SHOKOKU MEISAN DAIKON RYOURI HIDENSHOU
　　　器土堂　刊　1冊　袋　22.5cm×13.8cm　　　　　IN:156/LCCN:847152
　　　序：天明5年（1785）虚斎山人
　　　1巻（巻上）存

3788 久宝寺御坊様御献立帳 KYUUHOUJI GOBOUSAMA GOKONDATECHOU
　　　刊　1冊　袋　24.5cm×17.2cm　　　　　IN:3612/LCCN:504934
　　　「寛政8年（1796）辰10月13日」（見返）

3789 甘藷百珍 IMO HYAKUCHIN　　　　　IN:2172/LCCN:508572
　　　（珍古楼主人）　刊　1冊　挿絵有　袋　21.8cm×14.7cm
　　　序：寛政元年（1789）浪華隠士巨瓢　刊記：嘉永2年（1849）大坂／藤屋善七

3790 料理早指南 RYOURI HAYASHINAN　　　　　IN:1636/LCCN:433209
　　　醍醐散人　刊　1冊　挿絵有　袋　18.5cm×13.2cm
　　　序：享和元年（1801）醍醐散人　刊記：江戸／大和田安兵衛
　　　柱刻「初編料理」　異称：料理早指南大全

3791 **料理早指南大全** りょうりはやしなんたいぜん　*RYOURI HAYASHINAN TAIZEN*　　IN:1640.2/LCCN:433213
　　醍醐散人　刊　1冊　挿絵有　袋　18.2cm × 12.8cm
　　序：享和元年（1801）醍醐散人・享和元年（1801）醍醐散人再記・享和2年（1802）醍醐山人・
　　文化元年（1804）
　　初編・後編「花船集」・3編「山家集」・4編「料理談合集」を合冊　異称：料理早指南

3792 **（料理早指南大全）** りょうりはやしなんたいぜん　*RYOURI HAYASHINAN TAIZEN*　　IN:1640.1/LCCN:433213
　　醍醐散人　刊　1冊　挿絵有　袋　18.2cm × 12.8cm
　　序：享和元年（1801）醍醐散人・享和元年（1801）醍醐散人再記・享和2年（1802）醍醐山人・
　　文化元年（1804）　刊記：文政8年（1825）名古屋／永楽屋東四郎・江戸／和泉屋市兵衛他（全
　　4肆）
　　初編・後編「花船集」・3編「山家集」・4編「料理談合集」を合冊　異称：料理早指南

3793 **新撰庖丁梯** しんせんほうちょうかけはし　*SHINSEN HOUCHOU KAKEHASHI*　　IN:1722/LCCN:433295
　　杉野駿華（世簡）　刊　1冊　挿絵有　袋　26.1cm × 18.2cm
　　序：享和2年（1802）梅厓　跋：享和2年（1802）をかさきとしひら　刊記：享和3年（1803）
　　大坂／赤松九兵衛・浅野弥兵衛
　　蔵書印等：［玖侶社記］

3794 **素人包丁** しろうとほうちょう　*SHIROUTO HOUCHOU*　　IN:1705/LCCN:433278
　　浅野高造筆輯、法橋玉山画閲　刊　3冊　挿絵有　袋　7.1cm × 16.4cm
　　序：文化元年（1804）陸可彦・享和3年（1803）あさの（初編）・文政3年（1820）直亭馬瑟（2編）・
　　文化11年（1814）あさの（2編凡例）・文化2年（1805）浅野直隆（3編凡例）　刊記：享和3
　　年（1803）大坂／松本屋平四郎・播磨屋重郎兵衛（初編）、京／中川藤四郎・大坂／播磨屋重郎
　　兵衛他（全5肆）（2編）、江戸／前川屋六左衛門・大坂／河内屋茂兵衛他（全5肆）（3編）
　　3巻（初・2・3編）存

3795 **会席料理細工庖丁** かいせきりょうりさいくぼうちょう　*KAISEKI RYOURI SAIKU BOUCHOU*　　IN:1643/LCCN:433216
　　浅野直隆編、石田玉山画　刊　1冊　挿絵有　袋　10.2cm × 15.3cm
　　序：文化2年（1805）専愚子・文化2年（1805）鉄格子・文化2年（1805）
　　刊記：嘉永3年（1850）補刻　京／中川藤四郎・大坂／鹿田静七板他（全5肆）

3796 **七種菜粥考** ななくさがゆこう　*NANAKUSAGAYU KOU*　　IN:155/LCCN:847151
　　中山方鳩輯、田芸帰校　刊　1冊　袋　19.9cm × 12.7cm
　　序：文化9年（1812）中山方鳩　跋：文化10年（1813）時雨窓菅雅　奥書等：最勝寺村扇屋定
　　吉

3797 **当世料理筌** とうせいりょうりせん　*TOUSEI RYOURISEN*　　IN:1741/LCCN:433314
　　刊　1冊　挿絵有　袋　8.6cm × 18.9cm
　　刊記：文化新刻　大坂／吉文字屋市左衛門
　　（OCT 10 1940）収蔵

3798 **精進献立集** しょうじんこんだてしゅう　*SHOUJIN KONDATE SHUU*　　IN:1673/LCCN:433246
　　山音亭（越吉郎兵衛）　刊　1冊　挿絵有　袋　12.9cm × 18.1cm

G. 料理 附菓子　445

序：文化 5 年（1808）山音亭　刊記：文政 2 年（1819）江戸／前川六左衛門・大坂／松本平四郎・京／中川藤四郎・中川新七
「中川文林堂書目」（2 丁）を付す　異称：献立集

3799 　神代相伝御膳料理之巻 SHINDAI SOUDEN GOZEN RYOURI NO MAKI
　　　写　1 冊　袋　23.5cm × 16.8cm　　　　　　　　　　　IN:3496/LCCN:504818
　　　奥書等：文政 10 年（1827）勢州亀山比野邑　山岸源八郎　源豊次

3800 　家内の花 KANAI NO HANA　　　　　　　　　　　　　　IN:1556/LCCN:433129
　　　平亭銀鶏　写　1 冊　挿絵有　袋　18.4cm × 12.4cm
　　　序：天保 4 年（1833）北ほうの侠
　　　異称：[たくはへでんじゆ] 家内の花

3801 　料理献立早仕組 RYOURI KONDATE HAYASHIKUMI　　　　IN:159/LCCN:847155
　　　風羅山人　刊　1 冊　挿絵有　袋　18.1cm × 12.1cm
　　　刊記：天保 4 年（1833）江戸／万笈堂英大助
　　　異称：当用献立料理早仕組

3802 　料理献立早仕組 RYOURI KONDATE HAYASHIKUMI　　　　IN:1638/LCCN:433211
　　　風羅山人　刊　1 冊　挿絵有　袋　17.6cm × 11.8cm
　　　刊記：江戸／岡田屋嘉七・和泉屋市兵衛
　　　天保 4 年（1833）以前成立　後印本　異称：〔流行〕料理いろは庖丁

3803 　[魚類精進] 早見献立帳 HAYAMI KONDATECHOU　　　　　IN:1791/LCCN:433364
　　　池田東籬亭輯並書、菱川清春画　刊　1 冊　挿絵有　袋　12.5cm × 17.6cm
　　　序：東籬亭主人　跋：東籬亭主人
　　　刊記：天保 5 年（1834）刻成　京／大文字屋与三兵衛・薯屋宗八

3804 　料理通 RYOURITSUU　　　　　　　　　　　　　　　　　IN:153/LCCN:847149
　　　八百屋善四郎　刊　2 冊　挿絵有　袋　18.5cm × 13cm
　　　序：初編＝鵬斎老人、2 編＝八百善、3 編＝文政 11 年（1828）詩仏老人・文政 9 年（1826）琴брой山樵、4 編＝天保 5 年（1834）天民老人（大窪詩仏）・天保 5 年（1834）五山仙史（菊池五山）　跋：天保 5 年（1834）琴台老人（東条琴台）（初編）　刊記：天保 6 年（1835）名古屋／永楽屋東四郎他（全 3 肆）
　　　異称：[江戸流行] 料理通大全

3805 　[料理調菜] 四季献立集 SHIKI KONDATE SHUU　　　　　　IN:1670.1/LCCN:433243.1
　　　秋山子　刊　1 冊　袋　19cm × 12.8cm
　　　序：天保 7 年（1836）秋山子　刊記：永楽屋東四郎
　　　「東壁堂蔵板略目録」（10 丁）を付す　（甲）存

3806 　[料理調菜] 四季献立集 SHIKI KONDATE SHUU　　　　　　IN:1670.2/LCCN:433243.2
　　　秋山子　刊　1 冊　袋　18cm × 12.7cm
　　　序：天保 7 年（1836）秋山子　刊記：永楽屋東四郎・同江戸出店

「をかず」（表紙墨書）「東壁堂蔵板略目録」（7丁）を付す　（乙）存

3807 菓子話舩橋　KASHIWA FUNABASHI
IN:160/LCCN:847156

舩橋屋織江　刊　1冊　挿絵有　袋　18.4cm×13cm
序：天保11年（1840）舩橋屋織江・天保11年（1840）玉池隠者川上渭白　跋：天保11年（1840）玉池の漁者［畑野氏］（印）
刊記：天保12年（1841）江戸／尚古堂岡田屋嘉七・三嶋屋甘泉堂・和泉屋市兵衛
異称：江戸流行菓子話舩橋

3808 調菜記　CHOUSAIKI
IN:1763/LCCN:433336

写　2冊　袋　19.9cm×15cm
跋：千葉甚助・天保13年（1842）升沢吉三郎

3809 料理独稽古　RYOURI HITORIGEIKO
IN:1635/LCCN:433208

一円斎老師選、浦川一舟画　刊　1冊　挿絵有　袋　17cm×12.1cm
序：天保15年（1844）戯坊芦笛　刊記：天保15年（1844）大坂／播磨屋利助・堺屋定七

3810 鼎左秘録　TEISA HIROKU
IN:1698/LCCN:433271

国華山人（西村瑚）　刊　1冊　挿絵有　袋
序：嘉永5年（1852）国華陳人　刊記：嘉永5年（1852）刻成　京／堺屋仁兵衛

3811 会席料理秘嚢抄　KAISEKI RYOURI HINOUSHOU
IN:1601/LCCN:433174

池田東籬（正韶）編　刊　1冊　挿絵有　袋　10.7cm×15.9cm
序：東籬主人　刊記：嘉永6年（1854）京／丁子屋源次郎（福井正宝堂）
「正宝堂蔵書略目」を付す　異称：［精進魚類四季献立］会席料理秘嚢抄

3812 新編異国料理　SHINPEN IKOKU RYOURI
IN:3244/LCCN:696682

又玄斎　刊　1冊　挿絵有　袋　11.7cm×17.5cm
序：自序　刊記：文久元年（1861）江戸／大和屋喜兵衛

3813 料理献立集　RYOURI KONDATE SHUU
IN:1588/LCCN:433161

刊　1冊　挿絵有　袋　22.7cm×16cm
刊記：大坂／糸屋市兵衛
（OCT 10 1940）収蔵　異称：［魚類／精進］万寿献立抄

3814 ［改正］料理献立　RYOURI KONDATE
IN:1641/LCCN:433214

（八百善主人）　刊　1冊　袋　17.4cm×11.2cm
料理通初編24～29丁の抜粋　異称：料理通初篇

3815 ［魚類精進］当世料理　TOUSEI RYOURI
IN:1742/LCCN:433315

刊　1冊　挿絵有　袋　18.1cm×12cm
（OCT 10 1940）収蔵

3816 ちえの海　CHIE NO UMI　　　　　　　　　　　　　IN:2179/LCCN:508579
　　　刊　1冊　挿絵有　袋　18.1cm × 13.2cm
　　　刊記：江戸／長崎屋源次郎
　　　異称：料理むきものの伝

3817 精進魚類新選料理献立　SHOUJIN GYORUI SHINSEN RYOURI KONDATE
　　　刊　1冊　挿絵有　袋　20.9cm × 15cm　　　　　IN:1672/LCCN:433245

3818 諸侯御馳走取計方　SHOKOU GOCHISOU TORIHAKARAIKATA　IN:793/LCCN:847788
　　　武田三十郎　写　1冊　袋　23.9cm × 16.4cm
　　　奥書等：明治19年（1886）漁夫石昌

3819 菓子模様　KASHI MOYOU　　　　　　　　　　　　IN:1552/LCCN:433125
　　　刊　1冊　挿絵有（多色刷）　粘葉装　17.4cm × 24.8cm
　　　天巻存　異称：菓子雛形

3820 （御歳玉御菜番附）　OTOSHIDAMA OSAI BANDUKE　　IN:1642/LCCN:433215
　　　刊　1枚　一枚物　45.4cm × 31.5cm
　　　序：有　刊記：江戸みすゞや正八
　　　配り物

3821 生間流御仕法書　IKUMARYUU GOSHIHOU SHO　　　　IN:911/LCCN:432484
　　　写　1冊　挿絵有　袋　14cm × 19.2cm
　　　異称：生間流料理仕法書

3822 鯉切形　KOIKIRIKATA　　　　　　　　　　　　　IN:3511/LCCN:504833
　　　写　1冊　挿絵有　袋　16.5cm × 21.5cm

3823 鯉切揃手続書　KOI KIRISOROE TETSUDUKI SHO　　　IN:3453/LCCN:504775
　　　写　1冊　袋　11.8cm × 17cm

3824 職掌包丁註解　SHOKUSHOU HOUCHOU CHUUKAI　　　　IN:912/LCCN:432485
　　　写　1冊　洋装（袋）　27.4cm × 19.5cm
　　　奥書等：四条家薗流之秘書

3825 即席御仕法口伝書　SOKUSEKI GOSHIHOU KUDEN SHO　IN:3507/LCCN:504829
　　　晴閑　写　1冊　挿絵有　袋　19.2cm × 14cm
　　　奥書等：己卯二月　晴閑
　　　異称：即席料理御仕法口伝書

3826 料理仕成伝　RYOURI SHIJOU DEN　　　　　　　　IN:3459/LCCN:504781
　　　写　1冊　挿絵有　袋　22.5cm × 17.3cm
　　　奥書等：小高坂山人書記

H. 遊戯

狩猟・放鷹

3827 百千鳥　MOMOCHIDORI　　　　　　　　　　　　　　　　IN:265/LCCN:847261
　　　泉花堂三蝶　刊　1冊　袋　18.1cm×12.1cm
　　　序：寛政11年（1799）泉花堂三蝶
　　　刊記：京／勝村治右衛門・大坂／秋田屋太右衛門・江戸／須原屋茂兵衛
　　　異称：[諸鳥飼養] 百千鳥

犬追物

3828 犬追物秘記　INUOUMONO HIKI　　　　　　　　　　　　IN:2887/LCCN:696325
　　　刊　1冊　挿絵有　洋装（袋）　25.8cm×17.9cm
　　　〔朝河〕（APR 18 1907）収蔵

相撲

3829 古今相撲大全　KOKON SUMOU TAIZEN　　　　　　　　IN:208/LCCN:847204
　　　木村政勝　刊　1冊　挿絵有　袋
　　　序：宝暦13年（1763）太平逸尾・菫花亭主人・木村政勝
　　　刊記：寛政12年（1800）大坂／海部屋勘兵衛・小刀屋六兵衛

3830 相撲起源　SUMOU KIGEN　　　　　　　　　　　　　　　IN:64/LCCN:98847060
　　　三河屋治右衛門　刊　10冊　袋　25.8cm×18.1cm
　　　序：石川梧堂　刊記：天保13年（1842）江戸／三河屋治右衛門・同銕次郎・山本平吉・蔦屋吉蔵
　　　安永3年以降の番付、享和元年から嘉永6年までの勝負付、2・3輯は天保14年（1843）6月刊、4〜10輯までは刊年不明

囲碁将棋

3831 碁伝記　GODENKI　　　　　　　　　　　　　　　　　　IN:2575/LCCN:696013
　　　刊　2冊　挿絵有　袋　26.9cm×17.9cm

刊記：慶安5年（1652）
異称：碁経

3832 囲碁四角鈔　IGO SHIKAKUSHOU　　　　IN:2605/LCCN:696043

三徳　刊　2冊　挿絵有　袋　26cm × 17.2cm
序：隠士三徳　刊記：宝永7年（1710）江戸／万屋清四郎・大坂／野村長兵衛
「碁之詞字」1丁を付す　異称：[新板]囲碁四角鈔　定石指南

3833 古今当流新碁経　KOKON TOURYUU SHINGOKYOU　　　　IN:2607/LCCN:696045

秋山仙朴　刊　1冊　挿絵有　袋　26.4cm × 18.7cm
序：享保5年（1720）秋山仙朴

3834 当流碁経大全　TOURYUU GOKYOU TAIZEN　　　　IN:2606/LCCN:696044

秋山仙朴　刊　3冊　挿絵有　袋　22.5cm × 16.2cm
序：享保5年（1720）秋山仙朴正広
異称：[秘伝首書]新撰碁経大全

3835 玄々棋経　GENGEN GOKYOU　　　　IN:2620/LCCN:696058

河北鳴平　刊　3冊　挿絵有　袋　27cm × 18cm
序：宝暦3年（1753）翁蘿谷　刊記：宝暦3年（1753）京／安田嘉兵衛
異称：玄玄棋経俚諺鈔

3836 碁立絹篩　GODATE KINUBURUI　　　　IN:2619/LCCN:696057

刊　8冊　挿絵有　袋　26.4cm × 18.6cm
序：天明6年（1786）北山山本喜六　跋：天明7年（1787）吐屑庵養拙
刊記：天明7年（1787）京／勝村治右衛門・江戸／高橋与惣治他（全5肆）
前編4巻・後編4巻存

3837 古今名人碁経選粋　KOKON MEIJIN GOKYOU SENSUI　　　　IN:2618/LCCN:696056

玄々斎　刊　1冊　挿絵有　袋　25.7cm × 18.4cm
序：南台山人井湛　刊記：寛政4年（1792）京／勝村治右衛門・江戸／須原屋伊八他（全4肆）
「碁伝記目録」2丁半を付す

3838 囲碁定石集　IGO JOUSEKI SHUU　　　　IN:2587/LCCN:696025

玄々斎主人　刊　4冊　挿絵有　袋　26cm × 18.3cm
序：寛政4年（1792）玄々斎主人
刊記：寛政5年（1793）京／須原屋平左衛門・江戸／須原屋伊八他（全4肆）

3839 奕範　EKIHAN　　　　IN:2574/LCCN:696012

服部因徹　刊　2冊　挿絵有　袋　27cm × 18.9cm
序：文化6年（1809）秦鼎　刊記：名古屋／永楽屋東四郎
乾坤巻存　「東壁堂製本略目録」を付す　異称：繹貴奕範

3840 ［当時名人］碁経亀鑑 GOKYOU KIKAN　　　　　　　　　　IN:2583/LCCN:696021
　　刊　4冊　挿絵有　袋　22.5cm × 18cm
　　序：文化7年（1810）因是道人

3841 碁経衆妙 GOKYOU SHUUMYOU　　　　　　　　　　　　IN:146/LCCN:847142
　　船橋元美　刊　4冊　袋　25.4cm × 17.9cm
　　序：文化8年（1811）爛柯堂主人舟橋元美
　　刊記：文化9年（1812）京／勝村治右衛門他（全3肆）
　　「GIFT OF DR.AKIO MATSUI SEPT 1966」

3842 河洛余数 KARAKU YOSUU　　　　　　　　　　　　　　IN:2604/LCCN:696042
　　刊　1冊　挿絵有　袋　25.9cm × 17.7cm
　　序：文政6年（1823）愚渓散人大田如晦
　　巻1存　異称：河洛

3843 ［石立擲碁合刻］国技観光 KOKUGI KANKOU　　　　　　IN:2588/LCCN:696026
　　本因坊丈和　刊　4冊　挿絵有　袋　26.5cm × 18.7cm
　　序：文政8年（1825）筋斎平岩章　刊記：文政9年（1826）京／勝村次右衛門・江戸／須原屋
　　伊八他（全3肆）｜江戸／青藜閣（見返）
　　蔵版目録を付す

3844 石配自在 ISHIKUBARI JIZAI　　　　　　　　　　　　IN:2617/LCCN:696055
　　服部雄節　刊　1冊　挿絵有　袋　25.8cm × 18.1cm
　　序：塩谷世弘　刊記：天保10年（1839）京／勝村治右衛門・江戸／須原屋伊八他（全3肆）

3845 囲碁小学 IGO SHOUGAKU　　　　　　　　　　　　　　IN:2609/LCCN:696047
　　（河北房種）　刊　1冊　袋　25.9cm × 18.3cm
　　序：天保11年（1840）源通熈

3846 古今衆枰 KOKON SHUUHEI　　　　　　　　　　　　　IN:2585/LCCN:696023
　　本因坊丈策　刊　3冊　挿絵有　袋　26.5cm × 18.2cm
　　序：天保12年（1841）本因坊丈策　刊記：天保14年（1843）江戸／須原屋伊八｜天保13年
　　（1842）新鐫　江戸／青藜閣（見返）

3847 囲碁終解録 IGO SHUUKAIROKU　　　　　　　　　　　IN:2608/LCCN:696046
　　井上因碩　刊　1冊　袋　25.9cm × 18cm
　　序：天保15年（1844）井上因碩　刊記：天保15年（1844）江戸／須原屋伊八・万屋忠蔵

3848 囲碁妙伝 IGO MYOUDEN　　　　　　　　　　　　　　IN:2586/LCCN:696024
　　井上因碩　刊　4冊　挿絵有　袋　25.5cm × 18cm
　　序：嘉永4年（1851）竹陰主人篠崎概　跋：三門長平　刊記：嘉永5年（1852）竹雨亭蔵梓
　　江戸／須原屋茂兵衛・大坂／秋田屋太右衛門他（全4肆）

H. 遊戯

3849 棋醇（きじゅん） KIJUN　　　　　　　　　　　　　　　　IN:2584/LCCN:696022

　　本因坊秀和　刊　2冊　挿絵有　袋　26cm×18cm
　　序：嘉永7年（1854）松園阿部伯孝　刊記：安政2年（1855）新刻　心静堂蔵版｜江戸／北畠茂兵衛・名古屋／片野東四郎他（全15肆）

3850 碁盤路図（ごばんろず） GOBAN ROZU　　　　　　　　　　　IN:2611/LCCN:696049

　　刊　1冊　袋　23.7cm×17.1cm

投扇

3851 （投扇興法）（とうせんきょうほう） TOUSEN KYOUHOU　　　　IN:2162/LCCN:508532

　　山東京山　刊　1帖　挿絵有　折本　16.7cm×7.9cm
　　序：秋毫の古人
　　（JUL 23 1934）収蔵

手品

3852 手妻早伝授（てずまはやでんじゅ） TEZUMA HAYADENJU　　　IN:2185/LCCN:508585

　　十方舎一丸　刊　1冊　挿絵有　袋　17.4cm×11.8cm
　　序：嘉永2年（1849）十方舎一丸　刊記：大坂／綿屋善兵衛
　　（JUL 23 1934）収蔵

3853 手妻独稽古（てずまひとりげいこ） TEZUMA HITORIGEIKO　　IN:2184/LCCN:508584

　　十方舎一丸　刊　1冊　挿絵有　袋　17.3cm×11.2cm
　　序：十方舎一丸
　　（JUL 23 1934）収蔵

3854 東京新工夫手品の大寄（とうきょうしんくふうてじなのおおよせ） TOUKYOU SHINKUFUU TEJINA NO OOYOSE　　IN:3613/LCCN:504935

　　刊　1冊　挿絵有　袋　17.6cm×11.4cm
　　序：明治17年（1884）一樹のあるじ　刊記：文華堂版

3855 和国智恵較（わこくちえくらべ） WAKOKU CHIEKURABE　　　IN:3104/LCCN:696542

　　環中仙撰　刊　1冊　袋　22.1cm×15.2cm
　　刊記：享保12年（1727）
　　下巻存　異称：和国智恵角力

3856 和国智恵較（わこくちえくらべ） WAKOKU CHIEKURABE　　　IN:3111.1/LCCN:696549.1

　　環中仙撰　刊　2冊　挿絵有　袋　22.2cm×15.5cm
　　序：環中仙　刊記：享保12年（1727）
　　蔵書印等：［高井蔵書］　異称：和国智恵角力

3857 和国智恵較 　WAKOKU CHIEKURABE　　　　　　　IN:3111.2/LCCN:696549.2
　　　環中仙撰　刊　1冊　挿絵有　袋　22.2cm × 15.5cm
　　　序：環中仙　刊記：享保12年（1727）江戸／川勝五郎右衛門・大坂／瀬戸物や伝兵衛・京／め
　　　と木屋伝兵衛
　　　蔵書印等：[高井蔵書]　異称：和国智恵角力

3858 手品早合点 　TEJINA HAYAGATTEN　　　　　　　　IN:3614/LCCN:504936
　　　暇閑　刊　1冊　挿絵有　袋　17.5cm × 11.8cm
　　　序：稲葉街の酔客　予満道士暇閑

謎

3859 なぞづくし　NAZOZUKUSHI　　　　　　　　　　IN:2159/LCCN:508559
　　　南仙笑楚満人作、歌川国安画　刊　1冊　挿絵有　袋　17.9cm × 12.3cm
　　　序：文政9年（1826）狂訓亭楚満人　跋：文政9年（1826）狂訓亭主人　刊記：文政9年（1826）
　　　仙鶴堂発販　江戸／仙鶴堂鶴屋喜右衛門
　　　（JUL 23 1934）収蔵　異称：福神御利生於釜返・七福茶番物語

3860 白痴問答　TAWAKE MONDOU　　　　　　　　　　IN:1696/LCCN:433269
　　　（一筆庵主人作）、渓斎英泉画　刊　1冊　挿絵有　袋　17.4cm × 12cm
　　　序：天保15年（1844）一筆庵　刊記：永楽屋東四郎
　　　「東壁堂目録」1丁半を付す　（JUL 23 1934）収蔵

3861 嘘図絵　HANASHI ZUE　　　　　　　　　　　　IN:2147.3/LCCN:508547.3
　　　柳下亭種員　刊　1冊　挿絵有　袋　17.3cm × 12.3cm
　　　刊記：天保15年（1844）江戸／錦彩堂虎町
　　　種福子・柳樽四編・教訓謎合春の雪・新出版絵柳大当利と合冊

3862 教訓謎合春の雪　KYOUKUN NAZOAWASE HARU NO YUKI　IN:2147.4/LCCN:508547.4
　　　一筆庵主人　刊　1冊　挿絵有　袋　17.3cm × 12.3cm
　　　序：天保15年（1844）一筆庵主人　刊記：天保16年（1845）江戸／布袋屋市兵衛
　　　種福子・柳樽四編・嘘図絵・新出版絵柳大当利と合冊

3863 新版絵柳大当利　SHINPAN EYANAGI NO OOATARI　　IN:2147.5/LCCN:508547.5
　　　緑亭川柳撰　刊　1冊　挿絵有　袋　17.3cm × 12.3cm
　　　種福子・柳樽四編・嘘図絵・教訓謎合春の雪と合冊

3864 なぞづくし　NAZOZUKUSHI　　　　　　　　　　IN:2189/LCCN:508589
　　　刊　1冊　挿絵有　袋　17.1cm × 12.8cm
　　　刊記：仙台／伊勢屋半右衛門板
　　　（JUL 23 1934）収蔵

3865 御所なぞの本　GOSHO NAZO NO HON　　　　　IN:3576/LCCN:504898
　　　写　3冊　挿絵有　仮綴　24.7cm×16.4cm
　　　「御所なぞの本」2冊に「なぞに就て」1冊を付す　（JUL 23 1934）収蔵

3866　しんなぞづくし　　　　　　　　　　　IN:2178/LCCN:508578
　　　直政画　刊　1冊　挿絵有　袋　17.6cm×11.6cm
　　　（JUL 23 1934）収蔵

3867　新板なぞなぞ合　SHINBAN NAZONAZO AWASE　　IN:1669.1/LCCN:433242
　　　刊　1冊　挿絵有　袋　17.7cm×11.5cm
　　　刊記：江戸／藤岡屋慶次郎
　　　（JUL 23 1934）収蔵

3868　新板なぞなぞ合大全　SHINBAN NAZONAZO AWASE TAIZEN　IN:1669.2/LCCN:433242
　　　歌川芳直画　刊　1冊　挿絵有　袋　17.1cm×11.5cm
　　　（JUL 23 1934）収蔵

3869　新板なぞなぞ合大全　SHINBAN NAZONAZO AWASE TAIZEN　IN:2157/LCCN:508557
　　　歌川芳直画　刊　1冊　挿絵有　袋　17.2cm×11cm
　　　刊記：横山町／辻岡屋文助
　　　（JUL 23 1934）収蔵

地口

3870　地口絵手本　JIGUCHI ETEHON　　　　　IN:2176.2/LCCN:508576
　　　種正画　刊　1冊　挿絵有　袋　17cm×12cm
　　　刊記：編集兼出版人　浅草区／佐々木広吉
　　　（JUL 23 1934）収蔵　異称：おもしろ地口

3871　地口種本初編二へん　JIGUCHI TANEHON　　IN:2176.1/LCCN:508576
　　　刊　1冊　挿絵有　袋　17.7cm×11.5cm
　　　序：鶴亭秀賀誌
　　　（JUL 23 1934）収蔵

俄

3872　新板まつり俄　SHINBAN MATSURI NIWAKA　　IN:2173/LCCN:508573
　　　一養亭芳滝戯作・画　刊　1冊　挿絵有　袋　16.9cm×11.2cm
　　　序：星の屋主人　刊記：大坂／富士政七
　　　初編存　（JUL 23 1934）収蔵　異称：祭り俄

3873 [新版] 即席俄 　SOKUSEKI NIWAKA　　　　　　　　　　HN:508/ 坂 343
　　　芳村養水作・画　刊　1冊　挿絵有　袋　17cm×11cm
　　　刊記：大坂／田中安次郎
　　　第2編のみ　異称：大新ばん即席仁和歌

3874 風流にわか一杯喜言 　FUURYUU NIWAKA IPPAI KIGEN　　　IN:2151/LCCN:508551
　　　一花堂山水　刊　1冊　挿絵有　袋　17.2cm×11.4cm
　　　刊記：大坂／鹿田清七・淀川吉兵衛
　　　3篇存　（JUL 23 1934）収蔵

拳

3875 拳独稽古 　KEN HITORIGEIKO　　　　　　　　　　　IN:2124/LCCN:508524
　　　山桜漣々・逸軒揺舟、喜多川豊春画　刊　1冊　挿絵有　袋　18.3cm×12.5cm
　　　序：揺舟・文政13年（1830）桜斎　跋：山桜漣々
　　　（JUL 23 1934）収蔵

3876 拳独稽古 　KEN HITORIGEIKO　　　　　　　　　　　IN:2123/LCCN:508523
　　　柳子十明校　歌川直久画　刊　1冊　挿絵有　袋　12cm×9cm
　　　序：嘉永2年（1849）柳子十明　刊記：嘉永2年（1849）江戸／亀屋文蔵板｜東都文林堂梓
　　　嘉永2年（1849）新板（見返）

雑

3877 目付字 　METSUKEJI　　　　　　　　　　　　　　　IN:1605/LCCN:433178
　　　刊　1冊　袋　22.1cm×15.5cm
　　　刊記：元禄6年（1693）京／大和屋伊兵衛

3878 続たはぶれ草 　ZOKU TAWABUREGUSA　　　　　　　　IN:3615/LCCN:504937
　　　鬼友　刊　2冊　挿絵有　袋　22cm×16.1cm
　　　序：鬼友　刊記：天明元年（1781）求板｜寛政6年（1794）再刻　京／菱屋治兵衛板

3879 続懺悔袋 　ZOKU SANGEBUKURO　　　　　　　　　　IN:2139/LCCN:508539
　　　環中仙い三撰　刊　2冊　挿絵有　袋　22.4cm×15.8cm
　　　序：い三自序
　　　「口述　雲岡姓」（見返墨書）　（JUL 23 1934）収蔵　異称：珍術続さむげ嚢・そくさんげ

3880 浪花みやげ 　NANIWA MIYAGE　　　　　　　　　　　IN:2613/LCCN:696051
　　　刊　1帖　挿絵有　折本　17cm×11.4cm
　　　2編巻1存

H. 遊戯　455

3881 浪花みやげ　*NANIWA MIYAGE*　　　　　　　　　　　　　　IN:2165/LCCN:508565
　　曙千角・繁丸他　刊　2冊　挿絵有　袋　17.6cm × 11.9cm
　　刊記：大坂／河内屋平七
　　（JUL 23 1934）収蔵

17. 武学・武術

A. 総記

3882 雑兵物語 ZOUHYOU MONOGATARI　　　　　　　IN:1477/LCCN:433050
　　　写　1冊　袋　23cm×16.3cm

3883 増補武用弁略 ZOUHO BUYOU BENRYAKU　　　　IN:2893/LCCN:696331
　　　木下義俊　刊　1冊　洋装（袋）　25.3cm×17.5cm
　　　序：貞享元年（1684）自序
　　　刊記：貞享元年（1684）原刻｜文化9年（1812）増訂　大坂／河内屋太助
　　　〔朝河〕（APR 18 1907）収蔵

3884 武用弁略 BUYOU BENRYAKU　　　　　　　　　IN:2894.1/LCCN:696332
　　　（木下義俊編）　刊　8冊　挿絵有　袋　22cm×15.5cm
　　　序：貞享元年（1684）自序
　　　刊記：安政3年（1856）再刻　江戸／須原屋茂兵衛・大坂／河内屋喜兵衛他（全5肆）

3885 武用弁略 BUYOU BENRYAKU　　　　　　　　　IN:2894.2/LCCN:696332
　　　（木下義俊編）　刊　8冊　挿絵有　袋　22cm×15.5cm
　　　序：貞享元年（1684）自序
　　　刊記：安政3年（1856）再刻　江戸／須原屋茂兵衛・大坂／河内屋喜兵衛他（全5肆）

3886 武用弁略 BUYOU BENRYAKU　　　　　　　　　IN:2317/LCCN:695755
　　　刊　2冊　挿絵有　袋　24cm×15.8cm
　　　巻2・3存

3887 武用弁略 BUYOU BENRYAKU　　　　　　　　　IN:1283/LCCN:432856
　　　木下義俊編、負暄子校　写　3冊　挿絵有　袋　23.7cm×16.1cm
　　　序：貞享元年（1684）洛下隠士

B. 兵法

3888 　足軽家伝　ASHIGARU KADEN　　　　　　　　　　IN:1126/LCCN:432699
　　　　写　1冊　袋　14cm × 20.2cm

3889 　足軽之巻　ASHIGARU NO MAKI　　　　　　　　　IN:1125/LCCN:432698
　　　　写　1冊　仮綴　15.7cm × 22cm

3890 　足軽武功百ヶ条　ASHIGARU BUKOU HYAKKAJOU　　IN:1184/LCCN:432757
　　　　写　1冊　袋　21.8cm × 14.6cm
　　　　蔵書印等：［参謀］　異称：足軽武功百箇条

3891 　闇将文挌　ANSHOU BUNKAKU　　　　　　　　　　IN:1112/LCCN:432685
　　　　写　1冊　袋　25.3cm × 18cm
　　　　序：有　奥書等：三森十太兵衛信尚｜天保10年（1839）浅河助十郎殿
　　　　蔵書印等：［士官］　異称：軍法抜粋抄

3892 　井伊家軍法　IIKE GUNPOU　　　　　　　　　　 IN:1330/LCCN:432903
　　　　写　1冊　仮綴　14.4cm × 21cm
　　　　上巻存　蔵書印等：［参謀］

3893 　一騎武者受用之巻　IKKI MUSHA JUYOU NO MAKI　IN:1063/LCCN:432636
　　　　栢陰士　写　1冊　袋　27.1cm × 18.8cm
　　　　奥書等：延享2年（1745）12月　栢陰士
　　　　異称：一騎武者受用

3894 　一騎要法伝　IKKI YOUHOU DEN　　　　　　　　　IN:1132/LCCN:432705
　　　　写　1冊　袋　14.2cm × 19.5cm
　　　　奥書等：三森十太兵衛信尚｜天保10年（1839）浅河助十郎殿

3895 　一己受用　IKKO JUYOU　　　　　　　　　　　　 IN:294/LCCN:847290
　　　　刊　1冊　挿絵有　袋　24.1cm × 17cm

3896 　稲田感状記　INADA KANJOUKI　　　　　　　　　 IN:1177/LCCN:432750
　　　　写　1冊　仮綴　24.6cm × 17cm

3897 　因義世則　INGI SESOKU　　　　　　　　　　　　IN:1051/LCCN:432624
　　　　写　6冊　仮綴　24cm × 17.5cm／26cm × 18.2cm（第1冊目）
　　　　巻1〜5・7〜11存　巻4の後半欠

3898 空穂之巻 UTSUHO NO MAKI　　　　　　　　　　　IN:540/LCCN:847535
　　　写　1冊　挿絵有　袋　27.3cm×19.6cm
　　蔵書印等：［士官］

3899 易城全書 EKIJOU ZENSHO　　　　　　　　　　IN:1170/LCCN:432743
　　　写　1冊　仮綴　23.4cm×16.1cm
　　（SEP 10 1946）収蔵

3900 園城之法 ENJOU NO HOU　　　　　　　　　　IN:1274e/LCCN:432847e
　　　写　1冊　袋　26.4cm×18.4cm
　　新篇治平之法・築城之法・出師之法・斥候之法・守城之法・兵士功次之法と合綴

3901 御馬印 OUMAJIRUSHI　　　　　　　　　　　IN:1105/LCCN:432678
　　　写　1冊　挿絵有　袋　24cm×16.6cm
　　巻5・6存

3902 大坂陣図 OOSAKA JINZU　　　　　　　　　　IN:1628/LCCN:433201
　　　写　挿絵有　一枚物　27cm×16.7cm

3903 岡本縁侍記 OKAMOTO ENJIKI　　　　　　　　IN:3623/LCCN:703706
　　（岡本美濃守縁侍）　写　1冊　袋　19.2cm×12.4cm
　　奥書等：天文13年（1544）岡本美濃守縁侍｜宝暦13年（1763）岡本勝英｜天明8年（1788）藤南正治
　　蔵書印等：［士官］

3904 温古行烈巻 ONKO GYOURETSU NO MAKI　　　　IN:1121/LCCN:432694
　　　写　8冊　挿絵有　仮綴　14.1cm×21.1cm
　　異称：温古礮形巻・温古軍林巻・温古独吾巻・一言当千巻・温古勇検巻・温古開閉巻・温古猿嚇巻

3905 恩地左近太郎聞書 ONCHI SAKONTAROU KIKIGAKI　IN:2253/LCCN:508653
　　　刊　1冊　袋　27.3cm×19.7cm
　　刊記：寛文10年（1670）
　　（SEP 10 1946）収蔵

3906 海国兵談 KAIKOKU HEIDAN　　　　　　　　　IN:277/LCCN:847273
　　林子平　写　1冊　袋　24.2cm×16.9cm
　　跋：自跋　奥書等：享和3年（1803）写　鎌田佐吉・藤原朝隆｜文化5年（1808）写　大屋源頼直
　　6巻（巻11～16）存　板本写　蔵書印等：［士官］

3907 海国兵談 KAIKOKU HEIDAN　　　　　　　　　IN:3652/LCCN:703735
　　林子平　刊　3冊　袋　27cm×18.3cm

序：天明6年（1786）工藤球郷・天明6年（1786）林子平　跋：林子平　刊記：仙台／林子平蔵版｜寛政3年（1791）板刻成
蔵書印等：［根尾蔵書］（二種）［勝安芳・伝へは我日の本のつはものゝ法の花さけ五百年の後］

3908 海国兵談 （かいこくへいだん） KAIKOKU HEIDAN　　　　　　　　　　　IN:855/LCCN:432429
　　　林子平　写　1冊　挿絵有　洋装（袋）　27.4cm × 19.4cm

3909 海戦試習略記 （かいせんししゅうりゃっき） KAISEN SHISHUU RYAKKI　　　　IN:1516/LCCN:433089
　　　窪田清音　写　1冊　挿絵有　袋　26.4cm × 19.2cm
　　　蔵書印等：［士官］

3910 海闘記 （かいとうき） KAITOUKI　　　　　　　　　　　　　　　　　　IN:1054/LCCN:432627
　　　写　1冊　袋　25.8cm × 17.8cm
　　　序：徹龍

3911 海備芻言 （かいびすうげん） KAIBI SUUGEN　　　　　　　　　　　　　IN:475/LCCN:847471
　　　山鹿素水　写　1冊　袋　26.6cm × 18.8cm
　　　序：弘化4年（1847）素水山鹿高　奥書等：弘化4年（1847）斎藤正謙誌
　　　蔵書印等：［士官］

3912 海防上策諸説集 （かいぼうじょうさくしょせつしゅう） KAIBOU JOUSAKU SHOSETSU SHUU　IN:445/LCCN:847441
　　　松田重徳　写　1冊　挿絵有　袋　23.8cm × 16.6cm
　　　跋：嘉永6年（1853）原田長糸御龍　奥書等：嘉永7年（1854）写　松田重徳

3913 家内独見書 （かないどっけんしょ） KANAI DOKKEN SHO　　　　　　　　IN:1104/LCCN:432677
　　　藤原実常　写　2冊　袋　26.2cm × 18.4cm
　　　跋：元禄9年（1696）藤原実常　奥書等：松田重徳
　　　巻7・8存

3914 金沢遺書八陣図説諺解 （かなざわいしょはちじんずせつげんかい） KANAZAWA ISHO HACHIJIN ZUSETSU GENKAI
　　　佐久間健　写　1冊　挿絵有　袋　27.1cm × 18.8cm　　　IN:466/LCCN:847462
　　　序：宝永3年（1706）佐久間健　跋：越克敏　奥書等：文化4年（1807）戸祭勝兵写
　　　蔵書印等：［士官］

3915 寒到来巻 （かんとうらいのまき） KANTOURAI NO MAKI　　　　　　　　IN:465/LCCN:847461
　　　写　1冊　袋　29cm × 21cm

3916 旗旌巻 （きせいのまき） KISEI NO MAKI　　　　　　　　　　　　　　IN:1129/LCCN:432702
　　　写　1冊　仮綴　14.7cm × 21.8cm

3917 旗旌之巻 （きせいのまき） KISEI NO MAKI　　　　　　　　　　　　　IN:1081/LCCN:432654
　　　写　1冊　袋　15.3cm × 21.4cm

3918 （奇正変談之論） *KISEI HENDAN NO RON*　　　　　IN:1077/LCCN:432650
　　写　1 冊　仮綴　22.9cm × 16.6cm
　　目録のみ存　蔵書印等：［参謀］

3919 教戦略記 *KYOUSEN RYAKKI*　　　　　IN:1490/LCCN:433063
　　窪田清音　写　10 冊　挿絵有　袋　26.2cm × 19.3cm
　　3・6〜14 巻存　蔵書印等：［陸軍・前田文庫］

3920 極要集 *KYOKUYOU SHUU*　　　　　IN:1238/LCCN:432811
　　写　1 冊　袋　27.1cm × 18.8cm
　　蔵書印等：［参謀］

3921 訓閲集 *KIN'ETSU SHUU*　　　　　IN:1136/LCCN:432709
　　写　1 冊　挿絵有　袋　15.7cm × 21.2cm
　　権化巻

3922 訓閲集 *KIN'ETSU SHUU*　　　　　IN:1118/LCCN:432691
　　写　1 冊　袋　15.5cm × 21.8cm

3923 訓閲集 *KIN'ETSU SHUU*　　　　　IN:1397/LCCN:432970
　　写　1 冊　折本　18.1cm × 12.6cm
　　五行巻

3924 訓閲集 *KIN'ETSU SHUU*　　　　　IN:1385/LCCN:99-432958
　　写　1 冊　挿絵有　折本　17.2cm × 12.3cm
　　実検巻・十二勢十二乱可行次第　「軍中第一之大事」（内題下）　蔵書印等：［参謀］

3925 訓閲集 *KIN'ETSU SHUU*　　　　　IN:1349/LCCN:432922
　　写　1 冊　折本　18cm × 12.6cm
　　白沓巻　蔵書印等：［参謀］

3926 訓閲集 *KIN'ETSU SHUU*　　　　　IN:1352/LCCN:432925
　　写　1 冊　折本　18cm × 12.5cm
　　武略集　蔵書印等：［参謀］

3927 訓閲集 *KIN'ETSU SHUU*　　　　　IN:1365/LCCN:432938
　　写　1 冊　折本　18.2cm × 12.6cm
　　奥書等：寛永 8 年（1631）置本半介　石上宣就　山下権兵衛藤原良忠　三浦孫介入道平本延
　　四十二章秘法下

3928 訓閲集 *KIN'ETSU SHUU*　　　　　IN:1386/LCCN:99-432959
　　写　1 冊　折本　18.1cm × 12.4cm
　　奥書等：権道正伝　山下権兵衛　藤原良忠｜寛文 8 年（1668）三浦孫介殿近覧

螺巻　蔵書印等：［参謀］

3929　訓閲集 (きんえつしゅう) *KIN'ETSU SHUU*　　　IN:3618/LCCN:703701
　　　写　1冊　折本　18cm × 12.3cm
　　　扉巻　蔵書印等：［参謀］

3930　訓閲集 (きんえつしゅう) *KIN'ETSU SHUU*　　　IN:3619/LCCN:703702
　　　写　1冊　折本　18cm × 12.3cm
　　　頸祭巻　蔵書印等：［参謀］

3931　訓閲集 (きんえつしゅう) *KIN'ETSU SHUU*　　　IN:3620/LCCN:703703
　　　写　1冊　折本　18cm × 12.5cm
　　　毛杏巻　蔵書印等：［参謀］

3932　訓閲集 (きんえつしゅう) *KIN'ETSU SHUU*　　　IN:3621/LCCN:703704
　　　写　1冊　折本　18cm × 12.5cm
　　　十二乱占　蔵書印等：［参謀］

3933　訓閲集 (きんえつしゅう) *KIN'ETSU SHUU*　　　IN:3622/LCCN:703705
　　　写　1冊　折本　18cm × 12.5cm
　　　気之切紙大事　蔵書印等：［参謀］

3934　訓閲集 (きんえつしゅう) *KIN'ETSU SHUU*　　　IN:1412/LCCN:432985
　　　写　1冊　挿絵有　折本　18cm × 12.5cm
　　　軍監　蔵書印等：［参謀］

3935　訓閲集 (きんえつしゅう) *KIN'ETSU SHUU*　　　IN:1355/LCCN:432928
　　　写　1冊　挿絵有　折本　17.7cm × 12.6cm
　　　虎巻　蔵書印等：［参謀］　異称：訓閲　策巻

3936　訓閲集 (きんえつしゅう) *KIN'ETSU SHUU*　　　IN:1318/LCCN:432894
　　　写　1冊　挿絵有　折本　18cm × 12.6cm
　　　四十二章秘法巻上　蔵書印等：［参謀］

3937　訓閲集 (きんえつしゅう) *KIN'ETSU SHUU*　　　IN:1319/LCCN:432892
　　　写　1冊　折本　17.3cm × 12.8cm
　　　奥書等：岡本氏宣就的伝　三浦氏本延／書記　藤田氏勝興
　　　軍法三大事秘伝口決　蔵書印等：［参謀］

3938　訓閲集 (きんえつしゅう) *KIN'ETSU SHUU*　　　IN:1410/LCCN:432983
　　　写　1冊　折本　17.4cm × 12.8cm

3939 訓閲集 *KIN'ETSU SHUU*　　　　　　　　　　　IN:1371/LCCN:432944
　　　写　1冊　折本　18cm × 12.4cm
　　　奥書等：源義家代々相承　三浦孫介入道平本延
　　　流矢巻大事　蔵書印等：[参謀]

3940 訓閲集 *KIN'ETSU SHUU*　　　　　　　　　　　IN:1373/LCCN:432946
　　　写　1冊　折本　18cm × 12.5cm
　　　奥書等：源義家代々相承　三浦孫介入道平本延
　　　鴉巻・日天摩利支尊天鴉巻大事　蔵書印等：[参謀]

3941 訓閲集 *KIN'ETSU SHUU*　　　　　　　　　　　IN:1378/LCCN:432951
　　　写　1冊　挿絵有　折本　18cm × 12.4cm
　　　奥書等：源義家代々相承　三浦孫介入道平本延
　　　者組之巻　蔵書印等：[参謀]

3942 訓閲集 *KIN'ETSU SHUU*　　　　　　　　　　　IN:1379/LCCN:432952
　　　写　1冊　折本　18cm × 12.5cm
　　　奥書等：源義家代々相承　三浦孫介入道平本延
　　　気巻切紙　蔵書印等：[参謀]

3943 訓閲集 *KIN'ETSU SHUU*　　　　　　　　　　　IN:1380/LCCN:432953
　　　写　1冊　折本　17.8cm × 12.8cm
　　　奥書等：源義家代々相承　三浦孫介入道平本延
　　　館轄巻　蔵書印等：[参謀]

3944 訓閲集 *KIN'ETSU SHUU*　　　　　　　　　　　IN:1394/LCCN:432967
　　　写　1冊　折本　17.9cm × 12.5cm
　　　奥書等：源義家代々相承　三浦孫介入道平本延
　　　天巻上存

3945 訓閲集 *KIN'ETSU SHUU*　　　　　　　　　　　IN:1395/LCCN:432968
　　　写　1冊　折本　17.5cm × 12.6cm
　　　奥書等：源義家代々相承　三浦孫介入道平本延
　　　斗景巻

3946 訓閲集 *KIN'ETSU SHUU*　　　　　　　　　　　IN:1396/LCCN:432969
　　　写　1冊　挿絵有　折本　18.2cm × 12.8cm
　　　奥書等：源義家代々相承　三浦孫介入道平本延
　　　土成三箇大事　指揮口決

3947 訓閲集 *KIN'ETSU SHUU*　　　　　　　　　　　IN:1398/LCCN:432971
　　　写　1冊　折本　18.1cm × 12.4cm
　　　奥書等：源義家代々相承　三浦孫介入道平本延

軍鑑兵皈　巻1「軍略一之上」存

3948 訓閲集 *KIN'ETSU SHUU*　　　　　　　　　　　　IN:1400/LCCN:432973
　　写　1冊　挿絵有　折本　18cm × 12.4cm
　　奥書等：源義家代々相承　三浦孫介入道平本延
　　権化巻

3949 訓閲集 *KIN'ETSU SHUU*　　　　　　　　　　　　IN:1358/LCCN:432931
　　写　1冊　折本　18.9cm × 12.4cm
　　奥書等：源義家代々相承　三浦孫介入道平本延
　　徳目唯授大之日取　蔵書印等：[参謀]

3950 訓閲集 *KIN'ETSU SHUU*　　　　　　　　　　　　IN:1360/LCCN:432933
　　写　1冊　挿絵有　折本　18cm × 12.2cm
　　奥書等：源義家代々相承　三浦孫介入道平本延
　　天巻下　陣取巻　蔵書印等：[参謀]

3951 訓閲集 *KIN'ETSU SHUU*　　　　　　　　　　　　IN:1411/LCCN:432984
　　写　1冊　折本　17.4cm × 12.8cm
　　決勝要略集音義　蔵書印等：[参謀]　異称：決勝要略集

3952 訓閲集 *KIN'ETSU SHUU*　　　　　　　　　　　　IN:1366/LCCN:432939
　　写　1冊　折本　18cm × 12.5cm
　　奥書等：源義家代々相承　三浦孫介入道平本延
　　七字之日取口伝　蔵書印等：[参謀]

3953 訓閲集 *KIN'ETSU SHUU*　　　　　　　　　　　　IN:1384/LCCN:99-432957
　　写　1冊　折本　18.1cm × 12.4cm
　　奥書等：源義家代々相承　三浦孫介入道平本延
　　十二勢十二乱可行次第　蔵書印等：[参謀]

3954 訓閲集 *KIN'ETSU SHUU*　　　　　　　　　　　　IN:1327/LCCN:432993
　　写　1冊　折本　17.6cm × 12.4cm
　　奥書等：源義家代々相承　三浦孫介入道平本延
　　軍鑑兵帰　巻之一・軍略三時取　蔵書印等：[参謀]

3955 訓閲集 *KIN'ETSU SHUU*　　　　　　　　　　　　IN:1345/LCCN:432913
　　写　1冊　折本　17.7cm × 12.5cm
　　奥書等：源義家代々相承　三浦孫介入道平本延
　　六具巻　蔵書印等：[参謀]

3956 訓閲集 *KIN'ETSU SHUU*　　　　　　　　　　　　IN:1350/LCCN:432923
　　写　1冊　折本　17.7cm × 12.3cm

奥書等：源義家代々相承　三浦孫介入道平本延
軍敗文字之書　蔵書印等：[参謀]

3957 **訓閲集** *KIN'ETSU SHUU*　　　　　　　　　　　　IN:1375/LCCN:432948
　　写　1冊　挿絵有　折本　18cm×12.4cm
　　奥書等：源義家代々相承　三浦孫介入道平本延｜藤原喜定　明暦3年（1657）三浦次郎右衛門近覧
　　幕巻

3958 **訓閲集** *KIN'ETSU SHUU*　　　　　　　　　　　　IN:1399/LCCN:432972
　　写　1冊　挿絵有　折本　18.2cm×12.7cm
　　奥書等：源義家代々相承　三浦孫介入道平本延｜藤原喜定　明暦3年（1657）三浦次郎右衛門進覧
　　「軍鑑兵皈」巻1「軍略二」のみ存

3959 **訓閲集** *KIN'ETSU SHUU*　　　　　　　　　　　　IN:1041/LCCN:432614
　　写　1冊　折本　17.6cm×12.4cm
　　奥書等：明暦3年（1657）三浦次右衛門殿へ
　　兵法秘法ノ巻

3960 **訓閲集** *KIN'ETSU SHUU*　　　　　　　　　　　　IN:1315/LCCN:432888
　　写　1冊　折本　17.6cm×12.8cm
　　奥書等：三浦孫介入道　藤田清八郎殿｜正徳4年（1714）平本延
　　兵具根源巻　蔵書印等：[参謀]

3961 **訓閲集** *KIN'ETSU SHUU*　　　　　　　　　　　　IN:1317/LCCN:432893
　　写　1冊　折本　17.6cm×12.5cm
　　奥書等：三浦孫介入道　藤田清八郎殿｜正徳4年（1714）平本延
　　白沓巻　蔵書印等：[参謀]

3962 **訓閲集** *KIN'ETSU SHUU*　　　　　　　　　　　　IN:1372/LCCN:432945
　　写　1冊　折本　17.5cm×12.5cm
　　奥書等：三浦孫介入道　藤田清八郎殿｜正徳4年（1714）平本延
　　日想観　日天子法　蔵書印等：[参謀]

3963 **訓閲集** *KIN'ETSU SHUU*　　　　　　　　　　　　IN:1374/LCCN:432947
　　写　1冊　折本　17.5cm×12.7cm
　　奥書等：正徳4年（1714）正月吉日　三浦孫介入道
　　日天摩利支尊天鴉巻大事　蔵書印等：[参謀]

3964 **訓閲集** *KIN'ETSU SHUU*　　　　　　　　　　　　IN:1377/LCCN:432950
　　写　1冊　折本　17.5cm×12.6cm
　　奥書等：三浦孫介入道　藤田清八郎殿｜正徳4年（1714）平本延
　　沓巻　蔵書印等：[参謀]　異称：(沓之巻　毛沓之秘術)

3965 訓閲集 KIN'ETSU SHUU　　　　　　　　　　　　　　　IN:1387/LCCN:432960
　　写　1冊　折本　17.8cm × 12.8cm
　　奥書等：三浦孫介入道　藤田清八郎殿｜正徳4年（1714）平本延
　　兵的筭法　蔵書印等：[参謀]

3966 訓閲集 KIN'ETSU SHUU　　　　　　　　　　　　　　　IN:1390/LCCN:432963
　　写　1冊　折本　17.5cm × 12.3cm
　　奥書等：三浦孫介入道　藤田清八郎殿｜正徳4年（1714）平本延
　　三九之秘法　蔵書印等：[参謀]

3967 訓閲集 KIN'ETSU SHUU　　　　　　　　　　　　　　　IN:1392/LCCN:432965
　　写　1冊　挿絵有　折本　17.6cm × 12.6cm
　　奥書等：三浦孫介入道　藤田清八郎殿｜正徳4年（1714）平本延
　　日輪の分　蔵書印等：[参謀]

3968 訓閲集 KIN'ETSU SHUU　　　　　　　　　　　　　　　IN:1367.2/LCCN:432940.2
　　写　1冊　折本　17.4cm × 12.6cm
　　奥書等：三浦孫介入道　藤田清八郎殿｜正徳4年（1714）平本延
　　三九之秘法　蔵書印等：[参謀]

3969 訓閲集 KIN'ETSU SHUU　　　　　　　　　　　　　　　IN:1367.1/LCCN:432940.1
　　写　1冊　折本　17.6cm × 12.7cm
　　奥書等：三浦孫介入道　藤田清八郎殿｜正徳4年（1714）平本延
　　策切紙　蔵書印等：[参謀]

3970 訓閲集 KIN'ETSU SHUU　　　　　　　　　　　　　　　IN:1368/LCCN:432941
　　写　1冊　挿絵有　折本　17.5cm × 12.6cm
　　奥書等：三浦孫介入道　藤田清八郎殿｜正徳4年（1714）平本延
　　策　蔵書印等：[参謀]

3971 訓閲集 KIN'ETSU SHUU　　　　　　　　　　　　　　　IN:1370/LCCN:432943
　　写　1冊　折本　17.7cm × 12.6cm
　　奥書等：三浦孫介入道　藤田清八郎殿｜正徳4年（1714）平本延
　　扇巻　蔵書印等：[参謀]

3972 訓閲集 KIN'ETSU SHUU　　　　　　　　　　　　　　　IN:1316/LCCN:432883
　　写　1冊　挿絵有　折本　15cm × 12.4cm
　　奥書等：権道正伝　三浦孫介入道　藤田清八郎殿｜正徳4年（1714）平本延
　　蔵書印等：[参謀]

3973 訓閲集 KIN'ETSU SHUU　　　　　　　　　　　　　　　IN:1369/LCCN:432942
　　写　1冊　折本　17.3cm × 12.8cm
　　奥書等：三浦孫介入道　藤田清八郎殿｜正徳4年（1714）平本延

六具巻　蔵書印等：［参謀］

3974 訓閲集 *KIN'ETSU SHUU*　　　　　　　　　　　　　　　　IN:1323.1/LCCN:482896
　写　1冊　折本　18cm × 12.4cm
　奥書等：右当流訓閲集之内此一冊者尤珍敷也依御執心而令写本畢　権道正伝　三浦孫介入道　藤田清八郎殿　正徳4年（1714）正月吉日　平本延
　兵具根源巻　蔵書印等：［参謀］

3975 訓閲集 *KIN'ETSU SHUU*　　　　　　　　　　　　　　　　IN:1323.2/LCCN:482896
　写　1冊　折本　17.6cm × 12.6cm
　奥書等：右当流訓閲集之内此一冊者尤珍敷也依御執心而令写本畢　権道正伝　三浦孫介入道　藤田清八郎殿　正徳4年（1714）正月吉日　平本延
　兵帰第四之内　蔵書印等：［参謀］

3976 訓閲集 *KIN'ETSU SHUU*　　　　　　　　　　　　　　　　IN:1324/LCCN:432897
　写　1冊　折本　17.5cm × 12.8cm
　奥書等：右当流訓閲集之内此一冊者尤珍敷也依御執心而令写本畢　権道正伝　三浦孫介入道　藤田清八郎殿　正徳4年（1714）正月吉日　平本延
　軍気巻第二中　蔵書印等：［参謀］

3977 訓閲集 *KIN'ETSU SHUU*　　　　　　　　　　　　　　　　IN:1325/LCCN:432893
　写　1冊　折本　17.5cm × 12.8cm
　奥書等：右当流訓閲集之内此一冊者尤珍敷也依御執心而令写本畢　権道正伝　三浦孫介入道　藤田清八郎殿　正徳4年（1714）正月吉日　平本延
　軍気巻第一上　蔵書印等：［参謀］

3978 訓閲集 *KIN'ETSU SHUU*　　　　　　　　　　　　　　　　IN:1326/LCCN:432899
　写　1冊　折本　17.5cm × 12.6cm
　奥書等：右当流訓閲集之内此一冊者尤珍敷也依御執心而令写本畢　権道正伝　三浦孫介入道　藤田清八郎殿　正徳4年（1714）正月吉日　平本延
　軍鑑兵帰　巻之一　蔵書印等：［参謀］

3979 訓閲集 *KIN'ETSU SHUU*　　　　　　　　　　　　　　　　IN:1328/LCCN:432901
　写　折本　17.5cm × 12.6cm
　奥書等：右当流訓閲集之内此一冊者尤珍敷也依御執心而令写本畢　権道正伝　三浦孫介入道　藤田清八郎殿　正徳4年（1714）正月吉日　平本延
　軍鑑兵帰　巻之一　蔵書印等：［参謀］

3980 訓閲集 *KIN'ETSU SHUU*　　　　　　　　　　　　　　　　IN:1347/LCCN:432920
　写　1冊　折本　17.5cm × 12.5cm
　奥書等：正徳4年（1714）
　舘轄巻　蔵書印等：［参謀］

3981 訓閲集 *KIN'ETSU SHUU*　　　　　　　　　　　IN:1348/LCCN:432921
　　写　1冊　挿絵有　折本　17.6cm × 12.6cm
　　奥書等：三浦孫介入道　藤田清八郎殿｜正徳 4 年（1714）平本延
　　懸待極位之日取　内題の下に［クリ様口伝］とある　蔵書印等：［参謀］

3982 訓閲集 *KIN'ETSU SHUU*　　　　　　　　　　　IN:1351/LCCN:432924
　　写　1冊　挿絵有　折本　17.7cm × 12.8cm
　　奥書等：正徳 4 年（1714）
　　軍気図秘伝巻　蔵書印等：［参謀］

3983 訓閲集 *KIN'ETSU SHUU*　　　　　　　　　　　IN:1353/LCCN:432926
　　写　1冊　折本　17.6cm × 12.7cm
　　奥書等：正徳 4 年（1714）
　　軍敗之書目録・訓閲集の目録　蔵書印等：［参謀］

3984 訓閲集 *KIN'ETSU SHUU*　　　　　　　　　　　IN:1356/LCCN:432929
　　写　1冊　挿絵有　折本　17.8cm × 12.4cm
　　奥書等：三浦孫介入道　藤田清八郎殿｜正徳 4 年（1714）平本延
　　虎巻三十二運　冒頭「虎図第三十二運図」　蔵書印等：［参謀］

3985 訓閲集 *KIN'ETSU SHUU*　　　　　　　　　　　IN:1357/LCCN:432930
　　写　1冊　挿絵有　折本　17.5cm × 12.5cm
　　奥書等：三浦孫介入道　藤田清八郎殿｜正徳 4 年（1714）平本延
　　第二虎圏三十二運・虎圏第三十二運図　蔵書印等：［参謀］

3986 訓閲集 *KIN'ETSU SHUU*　　　　　　　　　　　IN:1359/LCCN:432932
　　写　1冊　折本　17.5cm × 12.6cm
　　奥書等：三浦孫介入道　藤田清八郎殿｜正徳 4 年（1714）平本延
　　斗景巻

3987 訓閲集 *KIN'ETSU SHUU*　　　　　　　　　　　IN:1361/LCCN:432934
　　写　1冊　挿絵有　折本　18cm × 12.6cm
　　奥書等：三浦孫介入道　藤田清八郎殿｜正徳 4 年（1714）平本延
　　諸雑図　蔵書印等：［参謀］

3988 訓閲集 *KIN'ETSU SHUU*　　　　　　　　　　　IN:1362/LCCN:432935
　　写　1冊　挿絵有　折本　17.4cm × 12.8cm
　　奥書等：三浦孫介入道　藤田清八郎殿｜正徳 4 年（1714）平本延
　　虎巻　蔵書印等：［参謀］

3989 訓閲集 *KIN'ETSU SHUU*　　　　　　　　　　　IN:1388/LCCN:432961
　　写　1冊　折本　17.6cm × 12.9cm
　　奥書等：三浦孫介入道　藤田清八郎殿｜正徳 4 年（1714）平本延

「遁失ヲウケサル事無疑」

3990 訓閲集 *KIN'ETSU SHUU* IN:1389/LCCN:432962
　　写　1冊　袋　18.1cm × 12.5cm
　　奥書等：三浦孫介入道　藤田清八郎殿｜正徳4年（1714）平本延
　　中夭巻　蔵書印等：［参謀］

3991 訓閲集 *KIN'ETSU SHUU* IN:1346/LCCN:432937
　　写　1冊　折本　17.5cm × 12.6cm
　　奥書等：三浦孫介入道　藤田清八郎殿｜正徳4年（1714）平本延
　　獅子之巻　蔵書印等：［参謀］

3992 訓閲集 *KIN'ETSU SHUU* IN:1382/LCCN:432955
　　写　1冊　折本　17.5cm × 12.5cm
　　奥書等：三浦孫介入道　藤田清八郎殿｜正徳4年（1714）平本延
　　十二勢占　蔵書印等：［参謀］

3993 訓閲集 *KIN'ETSU SHUU* IN:1383/LCCN:99-432956
　　写　1冊　折本　17.6cm × 12.7cm
　　奥書等：三浦孫介入道　藤田清八郎殿｜正徳4年（1714）平本延
　　十二乱之占　蔵書印等：［参謀］

3994 訓閲集 *KIN'ETSU SHUU* IN:1320/LCCN:432893
　　写　1冊　折本　17.5cm × 12.6cm
　　奥書等：右当流訓閲集之内此一冊者尤珍敷也依御執心而令写与畢　権道正伝　三浦孫介入道　藤
　　田清八郎殿　正徳四年甲午歳（1714）正月吉日　平本延花押
　　軍敗文字之書　蔵書印等：［参謀］

3995 訓閲集 *KIN'ETSU SHUU* IN:1401/LCCN:432974
　　写　1冊　折本　17.6cm × 12.6cm
　　奥書等：右当流訓閲集之内此一冊者尤珍宝也依御執心而令写与畢／権道正伝／三浦孫介入道／正
　　徳四甲午歳（1714）正月吉日　平本延／薄田清八郎殿
　　武略集

3996 訓閲集 *KIN'ETSU SHUU* IN:1901/LCCN:508301
　　写　1冊　挿絵有　折本　18cm × 12cm
　　奥書等：正徳四甲午歳（1714）正月廿三日薦田清八郎殿遠覧
　　蔵書印等：［参謀］

3997 訓閲集 *KIN'ETSU SHUU* IN:1321/LCCN:432894
　　写　1冊　挿絵有　折本　18cm × 12.5cm
　　軍敗兵法

3998 訓閲集 KIN'ETSU SHUU　　　　　　　　　　　IN:1381/LCCN:432954
　　写　1冊　挿絵有　折本　17.5cm × 12.6cm
　　奥書等：三浦孫介入道　藤田清八郎殿｜正徳4年（1714）平本延
　　懸待極意之日取　蔵書印等：[参謀]

3999 訓閲集 KIN'ETSU SHUU　　　　　　　　　　　IN:1391/LCCN:432964
　　写　1冊　折本　17.5cm × 12.5cm
　　奥書等：三浦孫介入道　藤田清八郎殿｜正徳4年（1714）平本延
　　占星術　蔵書印等：[参謀]

4000 訓閲集 KIN'ETSU SHUU　　　　　　　　　　　IN:1354/LCCN:432927
　　写　1冊　挿絵有　折本　17.4cm × 12.5cm
　　奥書等：三浦孫介入道平本延｜正徳4年（1714）
　　統領之巻　蔵書印等：[参謀]

4001 訓閲集軍敗兵法 KIN'ETSU SHUU GUNPAI HEIHOU　IN:1322/LCCN:432895
　　写　1冊　挿絵有　折本　17.6cm × 12.8cm
　　奥書等：三浦孫介入道　藤田清八郎殿　正徳4年（1714）　平本延
　　第二之九終　蔵書印等：[参謀]

4002 訓閲集武明論 KIN'ETSU SHUU BUMEIRON　　　　IN:1438/LCCN:433011
　　写　1冊　折本　18cm × 12.2cm
　　奥書等：源義家代々相承　三浦孫介入道平本延

4003 沓之切紙大事 KUTSU NO KIRIGAMI DAIJI　　　　IN:1346/LCCN:432919
　　写　1冊　折本　17.7cm × 12.6cm
　　後半欠　蔵書印等：[参謀]

4004 国雄師之答 KUNIOSHI NO KOTAE　　　　　　　　IN:1173/LCCN:432746
　　写　1冊　仮綴　24cm × 16.7cm
　　奥書等：松田重安書
　　（SEP 10 1946）収蔵

4005 軍歌省愚百首 GUNKA SHOUGU HYAKUSHU　　　　　IN:1061/LCCN:432634
　　斉藤忠時　写　袋　27.2cm × 18.8cm
　　奥書等：宝永元年（1704）斉藤忠時（上）｜宝永6年（1709）写（下）
　　2巻　異称：省愚軍哥

4006 軍鑑足軽之巻 GUNKAN ASHIGARU NO MAKI　　　　IN:1034/LCCN:432607
　　写　1冊　挿絵有　袋　29.4cm × 20.5cm
　　奥書等：有

4007 軍鑑奸戦巻 GUNKAN KANSEN NO MAKI　　　　IN:1070/LCCN:432643
　　写　2冊　袋　29.4cm × 20.6cm
　　蔵書印等：[士官]

4008 軍鑑使番巻 GUNKAN SHIBAN NO MAKI　　　　IN:1072/LCCN:432645
　　写　1冊　袋　29.5cm × 21.6cm

4009 軍鑑城攻巻 GUNKAN SHIROSEME NO MAKI　　　IN:1069/LCCN:432642
　　写　2冊　袋　29.4cm × 20.6cm
　　蔵書印等：[士官]

4010 軍鑑長柄鑓巻 GUNKAN NAGAEYARI NO MAKI　　IN:1068/LCCN:432641
　　写　1冊　挿絵有　袋　29.3cm × 20.5cm
　　蔵書印等：[士官]

4011 軍鑑武者奉行巻 GUNKAN MUSHA BUGYOU NO MAKI　IN:1066/LCCN:432639
　　写　1冊　袋　29.3cm × 20.6cm
　　蔵書印等：[士官]

4012 軍鑑斥候大事 GUNKAN MONOMI DAIJI　　　　IN:1116/LCCN:432689
　　写　1冊　袋　15.4cm × 21.7cm

4013 軍鑑物見巻 GUNKAN MONOMI NO MAKI　　　　IN:1073/LCCN:432646
　　写　1冊　袋　29.6cm × 21.6cm

4014 軍鑑夜戦巻 GUNKAN YASEN NO MAKI　　　　IN:1071/LCCN:432644
　　写　1冊　袋　29.5cm × 20.6cm
　　（SEP 9 1946）収蔵　異称：軍鑑夜守巻

4015 軍鑑籠城巻 GUNKAN ROUJOU NO MAKI　　　　IN:1067/LCCN:432640
　　写　2冊　袋　29.3cm × 20.6cm
　　蔵書印等：[士官]

4016 軍教巻 GUNKYOU NO MAKI　　　　　　　　IN:1083/LCCN:432656
　　写　1冊　仮綴　15.7cm × 22cm
　　目録のみ存

4017 軍決要目集 GUNKETSU YOUMOKU SHUU　　　IN:1075/LCCN:432648
　　写　2冊　仮綴　27.5cm × 20.5cm

4018 軍決要目集 GUNKETSU YOUMOKU SHUU　　　IN:1052/LCCN:432625
　　写　1冊　仮綴　28cm × 18.8cm

B. 兵法　471

4019 軍決要目集 GUNKETSU YOUMOKU SHUU　　　IN:1218/LCCN:432791
　　写　1冊　袋　25.3cm × 19.4cm

4020 軍詞巻 GUNSHI NO MAKI　　　IN:1340/LCCN:432913
　　写　1冊　仮綴　16.2cm × 22.5cm
　　蔵書印等：[参謀]

4021 軍書摘要 GUNSHO TEKIYOU　　　IN:1229.1/LCCN:432802
　　写　1冊　袋　24.4cm × 17.2cm
　　蔵書印等：[参謀]

4022 軍髄要説問答鈔 GUNZUI YOUSETSU MONDOUSHOU　　　IN:1470/LCCN:433043
　　写　2冊　袋　27.9cm × 20.5cm
　　蔵書印等：[参謀]

4023 軍髄要覧 GUNZUI YOURAN　　　IN:1464/LCCN:433037
　　宮川利直　写　2冊　挿絵有　袋　19.1cm × 13.6cm
　　序：慶応元年(1865)松田重直　奥書等：富樫太郎兵衛｜寛文6年(1666)利直｜慶応元年(1865)
　　写　松田金次郎紀重直

4024 軍敗覚書 GUNBAI OBOEGAKI　　　IN:1209/LCCN:432782
　　訒斎　写　1冊　挿絵有　袋　25.8cm × 18.8cm
　　武明論・軍敗文字ノ書ほか全16編

4025 軍配小勇巻 GUNBAI SHOUYUUKAN　　　IN:353/LCCN:847349
　　写　5冊　袋　27.2cm × 20cm
　　蔵書印等：[参謀]

4026 軍敗要目集 GUNBAI YOUMOKU SHUU　　　IN:1064/LCCN:432637
　　写　1冊　袋　27.2cm × 19.2cm
　　5巻

4027 軍敗要目集 GUNBAI YOUMOKU SHUU　　　IN:1295/LCCN:432868
　　写　12冊　袋　26.7cm × 19.9cm
　　奥書等：井伊掃部頭直孝従士　権道正伝　冨士喜大夫藤原因利編集
　　蔵書印等：[参謀]

4028 軍敗要目集 GUNPAI YOUMOKU SHUU　　　IN:546/LCCN:847541
　　写　1冊　袋　27.5cm × 19.4cm
　　蔵書印等：[参謀]

4029 軍法之巻并抄 GUNPOU NO MAKI NARABINI SHOU　　　IN:1230/LCCN:432803
　　写　1冊　仮綴　21.5cm × 14.8cm

4030　軍法之巻并抄　GUNPOU NO MAKI NARABINI SHOU　　　　IN:1166/LCCN:432739
　　　写　1冊　袋　24.3cm × 17.1cm
　　　奥書等：有

4031　軍法秘用集　GUNPOU HIYOU SHUU　　　　IN:1037/LCCN:432610
　　　写　1冊　袋　25.8cm × 19.5cm

4032　軍役当用集　GUN'YAKU TOUYOU SHUU　　　　IN:1154/LCCN:432727
　　　写　1冊　袋　23.5cm × 17cm
　　　巻上中存　「北条流兵書五捨騎修人数并小荷駄割」を付す

4033　軍要集　GUN'YOUSHUU　　　　IN:1100/LCCN:432673
　　　写　1冊　挿絵有　洋装（袋）　25cm × 18.1cm
　　　巻18・19存　巻17の最終丁残

4034　軍要集　GUN'YOUSHUU　　　　IN:1437/LCCN:433010
　　　写　5冊　洋装（袋）　25cm × 18.2cm
　　　巻21後半と巻22欠

4035　軍用第三陣具巻　GUN'YOU DAISAN JINGU NO MAKI　　　　IN:1059/LCCN:432632
　　　写　1冊　袋　26.3cm × 19.4cm
　　　蔵書印等：［士官］　異称：陣具巻

4036　軍利百ヶ条　GUNRI HYAKKAJOU　　　　IN:1165/LCCN:432738
　　　北条安房守（氏長）　写　1冊　袋　27.3cm × 18.4cm
　　　奥書等：享保4年（1719）写

4037　軍旅侍功鈔　GUNRYO JIKOUSHOU　　　　IN:1479/LCCN:433052
　　　写　1冊　挿絵有　袋　24.9cm × 15.8cm
　　　序：延宝8年（1680）　奥書等：元祖　荒木志摩守・小泉忠之丞｜天保12年（1841）秀督／矢嶋牧次殿

4038　軍礼　GUNREI　　　　IN:1212/LCCN:432785
　　　写　1冊　仮綴　26.8cm × 19cm
　　　跋：宇佐美駿河守良勝
　　　蔵書印等：［参謀］

4039　慶元軍要録　KEIGEN GUN'YOUROKU　　　　IN:2913/LCCN:696351
　　　津田重蔵　刊　8冊　挿絵有　袋　26.1cm × 18.2cm
　　　序：文久元年（1861）学斎林昇・文久2年（1862）津田明馨　刊記：文久3年（1863）練丹居蔵版
　　　前編存

B．兵法　473

4040 軽卒左右之巻 *KEISOTSU SOU NO MAKI*　　　　IN:476/LCCN:847472
　　写　1冊　挿絵有　袋　27cm × 18.8cm
　　奥書等：山鹿流秘伝之書

4041 計伊津留伝口訣 *KEITSURU DEN KUKETSU*　　　　IN:1143/LCCN:432716
　　写　1冊　袋　24.4cm × 18.3cm
　　奥書等：嘉永5年（1852）写　長屋忠良

4042 決勝要略集 *KESSHOU YOURYAKU SHUU*　　　　IN:1124/LCCN:432697
　　写　3冊　挿絵有　袋　14.8cm × 21cm

4043 決勝要略集 *KESSHOU YOURYAKU SHUU*　　　　IN:1086/LCCN:432659
　　写　2冊　袋　14.6cm × 21.5cm
　　奥書等：寛文10年（1670）（巻1之下2）｜寛文8年（1668）（如法所）
　　巻1下の2・如法所存　蔵書印等：［参謀］

4044 決勝要略集 *KESSHOU YOURYAKU SHUU*　　　　IN:1402/LCCN:432975
　　写　1冊　折本　17.6cm × 12.6cm
　　奥書等：権道正伝　山下権兵衛｜寛文10年（1670）藤原良忠　三浦孫助殿進覧
　　巻8存

4045 決勝要略集 *KESSHOU YOURYAKU SHUU*　　　　IN:1403/LCCN:432976
　　写　1冊　折本　17.6cm × 12.6cm
　　巻9存

4046 決勝要略集 *KESSHOU YOURYAKU SHUU*　　　　IN:1404/LCCN:432977
　　写　1冊　折本　17.6cm × 12.6cm
　　奥書等：権道正伝　山下権兵衛｜寛文10年（1670）藤原良忠　三浦孫助殿進覧
　　巻10存

4047 決勝要略集 *KESSHOU YOURYAKU SHUU*　　　　IN:1405/LCCN:432978
　　写　1冊　折本　17.6cm × 12.6cm
　　巻11存

4048 決勝要略集 *KESSHOU YOURYAKU SHUU*　　　　IN:1406/LCCN:432979
　　写　1冊　折本　17.6cm × 12.6cm
　　巻12存（AUG 26 1946）収蔵

4049 決勝要略集 *KESSHOU YOURYAKU SHUU*　　　　IN:1407/LCCN:43280
　　写　1冊　折本　17.6cm × 12.6cm
　　巻13存　三十六戦法巻下

4050 決勝要略集 *KESSHOU YOURYAKU SHUU*　　　　　IN:1408/LCCN:432981
　　　写　1冊　折本　17.6cm × 12.6cm
　　　巻14存　雑記

4051 決勝要略集 *KESSHOU YOURYAKU SHUU*　　　　　IN:1409/LCCN:432982
　　　写　1冊　折本　17.6cm × 12.6cm
　　　奥書等：権道正伝　山下権兵衛｜寛文10年（1670）藤原良忠　三浦孫助殿進覧
　　　巻15存

4052 決勝要略集 *KESSHOU YOURYAKU SHUU*　　　　　IN:1413/LCCN:432986
　　　写　1冊　折本　17.6cm × 12.6cm
　　　奥書等：権道正伝　山下権兵衛｜寛文10年（1670）藤原良忠　三浦孫助殿進覧
　　　巻7存

4053 決勝要略集 *KESSHOU YOURYAKU SHUU*　　　　　IN:1414/LCCN:432987
　　　写　1冊　折本　17.6cm × 12.6cm
　　　巻2存

4054 決勝要略集 *KESSHOU YOURYAKU SHUU*　　　　　IN:1415/LCCN:432988
　　　写　1冊　折本　17.6cm × 12.6cm
　　　巻6存

4055 決勝要略集 *KESSHOU YOURYAKU SHUU*　　　　　IN:1416/LCCN:432989
　　　写　1冊　折本　17.6cm × 12.6cm
　　　奥書等：山下権兵衛｜寛文10年（1670）藤原良忠　三浦孫助殿進覧
　　　巻4存　大将の選び方　大将の心得を説く

4056 決勝要略集 *KESSHOU YOURYAKU SHUU*　　　　　IN:1417/LCCN:432999
　　　写　1冊　折本　17.6cm × 12.6cm
　　　巻5存

4057 決勝要略集 *KESSHOU YOURYAKU SHUU*　　　　　IN:1418/LCCN:432991
　　　写　1冊　折本　17.6cm × 12.6cm
　　　奥書等：山下権兵衛｜正徳4年（1714）薄田清八郎殿
　　　巻第1下の3存

4058 結要士鑑 *KETSUYOU SHIKAN*　　　　　IN:1234/LCCN:432807
　　　写　1冊　袋　23.8cm × 16.6cm

4059 結要士鑑愚解稿 *KETSUYOU SHIKAN GUKAIKOU*　　　　　IN:1233/LCCN:432806
　　　写　1冊　袋　23.5cm × 16.3cm
　　　奥書等：伊木橘忠真聞書　享和2年（1802）

B. 兵法　475

4060 鈴録 KENROKU　　　　　　　　　　　　　　　IN:2900/LCCN:696338
　　荻生徂徠　刊　20冊　挿絵有　袋　26cm×18cm
　　序：安政2年（1855）宇佐美先　跋：安政2年（1855）玄孫物部昌　刊記：安政4年（1857）
　　京／出雲寺文次郎・江戸／須原屋新兵衛他（全5肆）

4061 鈴録外書 KENROKU GAISHO　　　　　　　　IN:459/LCCN:847455
　　荻生徂徠　写　1冊　袋　27.4cm×19cm
　　奥書等：安永3年（1774）渥美氏団治正美写
　　蔵書印等：［予科・士官］

4062 行軍図式 KOUGUN ZUSHIKI　　　　　　　　IN:293/LCCN:847289
　　上野資徳　写　1冊　挿絵有　袋　26.2cm×18.2cm
　　跋：文化5年（1808）自跋　奥書等：文政元年（1818）写　忠英

4063 甲州本伝 KOUSHUU HONDEN　　　　　　　　IN:1144/LCCN:432717
　　写　1冊　袋　26.8cm×18.8cm

4064 甲州流軍法伝来 KOUSHUURYUU GUNPOU DENRAI　IN:1179/LCCN:432752
　　写　1冊　仮綴　19.6cm×13.9cm
　　奥書等：免書　小幡小幡勘兵衛景憲｜伝授　梶与右衛門定章左兵衛伏定良第｜初伝　師鑑雄鑑士
　　鑑用法　北条安房守氏長｜甲陽軍法七世正統　内野平兵衛勝美

4065 甲州流ニ付安東氏物語等之覚 KOUSHUURYUU NI TSUKI ANDOUSHI MONOGATARI
　　　　　　　　　　　　　　　　NADO NO OBOE　　　　　IN:1091/LCCN:432664
　　写　1冊　挿絵有　袋　14.1cm×18cm

4066 黄石公籏秘伝 KOUSEKIKOU HATA NO HIDEN　　IN:462/LCCN:847458
　　写　1冊　挿絵有　袋　27cm×18.5cm
　　奥書等：承暦（1077〜1081）小野末孫日用坊堅誉・福寿院僧正　朝盛
　　蔵書印等：［参謀］　異称：黄石公張良伝

4067 功名次第 KOUMYOU SHIDAI　　　　　　　　　IN:1342/LCCN:432915
　　写　1冊　仮綴　18cm×14.1cm
　　奥書等：永禄7年（1564）
　　蔵書印等：［参謀］

4068 甲陽軍鑑 KOUYOU GUNKAN　　　　　　　　　IN:3651/LCCN:00-703734
　　（高坂昌信）　刊　23冊　袋　27.6cm×19.5cm

4069 甲陽軍鑑 KOUYOU GUNKAN　　　　　　　　　IN:223/LCCN:847219
　　（高坂昌信）　刊　4冊　袋　26.8cm×19.2cm
　　刊記：万治2年（1659）京／安田十兵衛
　　〔朝河〕（SEP 6 1907）収蔵

4070 甲陽軍鑑抜書 *KOUYOU GUNKAN NUKIGAKI*　　　IN:1278/LCCN:432851
　　　写　2 冊　挿絵有　袋　30cm × 21cm
　　　蔵書印等：［士官］

4071 甲陽軍鑑抜書 *KOUYOU GUNKAN NUKIGAKI*　　　IN:463/LCCN:847459
　　　写　1 冊　袋　27.5cm × 20cm
　　　蔵書印等：［梅田蔵書之印・参謀］　異称：甲州流寒到来

4072 甲陽軍鑑抜書 *KOUYOU GUNKAN NUKIGAKI*　　　IN:464/LCCN:847460
　　　写　1 冊　袋　27.5cm × 20.1cm
　　　奥書等：小幡景憲勘兵衛・中島重雄六郎兵衛・斎藤忠時五郎兵衛・吉田貞常・浅右衛門
　　　蔵書印等：［参謀］　異称：甲州流暑到来

4073 甲陽軍鑑抜書 *KOUYOU GUNKAN NUKIGAKI*　　　IN:1487/LCCN:433060
　　　写　2 冊　袋　24.7cm × 17.4cm
　　　蔵書印等：［参謀］

4074 甲陽軍鑑抜書 *KOUYOU GUNKAN NUKIGAKI*　　　IN:1268/LCCN:432841
　　　写　2 冊　挿絵有　袋　31.3cm × 22.3cm

4075 甲陽軍艦末書 *KOUYOU GUNKAN MASSHO*　　　IN:1216/LCCN:432789
　　　写　1 冊　挿絵有　仮綴　27.4cm × 19.9cm
　　　奥書等：小幡勘兵衛
　　　下巻1・2存

4076 甲陽軍艦末書 *KOUYOU GUNKAN MASSHO*　　　IN:574/LCCN:847569
　　　写　1 冊　挿絵有　洋装（袋）　25.8cm × 19.2cm

4077 甲陽軍鑑末書下巻 *KOUYOU GUNKAN MASSHO GEKAN*　　　IN:1243.2/LCCN:432816
　　　写　5 冊　挿絵有　仮綴　27.6cm × 20cm
　　　7巻（1・3〜7・9）存

4078 甲陽軍鑑末書結要本 *KOUYOU GUNKAN MASSHO KETSUYOUHON*　　　IN:1243.1/LCCN:432816
　　　写　5 冊　挿絵有　仮綴　27.6cm × 20cm
　　　8巻（1〜5・8〜10）存

4079 甲陽戦正路公之覚書 *KOUYOUSEN MASAMICHIKOU NO OBOEGAKI*　　　IN:3624/LCCN:703707
　　　写　2 冊　袋　23.4cm × 16.4cm
　　　蔵書印等：［参謀］

4080 五鑑合類 *GOKAN GOURUI*　　　IN:1168/LCCN:432741
　　　写　2 冊　袋　25.9cm × 18.1cm

4081　五行座備之図　GOGYOUZABI NO ZU　　　　　IN:1089/LCCN:432662
　　　写　1冊　挿絵有　袋　17.8cm × 26.4cm
　　　奥書等：文化12年（1815）藤原忠英写

4082　御軍役御定　GOGUN'YAKU OSADAME　　　　IN:1224/LCCN:432797
　　　写　1冊　挿絵有　袋　26.7cm × 19.8cm
　　　蔵書印等：[参謀]

4083　御軍役御定　GOGUN'YAKU OSADAME　　　　IN:1128/LCCN:432701
　　　写　1冊　挿絵有　袋　16.1cm × 22.6cm
　　　奥書等：天和4年（1684）
　　　軍役之定・旗本之定より成る

4084　御軍制　GOGUNSEI　　　　　　　　　　　IN:857/LCCN:432431
　　　写　1冊　挿絵有　袋　26.2cm × 19.5cm
　　　奥書等：天保4年（1833）

4085　五啓口訣　GOKEI KUKETSU　　　　　　　IN:1164/LCCN:432737
　　　写　1冊　挿絵有　袋　25.8cm × 17.5cm
　　　奥書等：伝来　山本勘助晴幸・馬場美濃守信方・早川弥三左衛門幸豊・小幡勘兵衛景憲・松山八
　　　郎兵衛直良・渡辺数馬調・岡崎主馬康邦・首藤次郎兵衛通武・青木覚平義陳
　　　異称：初啓・二啓・三啓・上啓・秘啓・口訣

4086　古今軍林一徳抄　KOKON GUNRIN ITTOKUSHOU　　IN:2382/LCCN:695820
　　　山本尚勝　刊　2冊　挿絵有　袋　26.2cm × 16.6cm
　　　刊記：明暦2年（1656）山本氏内蔵助源尚勝書
　　　巻1・2・7・8・9存　蔵書印等：[士官]

4087　五事通貫　GOJI TSUUKAN　　　　　　　　IN:455/LCCN:847451
　　　写　1冊　袋　27cm × 19.1cm
　　　序：享保12年（1727）菅原勝興
　　　蔵書印等：[参謀]

4088　御城代留守居品并籠城之法　GOJOUDAI RUSUI NO SHINA NARABINI ROUJOU NO HOU
　　　写　1冊　袋　23.5cm × 16.7cm　　　　　　　　IN:1172/LCCN:432745
　　　奥書等：延宝8年（1680）千葉常得書｜元禄14年（1701）

4089　古戦摯要　KOSEN KAN'YOU　　　　　　　　IN:2234/LCCN:508634
　　　刊　2冊　袋　22cm × 15.8cm
　　　序：寛政12年（1800）鈴木昌則　刊記：須原屋茂兵衛他（全5肆）

4090　五代自見物見之法　GODAI JIKEN MONOMI NO HOU　　IN:1119/LCCN:432692
　　　写　1冊　袋　13.7cm × 20.1cm

跋：晴信

4091 小荷駄雑人等戦場ニ於扱方ノ事　KONIDA ZOUNIN TOU SENJOU NI OKERU
　　　　ATSUKAIKATA NO KOTO　　　　　　　　　　　　　　IN:1111/LCCN:432684

　　重遠　写　1冊　袋　24cm×16.4cm
　　蔵書印等：[参謀]

4092 古法軍器　KOHOU GUNKI　　　　　　　　　　　　　　　IN:1335/LCCN:432808

　　写　1冊　挿絵有　仮綴　14cm×21cm
　　蔵書印等：[参謀]

4093 古法陣取備図　KOHOU JINTORI SONAEZU　　　　　　　　IN:1138/LCCN:432711

　　写　1冊　挿絵有　袋　24.4cm×18.1cm

4094 権道正伝縨巻口授覚書　GONDOU SHOUDEN　HORO NO MAKI KOUJU OBOEGAKI

　　写　1冊　袋　25.1cm×19.1cm　　　　　　　　　　　　IN:452/LCCN:847448
　　奥書等：宝永7年（1710）相伝

4095 左書　SASHO　　　　　　　　　　　　　　　　　　　　IN:469/LCCN:847465

　　写　1冊　挿絵有　袋　26.6cm×20cm
　　奥書等：天保12年（1841）正孝｜前田重三郎殿
　　蔵書印等：[士官]

4096 三銃用法論　SANJUU YOUHOURON　　　　　　　　　　　IN:1289/LCCN:432862

　　佐藤信淵　写　3冊　挿絵有　袋　26.2cm×18.5cm
　　序：文化6年（1809）　跋：文化7年（1810）

4097 三兵活法　SANHEI KAPPOU　　　　　　　　　　　　　　IN:2470/LCCN:695908

　　（普）ハインリヒ・フォン・ブラント著、（蘭）イ・イ・ファン・ミュルケン撰（訳）、鈴木自強
　　春山重訳　刊　2冊　袋　18.2cm×12.2cm
　　序：弘化3年（1846）春山先生・藤井静　刊記：安政4年（1857）江戸／須原屋伊八
　　巻2～4存　蔵書印等：[士官]

4098 士鑑諺解　SHIKAN GENKAI　　　　　　　　　　　　　　IN:1250/LCCN:432823

　　北条氏長　写　1冊　袋　23.8cm×16.9cm
　　2冊目欠　蔵書印等：[予科]

4099 士鑑諺解　SHIKAN GENKAI　　　　　　　　　　　　　　IN:1097/LCCN:432670

　　写　1冊　袋　24cm×17cm
　　奥書等：最初ノ板ハ明暦ニ火ニ焼ル其寸改ム古板新板跋ニ違アリ
　　巻10存

4100 雌鑑抄　SHIKANSHOU　　　　　　　　　　　　　　　IN:1276/LCCN:432849
　　　写　1冊　挿絵有　袋　27cm × 19cm

4101 雌鑑抄　SHIKANSHOU　　　　　　　　　　　　　　　IN:1235/LCCN:432808
　　　写　1冊　挿絵有　袋　27.4cm × 18.9cm
　　　地巻存

4102 師鑑抄忍之巻　SHIKANSHOU SHINOBI NO MAKI　　　　IN:1141/LCCN:432714
　　　北条氏長　写　1冊　袋　26cm × 17.6cm
　　　奥書等：有
　　　（NOV 7 1947）収蔵

4103 士鑑用法　SHIKAN YOUHOU　　　　　　　　　　　　　IN:1148/LCCN:432721
　　　北条氏長　写　1冊　袋　24.2cm × 17.2cm
　　　異称：士鑑用法秘訣

4104 士鑑用法　SHIKAN YOUHOU　　　　　　　　　　　　　IN:285/LCCN:847281
　　　北条氏長　写　3冊　仮綴　24.3cm × 17cm

4105 士鑑用法　SHIKAN YOUHOU　　　　　　　　　　　　　IN:1293/LCCN:432866
　　　（北条氏長）　写　5冊　袋　23.4cm × 16.5cm
　　　序：正保3年（1646）北条氏長　跋：承応2年（1653）遠山信景

4106 士鑑用法直解　SHIKAN YOUHOU JIKIGE　　　　　　　IN:1281/LCCN:432854
　　　写　6冊　挿絵有　袋　27.7cm × 19.1cm
　　　9巻（2〜10）存　異称：士鑑用法

4107 士鑑用法抄　SHIKAN YOUHOUSHOU　　　　　　　　　　IN:541/LCCN:847536
　　　（山本重純）　写　5冊　仮綴　26.7cm × 18.3cm
　　　蔵書印等：[参謀]

4108 士鑑用法秘訣　SHIKAN YOUHOU HIKETSU　　　　　　　IN:1506/LCCN:433079
　　　北条長公　写　1冊　袋　23.8cm × 16.6cm

4109 実検之巻　JIKKEN NO MAKI　　　　　　　　　　　　　IN:1220/LCCN:432793
　　　写　1冊　挿絵有　袋　26.8cm × 20.2cm
　　　奥書等：小幡勘兵衛景憲誌

4110 習騎啓蒙　SHUUKI KEIMOU　　　　　　　　　　　　　IN:1266/LCCN:432839
　　　写　2冊　袋　25.6cm × 17.8cm
　　　2巻（第2・3）存　蔵書印等：[士官]

4111 重詳習伝 JUUSHOUSHUUDEN　　　　　　　　　　IN:1031/LCCN:432804
　　　写　1冊　挿絵有　仮綴　28.7cm×20.3cm
　　　巻3・6存

4112 銃将預成 JUUSHOU YOSEI　　　　　　　　　　IN:1225/LCCN:432798
　　　写　1冊　挿絵有　袋　27.1cm×20.7cm
　　　2巻（3・4巻）存　巻4は後半欠　蔵書印等：［参謀］　異称：将預成集

4113 守城之法 SHUJOU NO HOU　　　　　　　　　　IN:1274d/LCCN:432847d
　　　写　1冊　袋　26.4cm×18.4cm
　　　新篇治平之法・築城之法・出師之法・斥候之法・園城之法・兵士功次之法と合綴

4114 主図合結記 SHUZU GOUKETSUKI　　　　　　　　IN:872/LCCN:432446
　　　（山県大弐）　写　1冊　挿絵有（彩色）　洋装（袋）　28.2cm×19.9cm
　　　〔朝河〕（APR 18 1907）収蔵

4115 主図合結記 SHUZU GOUKETSUKI　　　　　　　　IN:870/LCCN:432444
　　　（山県大弐）　写　11冊　挿絵有（彩色）　袋　26.5cm×18.4cm

4116 出軍門出作法 SHUTSUGUN MONSHUTSU SAHOU　　IN:1343/LCCN:432916
　　　写　1冊　仮綴　21.6cm×13.8cm
　　　蔵書印等：［参謀］　異称：出軍首途之作法

4117 出陣留守之法 SHUTSUJIN RUSU NO HOU　　　　　IN:1058/LCCN:432631
　　　写　1冊　仮綴　26.6cm×19cm

4118 将軍御鎧著給作法之事 SHOUGUN ON'YOROI KITAMAU SAHOU NO KOTO
　　　写　1冊　折本　17cm×12.8cm　　　　　　　　IN:1363/LCCN:432936
　　　蔵書印等：［参謀］

4119 城築極意九ヶ条之覚書 JOUCHIKU GOKUI KYUUKAJOU NO OBOEGAKI
　　　写　1冊　挿絵有　仮綴　13.9cm×20cm　　　　IN:1333/LCCN:432906
　　　安東師伝享保6年（1721）七月十八日（外題傍）　丹羽奉中（右軸）　蔵書印等：［参謀］

4120 正伝談話覚書 SHOUDEN DANWA OBOEGAKI　　　IN:542/LCCN:847537
　　　写　1冊　仮綴　16.5cm×23.8cm
　　　蔵書印等：［参謀］

4121 小備指掌 SHOUBI SHISHOU　　　　　　　　　　IN:1098/LCCN:432671
　　　（山鹿素水）　写　1冊　袋　26.1cm×18cm
　　　巻1存

B. 兵法　481

4122 小備指掌 *SHOUBI SHISHOU* IN:1269/LCCN:432842
　　山鹿素水　写　16冊　挿絵有　袋　26.2cm×18cm
　　16巻存

4123 初学式 *SHOGAKUSHIKI* IN:1458/LCCN:433031
　　写　1冊　袋　28cm×20.3cm
　　異称：日置流射儀初学式

4124 諸家深秘録 *SHOKA SHINPIROKU* IN:1167/LCCN:432740
　　写　1冊　袋　23.2cm×15.8cm
　　奥書等：宝暦2年（1752）写　小野正膳
　　巻6〜10存

4125 諸国廃城考 *SHOKOKU HAIJOU KOU* IN:1252/LCCN:432825
　　深井彪　写　11冊　袋　21.6cm×18.8cm
　　44巻（巻3〜14・19〜50）存

4126 諸先生口伝 *SHO SENSEI KUDEN* IN:1180/LCCN:432753
　　写　1冊　袋　20.9cm×14.5cm
　　采錍振様御座候哉・山名主膳豊峯先生問答・豊峯先生語録・松宮左治馬咄より成る　蔵書印等：［参謀］

4127 城取極意 *SHIROTORI GOKUI* IN:1223/LCCN:432796
　　写　1冊　挿絵有　袋　27.7cm×20.5cm
　　奥書等：享保21年（1736）写

4128 城取極意九ヶ条・旗大事二十ヶ条・場口伝三十八ヶ条 *SHIROTORI GOKUI KYUUKAJOU・HATADAIJI NIJUKKAJOU・BA NO KUDEN SANJUUHACHIKAJOU*
　　写　1冊　仮綴　13.3cm×18.4cm　IN:1339/LCCN:432912
　　蔵書印等：［参謀］

4129 信玄全集末書 *SHINGEN ZENSHUU MASSHO* IN:2456/LCCN:695894
　　刊　10冊　挿絵有　袋　25.9cm×19cm
　　蔵書印等：［士官］

4130 陣中定法八十八箇条　家中上下旗指物定規矩・陣中定并大坂御陣之時　武州様御法令写 *JINCHUU JOUHOU HACHIJUUHAKKAJOU KACHUU JOUGE HATASASHIMONO NO SADAME KIKU・JINCHUU NO SADAME NARABINI OOSAKA NO GOJIN NO TOKI BUSHUUSAMA GOHOUREI NO UTSUSHI* IN:1135/LCCN:432708
　　写　1冊　袋　13.2cm×20.1cm

4131 新篇 しんぺん *SHINPEN*　　　　　　　　　　　　　　　　IN:1282/LCCN:432855
　　江島為信　写　6冊　挿絵有　袋　26.5cm × 18.5cm
　　奥書等：天和2年（1682）江嶋長左衛門為信新編
　　11巻（27〜28・31〜36・38〜40）存

4132 新篇治平之法 しんぺんちへいのほう *SHINPEN CHIHEI NO HOU*　　　IN:1274a/LCCN:432847a
　　写　1冊　袋　26.4cm × 18.4cm
　　築城之法・出師之法・斥候之法・守城之法・園城之法・兵士功次之法と合綴

4133 水軍要略 すいぐんようりゃく *SUIGUN YOURYAKU*　　　　　　　IN:303/LCCN:847293
　　写　1冊　挿絵有　袋　26cm × 19cm
　　序：貞享2年（1685）若原氏藤命成
　　蔵書印等：［参謀］

4134 出師之法 すいしのほう *SUISHI NO HOU*　　　　　　　　　IN:1274b/LCCN:432847b
　　写　1冊　袋　26.4cm × 18.4cm
　　新篇治平之法・築城之法・斥候之法・守城之法・園城之法・兵士功次之法と合綴

4135 水戦法秘訣 すいせんほうひけつ *SUISENHOU HIKETSU*　　　　IN:473/LCCN:847466
　　佐藤信淵　写　1冊　挿絵有　袋　26.5cm × 18.7cm
　　奥書等：嘉永2年（1849）椿園佐藤信淵述
　　蔵書印等：［士官・予科］

4136 髄要百詠 ずいようひゃくえい *ZUIYOU HYAKUEI*　　　　　　IN:1088/LCCN:432661
　　写　1冊　仮綴　14.8cm × 22cm
　　蔵書印等：［参謀］

4137 水陸戦法操練録 すいりくせんぽうそうれんろく *SUIRIKU SENPOU SOURENROKU*　IN:539/LCCN:847534
　　佐藤信淵　写　1冊　挿絵有　袋　25.8cm × 18.6cm
　　奥書等：嘉永元年（1848）椿園佐藤信淵玄海甫述
　　蔵書印等：［士官］

4138 水陸戦法録 すいりくせんぽうろく *SUIRIKU SENPOUROKU*　　　IN:308/LCCN:847304
　　佐藤信淵　写　1冊　挿絵有　仮綴　23.6cm × 16.1cm
　　奥書等：嘉永6年（1853）写　長屋忠良
　　蔵書印等：［参謀］

4139 井蛙問答 せいあもんどう *SEIA MONDOU*　　　　　　　　IN:302/LCCN:847296
　　溝口直諒　写　1冊　袋　24.6cm × 16.7cm
　　奥書等：岡武之
　　蔵書印等：［参謀］

B. 兵法　483

4140 聖智武備鈔 SEICHI BUBISHOU　　　　　　　　　　IN:1277/LCCN:432850
　　　（岡本良梁）　写　6冊　挿絵有　袋　25.8cm × 17.7cm
　　　巻1〜2・4〜8存

4141 聖智武備鈔口訣 SEICHI BUBISHOU KUKETSU　　　IN:1076/LCCN:432649
　　　写　1冊　袋　26cm × 17.8cm
　　　巻3存

4142 聖智武備鈔口訣 SEICHI BUBISHOU KUKETSU　　　IN:1199/LCCN:432772
　　　（岡本良梁）　写　1冊　挿絵有　袋　25.8cm × 17.7cm
　　　奥書等：寛政9年（1797）藤原道英写
　　　巻8存　異称：甲州本伝　聖智武備鈔

4143 赤城介石記 SEKIJOU KAISEKIKI　　　　　　　　IN:1229.2b/LCCN:432802b
　　　今井魯斎考訂、内藤貞顕重校　写　合1冊　袋　24.3cm × 17cm
　　　参考保元物語・続世継と合綴　蔵書印等：[参謀]　異称：軍書摘抄

4144 斥候之法 SEKKOU NO HOU　　　　　　　　　　IN:1274c/LCCN:432847c
　　　写　1冊　袋　26.4cm × 18.4cm
　　　新篇治平之法・築城之法・出師之法・守城之法・園城之法・兵士功次之法と合綴

4145 船闘記 SENTOUKI　　　　　　　　　　　　　　IN:1331/LCCN:432904
　　　（小須賀瀬兵衛）　写　1冊　仮綴　15cm × 21cm
　　　蔵書印等：[参謀]

4146 孫武兵法副言 SONBU HEIHOU FUKUGEN　　　　　IN:545/LCCN:847540
　　　写　1冊　袋　26.6cm × 18cm
　　　上巻欠か　蔵書印等：[士官]

4147 大小勇 DAISHOUYUU　　　　　　　　　　　　　IN:431/LCCN:847427
　　　写　1冊　袋　27.7cm × 19.4cm
　　　奥書等：津田永恭求得｜朱者訊斎主人愚按也　享保8年（1723）写
　　　大勇・小勇より成る　蔵書印等：[参謀]

4148 大成流小勇巻大勇巻 TAISEIRYUU SHOUYUUKAN DAIYUUKAN　IN:299/LCCN:847295
　　　桜田簡斎　写　1冊　袋　27.8cm × 20cm
　　　蔵書印等：[参謀]

4149 高百石出陣人数積 TAKAHYAKKOKU SHUTSUJIN NINZUU NO TSUMORI
　　　写　1冊　仮綴　23.7cm × 16.2cm　　　　　　IN:1175/LCCN:432748
　　　奥書等：嘉永6年（1853）長屋忠良

4150 武田信玄公御家押太鼓拵様之事 TAKEDA SHINGENKOU ON'IEOSHI DAIKO

KOSHIRAEYOU NO KOTO　　　　　　　　　　　IN:1169/LCCN:432742

写　1冊　挿絵有　袋　25.1cm × 18cm
異称：押太鼓拵様

4151　武田兵術文稿　TAKEDA HEIJUTSU BUNKOU　　IN:2385/LCCN:695823
　　　たけだへいじゅつぶんこう

香西成資　刊　3冊　袋　25.8cm × 18.3cm
序：宝永5年（1708）香西成資　跋：宝永5年（1708）香西成資　刊記：京／柳枝軒蔵版｜文化15年（1818）補刻　大坂／秋田屋太右衛門
異称：兵術文稿

4152　単騎略秘決口解　TANKI RYAKUHIKETSU KUKAI　IN:1085/LCCN:432658
　　　たんきりゃくひけつくかい

遠藤嘉兵衛　写　1冊　挿絵有　仮綴　13.6cm × 20.7cm
奥書等：直喬

4153　築城之法　CHIKUJOU NO HOU　　　　　　　IN:1274g/LCCN:432847g
　　　ちくじょうのほう

写　1冊　袋　26.4cm × 18.4cm
新篇治平之法・築城之法・出師之法・斥候之法・守城之法・園城之法・兵士功次之法と合綴

4154　築城巻　CHIKUJOU NO MAKI　　　　　　　IN:1079/LCCN:432652
　　　ちくじょうのまき

写　1冊　袋　15.4cm × 20.6cm
目録のみ存

4155　智謀抜萃　CHIBOU BASSUI　　　　　　　　IN:1205/LCCN:432778
　　　ちぼうばっすい

写　2冊　挿絵有　袋　27.8cm × 20.2cm

4156　中興源記　CHUUKOU GENKI　　　　　　　　IN:1227/LCCN:432800
　　　ちゅうこうげんき

小幡景憲　写　1冊　袋　20.5cm × 14.5cm
蔵書印等：[参謀]　異称：中興源記小幡流

4157　中興源記　CHUUKOU GENKI　　　　　　　　IN:1462/LCCN:433035
　　　ちゅうこうげんき

小幡景憲　写　1冊　袋　27.5cm × 20.1cm
1巻（巻2上）存

4158　髳髦口遊　CHOUMOU KUCHIZUSAMI　　　　　IN:1509/LCCN:433082
　　　ちょうもうくちずさみ

写　1冊　袋
序：文化13年（1816）　奥書等：天保5年（1834）写　松田重徳

4159　添足録　TENSOKUROKU　　　　　　　　　　IN:1213/LCCN:432786
　　　てんそくろく

写　1冊　仮綴　25.3cm × 18.3cm
蔵書印等：[参謀]

4160　同門遺草　DOUMON ISOU　　　　　　　　　IN:1090/LCCN:432653
　　　どうもんいそう

写　1冊　仮綴　14cm × 19.2cm

奥書等：延享4年（1747）熊沢正
蔵書印等：［参謀］

4161 虎巻策 TORANOMAKI NO SAKU　　　　　　　　　　　　IN:1207/LCCN:432780
　　　とらのまきのさく
　　源義経　写　1冊　挿絵有　袋　25.2cm × 18.6cm
　　奥書等：従五位上検非違使判官源義経｜享保9年（1724）写

4162 難波事跡伝 NANIWA JISEKI DEN　　　　　　　　　　　IN:1486/LCCN:433059
　　　なにわじせきでん
　　村越国柳　写　1冊　袋　23.6cm × 16.6cm
　　奥書等：明和4年（1767）道幽軒主人守窩
　　蔵書印等：［参謀］

4163 旗幟類 HATANOBORIRUI　　　　　　　　　　　　　　 IN:1329/LCCN:432902
　　　はたのぼりるい
　　写　1冊　仮綴　20.4cm × 13.6cm
　　蔵書印等：［参謀］

4164 旗奉士分簡 HATABUSHI BUNKAN　　　　　　　　　　　IN:1332/LCCN:432905
　　　はたぶしぶんかん
　　写　1冊　挿絵有　仮綴　13.4cm × 20cm
　　蔵書印等：［参謀］

4165 八陣図説諺解附録講義 HACHIJIN ZUSETSU GENKAI FUROKU KOUGI
　　　はちじんずせつげんかいふろくこうぎ　　　　　　　　IN:1142/LCCN:432715
　　戸祭勝長　写　1冊　挿絵有　袋　25.4cm × 17.3cm
　　奥書等：元文5年（1740）　戸祭勝長

4166 蟇目鳴弦奥秘之伝 HIKIME MEIGEN OUHI NO DEN　　　IN:1050a/LCCN:432623a
　　　ひきめめいげんおうひのでん
　　写　1冊　挿絵有　袋　20.3cm × 13.4cm
　　奥書等：宝暦3年（1753）授｜天明8年（1788）藤南静幽正治
　　九字護身法口伝と合綴　蔵書印等：［士官］　異称：蟇目鳴弦八張弓

4167 秘訣 HIKETSU　　　　　　　　　　　　　　　　　　 IN:1065/LCCN:432638
　　　ひけつ
　　熊栢陰　写　1冊　仮綴　22.2cm × 15.2cm

4168 秘説品々 HISETSU SHINAJINA　　　　　　　　　　　　IN:538/LCCN:847533
　　　ひせつしなじな
　　写　1冊　仮綴　14.2cm × 19.1cm
　　蔵書印等：［参謀］

4169 匹夫功百箇条 HIPPU NO KOU HYAKKAJOU　　　　　　　IN:1221/LCCN:432794
　　　ひっぷのこうひゃっかじょう
　　写　1冊　袋　26.2cm × 19cm
　　奥書等：宝永元年（1704）書

4170 備変口訣福島伝 BIHEN KUKETSU FUKUSHIMA DEN　　　IN:1108/LCCN:432681
　　　びへんくけつふくしまでん
　　福島伝兵衛　写　1冊　仮綴
　　奥書等：寛政7年（1787）福島伝兵衛

蔵書印等：[参謀]

4171 **武学拾粋** BUGAKU SHUUSUI　　　　　　　　　　　　　　IN:2884/LCCN:696322

　　星野常富　刊　2冊　挿絵有　洋装（袋）　26.1cm × 18.7cm
　　序：嘉永3年（1850）大学頭林健・文政5年（1822）一斎佐藤坦　跋：嘉永3年（1850）河
　　田興　刊記：嘉永6年（1853）京／出雲寺文次郎・江戸／和泉屋吉兵衛他（全9肆）
　　〔朝河〕（APR 18 1907）収蔵

4172 **武学拾粋** BUGAKU SHUUSUI　　　　　　　　　　　　　　IN:2295/LCCN:695733

　　星野常富　刊　2冊　袋　25.7cm × 17.8cm
　　2巻（巻3・4）存

4173 **武経七書諺義** BUKYOU SHICHISHO GENGI　　　　　　　IN:1271/LCCN:432844

　　（山鹿素行）　写　3冊　袋　27.3cm × 20cm
　　六韜諺義2巻・尉繚子諺義3巻・三略諺義3巻より成る　異称：七書諺義

4174 **武教全書** BUKYOU ZENSHO　　　　　　　　　　　　　　IN:1074/LCCN:432647

　　山鹿素行　写　1冊　袋　26.3cm × 19.2cm
　　異称：武教註解

4175 **武教全書** BUKYOU ZENSHO　　　　　　　　　　　　　　IN:2911/LCCN:696349

　　山鹿素行　刊　2冊　挿絵有（色刷）　袋　12.5cm × 18.3cm
　　序：弘化4年（1847）六世孫後学山鹿高補・弘化4年（1847）藤原隆都・明暦2年（1656）
　　門弟子等　跋：山鹿素行　刊記：嘉永2年（1849）大坂／河内屋茂兵衛・丁子屋平兵衛他（全7肆）

4176 **武教全書** BUKYOU ZENSHO　　　　　　　　　　　　　　IN:1463/LCCN:433036

　　写　1冊　挿絵有　袋　26.3cm × 19.3cm
　　異称：武教全書義解

4177 **武教全書自得書** BUKYOU ZENSHO JITOKUSHO　　　　　IN:1285/LCCN:432858

　　写　5冊　袋　26.6cm × 19.1cm

4178 **武経全書正解** BUKYOU ZENSHO SEIKAI　　　　　　　　IN:1460/LCCN:433033

　　窪田清音　写　10冊　袋　26.4cm × 19.3cm
　　10巻（巻2〜10・12）存

4179 **武経要略家伝** BUKYOU YOURYAKU KADEN　　　　　　　IN:1042/LCCN:432615

　　軍司家良勝（宇佐美良勝）　写　13冊　挿絵有　仮綴　25.8cm × 18.7cm
　　序：天文5年（1536）自序
　　目録・巻1〜6・8〜12存　異称：武経要略

4180 **武賢九言** BUKEN KYUUGEN　　　　　　　　　　　　　　IN:1337/LCCN:432910

　　写　1冊　仮綴　13.8cm × 20.2cm

蔵書印等：［参謀］　異称：九言

4181 武功論 ぶこうろん　BUKOURON　　　　　　　　　　　　　　　　IN:2476/LCCN:695914
　　石門先生（巻末に墓碑銘あり）　刊　1冊　挿絵有　袋　25.4cm × 18.2cm
　　刊記：天保15年（1844）江戸／須原屋茂兵衛・京／林芳兵衛他（全7肆）
　　巻3存　蔵書印等：［士官］　（SEP 6 1946）収蔵

4182 武将心源論 ぶしょうしんげんろん　草稿 そうこう　BUSHOU SHINGENRON SOUKOU　　IN:451/LCCN:847447
　　写　1冊　袋　27.1cm × 20cm
　　蔵書印等：［参謀］

4183 武将百条伝 ぶしょうひゃくじょうでん　BUSHOU HYAKUJOUDEN　　　　　IN:1127/LCCN:432700
　　写　1冊　袋　13.7cm × 20.7cm

4184 武道勇術集 ぶどうゆうじゅつしゅう　BUDOU YUUJUTSU SHUU　　　　　IN:1214/LCCN:432787
　　写　1冊　仮綴　27cm × 19cm
　　蔵書印等：［参謀］

4185 舟戦 ふないくさ　FUNAIKUSA　　　　　　　　　　　　　　　　IN:1472/LCCN:433045
　　写　1冊　袋　26cm × 17.5cm

4186 船軍定書 ふないくさささだめがき　FUNAIKUSA SADAMEGAKI　　　　　IN:1117/LCCN:432690
　　写　1冊　仮綴　15cm × 21.2cm

4187 船軍之書 ふないくさのしょ　FUNAIKUSA NO SHO　　　　　　　　　IN:1338/LCCN:432911
　　写　1冊　仮綴　13.6cm × 20cm
　　奥書等：延宝2年（1674）山口長左衛門殿へ
　　蔵書印等：［参謀］

4188 武備淵源録 ぶびえんげんろく　BUBI ENGENROKU　　　　　　　　　IN:1033/LCCN:432606
　　写　1冊　袋　26.8cm × 19.2cm
　　跋：寛文3年

4189 武備目睫 ぶびまつげ　BUBI MATSUGE　　　　　　　　　　　　　IN:407/LCCN:847403
　　鵜飼平矩著、松宮俊英校　写　1冊　袋　21cm × 16.6cm
　　序：元文4年（1739）下谷散人松宮俊仍　奥書等：文化11年（1814）小国平介方福
　　蔵書印等：［方福］

4190 武備目睫 ぶびまつげ　BUBI MATSUGE　　　　　　　　　　　　　IN:408/LCCN:847404
　　鵜飼平矩著、松宮俊英校　写　1冊　洋装（袋）　24.5cm × 17.2cm
　　序：元文4年（1739）下谷散人松宮俊仍　奥書等：嘉永4年（1851）薮氏
　　〔朝河〕（AUG 19 1907）収蔵

4191 武備目睫 ぶびまつげ　BUBI MATSUGE　　　　　　　　　IN:2203/LCCN:508603

　　鵜飼平短著　刊（近世木活）　4冊　袋　25.9cm × 17.8cm
　　序：元文4年（1739）松宮俊仍
　　蔵書印等：[士官]

4192 武夫談叢 ぶふだんそう　BUFU DANSOU　　　　　　　　　IN:1456/LCCN:433029

　　紀安節編　写　8冊　袋　23.5cm × 17cm

4193 武法軍鑑 ぶほうぐんかん　BUHOU GUNKAN　　　　　　　　　IN:1499/LCCN:433072

　　写　1冊　袋　24.7cm × 18.1cm
　　1巻（軍制巻）存

4194 武要録聚方 ぶようろくあつめかた　BUYOUROKU ATSUMEKATA　　　　IN:1171/LCCN:432744

　　写　1冊　袋　24.4cm × 16.9cm
　　（SEP 10 1946）収蔵

4195 兵家古戦伝 へいかこせんでん　HEIKA KOSEN DEN　　　　　　　IN:2623/LCCN:696061

　　岡崎主税　刊　2冊　袋　22.7cm × 16.2cm
　　序：宝暦2年（1752）玉田黙翁　刊記：宝暦2年（1752）大坂／村上伊兵衛
　　蔵書印等：[士官]　異称：古戦伝

4196 兵家須知 へいかすち　HEIKA SUCHI　　　　　　　　　　　IN:1043/LCCN:432616

　　松田重徳　写　2冊　袋　19.8cm × 13.5cm

4197 兵家須知 へいかすち　HEIKA SUCHI　　　　　　　　　　　IN:1092.1/LCCN:432665

　　写　2冊　袋　21.9cm × 13.9cm
　　（AUG 26 1946）収蔵

4198 兵家須知 へいかすち　HEIKA SUCHI　　　　　　　　　　　IN:1092.2/LCCN:432665

　　写　1冊　袋　20.5cm × 13.8cm
　　巻上存　（AUG 26 1946）収蔵

4199 兵士功次之法 へいしこうじのほう　HEISHI KOUJI NO HOU　　　IN:1274f/LCCN:432847f

　　写　1冊　袋　26.4cm × 18.4cm
　　新篇治平之法・築城之法・出師之法・斥候之法・守城之法・囲城之法と合綴

4200 兵法記 へいほうき　HEIHOUKI　　　　　　　　　　　　　IN:1508/LCCN:433081

　　写　1冊　挿絵有　袋　20.4cm × 13.2cm
　　奥書等：天文15年（1546）山本勘介・長坂長閑

4201 兵法神武雄備集結要巻 へいほうじんむゆうびしゅうけつようかん　HEIHOU JINMU YUUBI SHUU KETSUYOUKAN

　　山鹿素行　写　1冊　袋　26.8cm × 18.5cm　　　　　IN:442/LCCN:847438
　　3巻（巻3～5）存

B. 兵法

4202 兵法全部許可書 　HEIHOU ZENBU KYOKA SHO　　　　IN:1139/LCCN:432712
　　写　1冊　袋　25.9cm × 17.6cm
　　奥書等：志村東蔵源時恭悦先生所伝　寛政9年（1797）藤原道英写

4203 兵法秘書 　HEIHOU HISHO　　　　IN:1053/LCCN:432626
　　均馬仙翁　写　1冊　仮綴　25cm × 17.5cm
　　奥書等：元徳3年（1331）金剛仏子興肇｜文明17年（1485）嶋津三郎左衛門尉藤原忠幸／奉授与　大阿闍梨権大僧都法印頼政

4204 兵法問答 　HEIHOU MONDOU　　　　IN:354/LCCN:847350
　　写　2冊　袋　27.6cm × 18.7cm
　　蔵書印等：[参謀]

4205 兵法問答 　HEIHOU MONDOU　　　　IN:423/LCCN:847419
　　北条氏長　写　3冊　袋　23.2cm × 16.5cm
　　奥書等：元文4年（1739）写
　　蔵書印等：[参謀]

4206 兵法問答 　HEIHOU MONDOU　　　　IN:1160/LCCN:432733
　　写　1冊　袋　27cm × 19.1cm
　　蔵書印等：[参謀]　異称：山鹿或問

4207 兵法雄鑑 　HEIHOU YUUKAN　　　　IN:362/LCCN:847358
　　北条氏長　写　6冊　挿絵有（彩色）　仮綴　27.4cm × 20cm
　　序：正保2年（1645）自序　跋：北条氏長　奥書等：宝永6年（1709）佐々師写　不審之所々薄田師ヲ以相尋候答之趣書付置候者也
　　蔵書印等：[参謀]

4208 兵法雄鑑 　HEIHOU YUUKAN　　　　IN:326/LCCN:847322
　　北条氏長　写　8冊　挿絵有（彩色）　袋　26.5cm × 19.3cm
　　跋：正保2年（1645）伊豆平姓早雲寺天岳宗瑞七世孫　北条氏長

4209 兵法雄鑑 　HEIHOU YUUKAN　　　　IN:1491/LCCN:433064
　　北条氏長　写　4冊　挿絵有　袋　27.2cm × 20cm
　　序：和田正龍　奥書等：和田半八郎源正龍
　　52巻（巻1～27・39～52）存

4210 兵法雄鑑 　HEIHOU YUUKAN　　　　IN:1492/LCCN:433065
　　北条氏長　写　7冊　袋　27.2cm × 20.1cm
　　全52巻12冊（巻19・20・27～52）存

4211 兵法雄鑑 　HEIHOU YUUKAN　　　　IN:292/LCCN:847288
　　北条氏長　写　2冊　挿絵有　袋　19.8cm × 14.4cm

序：正保2年（1645）自序　跋：自跋
絵図一枚を付す

4212　兵法雄鑑　*HEIHOU YUUKAN*　　　　　　　　　　　　　　　　IN:325/LCCN:847321
北条氏長　写　10冊　袋　27.4cm × 19.8cm
序：正保2年（1645）自序　跋：自跋
蔵書印等：[参謀]

4213　兵法雄鑑　*HEIHOU YUUKAN*　　　　　　　　　　　　　　　　IN:460/LCCN:84756
北条氏長　写　6冊　袋　26.4cm × 19.1cm
序：正保2年（1645）自序　跋：自跋
[参謀]

4214　兵法雄鑑　*HEIHOU YUUKAN*　　　　　　　　　　　　　　　　IN:350/LCCN:847346
北条氏長　写　2冊　挿絵有　袋　20.1cm × 13.8cm
序：正保2年（1645）自序　跋：自跋
蔵書印等：[参謀]

4215　兵法雄鑑士功　*HEIHOU YUUKAN SHIKOU*　　　　　　　　　　　IN:436/LCCN:847432
写　1冊　袋　26.1cm × 17.9cm
蔵書印等：[北条氏蔵書・予科]

4216　兵法雄鑑抄　*HEIHOU YUUKANSHOU*　　　　　　　　　　　　　IN:351/LCCN:847347
写　7冊　袋　25.9cm × 17.5cm
奥書等：寛政7年（1795）藤原道英｜寛政7年（1795）次高
雄鑑司職弁義・雄鑑首実検・雄鑑一騎伝・仁知・雄鑑一騎伝・勇・雄鑑夜軍之巻・雄鑑士功之巻・雄鑑微妙免状至善巻弁義の全7冊より成る　蔵書印等：[北条氏蔵書・予科士官]

4217　兵法雄鑑抄　*HEIHOU YUUKANSHOU*　　　　　　　　　　　　　IN:363/LCCN:847359
北条氏長　写　7冊　挿絵有　袋　26cm × 17.5cm
跋：自跋
蔵書印等：[北条氏蔵書・予科士官]

4218　兵法雄鑑弁書　*HEIHOU YUUKAN BENSHO*　　　　　　　　　　　IN:1291/LCCN:432864
写　1冊　挿絵有　袋　23.9cm × 16.1cm

4219　平要集　*HEIYOU SHUU*　　　　　　　　　　　　　　　　　　IN:1336/LCCN:432909
写　1冊　仮綴　19.6cm × 13.7cm
奥書等：室井軍太夫・中村市左衛門｜明和4年（1767）岩藤伝内殿
蔵書印等：[参謀]

4220　兵要職分略解　*HEIYOU SHOKUBUN RYAKKAI*　　　　　　　　　　IN:1287/LCCN:432860?
窪田清音編　写　1冊　袋　26.2cm × 19.4cm

4巻

4221 兵要録 HEIYOUROKU　　　　　　　　　　　　　　　　　IN:1264/LCCN:432837
　　写　15冊　挿絵有　袋　26.7cm×18.4cm
　　14巻（7～20）存　蔵書印等：［士官］

4222 兵要録補闕 HEIYOUROKU HOKETSU　　　　　　　　　　　IN:472/LCCN:847468
　　長谷川忠雄　写　1冊　袋　26cm×18.1cm
　　序：元禄5年（1692）加藤元直
　　巻1～3存　蔵書印等：［士官・予科］

4223 兵要録補闕 HEIYOUROKU HOKETSU　　　　　　　　　　　IN:1186/LCCN:432759
　　長谷川忠雄　写　1冊　袋　26cm×18cm
　　跋：元禄5年（1692）玄妙堂土岐源光晴跋
　　巻4・5存　蔵書印等：［士官］

4224 防海微言 BOUKAI BIGEN　　　　　　　　　　　　　　　IN:340/LCCN:847336
　　川口長孺　写　1冊　袋　26.9cm×19.1cm
　　奥書等：文政6年（1823）川口長孺記
　　蔵書印等：［士官］

4225 （北条兵法城割り図） HOUJOU HEIHOU SHIROWARI ZU　　IN:301/LCCN:847297
　　写　1冊　挿絵有　袋　26cm×17.5cm
　　蔵書印等：［予科・北条氏蔵書］

4226 北条流城制稽古紙図 HOUJOURYUU JOUSEI KEIKO SHIZU　IN:381/LCCN:847377
　　野呂盛景他　写　1冊　挿絵有（絵図）　折本　41.8cm×21.2cm
　　奥書等：文化12年（1815）野呂盛景縄｜寛政7年（1795）｜寛政5年（1793）｜宝永4年（1707）
　　蔵書印等：［陸軍文庫］

4227 縨巻 HORO NO MAKI　　　　　　　　　　　　　　　　　IN:1130/LCCN:432703
　　写　1冊　挿絵有　仮綴　15.3cm×21.8cm
　　奥書等：有

4228 本延軍話 HON'EN GUNWA　　　　　　　　　　　　　　　IN:1210/LCCN:432783
　　写　1冊　仮綴　28.3cm×22cm
　　第2冊存　蔵書印等：［参謀］　異称：三浦本延軍談

4229 本朝軍器考 HONCHOU GUNKI KOU　　　　　　　　　　　　IN:2578/LCCN:696016
　　源君美（新井白石）　刊　1冊　袋　25.6cm×17.8cm
　　跋：享保7年（1722）安積覚（澹泊斎）　刊記：懐珠堂
　　巻10～12存　蔵書印等：［予科］

4230 本朝武芸小伝 HONCHOU BUGEI SHOUDEN　　　　　　　IN:2647/LCCN:696085
　　刊　7冊　袋　25.4cm×17.8cm
　　序：正徳4年（1714）蔦盧林信如　跋：正徳4年（1714）橘直養　刊記：享保元年（1716）茨
　　木多左衛門・鶉鶉惣四郎｜須原屋茂兵衛・河内屋源七郎他（全10肆）
　　4冊目（巻6）・5冊目（巻7～10）重複　蔵書印等：［士官］　異称：干城小伝

4231 本朝武林原始 HONCHOU BURIN GENSHI　　　　　　　IN:2664/LCCN:696102
　　日夏繁高　刊　3冊　袋　25.3cm×17.6cm
　　序：享保8年（1723）林信充・享保9年（1724）国枝斎賢・享保8年（1723）日夏繁高・享
　　保12年（1727）　刊記：江戸／須原屋茂兵衛・河内屋仁助他（全12肆）｜「錬武叢書第一集
　　／大坂／文金書堂」（見返）
　　蔵書印等：［士官・予科］

4232 光政公御軍令 MITSUMASAKOU GOGUNREI　　　　　　IN:1134/LCCN:432707
　　池田光政　写　1冊　仮綴　14cm×20.2cm
　　奥書等：万治2年（1659）｜正徳6年（1716）写

4233 者頭武功覚書 MONOGASHIRA BUKOU OBOEGAKI　　　IN:1217/LCCN:432790
　　佐藤孝経　写　1冊　挿絵有　袋　26.6cm×20.3cm
　　奥書等：享保10年（1725）丹羽幸中

4234 雄鑑抄 YUUKANSHOU　　　　　　　　　　　　　　　IN:1280/LCCN:432853
　　写　4冊　袋　27cm×19.5cm
　　16巻（5～8・25～36）存　蔵書印等：［参謀］　異称：兵法雄鑑

4235 雄鑑抄 YUUKANSHOU　　　　　　　　　　　　　　　IN:1246/LCCN:432819
　　写　6冊　挿絵有　袋　27cm×19.5cm
　　6巻（1・3～6・10）存

4236 義経軍歌百首 YOSHITSUNE GUNKA HYAKUSHU　　　　IN:1057/LCCN:432630
　　写　1冊　袋　26.5cm×18.5cm

4237 螺巻 HORA NO MAKI　　　　　　　　　　　　　　　IN:1131/LCCN:432704
　　写　1冊　袋　15.4cm×21.7cm
　　奥書等：権匠正伝　寛文8年（1668）藤原良忠

4238 六韜諺義 RIKUTOU GENGI　　　　　　　　　　　　　IN:461/LCCN:847457
　　（山鹿素行）　写　1冊　袋　27.4cm×20cm
　　巻3存　蔵書印等：［士官］

4239 六韜抄 RIKUTOUSHOU　　　　　　　　　　　　　　　IN:1311/LCCN:432884
　　写　4冊　袋　28.5cm×20cm

4240 理数論　RISUURON　　　　　　　　　　　　　　　　　IN:456/LCCN:847452
　　　写　1冊　袋　28.9cm × 15cm
　　　蔵書印等：[参謀]

4241 龍象軍歌　RYUUSHOU GUNKA　　　　　　　　　　　IN:1062/LCCN:432635
　　　菅原勝興　写　1冊　袋　26.6cm × 22.2cm
　　　奥書等：享保19年（1734）菅原勝興

4242 臨時他国江出張之軍令　RINJI TAKOKU E SHUCCHOU NO GUNREI
　　　写　1冊　袋　12cm × 16.5cm　　　　　　　　　　　IN:1181/LCCN:432754
　　　元治元年（1846）8月軍令の写し　蔵書印等：[参謀]

4243 練卒訓語　RENSOTSU KUNGO　　　　　　　　　　　IN:2631/LCCN:696069
　　　藉珀子（蘭）、松岡先生閲　刊　1冊　袋　18.5cm × 10.7cm
　　　序：田中晋　刊記：訓兵塾蔵版
　　　異称：改心練卒訓語

4244 攏筅実伝　ROUSHOU JITSUDEN　　　　IN:346・348/LCCN:847342・847344
　　　写　5冊　袋　20.4cm × 13cm
　　　15冊存　蔵書印等：[士官]

4245 和漢軍林　WAKAN GUNRIN　　　　　　　　　　　　IN:1457/LCCN:433030
　　　写　2冊　仮綴　23.8cm × 17cm

C. 武具

4246 覤銃式　SHOJUUSHIKI　　　　　　　　　　　　　　IN:2228/LCCN:508628
　　　平野俊平訳　刊　1冊　挿絵有　袋　22.8cm × 15.8cm
　　　序：安政4年（1857）山口租　跋：安政4年（1857）高島秋帆
　　　蔵書印等：[士官]

4247 踏鐙考　ABUMI KOU　　　　　　　　　　　　　　　IN:434/LCCN:847430
　　　（本多忠憲）　写　1冊　袋　26.3cm × 18.6cm
　　　蔵書印等：[士官・桑名藩旧蔵]

4248 鞍鐙作之系図　ANTOUTSUKURI NO KEIZU　　　　　　IN:1152/LCCN:432725
　　　写　1冊　仮綴　24cm × 16.3cm
　　　系図冒頭に「応永13年（1406）従是鞍鐙直弟子始也義満公四十九之時」とあり

4249 箙書　えびらのしょ　EBIRA NO SHO　　　　　　　　　　IN:859/LCCN:432433
　　伊勢貞丈　写　1冊　挿絵有（彩色）　袋　27cm × 19cm
　　蔵書印等：[黒崎文庫]　異称：箙矢搦秘書

4250 鎧色談　がいしょくだん　GAISHOKUDAN　　　　　　　　IN:1446/LCCN:433019
　　伊勢貞丈　写　1冊　洋装（袋）　27.1cm × 19.4cm
　　奥書等：明和8年（1779）伊勢平蔵貞丈著
　　蔵書印等：[川内文庫]、〔朝河〕（SEP 6 1907）収蔵

4251 火器之法　かきのほう　KAKI NO HOU　　　　　　　　　IN:1183/LCCN:432756
　　写　1冊　袋　24.8cm × 17.2cm
　　蔵書印等：[参謀]

4252 甲冑原始　かっちゅうげんし　KACCHUU GENSHI　　　　IN:1157/LCCN:432730
　　（関宗永）　写　1冊　仮綴　26.8cm × 19.4cm
　　序：寛永7年（1630）　奥書等：宝永7年（1710）南陽隠士人家居士

4253 甲冑図式　かっちゅうずしき　KACCHUU ZUSHIKI　　　　IN:2905/LCCN:696343
　　栗原信充　刊　1冊　挿絵有　洋装（袋）　8.9cm × 19.6cm
　　跋：天保14年（1843）栗原信充　刊記：天保14年（1843）栗原孫之丞信充、江戸／岡村屋庄助・
　　大坂／河内屋喜兵衛・江戸／和泉屋甚三郎他（全14肆）
　　〔朝河〕（APR 18 1907）収蔵　異称：武林法量二集

4254 甲冑着用指南　かっちゅうちゃくようしなん　KACCHUU CHAKUYOU SHINAN　IN:2903/LCCN:696341
　　大山義信　刊　1冊　挿絵有　洋装（袋）　8.8cm × 18.9cm
　　跋：嘉永6年（1853）荷汀大山義信　刊記：嘉永6年（1853）凌霄書屋蔵板
　　〔朝河〕（APR 18 1907）収蔵

4255 弓法故実目録註　きゅうほうこじつもくろくちゅう　KYUUHOU KOJITSU MOKUROKUCHUU　IN:433/LCCN:847429
　　竹林専治　写　1冊　袋　27cm × 19.8cm
　　奥書等：文化2年（1805）竹林専治　吉栄
　　蔵書印等：[士官]

4256 弓法躾引歌　きゅうほうしつけひきうた　KYUUHOU SHITSUKE HIKIUTA　IN:1151c/LCCN:432724c
　　糟谷左近・水嶋卜也　写　合1冊　袋　26.6cm × 18.8cm
　　奥書等：布施藤兵衛｜天保12年（1841）正孝　前田重三郎殿
　　火矢一通之秘事・火矢之次第と合綴

4257 極書　きわめがき　KIWAMEGAKI　　　　　　　　　　　　IN:1474/LCCN:433047
　　写　3冊　四つ目綴両面書　17.1cm × 25.2cm
　　〔朝河〕（APR 5 1907）収蔵

C. 武具　495

4258 具足注文　GUSOKU CHUUMON　　　　　　　　　　　IN:1149/LCCN:432722
　　福嶋国雄　写　1冊　仮綴　25.1cm×18.2cm
　　奥書等：寛政5年（1793）福嶋伝兵衛

4259 具足羽織記　GUSOKU HAORI NO KI　　　　　　　IN:1515/LCCN:433088
　　写　2冊　挿絵有　袋　25.1cm×18.3cm
　　奥書等：寛文5年（1665）

4260 軍器徴　GUNKICHOU　　　　　　　　　　　　　IN:1461/LCCN:433034
　　藤浪正治輯、野口俊胤校　写　5冊　挿絵有　袋　20.5cm×13.1cm
　　5巻（8下・20・21・24・27）存

4261 軍用記　GUN'YOUKI　　　　　　　　　　　　　　IN:2890/LCCN:696328
　　伊勢貞丈、（千賀春城補）　刊　7冊　挿絵有　袋　25.8cm×18.2cm
　　序：宝暦10年（1760）伊勢平蔵貞丈　跋：天保14年（1843）千賀渕蔵春城　刊記：官許 天保
　　14年（1843）千賀渕蔵蔵板
　　「金花堂蔵板目録」を付す

4262 校正古刀銘鑑　KOUSEI KOTOU MEIKAN　　　　　IN:2909/LCCN:696347
　　菅原長根　刊　1冊　洋装（袋）　26cm×19.3cm
　　序：文政13年（1830）菅原長根　跋：菅原長根　刊記：文政13年（1830）
　　〔朝河〕（APR 18 1907）収蔵

4263 鮫皮精義　KOUHI SEIGI　　　　　　　　　　　　IN:2886/LCCN:696324
　　稲葉通龍（新右衛門）補　刊　1冊　挿絵有　洋装（袋）　22.5cm×16.2cm
　　刊記：天明5年（1785）大坂／渋川清右衛門・泉本八兵衛
　　蔵書印等：［村井家］、〔朝河〕（APR 18 1907）収蔵

4264 古鍛冶銘鑑　KOKAJI MEIKAN　　　　　　　　　IN:3535/LCCN:504857
　　写　1冊　袋　24cm×17cm

4265 御甲冑制作記　GOKACCHUU SEISAKUKI　　　　　IN:1341/LCCN:432914
　　写　1冊　仮綴　19cm×13.2cm
　　奥書等：天保11年（1840）江戸御館於御小書院拝見
　　蔵書印等：［参謀］

4266 極意秘伝抄　GOKUI HIDENSHOU　　　　　　　　IN:3534/LCCN:504856
　　写　1冊　列帖　24.7cm×19.4cm

4267 小具足問答　KOGUSOKU MONDOU　　　　　　　IN:1517/LCCN:433090
　　窪田清音　写　1冊　袋　26.2cm×19.1cm
　　奥書等：嘉永6年（1653）窪田清音
　　蔵書印等：［前田文庫・士官］

4268 古今沿革考　*KOKON ENKAKU KOU*　　　　　　　　　　IN:2719/LCCN:696157
　　後藤光生　写　1冊　挿絵有　洋装（袋）　26.5cm×19.9cm
　　序：享保15年（1730）後藤光生
　　〔朝河〕（SEP 6 1907）収蔵

4269 古今鍛冶之第　*KOKON KAJI SHIDAI*　　　　　　　　　IN:864/LCCN:432438
　　写　1冊　袋　26.1cm×18.4cm
　　〔朝河〕（AUG 17 1907）収蔵　異称：古今銘鑑

4270 古今鍛冶備考　*KOKON KAJI BIKOU*　　　　　　　　　IN:2910/LCCN:696348
　　山田吉睦　刊　1冊　挿絵有　洋装（袋）　26.9cm×18.9cm
　　刊記：文政13年（1830）京／勝村治右衛門・大坂／秋田屋太右衛門・江戸／前川六左衛門他（全5肆）
　　〔朝河〕（APR 18 1907）収蔵

4271 小反刃護刀等ノ聞書　*KOZORIBA MAMORIGATANA NADO NO KIKIGAKI*
　　　　　　　　　　　　　　　　　　　　　　　　　　　　　IN:1507/LCCN:433080
　　本多藤忠憲　写　1冊　挿絵有　袋　21.2cm×13.3cm
　　奥書等：文化3年（1806）本多藤忠憲

4272 古刀銘尽大全　*KOTOU MEIDUKUSHI TAIZEN*　　　　　IN:2907/LCCN:696345
　　菅原弘邦　刊　2冊　挿絵有　洋装（袋）　25.8cm×19.5cm
　　序：寛政3年（1791）羽林次将藤原朝臣・寛政3年（1791）仰木伊織菅原弘邦　刊記：寛政4年（1792）江戸／田中汲古斎・京／斉藤庄兵衛・勝村治右衛門・今井喜兵衛
　　〔朝河〕（APR 18 1907）収蔵

4273 古法甲冑威繦　*KOHOU KACCHUU ODOSHIYOU*　　　　IN:1211/LCCN:432784
　　写　1冊　仮綴　27.1cm×20.1cm
　　蔵書印等：［参謀］

4274 三斤六斤ノ野戦煩使用　*SANKIN ROKKIN NO YASENKOU SHIYOU*　IN:441/LCCN:847437
　　写　1冊　袋　25.8cm×18.3cm
　　蔵書印等：［士官］

4275 銃将預成集　*JUUSHOU YOSEI SHUU*　　　　　　　　　IN:1497/LCCN:433070
　　茨木一忍　写　1冊　仮綴　27.1cm×20.5cm
　　序：元禄13年（1700）介子茨木一忍
　　蔵書印等：［参謀］

4276 新銃射法論　*SHIN JUUSHAHOURON*　　　　　　　　　IN:2396/LCCN:695834
　　赤松清次郎　刊　1冊　挿絵有　袋　25.7cm×18.1cm
　　序：紀元1855年自序　刊記：安政4年（1857）

4277 新刀辨疑 SHINTOU BENGI　　　　　　　　　　　　　IN:2892/LCCN:696330
　　鎌田三郎太夫（魚妙）　刊　2冊　挿絵有　洋装（袋）　24.4cm×18cm
　　序：安永8年（1779）四明井仲龍・安永8年（1779）鎌田三郎太夫藤原魚抄　跋：安永之玄歳
　　季冬　十河長龍　刊記：江戸／須原屋茂兵衛・大坂／河内屋源七郎他（全10肆）
　　〔朝河〕（APR 18 1907）収蔵

4278 陣羽織秘事書 JINBAORI HIJI SHO　　　　　　　　　　IN:1439/LCCN:433012
　　写　1冊　挿絵有　袋　22.5cm×16.5cm
　　〔朝河〕（APR 18 1907）収蔵　異称：羽織之図

4279 装剣奇賞 SOUKEN KISHOU　　　　　　　　　　　　　IN:2310/LCCN:695748
　　稲葉通龍（新右衛門）　刊　7冊　挿絵有　袋　22.5cm×16.4cm
　　序：天明元年（1781）源頼行・天明元年（1781）北海片獣・天明改元（1781）伏水龍公美・稲
　　葉通龍　跋：天明元年（1781）稲葉通邦　刊記：江戸／須原屋茂兵衛他（全6肆）

4280 帯甲通 TAIKOUTSUU　　　　　　　　　　　　　　　IN:2896/LCCN:696334
　　（小寺信正）　刊　1冊　洋装（袋）　23cm×16.5cm
　　刊記：寛保2年（1742）江戸／須原屋新兵衛
　　〔朝河〕（APR 18 1907）収蔵

4281 高島流砲術秘書 TAKASHIMARYUU HOUJUTSU HISHO　　　IN:426/LCCN:847422
　　写　1冊　袋　26.6cm×18.4cm
　　奥書等：下曽根金三郎
　　蔵書印等：[結城蔵・士官]

4282 単騎要略制作弁 TANKI YOURYAKU SEISAKUBEN　　　　　IN:2897/LCCN:696335
　　村井昌弘編　刊　1冊　挿絵有　洋装（袋）　23cm×16.5cm
　　序：文化7年（1810）井上直子温・文化10年（1813）大津貞興子祥
　　刊記：文化10年（1813）江戸／須原屋茂兵衛・須原屋伊八
　　〔朝河〕（APR 18 1907）収蔵

4283 単騎要略被甲弁 TANKI YOURYAKU HIKOUBEN　　　　　IN:2898/LCCN:696336
　　村井昌弘編　刊　1冊　挿絵有　洋装（袋）　23cm×16cm
　　序：享保14年（1729）服元喬・享保14年（1729）村井大輔昌弘　跋：享保20年（1735）鈴
　　木充　刊記：享保20年（1735）原刻　京／勝村治右衛門｜天保8年（1837）再刻　江戸／須
　　原屋佐助他（全4肆）
　　〔朝河〕（APR 18 1907）収蔵

4284 鉄砲初学抄 TEPPOU SHOGAKUSHOU　　　　　　　　　IN:440/LCCN:847436
　　写　1冊　挿絵有　袋　27cm×18.8cm
　　蔵書印等：[士官]

4285 　刀剣録　TOUKENROKU　　　　　　　　　　　　　　IN:2883/LCCN:696321

　　青山延光（佩弦斎）　刊　1 冊　洋装（袋）　24.4cm × 16.7cm
　　序：天保 5 年（1834）拙斎老人　跋：天保 13 年（1842）弟延寿
　　刊記：江戸／須原屋茂兵衛・山城屋佐兵衛他（全 8 肆）｜慶応 3 年（1867）新鋟　水戸／須原
　　屋安治郎・土浦／大国屋弥助他（全 4 肆）
　　〔朝河〕（AUG 17 1907）収蔵

4286 　刀剣図考　TOUKEN ZUKOU　　　　　　　　　　　IN:2904/LCCN:696342

　　栗原信充　刊　1 冊　挿絵有　洋装（袋）　8.9cm × 19.6cm
　　跋：天保 14 年（1843）栗原孫之丞信充
　　刊記：天保 14 年（1843）栗原孫之丞信充蔵板｜江戸／英屋文蔵
　　〔朝河〕（APR 18 1907）収蔵

4287 　火矢之次第　HIYA NO SHIDAI　　　　　　　　　　IN:1151b/LCCN:432724b

　　糟谷左近・水嶌卜也　写　合 1 冊　袋　26.6cm × 18.8cm
　　奥書等：寛永 19 年（1642）糟谷左近由成　海野仁左衛門殿参　布施藤兵衛｜天保 12 年（1841）
　　正孝　前田重三郎殿
　　火矢一通之秘事・弓法躾引歌と合綴

4288 　火矢一通之秘事　HIYA HITOTOORI NO HIJI　　　　IN:1151a/LCCN:432724a

　　糟谷左近・水嶌卜也　写　合 1 冊　袋　26.6cm × 18.8cm
　　奥書等：布施藤兵衛｜天保 12 年（1841）前田重三郎殿
　　火矢之次第・弓法躾引歌と合綴

4289 　武器袖鏡　BUKI SODEKAGAMI　　　　　　　　　　IN:2902/LCCN:696340

　　栗原信充　刊　1 冊　挿絵有　洋装（袋）　19.4cm × 8.6cm
　　刊記：天保 14 年（1843）江戸／金花堂須原屋佐助・栗原孫之丞信充蔵板
　　〔朝河〕（APR 18 1907）収蔵

4290 　武器萹図　BUKI NIHYAKUZU　　　　　　　　　　　IN:166/LCCN:847162

　　小林祐獣画　刊　1 冊　挿絵有　洋装（袋）
　　序：嘉永元年（1848）山脇正準　刊記：谷村二同刻｜講武塾蔵板
　　〔朝河〕（AUG 17 1907）収蔵

4291 　武具短歌図考　BUGU TANKA ZUKOU　　　　　　　IN:2885/LCCN:696323

　　山鹿素行、稲葉通安忍甫校　刊　1 冊　挿絵有　洋装（袋）　23cm × 16.2cm
　　序：明和 8 年（1771）深井彪・寛延 3 年（1750）越智通安忍甫
　　「柏葉堂蔵版目録 江戸／野田七兵衛」を付す　〔朝河〕（SEP 6 1907）収蔵

4292 　武具短歌図考　BUGU TANKA ZUKOU　　　　　　　IN:2895/LCCN:696333

　　山鹿素行、稲葉通安忍甫校　刊　1 冊　挿絵有　袋　26cm × 18cm
　　序：明和 8 年（1771）深井彪・寛延 3 年（1750）越智通安忍甫

4293 武具人数積秘抄 BUGU NINZUU SEKIHISHOU　　IN:1511/LCCN:433084
写　1冊　挿絵有　袋　12.2cm × 16.9cm

4294 武具要説 BUGU YOUSETSU　　IN:1032/LCCN:432605
（高坂昌信）　写　1冊　袋　27cm × 19.3cm
奥書等：享保15年（1730）近藤氏写

4295 武具要説 BUGU YOUSETSU　　IN:1056/LCCN:432629
高坂弾正　写　1冊　袋　27cm × 19.2cm
奥書等：天正5年（1577）高坂弾正書｜享保16年（1731）写　山下与兵衛

4296 武事精談　前編 BUJI SEIDAN　　IN:3666/LCCN:703749
鈴木行忠遺稿、鈴木英斎編集　刊　1冊　袋　25.2cm × 17.9cm
刊記：鈴木泰葺蔵板　安政3年（1856）京／勝村治右衛門・大坂／河内屋喜兵衛・江戸／和泉屋善兵衛発行他（全5肆）
巻2存

4297 武事要略 BUJI YOURYAKU　　IN:1122/LCCN:432695
写　1冊　挿絵有　袋　13.3cm × 18cm

4298 武用器之図名記 BUYOUKI NO ZU MEIKI　　IN:1196/LCCN:432769
写　1冊　袋　22.7cm × 16.5cm

4299 平義器談 HEIGI KIDAN　　IN:2888/LCCN:696326
伊勢貞丈、平貞春訂　刊　1冊　洋装（袋）　25.4cm × 18.9cm
序：明和8年（1777）伊勢平蔵貞丈　刊記：享和2年（1802）上梓　江戸／青雲堂英文蔵製（広告）
2部存　〔朝河〕（APR 18 1907）収蔵

4300 平義器談 HEIGI KIDAN　　IN:2265/LCCN:695703
伊勢貞丈　刊　1冊　袋　25.5cm × 8cm
序：明和8年（1771）伊勢平蔵貞丈　刊記：享和2年（1802）上梓　江戸／青雲堂英文蔵製（広告）
蔵書印等：［士官］

4301 本朝鍛冶考 HONCHOU KAJI KOU　　IN:2891/LCCN:696329
鎌田魚妙　刊　2冊　挿絵有　洋装（袋）　26.5cm × 17.8cm
序：寛政6年（1794）天桂井惟馨　跋：鎌田魚抄　刊記：寛政7年（1795）鎌田三郎太夫・江戸／須原屋茂兵衛・大坂／伊丹屋善兵衛他（全10肆）
〔朝河〕（APR 18 1907）収蔵

4302 本朝鍛冶考 HONCHOU KAJI KOU　　IN:2279/LCCN:695717
鎌田魚妙　刊　3冊　挿絵有　袋　25.7cm × 18cm
序：寛政6年（1794）天桂井惟馨・寛政6年（1794）源世元　刊記：寛政7年（1795）鎌田三郎太夫｜寛政12年（1800）須原屋茂兵衛・扇屋利助・勝村治右衛門・今井喜兵衛

4303 **本朝軍器考** <ruby>ほんちょうぐんきこう</ruby> *HONCHOU GUNKI KOU* IN:2882.2/LCCN:696320
　　新井白石　刊　5冊　袋　25.4cm × 17.8cm
　　序：宝永6年（1709）景衡・元文元年（1736）新川成仲　跋：享保7年（1722）澹白斎安積覚・
　　正徳5年（1715）新川允仲　刊記：元文5年（1740）大坂／柳原喜兵衛

4304 **本朝軍器考** *HONCHOU GUNKI KOU* IN:2356/LCCN:695794
　　刊　1冊　袋　25.4cm × 17.8cm
　　巻5〜8存　蔵書印等：［士官］

4305 **本朝軍器考** *HONCHOU GUNKI KOU* IN:283/LCCN:847279
　　新井白石　写　5冊　袋　25.5cm × 16.8cm
　　序：宝永6年（1709）艸寿

4306 **本朝軍器考集古図説** *HONCHOU GUNKI KOU SHUUKO ZUSETSU*
　　　　　　　　　　　　　　　　　　　　　　　　　　　　　IN:2882.1/LCCN:696320
　　朝倉（日下部）景衡、蜂谷広成画　刊　2冊　挿絵有　袋　25.4cm × 17.8cm
　　序：正徳5年（1715）新井白石・享保20年（1735）三好文成
　　刊記：江戸／須原屋茂兵衛・大坂／河内屋卯助（全7肆）

4307 **本朝軍器考集古図説** *HONCHOU GUNKI KOU SHUUKO ZUSETSU* IN:2517/LCCN:695955
　　朝倉景衡編、蜂谷広成画　刊　4冊　挿絵有　袋　27cm × 18.3cm
　　序：正徳5年（1715）新井白石・享保20年（1735）三好文成　跋：正徳5年（1715）新川平
　　元成允仲（土肥露洲）・元文5年（1740）日下部景命　刊記：元文5年（1740）京／茨城多左衛門・
　　江戸／小川彦九郎

4308 **本朝軍器考集古図説** *HONCHOU GUNKI KOU SHUUKO ZUSETSU* IN:2656/LCCN:696094
　　朝倉景衡編、蜂谷広成画　刊　4冊　挿絵有　袋　26.4cm × 18cm
　　序：正徳5年（1715）新井白石・享保20年（1735）三好文成　跋：正徳5年（1715）新川平
　　元成允仲（土肥露洲）・元文5年（1740）日下部景命
　　刊記：元文5年（1740）京／茨城多左衛門・江戸／小川彦九郎

4309 **本朝軍器考補正** *HONCHOU GUNKI KOU HOSEI* IN:1441・1442.1/LCCN:433014
　　土肥経平　写　2冊　袋　20cm × 12.9cm
　　巻1〜3・9存　異称：軍器考補正（外）

4310 **本朝軍器考補正** *HONCHOU GUNKI KOU HOSEI* IN:1503/LCCN:433076
　　土肥経平　写　5冊　袋　23.5cm × 16.8cm
　　4（後半）〜9巻存　蔵書印等：［参謀］

4311 **本朝軍器考補正評** *HONCHOU GUNKI KOU HOSEIHYOU* IN:1442.2/LCCN:433015
　　伊勢貞丈　写　1冊　袋　20cm × 12.9cm
　　巻上存　異称：軍器考補正

C. 武具

4312 本邦刀剣考 HONPOU TOUKEN KOU　　　　　　IN:2170/LCCN:508570
　　榊原長俊　刊　1冊　挿絵有　袋　22.2cm × 15.5cm
　　序：寛政5年（1793）山本喜六・安永8年（1779）自序
　　刊記：須原屋茂兵衛・伊丹屋善兵衛他（全8肆）
　　　　（JUL 23 1934）収蔵

4313 真野流組手秘伝抄 MANORYUU KUMITE HIDENSHOU　　IN:1123/LCCN:432696
　　写　1冊　挿絵有　袋　13.8cm × 20cm
　　奥書等：嘉永3年（1850）写　松田重徳

4314 面頬目利書 MENBOO MEKIKI SHO　　　　　　IN:865/LCCN:432439
　　写　1冊　挿絵有　袋　27.4cm × 19.3cm

4315 木綿御火縄被為仰付候由来書
　　　　MOMEN OHINAWA OOSETSUKE NASARE SOUROU YUISHOGAKI　　IN:254/LCCN:847250
　　力石又左衛門　写　1冊　仮綴　25.6cm × 17.1cm
　　奥書等：寛政4年（1792）力石又左衛門・大村藤右衛門殿・宮本三次郎殿

4316 焼紅弾鑑 YAKIUCHI TAMAKAGAMI　　　　　　IN:1159/LCCN:432732
　　写　1冊　袋　26.7cm × 18.8cm
　　序：嘉永4年（1851）無方軒主人錦謙

4317 鎧着初式 YOROI KIZOMESHIKI　　　　　　IN:1147/LCCN:432720
　　写　1冊　挿絵有　袋　26.3cm × 17.6cm

4318 鎧具足甲冑ノ伝授書 YOROI GUSOKU KACCHUU NO DENJU SHO　IN:1200/LCCN:432773
　　伊勢貞丈　写　1冊　袋　20.6cm × 13.4cm
　　奥書等：明和元年（1764）伊勢平蔵平貞丈写（鎧評判）｜天明2年（1782）伊勢平蔵貞丈（鎧具足弁）｜明和9年（1772）伊勢平蔵貞丈（甲冑名考）｜明和9年（1772）壬辰七伊勢平蔵貞丈（栴檀鳩尾問答）｜明和8年（1771）伊勢平蔵貞丈（空穂考）｜文化3年（1806）火災失｜文化4年（1807）写　藤浪正治

4319 鎧具足甲冑伝抜書 YOROI GUSOKU KACCHUU DEN NUKIGAKI
　　　　　　　　IN:1226・1231・1232/LCCN:432799・432804・432805
　　写　7冊　袋　20.2cm × 12.9cm
　　蔵書印等：［士官］

4320 鎧具足ノ伝抜書 YOROI GUSOKU NO DEN NUKIGAKI　　IN:1513/LCCN:433086
　　藤波正治　写　2冊　挿絵有　袋　20.1cm × 13cm
　　跋：文化元年（1804）藤波軍太夫藤原正治
　　奥書等：寛政4年（1792）執筆　藤浪静幽藤原正治

4321 鎧之巻威毛 YOROI NO MAKI ODOSHIGE　　　　　IN:1219/LCCN:432792
　　　北条氏長　写　1冊　挿絵有　袋　26.3cm × 18.7cm
　　　奥書等：平氏長

D. 剣術

4322 序文解 JOBUNKAI　　　　　IN:1174/LCCN:432747
　　　写　1冊　袋
　　　奥書等：松田松之介重泰
　　　異称：東軍流太刀序文解

E. 槍術

4323 坂口流槍解談 SAKAGUCHIRYUU SOUGEDAN　　　　　IN:1137/LCCN:432710
　　　坂口権左衛門　写　1冊　袋　23.6cm × 17cm
　　　奥書等：宝暦8年（1756）坂口権左衛門

F. 弓術

4324 笠懸 KASAGAKE　　　　　IN:297/LCCN:847293
　　　写　1冊　挿絵有　袋　24.7cm × 20cm
　　　奥書等：加須屋左近武成・湯川彦右衛門直次・湯川勝野右衛門直重・湯川彦右衛門直久・竹林要介藤原

4325 笠懸之伝 KASAGAKE NO DEN　　　　　IN:1156/LCCN:432723
　　　写　1冊　挿絵有　袋

4326 （弓術伝書集） KYUUJUTSU DENSHO SHUU　　　　　IN:1471/LCCN:433044
　　　写　合1冊　挿絵有　袋　27.3cm × 19.7cm
　　　奥書等：天保12年（1841）誓詞（前田重三郎宛、布施藤兵衛正孝筆）
　　　弓術惣目録口伝之書・八張弓・天巣煉方弦指方之法・巻藁寸法・指矢前射方之書より成る

4327 弓箭図式 KYUUSEN ZUSHIKI　　　　　IN:2906/LCCN:696344
　　　栗原信充　刊　1冊　挿絵有　洋装（袋）　8.9cm × 19.8cm
　　　跋：天保14年（1843）栗原啓太郎源兆　刊記：天保14年（1843）栗原孫之丞信充蔵板　江戸／岡村屋庄助・和泉屋甚三郎、大坂／河内屋喜兵衛他（全14肆）

〔朝河〕（APR 18 1907）収蔵　異称：武林法量初編

4328　軍用射法目録　GUN'YOU SHAHOU MOKUROKU　　IN:1145/LCCN:432718

竹村専治　写　1冊　挿絵有　袋　27cm × 19.9cm

奥書等：文化2年（1805）竹村専治

4329　座右書　ZAYUU NO SHO　　IN:1244/LCCN:432817

伊勢貞丈　写　7冊　挿絵有　袋　26.8cm × 18.5cm

序：安永7年（1774）自序

7巻のうち6巻（1～2・4～7）存

4330　射術当用集・射学常用追加・弓細工秘伝之書　SHAJUTSU TOUYOU SHUU・SHAGAKU JOUYOU TSUIKA・YUMI SAIKU HIDEN NO SHO　　IN:1146/LCCN:432719

布施藤兵衛正孝　写　1冊　挿絵有　袋　27.4cm × 19.9cm

奥書等：天保12年（1841）布施藤兵衛正孝｜前田重三郎宛｜弘治2年（1556）信豊（弓細工秘伝書）

「大書院之図」（1紙）を付す

4331　日本古義　NIHON KOGI　　IN:869/LCCN:432443

高木正朝　写　合1冊　挿絵有　洋装（袋）　24.2cm × 17.1cm

跋：自跋・天保4年（1833）平恭居

〔朝河〕（SEP 6 1907）収蔵

4332　日本流弓道　NIHONRYUU KYUUDOU　　IN:876/LCCN:432450

写　8冊　挿絵有　袋　27cm × 19.9cm

奥書等：観徳軒香山広瀬ヨリ千峰軒親英え伝来｜千流軒萩原右衛門九郎ヨリ千瀬軒萩原弥一右衛門九郎廷良へ｜観徳軒森川香山以来代々伝来

4333　巻藁前射法　MAKIWARA ZENSHAHOU　　IN:427/LCCN:847423

写　1冊　挿絵有　袋　27cm × 19.8cm

奥書等：寛政5年（1793）竹林専治

蔵書印等：[士官]

4334　大和流弓道天之巻抄　YAMATORYUU KYUUDOU TEN NO MAKI SHOU

写　4冊　挿絵有　袋　27.9cm × 19.3cm　　IN:875/LCCN:432449

奥書等：観徳軒　岡本平左衛門｜文政4年（1821）英繁　与　黒崎公利男

4335　弓始之巻　YUMIHAJIME NO MAKI　　IN:1158/LCCN:432731

写　1冊　袋　27cm × 20cm

G. 馬術

4336 歌馬書 （うたばしょ） UTABASHO　　　　　　　　　　　　　　　　　　IN:3493.6
　　写　1冊　袋　27.8cm × 20.2cm
　　蔵書印等：[五島蔵]

4337 御馬故実評 （おうまこじつひょう） OUMA KOJITSUHYOU　　　　　　　IN:1101/LCCN:432674
　　桂秋斎（多田南嶺）・平貞丈（伊勢貞丈）評　写　1冊　袋　20.1cm × 12.7cm
　　跋：安永 3 年（1774）伊勢平蔵貞丈　奥書等：寛政 11 年（1799）藤浪静幽

4338 大坪本流雲霞集 （おおつぼほんりゅううんかしゅう） OOTSUBOHONRYUU UNKA SHUU　　IN:866/LCCN:432440
　　写　1冊　挿絵有　洋装（袋）　27cm × 20.2cm
　　〔朝河〕（APR 18 1907）収蔵

4339 大坪本流常馭事法目録口解 （おおつぼほんりゅうじょうぎょじほうもくろくくかい） OOTSUBOHONRYUU JOUGYOJIHOU MOKUROKU KUKAI
　　写　1冊　袋　26.8cm × 17.2cm　　　　　　　　　　　　　IN:1107/LCCN:432080
　　蔵書印等：[士官]

4340 大坪本流手綱目録 （おおつぼほんりゅうたづなもくろく） OOTSUBOHONRYUU TADUNA MOKUROKU　IN:1082/LCCN:432655
　　写　1冊　袋　6.7cm × 18.8cm

4341 大坪流馬術 （おおつぼりゅうばじゅつ） OOTSUBORYUU BAJUTSU　　　　　　IN:867/LCCN:432441
　　写　1冊　挿絵有　洋装（袋）　26.2cm × 19.4cm
　　巻 1 存　〔朝河〕（APR 18 1907）収蔵

4342 大坪流四辻之巻 （おおつぼりゅうよつつじのまき） OOTSUBORYUU YOTSUTSUJI NO MAKI　IN:1106/LCCN:432079
　　写　1冊　挿絵有　袋　26.5cm × 19.1cm
　　奥書等：文化 13 年（1816）写　坪内定祥
　　蔵書印等：[士官]

4343 華陽皮相 （かようひそう） KAYOU HISOU　　　　　　　　　　　　　　IN:3009/LCCN:696447
　　平沢元愷（旭山）　刊　3冊　挿絵有（色刷）　袋　26cm × 18.6cm
　　序：天明 9 年（1789）元愷　刊記：寛政元年（1789）江戸／須原屋茂兵衛

4344 華陽皮相 （かようひそう） 馬相秘伝 （ばそうひでん） KAYOU HISOU　BASOU HIDEN　IN:2468/LCCN:695906
　　平沢元愷（旭山）　刊　1冊　挿絵有　袋　27cm × 18.4cm
　　序：有　刊記：寛政元年（1789）新鐫　江戸／関根新兵衛・須原茂兵衛
　　蔵書印等：[士官]

4345 騎格順道　KIKAKU JUNDOU　　　　　　　　　　　　　　IN:1270/LCCN:432843
　　　沼田美備　写　2冊　袋　22.7cm × 15.1cm
　　　2巻（巻中下）存

4346 騎士用本　KISHI YOUHON　　　　　　　　　　　　　　IN:2541/LCCN:695979
　　　平重秀（関士秀）　刊　3冊　袋　25.3cm × 17.9cm
　　　序：文化3年（1806）宇野保定・文化2年（1805）平重秀　跋：文化3年（1806）寺尾良顕
　　　刊記：文化10年（1813）新鐫　大坂／宋栄堂
　　　図説1巻欠　蔵書印等：［士官］

4347 騎士用本　KISHI YOUHON　　　　　　　　　　　　　　IN:2908/LCCN:696346
　　　平重秀（関士秀）　刊　1冊　挿絵有　洋装（袋）　25.7cm × 18cm
　　　序：文化2年（1805）平重秀・文化3年（1806）寺尾良顕・文化3年（1806）宇野保定　跋：
　　　文化3年（1806）舟木種徳
　　　3巻に図説1巻を付す　〔朝河〕（APR 18 1907）収蔵

4348 挙品集　KYOHIN SHUU　　　　　　　　　　　　　　　　IN:3493.9
　　　写　1冊　仮綴　27.8cm × 20.2cm
　　　蔵書印等：［五島蔵］

4349 軍馬目録註釈　GUNBA MOKUROKU CHUUSHAKU　　　　　　IN:448/LCCN:847444
　　　写　1冊　袋　25.7cm × 18.1cm
　　　奥書等：山本勘介馬場美濃守秘伝
　　　蔵書印等：［士官］

4350 渓橋集　KEIKYOU SHUU　　　　　　　　　　　　　　　IN:1228/LCCN:432701
　　　写　1冊　袋　13.6cm × 20.6cm
　　　蔵書印等：［参謀］　異称：渓橋集馬医書

4351 幸秀　KOUSHUU　　　　　　　　　　　　　　　　　　　IN:3493.8
　　　写　1冊　仮綴　27.8cm × 20.2cm
　　　奥書等：天明8年（1788）吉田又蔵　義賞　久道様
　　　蔵書印等：［五島蔵］

4352 杢馬目録注釈　MOKUBA MOKUROKU CHUUSHAKU　　　　　　IN:3493.12
　　　写　1冊　仮綴　27.8cm × 20.2cm
　　　蔵書印等：［五島蔵］

4353 借艇集　SHAKUTEI SHUU　　　　　　　　　　　　　　　IN:3493.4
　　　写　1冊　仮綴　27.8cm × 20.2cm
　　　奥書等：天明8年（1788）吉田又蔵　義賞　久道様
　　　蔵書印等：［五島蔵］

4354 駿馬七品之図　*SHUNME NANAHIN NO ZU*　　　　IN:3493.7
　　写　1冊　挿絵有　仮綴　27.8cm × 20.2cm
　　蔵書印等：［五島蔵］

4355 諸鞍日記考註　*SHOAN NIKKI KOUCHUU*　　　　IN:860/LCCN:432434
　　伊勢貞丈　写　1冊　挿絵有　洋装（袋）　27.3cm × 19.3cm
　　〔朝河〕（SEP 6 1907）収蔵

4356 随馬　*ZUIBA*　　　　IN:1344/LCCN:432917
　　写　2冊　挿絵有　仮綴　14cm × 19.8cm
　　蔵書印等：［参謀］

4357 水馬千金篇　*SUIBA SENKINHEN*　　　　IN:2559/LCCN:695997
　　小堀常春　刊　1冊　挿絵有　袋　25.2cm × 17.8cm
　　序：宝暦6年（1756）晴好軒春江・宝暦6年（1756）小堀常春
　　刊記：慶応元年（1865）　江戸／須原屋茂兵衛・大坂／河内屋喜兵衛他（全4肆）
　　蔵書印等：［士官］　異称：千金篇

4358 随馬之巻　*ZUIBA NO MAKI*　　　　IN:3493.5
　　写　1冊　挿絵有　仮綴　27.8cm × 20.2cm
　　奥書等：天明8年（1788）吉田又蔵　義賞　久道様

4359 西洋軍用馬術叢説　*SEIYOU GUN'YOU BAJUTSU SOUSETSU*　　　　IN:333/LCCN:847323
　　写　2冊　袋　25.4cm × 17.1cm
　　蔵書印等：［士官］

4360 西洋軍用馬術叢説　*SEIYOU GUN'YOU BAJUTSU SOUSETSU*　　　　IN:3493.11
　　写　1冊　仮綴　26.8cm × 19.3cm
　　蔵書印等：［水山文庫・五島蔵］

4361 善御譜　*ZENGYOFU*　　　　IN:3493.2
　　写　1冊　仮綴　27.8cm × 20.2cm
　　蔵書印等：［五島蔵］

4362 相馬口伝抄　*SOUMA KUDENSHOU*　　　　IN:3493.3
　　写　1冊　挿絵有　仮綴　27.8cm × 20.2cm
　　奥書等：山上入道種長伝来之秘書
　　蔵書印等：［五島蔵］

4363 相馬目録　*SOUMA MOKUROKU*　　　　IN:3493.1/LCCN:504815
　　写　1冊　挿絵有　袋　27.2cm × 19.8cm
　　奥書等：安永2年（1773）
　　蔵書印等：［水山文庫・五島蔵］

4364 秘奥抄 ひのうしょう *HINOUSHOU*　　　　　　　　　　　　　　　　IN:1113/LCCN:432686
　　　写　1冊　袋　13.8cm×20.5cm
　　　奥書等：大坪流秘伝之書　荒木志摩切入道｜慶長9年（1604）荒木十左衛門　田光彦三郎殿｜
　　　延宝3年（1675）
　　　蔵書印等：［参謀］

4365 老談集注釈 ろうだんしゅうちゅうしゃく *ROUDAN SHUU CHUUSHAKU*　　　　　　　IN:3493.13
　　　写　1冊　挿絵有　仮綴　27.2cm×19.8cm
　　　蔵書印等：［五島蔵］

H. 柔術

4366 練心胆器械制口義 れんしんたんきかいせいくぎ *RENSHINTAN KIKAISEI KUGI*　　IN:458/LCCN:847454
　　　佐枝尹重　写　3冊　挿絵有　袋　26.9cm×18.2cm
　　　上下2巻に図一冊を付す　蔵書印等：［予科・士官］

I. 火術

4367 遠西火攻精選 えんせいかこうせいせん *ENSEI KAKOU SEISEN*　　　　　　　　IN:372/LCCN:8473368
　　　写　6冊　挿絵有　袋　25.9cm×18.1cm
　　　蔵書印等：［小野明門蔵書・士官］　異称：火攻精選

4368 遠西炮器精製秘鑑 えんせいほうきせいせいひかん *ENSEI HOUKI SEISEI HIKAN*　IN:1036/LCCN:432603
　　　写　1冊　挿絵有　袋　25.7cm×18.1cm

4369 海上砲術全書 かいじょうほうじゅつぜんしょ *KAIJOU HOUJUTSU ZENSHO*　　　IN:1495/LCCN:433068
　　　カルテン　写　2冊　袋　25.9cm×18.2cm
　　　4巻（巻9・10・22・23）存

4370 火技撮要 かぎさつよう *KAGI SATSUYOU*　　　　　　　　　　　　　　　IN:329/LCCN:847325
　　　写　2冊　袋　26.7cm×18.8cm
　　　蔵書印等：［士官・川野明門］

4371 火技全書図 かぎぜんしょず *KAGI ZENSHO ZU*　　　　　　　　　　　　　IN:2502/LCCN:695940
　　　榊令輔　刊　1冊　挿絵有　折本　26.3cm×17.6cm
　　　刊記：安政2年（1855）江戸／須原屋伊八
　　　蔵書印等：［士官］

4372 火攻図略　かこうずりゃく　KAKOU ZURYAKU　　　　　IN:2500/LCCN:696938
　　　川勝泰運　刊　1冊　挿絵有　折本　21.8cm × 14.2cm
　　　序：安政2年（1855）川勝泰運
　　　蔵書印等：［予科士官］

4373 巨砲造箭法　きょほうぞうせんほう　KYOHOU ZOUSENHOU　　　　IN:1150/LCCN:432723
　　　写　1冊　袋　23.2cm × 16.3cm

4374 皇国火攻神弩図説　こうこくかこうしんどずせつ　KOUKOKU KAKOU SHINDO ZUSETSU　IN:2501/LCCN:695939
　　　竹内秀明　刊　2冊　挿絵有　袋　25.8cm × 18.2cm
　　　序：安政5年（1858）清原敬直（梅東老拙）・安政5年（1858）金子惺　跋：安政4年（1857）
　　　竹内秀明　刊記：知不足斎蔵（見返）

4375 攻守戦銃問答　こうしゅせんじゅうもんどう　KOUSHU SENJUU MONDOU　　　IN:438/LCCN:847434
　　　写　1冊　袋　26.9cm × 19.1cm
　　　蔵書印等：［士官］

4376 煩鉄全書　こうてつぜんしょ　KOUTETSU ZENSHO　　　　　　IN:1480/LCCN:433053
　　　写　2冊　挿絵有　袋　26.6cm × 18.7cm
　　　4巻（巻3・4・10・11）存

4377 煩礟用法　こうほうようほう　KOUHOU YOUHOU　　　　　　IN:1237/LCCN:432810
　　　杉田信成卿訳・大塚同庵　写　1冊　袋　26.7cm × 18.9cm
　　　序：弘化4年（1847）
　　　蔵書印等：［士官］

4378 硝石製煉法　しょうせきせいれんほう　SHOUSEKI SEIRENHOU　　　　IN:2515/LCCN:695953
　　　平野元亮　刊　1冊　挿絵有　袋　25.5cm × 17.8cm
　　　序：漁村老人　刊記：文久3年（1863）江戸／須原屋茂兵衛・丁子屋平兵衛｜文久3年（1863）
　　　平野元亮他（全11肆）
　　　蔵書印等：［士官］

4379 新秘砲術火具篇図式　しんぴほうじゅつかぐへんずしき　SHINPI HOUJUTSU KAGUHEN ZUSHIKI　IN:443/LCCN:847439
　　　写　1冊　挿絵有　折本　25.3cm × 17.5cm
　　　図のみ　蔵書印等：［士官］

4380 ［泰西］水軍操砲鑑　すいぐんそうほうかん　SUIGUN SOUHOUKAN　　　IN:1140/LCCN:432713
　　　ビラール、名村元義　写　1冊　挿絵有　袋　25.8cm × 17.8cm

4381 田付流早発書　たづけりゅうそうはつしょ　TADUKERYUU SOUHATSU SHO　　IN:429/LCCN:847425
　　　田付方円　写　1冊　挿絵有　袋　26.8cm × 18.8cm
　　　序：寛文11年（1671）田付方円
　　　巻末に「鉄砲請取渡」（享和3年（1803））を付す　蔵書印等：［士官］

I. 火術　509

4382 火筒放発術 　HIDUTSU HOUHATSUJUTSU　　　　　IN:471/LCCN:84767
　　　石橋助左衛門　写　1冊　挿絵有　袋　23.6cm×16.2cm
　　　奥書等：文化6年（1809）石橋助左衛門
　　　蔵書印等：［士官・予科］　異称：暮須志幾天連為古武寸度／ボスシキイレコンスト国字解

4383 砲家問答 　HOUKA MONDOU　　　　　　　　　　IN:367/LCCN:847363
　　　写　2冊　袋　26.8cm×18.8cm
　　　蔵書印等：［士官］

4384 砲軍操法 　HOUGUN SOUHOU　　　　　　　　　　IN:2346/LCCN:695784
　　　刊　1冊　袋　18.3cm×12.4cm
　　　巻5存　蔵書印等：［士官］

4385 砲術訓蒙 　HOUJUTSU KINMOU　　　　　　　　　IN:2347/LCCN:695785
　　　ハン・オーフルスタラアテン（蘭）、木村重周訳　刊　1冊　袋　18cm×12.6cm
　　　巻8存　蔵書印等：［士官］

4386 砲術新篇 　HOUJUTSU SHINPEN　　　　　　　　　IN:105/LCCN:847101
　　　山中敬叟訳　刊　1冊　袋　18.1cm×12.1cm
　　　2巻（巻4・5）存　蔵書印等：［士官］

4387 砲術新篇 　HOUJUTSU SHINPEN　　　　　　　　　IN:309/LCCN:847305
　　　川本幸民閲、山中敬叟訳　刊　1冊　袋　18.2cm×12.1cm
　　　序：慶応元年（1865）川本幸民　刊記：静修堂蔵板（見返）
　　　『ハンドレイヂング・トットデ・ケンニス・デル・アルチルレリー』の邦訳
　　　蔵書印等：［士官・予科］

4388 砲術新篇 　HOUJUTSU SHINPEN　　　　　　　　　IN:2343/LCCN:695781
　　　山中敬叟訳　刊　1冊　袋　18.2cm×12.2cm
　　　巻6・7存　蔵書印等：［士官］

4389 砲術発揮 　HOUJUTSU HAKKI　　　　　　　　　　IN:548/LCCN:847543
　　　（屋弗爾斯多羅珍屈）蘭　写　1冊　袋　26.9cm×18.2cm
　　　巻4存　蔵書印等：［士官］

4390 礮台用礮節制 　HOUDAI YOUHOU SESSEI　　　　　IN:2580/LCCN:696018
　　　刊　2冊　袋　26cm×18.3cm
　　　序：安政5年（1858）石河確太郎　刊記：安政6年（1859）剣沢書屋蔵版｜文久2年（1862）
　　　発行　江戸／須原屋茂兵衛他（全3肆）

4391 砲薬新書 　HOUYAKU SHINSHO　　　　　　　　　IN:2222/LCCN:508622
　　　中居剛屏　刊　1冊　挿絵有　袋　23.2cm×16cm
　　　序：安政2年（1855）榊原源政陳・安政2年（1855）猶存居主人・安政2年（1855）秋帆高

島敦　刊記：安政 3 年（1856）江戸／和泉屋善兵衛
蔵書印等：[士官]

4392 **用礮軌範礮台編** *YOUHOU KIHAN HOUDAIHEN*　　IN:1467/LCCN:433040
徒爾満（トールマン）、武田斐成章　写　2 冊　袋　26.2cm × 18.1cm
蔵書印等：[陸軍]

4393 **洋砲試験表** *YOUHOU SHIKENHYOU*　　IN:2292.1/LCCN:695730
ブロイン著、杉田信抄訳　刊　1 冊　袋　22.7cm × 15.7cm
序：嘉永 7 年（1854）山口菅山・嘉永 7 年（1854）三苟居主人（凡例）　刊記：岡新左衛門著述
蔵版　江戸／文苑閣播磨屋勝五郎発行｜嘉永 7 年（1854）三苟居蔵版（見返）

4394 **洋砲試験表** *YOUHOU SHIKENHYOU*　　IN:2292.2/LCCN:695730
ブロイン著、杉田信抄訳　刊　1 冊　袋　22.7cm × 15.7cm
序：嘉永 7 年（1854）山口菅山・嘉永 7 年（1854）三苟居主人（凡例）　刊記：岡新左衛門著述
蔵版｜江戸／文苑閣播磨屋勝五郎発行｜嘉永 7 年（1854）三苟居蔵版（見返）

J. 近代軍学

4395 **英国歩兵練法** *EIKOKU HOHEI RENPOU*　　IN:121/LCCN:847117
赤松小三郎訳　刊　1 冊　袋　12.7cm × 18.4cm
序：慶応 3 年（1867）水本成美
第 1 編存　蔵書印等：[士官]

4396 **英国歩兵練法** *EIKOKU HOHEI RENPOU*　　IN:2335/LCCN:695773
赤松小三郎訳　刊　7 冊　挿絵有（彩色）　袋　12.4cm × 18.1cm
序：慶応元年（1865）下曽祢信敦（第 1 編）・慶応元年（1865）九如斎主人（第 2 編）　刊記：下曽根稽古場蔵板
第 1 編・第 2 編・第 3 編下・第 4 編巻 1 〜 3・第 5 編存

4397 **英国歩兵練法　第七編** *EIKOKU HOHEI RENPOU*　　IN:2336/LCCN:695774
赤松小三郎訳　刊　1 冊　袋　12.7cm × 18.3cm
蔵書印等：[士官]

4398 **海外兵制略** *KAIGAI HEISEIRYAKU*　　IN:97/LCCN:98847093
刊　2 冊　袋　18.2cm × 12.5cm
巻 4・5 存　蔵書印等：[士官]

4399 **海軍括要** *KAIGUN KATSUYOU*　　IN:2239/LCCN:508639
飛川勝義訳　刊　1 冊　袋　17.8cm × 12.5cm
序：慶応元年（1865）飛川勝義　刊記：慶応 2 年（1866）

巻1存

4400 海軍要略 （かいぐんようりゃく） KAIGUN YOURYAKU　　　　IN:1493/LCCN:433066
ペキサンス　写　1冊　袋　26.2cm × 18.8cm
巻3〜6存

4401 海上衝突予防規則問答 （かいじょうしょうとつよぼうきそくもんどう） KAIJOU SHOUTOTSU YOBOU KISOKU MONDOU　　　　IN:259/LCCN:847255
久保勇吉　刊　1冊　袋　21.8cm × 15.1cm
序：明治14年（1881）久保勇吉　刊記：明治14年（1881）編集人　久保勇吉・出版人　中川藤四郎

4402 海防備論 （かいぼうびろん） KAIBOU BIRON　　　　IN:1102/LCCN:432675
写　1冊　袋　26.1cm × 18cm
全3冊中1冊　総論之四まで存

4403 騎操軌範 （きそうきはん） KISOU KIHAN　　　　IN:314/LCCN:847310
牧天穆訳　刊　3冊　袋　26.2cm × 18.1cm
刊記：安政3年（1856）折井氏蔵版（見返）
第2編存　蔵書印等：［士官・予科］

4404 騎操軌範 （きそうきはん） KISOU KIHAN　　　　IN:2245/LCCN:508645
牧天穆訳　刊　3冊　袋　25.8cm × 18cm
序：安政3年（1856）折井源正邑
蔵書印等：［士官］

4405 近代兵学 （きんだいへいがく） KINDAI HEIGAKU　　　　IN:3093/LCCN:696531
刊　1冊　袋　17.1cm × 11.9cm
刊記：昭和13年（1938）刊

4406 軍海論 （ぐんかいろん） GUNKAIRON　　　　IN:449/LCCN:847445
写　1冊　袋　22.9cm × 16.5cm
蔵書印等：［士官］

4407 軍鑑惪検集 （ぐんかんとくけんしゅう） GUNKAN TOKUKEN SHUU　　　　IN:446/LCCN:847442
写　1冊　袋　27.4cm × 19.1cm
蔵書印等：［参謀］　異称：実検

4408 銛林必携 （けんりんひっけい） KENRIN HIKKEI　　　　WN:104/ 和47
上田亮章著、下曽根桂園閲　刊　1冊　袋
刊記：嘉永6年（1853）

4409 傑勿以爾銃略説 （げうぇいるじゅうりゃくせつ） GEWEIRUJUU RYAKUSETSU　　　　IN:444/LCCN:847440
写　1冊　挿絵有　袋　23.8cm × 16.8cm

蔵書印等：［士官］

4410 三兵答古知幾 SANPEI TAKUCHIKI　　IN:2288/LCCN:695726
ハインリヒ・フォン・ブラント著、イ・イ・ファン・ミュルケン訳、高野長英重訳　刊　1冊
袋　24.7cm×17cm
巻7～13存

4411 三兵答古知幾 SANPEI TAKUCHIKI　　IN:365/LCCN:847361
ハインリヒ・フォン・ブラント　写　10冊　挿絵有　袋　26.7cm×18.5cm
奥書等：暁夢楼主人（高野長英）
蔵書印等：［士官］

4412 垤氏三兵答古知幾 TESSHI SANPEI TAKUCHIKI　　IN:2323/LCCN:695761
刊　7冊　袋　25.4cm×17.1cm
（巻10～20）存　蔵書印等：［士官］

4413 垤氏三兵答古知幾　前編 TESSHI SANPEI TAKUCHIKI　　IN:1284/LCCN:432857
写　5冊　袋　25.5cm×17.5cm
序：忽屈独逸泄垤結爾

4414 水軍操砲艦 SUIGUN SOUHOUKAN　　IN:1469/LCCN:433042
イーセイ著、名村貞五郎元義訳　写　1冊　袋　26.1cm×18.5cm
1巻（巻2）存　蔵書印等：［陸軍］

4415 成隊全書　抜隊教則部 SEITAI ZENSHO　BATTAI KYOUSOKUBU　IN:2519/LCCN:695957
阿部丈叔訳　刊　1冊　袋　18cm×18.9cm
刊記：安政3年（1856）

4416 西洋馬術要弁 SEIYOU BAJUTSU YOUBEN　　IN:371/LCCN:847367
オランダ、レーンヘルトヤンベルムル　堀好兼訳編　写　3冊　袋　26.5cm×18.7cm
蔵書印等：［士官］

4417 ［増補］海軍砲術全書 KAIGUN HOUJUTSU ZENSHO　　IN:96/LCCN:98847092
杉田成卿訳、木村軍太郎（重周）校　刊　1冊　袋　25.7cm×17.4cm
巻1存　蔵書印等：［士官］

4418 築城典刑 CHIKUJOU TENKEI　　IN:2637/LCCN:696075
吉田波百児、ファンケルキウェーキ原著、大鳥圭介訳　刊　4冊　挿絵有　袋　18.4cm×12.3cm
序：安政7年（1860）大鳥圭介（凡例）　刊記：元治元年（1864）陸軍所
巻2欠　蔵書印等：［士官］

4419 提綱答古知機　TEIKOU TAKUCHIKI　　　　　　　　　IN:1288/LCCN:432881
　　　友唉格諾布　写　7冊　袋　26.6cm×17.9cm

4420 抜隊龍学校全書　BATTEIRA GAKKOU ZENSHO　　　IN:2315/LCCN:695753
　　　刊　1冊　袋　18cm×12cm
　　　序：安政3年（1856）杉田信（成卿）

4421 仏蘭西答屈智幾　FURANSU TAKUCHIKI　　　　　　 IN:2680/LCCN:696118
　　　村上英俊訳　刊　3冊　袋　25.8cm×17.8cm
　　　刊記：慶応3年（1867）稟准　達理堂蔵

4422 ［官版］兵学程式　HEIGAKU TEISHIKI　　　　　　 IN:2622/LCCN:696060
　　　刊　1冊　袋　18.2cm×12cm
　　　刊記：慶応3年（1867）陸軍所
　　　巻1存

4423 洴澼百金方摘要　HEIHEKI HYAKKINHOU TEKIYOU　IN:95/LCCN:98847091
　　　恵麓酒民編、沢畔醒士訳　刊　1冊　袋　25.9cm×17.5cm
　　　巻4存　蔵書印等：［士官］

4424 礮隊学則　HOUTAI GAKUSOKU　　　　　　　　　　 IN:424/LCCN:847420
　　　橘正乾訳　写　1冊　袋　26.6cm×18.7cm
　　　序：嘉永6年（1853）（凡例）
　　　蔵書印等：［士官］

4425 慕氏兵論　BOSHI HEIRON　　　　　　　　　　　　 IN:2308/LCCN:695746
　　　ミルケン（蘭）編、曾田勇次郎訳　刊　2冊　袋　25.8cm×28.2cm
　　　序：文久3年（1863）松水釣人（凡例）　刊記：文久3年（1863）新鐫／松山茂梓（見返）
　　　1編巻1～4巻・2編巻1～4存

4426 歩操軌範　HOSOU KIHAN　　　　　　　　　　　　 IN:118/LCCN:98-847114
　　　牧天穆訳　刊　3冊　袋　25.6cm×17.9cm
　　　刊記：安政3年（1856）
　　　巻1・2・4・5存

4427 ［和蘭官軍］歩操軌範　HOSOU KIHAN　　　　　　 IN:2634/LCCN:696072
　　　牧天穆訳　刊　6冊　挿絵有　袋　26.5cm×18.2cm
　　　刊記：安政3年（1856）折井氏蔵版
　　　初編巻2～10存

4428 ［和蘭官軍］歩操常銃軌範　HOSOU JOUJUU KIHAN　IN:1518/LCCN:433091
　　　写　1冊　袋　26cm×18.2cm
　　　「下編抜隊龍教練巻之十一」存　蔵書印等：［士官］

4429　**盆䥵葛農**　*BONBE KANON*　　　　　　　　　　　　　　　　IN:284/LCCN:847280
　　　ペキサンス　写　4冊　挿絵有　袋　26.5cm×18.9cm
　　　5巻（巻1〜5）存

4430　**陸軍将校馬具制**　*RIKUGUN SHOUKOU BAGUSEI*　　　　　　IN:3493.1
　　　写　1冊　挿絵有　仮綴　26.5cm×19.5cm
　　　奥書等：明治20年（1887）改正

4431　**糧食給養**　*RYOUSHOKU KYUUYOU*　　　　　　　　　　　IN:1263/LCCN:432338
　　　写　5冊　袋　23.2cm×15cm
　　　4巻（2〜4・7存）　蔵書印等：［士官］

18. 準漢籍

A. 経部

易類

4432 易道撥乱 えきどうはつらん *EKIDOU HATSURAN*　　　IN:1850/LCCN:508250
　　太宰純　刊　1冊　袋　25.7cm × 18cm
　　序：延享4年（1747）稲垣長章　刊記：江戸／山崎金兵衛・大坂／柏原屋与左衛門

4433 周易経翼通解 しゅうえききょうよくつうかい *SHUUEKIKYOU YOKUTSUUKAI*　　　IN:3195/LCCN:696633
　　伊藤東涯　刊　5冊　袋　26.1cm × 18.2cm
　　序：明和8年（1771）伊藤善韶　刊記：安永3年（1774）　古義堂蔵版　京／文泉堂
　　巻頭に「周易経翼通解釈例」（享保17年（1732））を付す　蔵書印等：[宮原木石所蔵]

詩類

4434 経典余師　詩経 けいてんよし しきょう *KEITEN YOSHI SHIKYOU*　　　IN:1800/LCCN:433373
　　讃岐百年先生　刊　8冊　袋　22.5cm × 15.6cm
　　序：天明6年（1786）仲秋　菅原胤長　刊記：寛政5年（1793）大坂／柏原屋与左衛門・柏原屋嘉兵衛｜江戸／須原屋茂兵衛・大坂／河内屋和助他（全12肆）

4435 詩経四始考証 しきょうししこうしょう *SHIKYOU SHISHI KOUSHOU*　　　IN:2467/LCCN:695905
　　星野璞　刊　2冊　袋　25.7cm × 18.8cm
　　序：女護島　高閲慎　刊記：江戸／須原屋茂兵衛板
　　蔵書印等：[士官]　異称：四始考証

礼類

4436 読礼肆考 どくれいしこう *DOKUREI SHIKOU*　　　IN:2795/LCCN:696233
　　刊　2冊　挿絵有　袋　26cm × 18cm

序:弘化2年(1845)斎藤正謙・寛政5年(1793)近江猪飼彦博・平安尚志斎　跋:天保10年(1839)野田知彰

春秋類

4437　左氏伝抜抄　*SASHIDEN BASSHOU*　　　　　　　　　IN:1044/LCCN:432617

　　藤波松声軒静幽正治　写　1冊　袋　20.5cm×13.5cm
　　奥書等：天保元年（1830）藤波松声軒静幽正治
　　坤巻存

4438　左氏伝抜抄　*SASHIDEN BASSHOU*　　　　　　　　　IN:1512/LCCN:433085

　　写　1冊　袋　20.6cm×13cm

4439　左伝助字法　*SADEN JOJIHOU*　　　　　　　　　　IN:2593/LCCN:696031

　　皆川淇園論定　令木龖・岡彦良編　刊　1冊　袋　18.5cm×12.6cm
　　刊記：明和6年（1769）京／中江久四郎・河南四良衛門他（全3肆）
　　下巻存　蔵書印等：[士官]

孝経類

4440　孝経釈義便蒙　*KOUKYOU SHAKUGI BENMOU*　　　　IN:1574/LCCN:433147

　　貝原益軒講、竹田春庵述　刊　3冊（上・下本・下末）　袋　22.7cm×16cm
　　序：享保2年（1717）春庵竹田定直
　　刊記：京／茨木多左衛門寿梓｜享保2年（1717）京／柳枝軒蔵版（見返）
　　蔵書印等：[蓮華楼印・坂西文庫]

4441　孝経外伝　*KOUKYOU GAIDEN*　　　　　　　　　　IN:1575/LCCN:433148

　　山崎闇斎　刊　1冊　袋　27.8cm×19cm
　　序：明暦2年（1656）山崎嘉　刊記：明暦2年（1656）京／武村市兵衛刊行

4442　孝経刊誤　*KOUKYOU KANGO*　　　　　　　　　　IN:1567/LCCN:433140

　　刊　1冊　袋　25.8cm×18.5cm
　　刊記：寛政2年（1790）京／川上軒再刻

4443　孝経発揮　*KOKYOU HAKKI*　　　　　　　　　　　IN:2241/LCCN:508641

　　津阪孝綽東陽　刊　1冊　袋　26cm×17.5cm
　　序：文政6年（1823）津阪孝綽　刊記：文政9年（1826）新刊／有造館蔵版

4444　[三子標釈]増補孝経彙註　*ZOUHO KOUKYOU ICHUU*　IN:2268/LCCN:695706

　　大塩平八郎　刊　2冊　袋　29cm×22cm

序：天保5年（1834）大塩後素
巻上中存

群経総義類

4445 　九経談　KYUUKEIDAN　　　　　　　　　　　　　　　　　IN:1576/LCCN:433149

　　大田錦城　刊　4冊　袋　26.1cm×17.8cm
　　刊記：文化元年（1804）刻成　大坂／河内屋太助・江戸／和泉屋庄次郎他（全5肆）
　　［慶元堂蔵版目録　江戸／和泉屋庄次郎］（7丁）を付す　蔵書印等：［室田氏蔵書印］（MAY 7 1938）収蔵、［坂西文庫］

四書類

4446 　大学定本　DAIGAKU TEIHON　　　　　　　　　　　　　　IN:1772/LCCN:433345

　　伊藤維楨（伊藤仁斎）考定　刊　1冊　袋　27cm×18.4cm
　　序：正徳3年（1713）伊藤長胤　跋：貞享2年（1685）伊藤某

4447 　大学章句新疏　DAIGAKU SHOUKU SHINSO　　　　　　　　IN:2207/LCCN:508607

　　室直清　刊　2冊　袋　25.2cm×18.1cm
　　序：元禄15年（1702）室直清
　　刊記：天明6年（1786）再治　京／武邨嘉兵衛・大坂／泉本八兵衛他（全3肆）
　　蔵書印等：［士官］

4448 　大学解　DAIGAKUKAI　　　　　　　　　　　　　　　　　IN:1794.1/LCCN:433367

　　荻生徂徠　刊　1冊　袋　25.8cm×17.9cm
　　刊記：玉海堂・群玉堂
　　見返しに「大学解中庸解」とあるので、次々項4450と一組で刊行されたと見られる

4449 　大学解中庸解　DAIGAKUKAI CHUUYOUKAI　　　　　　　　IN:1761/LCCN:433334

　　荻生徂徠　刊　1冊　袋　27.3cm×18.3cm
　　跋：宝暦3年（1753）服元喬　刊記：宝暦3年（1753）江戸／松本新六・藤木久市

4450 　中庸解　CHUUYOUKAI　　　　　　　　　　　　　　　　　IN:1794.2/LCCN:433367

　　荻生徂徠　刊　1冊　袋　25.8cm×17.9cm
　　跋：宝暦3年（1753）服元喬　刊記：江戸／小林新兵衛
　　「物夫子著述書目記」（4丁）を付す

4451 　論語古義　RONGO KOGI　　　　　　　　　　　　　　　　IN:2615a/LCCN:696053a

　　伊藤仁斎　刊　3冊　袋　26.1cm×18.5cm
　　刊記：文政11年（1828）
　　孟子古義と合綴

4452 論語古義 *RONGO KOGI* IN:3118/LCCN:696556
　　伊藤仁斎　刊　4 冊　袋　27.4cm×19cm
　　序：正徳2年（1712）伊藤長胤　刊記：京／文会堂・奎文館

4453 論語古義 *RONGO KOGI* IN:2644/LCCN:696082
　　伊藤仁斎　刊　1 冊　袋　26.5cm×18cm
　　序：正徳2年（1712）伊藤長胤　刊記：京／文会堂　奎文館

4454 論語徴 *RONGOCHOU* IN:1618/LCCN:433191
　　荻生徂徠　刊　10 冊　袋　27.4cm×18.3cm
　　刊記：元文5年（1740）江戸／松本新六梓行

4455 論語古訓 *RONGO KOKUN* IN:1847/LCCN:508247
　　太宰春台　刊　5 冊　袋　25.9cm×17.6cm
　　序：元文2年（1737）太宰純
　　刊記：元文4年（1739）｜寛政4年（1792）再刻　江戸／嵩山房蔵板｜須原屋新兵衛

4456 論語古訓外伝 *RONGO KOKUN GAIDEN* IN:3192/LCCN:66630
　　太宰純（春台）　刊　10 冊　袋　26.3cm×17.7cm
　　序：延享元年（1744）大泉水野元朗・寛保元年（1741）
　　刊記：延享2年（1745）江戸／小林新兵衛

4457 孟子古義 *MOUSHI KOGI* IN:3194/LCCN:696632
　　伊藤維楨（仁斎）述　刊　4 冊　袋　27.4cm×18.8cm
　　序：享保5年（1720）伊藤長胤　跋：享保5年（1720）香川修徳
　　刊記：古義堂蔵版｜享保5年（1720）新刊　京／玉樹堂
　　巻頭に［孟子古義総論］を付す　蔵書印等：［広明］

4458 孟子古義 *MOUSHI KOGI* IN:2615/LCCN:696053
　　伊藤維楨　刊　3 冊　袋　26.1cm×18.5cm
　　序：享保5年（1720）伊藤長胤
　　論語古義と合綴

4459 語孟字義 *GOMOU JIGI* IN:3130/LCCN:696568
　　伊藤仁斎　刊　2 冊　袋　27.2cm×18.6cm
　　刊記：宝永2年（1705）林景范文進

4460 四書序考 *SHISHO JOKOU* IN:3205/LCCN:696643
　　刊　4 冊　袋　27.8cm×19.4cm
　　刊記：寛文7年（1667）武村市兵衛刊行
　　論語序考・大学序考・中庸序考・孟子序考より成る

4461 四書標釈 　SHISHO HYOUSHAKU　　　　　　　　IN:3450/LCCN:504772
　　　伊藤東涯　写　5冊　袋　24cm × 16.9cm
　　　蔵書印等：［東京弘文荘納］

4462 四書章句集註附攷 　SHISHO SHOUKU SHICCHUU TSUKETARIKOU
　　　刊　1冊　袋　26.1cm × 18.4cm　　　　　　　　IN:2429/LCCN:695867
　　　刊記：文化10年（1813）刊

4463 四書示蒙句解 　SHISHO JIMOU KUKAI　　　　　　IN:2196/LCCN:508596
　　　中村惕斎著　井関祖晦校正　刊　2冊　袋　27cm × 17.9cm
　　　序：元禄14年（1701）仲欽敬甫
　　　刊記：大坂／伊丹屋四平他（全3肆）　奥書等：有馬氏
　　　異称：大学示蒙句解・大学句解

4464 四書訓蒙輯疏 　SHISHO KUNMOU SHUUSO　　　　　IN:2383/LCCN:695821
　　　安部井褧　刊　21冊　袋　25.7cm × 17.9cm
　　　序：天保15年（1844）紫溟古賀煜・天保14年（1843）安部井褧
　　　刊記：日新館蔵版｜嘉永3年（1850）会津／斉藤屋房吉・英屋大助
　　　巻1・3〜5・8〜11・15・17〜22・24〜29存　蔵書印等：［士官・幼年］　異称：四書輯疏

小学類

4465 韻鑑古義標註 　INKAN KOGI HYOUCHUU　　　　　　IN:2282/LCCN:695720
　　　叡龍　刊　2冊　袋　28cm × 19cm
　　　序：享保11年（1726）　刊記：享保11年（1726）京／秋田屋平左衛門・文台屋次郎兵衛

4466 ［重訂］鼇頭助語辞 　GOUTOU JOGOJI　　　　　　IN:2219/LCCN:508619
　　　盧以緯撰、毛利貞斎註　刊　2冊　袋　27.5cm × 18.9cm
　　　序：毛利貞斎　跋：享保2年（1717）毛利貞斎虚白
　　　刊記：享保2年（1717）京／梅村弥右衛門
　　　蔵書印等：［士官］　異称：［重訂］冠解助語辞

B. 史部

編年類

4467 清太祖高皇帝易知録 　*SHINTAISO KOUKOUTEI EKICHIROKU*　　IN:2739/LCCN:696177
邨山緯伯経　永根鉉玄鼎　刊　8冊　袋　25.2cm × 17.3cm
序：寛政9年（1797）自序・文化4年（1807）柴邦彦
刊記：江戸／須原屋茂兵衛・大坂／伊丹屋善兵衛他（全10肆）
異称：清鑑易知録・清朝実録

別史類

4468 増補元明史略　*ZOUHO GENMIN SHIRYAKU*　　IN:313/LCCN:847309
後藤世鈞・藤原正臣増補　刊　4冊　袋　25.5cm × 17.9cm
序：享和3年（1803）源勤・宝暦元年（1751）南経越克敏・宝暦元年（1751）後藤世鈞　跋：宝暦元年（1751）藤原明遠・享和元年（1801）栗原野翁巌垣彦明　刊記：万延元年（1860）三刻　京／菱屋孫兵衛
蔵書印等：[士官]

雑史類

4469 国語定本　*KOKUGO TEIHON*　　IN:2256/LCCN:508656
秦鼎　刊　6冊　袋　25.5cm × 18.1cm
序：文化7年（1810）秦鼎　跋：村瀬誨庵・文化6年（1809）
刊記：大坂／河内屋源七郎
異称：[春秋外伝]国語定本

4470 戦国策正解　*SENGOKUSAKU SEIKAI*　　IN:312/LCCN:847308
横田惟孝　刊　8冊　袋　23.4cm × 16.1cm
序：文政9年（1826）太田善世子龍・文政7年（1824）横田惟孝　刊記：文政12年（1829）刻成　雁金屋青山堂蔵版　江戸／青山清吉、大坂／松村九兵衛｜東京／松山堂蔵版（見返）

C. 子部

儒家類

4471 読荀子 （とくじゅんし） TOKUJUNSHI　　　　　　　　　　　　　IN:3117/LCCN:696555
　　荻生徂徠　刊　4冊　袋　26.5cm × 19cm
　　序：宝暦13年（1763）南総宇恵
　　刊記：宝暦14年（1764）｜明和2年（1765）本発行　京／葛西市郎兵衛

4472 劉向説苑纂註 （りゅうきょうぜいえんさんちゅう） RYUUKYOU ZEIEN SANCHUU　　IN:2248/LCCN:508648
　　関嘉纂註　刊　10冊　袋　26cm × 18.2cm
　　序：寛政6年（1794）紀徳民　跋：寛政5年（1793）岡田挺之

4473 近思録説略 （きんしろくせつりゃく） KINSHIROKU SETSURYAKU　　IN:2562/LCCN:696000
　　沢田希　刊　1冊　袋　25.5cm × 18.2cm
　　巻10〜14存　蔵書印等：［予科］

4474 近思録示蒙句解 （きんしろくじもうくかい） KINSHIROKU JIMOU KUKAI　　IN:2342/LCCN:695780
　　中村惕斎　刊　2冊　袋　26cm × 18.2cm
　　序：元禄14年（1701）仲欽敬甫
　　巻1・3存　蔵書印等：［予科大学］

4475 伯鹿洞書院掲示講義 （はくろくどうしょいんけいじこうぎ） HAKUROKUDOU SHOIN KEIJI KOUGI　　IN:1868/LCCN:508268
　　山崎闇斎注、浅見絅斎講　刊　1冊　袋　25.2cm × 17.9cm
　　序：慶安3年（1650）闇斎山崎嘉
　　刊記：平戸維新館蔵版｜慶応4年（1651）大坂／秋田屋太右衛門

4476 小学句読備考 （しょうがくくとうびこう） SHOUGAKU KUTOU BIKOU　　IN:3160/LCCN:696598
　　貝原益軒　刊　6冊　袋　26.8cm × 19.4cm
　　跋：寛文9年（1669）貝原益軒　刊記：寛文9年（1669）京／村上平楽寺刊行
　　［SWINGLE COLLECTION］異称：小学備考

4477 小学蒙養集 （しょうがくもうようしゅう） SHOUGAKU MOUYOU SHUU　　IN:2761/LCCN:696199
　　山崎闇斎　刊　3冊　袋　27.3cm × 17.9cm
　　序：寛文9年（1669）山崎嘉敬義　跋：山崎嘉　刊記：寿文堂刊行
　　蔵書印等：［奥野貞印］　異称：蒙養啓発集

4478 小学纂説 　SHOUGAKU SANSETSU　　　　　　　　　　　　　IN:2538/LCCN:695976
　　刊　8冊　袋　25.7cm×18.2cm
　　序：文政6年（1823）
　　蔵書印等：［予科］

4479 小学師説 　SHOUGAKU SHISETSU　　　　　　　　　　　　IN:3531/LCCN:504853
　　写　7冊　袋　23.1cm×16.5cm
　　小学外篇口義1巻・小学内篇師説4巻・小学外篇2巻より成る　蔵書印等：［東京弘文荘納］

4480 小学句読集疏 　SHOUGAKU KUTOU SHUUSO　　　　　　　　IN:3161/LCCN:696599
　　竹田定直・貝原益軒鑑定　刊　11冊　袋　25.7cm×17.7cm
　　序：享保2年（1717）三宅緝明・正徳5年（1715）松岡玄達成章　跋：天保8年（1837）竹田定夫　刊記：天保9年（1838）京／風月荘左衛門・江戸／和泉屋吉兵衛他（全7肆）
　　［SWINGLE COLLECTION］　異称：小学集疏

4481 敬斎箴 　KEISAISHIN　　　　　　　　　　　　　　　　IN:2133/LCCN:508533
　　山崎闇斎　刊　1冊　袋　27.6cm×19cm
　　序：明暦元年（1655）山崎嘉敬義　跋：慶安4年（1651）敬義

4482 童蒙須知 　DOUMOU SUCHI　　　　　　　　　　　　　　IN:1814/LCCN:508214
　　宇都宮遯庵　刊　1冊　袋　26cm×18.5cm
　　刊記：元禄16年（1703）岡田屋嘉七　奥書等：宇遯菴由的

4483 程書抄略 　TEISHO SHOURYAKU　　　　　　　　　　　　IN:1855/LCCN:508255
　　山崎嘉　刊　3冊　袋　24.9cm×18cm
　　序：延宝元年（1673）垂加翁山崎嘉　刊記：須原屋茂兵衛・伊勢屋善兵衛他（全8肆）

兵家類

4484 孫子国字解 　SONSHI KOKUJIKAI　　　　　　　　　　　　IN:2901/LCCN:696339
　　荻生徂徠　刊　10冊　袋　22cm×15.5cm
　　序：寛延3年（1750）服元喬・寛延3年（1750）源信公　刊記：京／出雲寺松栢堂

4485 孫子詳解 　SONSHI SHOUKAI　　　　　　　　　　　　　IN:2455/LCCN:695893
　　伊藤馨　刊　2冊　袋　25.5cm×17.7cm
　　序：文久元年（1861）予堂源諟
　　巻1・3存

4486 孫子略解 　SONSHI RYAKKAI　　　　　　　　　　　　　IN:300/LCCN:847296
　　桜田廸子恵　写　1冊　袋　26.7cm×17.5cm
　　巻中存　蔵書印等：［士官］　異称：孫子上篇略解

4487 孫子補 SONSHIHO　　　　　　　　　　　　　　IN:437/LCCN:847430
　　北条氏長・七疑子補　写　1冊　袋　26.5cm × 17.3cm
　　蔵書印等：［予科］

4488 素書国字解 SOSHO KOKUJIKAI　　　　　　　　IN:2136/LCCN:508536
　　（荻生徂徠）　刊　2冊　袋　22.4cm × 15.6cm
　　序：明和6年（1769）宇恵　刊記：明和6年（1769）京／出雲寺文次郎・江戸／松本善兵衛
　　蔵書印等：［川崎蔵書］

4489 紀効新書定本 KIKOUSHINSHO TEIHON　　　　　IN:147/LCCN:847143
　　戚継光撰、相馬肇編　刊　3冊　袋　25.5cm × 17.9cm
　　巻1～4・7・8存　蔵書印等：［士官］　異称：紀効新書私纂定本

4490 風后握機経諺解 FUUGOAKUKIKYOU GENKAI　　　IN:1046/LCCN:432619
　　谷田儀右衛門　写　1冊　袋　20.2cm × 12.8cm
　　奥書等：寛政9年（1797）藤南静幽正治
　　異称：風后握奇経諺解

4491 武経七書合解大成俚諺鈔 BUKYOU SHICHISHO GOUKAI TAISEI RIGENSHOU
　　神田勝久　刊　4冊　挿絵有　袋　25.7cm × 18.1cm　IN:2676/LCCN:696114
　　刊記：江戸／須原屋茂兵衛・大坂／河内屋源七郎他（全10肆）
　　司馬法部2巻・尉繚子部3巻・太宗部5巻存　巻末に「大坂／前川文栄堂蔵版書目（河内屋源七郎）」（2丁分）を付す　異称：評註図解七書俚諺鈔

4492 武経七書合解大成俚諺鈔 BUKYOU SHICHISHO GOUKAI TAISEI RIGENSHOU
　　神田勝久　刊　9冊　袋　25cm × 17.9cm　　　IN:2368/LCCN:695806
　　六韜部6巻・尉繚子部2巻・三略部2巻・司馬法部2巻・太宗部2巻存　異称：評註図解七書俚諺鈔

法家類

4493 管子纂詁 KANSHI SANKO　　　　　　　　　　　IN:2399/LCCN:695837
　　安井息軒　刊　14冊　袋　25.7cm × 17.9cm
　　序：元治元年（1864）宕陰塩谷世弘・元治元年（1864）安井衡　刊記：勝村治右衛門・山城屋左兵衛他（全11肆）｜慶応元年（1865）新彫　江戸／玉山堂（見返）

4494 校正韓非子解詁全書 KOUSEI KANPISHI KAIKO ZENSHO　IN:58/LCCN:98-847054
　　津田鳳卿　刊　10冊　袋　26cm × 17.8cm
　　跋：津田鳳卿邦儀父（跋）　刊記：東京／北畠茂兵衛・大坂／岡島真七他（全16肆）
　　巻2～16・19・20存　巻11～14は重複　蔵書印等：［士官］

釈家類

4495　故事必読成語考証集註　*KOJI HITSUDOKU SEIGO KOUSHOU SHICCHUU*
（こじひつどくせいごこうしょうしっちゅう）
　　三宅元信　刊　2冊　袋　25.5cm×17.8cm　　　　　　　IN:2142/LCCN:508542
　　序：寛政3年（1791）永忠原・寛政元年（1789）三宅元信　刊記：京／林芳兵衛
　　（JUL 23 1934）収蔵　異称：故事成語考・丘瓊山故事成語考集注・故事成語考註・故事成語考集註

4496　故事成語考集註　*KOJI SEIGO KOU SHICCHUU*　　　　IN:2453/LCCN:695891
（こじせいごこうしっちゅう）
　　三宅元信　刊　1冊　袋　25.5cm×18cm
　　序：寛政3年（1791）永忠、寛政元年（1789）三宅元信

道家類

4497　補義荘子因　*HOGI SOUSHIIN*　　　　　　　　　　　IN:2542/LCCN:695980
（ほぎそうしいん）
　　林雲銘著　秦鼎（秦滄浪）補　刊　5冊　袋　25cm×17.4cm
　　跋：寛政8年（1796）世獣・寛政8年（1796）伊藤誨　刊記：大坂／河内屋真七
　　巻2～5存　蔵書印等：［士官］

D. 集部

別集類

4498　寒山詩集・新芳薩天錫雑詩妙選藁全集　*KANZAN SHISHUU・SHINPOU SATTENSHAKU*
（かんざんししゅう・しんぽうさってんしゃくざっしみょうせんこうぜんしゅう）
　　　　　　　　　　　　　　　　　　　　　ZASSHI MYOUSENKOU ZENSHUU
　　　　　　　　　　　　　　　　　　　　　　　　　　　　　　　IN:164/LCCN:847160
　　寒山・薩天錫　刊　1冊　袋　23.2cm×16cm
　　序：明治38年（1905）井井居士竹添光鴻・明治8年（1875）　跋：俞曲園
　　刊記：明治38年（1905）東京／民友社
　　限定500部中312（見返）　異称：宋大字本寒山詩集・永和本薩天錫逸詩（外題）／重刻宋本寒山集并永和本薩天錫佚集

4499　感興考註　*KANKYOU KOUCHUU*　　　　　　　　　　IN:1813/LCCN:508213
（かんきょうこうちゅう）
　　朱熹　刊　1冊　袋　25.7cm×17.7cm
　　跋：明暦4年（1658）
　　刊記：嘉永4年（1851）再刻　江戸／出雲寺万次郎・京／同矢次郎・武村市兵衛

異称：感興詩考註

4500 邵康節先生文集 SHOUKOUSETSU SENSEI BUNSHUU   IN:165/LCCN:847161
佐久間象山編　刊　1冊　洋装（袋）　26.4cm×17.3cm
序：天保2年（1831）象山平啓子明
〔朝河〕（SEP 6 1907）収蔵

総集類

4501 古文真宝諺解大成後集 KOBUNSHINPOU GENKAI TAISEI KOUSHUU   HN:274/OJ920／U54
林道春講述、鵜飼信之編　刊　4冊　洋装（袋）　26cm×19cm
刊記：寛文3年（1663）京／村上平楽寺開板

4502 唐詩選事証 TOUSHISEN JISHOU   IN:2313/LCCN:695751
橋鮮子恭（本橋子恭）　刊　2冊　袋　22.5cm×15.5cm
序：明和4年（1767）本橋鮮・明和4年（1767）岡島順　跋：明和5年（1768）浅見龍在

4503 清名家古文所見集 SHINMEIKA KOBUN SHOKEN SHUU   IN:2257/LCCN:508657
刊　5冊　袋　22cm×15.5cm
刊記：大坂／群玉堂河内屋岡田茂兵衛（裏見返）

19. 漢籍

A. 経部

易類

4504 **周易卜子夏伝** *SHUUEKIBOKU SHIKA DEN*   IN:2603/LCCN:696041
  東武龍山、小林珠淵校正 　刊　2冊　袋　26.1cm × 18cm
  序：天明3年（1783）小林珠淵
  巻1・7・8存　蔵書印等：［士官］　異称：子夏易伝

4505 **［官板］周易本義弁証** *SHUUEKI HONGI BENSHOU*   IN:2441/LCCN:695879
  刊　1冊　袋　26.1cm × 18.4cm
  刊記：享和2年（1802）刊
  巻4・5存

書類

4506 **書経** *SHOKYOU*   IN:91/LCCN:98847087
  刊　2冊　袋　25.3cm × 17.8cm
  蔵書印等：［幼年］

4507 **［首書］書経集注** *SHOKYOU SHICCHUU*   IN:2403/LCCN:695841
  刊　6冊　袋　27.4cm × 19.4cm
  刊記：寛文4年（1664）野田庄右衛門開板
  蔵書印等：［士官］

4508 **書集伝纂疏** *SHOSHUUDEN SANSO*   IN:2443/LCCN:695881
  刊　1冊　袋　26cm × 18.3cm
  昌平叢書のうち　巻1～3存

4509 書蔡氏伝輯録纂註 SHOSAISHIDEN SHUUROKU SANCHUU　　IN:2448/LCCN:695886
　　刊　1冊　袋　25.9cm × 18cm
　　巻1存　蔵書印等：［士官］

詩類

4510 詩経集註 SHIKYOU SHICCHUU　　IN:1842/LCCN:508242
　　朱熹　刊　8冊　挿絵有　袋　26.3cm × 19.1cm
　　跋：講習堂寸雲子昌易　刊記：寛文4年（1664）｜寛政3年（1791）再板　今村八兵衛板｜弘化4年（1847）大坂／河内屋喜兵衛・江戸／須原屋茂兵衛・京／吉野屋仁兵衛

4511 詩経集註 SHIKYOU SHICCHUU　　IN:2528/LCCN:695966
　　刊　7冊　袋　25.9cm × 18.7cm
　　刊記：寛文4年（1664）｜寛政3年（1791）再刻　今村八兵衛
　　巻1欠　蔵書印等：［士官・予科］

4512 詩経集註 SHIKYOU SHICCHUU　　IN:2642/LCCN:696080
　　松永昌易　刊　6冊　袋　19.3cm × 27.5cm
　　刊記：寛文4年（1664）野田庄右衛門
　　蔵書印等：［士官］

礼類

4513 礼記 RAIKI　　IN:2412.A/LCCN:695850
　　刊　4冊　袋　26.4cm × 18.4cm
　　刊記：文化10年（1813）　京／勝村治右衛門・大坂／秋田屋太右衛門・江戸／須原茂兵衛梓

4514 礼記集説 RAIKI SHUUSETSU　　IN:2410/LCCN:695848
　　陳澔著、松永昌易注　刊　2冊　袋　27.7cm × 19.5cm
　　巻3〜6存　異称：〔首書〕礼記集註

4515 大戴礼記補注 DAITAIREIKI HOCHUU　　IN:2438/LCCN:695876
　　孔広森　刊　4冊　袋　26.2cm × 18.5cm
　　刊記：文化3年（1806）刊
　　昌平叢書のうち　蔵書印等：［士官］

4516 儀礼経伝通解 GIRAI KEIDEN TSUUKAI　　IN:2326/LCCN:695764
　　朱熹　刊　8冊　袋　27.4cm × 19cm
　　第7〜17・22・23・30〜34存　蔵書印等：［予科］

4517 家礼 KAREI IN:2392/LCCN:695830
　　浅見安正校　刊　3冊　挿絵有　袋　25.8cm × 18.3cm
　　序：元禄10年（1697）浅見安正　刊記：延宝3年（1675）寿文堂旧板消亡｜寛政4年（1792）
　　再刻　京／秋田屋平左衛門・大坂／河内屋喜兵衛・江戸／須原屋茂兵衛
　　本文5巻2冊・図1巻1冊より成る　「摂陽書林柳原積玉圃儒書版目録（大阪／河内屋喜兵衛）」
　　（3丁）を付す　蔵書印等：［士官］

4518 文公家礼 BUNKOU KAREI IN:2365/LCCN:695803
　　朱熹編、丘濬輯　刊　1冊　挿絵有　袋　25.9cm × 18.1cm
　　巻3・4存

4519 文公家礼 BUNKOU KAREI IN:1732/LCCN:433305
　　朱熹編、丘濬輯、楊升庵先生平定　刊　4冊　袋　27.4cm × 19.6cm
　　刊記：種秀堂蔵版｜全閩舒瀛渓梓行

春秋類

4520 春秋 SHUNJUU IN:2412.B/LCCN:695850
　　刊　1冊　袋　26.4cm × 18.4cm

4521 春秋左氏伝校本 SHUNJUU SASHIDEN KOUHON IN:2386/LCCN:695824
　　杜氏集解、陸氏音義、秦鼎校　刊　1冊　袋　25.1cm × 17.7cm
　　蔵書印等：［士官］

4522 ［評注］東莱博議 TOURAI HAKUGI IN:2280/LCCN:695718
　　瞿世英校、阪谷素評注訓点　刊　1冊　袋　23cm × 15.4cm
　　巻5存

孝経類

4523 孝経大全 KOUKYOU TAIZEN IN:2233/LCCN:508633
　　刊　2冊　袋　26.5cm × 18.5cm
　　刊記：寛文7年（1667）梓　大坂／抱玉堂河内屋徳兵衛蔵版
　　蔵書印等：［士官］

4524 孝経大義 KOUKYOU TAIGI IN:1812/LCCN:508212
　　刊　1冊　袋　26.5cm × 19cm
　　刊記：天明8年（1788）大坂／河内屋八兵衛・同宇八・同鍋吉

群経総義類

4525 音訓五経　*ONKUN GOKYOU*　　　　　　　　　　IN:2411/LCCN:695849
　　おんくんごきょう
　　佐藤一斎　刊　4冊　袋　26.5cm × 18.6cm
　　序：文化10年（1813）佐藤坦・文化10年（1813）三谷侗
　　刊記：江戸／千鍾房発行（見返）
　　［校定音訓］易経2巻・［校定音訓］書経2巻・［校定音訓］詩経1巻（上存）より成る

四書類

4526 大学或問　*DAIGAKU WAKUMON*　　　　　　　IN:2132/LCCN:508532
　　だいがくわくもん
　　朱熹　刊　1冊　袋　26.1cm × 18.3cm

4527 中庸　*CHUUYOU*　　　　　　　　　　　　　IN:2563/LCCN:696001
　　ちゅうよう
　　朱熹　刊　1冊　袋　24.1cm × 17cm
　　蔵書印等：［士官］

4528 中庸　*CHUUYOU*　　　　　　　　　　　　　IN:2564/LCCN:696002
　　ちゅうよう
　　朱熹　刊　1冊　袋　24cm × 17.1cm
　　異称：中庸章句

4529 中庸輯略・中庸或問　*CHUUYOU SHUURYAKU・CHUUYOU WAKUMON*
　　ちゅうようしゅうりゃく・ちゅうようわくもん
　　山崎闇斎点　刊　3冊　袋　25.9cm × 18.3cm　　　IN:1760/LCCN:433333
　　中庸輯略2巻・中庸或問1巻より成る　闇斎点四書のうち

4530 論語　*RONGO*　　　　　　　　　　　　　　IN:88/LCCN:98847084
　　ろんご
　　刊　1冊　袋　12.7cm × 9.7cm
　　蔵書印等：［北条氏図書之記］

4531 孟子　*MOUSHI*　　　　　　　　　　　　　IN:3665/LCCN:703748
　　もうし
　　刊　1冊　袋　12.7cm × 9.6cm
　　刊記：文久3年（1863）大坂／積玉圃柳原喜兵衛・松敬堂山内五郎兵衛

4532 孟子　*MOUSHI*　　　　　　　　　　　　　IN:1606/LCCN:433179
　　もうし
　　刊　2冊　袋　25.5cm × 18.3cm
　　奥書等：贈呈　ランチ博士　明治42年（1909）松岡忠隆（見返）

4533 孟子精義　*MOUSHI SEIGI*　　　　　　　　　IN:2798/LCCN:696236
　　もうしせいぎ
　　刊　冊　袋　25.8cm × 17.9cm

刊記：享保 14 年（1729）京／畑善兵衛・風月荘左衛門

4534 論孟精義 ろんもうせいぎ　RONMOU SEIGI　　　　　　　　　　　　　IN:3207/LCCN:696645

国朝諸老先生　刊　20 冊　袋　25.7cm × 17.9cm
論語精義 10 巻のみ存　蔵書印等：［井本蔵書・竹田氏］　異称：国朝諸老先生論孟精義

4535 （四書集註）ししょしっちゅう　SHISHO SHICCHUU　　　　　　　　　IN:3206/LCCN:696644

朱熹　山崎闇斎点　刊　10 冊　袋　28.9cm × 19.8cm
刊記：明和 5 年（1768）再板　寿文堂井上清兵衛｜寛政 7 年（1795）再校
異称：倭板四書・大学章句・中庸章句・論語集註・孟子集註より成る

4536 （四書集註抄）ししょしっちゅうしょう　SHISHO SHICCHUUSHOU　　　IN:1841/LCCN:508241

朱熹　刊　10 冊　袋　25.9cm × 18.2cm
序：淳熙乙酉　朱熹（大学）　刊記：広徳館校正　慶応 2 年（1866）　真田善次郎
大学章句（1 巻 1 冊）・中庸章句（1 巻 1 冊）・論語集註（10 巻 4 冊）・孟子集註（14 巻 4 冊）
より成る

小学類

4537 爾雅 じが　JIGA　　　　　　　　　　　　　　　　　　　　　　　IN:3094/LCCN:969532

刊　1 冊　洋装（袋）　30cm × 20.5cm
刊記：羽沢石経山房刻梓（一丁裏）
蔵書印等：［湯川之印］、〔朝河〕（AUG 19 1907）収蔵　異称：景宋本爾雅

4538 爾雅註疏 じがちゅうそ　JIGA CHUUSO　　　　　　　　　　　　　IN:2285/LCCN:695723

刊　5 冊　袋　26cm × 18.1cm
「万暦 21 年刊」（柱）　蔵書印等：［士官・松文堂］

4539 爾雅註疏 じがちゅうそ　JIGA CHUUSO　　　　　　　　　　　　　IN:40/LCCN:847036

刊　4 冊　25.7cm × 17.6cm
刊記：大坂／葛城長兵衛他（全 3 肆）
巻 5・6 欠　蔵書印等：［珍書勿出庫・能声村松蔵書・熊本幼年］

4540 説文韻譜 せつもんいんぷ　SETSUMON INPU　　　　　　　　　　　IN:2387/LCCN:695825

李寿　刊　5 冊　袋　26.3cm × 18.8cm
巻 1〜5 存　蔵書印等：［士官］　異称：重刊許氏説文解字五音韻譜

4541 説文解字韻譜 せつもんかいじいんぷ　SETSUMON KAIJI INPU　　　　IN:2127/LCCN:508527

刊　1 冊　袋　26.8cm × 18.8cm
刊記：天和 2 年（1682）谷岡七左衛門板行
異称：説文解字篆韻譜

4542 干禄字書 KANROKU JISHO　　　　　　　　　　　　　IN:2434/LCCN:695872
　　　刊　1冊　袋　26.1cm×18.2cm
　　　刊記：文化14年（1817）
　　　蔵書印等：［士官］

4543 漢隷字源 KANREI JIGEN　　　　　　　　　　　　　IN:1802/LCCN:508202
　　　刊　7冊　袋　26.7cm×18.3cm
　　　刊記：寛政10年（1798）再刻　京／額田正三郎・江戸／須原茂兵衛・大坂／葛城長兵衛他（全7肆）

4544 隷弁 REIBEN　　　　　　　　　　　　　　　　　　IN:2114/LCCN:508514
　　　顧藹吉撰、鎌田禎纂校　刊　2冊　袋　26cm×18.3cm
　　　序：寛政3年（1791）奥田元継・寛政4年（1792）東江源鱗　跋：寛政4年（1792）森高美
　　　刊記：大坂／柳原喜兵衛

4545 ［増補］草書韻会 SOUSHO IN'E　　　　　　　　　　IN:1869/LCCN:508269
　　　刊　4冊　挿絵有　袋　25.5cm×18.8cm
　　　刊記：寛文3年（1663）鵜子直

4546 草聖彙弁　附草法母観 SOUSEI IBEN　TSUKETARI SOUHOU BOKAN
　　　朱迦陵撰、永根文峯校　刊　8冊　袋　26cm×18.1cm　　IN:199/LCCN:847195
　　　序：文政元年（1818）秦鼎　跋：文政2年（1819）文峯永根奕孫
　　　刊記：文政3年（1820）刻成｜天保9年（1838）求版　勝村治右衛門他（全8肆）
　　　蔵書印等：［詠善堂図書］

4547 六書精蘊 RIKUSHO SEIUN　　　　　　　　　　　　　IN:2671/LCCN:696109
　　　刊　2冊　袋　27.1cm×18cm
　　　刊記：享保12年（1727）縁山山下潭龍寮版
　　　2巻（巻1・大尾）　蔵書印等：［予科・篠田氏至誠館図書記］

4548 康熙字典 KOUKI JITEN　　　　　　IN:2375・2376/LCCN:695813・695814
　　　刊　65冊　袋　25.2cm×17.7cm
　　　刊記：安永9年（1780）京／風月荘左衛門・大坂／浅野弥兵衛
　　　全41冊揃1セット及び有欠本24冊

4549 古今韻会挙要小補 KOKON INKAI KYOYOU SHOUHO　　　IN:1806/LCCN:508206
　　　方日弁撰、季維楨校　刊　31冊　袋　26.2cm×18.6cm
　　　刊記：書林余彰徳／余象斗同刻
　　　異称：韻会小補

4550 古今韻会挙要小補 KOKON INKAI KYOYOU SHOUHO　　　IN:2458/LCCN:695896
　　　刊　16冊　袋　27.1cm×17.2cm
　　　刊記：書林余彰徳／余象斗同刻

巻3・9・11・13・14・17〜23・26〜28・30存　蔵書印等：［士官］　異称：韻会小補

4551　古今韻会挙要小補　KOKON INKAI KYOYOU SHOUHO　　　　IN:2369/LCCN:695807
　　　刊　6冊　袋　27.2cm × 17.1cm
　　　2・6・10・16・24・29巻存

B. 史部

正史類

4552　［新刻校正］史記評林　SHIKI HYOURIN　　　　IN:2374/LCCN:695812
　　　刊　15冊　袋　27.1cm × 19.6cm
　　　刊記：寛文12年（1672）八尾友春（柱）
　　　46巻存

4553　漢書評林　KANJO HYOURIN　　　　IN:2400.1/LCCN:695838
　　　刊　33冊　袋　26.3cm × 19.1cm
　　　跋：明暦4年（1658）夏川玄朴　刊記：江戸／岡田屋嘉七・京／俵屋清兵衛他（全5肆）
　　　全100巻のうち目録・巻1〜21・24・25・37〜43・48〜58・63・64・68・69・76・77・81〜100存

4554　漢書評林　KANJO HYOURIN　　　　IN:2400.2/LCCN:695838
　　　刊　11冊　袋　27.3cm × 19.2cm
　　　跋：明暦4年（1658）夏川玄朴　刊記：江戸／岡田屋嘉七・京／俵屋清兵衛他（全5肆）
　　　全100巻のうち　巻16・21〜23・27・28・84〜94存　蔵書印等：［針氏蔵書］

4555　後漢書　GOKANJO　　　　IN:3664/LCCN:703747
　　　范曄　刊　56冊　袋　26cm × 19cm
　　　刊記：弘化3年（1846）京／菱屋孫兵衛
　　　帝紀12巻・列伝82巻（巻1〜42・45〜65・68〜76・79・80）・志（巻1〜14・19〜30）存

4556　三国志　SANGOKUSHI　　　　IN:2537/LCCN:695975
　　　刊　40冊　袋　27.3cm × 19cm
　　　序：寛文10年（1670）田犀一角　刊記：寛文10年（1670）京／植村藤右衛門・山本平左衛門

4557　［新刊］三国志　SANGOKUSHI　　　　IN:2536/LCCN:695974
　　　陳寿　裴松註　陳仁錫評　刊　40冊　袋　25.2cm × 17.8cm
　　　序：寛文10年（1670）弘文院学士林叟・寛文10年（1670）田犀一角　刊記：寛文10年（1670）大坂／渋川清右衛門・松村九兵衛

B. 史部　533

魏巻 1～30・蜀巻 1～15・呉巻 1～20 存　蔵書印等：[北山図書記・深井吉兵衛蔵書之印・家老]

4558 廿二史箚記 （にじゅうにしさっき） NIJUUNISHI SAKKI　　　　　　　　　　　IN:2426/LCCN:695864
　　刊　7冊　袋　23cm × 15.9cm
　　刊記：文久2年（1862）新刻　江戸／須原屋茂兵衛・京／俵屋清兵衛他（全10肆）
　　巻9・10・13・14・27～36 存

編年類

4559 資治通鑑 （しじつがん） SHIJITSUGAN　　　　　　　　　　　　　　IN:2407/LCCN:695845
　　司馬光等奉勅撰　刊　70冊　袋　26.2cm × 17.7cm
　　刊記：京／勝村治右衛門他（全11肆）
　　蔵書印等：[士官]

4560 宋元通鑑 （そうげんつがん） SOUGENTSUGAN　　　　　　　　　　　　IN:2685/LCCN:696123
　　刊　2冊　袋　26cm × 17.7cm
　　刊記：万延元年（1860）江戸／和泉屋金右衛門
　　巻28～32 存

4561 資治通鑑綱目全書 （しじつがんこうもくぜんしょ） SHIJITSUGAN KOUMOKU ZENSHO　　IN:2384/LCCN:695822
　　朱熹　刊　68冊　袋　26.5cm × 18.4cm
　　蔵書印等：[衛典館図書印・士官]

4562 歴史綱鑑補 （れきしこうかんほ） REKISHI KOUKANHO　　　　　　　　　　IN:2711/LCCN:696149
　　袁黄撰　鵜飼信之（石斎）訓点　刊　20冊　袋　25.4cm × 17.9cm
　　刊記：寛文3年（1663）大坂／炭屋五郎兵衛・河内屋太助・河内屋喜兵衛他（全11肆）
　　蔵書印等：[光野蔵書]

4563 ［鼎鍥趙田了凡先生編纂古本］歴史大方綱鑑補 （れきしたいほうこうかんほ）
　　　　　REKISHI TAIHOU KOUKANHO　　　　　　　　　　　　　　　　IN:2405/LCCN:695843
　　袁黄撰　刊　13冊　袋　25.5cm × 17.9cm
　　巻1～7・10～19・26～33・36・37 存　蔵書印等：[士官]　異称：歴史綱鑑補

4564 ［鼎鍥趙田了凡先生編纂古本］歴史大方綱鑑補 （れきしたいほうこうかんほ）
　　　　　REKISHI TAIHOU KOUKANHO　　　　　　　　　　　　　　　　IN:2406/LCCN:695844
　　袁黄撰　刊　5冊　袋　25.5cm × 17.9cm
　　刊記：寛文3年（1663）大坂／炭屋五郎兵衛・河内屋太助｜江戸／須原屋茂兵衛・大坂／河内屋源七郎他（全10肆）
　　巻2・3・8・9・12・13・20・21・30～39 存　蔵書印等：[士官]　異称：歴史綱鑑補

4565 ［尺木堂］綱鑑易知録 KOUKAN EKICHIROKU　　　IN:42/LCCN:847038
　　呉乗権等　刊　2冊　袋　21.3cm × 14.8cm
　　巻16・17・32・33存　蔵書印等：［士官］

4566 鋼鑑易知録 KOUKAN EKICHIROKU　　　IN:2378/LCCN:695816
　　刊　39冊　袋　25cm × 8cm
　　刊記：嘉永4年（1851）江戸／須原屋茂兵衛他（全6肆）
　　巻1～11・16～25・28～71存　蔵書印等：［士官］

4567 鋼鑑易知録 KOUKAN EKICHIROKU　　　IN:2379/LCCN:695817
　　刊　13冊　袋　25.4cm × 18.1cm
　　巻1・40～49・52～57・71～72・75～76・83～84・87～88存　蔵書印等：［士官］

4568 明鑑易知録 MINKAN EKICHIROKU　　　IN:2395/LCCN:695833
　　刊　3冊　袋　22cm × 15.3cm
　　刊記：大坂／四友堂蔵梓

4569 明鑑易知録 MINKAN EKICHIROKU　　　IN:2302/LCCN:695740
　　刊　15冊　袋　25.5cm × 17.8cm
　　刊記：江戸／須原屋茂兵衛・大坂／河内屋喜兵衛他（全12肆）（裏見返）

4570 ［新鍥李卓吾先生増補批点］皇明正続合併通記統宗
　　　　KOUMIN SEIZOKU GAPPEI TSUUKI TOUSOU　　　IN:2318/LCCN:695756
　　陳建撰　刊　4冊　袋　27.9cm × 18.9cm
　　跋：元禄9年（1696）可昌　刊記：元禄9年（1696）京／林九兵衛
　　巻1～6・巻11～13存　蔵書印等：［士官］

4571 ［官板］東華録 TOUKAROKU　　　IN:2437/LCCN:695875
　　刊　3冊　袋　26.1cm × 18.2cm
　　刊記：天保4年（1833）刊
　　巻1～2・13～16存　蔵書印等：［士官］

4572 竹書紀年 CHIKUSHO KINEN　　　IN:2389/LCCN:695827
　　沈約附注　刊　1冊　袋　26cm × 18.1cm
　　跋：崇高堂主人　刊記：天明7年（1787）大坂／河内屋八兵衛
　　「崇高堂蔵板目録」を付す

紀事本末類

4573 明朝紀事本末 MINCHOU KIJI HONMATSU　　　IN:2555/LCCN:695993
　　谷応泰　刊　7冊　袋　25.5cm × 17.6cm

23〜72巻存　蔵書印等：［士官］

別史類

4574　十八史略（じゅうはっしりゃく）　JUUHASSHIRYAKU　　　　IN:2529/LCCN:695967
　　巌垣龍渓・巌垣東園増補　刊　2冊　袋　25.9cm × 18.5cm
　　序：天保9年（1838）巌垣松苗・寛保2年（1742）南郭服元喬
　　巻1・2存　異称：〔標記増補〕十八史略

雑史類

4575　戦国策譚梛（せんごくさくたんしゅう）　SENGOKUSAKU TANSHUU　　IN:2404/LCCN:695842
　　刊　7冊　袋　26.1cm × 18.4cm
　　刊記：寛保元年（1741）京／吉田四郎右衛門・葛西市郎兵衛他（全5肆）
　　蔵書印等：［士官］

4576　貞観政要（じょうがんせいよう）　JOUGAN SEIYOU　　　　IN:2521/LCCN:695959
　　刊　5冊　袋　25.6cm × 18.3cm
　　序：道春　跋：明暦3年（1657）春斎　刊記：寛文9年（1669）荒川宗長
　　「大坂／吉田松根堂蔵版書目」（2丁）を付す

4577　貞観政要（じょうがんせいよう）　JOUGAN SEIYOU　　　　IN:2737.1/LCCN:696175
　　刊　10冊　袋　27.7cm × 21.3cm
　　刊記：鳥飼市兵衛梓行

4578　貞観政要（じょうがんせいよう）　JOUGAN SEIYOU　　　　IN:2737.2/LCCN:696175
　　刊　3冊　洋装（袋）　27.4cm × 19.8cm
　　刊記：鳥飼市兵衛梓行
　　〔朝河〕（AUG 17 1907）収蔵

4579　貞観政要格式目（じょうがんせいようきゃくしきもく）　僧官　JOUGAN SEIYOU KYAKUSHIKIMOKU　IN:2839/LCCN:696277
　　刊　1冊　袋　26.2cm × 19.3cm

伝記類

4580　孔聖全書（こうせいぜんしょ）　KOUSEI ZENSHO　　　　IN:2236/LCCN:508636
　　安夢松撰　刊　3冊　袋　27.3cm × 17.2cm
　　刊記：寛文8年（1668）武村三郎兵衛刊行

4581 晏子春秋 ANSHI SHUNJUU　　　　　　　　　　　　　IN:2206/LCCN:508606
　　　刊　5冊　袋　26cm × 17.8cm
　　　刊記：元文元年（1736）京／植村藤右衛門他（全2肆）
　　　蔵書印等：[士官]

4582 朱子行状 SHUSHI GYOUJOU　　　　　　　　　　　　IN:1816/LCCN:508216
　　　刊　1冊　袋　27.2cm × 19.5cm
　　　刊記：寛文5年（1665）開板　京／村上平楽寺

4583 宋名臣言行録 SOUMEISHIN GENKOUROKU　　　　　　IN:2465/LCCN:695903
　　　刊　2冊　袋　24.5cm × 17.4cm
　　　後集巻1～8存

4584 名臣言行録 MEISHIN GENKOUROKU　　　　　　　　IN:2755/LCCN:696193
　　　朱熹　刊　6冊　袋　24.6cm × 17.2cm
　　　刊記：文栄堂蔵版　大坂／前川善兵衛
　　　異称：宋名臣言行録

4585 ［宋朱晦庵先生］名臣言行録 MEISHIN GENKOUROKU　　IN:2394.1/LCCN:695832
　　　宋晦庵先生朱熹纂輯、太平老圃李衡校正、明後学婁東張采評閲、茂苑宋学顕当湖馬嘉植参正、宋
　　　学顕令申馬嘉植培元参正　刊　5冊　袋　25.5cm × 17.8cm
　　　刊記：寛文7年（1667）京／風月荘左衛門発行
　　　前集10巻・後集1～4・10～14巻存　第5冊欠　蔵書印等：[士官]　異称：宋名臣言行録

4586 ［宋朱晦庵先生］名臣言行録 MEISHIN GENKOUROKU　　IN:2394.2/LCCN:695832
　　　宋晦庵先生朱熹纂輯、太平老圃李衡校正、明後学婁東張采評閲、茂苑宋学顕当湖馬嘉植参正、宋
　　　学顕令申馬嘉植培元参正　刊　4冊　袋　25.5cm × 17.8cm
　　　刊記：寛文7年（1667）京／風月荘左衛門発行
　　　前集1～7巻・後集5～14巻存　第4・5冊欠　蔵書印等：[士官]　異称：宋名臣言行録

4587 名臣言行録 MEISHIN GENKOUROKU　　　　　　　　IN:49/LCCN:847045
　　　朱熹　刊　4冊　袋　24.8cm × 17.4cm
　　　刊記：寛文7年（1667）大坂／前川源七郎
　　　前集1～10・後集9～14存　後刷本　蔵書印等：[幼年・予科士官]　異称：朱晦菴先生名臣
　　　言行録

4588 万姓統譜 BANSEI TOUFU　　　　　　　　　　　　　IN:2771/LCCN:696209
　　　刊　52冊　袋　25.8cm × 17.8cm
　　　刊記：博施堂蔵板
　　　蔵書印等：[松阪学問所]

4589 氏族博攷 SHIZOKU HAKUKOU　　　　　　　　　　IN:2319/LCCN:695757
　　　凌迪知纂　刊　12冊　袋　24.9cm × 15.9cm

氏族博攷 4 巻・歴代帝王姓系統譜 6 巻・古今万姓統譜 38 巻（巻 34 〜 44・59 〜 65・82 〜 85・105 〜 111・121 〜 123・129 〜 134）存　蔵書印等：［士官］

史評類

4590　帝鑑図説　*TEIKAN ZUSETSU*　　　　　　　　　　　　　　IN:1745/LCCN:433318
　　　ていかんずせつ
　　張居正　刊　12 冊　挿絵有　袋　27cm × 19.5cm
　　刊記：慶安 3 年（1650）八尾助左衛門尉開板
　　（MAY 23 1939）収蔵

外国史類

4591　東国通鑑　*TOUGOKU TSUGAN*　　　　　　　　　　　　　　IN:2738/LCCN:696176
　　　とうごくつがん
　　刊　9 冊　袋　27.5cm × 19.3cm
　　序：寛文 6 年（1666）弘文学士院林叟

4592　東国通鑑　*TOUGOKU TSUGAN*　　　　　　　　　　　　　　IN:2752/LCCN:696190
　　　とうごくつがん
　　刊　48 冊　袋　27.6cm × 19.3cm
　　跋：寛文 7 年（1667）端亭辻達　刊記：寛文 7 年（1667）京／林前和泉丞白水
　　巻 9 〜 56 存　「史八十巻　御納戸」（表紙朱書）　蔵書印等：［納戸蔵本］

地理類

4593　黄山領要録　*KOUZANRYOU YOUROKU*　　　　　　　　　　　IN:2523/LCCN:695961
　　　こうざんりょうようろく
　　汪洪度　于鼎　刊　1 冊　袋　18.5cm × 12.7cm
　　刊記：文久 2 年（1862）刊

4594　大唐西域記　*DAITOU SAIIKIKI*　　　　　　　　　　　　　IN:2832/LCCN:696270
　　　だいとうさいいきき
　　刊　6 冊　袋　27cm × 19.3cm
　　刊記：承応 2 年（1653）中野五郎左衛門刊

4595　中山伝信録　*CHUUZAN DENSHINROKU*　　　　　　　　　　　IN:2547/LCCN:695985
　　　ちゅうざんでんしんろく
　　刊　3 冊　挿絵有　袋　26cm × 18.7cm
　　序：明和 3 年（1766）服天游伯和父　刊記：天保 11 年（1840）京／石田治兵衛
　　巻 1・5・6 存　蔵書印等：［士官］

4596　瀛環志略　*EIKAN SHIRYAKU*　　　　　　　　　　　　　　IN:2657/LCCN:696095
　　　えいかんしりゃく
　　徐継畬　刊　2 冊　挿絵有　袋　26cm × 17.6cm
　　巻 1・7 存

538　19. 漢籍

職官類

4597 ［官板］州県提綱 *SHUUKEN TEIKOU* IN:2422/LCCN:695860
陳襄　刊　1冊　袋　25.9cm × 18cm
刊記：天保7年（1836）彫
欽定四庫全書提要のうち

4598 福恵全書 *FUKUKEI ZENSHO* IN:2332/LCCN:695770
黄六鴻撰　小畑行簡点　刊　2冊　袋　25.8cm × 17.4cm
巻12・13存　蔵書印等：［士官］

政書類

4599 明律 *MINRITSU* IN:2381/LCCN:695819
刊　6冊　袋　24.3cm × 17.5cm
全9冊のうち　条例上・条例中・兵・明例・刑下・吏・戸上存　蔵書印等：［士官］　異称：大明律

4600 明律 *MINRITSU* IN:2271/LCCN:695709
刊　1冊　袋　24.6cm × 17.4cm
巻5〜12存　蔵書印等：［士官］　異称：大明律

目録類

4601 彙刻書目 *IKOKU SHOMOKU* IN:387/LCCN:847383
刊　9冊　袋　18.4cm × 12.6cm
蔵書印等：［予科士官］

C. 子部

儒家類

4602 孔子家語 *KOUSHI KEGO* IN:2633/LCCN:696071
太宰純注　刊　5冊　洋装（袋）　27.2cm × 16.8cm

序：元文元年（1736）太宰純　跋：太宰純　刊記：寛保 2 年（1742）嵩山房
巻末に「汲古閣板孔子家語跋」を付す

4603 荀子箋釈 JUNSHI SENSHAKU　　　　　　　　　　　　IN:2367/LCCN:695805
　　朝川善庵　刊　8 冊　袋　25.8cm × 17.8cm
　　序：文政 13 年（1830）朝川鼎　跋：弘化 3 年（1846）嘉定銭大昕

4604 荀子箋釈 JUNSHI SENSHAKU　　　　　　　　　　　　IN:2539/LCCN:695977
　　刊　8 冊　袋　26cm × 18.2cm
　　序：文政 13 年（1830）朝川鼎
　　蔵書印等：［士官］

4605 孔叢子 KUZOUSHI　　　　　　　　　　　　　　　　　IN:2357/LCCN:695795
　　刊　4 冊　袋　25.6cm × 17.4cm
　　刊記：京／中川茂兵衛・同弥兵衛
　　「万暦五年刊」（柱）　蔵書印等：［士官］

4606 ［官板］賈子新書 KASHI SHINSHO　　　　　　　　　IN:2442/LCCN:695880
　　刊　1 冊　袋　26.1cm × 18.4cm
　　巻 1・2 存

4607 文中子中説 BUNCHUUSHI CHUUSETSU　　　　　　　IN:2208/LCCN:508608
　　阮逸注　刊　4 冊　袋　25.4cm × 17.7cm
　　刊記：元禄 8 年（1695）修文堂石田鴻鈞子梓｜文栄堂蔵版｜大坂／前川善兵衛
　　蔵書印等：［士官］（SEP 12 1946）収蔵　異称：文中子

4608 帝範 TEIHAN　　　　　　　　　　　　　　　　　　　IN:2764/LCCN:696202
　　刊　1 冊　洋装（袋）　25.4cm × 18.8cm
　　跋：寛文 8 年（1668）柳谷散人埜子苞父　林和泉掾
　　「臣軌」上下を付す

4609 ［官板］迂書 USHO　　　　　　　　　　　　　　　　IN:126/LCCN:847122
　　司馬光　刊　1 冊　袋　25.9cm × 18.1cm
　　刊記：文政 12 年（1829）江戸／出雲寺万次郎
　　蔵書印等：［予科士官］

4610 張子全書 CHOUSHI ZENSHO　　　　　　　　　　　　IN:2321/LCCN:695759
　　徐必達編　刊　9 冊　袋　26.5cm × 172cm
　　跋：延宝 2 年（1674）真祐　刊記：延宝 3 年（1675）京／田中長左衛門・武村新兵衛
　　巻 1〜2 上・3 下・4〜5・9〜15 存　蔵書印等：［士官］

4611 近思録 KINSHIROKU　　　　　　　　　　　　　　　　IN:1840/LCCN:508240
　　朱熹・呂祖謙撰　刊　4 冊　袋　21.8cm × 15cm

刊記：文化9年（1812）大坂／加賀屋善蔵

4612 近思録 KINSHIROKU　　　　　　　　　　　　　　　　　IN:1805/LCCN:508205

　　刊　2冊　袋　25.9cm×18.8cm
　　刊記：安永3年（1774）再板　寿文堂　井上清兵衛｜江戸／岡田屋嘉七・京／菱屋孫兵衛他（全4肆）
　　蔵書印等：［浅野文庫］

4613 ［新校校正］小学句読 SHOUGAKU KUTOU　　　　　　　　　IN:1811/LCCN:508211

　　刊　4冊　袋　25cm×17cm
　　刊記：寛政7年（1795）有文閣蔵版｜安政元年（1854）再刻　大坂／柳原喜兵衛・前川源七郎・山城屋佐兵衛・河内屋忠七版他（全15肆）

4614 朱子語類 SHUSHI GORUI　　　　　　　　　　　　　　　　IN:2393/LCCN:695831

　　刊　11冊　袋　25.5cm×17.9cm
　　刊記：京／出雲寺和泉掾
　　第19～22・43～54・84～92・104～7・122～126・131～140巻存
　　蔵書印等：［士官・仙台幼年］（蔵書票）

4615 朱子語類大全 SHUSHI GORUI TAIZEN　　　　　　　　　　　IN:1863/LCCN:508263

　　刊　46冊　袋　24.8cm×17.4cm
　　跋：寛文8年（1668）真祐　刊記：東京／吉川半七
　　「万延元年（1860）」（各冊最終丁）「卯三郎〆ヤリケリ」（最終冊裏見返墨書）　異称：朱子語類

4616 朱子文語纂編 SHUSHI BUNGO SANPEN　　　　　　　　　　　IN:1864/LCCN:508264

　　刊　15冊　袋　23.2cm×16.1cm
　　序：安政3年（1856）源忠精・天保14年（1843）源忠邦　跋：弘化2年（1845）一斎陳人佐藤坦・塩谷世弘　刊記：安政3年（1856）山県城主水野氏蔵板
　　「清本翻刻」（見返）

4617 学的 GAKUTEKI　　　　　　　　　　　　　　　　　　　　IN:1820/LCCN:508220

　　丘濬　刊　2冊　挿絵有　袋　24.5cm×16.7cm
　　刊記：名古屋／永楽屋東四郎・江戸／同出店（見返）
　　「琳琅閣」（帯）

4618 ［晦庵朱先生］心学録 SHINGAKUROKU　　　　　　　　　　IN:1678/LCCN:433251

　　王蓂輯　刊　5冊　袋　28cm×18.1cm
　　刊記：明暦元年（1655）京／林伝左衛門尉
　　異称：朱子心学録

4619 西銘 SEIMEI　　　　　　　　　　　　　　　　　　　　　IN:1815/LCCN:508215

　　刊　1冊　袋　27.5cm×18.7cm
　　刊記：貞享元年（1684）大谷七郎兵衛板行

C. 子部　541

4620 朱子訓子帖 SHUSHI KUNSHIJOU　　　　　　　　　　IN:2109/LCCN:508509
　　　刊　1冊　袋　27.6cm×19.2cm
　　　刊記：武村昌常刊

4621 朱子訓子帖 SHUSHI KUNSHIJOU　　　　　　　　　　IN:1665/LCCN:433238
　　　刊　1冊　袋　27.5cm×18.8cm
　　　跋：山崎敬義　刊記：武村昌常刊

4622 ［首書］性理字義 SEIRI JIGI　　　　　　　　　　　IN:2645/LCCN:696083
　　　刊　2冊　袋　27.6cm×19.7cm
　　　跋：寛文10年（1670）暮茘墩散人　刊記：寛文10年（1670）中野宗左衛門
　　　「西尾蔵書」（裏見返）　蔵書印等：［士官・籠水山安楽院西福寺］

4623 心経附註 SHINKYOU FUCHUU　　　　　　　　　　　IN:1648/LCCN:433221
　　　程敏政撰　刊　2冊　袋　28.5cm×19.5cm
　　　刊記：正保4年（1647）京／沢田庄左衛門

4624 ［官板］読書分季日程 DOKUSHO BUNNEN NITTEI　　IN:2440/LCCN:695878
　　　程端礼　刊　1冊　袋　26.1cm×18.4cm
　　　刊記：文化7年（1810）刊
　　　全3巻のうち巻下存

4625 ［新刻］性理大全 SEIRI TAIZEN　　　　　　　　　IN:1859/LCCN:508259
　　　刊　51冊　袋　27.6cm×19.4cm
　　　跋：慶安4年（1651）永庵小出立庭
　　　刊記：承応2年（1653）京／田中清左衛門・野田庄左衛門
　　　蔵書印等：［佐竹文庫］

4626 童子習 DOUJISHUU　　　　　　　　　　　　　　　IN:1867/LCCN:508267
　　　朱逢吉撰　刊　1冊　袋　25.4cm×18.1cm
　　　刊記：享保10年（1725）京／風月堂荘左衛門・浅見文次郎訓点梓

4627 伝習録 DENSHUUROKU　　　　　　　　　　　　　　IN:3671/LCCN:703754
　　　王陽明撰　刊　3冊　袋　26cm×18.4cm
　　　序：正徳2年（1712）三輪希賢善蔵（目録）　跋：正徳2年（1712）三輪希賢
　　　刊記：大坂市／青木恒三郎・東京市／青木嵩山堂・大坂市／青木嵩山堂
　　　下巻欠　異称：標註伝習録

4628 ［鼇頭評註］太極図説 TAIKYOKU ZUSETSU　　　　IN:1701/LCCN:433274
　　　周濂渓　刊　1冊　挿絵有　袋　27.1cm×19.2cm
　　　跋：熊谷立閑　刊記：延宝6年（1678）京／孫兵衛

4629 理学類編 **RIGAKU RUIHEN**　　　　　　　　　　IN:2287/LCCN:695725

　　刊　1冊　袋　29cm×19.2cm
　　刊記：慶安2年（1649）風月宗知刊行
　　巻7・8存

4630 薬言宝典 **YAKUGEN HOUTEN**　　　　　　　　IN:2785/LCCN:696223

　　刊　1冊　袋　29.2cm×19cm
　　序：不幸道人
　　異称：孚佑帝君薬言宝典

兵家類

4631 ［魏武注］孫子 **SONSHI**　　　　　　　　　　IN:2224/LCCN:508624

　　岡白駒校　刊　1冊　袋　26.3cm×18.9cm
　　序：宝暦14年（1764）岡白駒・宝暦春河子龍　刊記：京／村上勘兵衛
　　蔵書印等：［松井文庫・予科］

4632 孫子十家註 **SONSHI JIKKACHUU**　　　　　　　IN:2388/LCCN:695826

　　吉天保編　刊　1冊　袋　26cm×18.1cm
　　巻1・2存

4633 ［官板］孫子十家註 **SONSHI JUKKACHUU**　　　IN:2446/LCCN:695884

　　刊　3冊　袋　26cm×18cm
　　刊記：天保13年（1842）刻｜嘉永6年（1853）重刻
　　巻3〜13存

4634 呉子読本 **GOSHI TOKUHON**　　　　　　　　　IN:454/LCCN:847450

　　曖波居士副詮　写　1冊　袋　26.9cm×18.9cm
　　蔵書印等：［士官］　異称：呉子副詮

4635 ［増訂］武経七書直解 **BUKYOU SHICHISHO CHOKKAI**　　IN:2638/LCCN:696076

　　太原劉寅輯著、江陵張居士増訂、銭塘翁鴻業重校　刊　1冊　袋　25cm×17.9cm
　　刊記：寛永20年（1643）京／沢田庄左衛門
　　巻12存　蔵書印等：［松井文庫・予科］

4636 七書講議 **SHICHISHO KOUGI**　　　　　　　　IN:2286/LCCN:695724

　　刊　2冊　袋　25.6cm×18cm
　　巻1〜7・34〜36存

4637 武経開宗 **BUKYOU KAISOU**　　　　　　　　　IN:3670/LCCN:703753

　　黄献臣詮解、山中倡庵　刊　7冊　挿絵有　袋　25.8cm×18.8cm

C. 子部　543

序：寛文元年（1661）宮城氏朔庵東雪　刊記：寛文元年（1661）中野市右衛門刊行
孫子2巻・三呉子1巻・司馬法1巻・太宗問対1巻・尉繚1巻・三略1巻・六韜2巻・戚南塘・名将伝・弓馬法・陣法・図説各1巻存　［京／出雲寺松栢堂蔵版目録］（半丁）を付す　蔵書印等：［士官・高氏蔵書］

4638　武備志　BUBISHI　　　　　　　　　　　　　　　　　　　IN:3663/LCCN:703746
刊　55冊　挿絵有　袋　25cm×17.5cm
刊記：寛文4年（1664）江戸／須原屋茂兵衛・大坂／秋田屋太右衛門他（全10肆）
和刻本　蔵書印等：［士官］

法家類

4639　韓非子全書　KANPISHI ZENSHO　　　　　　　　　　　　　IN:2284/LCCN:695722
刊　10冊　袋　25.5cm×17.8cm
序：王世貞　跋：延享3年（1746）芥煥彦章　刊記：文化8年（1811）京／林伊兵衛・江戸／前川六左衛門・大坂／浅井吉兵衛

農家類

4640　救荒本草　KYUUKOU HONZOU　　　　　　　　　　　　　　IN:1569/LCCN:433142
王西楼輯、姚可成補　刊　8冊　挿絵有　袋　25.8cm×18.2cm
序：正徳5年（1715）伊藤長胤・正徳5年（1715）松岡玄達成章・正徳5年（1715）秀菴居士香川修徳　跋：姪孫光盛　刊記：京／長松堂梓

4641　救荒本草　KYUUKOU HONZOU　　　　　　　　　　　　　　IN:2967.2/LCCN:696405.2
刊　7冊　挿絵有　袋　27.1cm×19.2cm
刊記：京／柳枝軒・白松堂・含翠亭（見返）｜京／芳野野権兵衛刊行（裏見返）

4642　救荒本草　KYUUKOU HONZOU　　　　　　　　　　　　　　IN:2967.1/LCCN:696405.1
刊　7冊　挿絵有　袋　26.3cm×18.5cm
刊記：京／柳枝軒・白松堂・含翠亭（見返）

4643　救荒本草　KYUUKOU HONZOU　　　　　　　　　　　　　　IN:2966/LCCN:696404
刊　4冊　挿絵有　袋　27.7cm×18.8cm
序：正徳5年（1715）松岡玄達成章　刊記：享保元年（1716）藤野九郎兵衛・茨城多左衛門・川勝七郎兵衛｜京／柳枝軒・白松堂・含翠亭（見返）
巻1～5・9～14存

4644　救荒野譜　KYUUKOU YAFU　　　　　　　　　　　　　　　IN:2963/LCCN:696401
刊　1冊　挿絵有　袋　26.4cm×18.5cm
序：正徳5年（1715）伊藤長胤・正徳5年（1715）松岡玄達成章　跋：南湖 張継跋　刊記：京

／華文軒寿梓（見返）

医家類

医経

4645 **黄帝内経素問** KOUTEI NAIKEI SOMON　　　IN:3061/LCCN:696499
　刊　12 冊　袋　25.9cm × 18.6cm
　刊記：京／風月堂荘左衛門
　異称：内経素問

4646 **類経** RUIKEI　　　IN:3019・3020/LCCN:696457・696458
　刊　40 冊　袋　27.5cm × 18cm
　類経 32 巻・類経附翼 4 巻・類経図翼 11 図より成る

4647 **黄帝内経霊枢** KOUTEI NAIKEI REISUU　　　IN:3038/LCCN:696476
　刊　6 冊　袋　26cm × 18.5cm
　序：自序

4648 **黄帝内経霊枢註証発微** KOUTEI NAIKEI REISUU CHUUSHOU HATSUBI
　馬玄台　刊　12 冊　挿絵有　袋　28.2cm × 19.9cm　　IN:892/LCCN:432466
　刊記：寛永 5 年（1628）書舎道伴梓行

4649 **黄帝内経霊枢註証発微** KOUTEI NAIKEI REISUU CHUUSHOU HATSUBI
　馬玄台　刊　6 冊　挿絵有　袋　28.3cm × 20cm　　IN:890／891/LCCN:432464／432465
　刊記：寛永 5 年（1628）書舎道伴梓行

4650 **素問玄機原病式** SOMON GENKI GENBYOUSHIKI　　　IN:889/LCCN:432463
　劉完素（守貞）　刊　1 冊　袋　27.8cm × 18.3cm
　刊記：寛永 7 年（1630）梅寿重刊

4651 **難経本義** NANKEI HONGI　　　IN:1610/LCCN:433183
　刊　2 冊　袋　27.5cm × 19.3cm
　刊記：万治 3 年（1660）板行

4652 **内経知要** NAIKEI CHIYOU　　　IN:3052/LCCN:696490
　李士材　刊　5 冊　袋　27.2cm × 16.4cm
　刊記：寛政 2 年（1790）京／武村市郎兵衛新刊

C. 子部　545

方論

4653 **格致余論** KAKUCHI YORON　　　　　　　　　IN:3644/LCCN:703727
　　朱彦脩　刊（古活字）　1冊　袋　28cm×20.6cm

4654 **医説** ISETSU　　　　　　　　　　　　　　　IN:3021/LCCN:696459
　　刊　5冊　袋　24.3cm×17.7cm
　　刊記：万治2年（1659）京／小嶋弥平次・玉村次左衛門新刊

4655 **続医説** ZOKU ISETSU　　　　　　　　　　　IN:3070/LCCN:696508
　　兪弁　刊　2冊　袋　24.5cm×17.8cm
　　刊記：万治元年（1658）京／小嶋弥平次・玉村治左衛門新刊

4656 **儒門事親** JUMON JISHIN　　　　　　　　　　IN:1546/LCCN:433119
　　張子和撰・呉勉学校　刊　6冊　袋　25.9cm×17cm
　　序：正徳元年（1711）渡辺栄元安甫

4657 **儒医精要** JUI SEIYOU　　　　　　　　　　　IN:3014/LCCN:696452
　　刊　1冊　挿絵有　袋　28.2cm×19.8cm
　　刊記：慶安元年（1648）上村次郎右衛門刊行

4658 **医宗粋言** ISOU SUIGEN　　　　　　　　　　IN:3051/LCCN:696489
　　羅周彦　刊　20冊　挿絵有　袋　27.3cm×17.8cm
　　跋：天和3年（1683）伊藤春琳　刊記：天和3年（1683）京／武村新兵衛

4659 **［雲林医聖］普渡慈航** FUTOJIKOU　　　　　IN:3040/LCCN:696478
　　龔廷賢　刊　16冊　袋　27.8cm×18.7cm

4660 **［校正宋版］傷寒論** SHOUKANRON　　　　　IN:3024/LCCN:696462
　　浅野徽元甫校　刊　3冊　袋　25.7cm×17.5cm
　　序：浅野徽　刊記：寛政9年（1797）京／小川多左衛門・尾張／片野東四郎他（全9肆）

4661 **婦人良方** FUJIN RYOUHOU　　　　　　　　　IN:3089/LCCN:696527
　　刊　8冊　挿絵有　袋　25.7cm×16cm
　　刊記：承応2年（1653）風月堂庄左衛門板

4662 **保嬰撮要** HOEI SATSUYOU　　　　　　　　　IN:3058/LCCN:696496
　　薛鎧　刊　20冊　袋　26cm×16.9cm
　　刊記：承応3年（1654）風月堂荘左衛門
　　蔵書印等：［潤杏楼蔵書印・巌松堂古典部］

4663 尚論張仲景傷寒論重編三百九十七法　SHOURON CHOUCHUUKEI
SHOUKANRON JUUHEN SANBYAKUKYUUJUUSHICHIHOU　　　IN:1666/LCCN:433239

　　喩昌嘉言甫　刊　7冊　挿絵有　袋　27.2cm × 16.7cm
　　刊記：元禄9年（1696）京／武村新兵衛
　　（NOV 10 1937）収蔵　異称：傷寒尚論編

4664 瘟疫論類編　ON'EKIRON RUIHEN　　　　　　　　　IN:3025/LCCN:696463

　　刊　2冊　袋　25.3cm × 17.3cm
　　序：享和3年（1803）丹波元簡　刊記：京／尚書堂堺屋仁兵衛
　　「尚書堂蔵版目録」を付す

4665 奇効医述　KIKOU IJUTSU　　　　　　　　　　　　IN:3064/LCCN:696502

　　刊　1冊　袋　25.7cm × 16.4cm
　　刊記：万治4年（1661）京／田原仁左衛門刻
　　「草廬采初編刷零葉貼付　巻五」（帙裏）

4666 保赤全書　HOUSEKI ZENSHO　　　　　　　　　　　IN:2560/LCCN:695998

　　管橒編　龔居中増補　呉文炳較正　刊　1冊　袋　26.4cm × 18cm
　　下巻存　蔵書印等：〔筑波文庫図書記〕

4667 ［新国秘伝］痘疹金鏡録　TOUSHIN KINKYOUROKU　　IN:3066/LCCN:696504

　　翁仲仁　刊　3冊　挿絵有　袋　25.4cm × 17.9cm
　　刊記：享保17年（1732）大坂／上田卯兵衛

4668 活幼心法　KATSUYOU SHINPOU　　　　　　　　　　IN:2352/LCCN:695790

　　聶尚恒　刊　1冊　袋　25.2cm × 16cm
　　刊記：寛文6年（1666）

4669 痘科鍵　TOUKAKEN　　　　　　　　　　　　　　　IN:3086/LCCN:696524

　　朱巽撰　朱鳳台校　刊　4冊　袋　26.1cm × 18.5cm
　　序：享保15年（1730）長春院武于龍叔安　跋：享保15年（1730）望月三英
　　刊記：原板享保15年（1730）｜再刻安永6年（1777）大坂／柏原屋清左衛門・京／脇坂仙治郎・
　　江戸／須原屋茂兵衛

4670 外科正宗　GEKA SEISOU　　　　　　　　　　　　IN:3088/LCCN:696526

　　陳実功　刊　4冊　挿絵有　袋　25.7cm × 18.4cm
　　序：寛政3年（1791）源元凱　刊記：寛文3年（1663）旧板｜寛政3年（1791）新鐫　芳蘭
　　榭蔵　京／林権兵衛・林伊兵衛・武村嘉兵衛

4671 ［重刻］太平恵民和剤局方　TAIHEI KEIMIN WAZAI KYOKUHOU　IN:3071/LCCN:696509

　　刊　11冊　袋　26.5cm × 16.7cm
　　刊記：正保4年（1647）京／村上平楽寺開板

C. 子部　547

4672 聖済総録　SEISAI SOUROKU　　　　　　　　　　　　　　IN:3055/LCCN:696493
　　　刊　100 冊　袋　29.8cm×20cm
　　　序：文化 11 年（1814）杉本良仲温　刊記：文化 12 年（1815）　医学聚珍版
　　　刊記：大日本東都医学印行聖済総録二百巻拠元大徳重校本　活字離造肇自文化十年（1813）三月内至文化十三年（1816）八月内竣工　今具在局官姓氏于后」として 40 名の姓名を列挙する（見返）

4673 [秘伝] 眼科全書　GANKA ZENSHO　　　　　　　　　　IN:2663/LCCN:696101
　　　晴峰哀学淵輯著、泰斎楊春栄繡梓　刊　6 冊　挿絵有　袋　22.2cm×15.9cm
　　　序：貞享生進夏之季初吉　温洛散人志言斎主・貞享 5 年（1688）旦青木芳菴
　　　刊記：貞享 5 年（1688）京／茨木多左衛門・中西卯兵衛

本草

4674 本草綱目　HONZOU KOUMOKU　　　　　　　　　　　　IN:2991/LCCN:696429
　　　李時珍　刊　45 冊　挿絵有　袋　27.2cm×18cm
　　　序：正徳 4 年（1714）伊藤東涯
　　　刊記：正徳 4 年（1714）江戸／唐本屋清兵衛・万屋佐右衛門・唐本屋八郎兵衛

4675 本草綱目　HONZOU KOUMOKU　　　　　　　　　　　　IN:2545/LCCN:695983
　　　刊　21 冊　袋　24.5cm×17.4cm
　　　序：正徳 4 年（1714）広瀬東啓・正徳 4 年（1714）伊藤長胤・正徳 3 年（1713）松岡玄達　刊記：正徳 4 年（1714）江戸／唐本屋清兵衛・京／唐本屋八郎兵衛他（全 3 肆）
　　　序・脈学奇経 1 上・4・9〜13・15・18・24〜25・27〜35・39〜42・45〜46・51 存

4676 本草綱目　HONZOU KOUMOKU　　　　　　　　　　　　IN:2990/LCCN:696428
　　　刊　40 冊　挿絵有　袋　22.9cm×16cm
　　　刊記：武林銭衛蔵板（見返）

4677 本草綱目　HONZOU KOUMOKU　　　　　　　　　　　　IN:2354/LCCN:695792
　　　李時珍　刊　6 冊　挿絵有　袋　24.4cm×17.5cm
　　　巻 3 上・16・44・50 存　蔵書印等：［士官］

4678 [増補] 本草備要　HONZOU BIYOU　　　　　　　　　　IN:2979/LCCN:696417
　　　刊　2 冊　袋　18.2cm×12.4cm
　　　跋：享保 13 年（1728）藤井以求子見隆　刊記：済世堂蔵　京／本屋吉右衛門

4679 本草逢原　HONZOU HOUGEN　　　　　　　　　　　　　IN:2946/LCCN:696384
　　　張玉　刊　4 冊　袋　21.1cm×14.1cm
　　　刊記：大坂／定栄堂蔵
　　　異称：改訂医通本草

4680 本草通玄　HONZOU TSUUGEN　　　　　　　　　　　IN:2980/LCCN:696418

　　李士材　刊　4冊　袋　26.5cm × 18.4cm
　　序：元禄7年（1694）通菴竹中敬敬昌父

4681 本草約言　HONZOU YAKUGEN　　　　　　　　　　IN:2994/LCCN:696432

　　薛己編輯、燕志学校正　刊　4冊　袋　27.3cm × 19.2cm
　　序：古呉薛已立斎甫　刊記：万治3年（1660）京／田原二左衛門刻
　　「鷲尾薬局所蔵／本草約言」（4巻表紙）　異称：薬性本草約言

4682 本草匯　HONZOUKAI　　　　　　　　　　　　　　IN:2973/LCCN:696411

　　郭宣明　刊　20冊　挿絵有　袋　23.1cm × 16.4cm
　　刊記：元禄6年（1693）江戸／山田屋長右衛門・和泉屋市兵衛他（全2肆）

叢編

4683 万病回春　MANBYOU KAISHUN　　　　　　　　　　IN:893/LCCN:432467

　　龔廷賢編　菅玄洞　刊（古活字）　8冊　挿絵有　袋　27.5cm × 20.2cm
　　奥書等：慶長12年（1607）洛瀲覇敬

4684 寿世保元　JUSE HOUGEN　　　　　　　　　　　　IN:3039/LCCN:696478

　　金谿雲林龔廷賢　刊　10冊　袋　26.3cm × 19cm
　　刊記：正保2年（1645）風月宗知
　　異称：新刊医林状元寿世保元

4685 仲景全書　CHUUKEI ZENSHO　　　　　　　　　　　IN:3022/LCCN:696460

　　刊　7冊　袋　25.3cm × 18cm
　　刊記：万治2年（1659）｜宝暦6年（1756）再校　京／出雲寺和泉・中野宗左衛門他（全10肆）
　　京師書坊合版

4686 湯液本草　TOUEKI HONZOU　　　　　　　　　　　IN:2984/LCCN:696422

　　海蔵王好古進之甫集　宇泰王肯堂損菴甫校　刊　2冊　袋　26.8cm × 17.9cm
　　異称：新刊東垣十書湯液本草

4687 ［新板］東垣十書　TOUEN JISSHO　　　　　　　　　IN:3068/LCCN:696506

　　刊　20冊　袋　27.2cm × 18.8cm
　　刊記：京／山本長兵衛新版

4688 病機沙篆　BYOUKI SATEN　　　　　　　　　　　　IN:3054/LCCN:696492

　　李士材　刊　4冊　袋　26.6cm × 18.3cm
　　跋：元禄5年（1692）望聴軒主通菴竹中敬昌父
　　刊記：元禄8年（1695）京／西村市郎右衛門・同氏九左衛門・江戸／同氏半兵衛　同校刊行
　　李士材三書のうち

4689 診家正眼 しんかせいがん *SHINKA SEIGAN* IN:3053/LCCN:696491
　　李士材　刊　4冊　袋　26.6cm×18.3cm
　　跋：天文算法類　元禄7年（1694）通菴竹中敬昌父　刊記：「京／載文堂繡梓」（見返）
　　李士材三書のうち

天文算法類

4690 宋揚輝算法 そうようきさんぽう *SOUYOUKI SANPOU* IN:1431/LCCN:433004
　　揚輝編　写　1冊　挿絵有　袋　26.7cm×18.3cm

4691 通変算法 つうへんさんぽう *TSUUHEN SANPOU* IN:3098/LCCN:696536
　　楊輝　写　3冊　挿絵有　袋　27cm×18.5cm
　　板本写　乗除通変算法（上中）・宝山取用本末（下）・続古摘奇算法（上下）・田畝比類乗除捷法（上下）より成る　蔵書印等：[高井氏蔵]　異称：楊輝算法

4692 歩天歌 ほてんか *HOTENKA* IN:2665/LCCN:696103
　　丹元子（隋）　刊　1冊　袋　15.5cm×11cm
　　序：寛政9年（1797）三谷樸公器　刊記：寛政9年（1797）京／中西卯兵衛・林宗兵衛｜寛政10年（1798）鐫／平安　華文軒　斯文堂（見返）
　　異称：星学歩天歌

4693 [新編]算学啓蒙 さんがくけいもう *SANGAKU KEIMOU* WN:301/和213
　　朱世傑　刊　1冊　袋

4694 直指算法統宗 じきしさんぽうとうそう *JIKISHISANPOU TOUSOU* WN:054/和79
　　程大位　刊　11冊　袋
　　刊記：延宝3年（1675）
　　異称：算学統宗

術数類

4695 天象玄機 てんしょうげんき *TENSHOU GENKI* IN:1215/LCCN:432788
　　姚広孝編、徐有貞訂　写　1冊　挿絵有　袋　28.2cm×17.6cm
　　巻3・4存

4696 数学通範 すうがくつうはん *SUUGAKU TSUUHAN* IN:1432/LCCN:433005
　　柯尚遷　写　1冊　挿絵有　袋　29cm×20.5cm
　　奥書等：天明4年（1784）林崎文庫奉納　勤思堂村井古巌敬義

芸術類

4697 　書史会要　SHOSHI KAIYOU　　　　　　　　　　　　IN:1290/LCCN:432863
　　　陶宗儀　写　1冊　袋　27.2cm × 18.8cm

4698 　琴操　KINSOU　　　　　　　　　　　　　　　　　IN:2428/LCCN:695866
　　　刊　1冊　袋　26.1cm × 18.4cm
　　　刊記：天保3年（1832）刊

4699 　篆彙便携　TEN'I BINKEI　　　　　　　　　　　　IN:2087/LCCN:508487
　　　写　4冊　袋　30.2cm × 18.5cm
　　　板本写

譜録類

4700 　西清古鑑款識　SEISHIN KOKAN KANSHIKI　　　　IN:938/LCCN:432511
　　　写　1冊　洋装（袋）　26.8cm × 20.5cm
　　　奥書等：狩谷望之蔵本
　　　蔵書印等：［弘前医官渋江氏蔵書記・狩谷棭斎］〔朝河〕（SEP 6 1907）収蔵

4701 　欽定銭録　KINTEI SENROKU　　　　　　　　　　IN:1202a/LCCN:432775a
　　　清梁詩正等　写　1冊　挿絵有　仮綴　25.5cm × 17.5cm
　　　奥書等：清　乾隆帝定
　　　独断・象刑研究資料・朝野類要・親属記・聖徳太子憲法十七条と合綴　（AUG 29 1939）収蔵

4702 　茶経　CHAKYOU　　　　　　　　　　　　　　　IN:111/LCCN:98-847107
　　　陸鴻漸（陸羽）撰　刊　2冊　挿絵有　袋　26.1cm × 18cm
　　　序：宝暦8年（1758）兎道斎震旧起　刊記：天保15年（1844）補刻　京／佐々木惣四郎・辻
　　　本仁兵衛
　　　茶経・茶具図讃（以上上巻）・伝・外集・水弁・茶譜・茶譜外伝（以上下巻）より成る

4703 　茶経　CHAKYOU　　　　　　　　　　　　　　　IN:110/LCCN:98-847106
　　　陸鴻漸（陸羽）撰、鄭熜校　刊　1冊　挿絵有　袋　25.7cm × 18.1cm
　　　刊記：京／竹苞楼・雲松軒・興文閣
　　　下巻欠

4704 　煮泉小品　SHASEN SHOUHIN　　　　　　　　　　IN:3498.2/LCCN:504820
　　　田芸衡撰　写　1冊　袋　26.5cm × 19.5cm

4705 茗笈 MEIKYUU　　　　　　　　　　　　　　IN:3498.1/LCCN:504820
　　　写　1冊　袋　26.4cm×19.5cm

4706 秘伝花鏡 HIDEN KAKYOU　　　　　　　　　IN:238/LCCN:847234
　　　陳淏子　刊　6冊　袋　22.8cm×16cm
　　　刊記：安永2年（1773）京／林権兵衛・林伊兵衛・江戸／須原屋平助

4707 秘伝花鏡 HIDEN KAKYOU　　　　　　　　　IN:191/LCCN:847187
　　　陳淏子　平賀先生校正　刊　6冊　挿絵有　袋　22.9cm×16cm
　　　刊記：安永2年（1773）｜文政12年（1829）補刻　京／林権兵衛他（全5肆）｜文泉堂・花説堂・五車楼合梓（見返）

4708 秘伝花鏡 HIDEN KAKYOU　　　　　　　　　IN:239/LCCN:847235
　　　陳淏子　刊　6冊　挿絵有　袋　22.2cm×15.6cm
　　　刊記：弘化3年（1846）京／菱屋孫兵衛

4709 秘伝花鏡 HIDEN KAKYOU　　　　　　　　　IN:109/LCCN:847105
　　　陳淏子　刊　6冊　袋　24.8cm×14.9cm

雑家類

4710 菜根譚 SAIKONTAN　　　　　　　　　　　　IN:2640/LCCN:696078
　　　還初道人（洪自誠）撰　林瑜孚尹重校　刊　2冊　袋　22cm×15cm
　　　序：三峰主人于孔兼　刊記：京／川勝徳次郎

4711 五種遺規 GOSHU IKI　　　　　　　　　　　IN:2322/LCCN:695760
　　　陳宏謀　刊　2冊　袋　26.1cm×17.3cm
　　　刊記：天保3年（1832）翻刻　明遠堂蔵板（見返）
　　　巻1・2存　異称：従政遺規

4712 風俗通義 FUUZOKU TSUUGI　　　　　　　　IN:2677/LCCN:696115
　　　応劭撰　鐘惺評　刊　2冊　袋　26.1cm×16.4cm
　　　刊記：万治3年（1660）新刻

4713 五雑組 GOZASSO　　　　　　　　　　　　　IN:3667/LCCN:703750
　　　謝肇淛　刊　1冊　袋　25.5cm×17.7cm
　　　巻5・6存　蔵書印等：［桜井文庫］

4714 五雑組 GOZASSO　　　　　　　　　　　　　IN:1782/LCCN:433355
　　　謝肇淛　刊　8冊　袋　22.1cm×15.1cm
　　　刊記：寛文元年（1661）刊行｜寛政7年（1795）補刻｜文政5年（1822）求版　京／小林庄兵衛・

大坂／前川源七郎他（全6肆）｜京／河内屋藤四郎・大坂／河内屋茂兵衛他（全11肆）

4715 画禅室随筆 *GAZENSHITSU ZUIHITSU*　　　　　　　　IN:1808/LCCN:508208
　　　董其昌撰　刊　1冊　袋　25cm×15.8cm
　　　刊記：天保11年（1840）翻刻　天香閣蔵版（見返）｜秋水香園蔵梓｜京／木村庄助・江戸／須原茂兵衛（裏見返墨書）

4716 ［官板］洞天清禄集 *DOUTEN SEIROKU SHUU*　　　　　IN:2577/LCCN:696015
　　　刊　1冊　袋　26.2cm×18.5cm
　　　刊記：文化7年（1810）刊

4717 植物学 *SHOKUBUTSUGAKU*　　　　　　　　　　　　IN:3006/LCCN:696444
　　　李善蘭編　刊　3冊　挿絵有　袋　26cm×17.5cm
　　　刊記：木邨嘉平刻

4718 植物学 *SHOKUBUTSUGAKU*　　　　　　　　　　　　IN:3005/LCCN:696443
　　　李善蘭編　刊　3冊　挿絵有　袋　25.8cm×17.9cm

4719 ［翻刻］植物学 *SHOKUBUTSUGAKU*　　　　　　　　　IN:2522/LCCN:695960
　　　英国韋廉臣輯訳、李善蘭編　刊　3冊　挿絵有　袋　26cm×17.3cm
　　　刊記：木村嘉平刻

4720 博物新編　二集 *HAKUBUTSU SHINPEN*　　　　　　　IN:2290/LCCN:695728
　　　刊　1冊　挿絵有　袋　25cm×16.5cm
　　　蔵書印等：［士官］

小説家類

4721 山海経 *SENGAIKYOU*　　　　　　　　　　　　　　　IN:2511/LCCN:696949
　　　郭璞注　刊　5冊　挿絵有　袋　25cm×17.5cm
　　　刊記：河内屋吉兵衛
　　　「浅井龍章堂蔵版書目」を付す

4722 捜神記 *SOUSHINKI*　　　　　　　　　　　　　　　IN:2363/LCCN:695801
　　　干宝撰　刊　1冊　袋　27.2cm×17.3cm
　　　巻7〜11存

4723 酉陽雑俎 *YUUYOU ZASSO*　　　　　　　　　　　　HN:623/OJ924／D77
　　　段成式撰　刊　5冊　袋　26cm×18cm
　　　刊記：元禄10年（1697）京／山下半六・中村孫兵衛・井上忠兵衛蔵版

4724 蔬果争奇 SOKA SOUKI　　　　　　　　　　　　HN:507/OJ920／T27
　　鄧志謨　刊　1冊　袋　23cm×14cm
　　刊記：文政12年（1829）京／林喜兵衛

類書類

4725 古今事文類聚　前集 KOKON JIBUN RUIJUU　　　IN:2686/LCCN:696124
　　祝穆編　刊　13冊　袋　27cm×17.5cm
　　序：寛文6年（1666）弘文学士院林子
　　巻1〜3・13〜29・37〜43欠

4726 ［新編］古今事文類聚　後集 KOKON JIBUN RUIJUU　IN:2687.1/LCCN:696125
　　祝穆編　刊　8冊　袋　26.3cm×17.1cm
　　総目・巻1〜36存　蔵書印等：[予科]

4727 ［新編］古今事文類聚　後集 KOKON JIBUN RUIJUU　IN:2687.2/LCCN:696125
　　祝穆編　刊　3冊　袋　26.8cm×17.5cm
　　刊記：徳寿堂（柱）
　　巻1〜6・30・31存

4728 ［新編］古今事文類聚　続集 KOKON JIBUN RUIJUU　IN:2688.1/LCCN:696126
　　祝穆編　刊　3冊　袋　26.3cm×17.2cm
　　巻1〜7・23〜28存　蔵書印等：[予科]

4729 ［新編］古今事文類聚　続集 KOKON JIBUN RUIJUU　IN:2688.2/LCCN:696126
　　祝穆編　刊　4冊　袋　26.8cm×17.5cm
　　巻3〜6・11・12存

4730 古今事文類聚　別集 KOKON JIBUN RUIJUU　　　IN:2689.1/LCCN:696127
　　祝穆編　刊　6冊　袋　26.3cm×17.1cm
　　巻1・2・8〜32存　蔵書印等：[予科]

4731 古今事文類聚　別集 KOKON JIBUN RUIJUU　　　IN:2689.2/LCCN:696127
　　祝穆編　刊　3冊　袋　26.8cm×17.5cm
　　総目・巻11〜12・22〜24存

4732 古今事文類聚　新集 KOKON JIBUN RUIJUU　　　IN:2691/LCCN:696129
　　富大用（時可）編　刊　9冊　袋　26.8cm×17cm
　　巻7〜36存　蔵書印等：[士官]

4733 古今事文類聚　外集　*KOKON JIBUN RUIJUU*　　　　　IN:2692/LCCN:696130
　　　富大用（時可）編　刊　4冊　袋　26.3cm×17cm
　　　巻1～15存　蔵書印等：［士官］

4734 古今事文類聚　遺集　*KOKON JIBUN RUIJUU*　　　　IN:2690/LCCN:696128
　　　祝淵（宗礼）編　刊　4冊　袋　26.8cm×17cm
　　　跋：寛文之春　弘文学士院林子
　　　巻5～15存　蔵書印等：［士官］

4735 日記故事大全　*NIKKI KOJI TAIZEN*　　　　　　　IN:2192/LCCN:508592
　　　張瑞図校　鎌田環斎再校　刊　3冊　袋　22cm×15.3cm
　　　序：天保2年（1831）赤松栄撰・天保2年（1831）篠崎弼　刊記：江戸／須原屋茂兵衛他（全7肆）

4736 ［新刊］古今類書纂要　*KOKON RUISHO SAN'YOU*　　IN:2328/LCCN:695766
　　　刊　8冊　袋　27.5cm×18.1cm
　　　刊記：寛文9年（1669）梓　山形屋
　　　巻3・4・6～8・9・11・12存　蔵書印等：［桜山文庫・殿香館記・予科・士官］　異称：類書纂要

4737 ［官版］事物異名録　*JIBUTSU IMEIROKU*　　　　　IN:2425/LCCN:695863
　　　関晋軒増纂　刊　12冊　袋　22.5cm×15.6cm
　　　巻1～40存　蔵書印等：［士官・沼田文庫］

4738 事物紀原　*JIBUTSU KIGEN*　　　　　　　　　　　IN:2550/LCCN:695988
　　　刊　7冊　袋　27cm×16cm
　　　刊記：寛文4年（1664）京／武村三郎兵衛
　　　巻3・4・5・7・8・9・10存

4739 ［官板］昭代選屑　*SHOUDAI SENSETSU*　　　　　　IN:2444/LCCN:695882
　　　刊　2冊　袋　26cm×18.4cm
　　　刊記：文政3年（1806）刊
　　　巻22～26・30存　昌平叢書のうち

4740 五車韻瑞　*GOSHA INZUI*　　　　　　　　　　　　IN:2327/LCCN:695765
　　　凌稚隆編輯　刊　7冊　袋　27.3cm×18.3cm
　　　序：丁酉朧月穀旦　耕斎菊池東韵
　　　序・目録・洪武正韻1巻　巻28～34・45～58・81～89・111～128存　蔵書印等：［士官］

釈家類

4741 四分律刪補随機羯磨疏　*SHIBUNRITSU SANPO ZUIKIKONMASO*　IN:1908/LCCN:508308
　　　道宣撰　刊　1冊　洋装（袋）　26.1cm×19cm

C. 子部　555

巻3上下・巻4上下存　蔵書印等：〔西福寺蔵書〕、〔朝河〕（SEP 6 1907）収蔵

4742　四分律删補随機羯磨疏　SHIBUNRITSU SANPO ZUIKIKONMASO　IN:1989/LCCN:508339
　　大唐沙門釈道宣撰　刊　1冊　洋装（袋）　26.2cm × 18.3cm
　　序：道宣
　　蔵書印等：〔西福寺蔵書〕、〔朝河〕（SEP 6 1907）収蔵　異称：業疏

4743　四分律删補随機羯磨疏済縁記　SHIBUNRITSU SANPO ZUIKIKONMASO SAIENGI
　　元照（大宋余杭沙門釈）　刊　2冊　洋装（袋）　26.3cm × 18cm　　IN:1926/LCCN:508326
　　序：元照
　　〔朝河〕（SEP 6 1907）収蔵

4744　四分律含注戒本疏　SHIBUNRITSU GANCHUUKAI HONSO　IN:1909/LCCN:508309
　　道宣　刊　1冊　洋装（袋）　26.2cm × 18.6cm
　　巻1～4存　蔵書印等：〔西福寺蔵書〕、〔朝河〕（SEP 6 1907）収蔵

4745　四分律含注戒本疏行宗記　SHIBUNRITSU GANCHUUKAI HONSO GYOUSOUKI
　　　　IN:1920/LCCN:508320
　　元照　刊　合2冊　洋装（袋）　26.3cm × 19.1cm
　　蔵書印等：〔西福寺蔵書〕、〔朝河〕（SEP 6 1907）収蔵

4746　四分律比丘尼鈔　SHIBUNRITSU BIKUNISHOU　IN:1893/LCCN:508293
　　道宣　刊　1冊　洋装（袋）　27cm × 18.1cm
　　刊記：貞享元年（1684）京／吉兵衛寿梓
　　〔朝河〕（SEP 6 1907）収蔵

4747　四分律拾毘尼義鈔　SHIBUNRITSU JUUBINIGISHOU　IN:1892/LCCN:508292
　　道宣　刊　1冊　洋装（袋）　26.3cm × 19cm
　　刊記：正徳3年（1713）梓　京／中野宗左衛門・井上氏忠兵衛
　　〔朝河〕（SEP 6 1907）収蔵

4748　蔵乗法数　ZOUJOUHOUSUU　IN:2084/LCCN:508484
　　可遂　刊　1冊　袋　26.7cm × 16.6cm

4749　夾註輔教編原教要義　KYOUCHUU HOKYOUHEN GENKYOU YOUGI
　　契嵩　刊　2冊　洋装（袋）　25.7cm × 18cm　　IN:1991/LCCN:508391
　　跋：元禄8年（1695）梁巌・文政元年（1818）真際
　　刊記：元禄9年（1696）京／植村藤右衛門・田原仁左右衛門
　　「出雲寺松柏堂蔵板目録」を付す　〔朝河〕（SEP 6 1907）収蔵　異称：明教大師輔教

4750　龍舒増広浄土文　RYUUJOZOUKOU JOUDOMON　IN:1978/LCCN:508378
　　王日休　刊　1冊　挿絵有　洋装（袋）　24.9cm × 18.4cm
　　刊記：丁子屋九郎右衛門

「蔵板目録」を付す 〔朝河〕（SEP 6 1907）収蔵　異称：浄土文

4751 般若波羅密多心経幽賛 HANNYAHARAMITTASHINGYOU YUUSAN
　　はんにゃはらみったしんぎょうゆうさん
　　刊　1冊　挿絵有　洋装（袋）　26.1cm×18.2cm　　　　IN:1879/LCCN:508279
　　序：宝暦2年（1752）沙門智暉　刊記：寛文8年（1668）発刻｜宝暦3年（1753）再刻　京／額田正三郎梓行
　　「一止人梓行書目」を付す 〔朝河〕（SEP 6 1907）収蔵

4752 仏祖統紀 BUSSO TOUKI
　　ぶっそとうき
　　　　　　　　　　　　　　　　　　　　　　　　　　　　IN:2075/LCCN:508475
　　志磐撰　刊　21冊　袋　27.1cm×18.6cm

4753 仏祖歴代通載 BUSSO REKIDAI TSUUSAI
　　ぶっそれきだいつうさい
　　　　　　　　　　　　　　　　　　　　　　　　　　　　IN:2085/LCCN:508485
　　刊　14冊　袋　27.3cm×20cm
　　刊記：慶安2年（1649）
　　14巻（巻9～22）存　蔵書印等：［大槻文庫］

4754 仏祖歴代通載 BUSSO REKIDAI TSUUSAI
　　ぶっそれきだいつうさい
　　　　　　　　　　　　　　　　　　　　　　　　　　　　IN:1876/LCCN:508276
　　刊　8冊　洋装（袋）　27.4cm×19.5cm
　　全22巻のうち1～8巻存

4755 往生集 OUJOU SHUU
　　おうじょうしゅう
　　　　　　　　　　　　　　　　　　　　　　　　　　　　IN:1984/LCCN:508384
　　古杭雲棲寺沙門袾宏輯　刊　1冊　挿絵有　洋装（袋）　26.2cm×18cm
　　跋：慶安元年（1648）遊方軒釈子慧竟　刊記：承応元年（1648）京／西村又左衛門新刊
　　〔朝河〕（SEP 6 1907）収蔵

4756 ［勅修］百丈清規 HYAKUJOU SHINGI
　　　　　　ひゃくじょうしんぎ
　　　　　　　　　　　　　　　　　　　　　　　　　　　　IN:1870/LCCN:508270
　　刊　1冊　洋装（袋）　26cm×19cm

4757 天目中峯和尚広録 TENMOKU CHUUHOU OSHOU KOUROKU
　　てんもくちゅうほうおしょうこうろく
　　　　　　　　　　　　　　　　　　　　　　　　　　　　IN:1907/LCCN:508307
　　慈寂編　刊　2冊　洋装（袋）　28.3cm×20.2cm
　　刊記：寛永4年（1627）刊
　　〔朝河〕（AUG 19 1907）収蔵

4758 瑞巌恕中和尚語録 ZUIGANJOCHUU OSHOU GOROKU
　　ずいがんじょちゅうおしょうごろく
　　　　　　　　　　　　　　　　　　　　　　　　　　　　IN:2083/LCCN:508483
　　刊　1冊　挿絵有　洋装（袋）　27cm×17.8cm

4759 大明三蔵聖教目録 DAIMIN SANZOU SHOUGYOU MOKUROKU
　　だいみんさんぞうしょうぎょうもくろく
　　　　　　　　　　　　　　　　　　　　　　　　　　　　IN:2841/LCCN:696279
　　刊　2冊　袋　27.7cm×19cm
　　異称：［校正］大明三蔵聖教目録并偽経目録

4760 天道遡源 TENDOU SOGEN
　　てんどうそげん
　　　　　　　　　　　　　　　　　　　　　　　　　　　　IN:3596/LCCN:504918
　　丁韙良撰、中村正直訓点　刊（近代活字）　1冊　袋　22.1cm×14.9cm
　　序：有

C. 子部　557

道家類

4761　参同契考異付陰符経考異 SANDOUKAI KOUI TSUKETARI INPUKYOU KOUI　　　　IN:2431/LCCN:695869
　　刊　1冊　袋　25.8cm × 18.3cm
　　刊記：享和2年（1802）刊
　　蔵書印等：［士官］　異称：朱子周易参同契異

D. 集部

楚辞類

4762　楚辞灯 SOJITOU　　　　IN:2255/LCCN:508655
　　林雲銘撰　刊　4冊　袋　26.4cm × 18.2cm
　　刊記：寛政10年（1798）大坂／池内八兵衛他（全5肆）

別集類

4763　毘陵集 BIRYOU SHUU　　　　IN:2433/LCCN:695871
　　独孤及撰　刊　1冊　袋　26.1cm × 18.3cm
　　巻1・2存　昌平叢書のうち　蔵書印等：［士官］

4764　杜律集解 TORITSU SHIKKAI　　　　IN:2261/LCCN:508661
　　邵伝撰　刊　3冊　袋　27.4cm × 19.3cm
　　巻上（2冊）・巻下（1冊）存

4765　［鼇頭］杜律集解 TORITSU SHIKKAI　　　　IN:2360/LCCN:695798
　　刊　4冊　袋　27.5cm × 19.5cm
　　奥書等：羽陰／松井家
　　巻1上・2上下・3上存　異称：杜律集解

4766　［官板］韓文 KANBUN　　　　IN:2439/LCCN:695877
　　韓愈撰　刊　3冊　袋　25.7cm × 17.8cm
　　刊記：天保10年（1839）刊｜嘉永7年（1854）重刊
　　蔵書印等：［士官］

4767 韓文起 KANBUNKI　　　　　　　　　　　　　　　　IN:2148/LCCN:508548
　　林雲銘評注　神野世獣校、秦鼎補、男世寿再校　刊　10冊　袋　26cm×18.4cm
　　序：秦鼎・文政2年（1819）河三亥・文政2年（1819）神埜世獣　刊記：名古屋／永楽屋東四郎、
　　江戸／同出店、大垣／同出店｜文政6年（1823）鐫（見返）

4768 韋蘇州集 ISOSHUU SHUU　　　　　　　　　　　　　IN:2452/LCCN:695890
　　韋応物撰　刊　2冊　袋　26.3cm×18.5cm
　　蔵書印等：［松井蔵書］

4769 ［官板］韋蘇州集 ISOSHUU SHUU　　　　　　　　　HN:178/WDC10
　　韋応物撰　刊（木活字）　4冊　袋　26cm×19cm
　　刊記：文政3年（1820）江戸／昌平坂学問所

4770 ［官板］李文公集 RIBUNKOU SHUU　　　　　　　　　IN:2684/LCCN:696122
　　李翺撰　刊　1冊　袋　26cm×18.5cm
　　巻10～14存

4771 白氏文集 HAKUSHI MONJUU　　　　　　　　　　　　IN:2558/LCCN:695996
　　白居易撰　刊　8冊　袋　25.2cm×17.2cm
　　23～57巻と目録存　蔵書印等：［士官・幼年］　異称：白氏長慶集

4772 欧陽文忠公文集 OUYOU BUNCHUUKOU BUNSHUU　　　　IN:1616/LCCN:433189
　　欧陽脩撰　刊　9冊　袋　25.9cm×18.1cm
　　刊記：文政11年（1828）京／吉田四郎右衛門、大坂／山本浅次郎
　　異称：欧陽公文集

4773 王半山詩箋注 OUHANZANSHI SENCHUU　　　　　　　IN:2449/LCCN:695887
　　王安石撰　李壁注　刊　4冊　袋　26.1cm×18.4cm
　　刊記：天保7年（1836）刊
　　蔵書印等：［士官］　異称：王荊文公詩箋注

4774 ［官板］蘇文忠公文抄 SOBUNCHUUKOU BUNSHOU　　　IN:2447/LCCN:695885
　　蘇軾撰　刊　2冊　袋　26cm×15cm
　　巻2・11存　異称：宋大家蘇文忠公文抄

4775 蘇文定公文抄 SOBUNTEIKOU BUNSHOU　　　　　　　IN:2450/LCCN:695888
　　蘇轍撰　刊　8冊　袋　26cm×18.4cm
　　刊記：安政6年（1859）刊
　　昌平叢書のうち　蔵書印等：［士官］　異称：宋大家蘇文定公文抄

4776 朱文公文集 SHUBUNKOU BUNSHUU　　　　　　　　　IN:2107/LCCN:508507
　　朱熹撰　刊　36冊　袋　27.4cm×19.2cm
　　蔵書印等：［松山文庫］　異称：朱子文集

D. 集部　559

4777 ［晦庵先生］朱文公文集 SHUBUNKOU BUNSHUU　　　IN:391abc/LCCN:847387
　　　朱熹撰　刊　8冊　袋　27.5cm×19cm
　　　刊記：正徳元年（1711）寿文堂蔵版
　　　巻37～40（別集上・下　続集上・下）存　蔵書印等：［松山］　異称：朱子文集

4778 ［晦庵先生］朱文公文集 SHUBUNKOU BUNSHUU　　　IN:138/LCCN:847134
　　　朱熹撰　刊　30冊　袋　25.2cm×17.6cm
　　　目録2巻　巻61～62　73～74　85～88欠　蔵書印等：［士官・仙台幼年］　異称：朱子文集

4779 ［晦庵先生］朱文公続集 SHUBUNKOU ZOKUSHUU　　　IN:139/LCCN:847135
　　　朱熹撰　刊　2冊　袋　25.2cm×17.6cm
　　　蔵書印等：［士官・仙台幼年］　異称：朱子文集　続集

4780 ［晦庵先生］朱文公別集 SHUBUNKOU BETSUSHUU　　　IN:140/LCCN:847134
　　　朱熹撰　刊　1冊　袋　25.2cm×17.6cm
　　　刊記：正徳元年（1711）京／寿文堂蔵版　江戸／須原屋茂兵衛他（全12肆）
　　　蔵書印等：［士官・仙台幼年］

4781 五友詩 GOYUUSHI　　　IN:2129/LCCN:508529
　　　薛瑄撰　刊　1冊　袋　27.8cm×19.5cm
　　　刊記：京／武村市兵衛刊行

4782 詠物新題詩集 EIBUTSU SHINDAI SHISHUU　　　IN:2212/LCCN:508612
　　　瞿佑撰　刊　2冊　袋　22.5cm×16.3cm
　　　刊記：宝永7年（1710）瀬尾源兵衛蔵板

総集類

4783 唐百家詩選 TOUHYAKKA SHISEN　　　IN:2432/LCCN:695870
　　　王安石編　刊　2冊　袋　26.1cm×18.4cm
　　　巻1・2存　昌平叢書のうち　蔵書印等：［士官］

4784 衆妙集 SHUUMYOU SHUU　　　IN:2427/LCCN:695865
　　　趙師秀編　刊　1冊　袋　26.1cm×18.4cm
　　　刊記：享和元年（1801）刻

4785 唐詩訓解 TOUSHI KUNKAI　　　HN:550/坂643
　　　李攀竜撰　袁宏道校　刊　5冊　袋　24.6cm×15.5cm
　　　奥書等：物茂卿（徂徠）
　　　異称：新刻李袁二先生精選唐詩

4786 唐詩訓解 TOUSHI KUNKAI　　　　　　　　　　　　IN:2721/LCCN:696159
　　　刊　5冊　袋　25cm × 15.5cm
　　　序・巻1～7存

4787 ［官板］元詩自攜 GENSHI JIKEI　　　　　　　　　IN:2436/LCCN:695874
　　　姚廷謙選輯　刊　4冊　袋　25.9cm × 18.1cm

4788 経世文編抄　甲集 KEISEI BUNPENSHOU　　　　　　 IN:2424/LCCN:695862
　　　賀長齢編　刊　1冊　袋　25.7cm × 17.5cm
　　　序：嘉永元年（1848）斎藤謙
　　　上巻存　蔵書印等：［士官］

4789 ［官板］文選心訣 MONZEN SHINKETSU　　　　　　　HN:028/WDC5
　　　虞邵庵撰　刊　1冊　袋　26cm × 18cm
　　　刊記：文化元年（1804）江戸／昌平坂学問所

4790 ［魁本大字諸儒箋解］古文真宝 KOBUN SHINPOU　　 HN:273/坂188
　　　黄堅編　鈴木善教校　刊　3冊　袋　25cm × 18cm
　　　刊記：前集＝安政3年（1856）、後集＝安政5（1858）京／勝村治右衛門板
　　　前集3巻1冊・後集2巻2冊

4791 ［官板］唐宋八大家文読本 TOUSOU HACHITAIKABUN TOKUHON　HN:554/漢文
　　　沈徳潜編　刊　8冊　袋　23cm × 15cm
　　　刊記：文化11年（1814）江戸／昌平坂学問所
　　　第1・11～16・19～26欠

詩文評類

4792 蔵海詩話 ZOUKAI SHIWA　　　　　　　　　　　　　IN:2435/LCCN:695873
　　　呉可撰　写　1冊　袋　26.1cm × 18.4cm
　　　刊記：享和2年（1802）刊
　　　蔵書印等：［士官］

4793 文則 BUNSOKU　　　　　　　　　　　　　　　　　　IN:1853/LCCN:508253
　　　陳騤撰　山井崑崙句読　荻生徂徠閲　刊　1冊　袋　26cm × 17.8cm
　　　跋：茂卿（荻生徂徠）　刊記：享保13年（1728）江戸／若菜屋小兵衛
　　　蔵書印等：［望翠亭蔵書］　異称：陳騤文則

4794 誠斎詩話 SEISAI SHIWA　　　　　　　　　　　　　IN:2430/LCCN:695868
　　　楊万里撰　刊　1冊　袋　26.1cm × 18.4cm
　　　刊記：享和2年（1802）刊

4795 **詩林広記** *SHIRIN KOUKI*　　　　　　　　　　　　　　　　　IN:2551/LCCN:695989
蔡正孫撰　刊　12冊　挿絵有　袋　27.5cm×19.5cm
刊記：元禄12年（1699）京／中野五郎左衛門・山本市兵衛
巻2〜4・6〜12・14・15存　蔵書印等：［葵］

書名索引

【あ】

愛護稚名歌勝閧	1602
会津風土記	2148
会津分限帳	2696
あをかりし	1356
青標紙	2602
青森県下公立青森師範学校予科生徒試験答書	2748
秋野七草考	3325
明智軍記	1700
あけぼの集	1411
赤穂義士伝	1772
赤穂義士伝一夕話	1770
赤穂四十七士論	1774
朝顔物語	0955
あさから集	1453
阿沙野	1327
阿娑縛抄	0289, 0290
足利絹手染紫	0944
足軽家伝	3888
足軽之巻	3889
足軽武功百ケ条	3890
阿字観正訣	0430
足手書草紙画賦	0925
芦屋道満大内鑑	1585
阿州稲田記	1709
東鑑抜書	1685, 1686
吾妻紀行	0987
東講商人鑑	3565
吾嬬路之記	2295
熱海温泉図彙	2086
熱田旧記	0204
熱田新三歌仙	1338
あつめ草	2798
穴太流灌頂聞書	0425
穴太流伝法次第	0424
踏鞴考	4247
安倍晴明倭言葉	1607
安倍宗任松浦箜	1588
雨夜灯	1749
雨夜物語だみことば	0797
阿弥陀経見聞私	0351
阿弥陀口訣	0431
阿弥陀四十八願記	1572
網模様灯籠菊桐	0946
亜墨利加国条約并税則	2356
亜墨利加使節申立之趣	1907
亜米利加集　其他御書付類	1905
亜米利加総記	2326
綾錦	1317
嵐山集	1435
淡路国津名郡郡家村五人組帳	2447
阿波名所図会	2176
安斎雑録	2603
晏子春秋	4581
安祥寺流許可印信口訣	0495
闇将文格	3891
安心決定鈔本釈記	0235
安鶴在世記初編	0895
鞍鐙作之系図	4248
按腹図解	3487
案文四種	2357
安楽院灌頂日記	0422

【い】

井伊掃部頭子息玄蕃江遺書（井伊掃部頭殿難事御沙汰御届書）	1909 1910
井伊家軍法	3892
井伊直弼開国史撰	2341
家づと集	1355
いほこもり	1457
猪飼敬所先生書束集	1060
医学指南	3343
伊賀越道中双六	1618
伊賀越乗掛合羽	1615
伊賀国風土記	2044
医官玄稿	3505
怡顔斎蘭品	3326
英吉利国条約並税則	2358
生玉万句	1459
生間流御仕法書	3821
異形同術　附録	2876
生花奥儀抄	3708
生花実体はじめぐさ	3716
生花正意四季友	3699
生花初心伝	3734
生花図	3754
活花図大成	3709, 3710
生花の図	3753
生花之図	3752
生花早満奈比	3740
生花早満奈飛	3741
生花百枝折	3706
生花百瓶	3744
生花百瓶図	3717, 3729
生花百花式	3720
生花松のしづく	3742
夷諺俗話	2257
彙刻書目	4601
彙刻書目外集	0018, 0019
囲碁四角鈔	3832
囲碁終解録	3847

書名	番号
囲碁小学	3845
囲碁定石集	3838
囲碁妙伝	3848
石うす集	1433
石狩日誌	2260, 2261, 2262
石配自在	3844
医事小言	3346
石童丸苅萱物語	0883
石山道場観	0496
異称日本伝	1730
維新以来御達願伺届書写	1918
為人抄	0853
医心方	3352
伊豆海島風土記産物部	3571
和泉草	3685
和泉名所図会	2034
出雲国造神寿後釈	0172
出雲国風土記	1961, 1962, 1963, 1964
出雲国風土記意宇郡古文解	1969
出雲風土記解	1968
出雲風土記仮字書	1970, 1971
伊勢参宮名所図会	2046
伊勢太神宮参詣記	0201
医説	4654
伊勢二所大神宮神名秘書	0191
伊勢の家苞	1282
伊勢国風土記	2045
伊勢物語	0776, 0777
伊勢物語古意	0784
伊勢物語残考	0789
伊勢物語集註	0778
伊勢物語拾穂抄	0781
伊勢物語新釈	0786
伊勢物語新抄	0780
伊勢物語図会	0787
伊勢物語題号考	0788
伊勢物語傍註	0785
医宗粋言	4658
医宗仲景考	3348
葦蘇州集	4768, 4769
板倉政要	2342
一桜流四季農徳蒙	3745
一行禅師字母表紙鈔	0283
一忍先生抜書	1867
一味集	1395
医通纂要	3344, 3345
一角纂考	3312
一徹集	1404
一騎武者受用之巻	3893
一騎要法伝	3894
厳島絵馬鑑	3597, 3598
厳島図	2168
厳島図会	2167
厳島道芝記	2166
一己受用	3895
一札之事	2359
逸史	1727, 1728
井筒業平河内通	1582
稜威言別	1491
一本堂薬選	3403
稲田感状記	3896
犬追物秘記	3828
犬居士	1369
犬まさき集	1337
井上淑蔭稿本	1010
猪隈関白記	1860
以範弁用	2360
伊吹廼屋先生著撰書目	0041
衣服令打聞	2604
医方考縄愆	3374
医方大成論和語鈔	3375
今川当世状	0862
今国見合鏡	0109
今物語	0811
今様舞台鬘	3610
甘藷百珍	3789
医療手引草	3376
医療手引草　続編	3377
医療手引草　別録	3378
遺老物語	1753
彩画職人部類	1479
色集	2605
いろは農矩	3522
いろは文庫	0916
伊呂波文庫	0917, 0918
岩城風土記	2147
磐城枕友	2146
岩瀬郡風土記	2151
石背郡風土記稿	2153
岩瀬風土記	2152
（石見国郡中入用其他取計之儀定）	2361
（石見国那賀郡波佐組納米御勘定帳）	2733
韻鑑古義標註	4465
因義世則	3897
韻鏡易解	0675, 0676
韻鏡易解改正	0677, 0678
韻鏡古義標註	0679
飲食狂歌合	1485
印図	0262, 0263
陰徳太平記	1746
印度蔵志	1948

【う】

書名	番号
宇比麻奈備	1170, 1171
植継集	1418
魚かゞみ	3313
鶯育草	3546
うぐいす笛	1419
請取申御扶持方之事	2743
請判之一札	2362, 2363
宇治拾遺物語	0806
宇治大納言物語	0807
迂書	4609
薄俤幻日記	0947
薄次第	0443
薄紫宇治曙	0937
鶉衣	1468, 1469, 1470
虚生実草紙	0923
歌合部類	1286
謡曲扇絵合	1487
疑	0226
宇多紀略	1680
歌の大武根	1181
歌馬書	4336
歌枕秋のねざめ	1166
打物簡要抄	1555
空穂之巻	3898
午年宗門御改帳	1934
馬那之集	1353
梅のをりはし	1381
梅文庫	1445
梅見がてら	1429
うめ柳	1437
梅若一代記図絵	0886

書名	番号	書名	番号	書名	番号
埋木花	1784, 1785	蝦夷雑書	2254	籤書	4249
浦賀紀行	1001	蝦夷志	2198, 2199	烏帽子録	1881
裏見寒話	2085	蝦夷事蹟	2222	画本鶯宿梅	3584
漆遺様	3547	蝦夷拾遺	2214, 2215	絵本亀山話	0868
吽迦陀耶八牙天王浴油供養法私記	0423	蝦夷人孝子褒賞記	1804	絵本金石譚	0896
		蝦夷随筆	2204	絵本孝経	2801, 2802
雲根志	3305	蝦夷草紙	2205	画本西遊全伝	0871
雲州採薬記事	3404	蝦夷チャランケ并浄瑠理言	0705	絵本佐野報義録	0894
雲上明鑑	2573	蝦夷伝	2206	絵本戯場年中鑑	1629
雲説和尚別行念仏利益伝	0258	蝦夷島記	2203	絵本写宝袋	3578, 3579
雲萍雑志	0130	蝦夷嶋奇観	2202	絵本曽我物語	0869
雲遊文蔚	1138	蝦夷東西考証	2230	絵本太功記	1622
		蝦夷道中日記	2249	絵本太閤記	0865
【え】		蝦夷嶋物語	2201	絵本鷹かゞみ	3605, 3606
		蝦夷日記	2224	絵本忠臣蔵	0866
絵合たのしみ草	1458	蝦夷の記	2226	絵本通俗三国志	0885
詠歌緊要考	1179	蝦夷国風俗人情之沙汰	2225	絵本庭訓往来	2837
栄花物語	0814, 0815, 0816	蝦夷の嶋踏	2253	絵本豊臣勲功記	0892, 0893
瀛環志略	4596	蝦夷道知辺	2213	画本野山草	3327, 3328
永源寂室和尚語録	0536	蝦夷風俗彙纂	2212	絵本花言葉	3603
英国歩兵練法	4395, 4396	蝦夷風土考	2210	絵本噺山科	0964
英国歩兵練法　第七編	4397	蝦夷風土記	2207, 2208, 2209	画本早真名美	2805
英語箋	0767, 0768	（蝦夷ホロイツミ報告）	2259	絵本緋威鎧	3602
英選	1084	蝦夷旅行日記	2247, 2248	絵本彦山権現霊験記	0867
永代節用無尽蔵	0743	越後名寄	2160	絵本福寿艸	3583
（詠富士山和歌控）	1284	（越後国長岡領長嶺村御免方附済五人組請寄質地証文　文久三年）	2729	絵本ふじばかま	0884
詠物新題詩集	4782			絵本童の的	2814
永宝塵劫記大全	2877	越前国大野郡白山麓中居権現社家出入一件	1899	延喜式	2364, 2365, 2366
英和対訳袖珍辞書	0766			延喜式神名帳考証	0179
江川町略年譜	1862	越前国名勝志	2154	役君形生記	0638
易学晴雨考	2871	越中国官倉納穀交替記	2683	円光大師御遺訓一枚起請文梗概聞書	0593
益軒先生銓定頤正輯要	3353	越中名所記	2159		
易城全書	3899	悦目抄	1143	円光大師御伝縁起	0594
易占要略	3759	江戸往古図説	2102	円光大師尽孝説	0595
易道撥乱	4432	江戸大絵図	2096	円光大師伝記	0259
奕範	3839	江戸買物独案内	3562, 3563, 3564	塩山抜隊和尚語録	0535
恵心僧都絵詞伝	0238	江戸志	2110	円珠庵雑記	0120
絵銭十二支	2695	江戸砂子	2098	遠州引佐郡上都田村五人組帳	2450
蝦夷紀行	2219, 2220	江戸砂子温古名蹟誌	2099	遠州流正風花矩	3749
蝦夷紀事	2218	江戸砂子温故名跡誌	2100	遠州流挿花図	3739
蝦夷紀聞	2216	江戸名勝志	2101	園城之法	3900
蝦夷見聞記	2217	江戸名所図会	2103	遠西医方名物考	3488
蝦夷行記	2250	江戸名所花暦	2112	遠西医方名物考補遺	3489
蝦夷国記纂聞	2211	（江戸料理集）	3779	遠西火攻精選	4367
蝦夷国全図	2200	愛媛面影	2178	遠西観象図説	2842
（蝦夷雑記）	2223				

書名索引　3

遠西炮器精製秘鑑	4368	大坂冬陣首帳之覚	1713	遠羅天釜	0539
円頓戒和解	0383	大坂冬陣始末之記	1714	阿蘭陀国条約并税則	2387
役行者御伝記図会	0888	墺国金櫃取扱規則	2371, 2372	和蘭字彙	0772
遠碧軒記分類抄書目録	0145	大坪本流雲霞集	4338	をりそへ集	1412
円満集	1349	大坪本流常馭事法目録口解	4339	（尾張雑記等抄記）	0146
焔鬘徳迦王十六秘印	0497	大坪本流手綱目録	4340	（尾張様御家中所附）	2581
円理解	2878	大坪流馬術	4341	尾張洒家苞	1204
円率之真術	2879	大坪流四辻之巻	4342	瘟疫論類編	4664
薦録	3405	大祓詞後釈	0174	（音楽雑記）	1637
		大溝藩・宮川藩・苗木藩・今尾藩 記録	1912	音楽取調成績申報要略	1639
		大寄噺の尻馬	0965	音曲玉淵集	1527
【お】		小笠原大諸礼集大全	2606	音訓五経	4525
御家御条目	2367	御勝手方御定書	2373	温古行烈巻	3904
おひさらひ	1434	岡持家集我おもしろ	1481	温泉論	3379
御伺百箇条	2368	岡本縁侍記	3903	恩地左近太郎聞書	3905
桜花帖	1099	阿弧丹度用法　続編	2880	温知算叢	2884
鶯谿百人集	1442	阿弧丹度用法略図説	2881	女今川	2828
奥州安達原	1609	小倉の山ふみ	1227	女今川教文	2820
鶯宿梅	1330	小栗判官車街道	1589	女今川艶詞	2824
往生講式鼓吹	0596	御軍役御定	2389	女今川操鏡	2822
往生集	4755	桶狭合戦記	1699	女哥仙	1236
往生拾因直談	0597	御検見扣鈔	2710	女四書	2827
往生捷径集	0598	御定書	2374, 2375, 2376 2377, 2378, 2379	女四書芸文図会	2804
往生要集	0220			女大学宝文庫	2821
往生要集上和解	0221	御定相当	2381	女大学操鑑	2823
往生礼讃鼓吹	0573	教塵劫記	2882	女大学操文庫	2825
往生礼讃要義釈観門義鈔	0599	教塵劫記独稽古	2883	女用訓蒙図彙	0056
王半山詩箋注	4773	御仕置五人組帳 2453, 2454, 2455, 2456		女童教訓　女大学出世文庫 附女実語教	2826
応兵記	1710	（捺染型集）	3636		
御馬故実評	4337	落窪物語	0790	御願上請免御用捨米写帳	2734
御馬印	3901	落葉	3652		
近江国神崎郡五人組御仕置帳　宝暦四甲戌年九月	2451	落穂集	0093, 0094	**【か】**	
淡海録税賦簿	2714	（御歳玉御菜番附）	3820	花彙	3329
奥陽斎藤記	1735	小野道風青柳硯	1603	怪異弁断	2843
欧陽文忠公文集	4772	小幡家系由来書	1841	解隠題之法	2885
御江戸図説集覧	2113	御簸本惣印図	1845	海外異聞	2336
大井川行幸和歌考証	1292	御文	0616	海外襍聞記	2194
大岡忠相政要実録	2369	御触御書付其外諸書留	2390	海外兵制略	4398
大鏡	0817	御触書	2382, 2383	海外余話	2314
大久保安芸守御相談書并吟味伺書	2370	御触書并回状写	2384	海軍括要	4399
		御触帳	2385	海軍砲術全書	4417
大坂阿倍野合戦之図	1711	御触并達留	2386	海軍要略	4400
大坂記	1712	懐ひ草　五十首	1285	海国兵談	3906, 3907, 3908
大坂商業習慣録	3566	思出草	0117	改算	2886
大坂陣図	3902			改算記	2887, 2888

改算記綱目	2889	（嘉永五年歌集）	1240	鹿島志	2128
改算記綱目大全	2890, 2891	（嘉永五年諸事記録）	1902	菓子模様	3819
改算記大成	2892, 2893, 2894, 2895	（嘉永三年諸事記録）	1900	頭書増補訓蒙図彙	0047
改算記大全	2896	嘉永武鑑	2582	柏伝	1172
改算記日用車	2897	花押拾遺	1938	菓子話舩橋	3807
改算塵劫記	2898, 2899, 2900	花押藪	1935, 1936	花信帖	1347
蛸志	3406	華押譜	1937	上総下郡村畑牒	2725
開式新法	2901	花街漫録	0125	上総国長柄郡大芝村見取場検地帳	2726
海上衝突予防規則問答	4401	下学集	0730	上総国望陀郡小櫃谷横田郷屋鋪帳	2724
開商点兵算法	2902	画学大全	3589	上総国望陀郡横田郷水帳	2723
開商点兵算法演段	2903	（加賀国地誌）	2157	画図百花鳥	3582
海上砲術全書	4369	火技撮要	4370	画禅室随筆	4715
鎧色談	4250	火技全書図	4371	家相図解	3760
改正三世相小鑑	3772	火器之法	4251	雅俗幼学新書	0758
改精算法	2904	柿本紀僧正旭車	1592	片羽町火事留書	1903
改精算法改正論	2905	歌曲さらえ考	1502	荷田大人啓	0218
改正字林玉編	0731	楽謳秘闕	1534	花壇朝顔通	3532
改正多識編	0733	学資談	2745	花壇綱目	3527
改正天元指南	2906	各種蓮写生五十二葉	3617	花壇大全	3523
会席料理細工庖丁	3795	楽章類語鈔	1494	科註浄心誠観発真鈔	0350
会席料理秘嚢抄	3811	楽説紀聞	1517	科註尊勝陀羅尼経	0291
海戦試習略記	3909	覚禅抄	0287	楽家至要大概	1509
甲斐叢記	2084	格致書	2916	割機算法	2918
開宗算法	2907	格致余論	4653	楽曲考附録	1524, 1525
貝尽浦の錦	3314, 3315	格致余論諺解	3380	脚気鉤要	3381
階梯算法	2908	学的	4617	渇仰正統記	1844
海闘記	3910	楽道類聚	1523	活語雑話	0713
甲斐国三郡村高帳	2719	（楽譜集）	1531	活語指南	0712
解馬新書	3541	角毛偶語	0622	甲子兵甃図	1914
外蕃容貌図会	2316	格役改	2741	甲冑原始	4252
海備芻言	3911	神楽歌入文	1492	甲冑図式	4253
懐風藻	1085	神楽歌譜	1557	甲冑着用指南	4254
開平早算秘伝書	2909	神楽秘譜	1556	河童実説	3316
開平法問題	2910	楽律要覧	1520	括要算法	2919
開方盈朒術	2911	鶴梁文鈔	1136	活幼心法	4668
海防上策諸説集	3912	掛算法春雪	2917	かつらの露	1329
戒法随身記	0623	蜻蛉日記	0985	科典	2391
海防叢書	2302	画工印章弁玉集	3629	画典通考	3580, 3581
海防備論	4402	火攻図略	4372	家伝預薬集	3432
開方翻変法	2912	家財繁栄抄	1486	家道訓	2785, 2786
廻浦日記	2252	笠懸	4324	香取志	0209
甲斐名勝志	2081, 2082, 2083	笠懸之伝	4325	家内独見書	3913
海路安心録	2913	飾馬考	2607	家内の花	3800
海路のきり	1906	賈子新書	4606	金沢遺書八陣図説諺解	3914
解惑算法	2914, 2915	華実年浪草	1303, 1304		
		華実年浪草三余抄	1305		

仮名手本忠臣蔵	1596	観経玄義分楷定記	0600	菅贈太政大臣歌集	
仮名反古一休草紙	0939	観経玄義分伝通記	0601		1251, 1252, 1253
仮名文字遣	0663	観経玄義要義釈観門義鈔	0602	菅像弁	2609
鐘のひびき	0707	感興考註	4499	観中院撰定事業灌頂式具足支分	
兼見卿記	1855	観経散善要義釈観門義鈔	0603		0420
峨眉集	0635	観経四帖疏	0549	官中秘策	2393
花譜	3330	観経定善要義釈観門義鈔	0604	閑田詠草	1273
歌舞伎姿視	1627	観経疏妙宗鈔会本	0609	閑田耕筆	0102
歌舞伎相続年表	1634	観経疏妙宗鈔序巻随聞輯録・観経		閑田次筆	0103
鎌倉時代史	1692	疏妙宗鈔上巻略考・観経疏妙		閑田文草	1006
竈将軍勘略之巻	0924	宗鈔下巻略考	0349	関東御評定所掟目	2394
釜の形	3686	菅家後草	1103	寒到来巻	3915
上賀茂社日記	1863	菅家御詠集	1250	漢土諸家人物誌	1945, 1946
上羽生邑給々分郷簿・羽生領組合		菅家集	1249	神字日文伝	0667, 0668, 0669
地頭姓名御朱印除地高調簿		菅家寰録	1787, 1788	堪忍記	0851
	2737	菅家世系録	1828	神主年中行事　寛政十一年上賀茂	
賀茂翁家集	1271, 1272	菅家文章	1102	之記録	0208
(賀茂神社調進物所役抜書集)		菅家文草	1101	観念要義釈観門義鈔	0605
	1893	菅家遺戒	2806	勧農固本録	2698
賀茂祭記録	2608	管絃按譜	1515	観音経　普門品	0295
華陽皮相	4343	観国録	2251	観音大士十願	0233
華陽皮相　馬相秘伝	4344	漢語大和故事	0752, 0753	観音普門品	0296
花洛名勝図会、東山之部	2019	寒山詩集・新芳薩天錫雑詩妙選藁		関八州古戦記	1736
河洛余数	3842	全集	4498	関八州御領私領寺社領教諭諺解	
唐太通詞申上書	2286	冠辞考	0694		2395
唐太日記	2284	冠辞考続貂	0695	蒲原郡下長橋村五人組帳	2457
仮番頭所勤格式	2392	観自在菩薩心真言一切念誦法		官板書籍解題略	0027
歌林良材集	1151, 1152, 1153		0499	韓非子全書	4639
瑕類	0831	漢字三音考	0670	刊謬正俗	1080
苅萱桑門筑紫轢	1587	管子纂詁	4493	鷹婦呂集	1348
家礼	4517	勘者御伽双紙	2920	韓文	4766
歌礼可連集	1427	観聚方要補	3394	韓文起	4767
瓦礫雑考	0105	関城繹史	2130, 2131	冠帽図会	2610
河蝦考	3317	灌頂抄	0421	観無量寿経	0305
河内志	2030	灌頂面授抄	0413, 0414	看聞日記	1854
河内国風土記	2029	灌頂面授抄抜書	0412	堪輿全図	2315
河内名所図会	2031, 2032	甘藷之説	3537	漢隷字源	4543
官位	2566	漢書評林	4553, 4554	干禄字書	4542
甘雨亭叢書	0087	菅神廟碑注解	3633		
環海異聞	2333, 2334, 2335	寛政孔方鑑	2691	【き】	
巻懐食鏡	3407	(寛政十三年歳旦帖)	1322		
勧学治体	1055	寛政遷宮物語	0196	紀伊続風土記	2172, 2173
願懸重宝記	0177	寛政武鑑	2583	紀伊国名所図会	2169, 2170, 2171
官暇雑記	0118	寛政執政山下幸内上書評并白川侯		義演准后日記	1859
眼科全書	4673	物価論	2541	祇園祭礼信仰記	1605
歓喜天秘法	0498	観跡聞老志	2149	騎格順道	4345

帰家日記	0988	逆士切服之一条	2641	行書類纂	3625
紀記歌集	1489, 1490	旧家由緒書上帳	1879	教戦略記	3919
菊経国字略解	3331	旧刊書目	0020	夾註輔教編原教要義	4749
規矩元法	3270	旧観帖	0907	京都巡覧記	2016
規矩元法町見国図集要私録	3271	救急摘方	3395	京都順覧記	2020
規矩元法町見弁疑	3272	牛経	3539	京都東六条　本願寺御大絵図	
規矩術図解	3273, 3274	九経談	4445		2000
菊池軍記	1776	救荒便覧	3536	京の水	2008, 2009
規矩秘訣・規矩極秘目録	3275	救荒本草	4640, 4641, 4642, 4643	京羽二重織留大全	2015
規矩分等集	3276	救荒本草会識	3409	京羽二重大全	2014
規矩法円理之図	3277	救荒本草啓蒙	3410	狂文吾嬬那万俚	0909
規矩法図解	3278	救荒野譜	4644	享保以来被仰出控	2398
義経記	0837, 0838	球算独習書	2921	享保十九年相州愛甲郡妻田村五人	
奇効医述	4665	給算録	2922	組御改帳	2458
紀効新書定本	4489	九字護身法口伝	0447	御園集	1450
機巧図彙	3555	九州記	1747	魚貝略画式	3601
魏氏楽器図	1529	（弓術伝書集）	4326	玉石雑誌	0131, 0132, 0133, 0134
奇事中洲話	0922	旧条記	2396	玉積通考	2928, 2929
棋醇	3849	九章算法塵劫記	2923	玉堂雑記	1530
奇鈔百円	2688	給松風説集	1875	極要集	3920
騎士用本	4346, 4347	九数答術	2924	玉露叢	1716, 1717
岸和田草木記	3408	九数百好	2925	虚字解	0726
鬼神集説	0150	旧蹟遺聞	2150	虚鐸伝記	0537
鬼神新論	0151	弓箭図式	4327	挙白集	1266
紀成蝦夷記行	2246	鳩巣雑記	0095	挙品集	4348
旗旌巻	3916	厩馬新論	3540	巨砲造箭法	4373
旗旌之巻	3917	旧藩県史	1913	清正記	1705
（奇正変談之論）	3918	弓法故実目録註	4255	去来抄	1301
騎操軌範	4403, 4404	久宝寺御坊様御献立帳	3788	儀礼経伝通解	4516
木曽路の記	2132	弓法躾引歌	4256	吉良流諸式	2611
木曽路名所図会	2133	九連環術	2926	切支丹宗門来朝実記	0661
北蝦夷クシュンユタン在留露人取		姫陽陰物語	1745	切支丹由来記	0657
調書	2282	杏園叢書目	0039	契利斯督記	0658
北蝦夷図説	2243	狂歌阿伏兎土産	1480	暦林問答集	2869
北蝦夷余誌	2240, 2241, 2242	侠客伝仉模略説	0938	極書	4257
北三州略記	2156	薑花集	1091	訓閲集	3921, 3922, 3923, 3924
北野文叢	1098	狂歌塵劫記	2927		3925, 3926, 3927, 3928, 3929
菊花賦	3618	京鹿子娘道成寺	1504		3930, 3931, 3932, 3933, 3934
喫茶活法	3671, 3672	狂歌百人一首	1482, 1483		3935, 3936, 3937, 3938, 3939
喫茶南方続録	3641	教観綱宗詮翼合記・教観綱宗釈義			3940, 3941, 3942, 3943, 3944
喫茶養生記	3640	止啼鈔	0397		3945, 3946, 3947, 3948, 3949
吉水清濁弁	0271	教訓謎合春の雪	3862		3950, 3951, 3952, 3953, 3954
橘品	3534	狂言記・続狂言記・狂言記拾遺			3955, 3956, 3957, 3958, 3959
琦鳳画譜	3595		1565		3960, 3961, 3962, 3963, 3964
窺望心計示蒙	3279	仰高集	1385		3965, 3966, 3967, 3968, 3969
奇妙図彙	0903, 0904	経讃陀羅尼	0294		3970, 3971, 3972, 3973, 3974

	3975, 3976, 3977, 3978, 3979	禁裏殿上古実秘録	2613	軍鑑足軽之巻	4006
	3980, 3981, 3982, 3983, 3984			軍鑑奸戦巻	4007
	3985, 3986, 3987, 3988, 3989	【く】		軍鑑使番巻	4008
	3990, 3991, 3992, 3993, 3994			軍鑑城攻巻	4009
	3995, 3996, 3997, 3998, 3999	空一算学書	2932	軍鑑悪検集	4407
	4000	具応算法	2933	軍鑑長柄鑓巻	4010
訓閲集軍敗兵法	4001	（公家諸法度并漂流記）	2402	郡鑑秘録	1898
訓閲集武明論	4002	公事一件書	2403	軍鑑武者奉行巻	4011
金匱玉函要略述義	3382	公事御定書	2404	軍鑑斥候大事	4012
金匱玉函要略方論輯義	3383	公事方御定書		軍鑑物見巻	4013
琴曲紙譜	1548	2405, 2406, 2407, 2408, 2409		軍鑑夜戦巻	4014
金魚養玩草	3318	公事方御定書・寛保二年御定書		軍鑑籠城巻	4015
金銀吹替え御触	2399		2410	軍器徴	4260
金銀吹直御書付之写	2400	公事方取斗方心得	2411	軍記百首和歌	2811
金工鑑定秘訣		公事根源集釈	2412	軍教巻	4016
	3551, 3552, 3553, 3554	公事訴訟取捌	2413	軍決要目集	4017, 4018, 4019
近古武事談	0139	くず花	0158, 0159, 0160	君子訓	2787
錦繍段鈔	1070	久摺日誌	2263, 2264	軍詞巻	4020
錦城漫筆	0122	孔叢子	4605	群書一覧	0015, 0016
近思録	4611, 4612	具足注文	4258	群書一穀	0090
近思録示蒙句解	4474	具足羽織記	4259	群書摘鈔	2615
近思録説略	4473	九段秘事台子	3684	軍書摘要	4021
近世蝦夷人物誌	2221	沓之切紙大事	4003	群書類従	0088
近世淡海念仏往生伝	0260	国雄師之答	4004	群書類従目録	0040
近世崎人伝	1818, 1819	国々竪横及諸方道法記	1959	軍髄要説問答鈔	4022
近世見聞録	0138	国鎮記	2078	軍髄要覧	4023
金生樹譜別録	3538	国分史	1865	軍数動静記	2934
近世南紀念仏往生伝	0257	首実験之巻私抄	2614	君則	2796
近世女房装束紋図	2655	工風智恵輪	0958	訓読阿弥陀経	0297
近世念仏往生伝	0256	求法持雑集	0347	軍敗覚書	4024
今世名家文鈔	1092	熊野本宮年中行事	0216	軍配小勇巻	4025
金石搨本考	3632	熊野名勝図画	2174	軍敗要目集	4026, 4027, 4028
琴操	4698	熊野遊記・熊野名勝図画	2175	軍馬目録註釈	4349
吟窓雑記	1117	熊祭	2280	軍法之巻并抄	4029, 4030
近代公実厳秘録	1766, 1767	愚問賢註六窓抄	1169	軍法秘用集	4031
近代著述目録		求聞持私記	0494	軍法富士見西行	1593
	0022, 0023, 0024, 0025	呉竹集	1157	訓蒙助語辞諺解大成	0719, 0720
近代兵学	4405	黒田家譜	1838, 1839	訓蒙天地弁	2844
禁中並公家諸法度	2401	黒田家日記抄出	1861	訓蒙要言故事	2761
欽定銭録	4701	黒田　続家譜	1840	郡役浦役人足并御用船御請書連印	
金徳塵劫記	2930	黒谷聖人一枚御消息演義録	0550	帳	2414
銀鏺掛割定法	2931	黒谷上人語灯録	0576	軍役当用集	4032
禁秘御鈔階梯	2612	桑栽培仕法	3545	軍用記	4261
訓蒙図彙	0046	軍歌　白沙人	1638	訓幼字義	1047
訓蒙図彙大成	0048, 0049, 0050	軍海論	4406	軍用射法目録	4328
	0051, 0052, 0053, 0054, 0055	軍歌省愚百首	4005	軍要集	4033, 4034

書名	番号
軍用第三陣具巻	4035
軍利百ヶ条	4036
軍旅侍功鈔	4037
軍礼	4038

【け】

書名	番号
慶安御触書	2415
慶安太平記	1769
慶安四年辛卯正雪事に付諸文写	1868
桂園一枝	1279
桂園竹譜	3332
慶応三年十月上浣　封内布告	2416
経学文衡	1049, 1050
敬義内外考	1065
刑経	2417
渓橋集	4350
猰狗傷考	3354
経穴彙解	3355
慶元軍要録	4039
稽古要略	2616
敬斎箴	4481
京城勝覧	1999
傾城阿波の鳴門	1611
契情曽我廓亀鑑	0952
傾城反魂香	1575
経世文編抄　甲集	4788
軽卒左右之巻	4040
契沖法師富士百首	1268
慶長十一年上総国下小田荘評喜崎水帳	2720, 2721
（慶長十七年上総下大田喜崎縄打水帳）	2722
計伊津留伝口訣	4041
啓迪算法指南大成	2935
経典穀名考	3535
経典題説	0002
経典余師　詩経	4434
刑罰大秘録	2418
掲楣算法	2936
螢蠅抄	1942, 1943, 1944
刑律	2419
傑勿以爾銃略説	4409
外科正宗	4670

書名	番号
劇場漫録	1633
外宮子良館祭奠式	0189
化粧秘伝	2617
外題鑑	0026
外題学問	1066
外題年鑑	1567, 1568, 1569, 1570
闕疑抄	0779
決疑鈔直謨	0546
決勝要略集	4042, 4043, 4044, 4045, 4046, 4047, 4048, 4049, 4050, 4051, 4052, 4053, 4054, 4055, 4056, 4057
結要士鑑	4058
結要士鑑愚解稿	4059
月令博物筌	1308, 1309
外内宮祝詞	0198
蘐園随筆	0096, 0097
蘐園録稿	1089
兼葭堂竹譜	3333
献可録	2343
研幾算法	2937
玄々棋経	3835
元亨釈書	0246, 0247, 0248
賢劫十六尊	0478
兼好法師家集	1260
源三位頼政歌集	1255
検使楷梯	2420
源氏小鏡	0795
元詩自攜	4787
言志四録	1063
検使其外心得方秘書	2421
源氏百人一首	1239
源氏物語	0791, 0792
源氏物語系図	0794
源氏物語忍草	0798
券状	2397
謙信註進帖	1866
拳独稽古	3875, 3876
儼避羅鈔	0444
元服曽我	1564
験符之法	2938
源平盛衰記	0833
源平布引滝	1597
（検法）	2422
玄法軌梵文	0275
検法秘鑑	2423

書名	番号
憲法部類	2424
検見規鑑	2709
元明清書画人名録	3575
見聞記録	0147
見聞西遊雑記	2297
（見聞雑秘訣）	1877
見聞集	1911
鈴林必携	4408
鈴録	4060
鈴録外書	4061

【こ】

書名	番号
鯉切形	3822
鯉切揃図	3776, 3777
鯉切揃手続書	3823
小石川志料	2114
こひし笛	1333
恋女房染分手綱	1600
広益算梯	2939
広益地錦抄	3525
広益正風体立花大全	3751
広益書籍目録大全	0032
広益塵劫記	2940
広益塵劫記大成	2941
広益俗説弁	0114
広駅道中記	2291
広益本草大成	3411
航海金針	3567
講学鞭策録	1034
甲賀三郎窟物語	1586
（弘化二年日記）	1894
綱鑑易知録	4565, 4566, 4567
康熙字典	4548
孝経外伝	4441
孝経刊誤	4442
孝経刊誤考例	2749
孝経釈義便蒙	4440
孝経大義	4524
孝経大全	4523
孝義録	1802, 1803
行軍図式	4062
広恵済急方	3396, 3397
江家次第	2618, 2619, 2620
皇国火攻神弩図説	4374
皇国度制考	2685, 2686

皇国名医伝	3350	黄帝八十一難経疏証	3356	古楽略考	1535		
勾股致近集	2942, 2943	煩鉄全書	4376	許可広式	0481		
江湖風月集略註	0533, 0534	香道秋の光	3755	古鍛冶銘鑑	4264		
鉤股変化法	2944	鼇頭古事記	1661	伍家制令詳解	2433		
公裁	2425	鼇頭助語辞	4466	御甲冑制作記	4265		
公裁一件	2426	鼇頭新会玉篇大全	0738	粉河寺縁起霊験記	0650		
公裁筆記	2427	香道秘伝	3756	五鑑合類	4080		
公裁録	2428, 2429, 2430	鮫皮精義	4263	御鑑札酒造米高御貸株同拝借高并名前書上帳	2742		
峡算須知	2945	高府小志	2138				
峡算早割法	2946	弘文書庫目録	0042	（五巻私記）	0441		
紅山夜話	1757	航米日録	2327	後漢書	4555		
黄山領要録	4593	弘法大師行状記	0249	五行易指南	3761		
孔子家語	4602	弘法大師弟子譜	0250	碁経亀鑑	3840		
孔子縞於時藍染	0921	後方羊蹄日誌	2265, 2266, 2267	五行座備之図	4081		
甲字集	1461	煩礬用法	4377	碁経衆妙	3841		
告志篇	2808	校本庭訓往来	2836	孝経発揮	4443		
幸秀	4351	功名次第	4067	古今栄雅抄	1189		
甲州西郡筋荊沢村田改帳・甲州西郡筋荊沢村御検地水帳	2717	光明真言観誦要門	0442	古今集遠鏡	1192		
		光明真言経照闇鈔	0440	古今余材抄	1190		
甲州本伝	4063	皇明正統合併通記統宗	4570	古今和歌集			
甲州八代郡大石和筋上黒駒村屋敷水帳	2718	広倭本草	3412, 3413		1185, 1186, 1187, 1188		
		拘幽操	1020	古今和歌集打聴	1191		
甲州流軍法伝来	4064	甲陽軍鑑	4068, 4069	古今和歌集ひなことば	1194		
甲州流二付安東氏物語等之覚	4065	甲陽軍鑑抜書	4070, 4071, 4072, 4073, 4074	古今和歌集鄙言	1193		
				古今和歌六帖	1221		
攻守戦銃問答	4375	甲陽軍鑑末書	4075, 4076	古今和歌六帖標注	1222		
甲城始末記	1737	甲陽軍鑑末書下巻	4077	極意秘伝抄	4266		
上野国興地全図	2139	甲陽軍鑑末書結要本	4078	国技観光	3843		
侯鯖一欉	0750	広用算法大全	2947, 2948	国牛十図	3320		
校正韓非子解詁全書	4494	甲陽戦正路公之覚書	4079	国郡管轄録	1950		
校正古刀銘鑑	4262	光琳百図	3596	国語定本	4469		
孔聖全書	4580	合類算法	2949	国史纂論	1782		
荒政略抄	2344	合類書籍目録大全	0037	国字分類雑記	0757		
校正類箏治要	1539	合類薬種名寄帳	3414	国字分類廿一史略	1947		
黄石公籑秘伝	4066	絳老余算統術	2950	国史略	1655		
礦石集	0236	皇和魚譜	3319	国性爺合戦	1577		
交替式	2431	声の栞	1367	国性爺三之口楼門之段	1578		
皇太神宮年中行事	0192	御改革四拾箇条	2432	小具足問答	4267		
口達之覚	1915	古学指要	1045	国朝諫諍録	1820		
皇朝史略	1653, 1654	弧角小成	2951	国朝書目	0014		
皇朝八家文鈔	1096	古学先生詩集	1112	国令	2434		
皇朝分類名家絶句	1094	古学先生詩文集	1110	御軍制	4084		
皇朝名家詩鈔	1095	古学先生文集	1113	御軍役御定	4082, 4083		
黄帝内経素問	4645	古学先生文集・古学先生詩集	1111	五啓口訣	4085		
黄帝内経霊枢	4647			古芸余香	0043		
黄帝内経霊枢註証発微	4648, 4649	古楽問答	1526	五家正宗讃	0532		

書名	番号	書名	番号	書名	番号
湖月抄	0796	弧三角通	2956	滑稽噺図会	0960
古言梯標註	0666	弧矢弦叩底	2957, 2958	碁伝記	3831
御公義御定法	2435	故事成語考集註	4496	御当家令条	2445
股勾弦鈔	2952	古詩断句	1072	御当家令条集	2446
御高札之内　御文書	2436	古史徴	1779	古刀銘尽大全	4272
御交替武鑑	2584	五事通貫	4087	琴後集	1274
古語源秘抄	1154	故実雑書	2621	琴叙	1549
古語拾遺言余抄	1662	故実拾要	2622, 2623	後鳥羽院御集	1258
九重忘草	2437	故実類聚抄	2624	詞のしきなみ	0759
古今韻会挙要小補	4549, 4550, 4551	呉子読本	4634	詞のしき波	0760
古今沿革考	4268	故事必読成語考証集註	4495	詞の重浪	0761
古今学変	1046	古史本辞経	0684	言葉の玉緒	0708
古今鍛冶之第	4269	五車韻瑞	4740	詞八衢	0709
古今鍛冶備考	4270	御趣意仰渡御触写	2438	諺草	0697, 0698, 0699
古今偽書考	0021	五種遺規	4711	諺臍の宿替	0966
古今軍林一徳抄	4086	後拾遺和歌集	1196	御内訴調	2388
古今算鑑	2953	古秀画譜	3591	後二条師通記	1852
古今算法記	2954, 2955	五重序	1514	小荷駄雑人等戦場ニ於扱方ノ事	4091
古今事文類聚　遺集	4734	御巡在ニ付品々触達一件留	2439	五人組改帳	2448
古今事文類聚　外集	4733	御書	0634	指上申五人組一札之事	2449
古今事文類聚　後集	4726, 4727	五常訓	2788	五人組異同弁	2452
古今事文類聚　新集	4732	御昇進御位階御用掛	2585	五人組御改御条目控	2460
古今事文類聚　前集	4725	御城代留守居并籠城之法	4088	五人組御改控帳	2461
古今事文類聚　続集	4728, 4729	御定法書	2380	五人組御仕置帳	2462, 2463, 2464
古今事文類聚　別集	4730, 4731	御定目	2440	五人組御仕置之条々	2465
古今衆枰	3846	御条目写	2441	五人組書上帳	2466
古今書籍題林	0031	御条目五人組書上帳写	2459	五人組箇条書写	2467
古今相撲大全	3829	御条目集	2442	（五人組関係文書）	2468
古今泉貨鑑	2689	御所なぞの本	3865	五人組御法度御触書	2469
古今銭譜	2692	御書要文集	0633	五人組高書上帳	2736
古今茶人系譜	3675	古序翼	1058	五人組帳	2470, 2471, 2472
古今茶道全書	3647	古図類従調度部文房器具	2625	五人組帳控	2473
古今著聞集	0810	御制札写控	2443	五人組帳前書	2474
古今当流新碁経	3833	五節間郢曲事	1511	五人組之帳	2475
古今発句手鑑	1441	古戦擥要	4089	五人組前書法度書	2476
古今名人碁経選粋	3837	古戦場鐘懸の松	1608	五人組連判帳	2486
古今名物類聚	3668, 3669	古銭値うち帳	2694	御年譜	1833
古今妖魅考	0153, 0154	小反刃護刀等ノ聞書	4271	御年譜序附尾	1696
古今要覧稿	0081	五代自見物見之法	4090	このとき集	1432
古今立華手引草	3721	後太平記	1723	このみふくろ	1460
古今料理集	3778	古代模様広益紋帳大全	2661	木芽説	3674
古今類句	1163, 1164	碁立絹篩	3836	古梅園墨譜	3621
古今類聚常陸国誌	2122	湖中産物図証	3548	碁盤路図	3850
古今類書纂要	4736	御停止御触	2444	古筆拾集抄	0224
五雑組	4713, 4714	国家金銀銭譜	2687	御布告留帳	2487
		小づくえ集	1396		

御普請定法	3560	渾発量地速成	3280	更級日記	0986
古文矩	1076	根本説一切有部衣相略要	0237	更科之記	1144
古文矩附文変	1077	昆陽漫録	0099	申楽記	1562
御文章	0617	婚礼之書同献組	2626	猴公著聞集	0813
古文真宝	4790			沢田鎮座八幡神社由緒	0215
古文真宝諺解大成後集	4501	【さ】		さはひこめ	1398
古法甲冑威緘	4273			産育全書	3398
古法軍器	4092	西鶴織留	0860	三縁山志	0649
古法陣取備図	4093	西行物語	0803	残桜記	1691
古方薬説	3415	採礦錬作銀銅図	3549	算学階梯	2964
古方薬品考	3416	西国三十三所名所図会	2298	算学稽古大全	2965, 2966, 2967
古方薬品考	3431	西国盛衰記	1733	算学啓蒙	4693
護摩記資行鈔	0379	菜根譚	4710	算学啓蒙註解	2968
護摩口決	0493	済生備考	3490	算学鉤致	2969
護摩私鈔	0483	再訂算法	2962	算学詳解	2970
護摩次第	0380	催馬楽譜	1558	算学小筌	2971, 2972
護摩集	0467	催馬楽譜入文	1493	算学初心鈔	2973
狛氏楽名考	1516	済北集	1104	算学速成	2974
小蓑庵月並句合	1336	西遊記	0992, 0993, 0994, 0995	算学知恵海	2975
五明算法	2959	祭要楽録	1519	算学重宝記	2976
五明算法前集図式解	2960	西来和尚旧事記略話	1695	算学定位法	2977
語孟字義	4459	采覧異言	2303	算学提要	2978, 2979
五友詩	4781	沙鴎発句集	1423	算学備要大成	2980, 2981
御用帳抜要	2488	さを柿集	1363	山家集類題	1256
御用留	2489, 2490	堺鑑	2035	算顆秘録	2982
御用留	2491	坂口流槍解談	4323	算鑑記	2983
五倫書	2755	(相模国鎌倉郡関東御取締役御触		三帰戒法源記縁起	0348
古暦便覧	2860, 2861	達書)	2492	三斤六斤ノ野戦煩使用	4274
小割早算用	2961	桜姫全伝曙草紙	0870	山家一乗戒儀	0319
金界賢劫十六尊并二十天持物記		鎖国論	2345	算元記	2984
	0318	狭衣物語	0799	三元素略説	3306
困学穴法	3384	竹実記	3417	参考太平記	0840, 0841
金剛界灌頂行事鈔	0356	左氏伝抜抄	4437, 4438	参考平治物語	0827, 0828
金剛界供養念誦要法・胎蔵界念誦		左書	4095	参考保元物語	0823, 0824, 0825
次第	0500	莎草類写生	3334	三国志	4556, 4557
金剛界事鈔	0485	雑貨鋪	0541	三国通覧図説	
金剛界受明灌頂次第儀式	0419	(雑記)	0148		2307, 2308, 2309, 2310
金剛三密抄	0418	雑字類編	0751	三国通覧輿地路程全図	2311
金剛頂瑜伽修行儀軌	0357	(雑俳絵合)	1476	三国筆海全書	3620
金剛峯楼閣一切瑜伽瑜祇経修行法		左伝助字法	4439	三五要略	1521, 1522
	0507	禿紋日雛形	1625	三皷類集・打物簡要抄	1554
(金光明経文句記聞書)	0313	讃岐国名勝図会	2177	三州古今城塁地理誌	2051
金剛瑜伽修習一尊三摩地法	0359	査表算	2963	三十三過本作法輯釈	0346
献立筌	3782	左舞曲譜・舞曲・掌中要録	1528	山州名跡志	1995, 1996
渾天新語	2846	座右決疑	0439	三銃用法論	4096
権道正伝緄巻口授覚書	4094	座右書	4329	(算術問答書)	2985

三種大祓纂説	0173	算法瑚璉	3029	算法天生法指南	3087
算書	2986	算法雑解	3030	算法童子教	3088
算髄	2987	算法雑俎	3031	算法童子門	3089, 3090
算数記	2988	算法雑著	3032	算法得幸録	3091
三世相日用宝鑑	3766	算法地方指南	3033	算法日新録	3092
算俎	2989	算法地方大成	3034, 3035, 3036	算法発隠	3093
算藪	2990	算法地方大成斥非問答	3037	算法発蒙集	3094
算則	2991	算法指掌	3038, 3039	算法早合点	3095
山地畝反別帳之仕立様御沙汰	2727	算法指南車	3040	算法早割秘伝抄	3096
三朝吟	1319	算法指南塵劫記	3041	算法非撥乱	3097
参同契考異付陰符経考異	4761	算法指南大全	3042	算法麓迺	3098
算道手引草	2992	算法自約術	3043	算法変形指南	3099
山王御祭礼番附	0164	算法出世宝大全	3044	算法方円鑑	3100
三秘集	2493	算法書	3045	算法明粋記	3101
算筆早まなび	2993	算法正平	3046	算法約術新編	3102
三部仮名鈔諺註	0577	算法初見直用集	3047	算法約述新編	3103
三兵活法	4097	算法助術	3048	算法理解教	3104
三兵答古知幾	4410, 4411	算法初心車	3049, 3050	算法利息全書	3105
算法演段指南	2994	算法新書	3051, 3052, 3053, 3054	算法利足速成	3106
算法円理括発	2995	算法図解	3055	算法率揮	3107
算法円理鑑	2996	算法図解大全	3056, 3057	算法量地捷解　前編	3281
算法円理私論	2997	算法図解早伝授	3058, 3059	三昧耶要抄	0438
算法円理新々	2998	算法整数起源抄	3060, 3061	三密抄料簡	0355
算法円通	2999	算法尖円豁通	3062	三妙伝諺解	3282
算法円理冰釈	3000	算法浅問抄	3063	山門江被仰渡条々	0315
算法開蘊	3001	算法側円集	3064	山陽遺稿	1131, 1132
算法改正録	3002	算法側円詳解	3065	三養雑記	0129
算法廓如	3003	算法大成	3066	山陽詩鈔	1130
算法学海	3004	算法大全指南車	3067	算用手引草	3108
算法記	3005, 3006, 3007	算法智恵鑑	3069	三要録	1533
算法奇賞	3008	算法智恵宝	3070	三礼口訣	2627
算法狂歌大早割	3009	算法智恵海大全	3068	産論翼	3385, 3386
算法極形指南	3010	算法知恵袋大全	3071		
算法工夫之錦	3011	算法逐索術	3072	【し】	
算法稽古車	3012, 3013	算法重宝記	3073	四時行	1431
算法稽古図会	3014, 3015	算法直術正解	3074	椎柴集	1399
算法稽古宝	3016	算法通書	3075	詩韻砕金幼学便覧	1081
算法稽古早指南	3017	算法天元指南	3076	字韻早鑑四重大成	0674
算法闕疑抄	3018, 3019, 3020, 3021, 3022, 3023	算法天元樵談集	3077	市尹要覧	2346
		算法天元適等	3078	四英獄窓骨董集	1093
算法交商術	3024	算法天元録	3079	四詠集	1424
算法考艸	3025	算法点竄指南	3080, 3081	枝折抄	3683
算法考艸円内交斜容円術	3026	算法点竄指南録	3082, 3083	爾雅	4537
算法古今通覧	3027	算法点竄初学抄	3084	四角問答	3109
算法弧背詳解	3028	算法点竄手引草　初編	3085	滋賀県治大要	2494
		算法点竄手引草　二編	3086		

四家雋	1078	熾盛光法求聞持法	0462	芝八景	2115
地方心得歌百首	2706	四帖疏論義抄	0621	渋川春海伝	1794
地方心伝	2704	四条流包丁式	3783	事物異名録	4737
地方凡例録	2707, 2708	時処求聞持	0509	事物紀原	4738
地方品目解	2705	四書訓蒙輯疏	4464	詩文国字牘	1074
地方名目	2703	（四書集註）	4535	四分律含注戒本疏	4744
爾雅註疏	4538, 4539	（四書集註抄）	4536	四分律含注戒本疏行宗記	4745
士鑑諺解	4098, 4099	四書示蒙句解	4463	四分律刪補随機羯磨疏	
雌鑑抄	4100, 4101	四書章句集註附攷	4462		4741, 4742
師鑑抄忍之巻	4102	四書序考	4460	四分律刪補随機羯磨疏済縁記	
芝翫節用百戯通	1632	四書標釈	4461		4743
止観大意	0395	四神社閣記	0648	四分律拾毘尼義鈔	4747
士鑑用法	4103, 4104, 4105	四神地名録	2093	四分律比丘尼鈔	4746
士鑑用法直解	4106	四診備要	3389, 3390	自弁茶略	3667
士鑑用法抄	4107	静岡県管下駿河国安倍郡静岡四社		詩本草	1126
士鑑用法秘訣	4108	境内畧絵図	2074	四明十義書耳聴記	0390
四季岬	2628	静	1561	四明十義書聞記	0391
四季献立集	3805, 3806	史籍年表	1646	下総大塚原村　御水帳無之訳書案	
しき枝折	1452	師説録	1315	文	2496
四季茂り	3743	詩仙堂志	3577	霜ころも	1397
直指算法統宗	4694	氏族博攷	4589	下野国誌	2141
四季賞花集	3718	時代加々見	0941	下野掌覧	2142
敷栲集	1364	絲竹口伝	1512	釈迦会不同	0392
史記評林	4552	七倶胝仏母准提供養法	0463	釈迦八相物語	0855
詩経四始考証	4435	七支念誦随行法口訣	0360	釈迦八相倭文庫	0932, 0933
詩経集註	4510, 4511, 4512	七支念誦随行法口決	0361	笏	2629
四教集註童抄抜書	0314	七支念誦随行法要文鈔	0362	釈辞	0728
四教集解義断	0344, 0345	七書講議	4636	自約術	3112
詩経名物弁解	3418, 3419	七島日記	2088	釈浄土群疑論	0574
地錦抄付録	3526	七百科	0396	釈浄土群疑論探要記	0575
地ぐち行灯	0963	十巻章	0437	釈尊御舎利儀記	0487
地口絵手本	3870	十訓抄	0808, 0809	借艇集	4353
地口種本初編二へん	3871	実検之巻	4109	釈日本紀	1665, 1666
しぐれ	0846	実語教　童子教	2834	釈日本書紀	1667
舳艫訓	0111	悉曇字記	0276	釈摩訶衍論	0310
繁千話	0899	悉曇字記聞書	0277	迹門十抄	0399
子玄子産論	3387, 3388	悉曇蔵	0278	写山楼画本	3593
自娯集	1114	卓子式	3786	射術当用集・射学常用追加・弓細	
四座講式	0654	卓子料理仕様	3784	工秘伝之書	4330
自讃歌註	1261	四度授法日記	0363	沙石集	0804, 0805
資治通鑑	4559	信濃奇談	2137	煮泉小品	4704
資治通鑑綱目全書	4561	信濃漫録	0124	釈教三十六人歌仙図	1237
磁石算根元記	3110	支那歴代沿革図	2325	沙弥得度儀軌	0382
寺社法則	2495	自認通称千家集	1425	社盟算譜	3113
四十帖決	0389	しのぶぐさ	3730	儒医精要	4657
四十八願題詠鈔	0578	劇場訓蒙図彙	1630	手印図	0261

拾遺三宝感応伝	0251	宗門檀那請合之控并御条目	0647	俊寛僧都島物語	0877
戎衣神拝考	0166	宗門人別御改惣〆書上帳　寛政十		荀子箋釈	4603, 4604
拾遺都名所図会	2007	年午三月　豆州君沢郡　小土		春秋	4520
拾遺和歌集	1195	肥村	1846	春秋左氏伝校本	4521
拾遺和漢名数	0069	宗門人別御改帳下書	1933	舜水先生文集	1109
周易経翼通解	4433	宗門人別御改帳	1925	春台先生紫芝園稿	1119
周易卜子夏伝	4504	宗門人別帳	1932	順天堂算譜	3115
周易本義弁証	4505	重立倹約　御令条	2497	殉難後草	1244
拾芥抄	2567, 2568	周伶金玉抄	1518	駿馬七品之図	4354
秀雅百人一首	1230	十六算所依	0388	春葉集	1270
集義外書	1027, 1028, 1029	十論為弁抄	1296	処安伝	2815
習騎啓蒙	4110	朱易衍義	1017	諸鞍日記考註	4355
（袖玉武鑑）	2588	頌義願文大書抜	0618	諸鞍日記考註補遺	2630
袖玉武鑑	2586, 2587	頌義第十六巻観察抜粋	0571	定掛場大井川通明細帳	2739
集義和書	1025, 1026	頌義第七抜萃	0556	小学句読	4613
州県提綱	4597	頌義八巻抜粋	0557	小学句読集疏	4480
集古十種　扁額	3599	修験故事便覧	0641	小学句読備考	4476
集古帖	3622	修験常用集	0639	小学纂説	4478
集古浪華帖	3624	（修験道祓詞集）	0640	小学師説	4479
集古妙蹟	3623	朱子行状	4582	匠家矩術要解	3283
十三ヶ年旧記	1693	朱子訓子帖	4620, 4621	小学唱歌集	1641
宗旨御改五人組帳	1920, 1930	朱子語類	4614	小学蒙養集	4477
宗旨人別五人組御改帳		朱子語類大全	4615	照顔集	1400
1921, 1923, 1926, 1927, 1931		種子集	0272, 0273	貞観政要	4576, 4577, 4578
重詳習伝	4111	朱子文語纂編	4616	貞観政要格式目　僧官	4579
銃将預成	4112	守株記	1082, 1083	傷寒名数解	3357
銃将預成集	4275	守城之法	4113	傷寒論	4660
住心品疏略解	0445	授時暦経諺解	2848	傷寒論国字弁	3358
十善法語	0436	授時暦図解	2849	傷寒論輯義	3359
袖中抄	1145, 1146	数珠功徳経鈔	0307	傷寒論集成	3360
袖珍算法	3114	主図合結記	4114, 4115	傷寒論述義	3361
重訂解体新書銅版全図	3494	寿世保元	4684	傷寒論弁正	3362
重訂本草綱目啓蒙	3420	授大灌頂作法次第	0501	頌義第十九巻抜萃	0298
十二趣向当の似寄話絵	0967	出軍門出作法	4116	承久記	1687, 1688
十八道口決	0468	出陣留守之法	4117	頌義六巻抜萃	0299
十八道次第資行鈔	0320	酒呑童子枕言葉	1574	将軍御鎧著給作法之事	4118
十八史略	4574	朱文公続集	4779	将軍家譜	1831, 1832
十波羅蜜鈔	0479, 0480	朱文公文集	4776, 4777, 4778	象刑研究資料	2517
周髀算経図解	2847	朱文公別集	4780	捷径算法	3116
十不二門指要鈔講述	0398	受法次第	0365	邵康節先生文集	4500
聚分韻略	0734, 0735	授法日記	0385	浄業和讃	0624
終北録	2285	受菩薩戒儀	0364	招差新術	3117
衆妙集	4784	受明灌頂作法次第	0366, 0417	招差別術	3118
宗門改帳	1919	授蒙聖功方	3391	常山紀談	1763, 1764, 1765
宗門御改帳	1928	儒門空虚聚語	1059	象山浄藁	0116
（宗門御改帳）	1922, 1924	儒門事親	4656	称讃浄土経駕説	0558

書名	番号
紹述先生文集	1118
条々聞書	2631
指要鈔講莚随聞録	0341
指要鈔詳解幻幻録	0342
指要鈔聞記	0343
乗除加減之法	3119
精進魚類新選料理献立	3817
精進献立集	3798
硝石製煉法	4378
松染情史秋七草	0876
松窓雑記	1870
装束色彙	2632
装束織紋図	2633
装束図式	2634
昭代選屑	4739
樵談九問答術	3120
城築極意九ヶ条之覚書	4119
勝地吐懐編	1165
掌中群書一覧	0017
正伝談話覚書	4120
浄土勧化三国往生伝	0255
浄土疑問解	0619
聖徳太子憲法十七条	2498
聖徳太子十七条憲法註解	2499
聖徳太子伝	1786
浄土三心私記哀益	0559
浄土指帰集	0560
浄土十勝論	0545
浄土宗要集	0544
浄土宗要集聴書	0543
浄土十楽抜萃	0542
浄土頌義三抜粋	0579
浄土頌義二抜萃	0580
浄土折衝編	0636
浄土誘蒙編	0582
浄土要言	0620
浄土略名目図見聞	0585
浄土略名目図見聞講習	0572, 0583, 0584
浄土論註顕深義記	0592
庄内二郡五人組掟之条々	2477
小児必要養草	3363
小児養育金礎	3399
商売往来	2835
摂八転義論	0285
小備指掌	4121, 4122
小品考	3421
正風遠州流挿花衣香附録口伝抄	3719
正風遠州流挿花独稽古	3722
傷風約言	3364
昌平叢書	0091
成菩提集	0393
称名念仏奇特現証集	0581
庄屋取計向的例	2711
成唯識論同学鈔	0309
松葉名所和歌集	1159
志陽略誌	2047
昌倫工夫昌充記	1508
浄瑠璃外題目録	1571
笑蠅臂	0615
尚論張仲景傷寒論重編三百九十七法	4663
貞和類聚祖苑聯芳集	1068
如雲紫笛道人不二法門	0531
初学訓	2779, 2780, 2781
初学算法記	3121
初学式	4123
初学詩法	1071
初学知要	2762, 2763, 2764, 2765
初学天文指南	2850
初学和歌式	1168
諸家深秘録	4124
(諸観音・諸文殊他抄書)	0230
諸聞書ノ条々	2635
諸儀軌訣影	0502
諸儀軌粲承録	0492
書紀集解	1671, 1672
書経	4506
書経集注	4507
女教文章鑑	2819
諸軌粲承録	0491
植学啓原	3335
続紀歴朝詔詞解	2355
職原抄引事大全	2569
職原抄校本	2570
職原抄支流	2571
職原鈔弁疑私考	2572
(諸公事願書手形之事)	2500
職掌包丁註録	3824
続日本紀	1673
続日本後紀	1675
職人尽歌合	1290
植物学	4717, 4718, 4719
職方考覧	2636
殖民論	2347
食物和歌本草増補	3422, 3423
織文図会	2637, 2638
続世継	0818, 0819
食療正要	3424
女訓翁草	2818
女訓孝経	2830
諸芸小鑑	3638
諸家御届書写	1878
諸家姓名記	1837
諸侯建白	2501
諸侯御馳走計方	3818
諸国御料所諸百姓	2502
諸国採薬記	3425
諸国廃城考	4125
諸国風土記	1992
諸国名産大根料理秘伝抄	3787
諸国名所図	2290
書蔡氏伝輯録纂註	4509
諸菜譜	3426, 3427, 3428, 3429
書史会要	4697
初自学草	3736
諸式写置礼志之事	2503
助辞考	0723
諸士出生記	1869
書籍大目録	0035
助辞訳通	0725
書籍名数	0013
書籍目録	0036
諸宗階級	0252
觑銃式	4246
書集伝纂疏	4508
初心勧学抄	0324
諸神根源抄	0180
諸先生口伝	4126
諸尊口決	0426
諸尊口訣	0466
諸尊真影本誓集	0223
諸尊別法	0490
諸尊法口決	0505
諸尊法口決七帖	0367
諸尊法私記目録	0489
諸尊法伝受師決	0506

諸尊要鈔	0435	信玄全集末書	4129	新撰万葉集	1223
諸体心経	0300	ぢんかうき	3125, 3126, 3129, 3131	新撰大和詞	0689
書牘	2840	ぢんかう記	3127, 3128, 3130	新撰六帖題和歌	1224
諸願写控	1897	塵劫記	3124, 3132, 3133	真草二行節用集	0739
諸願控牒	1896	尽孝記	2803	秦箏要略・伏見家秦箏要略	1538
如不及斎別号録	1062	塵劫記大全	3134	親属記	0706
諸仏集会陀羅尼経	0303	新古今集美濃の家づと	1202	清俗紀聞	2320
序文解	4322	新古今集美濃の家づと折添	1203	親族正名	1053
諸約混一術	3122	新古今和歌集	1199, 1200	神代相伝御膳料理之巻	3799
諸用附会案文	0905	新古今和歌集新鈔	1201	清太祖高皇帝易知録	4467
書林栞	0010	新古銭かゞみ	2690	新題林和歌集	1245
諸礼教訓鏡	2829	秦胡要録	1551	振濯録	1824
児雷也豪傑譚	0940	真言引導要集便蒙	0222	振濯録通俗抄	1825
白菊集	1365	新寺菴一件	0234	辛丑雑記	1891
白縫譚	0936	神事行灯	1475	陣中定法八十八箇条家中上下旗指	
糸乱記	3561	神社啓蒙	0181	物定規矩・陣中定并大坂御陣	
私領所村方諸取計書	2504	神社仏閣納札起原	0186	之時武州様御法令写	4130
詩林広記	4795	信州川中島合戦	1581	新朝律令	2640
知床日誌	2268, 2269	新銃射法論	4276	新勅撰和歌集	1205
素人包丁	3794	信州筑摩郡上和泉村五人組合帳		新定税目	2508
城取極意	4127		2479	塵添壒嚢抄	0045
城取極意九ヶ条・旗大事二十ヶ条・		信州筑摩郡白姫村申ノ宗門御改帳		神道書目集覧	0011
場口伝三十八ヶ条	4128		1929	新刀辨疑	4277
師走風雅集	1401	信州筑摩郡埴原村并上和泉村・白		しんなぞづくし	3866
新安手簡	1012	姫村五人組御改帳	2480	神拝次第	0163, 0200
神遺方	3502, 3503	信州筑摩郡埴原村并白姫村五人組		陣羽織秘事書	4278
神遺方　附薬名便覧	3504	御改帳	2478	新版歌祭文	1617
新梅文庫	1462	心中宵庚申	1576	新版絵柳大当利	3863
新園帖	1346	新抄格勅府	2639	新板落ばなし	0961
新改古銭箱	2693	新庄殿遺書	2754	新板算用記	3137
心学録	4618	新庄直恒遺誡	2813	新板増補書籍目録	0038
新累解脱物語	0872	清書画人名続録	3576	新板なぞなぞ合	3867
診家正眼（李士材三書のうち）		新書籍目録	0034	新板なぞなぞ合大全	3868, 3869
	4689	慎思録	1032	しんはん　一口はなし	0962
新歌林良材集	1158	新製乗除対数表	3135, 3136	新板まつり俄	3872
新刊吾妻鏡	1683, 1684	新製平天儀俗解	2851	深秘	2509
新刊用字格	0714	仁説問答	1013	新秘砲術火具篇図式	4379
新器測量法	3284	新選憲法	2505	人物山水絵本	3604
神祇服紀令	0178	新選憲法秘録	2506, 2507	神壁算法	3138
心鏡集	0429	新撰献立部類集	3785	新篇	4131
心経附註	4623	新撰字鏡	0729	新編異国料理	3812
神祇令集解	0161	新撰姓氏録	1821	新編鎌倉志	2087
神宮秘伝問答	0188	新撰年表	2841	新編金瓶梅	0930
神供口決	0482	神饌之図	0165	新編算法大全	3139
神君御文	2753	新撰庖丁梯	3793	新編地方算法後集	3140
真元算法	3123	新撰呪咀調法記大全	0175	新編地方算法集	3141

新編塵劫記	3142, 3143, 3144	
	3145, 3146, 3147, 3148	
新編塵劫記大全	3149	
新編水滸画伝	0873, 0874	
新篇治平之法	4132	
新編俳諧文集	1472	
神鳳鈔	0197	
新本礼拝講探題出仕	0652	
清名家古文所見集	4503	
新野問答・旧事記偽書明証考		
	2510	
新葉和歌集	1206	
人倫訓蒙図彙	0057	
新令句解武家諸法度	2511	
神霊矢口渡	1612	

【す】

垂加文集	1108
瑞巌恕中和尚語録	4758
水軍操砲艦	4414
水軍操砲鑑	4380
水軍要略	4133
水滸画伝	0891
水虎考略　河童	3321
出師之法	4134
水戦法秘訣	4135
雛知苦庵養生物語	3365
随馬	4356
水馬千金篇	4357
随馬之巻	4358
随聞往生記	0608
髄要百詠	4136
水陸戦法操練録	4137
水陸戦法録	4138
数学守雌録	3151
数学通範	4696
数所合戦抜書	1725
数度霄談	3152
数理神篇	3153
鄒魯大旨	1048
図解本草	3430
菅原伝授手習鑑	1595
還魂紙料	0115
すぎばやし	1414
豆州駿州　御料私領寺社領高附	
帳	2716
鈴屋歌集	1276
鈴屋集	1275
崇徳院讃岐伝記	1604
獐耳細辛図譜	3322
すますだれ	1448
隅田川往来	2839
住吉名勝図会	2027, 2028
相撲起源	3830
駿河雑志	2060
駿河志	2061
駿河抄	2059
駿河志料	2062
駿河村誌	2063
駿河台志	2116
駿河国志太益津両郡地図	2073
駿河国沼津城絵図	2067
駿河国風土記徴考	2055
駿河風土記	2052, 2053, 2054
駿河土産	1908
諏訪神社に関する聞取事項	0207
駿州庵原郡薩陀八幡平大略図	
	2070
駿州久能之図	2066
駿州郡分名所　神社附	2058
駿州興国寺城之図	2068
駿州田中城之図	2069
駿州八助行状聞書	1795
駿州府中絵図	2065
駿州名勝志	2056
駿城護衛系譜	1836
駿藩各所分配姓名録	1694
駿府御役人記録	2512
駿府記録、手控、敬孝	2513
駿府記録、手控、佐久良伊	2514
駿府御城絵図	2057
駿府御城之記	1738
駿府古図	2064
駿府御普請御用江戸記録	1874
駿府御普請御用姫路記録	1873
駿府御普請中日記	1872
駿府就御普請御条目神文	1871
駿陽歴代記	1743

【せ】

井蛙抄	1147
井蛙問答	4139
聖学　静軒一家言　終北録	1064
正学指掌	1057
聖学図講義	1031
製葛録	3556
征韓偉略	1706
星巌集	1134
蛻巌集	1122
蛻巌集後編	1123
声曲類纂	1510
成形図説	3307, 3308, 3309
勢語臆断	0782, 0783
誠斎詩話	4794
聖済総録	4672
青山御流活花手引種	3715
西算速知	3154
静什鈔	0503
西清古鑑款識	4700
成隊全書　抜隊教則部	4415
政談	2348
聖智武備鈔	4140
聖智武備鈔口訣	4141, 4142
誠忠武鑑	1771
制度通	2515, 2516
靖方溯源	1660
正卜考	0176, 3769
西銘	4619
清蒙気差加減表	2872
西洋学家訳述目録	0029
西洋軍用馬術叢説	4359, 4360
精要算法	3155, 3156
精要算法解義	3157
精要算法起源	3158
清容帖	1463
西洋馬術要弁	4416
性理字義	4622
性理大全	4625
青楼年中行事	0901
青楼松の裡	0900
性論明備録	1014, 1015, 1016
石刻十三経	3634
赤城介石記	4143
釈親考	1051

責善集		2812
関取曲輪伊達染		0898
関流算法草術　鈎股		3159
世間旦那気質		0863
雪玉集		1264
絶句解		1075
斥候之法		4144
雪斎運金図譜		3637
雪舟山水画		3609
摂津志		2022
摂津名所図会		2023
説文韻譜		4540
説文解字韻譜		4541
摂陽落穂集		2024
摂陽群談		2021
節用料理大全		3781
蝉丸		1573
責而者草　三編		1813
責而者草　四編		1814
責而者草　前編　後編		1812
善悪両頭浮世奇看		0914
宣案		2642
善庵随筆		0137
前王廟陵記		1817
山海経		4721
剪花翁伝		3738
先家初伝花形		3731
善御譜		4361
占景盤図式		3691
禅家亀鑑		0530
前賢故実		1808
戦国策正解		4470
戦国策譚梛		4575
千五百番歌合		1289
千載和歌集		1197, 1198
泉州志		2033
禅宗宗門人別御改書上帳		1847
撰集抄		0802
千手観音造次第儀法規		0368
千手千眼観自在菩薩修行軌私記		0369
千手千眼観自在菩薩修行軌私記		0384
千字類合		0764
全体新論		3491
（仙台登米領知行帳）		2697
浅致算法		3160
選択集聞香記		0587
選択之伝		0586
選択本願念仏集		0588
選択聞香記愆字改正		0589
煎茶仕用集		3656
煎茶手引之種		3679
先哲叢談後編		1809
先哲像伝		1810
船闘記		4145
仙童寅吉物語		0152
専念法語		0590
闡微算法		3161
撰発西方四十八願所弥陀縁起		0591
先民伝		1806
禅門宝訓集		0529
全楽堂日録		1864
千流活花図		3748
全露国屯田兵事情		2319

【そ】

増益書籍目録		0033
増益塵劫記集成		3162
蔵海詩話		4792
挿花初学		3728
挿花初学養種		3725, 3726, 3727
挿花稽古百首		3705
挿花衣之香		3713, 3714
挿花其枝折		3723
挿花千歳松		3735
挿花の道		3750
挿花浜名之海		3733
挿花秘伝図式		3712
挿花百練		3724
挿花松之翠		3732
挿花四方の曙		3737
箏曲集		1547
箏曲大意抄		1540, 1541, 1542
叢桂偶記		3506
装剣奇賞		4279
宋元通鑑		4560
艸山集		1107
象志		3323
惣持抄		0316
草書韻会		4545
箏笙琵琶合譜		1543
蔵乗法数		4748
捜神記		4722
草聖彙弁　附草法母観		4546
草叢		3626, 3627
増続大広益会玉篇大全		0736, 0737
増訂華英通語		0769
箏之譜箏案譜法		1546
相場割早見掛算		3163
雑兵物語		3882
増補歌枕秋の寝覚		1167
増補江戸咄		2111
増補元明史略		4468
増補孝経彙註		4444
増補古言梯標註		0665
増補地錦抄		3524
増補塵劫記		3164
増補新編塵劫記		3165
増補武用弁略		3883
増補頒暦略註		3166
増補大和言葉		0748
増補和歌題林抄		1150
増補和漢名数		0067, 0068
相馬口伝抄		4362
相馬目録		4363
岬名集		1439, 1440
宋名臣言行録		4583
草名和譚		3336
草木花実写真図譜		3433, 3434
草木錦葉集		3337
草木育種		3528, 3529
草木育種　後編		3530, 3531
草木弁疑		3338
草野集		1243
宋揚輝算法		4690
蔬果争奇		4724
そが物がたり		0836
曽我物語		0834, 0835
曽我綉俠御所染		0957
続医説		4655
続蝦夷草紙		2227
側円術天地矩合解		3285
続角約術		3167
続奇法集要		3435
続教訓鈔		1505

続虚字解	0727	十露盤独稽古	3175	大数量握掌一覧	3179
続算学小筌	3168	算盤道調	3177	台子の茶式	3654
続懺悔袋	3879	孫子	4631	大成算経	3180, 3181
続諸家人物志	1801	孫子国字解	4484	泰西三才正蒙	2338
続諸州めぐり	2292, 2293	孫子十家註	4632, 4633	大成無双節用集	0744
続神壁算法	3169	孫子詳解	4485	泰西本草名疏	3492
続神壁算法起源	3170	孫子補	4487	泰西薬名早引	3493
即席御仕法口伝書	3825	孫子略解	4486	泰西輿地図説	2317
即席俄	3873	尊卑分脈	1822	大成流 小勇巻大勇巻	4148
続たはぶれ草	3878	孫武兵法副言	4146	大全塵劫記	
続談海	1759				3182, 3183, 3184, 3185
続茶人花押藪	3665, 3666	**【た】**		胎蔵界得尊印明記・金剛界得尊印明記	0373
続道中膝栗毛	0912			胎蔵界事鈔	0484
続二十四孝絵抄	2759	大威徳最極深秘法	0488	胎蔵界受明灌頂次第儀式	0465
続膝栗毛	0911	戴恩記	1162	胎蔵三密抄	0317
続瘍科秘録	3392	大学解	4448, 4449	胎蔵諸尊種子	0374
測量集成	3286	大学章句新疏	4447	胎蔵入理鈔	0433
続和漢名数	0064, 0065, 0066	大覚禅師語録	0528	大増補塵劫記	3186
蘇悉地羯羅十八契印供養法	0370	大学定本	4446	大内裏大友真鳥	1583
楚辞灯	4762	大学或問	2349, 4526	大戴礼記補注	4515
訴訟及裁決	2518	大灌頂軌他抄書	0381	対塔庵蒼虬句集	1389
訴状之控	2519	胎記	0371	大唐西域記	4594
素書国字解	4488	大経五悪図会	0611	大日経疏指心鈔	0504
祖書続集	0637	太極図説	4628	大日経疏拾義鈔	0432
袖日記	2520	大疑録	1033	大日経疏密印品諸印秘記	0375
率都婆用意鈔	0612	大工雛形倭絵様集	3635	大日経疏抄	0340
其扇屋浮名恋風	1626	体源抄	1506, 1507	大日本題名功徳演説	0227
其面影二人椀久	1503	大公益塵劫記世界玉	3178	大日本国開闢由来記	0890
そのかさしう	1402	大広益新撰八卦鈔諺解	3757, 3758	大日本細見指掌全図	1951
襲国偽僣考	1781	太閤記	1697	大日本史目録	1650
そのしほり	1332	帯甲通	4280	大日本数学史	3187
そのにほひ	1366	大光普照集	0563	大万宝塵劫記	3188
其由縁鄙俤	0934, 0935	太鼓櫓恵礎	0956	大悲胎蔵嘉会壇中修灌頂時七日行法用次第	0376
蘇文忠公文抄	4774	胎金伝法記	0372	大悲胎蔵普通大曼陀羅諸説不同記	0457
蘇文定公文抄	4775	胎金瑜伽記	0464	大悲胎蔵普通念誦法次第	
素問玄機原病式	4650	大州集	1128		0377, 0378
租庸調略説	2682	台宗二百題	0326	大仏頂経疑問	0521
徂徠集	1115	大乗院寺社雑事記抜萃	1857	太平楽府	1139
徂徠先生学則	1041, 1042	大聖歓喜天記	0322	太平記	0839
徂徠先生学則并附録標註	1043	大匠雛形	3558	太平記図会	0897
徂徠先生答問書	1040	大匠雛形大全	3559	太平記大全	0845
算盤指南	3171	大聖文殊師利讃仏法身礼	0486	太平記評判私要理尽無極鈔	0844
算盤近道	3172	大小勇	4147	太平記評判理尽鈔	0842, 0843
算盤通書	3173	大序十謬	1056		
十露盤童子早学	3174	大疏詮要抄	0434		
算盤独稽古	3176	大神宮御鎮座伝記	0190		

太平恵民和剤局方	4671	たのしみ双紙	0141	竹書紀年	4572
泰平年表	1647	頼三升曽我神垣	0948	筑前続風土記	2183
泰平万代大成武鑑	2589, 2590	たびね集	1415	筑前名寄	2179, 2180, 2181
当曼白記	0567, 0568	旅のひとつ	1388	筑前国続風土記	2182
当麻曼荼羅述奨記	0566	旅衾	1413	筑前国続風土記拾遺	2184
当麻曼陀羅略讃解	0548	玉霰窓の小篠	0693	竹豊故事	1566
台密印信	0401	玉勝間	0121	地租改正法	2522
台密五集	0358	玉の緒繰分	0711	治痘極意	3393
台密秘書	0329, 0330	玉の牒	0902	稚徳塵劫記	3197
台密法則集	0339	為家集	1259	智謀抜萃	4155
大明三蔵聖教目録	4759	多羅要鈔	0279	地名字音転用例	0671
大明律例訳義	2521	白痴問答	3860	地名箋	1960
内裏式	2643, 2644	談海	1758	茶一ぱい	1403
（内裏配置図）	2645	丹鶴叢書	0092	茶経	4702, 4703
内裏雛	2005	探蝦録	2245	茶式	3659
大略天学名目鈔	3189	談義まいり	0856	茶式花月集	3677, 3678
題林愚抄	1148, 1149	断橋和尚住臨安府浄慈報恩光孝禅		茶事見聞集	3660
鷹三百首	1257	寺語録	0527	茶事交会一致	3658
高島流砲術秘書	4281	単騎要略制作弁	4282	茶事談	3657
高田雲雀	2117	単騎要略被甲弁	4283	茶旨略	3670
高百石出陣人数積	4149	単騎略秘決口解	4152	茶人花押藪	3662, 3663
沢庵和尚茶器詠歌集	1265	探玄算法	3193	茶人華押叢	3664
橐駞考	3324	丹後州宮津府志	2161	茶席挿花集	3673
竹岡抄	1160	探蹟算法	3194	茶席墨宝祖伝考	3655
竹崎季長蒙古襲来絵詞	3616	丹州竹野郡三津懸津御検地帳		茶道聞書	3676
武田信玄公御家押太鼓拵様之事			2732	（茶道書集）	3639
	4150	丹州与作郡府中郷御畠御検地帳		茶道正伝集	3682
武田兵術文稿	4151		2731	茶道早合点	3661
竹取翁物語解	0774	男女一代八卦	3765	茶道便蒙抄	3645
竹取物語	0773	丹青錦嚢	3585	茶湯	3688
太宰府天満宮故実	0210, 0211	丹波組田畑屋敷帳	2730	茶之湯三伝集	3646
田代集	1378	壇払印信	0402	茶湯初心抄	3644
（立木速算）	3190			茶法記	3681
橘家清祓式法	0162			茶要秘鈔	3687
橘守部家集	1280	【ち】		中外新聞	1917
田付流早発書	4381	智恵車大全	3195	中学算法	3198
脱竄術考	3191	ちえの海	3816	中華事始	0073, 0074, 0075, 0076
脱子術	3192	智界印義	0386	仲景全書	4685
達生図説	3351	近家楽書	1516	中興源記	4156, 4157
伊達鏡実録	1734	地学正宗	2313	中興武家盛衰記	1718, 1719
建具便覧	3557	近道塵劫記	3196	中古歌仙	1233
伊達娘恋緋鹿子	1613	筑後志	2185	籌算指南	3199, 3200
たゝしふくべ	1447	筑後地鑑	2186	中山伝信録	4595
駄荷袋	1351	築城典刑	4418	中正論	0632
種瓢	1477	築城之法	4153	忠誠後鑑録	1750
種福子	1478	築城巻	4154	沖漠無朕説	1067

中峰和尚広録鈔	0526	徒然草抄	0974	田制沿革等之件々	2701
中庸	4527, 4528	徒然草諸抄大成	0979	添足録	4159
中庸解	4450	徒然草文段抄	0982	天台円宗四経五時名目	0328
中庸輯略・中庸或問	4529	つれづれの讃	0981	天台文句第九聞書	0327
中和集説	1019			伝通記糅鈔要目録	0231
町見術覚書	3287, 3288	【て】		天道遡源	4760
徴業録	0428			天等部	0456
調菜記	3808	帝鑑図説	4590	田賦考	2699
張子全書	4610	庭訓塵劫記	0915	伝法印明	0455
長寿養生論	3366	提綱答古知機	4419	天保改元仗議	2350
聴訟要領	2523	鼎左秘録	3810	伝法灌頂決	0416
聴訟要録	2524	帝爵魯西亜国誌	2318	天保三年来朝琉球人行列記	1886
朝鮮人来聘之記	1850	程書抄略	4483	（天保七年七月諸事記録）	1888
町人袋	2789	訂正出雲風土記	1965, 1966, 1967	天保勤扱改革規軌	2527
長福曹海和尚語録	0525	訂正増訳采覧異言	2304, 2305	（天保二年日記）	1885
髻鬠口遊	4158	訂正増訳采覧異言図	2306	（天保八年諸事記録）	1889
朝野類要	0149	帝都雅景一覧	2013	天保武鑑	2591
地理全志	1954	帝範	4608	田畝里程考	3289
地理全志下編	1955	貞要集	3680	天満宮御伝記略	0212
ちりひち集	1368	摘要算法	3202	天満宮弐百首和歌	1254
鎮西上人絵詞伝	0245	的例問答	2525	天明武鑑	2592
椿説弓張月	0875	天塩日誌	2270, 2271	天目中峯和尚広録	4757
		手品早合点	3858	天文義論	2854
【つ】		手妻早伝授	3852	天文図解発揮	2855
		手妻独稽古	3853	天文俗談	2856
追遠会	1380	埀氏三兵答古知幾	4412	添約術・重約術・累約術	3205
追善集	1446	埀氏三兵答古知幾　前編	4413	田俚拾要	3206
追善茶談	0123	鉄槌	0976	伝流小巻	0454
追福集	1344	鉄砲初学抄	4284	点例	0717, 0718
通機算法	3201	手控綴込	2728		
通語	1780	寺町勘秘録	2526	【と】	
通一声女暫	0920	出羽国田河郡東堀越村五人組帳			
通変算法	4691		2481	東夷周覧	2232, 2233
月見塚集	1417	篆彙便携	4699	宕陰存稿	1135
槻弓集	1426	田楽考	1559	湯液本草	4686
筑紫紀行	2299, 2300, 2301	天倪録	0540	道円口伝三品抄	0323
筑紫真記	0996	天経或問註解	2852, 2853	東垣十書	4687
筑波私記	2129	天経或問天学名目鈔	2845	東雅	0688
椿大御新田水帳写	2715	天元算法利伝記	3203	東海道名所図会	2041
壷分二十間御江戸之図	2097	天元早算法	3204	東蝦夷夜話	2234
つれづれ草	0972	伝習録	4627	痘科鍵	4669
徒然草	0971	伝授類集鈔	0449, 0450, 0451	東華録	4571
徒然草句解	0975	伝春集	1387	唐宮鈔	2574
徒然草諺解	0977	天象玄機	4695	童観抄	2751
徒然草三箇之大事	0980	伝通記糅鈔	0613	東京新工夫手品の大寄	3854
徒然草参考	0978	田制沿革考	2700	刀剣図考	4286

刀剣録	4285	唐百家詩選	4783		
東行集	1436	東北夷輿地誌	2236	**【な】**	
東国太平記	1698	唐本類書考	0009		
東国通鑑	4591, 4592	東曼茶羅抄	0321	内外新報	1916
東国旅行談	2296	童蒙教練詞	2810	内宮元禄正遷宮記	0194
唐後詩	1079	童蒙須知	4482	内経知要	4652
東西蝦夷　山川地理取調図首　番号之図　案内士人名簿	2229	同門遺草	4160	内作業灌頂私記	0403
		東遊記	0989, 0990, 0991	奈乎理曽の記	2080
東西蝦夷山川地理取調図	2228	当用算法	3211	長湫合戦記	1702
東西菊	1390	東萊博議	4522	長久手合戦之覚	1701
銅細工考	3550	東里遺稿	1124	長崎音蜜見聞録	2189
唐詩訓解	4785, 4786	東里外集	1009	長崎会所	1941
童子習	4626	当流碁経大全	3834	長崎古今集覧	2190
唐詩選画本	3590	当流茶之湯流伝集	3648, 3649	長崎志	2187
唐詩選事証	4502	当流紋尽	2646	長崎志続編	2188
童子問	1030	東林和尚雲門庵主頌古	0522	（長崎年代録）	1851
童子問標釈	1052	十勝日誌	2272, 2273	長崎土産	2191
当社年中御料之次第・御更祭神供重役覚悟記並図	0203	十勝物語	2274	中山道往来	2838
		ときはぎしゅう	1350	中臣祓	0169, 0170
東照宮御裁許百箇条	2528	得意先印鑑	2744	中臣祓気吹抄	0171
東照宮御遺訓	2752	篤慶採薬記	3439	中空の日記	0997
洞上僧堂清規考訂別録	0524	独算鑑	3212	拋入岸之波	3698
頭書長暦	2862	読史贅議	1783	拋入華乃園	3703
痘疹金鏡録	4667	読荀子	4471	名古屋神社仏閣集印帖	0187
洞水和尚語録	0523	読書分季日程	4624	なぞづくし	3859, 3864
当世改算記	3207, 3208	独断	2647	夏かわづ	1352
当世じんこう記	3209	徳本行者伝	0254	夏祭浪花鑑	1594
当世料理	3815	読礼肆考	4436	撫子培養手引草	3533
当世料理筌	3797	土佐日記考証	0984	七種菜粥考	3796
（投扇興法）	3851	土佐日記抄	0983	七不思議葛飾譚	0951
唐宋八大家文読本	4791	利家遺書并感状	2793	題大磯虎之巻筆	0950
東大寺大仏殿縁起	0268	としごと集	1354	難波旧地考	2026
道中膝栗毛	0906	としなみしふ	1416	難波事跡伝	4162
道中膝栗毛・続道中膝栗毛	0910	豊嶋郡若一王子社田楽記	1560	難波戦記大全	1715
銅柱余録	2244	ドヽネウス	3339	難波丸綱目	2025
蹈轍術	3210	殿居嚢	2648, 2649	浪花みやげ	3880, 3881
洞天清禄集	4716	都表如意輪王儀軌	0452	奈万之奈	0672
桃洞遺筆	3436, 3437, 3438	通門江村之麁絵図	2072	成田名所図会	2119, 2120
当道式目	1553	豊臣秀吉譜	1829, 1830	南留別志	0100, 0101
当道拾要録	1552	虎巻策	4161	南海包譜	3573
東洞先生遺稿	1125	とりかえる打見	1379	南郭先生文集	1121
東都歳事記	2105, 2106	杜律集解	4764, 4765	難経捷径	3367
東都府内寺社鑑	2109	度量衡考	2684	難経本義	4651
東都六阿弥陀	0642	度量衡説統	3290	難経本義撮遺	3368
銅版画帖	3612	度量徴	3291	南山考講記	0765
銅版細画輯	3611	頓作問答	0959	南勢雑記	2048

南総里見八犬伝	0880	日本王代一覧	1643, 1644	【ぬ】	
南朝公卿補任	2593	日本外史	1651		
南亭余韻	2809	日本外史補	1652	沼津永明寺御朱印地先ヨリ唱候場	
南島志	2195	日本画指南	3613	所　御用土地麁絵図	2071
南都大仏殿御縁起	0267	日本楽府	1129		
南坊録	3650	日本紀歌解槻乃落葉	1175	【ね】	
南方録続録	3651	日本刑法沿革	2529		
南木誌	1789	日本現在書目証注稿	0001	寧静閣集	1137
南北臨時祭使以下服飾	0167	日本後紀	1674	根笹集	1449
南浦文集	1105	日本古義	4331	鼠小紋東君新形	0945
南畝莠言	0107	日本国風土記	1988	燃犀録	1054
		日本歳時記		年代一覧	1645
【に】			2650, 2651, 2652, 2653	念仏草紙	0857
新潟県師範学校定期試験答案集		日本山海名産図会	3570		
	2747	日本山海名物図絵	3568, 3569	【の】	
二一天作	3213, 3214, 3215, 3216	日本三代実録	1678, 1679	農家益	3518, 3519
二一天作之五	3217	日本釈名	0685, 0686, 0687	農稼業事	3517
二教論指光鈔	0453	日本諸家人物志	1800	農家大学	3520
西蝦夷高嶋日記	2238	日本書紀	1663, 1664	農家調宝記	3514, 3515
西蝦夷日記	2239	日本書紀神代巻荷田鈔	1668	農暇必読	3521
西蝦夷日誌	2237	日本書紀通証	1669	農業全書	3509, 3510, 3511, 3512
西チウベヘ境方東モモウシ境迄山		日本書紀文字錯乱備考	1670	能州名跡志	2158
道海岸地理里数調	2277	日本書籍考	0003	農譚藪	3513
西本願寺本万葉集	1207	日本人外国漂流記	2332	農喩	3516
二十一代集	1182	日本惣国風土記	1989	野菊集	1473
二十五条	1298	日本総国風土記	1990, 1991	納紗布日誌	2275, 2276
二十四孝熊沢注	2758	日本百将伝一夕話	1811	野槌	0973
廿二史箚記	4558	日本風土記	1985, 1986, 1987	野山の錦	3697
二十四輩巡拝記	0646	日本振袖始	1580	乗合船	1628
二十四輩順拝図会	0644, 0645	日本文脈	1823	祝詞巻	0168
修紫田舎源氏	0928, 0929	日本名山図会	1956, 1957		
二蔵義見聞	0562	日本輿地全図	1952	【は】	
二叟譚奇	2258	日本輿地通志畿内部	1953		
日用弁惑口訣	2857	日本略史	1658, 1659	俳諧相生集	1410
日用要算	3218	日本流弓道	4332	俳諧一葉集	1331
日用暦談	2863	入学新論	1061	俳諧糸切歯	1302
日蓮上人一代図会	0626	入花伝法集	3704	俳諧歌風調百首	1484
日記故事大全	4735	入官第一義	2594	俳諧古今抄	1297
日光山志	2144, 2145	二西洞	0004	俳諧こぼれ炭集	1408
日光火之御番一件	1892	女房書簡	1011	俳諧歳時記栞草	1313
日光名勝記	2143	女官飾抄	2654	俳諧寂栞	1310
二程治教録	1022, 1023	人数押前行列之次第	2656	俳諧七部集	1321
日本逸史・日本逸志考異	1690	人相指南秘伝集	3768	俳諧十論	1299
日本永代蔵	0859			俳諧饒舌録	1311
日本詠物詩	1090			俳諧書籍目録	0008

俳諧新十家類題集	1328	抜隊龍学校全書	4420	万職図考	2662
俳諧人物便覧	1294	八転声集記	0286	万姓統譜	4588
俳諧世説	1306	はつなぐさ	1358	万世江戸町鑑	2104
俳諧つれづれ草	1314	発微算法演段諺解	3221	万代塵劫記	3233
俳諧抜群集	1409	撥乱算法	3222	半陶藁	0538
俳諧丸頭巾	1455	はとの巣	1359	般若守護十六善神王形体	0266
(俳画手帖)	3614	はな	3340	般若波羅密多心経幽賛	4751
梅花無尽蔵	3400	はながめ	1443	反復招差法	3234
俳道系譜	1295	花供養		藩譜採要	1887
売ト先生糠俵	2816	1340, 1341, 1342, 1343, 1407		万物図解為斎画式	3588
梅林茶談	1312	花子袋	0110	万物分類夢相手鑑	3767
葉隠	2756	はなざら	1392	万宝古状揃文鑑	2833
葉隠聞書	2757	噺図絵	3861	万宝塵劫記大全	3235
萩のたきさし	1386	花せんふ	1373	万宝全書	3574
萩藩御警備役俣賀氏記録	1880	花襷会稽褐布染	1614	万宝鄙事記	0112
破吉利支丹	0659	はなぬす人	1361	半毛集	1393
柏玉和歌集	1262, 1263	花の上野誉の石碑	1621		
白氏文集	4771	花江都歌舞伎年代記	1631	【ひ】	
白石先生余稿	1116	花能雲集	1362		
白石叢書	0089	はなのこだま	1456	非改精算法	3236
剥脱演段正編	3219	芳奈能都登	1391	東蝦夷地名解	2235
博物新編 二集	4720	花苗集	1339	東蝦夷日誌	2231
博覧古言	2797	鼻峰高慢男	0919	東山名勝図会	2017
伯鹿洞書院掲示講義	4475	鱧祭由来	0217	彼岸抄・盂蘭盆抄	0651
箱根霊験躄仇討	1623	早算手引集	3223, 3224	蟇目鳴弦奥秘之伝	4166
破産者	0969	早引塵劫記	3225, 3226	備急八薬新論	3440
芭蕉庵小文庫	1464	早引人物故事	1805	秘訣	4167
芭蕉翁絵詞伝	1307	早引紋帳大全	2659, 2660	彦山権現誓助剱	1619
芭蕉句選	1318	早見献立帳	3803	肥後国地理誌	2192
芭蕉堂歌仙図	1454	早道改算記大成	3227	費氏山水画式	3587
はしり穂集	1360	早道算用集	3228	毘沙門天王経	0301
旗幟類	4163	早割算法記	3229	尾州郡村神社	0205
バタヒヤ新聞	2329	早割塵劫記	3230, 3231, 3232	飛州志	2136
旗奉士分簡	4164	播磨巡覧記	2162	尾州寺院集	2049
八十翁疇昔話	0128	播磨風土記	1972, 1973	秘術算 初心伝	3237
八帖本花伝書	1563	播磨名所巡覧図会	2163	秘鈔口決	0459, 0460
八陣図説諺解附録講義	4165	栄流野草芽	1372	秘説品々	4168
八代集抄	1183, 1184	藩翰譜	1834	備前軍記	1744
八幡宮本紀	0214	藩翰譜続編	1835	肥前国風土記	1975
八幡愚童記	0213	盤珪仏智弘済禅師御示聞書	0520	肥前風土記	1976
八家相承印信	0461	万国旗鑑	2331	秘蔵宝鑰纂解	0510
八犬伝犬の草紙	0953	万国旗章図譜	2330	直垂考	2663
八紘通誌	2312	蛮語箋	0770, 0771	常陸帯	0127, 2339, 2340
発字四声便蒙解	0673	播州名所巡覧図会	2164	常陸紀行	2125, 2126, 2127
八省院図	2657	般舟讃要義釈観門義鈔	0565	常陸国誌	2121
八線十分表	3220	万松老山和尚遺藁略編	0229	常陸国郡郷考	2123, 2124

書名索引　25

常陸国風土記　河内附	1978	尾陽随筆	0142	復性弁	1044
常陸風土記	1977	日吉丸稚桜	1624	武具短歌図考	4291, 4292
(飛騨国高山陣屋証文留写)	2530	ひらかな盛衰記	1590	武具人数積秘抄	4293
備中松山領産物	3572	毘陵集	4763	武具要説	4294, 4295
備中名勝考	2165	枇杷園句集	1324, 1325, 1326	梟日記	1316
火筒放発術	4382	枇杷園随筆	0119	袋草子	1141
匹夫功百箇条	4169			父兄訓	2799
秀吉公ヨリ大坂迄ノ戦覚	1703			武家厳秘録	2666
秘伝花鏡	4706, 4707, 4708, 4709	【ふ】		武家雑類草露伝	2667
ひとつ栗	1394	風雨天眼通	2873	武家装束抄	2668
飛とつ鷺	1335	風雨賦国字弁	2874	武家消息文	2831
人麻呂集	1248	風哂子随筆	2042	武家職原抄	2669
ひともとの記	1283	富貴塵劫記綱目	3238	武家諸法度	2535, 2536
秘人理案奈意記	2079	風后握機経諺解	4490	武家諸法度及寺院御触書	2537
秘奥抄	4364	風俗案譜	1532	武家的用心得草	2576
備変口訣福島伝	4170	風俗金魚伝	0931	武家補任	2597, 2598, 2599
秘密因縁管絃相成義	0458	風俗太平記	1591	武賢九言	4180
秘密曼荼羅教付法伝	0469	風俗通義	4712	府県章程改正案・区政略案	2538
美名録	1773	風俗文選	1465	負暄談	0135
比売鑑	2760	風流にわか一杯喜言	3874	武江年表	1649
姫小松子の日の遊	1606	蕪翁句集	1320	武江遊観志略	2107
姫島考	0155, 0156	武学拾粋	4171, 4172	武功論	4181
百一録	1656, 1657	武鑑	2595, 2596	富士一覧記	0997
百丈清規	4756	武器袖鏡	4289	富士紀行	0999
百籤鈔	3771	武器䤴図	4290	富士山御神符	0206
百人一首	1231	不求堂文集初稿	1133	富士山志麓の塵	2076
百人一首拾穂抄	1225, 1226	普救類方	3401, 3402	富士山真景之図	2075
百人一首図絵	1228	武経開宗	4637	富士山百景狂歌集	1488
百人組御番所勤方控	2575	武経七書諺義	4173	不二山道知留辺	2077
百法問答聞書	0311	武経七書合解大成俚諺鈔		武事精談　前編	4296
百万塔陀羅尼	0308		4491, 4492	冨士之芝草	3341
百万遍祈祷弁抄	0564	武経七書直解	4635	藤の辻	1383
百余尊法	0404	武教全書	4174, 4175, 4176	富士人穴由来記	0847
百鬼夜行	3586	武教全書自得書	4177	富士見日記	1002
白虎八嘯声	0284	武経全書正解	4178	武州比企郡野本村御仕置五人組御	
火矢之次第	4287	武経要略家伝	4179	改帳	2482
火矢一通之秘事	4288	舞曲躰背事	1513	武将感状記	1748
日向採薬記	3441	不空表制集	0427	武将心源論　草稿	4182
百人一首一夕話	1229	福恵全書	4598	武将伝記	1796
尾陽往生伝	0253	福嶋記	1704	武将百条伝	4183
病機沙簒	4688	福島五左衛門国員山名主膳豊峯稽		武事要略	4297
尾陽侯止仁記	2790	古発起ノ行道事	1791	婦人養草	2817
(評定所心得の事)	2531	復讐後話	1775	婦人良方	4661
(評定所裁許書写)	2532	服飾管見	2664	扶桑皇統記図会	0887
評定所式目百箇条御定書	2533	服色図解	2665	扶桑拾葉集	1005
評定所条目	2534	福神教訓袋	2791	扶桑鐘銘集	3631

書名	番号
搏桑名賢文集	1088
武装類聚	2670
蕪村翁文集	1471
服忌令撰注分釈	2539
仏国暦象編	2864
仏説阿弥陀経	0304
仏説阿弥陀経要解百川記	0338
仏説九品往生阿弥陀三摩地陀羅尼経	0293
仏像図彙	0264, 0265
仏祖統紀	4752
仏祖歴代通載	4753, 4754
仏頂心経	0302
仏頂尊勝陀羅尼	0292
物品識名	3442
物品識名拾遺	3443
仏部・道場観事諸文	0408
仏門衣服正儀編	0225
物類称呼	0701, 0702
物類品隲	3444
不動明王立印儀軌修行次第	0405
不動明王立印供養法	0415
武道勇術集	4184
風土記	1979, 1980
風土記逸文	1981, 1982
風土記残文	1984
風土記残編	1983
武徳安民記附録	1707
武徳編年集成	1708
普渡慈航	4659
舟戦	4185
船軍定書	4186
船軍之書	4187
船歌	1501
舩長日記のはし書	1882
武備淵源録	4188
武備志	4638
武備目睫	4189, 4190, 4191
武夫談叢	4192
武辺咄聞書	1754, 1755
武辺咄聞書抜萃	1756
武法軍鑑	4193
夫木和歌抄	1232
武銘	1021
武門故実百箇条	2671
武野燭談	1761
武勇玉	1760
冬椿集	1421
武用器之図名記	4298
武用弁略	3884, 3885, 3886, 3887
芙蓉又奇	3600
武要録聚方	4194
仏蘭西国条約並税則	2540
仏蘭西答屈智幾	4421
武林隠見録	1762
文安二年内宮仮殿遷宮記	0193
文会筆録	1018
文家必用	1073
文化武鑑	2600
文化四丁卯五人組帳	2483
文久三亥年十二月御上洛掛り御用留	2672
文芸類纂	0082
文公家礼	4518, 4519
分合術・分合別術・点竄術	3239
豊後風土記	1974
文昭公御遺書	2541
文章達徳録綱領	1069
聞訟秘鑑	2542, 2543
(文政十二年諸事記録)	1884
文則	4793
文中子中説	4607
聞伝叢書	2544, 2545
分田備考	2702
分度余術	3292
文武訓	2775, 2776, 2777, 2778

【へ】

書名	番号
米庵先生略伝	1793
兵学程式	4422
兵家古戦伝	4195
兵家須知	4196, 4197, 4198
瓶花容導集	3746
平義器談	4299, 4300
平家正節	0832
平家物語	0829, 0830
兵士功次之法	4199
平治物語	0826
平城宮大内裏跡坪割之図	1998
秉穂録	0104
米銭万宝早相場	2740
米銭胸算用　初編	3240
平天儀図解	2858
洴澼百金方摘要	4423
兵法記	4200
以平方式直為冪術	3241
以平方式為冪術	3242
兵法神武雄備集結要巻	4201
兵法全部許可書	4202
兵法秘書	4203
兵法問答	4204, 4205, 4206
兵法雄鑑	4207, 4208, 4209, 4210, 4211, 4212, 4213, 4214
兵法雄鑑士功	4215
兵法雄鑑抄	4216, 4217
兵法雄鑑弁書	4218
平要集	4219
兵要職分略解	4220
兵要日本地理小誌	1958
兵要録	4221
兵要録補闕	4222, 4223
碧巌集	0519
碧玉集	1267
別行経私記	0331
別行経抄	0332
遍那多里集	1371
ペリー来航関係文書巻	1904
扁額軌範	3594
弁疑書目録	0006, 0007
弁玉集	3643
べんけいぞうし	0848
弁顕密二教論科略解	0470
弁才天修儀私記	0406
辺策私弁	2351
遍照発揮性霊集	1100
弁道	1035, 1038
弁道考注	1037
弁道書	1036
辺防付蝦夷御用聞書	2287
弁名	1038, 1039
辺要分界図考	2288, 2289
弁惑指南	0471

【ほ】

書名	番号
方円順度	3243
方円発句集	1357

法苑珠林	0288	細川玄旨聞書全集	1161	本草綱目品目・本艸名物附録	
防海微言	4224	細川忠興公記	1790		3452
方角即考	3762	菩提心集	0551	本草綱目補物品目録	3453, 3454
砲家問答	4383	牡丹園娘荘子	0942	本草綱目訳説	3455, 3456
宝玉塵功記	3111	法海具観	0517, 0518	本草諸禽図考	3457
砲軍操法	4384	北海小文典	0704	本草図譜	3458
保建大記	1777	北海随筆	2256	本草正譌	3468
保建大記打聞	1778	法花宗　宗門人別御改書上帳		本草正正譌	3459
保元物語	0822		1848, 1849	本草通串	3460
法事讃積学要義鈔	0569	法華諸国霊場記	0643	本草通玄	4680
奉使日本紀行	2294	法華綸貫講要	0354	本草備要	4678
砲術訓蒙	4385	北国奇談巡杖記	2155	本草逢原	4679
砲術新篇	4386, 4387, 4388	勃氏口授五官器并各神経生殖器論		本草約言	4681
砲術発揮	4389		3495	本草薬性備考和訓鈔	3461
（北条兵法城割り図）	4225	発心集	0800, 0801	本草薬名備考和訓鈔	3462, 3463
北条流城制稽古紙図	4226	歩天歌	4692	本草和解	3464, 3465
方陣円攢	3244	仏御前扇軍	1584	本草和名	3466
芳新集	1428	ポトマック河畔桜花彩色画集	3615	本朝医談	3347
保赤全書	4666	螺巻	4237	本朝一人一首	1087
法曹志料草案	2546	縄七徳秘伝・縄七手懸払	2673	本朝改元考	2674
茅窓漫録	0126	縄巻	4227	本朝怪談故事	0812
礮台用礮節制	4390	ほろほろ集	1405	本朝鍛冶考	4301, 4302
礮隊学則	4424	本延軍話	4228	本朝官制沿革図考	2577
庖厨備用倭名本草	3445	本願寺一件御裁許写	1901	本朝軍器考	
訪甌録	2095	本願念仏感光章	0552		4229, 4303, 4304, 4305
法然上人法語	0570	本願念仏燧嚢	0606	本朝軍器考集古図説	
奉幣次第	0199	本化高祖紀年録	0631		4306, 4307, 4308
ほうみよう童子	0849	本化高祖年譜	0243	本朝軍器考補正	4309, 4310
砲薬新書	4391	本化別頭仏祖統紀	0627	本朝軍器考補正評	4311
保嬰撮要	4662	本郷石見守領地郷村高帳	2735	本朝高僧伝	0239
補義荘子因	4497	梵語雑名	0282	本朝語園	0113
北越軍記	1732	梵語千字文	0280	本朝算鑑	3245
北樹画譜	3608	盆砂雛形	3692, 3693	本朝三国志	1726
卜筮極秘伝大全	3770	本佐録	2352	本朝女鑑	0852
ほくせい集	1370	盆山一歩抄	3689	本朝食鑑	3467
卜筮早考	3763	盆山百景図	3690	本朝書籍目録	0030
墨蹟祖師伝	0244	梵字悉曇章椎輪	0281	本朝神社考	
卜伝百首	1269	梵字種子集	0274		0182, 0183, 0184, 0185
反古団扇集	1406	梵字胎蔵義軌	0472	本朝数学宗統略記	3246
菩薩戒義疏会解	0352	本草匯	4682	本朝世事談綺	0098
菩薩戒経会疏集註	0333	本草啓蒙名疏	3446	本朝千字文	2832
菩薩戒経疏集註随聞記	0353	本草綱目	4674, 4675, 4676, 4677	本朝智恵鑑	0861
菩薩戒経箋解	0476	本草綱目会議	3447, 3448	本朝二十四孝	0858
慕氏兵論	4425	本草綱目記聞	3449	本朝武芸小伝	4230
歩操軌範	4426, 4427	本草綱目啓蒙図譜	3450	本朝武家評林大系図	1826, 1827
歩操常銃軌範	4428	本草綱目指南音引	3451	本朝武林原始	4231

本朝武林伝	1797, 1798	漫遊記譚	0998	冥加訓	2782, 2783
本朝文鑑	1466	漫遊雑記	3507	妙宗諫説	0400
本朝法華伝	0241, 0242	万葉緯	1213	明法肝要抄	2548
本朝名公墨宝	3619	万葉集	1208, 1209, 1210	妙法蓮華経不能語	0614
本朝文粋	1086	万葉集書目	0028	明鑑易知録	4568, 4569
本朝俚諺	0700	万葉拾穂抄	1212	民間省要	2353
本朝令考	2547	万葉集中上野国歌	1219	岷江入楚	0793
本朝列侯伝	1799	万葉集遠江歌考	1215	明朝紀事本末	4573
盆鼈葛農	4429	万葉集目安補正	1216	民用晴雨便覧	2875
本邦前々続史記	1689	万葉集略解	1217	明律	4599, 4600
本邦刀剣考	4312	万葉集類句	1176, 1177, 1178		
梵網経心地品菩薩戒義疏発隠	0334	万葉新採百首解	1214	【む】	
翻訳名義集	0270	万葉見安	1211	昔語質屋庫	0879
梵暦策進	2865	万葉山常百首	1218	向岡閑話	2118
				武蔵鐙	0106
【ま】		【み】		武蔵国高麗郡真能寺村五人組御改帳	2484
埋麝発香	3628	三日月集	1323		
前橋風土記	2140	三河後風土記	1739, 1740, 1741	武蔵野地名考	2092
末賀能比連	0157	三河後風土記正説大全	1742	武蔵名勝図絵	2091
牧野新田村宮社境内間数御改	2738	三河国二葉松	2050	武蔵野話	2094
巻藁前射法	4333	未詳算法	3249	無人嶋談話	2337
枕草子春曙抄	0970	未詳算法諺解	3250	無人嶋之図	2089, 2090
まくらの山	1277	水鏡	0820	娘庭訓金鶏	0949
磨光韻鏡	0680, 0681	未曽有の記	2255	夢想兵衛胡蝶物語	0878
磨光韻鏡余論	0682	晦日の薄暮	0908	むもれ水	1729
増鏡	0821	陸奥紀行	1000	村中五人組留帳	2485
またぬ青葉	0997	三日太平記	1610	無量寿儀軌中梵唐対註真言	0335
町火消し起立	2675	三の山巡	1004	無量寿経	0306
松かざり徳若譚	0954	未伝授灌頂法	0402	無量寿経合讃	0607
松田氏四六筆記	2281	光政公御軍令	4232	無量寿経鈔	0610
松苗集	1451	水戸史館珍書考	0005	無量寿経論註翼解	0554, 0555
松屋文後集	1008	美濃旧衣八丈綺談	0881	無量寿如来陀羅尼句義私記	0446
松屋文集	1007	美濃風土記	2134	室町殿日記	1724
松浦佐用媛石魂録	0882	身振いろは芸	0926		
松浦武四郎年譜	1843	身分諸願留	1883	【め】	
真野流組手秘伝抄	4313	三升屋二三次戯場書留	1635	名家年表	1648
万延塵劫記	3247	宮川日記	0202	名家発句類題集	1334
満済准后日記	1856	宮城師範学校各科答文集	2746	茗笈	4705
曼陀羅供導師見聞	0407	宮城流算術伝書	3251	明訓一班抄	2807
曼荼羅供略和讃	0508	脈学輯要	3369	明元算法	3252
万年大雑書	3764	都祇園会図絵	2012	明元流算術	3253
万病回春	4683	都羽津根	2018	明治三庚午年御触書	2549
万福塵劫記大全	3248	都名所図会	2001, 2002, 2003, 2004	名臣言行録	4584, 4585, 4586, 4587
		都林泉名勝図会	2010, 2011		

名節録	1816	
明徳記	1722	
明徳慈政録	2354	
名判集成	0683	
名物六帖	0762, 0763	
伽羅先代萩	1616	
明良洪範	1751, 1752	
明倫歌集	1281	
明和三戌年住職故障一件上ヶ御証文	1876	
目付字	3877	
目箇算五教私記（前編）	3254	
目安裏判大全	2550	
米利堅航海日記略図	2328	
面類目利書	4314	

【も】

毛奇将軍伝之内書翰之部	1949
蒙古寇紀	1720
孟子	4531, 4532
孟子古義	4457, 4458
孟子精義	4533
毛詩品物図攷	3469, 3470, 3471
蒙賊記	1721
杢馬目録注釈	4352
藻汐草	0703
藻塩袋	1300
藻塩草	2792
本末諝解	1220
元百人組四組頭代々記	2601
元吉原の記	2108
者頭武功覚書	4233
物ぐさ太郎	1598
椛狩剣本地	1579
木綿御火縄被為仰付候由来書	4315
茂々久岐祢	2135
百千鳥	3827
守国花鳥画譜	3607
森実録	1842
唐土訓蒙図彙	0058, 0059, 0060
唐土名勝図会	2321, 2322, 2323, 2324
文殊八字軌・除災法	0409
文選心訣	4789

問注所三善氏記	2551
紋帳綱目	2658
文徳実録	1676, 1677

【や】

八重霞浪花浜荻	1599
八重琴	1550
八重葎	0516
やをかの日記	1003
八百屋尽・蓬莱山尽・肴尽・松尽・角力つくし・しほかまもふて	1636
焼紅弾鑑	4316
薬言宝典	4630
薬師講式	0653
薬性提要	3472
薬師瑠璃光如来消災除難念誦儀軌	0410
薬徴・薬徴続編・薬徴続編附録	3474
薬品弁惑	3473
訳文筌蹄	0721, 0722
八雲御抄	1142
薬籠本草	3475
野山名霊集	0448
野史抄　国分史	1731
宿方一許書物	2552
宿のうめ	1422
柳樽四編	1474
藪五徳	1420
藪つはきしう	1382
山鹿語類	1024
山口栞	0710
山城志	1997
山城国乙訓郡下久我村名寄帳	2713
山城国紀伊郡下三栖村検地帳	2712
山城名勝志	1994
大和事始	0084
和事始	0085
大和小学	2750
大和俗訓	2766, 2767, 2768
日本廿四孝	0854
倭武人ノ記	2283

大和本草	3476, 3477, 3478, 3479, 3480, 3481
大和本草会議	3482
大和本草綱目	3483
大和名所図会	2036, 2037
大和廻	2038, 2039
大和物語抄	0775
大和流弓道天之巻抄	4334
やまなかしゅう	1345
山彦冊子	0691, 0692

【ゆ】

維摩詰経四教玄義籤録	0336
雄鑑抄	4234, 4235
勇士一言集	1768
有司勤役録	2676
有職鎌倉山	1620
遊女高尾の伝	1792
遊女銘々伝	1815
祐天大僧正利益記	0553
有徳公御夜話	2541
夕張日誌	2278, 2279
右文故事	0044
酉陽雑俎	4723
瑜伽凡例	0228
瑜祇経抄	0337
ゆくかりしゅう	1444
ゆくとし集	1438
湯尾峠孫杓子由来	0927
弓始之巻	4335
ゆめあはせ	3773
夢塚集	1384
夢の代	0108
夢物語	1890
由良湊千軒長者	1601

【よ】

洋外通覧	0136
瘍科秘録	3496, 3497, 3498
要筐弁志年中行事	2677
養蚕図解	3543, 3544
養蚕秘録	3542
洋算用法（初編）	3269
用字格	0715, 0716

要字選	0749	陸軍将校馬具制	4430	良将達徳抄	1807
雍州府志	1993	陸氏草木鳥獣虫魚疏図解		糧食給養	4431
養生訓	3370, 3371, 3372, 3373		3310, 3311	梁塵愚案抄	1500
養生女の子算	3255	六書精蘊	4547	令俗解	2558
養性流秘伝図式	3711	六韜諺義	4238	量地弧度算法	3295
幼稚園唱歌集	1640	六韜抄	4239	量地算法	3264
用礮軌範礮台編	4392	離作業要	0394	量地三略	3296
洋砲試験表	4393, 4394	理趣釈訣影抄	0475	量地指南	3297
要妙算法	3256	理数論	4240	量地指南　後編	3298
吉田兼致記	1858	利足積歳定法	3258	量地図説	3299, 3300, 3301
吉田社家記録	1853	立円積法	3259	量地手引草	3302
よしつねあづまくだり物語	0850	律苑行事門弁	0232	量地必携	3303
義経蝦夷勲功記	0889	立花時勢粧	3694, 3695	量地幼学指南	3304
義経軍歌百首	4236	立花初心抄	3700	両道中懐宝図鑑	2043
吉原徒然草	0140	立花大全	3696	令義解	2559
四辻家箏之譜	1544, 1545	立花伝	3702	令集解	2560, 2561
与力同心ニ申渡ス条々	2553	立花百箇条目録	3701	両部曼荼羅私抄	0477
与力同心江申渡条々	2554	律原発揮	3293	料理献立	3814
興梁録	3257	栗山文集	1127	料理献立集	3813
鎧着初式	4317	律宗行事目心鈔	0312	料理献立早仕組	3801, 3802
鎧具足甲冑伝抜書	4319	立正安国論新註	0628, 0629	（料理作法書）	3775
鎧具足甲冑ノ伝授書	4318	立題初門	3260	料理仕成伝	3826
鎧具足ノ伝抜書	4320	律令要略	2555, 2556	料理躾抄	3774
鎧之巻威毛	4321	律呂季良抄	1537	料理通	3804
		利得算法記	3261, 3262, 3263	料理早指南	3790
		里尼全図	3294	料理早指南大全	3791, 3792
【ら】		李文公集	4770	料理独稽古	3809
礼記	4513	略画早指南	3592	鄰交徴書	1940
礼記集説	4514	略叙金剛界大教王師資相承伝法次		鄰交徴書二篇	1939
羅漢講式勧請	0655	第記	0411	臨時	2562
楽訓	2769, 2770, 2771	略論安楽浄土義	0547	臨時客応接	2678, 2679
	2772, 2773, 2774	柳営秘鑑	2579, 2580	臨時他国江出張之軍令	4242
洛陽名所集	2006	琉球解語	2196		
羅山林先生詩集	1106	琉球三省　並　三十六島之図			
蘭亭先生詩集	1120		2197	【る】	
蘭療方	3499	琉球談	2193	類経	4646
		劉向説苑纂註	4472	類字名所和歌集	1155, 1156
		龍象軍歌	4241	類聚楽録	1516
【り】		龍舒増広浄土文	4750	類聚三代格	2563
理解印義	0387	柳絮略記	3342	類聚国史	1681, 1682
理学類編	4629	龍笛要録	1536	類題草野集	1241, 1242
利休茶道具図絵	3653	龍道人語録	0515	類題年毎集	1374, 1375, 1376, 1377
利休百会	3642	両会十講問答案	0325	類題六家集	1247
利休流生花伝書	3707	両界諸尊	0474	類題和歌集	1234
利休流挿花秘伝	3747	療治夜話	3349	類題和歌補闕	1235
陸軍士官必携	2578	令抄	2557	路加伝福音書	0660

書名索引　31

【れ】

霊巌上人伝記	0240
例懺伽陀	0656
礼式書札集	2680
隷弁	4544
霊宝薬性能毒備考大成	3484
怜野集	1238
暦引図編	2866
歴史綱鑑補	4562
歴史大方綱鑑補	4563, 4564
暦日講訳	2867
暦象考成表	2859
暦象新書図編	2868
歴世女装考	2681
歴代遷宮記	0195
歴代法令集	2564
連歌雨夜記	1293
聯珠詩格名物図考	3485
練心胆器械制口義	4366
練卒訓語	4243

【ろ】

邏馬人欸状	2306
驢鞍橋	0514
攏宛実伝	4244
老談集注釈	4365
録外	0630
録外儀軌	0473
六帖詠草	1278
六時礼賛新抄	0561
六祖大師法宝壇経	0513
六道編	0219
録内拾遺	0625
六物図依釈考略	0269
六々貝合和歌	1291
魯西亜国条約并税則	2565
六家集	1246
六百番歌合	1287, 1288
論語	4530
論語古義	4451, 4452, 4453
論語古訓	4455
論語古訓外伝	4456
論語徴	4454
論孟精義	4534

【わ】

窊篤児薬性論	3500, 3501
倭楷正訛	0662
和歌呉竹集	1173
和歌食物本草	3486
和歌新呉竹集	1174
和歌駿河草	1180
和歌枕詞補註	0696
わかれ霜	1430
和歌六部抄	1140
和韓医話	3508
和漢印尽	3630
和漢音釈書言字考節用集	0740, 0741, 0742
和漢軍書要覧	0012
和漢軍林	4245
倭漢合運指掌図	1642
和漢故事要言	2795
倭漢事始	0083
和漢事始	0086
倭漢三才図会	0077, 0078, 0079, 0080
和漢算法大成	3265, 3266, 3267
和漢精進料理抄	3780
和漢数学名義集	3268
和漢善行録	2800
和漢百花賦	1097
和漢文操	1467
和漢名数	0061, 0062, 0063
和漢名数大全	0070
和漢名数大全三編	0072
和漢名数大全続編	0071
和漢暦原考	2870
和漢朗詠	1499
和漢朗詠集	1495, 1496, 1498
和漢朗詠集註	1497
和訓考	0690
和訓栞	0755, 0756
和合人	0913
和国智恵較	3855, 3856, 3857
和玉篇	0732
和爾雅	0754
和字功過自知録	2794
和字正濫鈔	0664
和州芳野山勝景図	2040
わすれのこり	0143
和俗童子訓	2784
（渡辺崋山抜粋記事）	1895
和読要領	0724
和名類聚抄	0745, 0746, 0747
童謡妙々車	0943
宏智禅師偈頌断壁	0511, 0512

【アルファベット】

JAPANISCHE DICHTUNGEN WEISSASTER EIN ROMANTISCHES EDOS (NEBST ANDEREN GEDICHTEN FREI NACHGEBILDET) 0968

米国議会図書館蔵日本古典籍目録

平成 15 年 2 月 28 日　初版第一刷発行

定価：本体 35,000 円　＊消費税を別途お預かりいたします

編　者　米国議会図書館蔵　日本古典籍目録刊行会
　　　　　　　　　　　　　代表　渡辺憲司

発行者　八　木　壮　一

発行所　株式会社　八　木　書　店
〒 101-0052 東京都千代田区神田小川町 3-8
電話 03-3291-2961（営業）
　　 03-3291-2969（編集）
　　 03-3291-2962（FAX）
E-mail pub@books-yagi.co.jp
http://www.books-yagi.co.jp/pub

印刷・製本　クイックス
用　紙　　　中性紙使用

ISBN4-8406-0017-1　©K. WATANABE 2003